그리스도의 천국복음 사역

F. 브라이쉬 지음 · 나용화 옮김

The Ministry Of Christ

기독교문서선교회

기독교문서선교회(Christian Literature Center: 약칭 **CLC**)는 1941년 영국 콜체스터에서 켄 아담스에 의해 시작되었으며 국제 본부는 미국의 필라델피아에 있습니다.

국제 CLC는 59개 나라에서 180개의 본부를 두고, 약 650여 명의 선교사들이 이동도서차량 40대를 이용하여 문서 보급에 힘쓰고 있으며 이메일 주문을 통해 130여 국으로 책을 공급하고 있습니다.

한국 CLC는 청교도적 복음주의 신학과 신앙서적을 출판하는 문서선교 기관으로서, 한 영혼이라도 구원되길 소망하면서 주님이 오시는 그날까지 최선을 다할 것입니다.

THE MINISTRY OF CHRIST

Written by
F. Breish, JR

Translated by
Yong Wha Na

Korean Edition
Copyright © 2017 by Christian Literature Center
Seoul, Korea

역자 서문

나 용 화 박사
전 개신대학원대학교 총장

    1980년 5월 18일, 광주에서는 시민들과 학생들이 피흘림과 주검을 민주화를 위한 희생 제물로 기꺼이 내어주었다. 그 피 흘림과 주검의 통곡이 계엄군의 총성으로 하늘로 치솟았다. 그 통곡의 소리를 들으면서 역자는 역사의 주인 되시고 구원자이신 예수 그리스도를 붙잡았다. 브라이쉬의 저서, 『그리스도의 천국복음 사역』(*The Ministry of Christ*)을 손에 넣고 번역하였다. 아니, 예수 그리스도에게 붙잡혀 신약성경의 그분의 구원 사역을 깊이 묵상했다. 그분의 구원이 이 땅에 임하여 피 흘림과 주검을 통해 정의가 승리하기를 기도했다. 5.18의 현장에서 가슴 아픈 기도를 드리며 오직 그리스도를 붙잡게 된 것이 이 역서이다. 아니, 오직 예수 그리스도에게 붙잡혀 역사의 희망을 보게 된 것이 이 역서이다.

    본서는 5. 18의 포화 속에서 번역되었으나, 역자가 미국으로 유학을 떠나고, 또 출판사의 사정으로 인하여 1985년에야 가까스로 출판될 수 있었으나 절판되고 말았다. 그리고 드디어 재판이 이제야 나오게 되었다.

    너는 배우고 확실한 일에 거하라(딤후 3:14).

이 말씀은 우리를 향한 주님의 명령이다. 하나님의 말씀을 배우고 전하는 일이 곧 하나님을 사랑하는 길이요 자녀의 길이기도 하다. 본서는 미국 기독학교연합회(National Union of Christian Schools)에서 학생을 가르치기 위해 편찬한 교재 『그리스도의 천국복음 사역』(The Ministry of Christ)을 번역한 것으로서 신약성경 전체를 그리스도의 사역을 중심해서 공부하도록 되어 있으며, 사역에 따라 3권의 책으로 되어 있다.

① 팔레스타인 편
② 예루살렘 편
③ 땅 끝까지 편

제1권 팔레스타인 편은 그리스도께서 그의 사역을 위해 이 땅에 오시게 된 때부터 공생애의 시작 전까지를 공관복음을 중심하여 다루었다.
제2권 예루살렘 편은 수난 주간의 사건들과 스데반이 피살될 때까지의 사역을 다루었다
제3권 땅 끝까지 편은 스데반의 죽음 이후부터 요한계시록에 나타난 일까지, 즉 그리스도께서 그의 사도들을 통하여 이루신 사역을 다루었다.
각 장들은 셋 내지 다섯 부분으로 묶여 있으며 각 부분들은 하나의 중심적인 주제를 가지고 있다. 각 과목의 맨 처음에 제기되는 질문들은 그 과목의 연구 지침으로 사용될 수 있다. 각 장들은 독자들로 하여금 성경 구절들을 이해하고 그 의미를 깨닫도록 도와준다.
"복습 문제"는 공부한 자료를 마스터할 수 있도록 도와준다. 본서를 성경 공부반의 교재로 사용할 경우 교사는 "더 연구할 문제"를 재량껏 할당하여서 학생들의 연구와 검토를 장려할 수 있다. 아무쪼록 본서가 성도들의 성

경 지식을 늘려주고 하나님의 말씀을 더욱 공부할 수 있는 기초를 제공해 주며, 더 나아가 주님의 천국복음 사역에 직접 동참할 것에 도전하는 기회가 될 수 있기를 바란다.

역자는 본서의 회생을 위해 오래토록 기도하고 노력하던 중 마침내 기독교문서선교회 대표 박영호 박사의 도움을 받게 되었다. 번역된 지 36년 만에 본서가 재판으로 빛을 보게 되어 너무나 감격스럽다. 본 역서가 어두움에 눌려 있는 현 시대를 되살리는 밑거름이 되고, 그리스도께서 이 짙은 어두움에 빛을 비춰 주시기를 기원한다.

2017년 1월 25일

The Ministry Of Christ

목차

역자 서문 / 5

제1권 팔레스타인 편

제1장 서론 / 16

제1부 그리스도의 사역의 배경 / 24
제2장 역사적 배경 / 24
제3장 지리적 배경 / 32
제4장 정치, 종교, 사회적 배경 / 44
제5장 그리스도의 사역에 대한 기록들 / 58

제2부 그리스도의 사역을 위한 준비 / 73
제6장 말씀이 육신이 되어(요 1:1-18) / 73
제7장 엘리야를 보내리니(눅 1:5-25, 57-80) / 77
제8장 유일한 아들을 보내 여자에게서 나게 하셨으니 / 83
 (눅 1:26-56; 2:1-39)
제9장 아이가 자라며(마 2:1-23; 눅 2:40-52) / 93

제3부 그리스도의 사역의 시작 / 101
제10장 광야에서 외치는 자의 소리(눅 3:1-20; 마 3:1-3; 막 1:1-8) / 101
제11장 내 사랑하는 아들이요(마 3:13-17) / 109
제12장 마귀에게 시험을 받다(마 4:1-11) / 114
제13장 하나님의 어린 양(요 1:29-51; 3:22-36) / 121
제14장 초기의 표적들(요 2장) / 127

목차

제4부 그리스도의 사역의 권세 / 133

　제15장 바리새인 중의 한 사람(요 3:1-21) / 133
　제16장 사마리아 여자 하나(요 4:1-42) / 139
　제17장 사람 낚는 어부(마 4:12-25; 눅 5:1-11; 6:12-19) / 145
　제18장 많은 사람을 고치시며(막 1:21-2:12; 요 4:46-5:18) / 151
　제19장 그 가르치시는 것이 권세 있는 자와 같고(마 5-7장) / 156
　제20장 포로 된 자에게 자유를 전파하며(눅 7:1-17; 막 4:35-5:43) / 165

제5부 그리스도의 사역에 대한 반대 / 173

　제21장 누가 우리의 전한 것을 믿었느뇨?(눅 4:16-30; 마 12:1-14) / 173
　제22장 그의 형제들이라도 믿지 아니함이러라
　　　　(마 11:2-19; 막 3:20-21, 31-35; 요 7:1-9) / 179
　제23장 요나보다 더 큰 이(눅 7:36-50; 11:14-36) / 186

제6부 그리스도의 사역의 발전 / 192

　제24장 추수할 일꾼들(마 9:35-11:1; 눅 10:1-20) / 192
　제25장 생명의 빵(요 6장) / 198
　제26장 바리새인의 누룩(막 7:1-23; 8:11-21) / 204

제7부 그리스도의 사역의 위기 / 209

　제27장 예수는 그리스도시요(마 16:13-28) / 209
　제28장 그의 위엄을 목격한 자들(눅 9:28-36; 막 9:14-32) / 215
　제29장 몇 번이나 용서하여 주리이까(마 17:22; 18:35) / 219
　제30장 생수의 강이 흘러나리라(요 7:10-52) / 224
　제31장 나는 세상의 빛이니(요 8:12-9:41) / 229
　제32장 선한 목자(요 10장) / 234
　제33장 나사로(요 11:1-53) / 239

제8부 그리스도의 사역의 전환 / **246**

제34장 비유로 말씀하여 가라사대(마 13:1-53; 눅 15장) / **246**
제35장 무엇을 하여야 영생을 얻으리이까?(눅 18:1-34) / **252**
제36장 나중 된 자로서 먼저 될 자(마 19:23-20:28) / **257**
제37장 구하라 구원할 것이요(눅 18:35-19:27) / **262**

제2권 예루살렘 편

제1부 메시아임을 주장하심 / **268**

제1장 최후의 만찬(요 11:54-12:11) / **268**
제2장 네 왕이 임하나니(마 21:1-27) / **274**
제3장 내가 땅에서 들리면(요 12:20-50) / **280**
제4장 건축자들이 버린 돌(마 21:28-22:14) / **285**
제5장 어찌하여 시험하느냐(막 12:13-44) / **289**
제6장 화 있을진저(마 23장) / **295**
제7장 재림의 징조들(마 24:1-41) / **299**
제8장 깨어 있으라(마 24:42-25:46) / **303**

제2부 그리스도의 사역의 절정 / **309**

제9장 가룟 유다
 (막 14:1-11; 눅 22:1-6; 요 13:21-30; 18:1-11; 마 27:3-10) / **309**
제10장 나를 기념하라(막 14:12-31; 요 13:1-20) / **315**
제11장 평안을 너희에게 끼치노니(요 14장) / **323**
제12장 내 안에 거하라(요 15장) / **329**
제13장 내가 세상을 이기었노라(요 16장) / **335**
제14장 내가 저희를 위하여 비옵나니(요 17장) / **340**

목차

제15장 나의 원대로 마옵시고(마 26:36-56) / 344

제16장 공회(요 18:12-23; 막 14:53-65; 눅 22:66-71) / 349

제17장 베드로(마 26:31-35, 69-75; 눅 22:54-62; 요 18:10-18, 25-17) / 354

제18장 빌라도(눅 23:1-25; 요 18:28-19:16) / 359

제19장 예수를 끌고 나가니라(마 27:27-31; 눅 23:26-32) / 364

제20장 십자가에 못 박다(요 19:18-27; 마 27:33-44; 눅 23:33-43) / 368

제21장 영혼이 떠나시다(마 27:45-56; 요 19:28-37; 눅 23:44-49) / 375

제22장 그 묘실이 부자와 함께(요 19:38-42; 막 15:42-47; 마 27:62-66) / 383

제3부 그리스도의 승리의 사역 / 388

제23장 첫날 새벽(마 28:1-15; 요 20:1-18) / 388

제24장 떡을 떼심(눅 24:13-49) / 396

제25장 도마(요 20:19-31) / 403

제26장 내 양을 먹이라(요 21장) / 409

제27장 너희는 증인이라(마 28:16-20; 눅 24:50-53; 행 1:1-11) / 416

제28장 그 직분을 타인이 취하게 하소서(행 1:12-26) / 422

제29장 오순절(행 2:1-42) / 427

제30장 예수 그리스도의 이름으로(행 3장) / 433

제31장 우리는 말하지 아니할 수 없다(행 4:1-31) / 438

제32장 한 마음과 한 뜻이 되어(행 2:43-47; 4:32-37) / 443

제33장 아나니아와 삽비라(행 5:1-16) / 447

제34장 하나님을 순종하는 것이 마땅하니라(행 5:17-42) / 452

제35장 칭찬 듣는 사람 일곱(행 6:1-7) / 456

제36장 스데반(행 6:8-8:1) / 460

제3권 땅 끝까지 편

1부 그리스도의 사역의 전환 / 467

제1장 로마 세계 / 467
제2장 모든 땅으로 흩어지니라(행 8:1-25) / 474
제3장 누구를 가리킴이뇨?(행 8:26-40) / 479
제4장 택한 나의 그릇(행 9:1-31) / 483
제5장 다비다야 일어나라(행 9:32-43) / 489
제6장 고넬료의 집에서(행 10장) / 493
제7장 이방인에게도(행 11:1-30) / 500
제8장 헤롯의 손에서 벗어나다(행 12:1-24) / 505

2부 그리스도의 사역의 확대 / 510

제9장 바나바와 사울을 따로 세우라(행 12:25-13:12) / 510
제10장 우리가 이방인에게로 향하노라(행 13:13-52) / 516
제11장 신들이 내려 오셨다(행 14장) / 521
제12장 행함이 없는 믿음은 죽은 것이니라(야고보서) / 526
제13장 이신칭의(以信稱義, 갈라디아서) / 533
제14장 아무 짐도 지우지 아니하는 것이(행 15:1-35) / 540

3부 그리스도의 사역의 팽창 / 545

제15장 마게도냐 사람 하나가(행 15:36-16:15) / 545
제16장 너와 네 집이 구원을 얻으리라(행 16:16-40) / 550
제17장 알지 못하는 신에게(행 17:1-34) / 555
제18장 알지 못함을 원치 아니하노니(데살로니가전후서) / 561
제19장 이 성중에 내 백성이 많음이라(행 18:1-28) / 568

목차

제20장 크도다 에베소 사람의 아데미여(행 19장) / 573
제21장 고린도에 있는 하나님의 교회에게(고린도전후서) / 578
제22장 구원을 주시는 하나님의 능력(로마서) / 588
제23장 하나님의 뜻을 다 전하였음이라(행 20장) / 595

4부 그리스도의 사역의 성공 / 600

제24장 결박 받을 뿐 아니라(행 21:1-36) / 600
제25장 변명하는 말을 들으라(행 21:37-22:30) / 606
제26장 담대하라(행 23장) / 612
제27장 내가 틈이 있으면(행 24장) / 618
제28장 내가 가이사께 호소하노라(행 25-26장) / 623
제29장 행선(汀船)(행 27장) / 630
제30장 또한 로마에서도(행 28장) / 636
제31장 주 안에서 갇힌 내가 권하노니(옥중서신) / 641

5부 그리스도의 사역의 강화 / 649

제32장 그리스도 예수의 선한 일꾼(목회서신) / 649
제33장 큰 대제사장이 있으니(히브리서) / 655
제34장 보호하사 거침이 없게 하시고(공동서신) / 663
제35장 우리와 사귐이 있게(요한서신) / 671
제36장 알파와 오메가(요한계시록) / 679

제1권
팔레스타인 편

제1부 그리스도의 사역의 배경
제2부 그리스도의 사역을 위한 준비
제3부 그리스도의 사역의 시작
제4부 그리스도의 사역의 권세
제5부 그리스도의 사역에 대한 반대
제6부 그리스도의 사역의 발전
제7부 그리스도의 사역의 위기
제8부 그리스도의 사역의 전환

제1장
서 론

> ■ 연구 문제 ■
> 1. 신약이 하나님의 말씀이라는 것을 어떻게 알 수 있는가?
> 2. 구약과 신약은 어떤 관계가 있는가?
> 3. 신약에는 그리스도가 어떻게 묘사되어 있는가?
> 4. 신약을 어떤 방법으로 공부해야 하는가?

우리는 신약을 함께 공부해 보려고 한다. 신약은 아주 중요한 책이다. 이로 말미암아 수많은 사람들의 생애가 영향을 받았고 서구 문명의 진로가 바뀌었던 것이다. 신약처럼 중요한 책은 우리가 면밀하게 연구해 볼 만하다. 우리가 신약을 제대로 이해하기 위해서는 신약 자체를 연구하기 전에, 그것에 대한 몇 가지 중요한 사실들을 알아두어야 한다.

1. 신약은 하나님의 말씀이다.

우리가 신약에 대해서 알 수 있는 모든 사실들 중에서, 신약이 하나님의 말씀이라고 하는 사실은 기본적이고 또한 가장 중요하다. 신약이 하나님의 말씀이라고 하는 말은 그것이 '하나님의 계시'라는 뜻이다. '계시'는 "나타내다"라는 동사에서 왔다. 신약에서 하나님이 자신을 우리에게 나타내고 있는 것이다. 신약은 하나님에 의해 영감 된 사람들에 의하여 기록되었다. "영감 된"이라는 단어의 문자적인 의미는 "숨을 들이 마시게 된"이다.

하나님께서는 사람들을 영감하시되 그들에게 기록하도록 그가 원하신 사상들을 그들의 마음속에 불어 넣어 주시고, 그가 원하신 대로 그의 사상을 그들이 표현할 수 있도록 그들을 지도 하셨다. 신약 자체가 영감 되어 있는 것으로 주장하고 있기 때문에 우리는 신약에 대하여 그와 같이 감히 말할 수가 있는 것이다.

예수님께서는 사도들에게 그가 그들을 떠난 후에 "(그들을) 모든 진리 가운데로 인도"하실 성령을 그들에게 보내시겠다고 약속하셨다(요 16:13). 성령이 오심으로써 어떤 결과가 사도들에게 임하였던가를 바울은 다음과 같이 설명하고 있다.

> 우리가 세상의 영을 받지 아니하고 오직 하나님께로 온 영을 받았으니 이는 우리로 하여금 하나님께서 우리에게 은혜로 주신 것을 알게 하려 하심이라 우리가 이것을 말하거니와 사람의 지혜의 가르친 말로 아니하고 오직 성령의 가르치신 것으로 하니 신령한 일은 신령한 것으로 분별하느니라(고전 2:12-13).

바울은 그가 제시한 사상들과 그가 사용한 단어들이 모두 하나님의 영으로 말미암아 주어졌다는 것을 주장하고 있다. 그런데 이러한 사실은 신약의 다른 저자들에게도 마찬가지로 적용되는 것이다.

그러나 이 같은 영감에 대한 주장들이 참되다는 것을 우리가 어떻게 알 수 있는가?

우리로 하여금 이 같은 주장들을 진지하게 받아들일 수밖에 없도록 하는 많은 기이한 특징들이 성경에 있다. 성경은 모든 영광을 하나님께 돌리며, 사람에게 돌리지 않는다. 성경은 구원의 유일한 길을 우리에게 보여주며, 많은 나라 사람들의 생애를 변화시켰다.

그러나 신약이 하나님의 말씀이라는 것을 기독신자가 믿는 진짜 이유는 "우리의 심령 속에서 말씀에 의하여, 그리고 말씀을 가지고 증거 하시는 성령의 내적 사역"인 것이다(웨스트민스터 신앙고백서, 1장 5항). 성령 하나님께서 성경을 통하여 우리의 심령에게 말씀하신다. 이로 인하여 신약이 하나님의 말씀이라는 주장이 참되다는 것을 우리가 확신하게 되는 것이다.

2. 신약에는 오류가 없다

신약이 하나님의 영감 된 말씀이기 때문에. 그것은 무오(無誤)하다. 즉, 신약에는 오류가 없다. 그것은 하나님에 대하여 어떤 거짓된 지식을 제공하지 않고 있다. 또한, 지리, 역사 등에 대해 말하는 때에도 전혀 오류가 없다.

신약에 전혀 오류가 없다는 것을 어떻게 확신할 수 있는가?

신약이 하나님에 의하여 영감 되었기 때문에 오류가 없는 줄로 믿는다. 하나님은 신약의 저자이시요, 하나님은 오류를 범하실 수가 없다. 그러므로 하나님이 저자이시라는 그 이유 때문에 신약이 무오하다는 것을 우리는 확신할 수가 있는 것이다. 신약에 오류가 없다고 해서 신약을 이해하는데 전혀 문제가 없다는 말은 아니다. 어떻게 해석해야 좋을지 알 수 없는 성경 구절이 때때로 있는가 하면, 서로 일치되지 않는 듯한 두 개의 구절들이 어떻게 모두 참될 수 있는가를 때때로 이해 할 수 없기도 하고, 신약 본문의 정확한 어순(語順)에 대한 문제가 있기도 한 것이다.

신학자들은 신약을 면밀하게 부단히 연구하여 이 문제들을 해결할 수 있도록 노력해야 한다. 그리고 그들은 이 같은 문제들이 사람들의 오류로 말미암아 야기된 것이지 하나님의 말씀 자체에 있는 오류 때문이 아니라는 것을 알고 있기 때문에 확신을 가지고 이 과업에 손을 댈 수가 있는 것이다.

3. 신약은 구약의 완성이다

신약은 하나님의 말씀이다. 그러나 하나님의 말씀 전부는 아니다. 성경에 보면 신약이 구약 다음에 나와 있다. 신구약이 다 같이 하나님의 말씀으로 되어 있는 것이다. 신구약은 죄악 된 인간들을 구원코자 하는 하나님의 완전한 계획이 어떻게 진전되어 있는가를 기록해 놓았다. 하나님께서는 그가 하늘과 땅을 창조하시기 전에 그의 구속의 계획을 세우셨다. 그는 타락 이후 에덴동산에서 아담과 하와에게 그 계획을 처음으로 계시하셨다.

그러나 그의 계획의 모든 상세한 것들을 설명하지 않으시고, 다만 가장 단순하고 기본적인 사실들만을 그들에게 말씀하셨다. 죄인들을 구원코자 하신 하나님의 첫 약속(창 3:15)은 땅에 심어진 씨앗과도 같았다. 그것이 자라나고 진전되기 시작했다. 구약은 그것의 성장에 대하여 말해주고 있고, 신약은 '성숙한 구속의 나무'(the Full-Grown Plant of Redemption)를 묘사하고 있다.

그러므로 신약은 구약의 완성이다. 이는 마치 구약이 "계속"이라는 말로 끝맺어져 있는 것과도 같다 하겠다. 신약에는 많은 구약의 예언들이 성취되어 있고, 많은 모형(type)들이 현실화 되었다. 그러므로 옛말 그대로, "신약은 구약에 감추어져 있고, 구약은 신약에 드러나 있다"라는 말이 사실이다.

4. 그리스도가 신약의 중심이다

온통 신약은 하나님의 살아있는 말씀인 예수 그리스도에 대해서 말하고 있다. 그를 통하여 하나님은 구속을 마련해 놓으셨다. 복음서들은 그리스도의 지상(地上)에서의 사역을 말하고 있다. 사도행전은 그의 교회에서의 성령을 통한 그의 사역을 묘사하고 있으며 서신들은 그의 사역을 설명하고 그의 교훈들을 반복하고 있다. 요한계시록은 악의 세력들에 대한 그의 완전한 승리에 대하여 말하고 있다. 그러기에 예수 그리스도에 대한 이야기가 신약의 중심이요, 신약을 연구하게 되면 그를 직접 대면하게 되는 것이다.

5. 그리스도는 하나님의 종이시다

성경은 우리 주 예수 그리스도의 사역을 여러 가지 면에서 묘사하고 있다. 예수님은 자신을 생명의 빵(요 6:35), 선한 목자(요 10:14), 그리고 길과 진리와 생명(요 14:6)으로 일컫고 있다. 하이델베르크 요리문답에는 그가 "우리의 으뜸 되는 선지자요 교사, 우리의 유일한 대제사장, 그리고 우리의 영원한 왕"으로 칭하여져 있는데, 이것은 그리스도의 삼중직(三重職)에 대한 참된 묘사인 것이다.

그런데 우리가 지금 언급한 모든 것을 포함하고 있으며 성경이 여러 번 사용하고 있는 한 가지 개념이 있다. 그것은 종 또는 사역자의 개념이다. 이것은 다른 사람의 일을 하는 어떤 사람을 가리키는 말이다. 성경은 예수 그리스도를 성부의 종으로 묘사하고 있다.

이 점을 보여주고 있는 몇 가지 진술들을 성경에서 찾아보기로 하자.

구약성경에서는 그리스도를 종으로 말하고 있는 몇몇 구절들이 있는데, 이 중에서 가장 유명한 것은 이사야 53장이다. 거기에는 자기 백성을 구원할 자인 그리스도의 고난과 죽음이 언급되어 있다. 그 장의 서론 부분에서 (사 52:13-15) 하나님은 그리스도를 "내 종"이라고 말하고 계신다. 신약에서 그리스도의 사역을 종의 사역으로 언급하고 있는 많은 진술들을 찾아볼 수가 있다. 바울은 그리스도가 "종의 형체"(빌 2:7)를 취하였다고 말하고 있다. 예수님도 그가 오신 것은, "섬김을 받으려 함이 아니라 도리어 섬기려"(막 10:45). 왔다고 말씀하셨다.

그런가하면, 이렇게도 말씀하셨다.

> 내가 하늘로서 내려온 것은 내 뜻을 행하려 함이 아니요 나를 보내신 이의 뜻을 행하려 함이니라(요 6:38).

그리스도의 사역은 그가 하나님의 종으로서 행하셨고 또 계속 행하고 계시는 모든 일들을 포함한다. 이 같은 이유로 인하여 본서를 『그리스도의 천국복음 사역』(The Ministry of Christ)이라고 칭한 것이다. 이 제목은 그의 종으로서의 섬기는 생활을 강조하고 있다. 그러기에 이 제목은 예수님께서 자신을 기쁘게 하려 하지 않고 하늘에 계시는 아버지를 기쁘게 하려 했다는 점과, 그가 자기 백성인 우리에게 완전한 구원을 마련해 주신 것은 하나님의 뜻을 행한 것이었다는 것을 깨우쳐 준다.

예수님이 우리의 구주이시기 때문에, 그의 사역을 공부함에 있어서 우리를 하나님의 자녀로 만드는데 필요한 모든 것을 그가 행하셨다는 것을 우리는 터득해야 하는 것이다. 또한 예수님은 우리의 모범이시기 때문에 그를 섬기는데 우리의 생애를 헌신하는 방법을 터득해야 한다.

6. 신약을 공부하는 방법

신약을 연구하기 전에 그것을 연구하는 방법을 생각해 보기로 하자.

먼저 성경이 하나님의 말씀이라는 것을 결코 잊어서는 안된다. 성경은 하나님의 말씀이기 때문에, 이를 연구하는 데에는 어떤 태도가 특별히 강구되어야 하는 것이다.

1) 성경은 주의하여 다루어야 한다. 성경을 면밀 주도하게 열심히 연구

하여야 정확하게 이해할 수 있게 된다.
2) 아무도 혼자 힘으로는 성경을 이해할 수가 없다. 성령이 우리로 하여금 성경을 이해할 수 있게 해주는 유일한 분이시다. 그러므로 우리는 성경을 연구할 때 성령께서 인도하시고 지혜 주시기를 항상 기도하고 시작해야 하는 것이다.
3) 성경은 옛날 사람들의 하나님에 대한 개념들을 수집해 놓은 책이 아니다. 성경은 하나님께서 지금 우리에게 말씀하시는 방편이다. 그러므로 우리가 성경을 공부할 때, 그것을 우리 생활에 적용하기를 언제나 힘써야 하는 것이다.

■ 복습 문제 ■

1. 어떤 방식으로 하나님께서는 자신을 계시하셨는가?
2. 영감이란 무엇인가?
3. 성경은 그것의 기원에 대하여 어떻게 가르쳐 주고 있는가?
   (딤후 3:16; 벧후 1:21; 고전 2:12-13)
4. 성경이 무오하다는 말은 무슨 뜻인가?
5. 신약이 무오하다는 것을 어떻게 확신할 수 있는가?
6. 신약은 구약과 어떻게 관련되어 있는가?
7. 성경은 그리스도의 사역을 묘사하기 위하여 어떤 개념들을 사용하고 있는가? 어느 개념이 다른 모든 것들을 포함하고 있는가?
8. 그리스도께서 종으로 오셨다는 것을 증명하는 성경 구절들을 몇 개 들어보라.
9. 신약을 어떻게 연구해야 하는가?

> ■ 더 연구할 문제 ■
>
> 1. 만일 성경이 역사나 지리 문제들에 대하여 틀린 것이 있다고 하면, 구원에 대한 그것의 교훈들을 우리가 신뢰할 수 있겠는가?
> 2. 예수 그리스도를 믿지 않는 사람이 신약을 바르게 이해할 수 있겠는가?
> 3. 어떤 면에서 그리스도는 사역자이었는가?

제1부 • 그리스도의 사역의 배경

제2장

역사적 배경

■ 연구 문제 ■

1. 중간 시대의 기간 중 어떤 제국들이 팔레스타인을 지배했는가?
2. 그 기간 동안에 유대인들에게 무슨 일이 일어났는가?

    신약과 구약은 밀접하게 관련되어 있다. 구약은 신약에게 배경을 제공하고 있는 것이다. 그러나 구약은 B.C. 4세기에 끝났고, 신약은 4세기가 지나서 시작 되었다. 4세기라는 긴 기간 중에는 많은 것이 일어날 수가 있고, 많은 변화들이 있을 수가 있는 것이다.
    그렇다면 400년의 중간 시대 기간 중에 무슨 일이 일어났던가?
    하나님의 말씀이 이 기간에 대하여 아주 침묵하고 있는 것은 아니다. 다니엘서에는 유다가 포로로 잡혀갔던 때로부터 그리스도께서 오시기까지의 수세기에 대해 언급하고 있는 몇몇 예언이 있다. 그 예언들에 따르면 하나님께서 국가들의 여러 일들을 좌지우지하시고 그의 아들의 오심을 준비하셨다.

이 예언들 중의 하나를 연구해 보기로 하자.

1. 예언적인 꿈

다니엘서 2장에는 바벨론 왕 느부갓네살의 꿈이 소개되어 있다. 그가 꿈에 큰 신상(神像)을 보았는데, 그것의 머리는 정금이요, 가슴과 팔들은 은이요, 배와 넓적다리는 놋이요, 그 종아리는 철이요, 그 발은 얼마는 철이요, 얼마는 진흙이었다.

그가 이 신상을 보고 있던 때의 광경이다.

> 사람의 손으로 하지 아니하고 뜨인 돌이 신상의 철과 진흙의 발을 쳐서 부서뜨리매 때에 철과 진흙과 놋과 은과 금이 다 부서져 여름 타작 마당의 겨 같이 되어 바람에 불려 간 곳이 없었고 우상을 친 돌은 태산을 이루어 온 세계에 가득한 것을 보았다(단 2:34-35).

다니엘은 그 꿈이 무엇을 의미하는가를 느부갓네살에게 해석해 주었다. 정금으로 된 머리는 느부갓네살에 의해 통치된 바벨론 제국을 의미하였다. 그 신상의 나머지 부분은 바벨론의 뒤를 이을 다른 세 제국들을 의미했다. 그 신상을 쳐 부서뜨린 돌은 네 번째 제국의 통치 기간 중에 세워질 하나님의 나라를 의미하였다. 다니엘서와 세속 역사로 미루어 보아 느부갓네살의 꿈은 다음과 같은 제국들과 관련된 것이다.

1) 바벨론(B.C. 612-536)-정금, 머리
2) 메데 파사(B.C. 536-333)-은, 가슴과 팔들
3) 헬라(B.C. 333-146)-놋, 배와 넓적다리

4) 로마(B.C. 146-A.D.400)-철, 종아리와 철과 진흙으로 된 발
   5) 그리스도의 왕국-손으로 하지 아니하고 깎아 다듬은 돌

   이 네 제국들이 유다가 포로로 잡혀가던 때로부터 그리스도께서 오시기까지의 기간에 통치하였다. 이 네 제국들과 그들과의 유대인들의 관계를 간략하게 살피는 것은 신약 시대를 이해하는데 도움이 될 것이다.

2. 정금 머리-바벨론

   바벨론 제국이 창건된 것은 느부갓네살의 아버지가 B.C. 612년에 앗수르 제국을 멸망시킴으로 해서였다. 바벨론 사람들은 곧바로 그들의 제국을 확장시키기 시작했다. B.C. 606년에 느부갓네살이 유다를 일차 공격하였다. 이때에 다니엘과 다른 귀족의 자녀들이 바벨론에 포로로 잡혀갔다. B.C. 597년에 바벨론이 재차 침략해왔으며, 대부분의 상류 계급과 중류 계급들이 끌려가 이국(異國)생활을 하게 되었다. B.C. 589년에 느부갓네살이 반란을 진압하기 위하여 다시 침략해 왔으며, 3년 동안 예루살렘을 포위한 끝에 B.C. 586년 마침내 그 성을 함락하였다. 그는 예루살렘을 파괴하고 솔로몬이 지었던 아름다운 성전을 불태웠다.
   느부갓네살이 유다를 포로로 잡아가고 예루살렘을 파괴한 것은, 하나님께서 이스라엘의 죄악 된 자녀들을 벌하기 위해 사용하셨기 때문이다. 이스라엘의 자녀들이 가나안 땅에 들어가기 전에, 모세가 그들에게 다음과 같이 말했다.

> 네가 만일 이 책에 기록한 이 율법의 모든 것을 지켜 행하지 아니하고 네 하나님 여호와라 하는 영화롭고 두려운 이름을 경외하지 아니하면 여호와께서 너를 땅이 끝에서 저 끝까지 만민 중에 흩으시리라(신 28:58, 64).

하지만 이스라엘의 자녀들은 여호와께 순종하지 않았다. 그들은 거듭거듭 죄를 범하였다. 하나님께서는 선지자들을 보내셔서 그들에게 경고하며 그들로 하여금 회개할 것을 요구하였으나, 그들은 선지자들의 말을 들으려 하지 않았다. 하나님은 그들로 회개케 하기 위하여 그들을 벌하셨으나, 그들은 여전히 회개하지 않았다. 하나님께서는 이스라엘의 북 왕국을 그 죄악을 인하여 포로로 잡혀가게 하셨다.

그러나 이 같은 경고 조치에도 불구하고 유다가 회개하지 않았다. 결국 하나님께서는 더 이상 참으실 수가 없었다. 그래서 그가 모세를 통하여 예언 하셨던 그 형벌을 느부갓네살을 통하여 이루신 것이다. 포로로 잡혀감으로 해서 시내 산에서 설립되었던 언약의 민족은 끝장나고 말았다. 이스라엘은 하나님의 종이었던 왕에 의하여 더 이상 통치되지 않게 되었고, 하나님이 임재하시고 그의 백성이 그를 예배할 수 있었던 성전이 더 이상 존재하지 않게 되었던 것이다.

그렇지만 유대인들은 계속 언약 백성으로 남아 있었다. 그들을 통하여 예수 그리스도께서 오시도록 되어 있었고, 하나님께서 유대인들에게 주셨던 모든 약속들이 그리스도를 통하여 성취되도록 되어 있었다. 그러나 이 언약 백성은 결코 다시는 그 정치와 예배가 신정적(神政的)인, 즉 그 정치와 예배가 직접 하나님께로부터 주어지는 국가로 형성될 수가 없었다. 하나님의 구속 계획의 그 부분은 바벨론에 포로로 잡혀감으로 해서 단번에 끝장나고 말았던 것이다.

3. 은 가슴과 팔들 – 메데 파사

다니엘은 살아서 바벨론 제국의 종말을 보았다. 바벨론이 멸망되던 그 밤에, 다니엘은 왕의 연회석에 초대를 받았었는데, 그 자리에서 신비한 손에 의하여 벽에 쓰여졌던 글자들을 해독(解讀)하라는 요구를 받았다. 그것은 하나님의 심판에 대한 글자들이었다. 그날 밤 바벨론 왕 벨사살이 살해되고, 메데 파사 군대가 그 도시를 함락했다. B.C. 536년 메데 파사와 고레스는 그가 즉위한 첫 해에 유대인들이 자기네들의 땅으로 되돌아가는 것을 허락하는 칙령을 공포했다. 많은 사람들이 되돌아가려고 하지 않았다.

그렇지만, 약 5만 명가량의 경건한 유대인들이 스룹바벨의 인도를 받아 예루살렘에 귀환하였다. 그들은 성전을 재건하고 여호와께 예배하는 일을 새로 정비하였다. 예루살렘에 귀환하고 성전이 재건됨으로 해서 유대의 신정 정치가 회복된 것은 아니었다. 법궤가 상실되어 버렸던 까닭에 성전에서의 예배는 온전치가 못했던 것이다. 또한 다윗의 계통을 따라 왕좌에 앉은 왕이 없었다. 사실은 왕위가 없었던 것이다. 팔레스타인의 유대인들은 메데 파사의 통치자들의 지배하에 여전히 있었던 것이다. 하나님께서는 포로시대 이전에 존재하였던 형태의 왕국을 회복시켜 주지 않으셨다.

4. 놋 배와 넓적다리―헬라

B.C. 333년에 알렉산더 대제로 알려지게 되었던 헬라의 젊은 통치자가 일련의 정복 활동을 시작했다. 짧은 10년 동안에 이 전쟁의 천재는 그 당시에 알려진 세계를 정복하였다. 그는 소아시아를 정복하고, 팔레스타인을 함락하고, 애굽의 항복을 받았으며, 메데 파사 군대를 무찌르고, 인도 국경을 짓밟았던 것이다. 그의 정복의 신속성에 대해서는 다니엘서 7장에 예언되어 있다.

거기에 보면 헬라가 날쌔게 움직이는 표범으로 묘사되어 있다. 알렉산더는 파사 제국을 멸망시키고 헬라 제국을 건설했다. 가는 곳마다 헬라 문화의 중심지들이 된 도시들과 그 문화를 보급하는 길들을 건설했다. 그가 끼친 영향은 그의 짧은 생애가 끝난 후에도 오래 계속되었다. 헬라인들이 지중해 연안 세계를 통치하지 않게 된 이후까지도 헬라의 언어와 문화는 많은 나라들에게 영향을 미쳤다.

신약성경이 헬라어로 기록되었다고 하는 사실은 그 같은 영향에 대한 좋은 실례이다. 알렉산더가 죽자 그의 제국은 그의 네 장수들에 의하여 분할되었다. 나중에 팔레스타인을 포함하여 대부분의 제국이 셀루커스와 톨레미 두 장수 사이에 분할되었다. 이 장수들은 각기 자기들을 뒤이어 수세기 동안 통치한 왕통을 세웠다. 처음에 팔레스타인은 애굽에서 통치한 왕들인 톨레미 왕조의 지배하에 있었다.

후에는 셀루키드 왕들에 의하여 팔레스타인이 정복을 당했는데, 그 왕조는 수리아의 다메섹이었다. 애굽 왕들이 통치하던 기간 중에는 유대인들이 평화롭게 살 수가 있었으나, 수리아 왕들이 B.C. 198년에 팔레스타인을 정복하자 유대인들은 고통을 당하기 시작했다. 그들을 핍박한 자는 유대적인 것이라면 무엇이든지 증오하였던 안티오커스 에피파네스였다. 그는 여호와를 위한 예배를 일소하고 이교적(異敎的)인 예배를 유대인들에게 강요하려고 했다. 그는 매우 사악했기 때문에 그의 통치를 예언했던 다니엘이 그를 적그리스도에게 비교했을 정도였다.

안티오커스 에피파네스가 여호와를 위한 예배를 금하도록 무섭게 핍박함으로 인하여 유대인들이 격렬하게 저항하였다. 그 저항은 마카비가(家)에 의하여 주도되었다. 유다 마카비는 그 투쟁의 위대한 지도자였다. 그는 팔레스타인을 그것의 이방 통치자들에게서 해방시켰다. 유대인들이 이방의 지배에서 이같이 자유하게 된 것은 450년 만에 처음 있는 일이었다. 유다 마카비는 성전을 정화하고 재봉헌하였으며 여호와를 위한 예배를 새롭게 했다. 유대인들은 지금도 이 사건을 기념하여 봉헌절을 지키고 있다.

마카비가는 제사장 가문이었다. 마카비 전쟁을 개시함으로서 마카비는 정치적으로 유다를 통치하기 시작했다. 이리하여 대제사장들이 팔레스타인을 정치적으로 지배하게 되었던 것이다. 대제사장들에 의한 정치적 통치는 마카비계의 제사장 통치자들이 경건하고 애국적인 사람들인 동안에는 효과적이었으나, 몇몇 후대의 통치자들이 이기적이고 유약했던 까닭에 유대인의 독립 국가는 끝장나고 말았던 것이다.

5. 철의 왕국

마카비가(家)가 통치하고 있는 동안에, 수리아 왕들이 팔레스타인 재정복을 몇 차례 시도하였다. 그 기간 중에 로마 제국은 급속하게 성장하고 있었으며, 그것의 영향력이 팔레스타인 지역에까지 뻗쳐 왔다. 수리아가 팔레스타인을 공격해 옴으로 해서 위기에 처하게 된 때에, 마카비가의 통치자들은 때때로 로마에게 도움을 청하였다. 마카비가가 내분에 휘말리게 되었을 때, 로마 제국의 폼페이가 그것을 해결하기 위하여 개입하였다.

그러나 내분을 해결하는 대신에, 그는 예루살렘을 함락해 버렸고, 힐카누스라는 이름의 마카비가의 사람을 왕으로 임명하였다. 하지만 안티파터라는 사람이 모든 실권을 장악하고 있었다. B.C. 63년에 팔레스타인은 로마령이 되었다. 힐카누스가 통치하고 있는 동안에, 안티파터의 아들인 헤롯이 갈릴리의 통치자가 되었다. 그때는 매우 불안정한 시기였으며, 통치자들의 부침(浮沈)이 변화무쌍하였다.

그런데 헤롯은 승자 편을 택하는데 있어서 천재적인 소질을 가지고 있으므로 해서 결국은 유대의 왕이 되었다. 그는 역사상 헤롯 대왕으로 알려져 있다. 헤롯은 잔인하고 야망적인 사람이었다. 그가 예수님께서 태어나실 때에 통치하고 있었으며, 베들레헴의 모든 어린아이들을 살해할 것을 명령하였다. 그는 자신의 계획을 수행하는데 필요한 경우는 자신의 가족이라도 살해하기를 주저하지 않았다.

B.C. 4년에 헤롯 대왕이 죽은 후, 그의 왕국은 그의 아들들 간에 분할되었다. 복음서들에 제일 자주 언급된 아들은 갈릴리를 통치한 헤롯 안티바이다. 세례 요한이 담대하게 말씀을 전파한 까닭에 그를 옥에 가둔 자가 바로 이 안티바였다. 또한 빌라도에게 예수를 보내어 십자가에 못박혀 죽게 한 그 헤롯왕인 것이다. 옛날 유대인들에게 주어진 약속들은 하나님께서 성취하신 것은 로마인들이 그 약속의 땅을 통치하던 그때이었다. 느부갓네살이 꿈에 본 그 우상은 완전하였다. 이제 손으로 하지 아니하고 깎아 다듬은 돌(the stone cut without hands)이 나타나 그 우상을 부서뜨리도록 되어 있

었다. 즉, 그리스도의 왕국이 건설되도록 되어 있었다.

> 때가 차매 하나님이 그 아들을 보내사 여자에게서 나게 하시고 율법 아래 나게 하신 것은 율법 아래 있는 자들을 속량하시고 우리로 아들의 명분을 얻게 하려 하심이라(갈 4:4-5).

■ 복습 문제 ■

1. 느부갓네살이 꿈에 본 신상은 각각 무엇을 상징하였는가?
2. 바벨론 제국이 통치하던 때에 유대인들에게 무슨 일이 일어났는가?
3. 메데 파사가 통치하던 때에는 유대인들에게 무슨 일이 일어났는가?
4. 알렉산더 대제의 정복은 왜 중요한 의미가 있었는가?
5. 유대인의 독립 국가가 잠시나마 이룩되게 되었던 경로를 살피라.
6. 로마인들이 어떻게 팔레스타인을 지배하게 되었는가?
7. 마태복음 6장; 누가복음 3장; 마가복음 6장에 언급된 헤롯 왕가의 소행들은?

■ 더 연구할 문제 ■

1. 유대인들이 그리스도의 오심을 대망했어야 할 것을 보여주는 구절들을 말라기서에서 말해보라.

제3장

지리적 배경

■ 연구 문제 ■
1. 팔레스타인의 지리적 위치는 어떤 점에서 중요한가?
2. 팔레스타인 땅의 특징은 무엇인가?
3. 팔레스타인의 기후로 말미암아 농작물에 어떤 영향이 있는가?
4. 팔레스타인 땅은 어떻게 지리적으로 구분되어있는가?

하나님께서 자기 아들을 세상에 보내셨을 때, 그는 모든 땅과 모든 세대의 사람들을 위한 구세주로 그를 보내 주셨다. 그리스도는 모든 민족들을 다스리시는 하늘에 계시는 왕이시요, 그의 나라는 결코 망하지 않을 것이다. 그러나 그는 인간의 역사에 참여하셨다. 즉, 특정된 시간에 특정된 나라의 사람이 되셨다. 그는 약 2,000년 전에 팔레스타인 땅에서 태어나 거기서 살다가 죽으셨다. 그것이 그의 지상에서의 환경이었다. 우리는 그의 지상에서의 환경을 무시해서는 안된다. 예수님의 가르침과 교훈은 그가 태어난 나라의 생활과 문화에 대한 언급들로 가득 차 있다.

　복음서에 나오는 사람들의 생활과 행위들은 그들의 지리적 여건과 정치와 종교에 의하여 형성된 것이다. 만일 우리가 그 사람들을 이해하려고 할 것 같으면, 먼저 그들의 배경을 알아야 한다. 만일 우리가 그들을 이해하지 못할 것 같으면 그리스도의 메시지를 충분하게 이해 할 수가 없게 되는 것이다.

1. 팔레스타인의 지리

　팔레스타인은 아주 조그마한 나라이다. 그 땅의 북쪽과 남쪽의 경계를 단과 브엘세바로 볼 경우에 길이가 150마일 폭이 50마일 가량 된다. 그것은 미국의 뉴저지 주보다 더 작다(역자 주. 전라남북도 보다 약간 적다). 그러나 어떤 땅의 중요성은 그 땅이 몇 평방 마일이 되는가에 의해 결정되어서는 안 되고, 그것의 위치가 또한 고려되어야 하는 것이다. 인간의 초기 역사에서 가장 중요한 지역들 중의 하나는 유프라테스와 티그리스 강 유역의 초생달 모양의 비옥한 땅(the Fertile Crescent)이었다.

　이 비옥한 땅은 페르샤만에서 시작하여 티그리스와 유프라테스 강 유역을 따라 북서쪽으로 뻗쳐 있다. 그 강의 유역은 거의 지중해까지 이르고 있었다. 그리고 그 비옥한 지역은 남서쪽으로는 시내 반도의 사막 지대에 이르기까지 지중해의 동해안을 따라 뻗쳐 있었다. 초생 달 모양의 그 비옥한 땅은 문명의 발상지였다. 또한 모든 무역로가 그곳을 통과하였다.

　애굽과 티그리스와 유프라테스 유역의 제국들 간에 무역이 활발하게 이루어져 있기 때문에, 그 초생달 모양의 비옥한 땅의 서쪽 지역이 다리 노릇을 하게 되었는데, 팔레스타인이 그 중요한 지역의 중앙에 위치해 있었다. 여러 세기가 흐르고 새로운 제국들이 일어남에 따라 지중해 연안의 나라들이 점점 중요한 위치를 차지하게 되었다. 문명의 중심지가 티그리스의 유프라테스 유역에서 헬라로, 헬라에서 로마로 옮아갔다. 그러나 문명의 중심지가 이처럼 이동하였을지라도 팔레스타인은 여전히 중요한 위치를 차지하고 있었다.

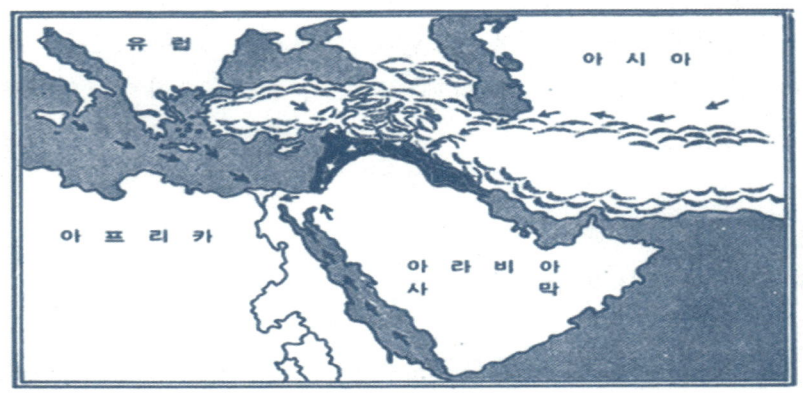

로마 제국은 유럽과 아시아와 아프리카 등 세 대륙에 걸쳐 영토를 넓혔다. 이 세 대륙들은 팔레스타인과 그 근방의 좁은 땅 덩어리에서 서로 만난다. 모든 주요 무역로들이 그 좁은 지역을 통과했다. 결과적으로, 팔레스타인은 주요 무역로들을 위한 교량 노릇을 계속적으로 하게 되었다. 예수님께서 태어나시고 일하시다가 죽으신 그 땅이 그 좁은 지역의 중앙에 위치해 있었다. 그러기에 사도들이 예수님의 사역에 대해서 전파하던 때, "이 일은 한편 구석에서 행한 것이 아니로소이다"(행 26:26)라고 그들은 확실하게 말할 수가 있었던 것이다.

2. 팔레스타인의 특징들

팔레스타인은 아주 다양한 땅이다. 북쪽은 눈으로 덮여 있는 산맥이 있는가 하면 남쪽은 열대 지방이다. 또한 땅덩어리는 좁으나, 비옥한 평야가 있는가 하면, 울퉁불퉁한 언덕들이 있고, 바위로 된 벼랑과 사막성 황무지들이 있다. 아마도 지구상에서 이처럼 좁은 면적 안에 이만큼 다양성 있는 땅은 없을 것이다. 팔레스타인의 이 같은 다양성은 부분적으로는 그것의 위치 때문이다. 팔레스타인은 서쪽으로는 지중해와, 동쪽으로는 사막과 연접해 있다. 그런데 동서간의 거리는 50마일도 못된다.

그래서 팔레스타인은 바다와 사막 간의 전투장이다. 바다의 영향력이 더 강한 곳의 땅은 물이 많고 농작물의 수확이 좋으나 사막이 영향력을 미치는 곳의 땅은 황무지가 되어 버린다. 또한 그 다양성은 그 쪽 지역에서 일어났던 엄청난 지각 변동에 기인하고 있다. 두 차례의 큰 지각 변동이 일어남으로 해서 팔레스타인에는 산맥과 요단 계곡이라고 하는 양대 특징을 갖춘 풍경이 형성되었다.

요단계곡은 아주 특이하다. 대부분의 계곡들은 강들의 침식 작용에 의하여 형성되어 있으나, 요단 계곡은 "단층"계곡이다. 단층(fault)이란 변동하는 경향이 있는 지층선(地層線)을 말한다. 그 지층이 변동할 때 지진이 일어난다. 한 때 팔레스타인에 큰 지진이 있었음에 틀림없다. 지금 요단강이 흐르고 있는 선을 따라서 지층이 양쪽의 지층보다 더 아래로 가라앉았다. 그리고 지금 사해(死海)가 위치하고 있는 지역의 지층은 다른 지층보다 더 심하게 내려앉은 것이다. 그래서 자연스럽게 물이 낮은 곳으로 흘러내려 요단강과 사해가 생겨나기 시작했다.

요단강이 이같이 생겨났기 때문에 그 계곡은 협소하며 양편이 가파르다. 또한 그 강이 급한 경사를 이루고 있기 때문에 강류(江流)가 매우 급하다. 그리고 그 계곡이 팔레스타인의 나머지 지역보다도 훨씬 낮기 때문에 하류 요단 계곡의 기온은 열대인 것이다. 팔레스타인의 산맥은 북쪽에서 남쪽으로 그 땅의 중앙을 관통하는 뼈가 굵은 척추와도 같다. 이 산맥은 팔레스타인의 기후에 있어서 중요한 요인이다. 이 산맥으로 말미암아 그 땅의 하나님의 백성의 역사가 크게 영향을 입었다.

3. 팔레스타인의 일기와 기온

팔레스타인은 미국의 남부 지역의 주들만큼(역자 주. 제주도보다 약간 더 아래)남쪽에 위치하고 있다. 그 땅의 대부분의 지역에서는 서리를 전혀 볼 수가 없으며 겨울에도 농작물이 자라난다. 여름철은 너무 덥고 건조해서 아무것도 자라날 수가 없다. 바다, 산맥, 계곡 그리고 사막으로 말미암아 팔레스타인에는 우기(雨期)가 형성되어 있다. 팔레스타인에는 연중 7개월 동안만 비가 온다. 10월에는 많은 비가 내리는데, 성경에 이른 비로 언급되어 있다. 이 비가 내림으로 해서 땅이 부드러워지게 되고, 쟁기질하며 경작할 수 있는 준비가 된다.

겨울에는 비가 덜 오나, 대개는 농작물이 자라는데 충분한 양이 내린다. 그러다가 3월 말이나 4월에 또 한 차례 큰 비가 내린다. 성경에는 늦은 비로 일컬어져 있다. 이 비가 내림으로 해서 농작물의 성장은 멈추게 되며, 4월에나 5월에는 수확하게 된다. 팔레스타인의 농사는 이 우기에 전적으로 달려있다. 만일 비가 오지 않게 되면 기근이 든다. 그리고 만일 비가 늦게 오면 수확이 격감되어 사람들이 크게 고통을 당하게 된다. 팔레스타인 전역에 걸쳐서 비의 양이 동일하게 내리는 것이 아니다. 어떤 지역은 굉장히 많은 양이 내리고, 어떤 지방은 아주 적게 내린다.

지역적으로 보면, 지리적 위치에 의하여 결정된다. 일반적으로 말해서 북쪽 지역이 남쪽 지역보다 비가 더 많이 온다. 그런데 가장 중요한 요인은 산맥이다. 이 산맥으로 인하여 비를 품은 구름들이 상승하게 되고 이로 인하여 비가 서쪽 경사지에 내리게 된다. 비를 실은 그 구름이 동쪽 지방에 이르기 전에 대부분의 비가 내리고 만다. 결과적으로, 팔레스타인의 동쪽 지방은 비가 적게 내려 건조하다.

4. 팔레스타인의 지형적 구분

팔레스타인은 그것의 자연적 특징들로 말미암아 명백하게 한계가 드러나 있다. 몇몇 지역들로 구분되어 있다. 해안 평원(Coastal Plain)이 지중해를 따라 팔레스타인의 남북으로 뻗쳐 있다. 그 평원은 북쪽보다는 남쪽이 더 넓다. 해안을 따라 한 줄기의 좁다란 모래땅이 있기는 하지만 그 평원은 비옥하여 농사 짓는데 아주 적합하다. 그러나 해안 평원은 사실상 이스라엘의 땅이 아니었다. 그 평원의 널따란 남쪽 지역은 블레셋 사람들이 장악하였었다.

다윗과 솔로몬이 통치하던 기간 동안에만 이스라엘은 상당히 오랜 동안 그 평원을 지배할 수가 있었다. 해안 평원에서 동쪽으로 옮아가면 서부 고원지대(Western Highlands)에 이르게 된다. 이 고원지대는 브엘세바의 북쪽에서 시작하여 북쪽으로 레바논에까지 뻗쳐있다. 그 고원지대는 한 곳에서 에스드라엘론 평원에 의해 끊겨 있다. 이 평원은 동쪽으로 갈멜산으로부터 요단강에 뻗쳐 있다. 서부 고원지대는 이스라엘의 역사상 대부분의 중요한 사건들이 일어난 장소였다.

갈릴리와 유대와 사마리아가 그 지역에 위치해 있다. 고원지대의 가장 북쪽지방은 갈릴리로 알려져 있다. 예수님은 그의 공적 사역을 시작하시기 전까지 갈릴리에서 계셨고, 대부분의 그의 사역은 갈릴리에서 되어졌다. 갈릴리는 북쪽 레바논에서 시작하여 해안과 갈릴리 바다 사이에 있는 숲이 우거진 언덕들과 비옥한 평야지역에 이르고 있다. 후자의 지역은 아랫 갈릴리(Lower Galilee)라 불린다. 이 지역이 복음서에 그렇게도 자주 언급되어 있는 갈릴리이다.

> 이곳은 좁은 지역으로서 길이가 19마일이요 폭이 12마일에 지나지 않으나 아주 경관이 좋다. 비가 부족하게 오는 일이 전혀 없고, 사막을 찾아 볼 수가 없으며, 봄에는 모든 언덕이 꽃으로 불타오르고 모든 분지가 오곡으로 풍성하다(데니스 발리, 『성경 지리』, 190).

신약성서 시대의 팔레스타인

갈릴리는 사마리아가 사이에 놓여 있었으며, 따라서 외부 세계와 자유로운 교통을 할 수 있는 위치에 있었다. 그래서 결과적으로 예루살렘과 유대의 엄격한 유대인들은 갈릴리 사람들의 경우 그들의 사고방식이 지나치게 독자적이고 이방인들에 의해 아주 쉽게 영향을 받는다고 주장하면서 갈릴리를 멸시하였다. 그러나 갈릴리는 그리스도의 사역으로 말미암아 축복받은 지역이었다. 예수님께서 그가 사역하시던 때에 방문하신 나사렛, 가나, 가버나움, 벳세다와 같은 많은 도시들과 마을들이 갈릴리에 있었다.

갈릴리 남쪽에는 갈릴리를 유대로부터 갈라놓고 있는 사마리아가 자리잡고 있다. 사마리아는 북쪽이 오히려 지형 면에서 낮으며, 이스르엘 계곡(Valley of Jezreel)으로도 알려져 있는 에스드라엘론 평원의 남쪽 부분을 포함하고 있다. 남쪽으로는 유다에게까지 뻗쳐 있는 고원지대가 있어 지형적으로 오름세에 있다. 사마리아는 그리스도의 사역을 연구하는데 비교적 중요하지 않다. 유대인들은 대체로 사마리아를 피하여 여행했다. 수세기 동안의 원한과 알력으로 말미암아 유대인들과 사마리아인들 간에 증오감이 생겨났다.

그러나 예수님은 이에 구애 받지 않고 수시로 사마리아를 통과하여 여행하셨다. 예수님의 사역 가운데 한 사건이 사마리아의 수가성 밖에서 일어났다(요 4장). 서부 고원지대의 최남단은 유대였다. 유대 지방은 조금 더 넓은 편이었지만, 예수님께서 여행하시며 일하신 지역은 길이가 30마일, 폭이 18마일 가량 되는 타원형의 땅이다. 이 타원형의 땅은 북쪽에서 남쪽으로 뻗쳐있는 산맥이 통과하고 있다. 이 산맥으로 말미암아 땅이 나뉘어 있다. 그 땅은 비옥하지 못했다.

그러나 서쪽 방면의 경사지는 많은 양의 비가 온 까닭에 곡식과 포도와 감람 열매가 생산될 수가 있었다. 그 산맥의 동쪽 땅은 비가 거의 오지 않은 까닭에, 땅이 볼모지요 바위가 많았으며 서쪽 경사지가 과수원과 포도원이 많은 것과는 크게 대조적이었다. 그리고 남동쪽으로는 유대 광야가 있다. 이 지역은 예수님이 사탄에게 시험 받으신 곳이었는데, 비가 거의 오지 않음으로 해서 농사를 지을 수가 없었다. 그 땅은 황량하고 황폐하여,

사해(死海)가 생물이 살 수 없는 물이 되기에 적합한 배경을 이루고 있었다.

유대에서 가장 중요한 곳은 예루살렘과 인근 지방이었다. 예루살렘은 경계를 이루고 있는 산맥의 바로 동쪽에 위치하고 있고, 광야 근처 요단강에 이르는 비탈길 가장 자리에 자리 잡고 있다. 그 도시는 가파른 절벽들이 사방으로 둘려 있는 대지(臺地) 위에 본래 건설되어 있었다. 그 같은 위치로 말미암아 그 도시는 강한 요새가 되었다. 그러나 예수님 당시에는 그 도시가 전 대지로 확장되고, 작은 계곡들과 인근 언덕들에까지 이르렀다.

예루살렘은 아름다운 도시는 아니었을 것이나 여호와의 성전이 있는 곳이었기 때문에 유대인들에게는 세계에서 가장 영광스런 도시였다. 예루살렘은 유대에서의 예수님이 사역의 중심지였기 때문에 우리에게 중요하다. 고원지대의 동편에는 요단 계곡이 있다. 요단강은 레바논 산맥의 경사지에서 시작하여 남쪽으로 흐르고 있는데, 물이 흐르고 있는 수면으로부터 1,200피트 이상 솟아오른 가파른 절벽들 틈바구니로 흐르고 있는 것이다. 이 협곡은 갈릴리 바다에까지 이르고 있다. 갈릴리 바다는 길이가 12마일이고 폭이 5마일 가량 된다.

예수님 당시에 이 바다 또는 호수는 위대한 활동이 있었던 무대였다. 그 호수 주변에는 많은 마을들이 있었고 수십 척의 고기잡이배들이 떠다녔다. 예수님 자신도 여러 차례 그 호수에서 항해하셨다. 갈릴리 바다의 아래쪽에서는 언덕들이 다시금 좁혀들어 강을 이루고 있으며 그리고 나서 사해(死海) 바로 위쪽에서 계곡이 넓어져 있다. 이 넓은 계곡은 농경에 적합하고, 열대 기후이었다. 계곡 사이로는 150피트의 깊이에 어떤 곳에서는 폭이 1마일 가량 되는 강이 흐르고 있다.

그 계곡에는 밀림이 있었다. 그리스도가 살던 시대에는 야생 짐승들이 살고 있었다. 아주 옛날에는 사자들도 거기에 살고 있었다. 밀림이나 강의 경우 걸어서 통과할 수 있는 지점은 거의 없었다. 요단계곡의 동편에는 가파른 절벽들이 높은 대지(臺地)를 이루고 있다. 계곡 근처의 대지는 물이 풍부하였고 평야들 가운데 마을들이 산재하였다. 그러나 비가 풍족하게 내리는 지역은 얼마 되지 않았고 농경지가 조금 펼쳐지다가 곧장 황폐한 사막이 전개되었다.

　팔레스타인의 이 지역은 유대인들이 그들이 혐오하던 사마리아 대신 요단강 동편으로 여행하였던 사실 때문에 우리에게 중요하다. 유대인 지도자들이 예수님을 죽이려고 하였을 때 그는 요단 동편으로 피신하여 잠시 안전을 도모하신 일이 있다. 팔레스타인 땅은 조그마하되, 세계의 교차로에 위치하였으며, 지중해와 사막으로 둘러있었다. 그 땅은 다양하고 대조적인 특징들을 가지는 곳이었다.

　그렇지만 이 같은 지형적인 이유로 해서 팔레스타인이 영광스런 것이 결코 아니다. 우리가 팔레스타인을 귀하에 여기는 것은 그 땅의 길들을 걸으셨고 그곳의 성읍들을 방문하셨으며, 그 호수를 항해하셨던 그 한 분 때문이다. 다시 말해서, 하나님께서 사람이 되셨던 때에 팔레스타인이 하나님의 고향이기 때문이다.

■ 복습 문제 ■

1. 왜 팔레스타인이 주변 국가들에게 중요하였는가?
2. 팔레스타인의 지리적 위치는 어떤 점에서 그 땅의 다양성과 기후를 설명하는데 도움이 되는가?
3. 요단계곡은 어떤 점에서 특이한가?
4. 팔레스타인에서는 어느 달에 비가 오는가?
5. 팔레스타인에서는 어느 지역이 비가 제일 많이 오는가?
6. 왜 해안 평원은 예수님의 생애에 거의 영향을 주지 못했는가?
7. 유대 지방에 살던 사람들은 왜 갈릴리를 멸시하였는가?
8. 유대 지방에 대해 말하라.
9. 예루살렘의 위치에 대해 말하라.
10. 요단 계곡에 대해 말하라.

■ 더 연구할 문제 ■

1. 산맥이 어떻게 형성되며, 산맥으로 말미암아 어떻게 비 오는 것이 영향을 받게 되는가 하는 것과, 침식 현상이 어떻게 일어나는가에 대한 참조 자료들을 사용하여 말해 보라.
2. 왜 유대인들이 사마리아인들을 미워하였는가?
   (참조, 왕상 9장; 왕하 17장; 느 4장)
3. 초생달 모양의 비옥한 땅(Fertile Crescent)의 지도를 보라. 왜 많은 무역로들이 팔레스타인을 통과하였는가?

제4장
정치, 종교, 사회적 배경

■ 연구 문제 ■
1. 그리스도 당시 팔레스타인의 종교적 정치적 지도자들은 누구였는가?
2. 유대인들의 종교적 신앙과 생활은 어떠했는가?
3. 자녀들은 어떻게 교육되었는가?
4. 유대인들의 종교는 어느 정도까지 그들의 일상생활에 영향을 미쳤는가?

만일 팔레스타인의 지리가 그것이 그리스도와 관련되어 있기 때문에 우리의 관심의 대상이 된다고 하면, 그리스도께서 함께 살으셨던 그 사람들도 우리의 관심의 대상이 되어야 할 것이다. 우리가 관심을 가져야 할 사람들은 그의 친척들과 이웃들과 동료들과 원수들이다. 그들은 무리를 이루어 그를 따랐다. 그들은 그에게 소리 질러 도움을 청하는가 하면, 그가 예루살렘에 입성할 때 그를 찬미하였고, 빌라도 앞에서는 그를 십자가에 못 박을 것을 요구하였다. 그는 그들의 회당과 성전에서 가르쳤다. 그들의 가정과 배들은 그의 안식처였다.

   그들의 종교와 관습과 문화에 의하여 그의 사고방식이 영향을 받았고, 그의 교육 방식이 형성되었다. 예수 그리스도의 삶은 그가 위하여 오신 자들의 삶과 영원토록 관련되어 있다. 예수님 당시 팔레스타인에 거주한 사람들은 유대인들이었다. 그들은 아브라함의 후손들이었다. 그들의 조상들은 애굽에서 구출되었고 그들이 지금 사는 땅을 정복했었다. 그들은 자랑스럽게도 하나님의 율법을 소유한 자들이었다.

> 저희에게는 양자됨과 영광과 언약들과 율법을 세우신 것과 예배와 약속들이 있었다(롬 9:4).

   그러나 이 사람들은 그들의 유산을 멸시하고 변절하여 이방의 신을 섬기며, 선지자들을 통하여 주신 하나님의 경고를 거절하는 등 그들의 죄악 때문에 포로 생활을 하였었던 그 유대인들의 후손들이었다. 예수님 시대에는 팔레스타인에 사는 유대인들의 수보다 로마 제국에 흩어져 사는 유대인들의 수가 더 많았다. 이같이 흩어지게 된 것은 하나님께서 자기의 죄악 된 백성을 벌하셨기 때문이었음에 분명하다. 어떤 점에서는 팔레스타인의 유대인들보다도 흩어진 유대인들이 더욱 흥미롭고 중요하다. 그러나 예수님께서 살으시고 일하신 것은 팔레스타인의 유대인들 가운데서였다.

   그러므로 이들에 국한하여 공부하고자 한다.

1. 그들의 정부

   예수님 당시 팔레스타인은 로마 제국의 한 부분이었다. 그 제국은 이탈리아 밖에서는 여러 지방으로 분할되어 있었다. 이들 지방들은 로마에 충성을 바치는 여러 유형의 지도자들에 의하여 통치되었다. 예수님이 태어나던 때에, 모든 팔레스타인은 헤롯 대제라고 하는 한 왕에 의하여 통치되고 있었다. 헤롯이 죽자 그 땅은 더 적은 지방들로 분할되어 그의 아들들에게 물려졌다. 아켈라오가 유대 지방을 통치했고(마 3:22), 헤롯 안디바가 갈릴리를, 그리고 빌립이 갈릴리 바다의 북동쪽 지역을 다스렸다(눅 3:1).

헤롯과 빌립은 그리스도께서 일하시던 기간을 통해서 계속 통치하였으나, 아켈라오의 통치는 잠깐뿐이었다. 아켈라오가 죽자 유대 지방은 황제의 통치를 직접 받게 되었다. 즉, 총독에 의하여 통치되었는데, 총독은 황제에게 직접 책임을 졌다. 빌라도는 이 총독들 중의 한 사람이었다. 로마 당국에 의하여 임명된 통치자들 외에, 유대인들은 산헤드린으로 알려진 다른 집합체에 의하여 통치되었다. 이 집합체는 70인의 유대인 장로들로 구성된 협의회였다. 엄격히 말해서, 산헤드린은 종교적인 문제들에 있어서만 권세가 있었다.

그러나 때때로 왕들과 총독들은 사회적인 문제들에 있어서도 산헤드린에게 다소간의 권세를 허용하였다. 복음서들에는 그것이 "공회"(마 26:59)와 "장로들의 공회"(눅 22:66)로 불리고 있다. 예수님을 심문하고 그를 빌라도에게 보낸 것이 이 산헤드린이었다.

2. 그들의 지도자들

산헤드린은 서기관들과 바리새인들과 사두개인들로 구성되었다. 서기관들은 율법을 연구하여 가르치는 사람들이었다. 바리새인들과 사두개인들은 오늘날의 정치적 정당과 다소 비슷한 종교적 당파들이었다. 이들 각 당파는 공동의 신념을 가진 사람들로 구성되었다. 서기관 직책은 아마도 바벨론 포로 기간 중에 생겨난 듯하다. 유대인들은 외국 땅에서 여호와의 백성으로서의 동일성을 지키기 위해서, 그들의 종교생활을 재조직해야 했었다.

그래서 그들은 재조직하였는데 하나님의 말씀연구를 그들의 종교의 중심적 특징으로 삼았다. 하나님을 예배하는데 있어서 이 같은 필연적인 변화로 말미암아 어떤 사람들이 하나님의 율법연구에 헌신하게 되었다. 이 사람들이 서기관으로 불렸다. 처음에는 서기관들이 단지 하나님의 율법을 연구했다. 그러나 세월이 흐름에 따라 그들은 선배 서기관들의 율법해석들을 연구하기 시작했다. 그리스도의 시대에 이르러서는, 이 율법 해석, 즉 전통에 대한 연구가 하나님의 말씀연구보다 더 중요시되었다.

　서기관들은 그들이 율법을 연구하는 학생들이요 가르치는 자들이었기 때문에 사람들에게 크게 존경을 받았다. 그러므로 그들은 흔히 "랍비"라고 불렸다. "랍비"라는 호칭은 존칭이요, 그 뜻은 선생님이다. 많은 서기관들은 바리새파의 회원들이었다. "바리새파"라는 단어는 분리주의자들을 의미한다. 바리새파는 아마 이 이름을 그들의 대적들로부터 얻은 듯하다. 그러나 그 이름은 그들의 삶의 목표를 반영하고 있다. 구약과 선조들의 전통에 진실하는 것과, 악과의 접촉을 피하는 것이 그들의 목표이었다.

　바리새파는 전 구약(全 舊約)을 하나님의 말씀으로 받아들였으나, 서기관들이나 장로들의 전통을 따라서 성경을 해석했다. 그들은 그들 자신의 성경해석과 장로들의 전통에 기초하여, 생활의 모든 부분에 관련된 율법의 법전을 만들었다. 그들은 이 율법을 엄격하게 지키려고 노력했다. 이 같은 사실은 복음서에도 자주 나타나있다. 바리새파 사람들은 "자주 금식하고"(마 9:14), "박하와 운향과 모든 채소의 십일조를 드리며"(눅 11:42), "손을 부지런히 씻지 않으면 먹지 아니하였다"(막 7:3).

　그들은 율법에 대하여 지나치게 열심이 있었다. 그러나 그들의 율법은 대개 사람의 율법이었지 하나님의 율법이 아니었다. 바리새파는 유대인들 가운데 가장 큰 종교적 당파이었으나, 그들의 요구사항이 매우 엄격했기 때문에 그 회원 수는 적었다. 그렇지만 바리새파는 인기가 있고 영향력이 있었다. 유대 백성들은 특별히 회당 내에서는 그들의 지도를 추종하였다. 다른 당파인 사두개파는 사사건건 대개 바리새파와 대립되었다. "사두개파"라는 명칭의 의미와 그 당파의 기원에 대해서는 알려진 것이 없다.

　사두개파는 모세오경만을 하나님의 말씀으로 받아들이고, 서기관들의 해석을 반대하였다. 그들은 그들이 이해할 수 있는 것만을 믿으려고 하는 경향이 있었다. 그래서 부활의 교리와 천사의 존재를 부인하였다(행 23:8). 또한 바리새파에게는 매우 중요하였던 많은 규례들을 그들은 지키지 않았다. 사두개파는 바리새파보다 훨씬 더 인기가 없었으나, 대제사장과 그의 가문이 사두개파이었기 때문에 그들은 막강한 권력을 가지고 있었다. 대제사장은 유대인들 가운데서 최고의 종교적 직책을 관장하였다.

그는 산헤드린의 회장이었고, 로마 당국과의 정치적 관계에 대하여 책임이 있었다. 그러므로 사두개파는 로마 당국에 대하여 영향력이 있었다. 그들에게는 정치적인 권력이 있었기 때문에 산헤드린을 그들이 주관할 수가 있었으며, 그들은 그 권력을 자기들에게 이롭게 사용하였다. 그들은 유대인들 가운데서 여당이었다.

3. 그들의 문헌

유대인들은 그들의 삶이 한 권의 책, 즉 구약성경에 의해서 지배된 백성이었다. 구약성경은 그들의 종교의 기초요, 그들의 국민적 생활의 헌장이었다. 이 책에서 그들은 그들이 믿는 교리들과 그들의 예배 의식과 그들의 일상생활을 규제하는 율법들을 얻어냈다. 이 책을 통해서 그들은 그들의 혈통을 더듬어 믿음의 조상인 아브라함에게까지 거슬러 올라갔다. 구약성경은 세상에서 가장 중요한 책이었다. 그것은 바로 하나님의 말씀으로써, 그가 영감 해 주셨던 사람들에 의하여 기록되었다.

유대인들은 그들의 성경을 경외하였으며, 그것을 그들의 예배의 중심, 교육의 중심, 삶의 중심으로 삼았다. 하나님께서 유대인들을 흩으심으로 해서 어떤 유대인들은 헬라어를 사용하는 사회에 속하여 살게 되었다. 이로 인하여 헬라어로 된 성경의 필요성을 그들은 절감케 되었다. 그들 중의 얼마는 여전히 히브리어로 말하고 히브리어로 글을 썼으나, 그들이 집에서나 용무상 사용한 것은 헬라어였다.

그래서 히브리어 성경이 헬라어로 번역되었다. 그 역본은 70인역

(Septuagint)으로 알려져 있다. 그것은 널리 사용되게 되었다. 신약에 있는 많은 구약의 인용구들은 70인역의 본문에 근거하고 있다. 사실, 기독교인들이 이 70인역을 아주 많이 사용했기 때문에 결국 유대인들은 그것을 기독교인의 책으로까지 생각하게 되었으며, 그것을 그들이 사용하지 않아도 될 수 있도록 하기 위해서 그들 자신의 다른 역본 성경을 만들어 냈다.

구약성경이 가장 중요한 종교 서적이나, 그것이 유일한 책은 아니었다. 구약이 완성된 후, B.C. 1세기와 3세기 사이에 팔레스타인에서는 유대인들에 의하여 기록된 다른 종교 서적들이 나타났다. 이들 중에 몇 가지는 70인역에 포함되어 있으나, 유대인들은 그것들을 하나님의 영감 된 말씀으로 결코 받아들이지 않았다. 이 책들을 가경(또는 외경)이라고 부른다. 가경에는 중간 시대(구약과 신약 사이)의 유대인들의 의식 구조가 나타나 있으므로 해서 예수님 당시의 유대인들을 이해하는데 도움이 된다.

이 책들 외에도 "장로들의 유전"(막 7:3)이 있었다. 이 책들은 서기관들에 의하여 된 율법에 대한 해석들이었다. 그리스도 때에는, 그것들이 구전(口傳)의 형식으로 전수되었다. A.D. 2세기에 이르러서야 기록된 형식으로 수집되었으며, 그 책들은 미쉬나로 알려져 있었다.

4. 그들의 종교

유대인들의 종교적 신앙은 구약에서 기원되었다. 그들이 특별히 중요시한 네 가지의 교리는 다음과 같은 것들이었다.

1) 여호와는 살아계시고 참되신 유일한 하나님이시다. 오직 여호와께서만이 하늘과 땅을 창조하셨다. 그러므로 그는 사람들이 경배해야 할 유일한 분이시다.
2) 하나님께서는 그의 언약을 아브라함과 맺으셨고 이스라엘을 선택하여 자기의 언약의 민족으로 삼으셨다. 언약을 통해서 이스라엘

은 구원의 축복과 하나님과 교제하는 축복을 받았다. 이 언약으로 말미암아 이스라엘에게 여호와만을 경배하고 그의 율법들을 순종해야 하는 책임이 주어졌다.

3) 이 언약을 깨뜨리는 것은 죄였다. 이스라엘이 하나님의 율법을 무시하였을 때 또는 이스라엘이 다른 신들을 섬겼을 때, 선지자들은 그 같은 행위들의 죄악성을 지적하였다. 이스라엘이 계속하여 범죄하였을 때에 하나님께서는 이스라엘을 벌하셨다.

4) 언약의 약속들은 하나님께서 죄와 그것의 결과들을 씻어 버리시게 되는 새로운 시대에 완전히 성취되도록 되어 있었다. 이 시대는 메시아의 강림과 관련되어 있었다. 하나님께서는 그를 보내시어 온 세계를 영원토록 통치하고자 하셨다.

이 교리들은 모두 참이었다. 이것들을 하나님이 구약에서 가르치셨다. 그러나 유대인들은 이 교리들을 구약에 있는 그대로 보전하지 않았다. 그들은 구약에다 대량의 전통들을 첨가하였고, 이 전통들에 의하여 구약의 가르침들이 왜곡됨으로 해서 거의 알아볼 수 없게끔 되어 버렸다. 구약이 가르치는바 종교는 마음의 종교이었다. 그런데 예수님 당시의 유대인들은 종교를 의식적(儀式的)인 것으로 만들어 버렸다. 구약은 사람들에게 무엇보다도 하나님을 사랑할 것을 요구하였다.

그러나 유대인들은 하나님께서 그들에게 다만 율법과 의식법들만을 지킬 것을 요구하는 것으로 믿었다. 구약에는 하나님께서 이스라엘과 맺으신 언약이 구원에 이르는 길로 가르쳐져 있었으나, 유대인들은 그 언약으로 말미암아 모든 유대인들에게 구원이 보장되는 것으로 믿었다.

구약은 의와 평화의 우주적인 왕국을 건설하기 위하여 메시아가 오실 것을 가르쳤으나, 유대인들은 메시아가 미운 로마인들을 멸망시키고 영광과 권세의 유대 왕국을 건설할 것으로 믿었다. 유대 지도자들은 예수님이 그들의 모든 전통(이 전통들은 하나님의 말씀을 왜곡시켰다)들을 거부했기 때문에 그를 격렬하게 반대했다.

5. 그들의 예배

초기 유대인의 예배는 회막 및 성전과 관련되어 있었다. 하나님께서는 이스라엘 백성에게 그를 예배하는 방법과 장소에 대한 특별한 계명들을 주셨었다. 처음에 그들은 회막에서 하나님을 예배하였다. 회막은 일종의 장막으로써, 이스라엘 백성이 이동할 때 가지고 다닐 수가 있었다. 그들이 가나안 땅에 정착하게 되었을 때 하나님은 성전 건축에 대한 지침들을 주셨다. 이 성전은 솔로몬이 짓게 되었는데, 그때로부터 하나님에 대한 예배가 예루살렘에 있는 성전과 관련되게 되었다. 성전에서의 가장 중요한 예배 수단중의 하나는 성전 뜰에 있는 큰 제단 위에 희생 제물을 드리는 것이었다. 이 희생 제물은 모든 백성을 위하여 매일 드려졌다.

개인적으로 예배하는 자들도 제사장들의 도움을 얻어 그 희생 제물을 드릴 수가 있었다. 정규적인 상번제(常燔祭)에는 기도가 수반되었다. 제사장들은 성전 건물 안에서 특정한 예배 행위를 수행하였다. 그들은 향을 피우며, 금 촛대를 정돈하고 기름으로 채우며, 빵차림상을 보살폈다. 사가랴에 대한 기사로 미루어 보아(눅 1:8-10) 제사장의 이 같은 예배 행위가 수행되는 동안 회중은 성전 뜰 밖에서 기다렸다는 것을 알 수 있다.

예루살렘이 B.C. 586년에 바벨론인들에 의해 함락되었을 때, 성전이 파괴되고 백성은 포로로 잡혀갔다. 유대인들은 이국(異國)땅에서는 예루살렘에서처럼 예배할 수가 없었다. 거기서는 희생 제사를 드릴수도 없고, 그들의 절기를 위하여 함께 모일 수도 없었다. 수세기 동안 종교적으로 고립된 상태에서 살기 때문에 그들은 이방 사람들과 이방의 종교와 관습들의 분위기에 자신들이 둘려 싸여 있다는 것을 발견케 되었다.

그것은 위험천만한 일이었다. 그들이 이방의 사고방식에 젖어들어 여호와의 백성으로서의 그들의 동일성을 잃고 동화될 위험에 처하였던 것이다. 그 같은 위험 때문에, 유대 백성들은 그들을 결속시켜 줄 어떤 것을 필요로 하게 되었다. 그들은 구약성경 특히 율법의 연구를 강조한 새로운 형태의 예배를 발견해냈다. 유대인들은 그들이 정착한 모든 도시와 마을에서 하나님의 말씀을 연구하기 위하여 함께 모이기 시작했다. 그로 말미암아 회당이 설립되기에 이르렀다. 단순한 형태의 예배가 점점 발전되었다.

그것은 유대주의 신조(신 6:4-5)의 낭송, 기도, 성경 봉독, 설교 등으로 구성되었다. 그들은 정규적인 예배 시간을 정하였으며, 직원들을 두어 회당의 일들을 도모케 했다. 이로써 회당은 모든 사로잡혀 간 땅의 유대인들이 그 땅의 사람들로부터 분리된 백성으로서의 동일성을 유지하는 수단이 되었다. 메데 파사의 통치자인 고레스가 통치하던 때에 유대인 얼마가 성전을 재건하기 위하여 예루살렘으로 되돌아왔다. 사로잡혀 간 땅에 그대로 머물러 있던 자들은 계속해서 회당들에서 예배를 드렸다. 그러므로 성전이 예루살렘에 재건됨으로 해서 회당이 끝장나버린 것은 아니었다.

사실, 회당이 예루살렘에도 세워졌으며, 그것의 예배 방법도 함께 사용되었다. 우리는 성전과 회당에서 예배하는 그리스도와 사도들에 대해서 읽어 볼 수가 있다.

6. 그들의 절기

유대인의 예배의 중요한 부분은 절기이었다. 절기는 연회가 아니라, 예배와 찬미를 위한 특별한 날들이었다. 가장 흔한 절기는 매주 일곱째 날인 안식일이었다. 안식일에는 특별한 희생 제사가 성전에서 드려졌고 예배를 위한 모임들이 회당들에서 개최되었다. 안식일 외에도 일곱 가지의 절기들이 있었다. 이 절기들은 유대의 종교력(宗敎曆)에 따라서 개최되었는데, 그 종교력은 달의 주기를 따라 작성된 것이었다.

유대의 월력에 의한 신년(新年)은 대개 현대의 태양력의 4월에 시작되었다. 그 절기들은 유월절, 오순절, 나팔절, 속죄일, 초막절, 광명절, 부림절 등이다. 처음의 다섯 절기들은 구약 시대에 하나님께서 제정 하셨다. 하나님께서는 모든 유대인 남자로 하여금 유월절, 오순절, 초막절을 위하여 예루살렘에 모일 것을 요구하였다. 광명절은 유다 마카비에 의한 성전 회복을 기념하는 절기였다. 부림절은 에스더서에 기술되어 있는(에 9:20-28) 유대인들의 구출을 기념하기 위해 제정되었다.

유월절은 유대인들의 가장 중요한 절기였다. 이 절기는 첫째 달 14일부터 21일까지 개최되었다. 그것은 시기적으로 오늘의 부활절에 해당한다. 그 절기는 이스라엘이 종된 상태에 있었던 애굽에서 구출되었던 첫 번째 유월절을 영구토록 기념하기 위한 것이었다. 예루살렘 근처에 사는 모든 유대인 남자는 유월절에 예루살렘에 모이도록 되어 있었다. 많은 순례자들이 이 위대한 명절에 참여하기 위하여 세계 도처에서 모여 왔다. 오순절은 유월절 이후 50일 만에 개최되었다.

오순절이라는 명칭은 그 같은 사실에서 연유하고 있는데, "50일째 날"을 의미하는 헬라어에서 왔다. 유대인들은 그 절기를 칠칠절(Feast of Weeks)이라고도 불렀는데, 그 이유는 유월절과 칠 주간의 간격이 있기 때문이었다. 또한 덥고 건조한 여름이 시작되는 때 곡식(밀)을 수확하는 것과 관련되어 있기 때문에 초실절(初實節)이라고도 가끔 불렸다. 이 절기에는 수확한 새 곡식으로 빚어 만든 두 덩어리의 빵을 주님께 드렸다.

오순절에는 많은 방문객들이 예루살렘에 찾아왔다. 또한 유월절에 참여하기 위하여 먼 길을 온 순례자들은 흔히 오순절까지 예루살렘에 머물렀다. 이 절기는 성령이 오순절에 교회 위에 임하였기 때문에 기독교인들에게는 특별히 중요하다. 유대인들은 종교력 외에도 공공력(公共曆: civil year)을 사용하였다. 이 공공력은 종교력의 일곱째 달 첫째 날에 시작하였다. 그 일곱째 달은 10월에 해당한다. 유대인들은 이때에 나팔절을 기념하였다. 설날에는 아침부터 저녁까지 성전에서 나팔들을 불렀다. 느헤미야서로 미루어 보아 그 날에는 율법을 낭독하는 일과 기뻐하는 일이 있었음을 알 수 있다(느 8:1-12).

예수님 때에는 그 절기가 팔레스타인 전역의 회당들에서 지켜졌기 때문에, 순례자들이 그 절기를 인하여서는 예루살렘에 가는 일이 거의 없었다. 일곱째 달의 일곱째 날은 속죄일 이었다. 이 날은 "금식일"또는 민족적 애곡의 날로 지정되었다. 그 날에 대제사장은 자신과 백성을 위하여 특별한 속죄 제물을 드리고, 피를 가지고 지성소에 들어갔다. 그가 그렇게 하는 것은 지난해 동안의 이스라엘의 모든 죄악을 속량하기 위함이었다. 그때 대제사장은 염소의 머리 위에 안수하고 백성의 죄를 고백하였다. 속죄행위에 의하여 가려진 죄악들을 하나님께서 다시는 결코 기억하시지 않으리라는 표징으로 그 염소를 광야로 내보냈다. 속죄일은 유대의 종교력 중 가장 중요한 날이었다.

초막절은 속죄일로부터 5일 후에 개최하여 8일간 계속되었다. 그것은 광야에서 하나님이 이스라엘에게 베푸신 인애를 기억하기 위함이었다. 7일 간의 절기 동안에 백성들은 초막, 즉 나뭇가지로 만든 오두막에서 살았다. 그렇게 함으로 해서 그들의 조상들이 광야에서 나그네 생활하던 것을 기억하게 되었다. 그 절기 기간 중에 많은 희생 제물들이 드려졌다. 8일 째 되는 날은 크고 거룩한 집회가 있었다. 이 날은 이스라엘의 모든 절기 중 가장 즐거운 날이었다. 광명절 역시 8일 동안 열리는데, 아홉째 달 25일부터 시작되었다. 그날은 지금의 크리스마스와 대개 같은 시기에 해당한다.

그 날은 B.C. 164년에 처음으로 제정되었는데, 그 해에 유다 마카비가 성전을 정결케 하고 재봉헌하였던 것이다(역자 주. 그런 까닭에 일명 봉헌절 이라고도 불린다.) 이 절기 동안에 유대인의 가정마다 휘황찬란하게 불을 밝히고 마카비의 이야기를 자녀들에게 들려주었다. 부림절은 열두째 달 14일에 개최되었다. 그 절기는 파사 제국이 통치하던 때에 유대인들이 대량 학살로부터 구출되었던 것을 기념하는 것이었기 때문에, 종교적인 절기라기 보다는 민족적 성일(聖日)이었다.

7. 그들의 교육

유대인들은 교육, 특히 종교교육을 높게 평가했다. 그들이 구약을 강조함으로 해서 자연히 교육이 필요하게 되었던 것이다. 어떤 유형의 종교들은 무지에 근거하여 번영하지만, 하나님께서 기록된 문서를 통하여 자신을 사람들에게 계시하는 종교의 경우는 교육을 필요로 하는 것이다. 회당의 예배는 이 필요에 의해 적응하는 것이었다. 하나님의 말씀을 읽으며 해석함으로 해서 백성들이 성경을 배울 수 있게 되었다. 유대인의 자녀 교육은 가정에서 시작되었다.

모든 진실 된 유대인 가정에서는, 자녀들이 신명기 6:4-5에 있는 유대주의 신조를 배웠다. 그들은 또한 모세의 율법의 어떤 구절들과 몇 편의 시편과 선지서들의 부분들을 암송하도록 되어 있었다. 그리스도 당시에 이르러, 팔레스타인의 대부분의 마을들에는 학교가 있었는데, 소년들은 6, 7세가 되면 다니기 시작했다. 그러나 소녀들은 학교에 다니지 않았다. 그들은 혼인에 필요한 기술들을 가정에서 배웠다. 학교라고 해야 대개는 회당의 방이었다.

선생을 중심으로 마루 위에 둥글게 앉아 소년들은 율법과 장로들의 전통들을 엄격하게 익혔다. 그들은 읽는 것과 간단한 산수 문제들을 배웠다. 만일 어떤 소년의 지능이 뛰어나며 서기관이 되고자 하는 소원이 있을 경우, 그는 가장 학식 있는 서기관들 중의 하나에게 계속 공부할 수가 있었다. 이 같은 실례가 가말리엘에게 공부하였던 다소의 사울의 경우이었다(행 22:3). 회당 학교는 지적 훈련 외에도, 모든 유대 소년이 수공(手工)을 익히게 하였다. 그래서 예수님은 목수로(막 6:3), 바울은 장막 만드는 자로(행 18:3) 훈련을 받았던 것이다.

8. 요약

예수님 당시의 유대인은 본래적으로 종교적인 사람이었다. 유대인을 이해하려면 그의 종교를 이해하여야 한다. 그의 민족적 지도자들은 종교 지도자들이었다. 그의 교육은 그의 종교를 핵으로 하였다. 그의 문헌은 종교적인 문헌이었다. 연중행사는 종교적인 절기들로 일색을 이루었다. 그의 삶은 전적으로 그의 종교의 규칙들과 교훈들에 의하여 규제되었다. 유대인들의 종교는 구약에 기초하였다. 서기관들은 구약을 해석하여 유대인의 모든 생활을 구약에 의하여 규제되게끔 하였다. 시간이 흐르자 이 해석들이 구약 자체보다 유대인들에게 더 중요시되었다. 서기관들과 바리새인들은 유대인들로 하여금 "사람의 전통"을 이같이 높여 생각하게 하였다. 그리스도께서는 이 땅에 오시자 구약 종교의 참된 의미를 유대인들에게 가르쳤다. 그러나 그들은 그들의 규칙들에 완전히 속박되어 있었기 때문에 대부분이 헤어 나올 수가 없었다. 그들은 예수님께서 그들에게 그들의 삶의 개혁을 요구하고 있다는 것을 깨달았다. 그러나 그들은 이 같은 개혁을 원하지 않았기 때문에 예수님을 거부하였던 것이다.

■ 복습 문제 ■

1. 예수님 당시에 팔레스타인은 어떻게 통치되고 있었는가?
2. 산헤드린이란 어떤 것이었는가?
3. 서기관들이란 누구였는가?
4. 바리새파와 사두개파의 차이점을 설명하라.
5. 칠십인 역이란 무엇인가?
6. 가경(의경)이란 무엇인가?
7. 미쉬나란 무엇인가?
8. 유대인들은 구약의 어떤 교리들을 기본적인 것으로 생각했는가?
9. 유대인들은 구약 종교를 어떻게 왜곡 시켰는가?
10. 성전에서는 하나님을 어떻게 예배하였는가?
11. 회당은 어떻게 기원되었는가?
12. 유대인들의 각종 절기에 대하여 말하라.
13. 서기관이 되고자 하는 소년이 받는 교육에 대하여 말하라

제1권 | 제1부 그리스도의 사역의 배경 57

■ 더 연구할 문제 ■

1. 포로 생활로 말미암아 유대인의 생활이 어떻게 변화되었는가?
2. 모든 소년에게 수공을 배우게 해야 한다고 하는 유대인의 사상을 당신은 어떻게 생각하는가?

제5장

그리스도의 사역에 대한 기록들

■ 연구 문제 ■

1. 요한복음은 다른 세 복음서들과 어떻게 차이가 있는가?
2. 네 복음서들의 저자는 누구였는가?
3. 왜 네 복음서들이 각각 기록되었는가?
4. 네 복음서들의 특징은 각각 무엇인가?

    예수 그리스도에 대하여 우리가 알고 있는바 거의 대부분은 마태, 마가, 누가, 요한 등 네 복음서들을 통해서이다. 그 당시의 세속적인 기록물들에는 사실상 그에 대한 언급이 전혀 없다. 신약의 다른 책들에도 그리스도에 대한 언급이 시종일관 되어 있으나, 복음서의 범주를 벗어난 것이 별로 없다. 복음서들은 예수님의 전기가 아니다. "복음"이란 단어는 좋은 소식을 의미한다. 복음서의 저자들은 예수님의 생애의 모든 것에 대해 말하는 것에 관심을 두는 대신, 그에 대한 좋은 소식들을 제시하기를 원하였다.

그들이 사람들에게 알려주고 싶었던 것은, "때가 차매 하나님이 그 아들을 보내사 여자에게서 나게 하시고 율법 아래 나게 하신 것은 율법 아래 있는 자들을 속량하시고 우리로 아들의 명분을 얻게 하려 하심이라"(갈 4:4-5)는 복음이었다.

1. 공관복음서

우리가 네 복음서들을 비교해 볼 때, 마태, 마가, 누가는 비슷하나, 요한은 그것들과 차이가 있다는 것을 발견할 수가 있다. 요한복음에는 다른 세 복음서들에 있는 이야기들이 몇 가지 밖에 없다. 그러나 마태, 마가, 누가는 많은 수의 같은 이야기를 다같이 다루고 있으며, 때로는 비슷한 어휘를 사용하고 있다. 이처럼 세 복음서들이 서로 공통되는 것이 많기 때문에, 그것들은 공관복음서라고 불린다. "공관"(共觀)이라는 단어는 그리스도의 생애를 그들이 모두 같은 방식으로 보고 있다는 것을 의미한다.

그렇다고 해서 그들 간에 전혀 아무런 차이도 없다는 말은 아니다. 단지 그들의 기본적인 견해가 같다는 뜻이다. 네 복음서는 하나의 산을 바라보고 있는 네 사람에 비교될 수가 있다. 세 사람은 함께 서있기는 하지만, 하나는 예술가요, 다른 하나는 지질학자요, 세 번째 사람은 식물학자이다. 그들은 모두 산을 보고 있으나, 예술가는 특별히 산의 능선과 색깔들을 눈여겨 볼 것이요, 지질학자는 암석의 형성에 대하여, 식물학자는 산의 숲에 대하여 관심을 쏟을 것이다.

만일 세 사람이 각기 그 산에 대해 묘사했다고 하면, 그들이 같은 장소에서 그 산을 보았기 때문에 그들의 묘사에는 공통되는 것이 많이 있을 것이나, 각 사람이 자기가 관심을 가장 많이 기울인 것을 특별히 강조했을 것이기 때문에 그 묘사는 각기 다를 것이다. 우리가 말한바 네 번째 사람은 다른 세 사람과 같은 곳에 있지 않았다. 그는 다른 편에서 그 산을 바라보고 있었다. 그의 묘사는 다른 사람들의 것과는 사뭇 다를 것이다.

처음의 세 복음서 저자들은 위의 세 사람의 경우와 같다. 그들은 개인적인 차이점들이 있으나, 공통된 견해를 가지고 있다. 요한은 네 번째 사람의 경우와 같다. 그리스도의 생애에 대한 그의 견해는 마태, 마가, 누가의 것과 차이가 있다. 공관복음서들에는 많은 유사한 어휘와 내용이 있다. 많은 사람들이 이에 대한 이유를 제시하려고 노력했다. 이 같은 유사점은 어느 정도 설명될 수가 있으나, 세 저자들은 모두가 그리스도의 생애에 있어서 그 같은 이야기들이 특이하거나 중요하였기 때문에 그것들을 택하여 기록하였을 줄로 안다.

예를 들면, 그들은 모두 그리스도의 고난과 죽음에 대한 이야기를 상세하게 말하고 있다. 이 경우 어휘상의 유사점은 그 이야기들이 거듭 반복해서 전해졌다는 사실에 의하여 부분적으로 설명될 수 있다. 아마도 많은 기독교인들이 그 이야기들을 한 마디 한 마디 빼놓지 않고 되풀이하여 전할 수 있었을 것이다. 그러나, 세 복음서들의 관계에 대하여는 해결되지 않은 어려운 문제들이 있다. 하지만, 문제들이 있다 할지라도 마태, 마가, 누가가 모두 성령에 의해 영감 받았다고 하는 것은 사실이고, 각 복음서는 하나님의 무오(無誤)한 말이요, 예수 그리스도의 사역에 대한 신뢰할 수 있는 증거이다.

2. 마태복음

1) 저자

이 복음서는 열두 사도중의 한사람인 마태에 의하여 기록되었다. 저자의 이름이 복음서 자체에는 명기되어 있지 않으나, 초대교회의 전통에 따르면 마태가 기록하였다고 한다. 마태가 저자일 리 없었으리라는 것을 반증할 만한 증거는 없다. 그는 세리였기 때문에 자국어(自國語)인 아람어와 헬라어를 모두 알고 있었을 것이다. 그리고 다른 사람이 자기 자신의 글을 마태가 쓴 것으로 하였을 리는 만무하다.

왜냐하면 마태는 몇몇 다른 사도들처럼 유명하지 않았기 때문이다. 일명 레위라고도 불렸던 마태는 로마 정부를 위한 세리(세관원)였다. 이 직책은 다른 유대인들에게 멸시를 받았다. 그러나 예수님께서 마태를 부르셔서 자기를 따르도록 하셨을 때, 마태는 그 부르심에 응하였을 뿐만 아니라, 연회를 베풀어 자기의 동료 세리들이 주님을 만날 수 있도록 해주었다. 그는 예수님의 공생애 기간 중 그를 줄곧 추종하였으며 사도행전에는 열두 사도들 가운데 들어 있다. 전통에 의하면 그는 15년 동안 팔레스타인에서 말씀을 전파하다가 그 후에는 여러 다른 나라들을 여행하면서 복음을 전하였다고 한다.

2) 기록의 이유와 목적

초대교회는 주로 유대인 일색이었다. 오순절 직후 예루살렘에는 약 2만 명가량의 유대인 기독교 신자들이 있었음에 틀림없다. 이 기독교 신자들이 그들의 동료 유대인들에게 핍박을 받았다. 그들은 구약성경에 불충실하다는 비난을 받았었다. 그래서 시련을 당하고 있는 그들을 격려해 주고, 예수님께서 구약을 성취했다는 것을 그들의 대적자들에게 그들이 증명하는데 도움이 될 만한 그들의 구주의 사역에 대한 이야기가 그들에게 필요하였던 것이다. 이 같은 필요에 응하기 위하여 마태는 예수님을 메시아적 왕으로 묘사하고 있는데 이는 구약의 예언들의 성취인 것이다.

3) 개요

마태: 메시아의 복음 (장절)
 Ⅰ. 메시아의 강림 이적 ································· 1–2
 Ⅱ. 메시아의 사역의 시작 ······························· 3–4

Ⅲ. 메시아의 교훈의 요약 ·· 5-7
Ⅳ. 메시아의 권능의 증거 ·· 8-9
Ⅴ. 메시아 왕국에 대한 설명 ·· 10-13
Ⅵ. 메시아의 고난을 선언함 ·· 14-19
Ⅶ. 메시아의 원수들의 대적 ·· 20-23
Ⅷ. 메시아 왕국의 미래 ·· 24-25
Ⅸ. 메시아의 고난의 성취 ·· 26-27
Ⅹ. 메시아의 승리를 선언함 ·· 28

4) 특징

마태복음서에는 다른 복음서들과 구별되는 몇 가지 특징들이 있다.

1) 마태는 다른 복음서 저자들보다 더 많이 구약을 사용하고 있다. 약65회에 걸쳐 구약을 인용하거나 언급하고 있는 것이다.
2) 마태는 유대인들에게 친숙한 용어들을 사용하고 있다. 일례로, 그가 "하나님의 나라"보다는 "하늘나라"(天國)를 더 많이 사용하고 있는데, 이는 하나님의 이름을 말하거나 사용하는 데 대하여 갖고 있는 유대인의 편견 때문이었을 것이다. 마태는 예수님을 아홉 번 "다윗의 자손"으로 언급하고 있는데, 이는 유대적인 호칭이다. 그 용어는 다른 복음서들에는 여섯 번 밖에 사용되고 있지 않다.
3) 마태는 예수님의 말씀들을 강조하고 있다. 그는 그의 복음서에 구주의 여섯 강화(講話)을 수록해 놓았다(5-7; 10; 13; 18; 23; 24-25장). 그는 또한 다른 복음서들에서 찾아볼 수 없는 열 가지의 비유들을 수록해 놓았다.

3. 마가복음

1) 저자

초대교회의 전통들은 한결같이 마가가 둘째 복음서의 저자인 것으로 말하고 있다. 어떤 한 저술가는 말하기를, "마가는 베드로의 통역이었기 때문에 그리스도께서 말씀하시거나 행하신 것을 차례대로 수록해 놓지 않고서도 그가 기억한 모든 것을 정확하게 기록하였다"고 한다. 또 다른 교부는 베드로와 바울이 로마에 있었다는 것을 말하고 나서 덧붙이기를, "그들이 헤어진 후에, 베드로의 제자요, 통역이었던 마가는 베드로에 의하여 전파되었던 것을 손으로 필기하여 놓았다"고 했다. 처음부터 교회는 마가를 둘째 복음서의 저자로 인정하여 왔던 것이다.

요한 마가는 예루살렘에 살던 마리아라는 여자의 아들이었다. 그녀의 집은 그리스도인들의 집회 처소이었다. 어떤 사람은 예수님께서 성찬을 제정하신 곳이 바로 그녀의 집의 다락방이 아니었는가 하고 생각하고 있다. 마가는 겟세마네 동산에서 벌거벗은 채 도망쳤던 그 청년이었을 것이다(막 14:15-52). 왜냐하면 그의 복음서만이 이 사건을 기록해 놓고 있기 때문이다. 마가는 바나바의 조카이었다. 그는 바나바와 바울의 제1차 전도여행 때 그들과 동행하였다.

그러나 버가에서 그들을 떠나 예루살렘으로 되돌아와 버렸다. 바나바는 2차 전도 여행 때 그를 데리고 가고자 했으나 바울이 반대했다. 그 결과로 바울과 바나바는 헤어졌다. 바나바는 마가를 데리고 구브로로 돌아왔다. 바울은 그의 사역의 말엽에 마가와 화목하게 되었다. 그래서 "나의 일에 유익한 자"(딤후 4:11)로 그를 언급하고 있다. 전통에 의하면 마가는 베드로의 보조자였다고 한다. 그러므로 그가 바울과 함께 있지 아니했던 때에는 베드로와 함께 있었을 것임에 틀림없다.

2) 기록의 이유와 목적

복음이 처음에는 유대인들에게 전해졌지만, 곧바로 이방인들에도 파급되었다. 사도행전은 기독교가 팔레스타인에서 시작하여 사마리아, 수리아, 소아시아, 마게도냐와 헬라, 그리고 최종적으로 세계의 수도인 로마에까지 어떻게 파급되었는가에 대해서 말해 주고 있다. 복음이 전파됨에 따라 많은 로마인들이 회심하였다. 최초의 이방인 개종자인 고넬료는 로마의 백부장이었다.

바울의 첫 번째 전도 여행 중 이름이 알려져 있는 최초의 개종자는 로마 총독인 서기오 바울이었다. 바울이 로마교회에 보낸 편지에 의하면 그가 편지를 써 보내기 전에 이미 교회가 얼마동안 존재해 왔다는 것을 알 수 있다. 그러므로 로마인들을 위하여 쓰여진 복음서가 있었으리라는 것은 충분히 짐작이 가고도 남음이 있는 것이다. 몇몇 옛날 저술가들에 의하면 베드로의 가르침들을 기록해 달라고 하는 로마 기독교인들의 요청에 응답하여 복음서를 마가가 기록하였다고 한다.

로마인들은 활동적인 백성이었다. 그래서 마가복음은 예수님의 활동을 강조하고 있다. 그들은 승리의 의미를 알고 있었다. 왜냐하면 로마가 세계를 정복하였었기 때문이다. 그러므로 자신을 종으로 낮춤으로 해서 최대의 승리를 성취한 분에 대한 메시지는 로마인들에게 굉장히 매혹적인 것이었을 것이다. 이런 까닭에, 마가는 예수님을 여호와의 종으로 묘사하고 있다.

3) 개요

마가: 여호와의 종의 복음 (장절)

  Ⅰ. 종에 대한 소개 ………………………………………………… 1
  Ⅱ. 종이 자기의 신임장을 제정함 ……………………………… 2–5
  Ⅲ. 종이 반대를 만남 …………………………………………… 6–7
  Ⅳ. 종이 자기의 임무를 말함 …………………………………… 8–9

V. 종이 대적자들을 만남 …………………………………… 10-13
Ⅵ. 종이 고난에 굴복함 …………………………………… 14-15
Ⅶ. 종이 사망을 이김 ……………………………………… 16

4) 특징

마가복음은 다음과 같은 주목할 만한 특징들이 있다.

1) 마가는 예수님의 말씀보다는 그의 행동을 더 많이 기록하고 있다. 그렇다고 해서 그가 그리스도의 가르침을 무시하고 있다는 뜻은 결코 아니다. 그가 그 가르침을 무시할 수 없는 것은 예수님의 가르침이 그의 사역의 일부이기 때문이다. 마가가 예수님의 행동들을 강조하고 있는 것은, 그 행동들로 말미암아 예수님이 여호와의 종으로 드러나기 때문이다. 마가는 그의 복음서에서 열아홉 가지의 이적들을 기록하고 있으나 오직 다섯 개의 비유들만을 기록하고 있다.
2) 마가는 "곧" 또는 "즉시"라는 단어를 43회나 무려 사용하고 있다. 대조적으로 마태는 그 단어를 일곱 번, 누가는 단 한번 사용하고 있을 뿐이다. 이로써 마가는 예수님의 활동성을 강조하고 있는 것이다.
3) 마가는 예수님의 탄생에 대한 이야기나, 족보, 그의 어린 시절 등에 대하여 전혀 기록하고 있지 않다. 종에 대하여는 그러한 것들을 기록하지 않는 법이다.
4) 마가복음의 마지막 장은 문제가 있다. 모든 사본들에 1-8절이 16장의 한 부분으로 포함되어 있다. 그런데 어떤 사본들은 8절까지로 해서 끝나 있으나 다른 것들은 9-20까지를 포함하고 있다. 대부분의 학자들은 16:9-20을 마가가 쓴 것이 아니라, 망실되어 버린 끝맺음의 말을 대신하기 위하여 초기에 이 구절들이 그의 복음서에 첨부된 것으로 생각하고있다.

4. 누가복음

1) 저자

초대교회는 셋째 복음서가 누가의 작품인 것으로 생각했다. 누가는 바울의 제자였으며, 곧 4:14에는 "사랑을 받는 의원"으로 불리고 있다. 마가가 베드로와 관련되어 있는 것처럼, 누가는 바울과 관련되어 있다. 한 교부는 말하기를, "누가 역시 바울의 동반자로서 그가 전파한 복음을 한 권의 책으로 기록해 놓았다"라고 했다.

누가가 셋째 복음서의 저자라고 하는 성경상의 증거는 두 책의 첫 머리 구절들을 비교하면 그 증거가 분명하게 드러날 것이다. 그런데 사도행전의 저자가 누구인가를 알아내는 것은 그렇게 어렵지가 않다.

사도행전에는 "우리 부분"(we-sections)으로 알려져 있는 세 개의 부분들이 있다. 그 부분들에서 저자는 바울의 일행을 "우리"로 언급하고 있다. 이 부분들에 의하면 저자가 어떤 특정한 때에 바울과 함께 있었다는 것이 드러나 있다. 그러한 때에 바울과 함께 있지 아니한 사람들을 가려 놓고 보면 누가가 저자였다는 결론이 나온다. 또한 질병과 환자에 대한 관심도를 고려해 보고, 사용되어 있는 의학 술어를 살펴 볼 것 같으면, 의사인 누가가 사도행전의 저자였다는 것이 분명하여진다. 누가에 대해서는 사도행전과 바울의 서신들에서 알 수가 있다.

그는 이방인이었다. 신약의 한 권의 책을 기록한 유일한 이방인이다. 전통에 의하면 그는 수리아 안디옥 태생이었다. 그는 바울의 주치의로서 그를 섬긴 듯한 의사였다. 그가 처음 바울의 일행에게 합류한 것은 2차 전도 여행 때 드로아에서였다. 그는 그들과 함께 배를 타고 빌립보로 가서 바울은 떠났지만 자기는 거기에 머물렀다. 그는 3차 전도 여행 때 바울과 재 합류하였으며, 그 이후로는 계속 그와 함께 지냈던 것으로 보인다. 그는 바울이 가이사랴에서 투옥되던 때와 로마에서 두 차례에 걸쳐 투옥되던 때에 그와 함께 있었다.

2) 기록의 이유와 목적

예수 그리스도의 복음은 곧 유대인을 넘어서 전파되었다. 얼마 되지 않아서 그리스도의 교회에는 자국어가 헬라어인 많은 사람들이 포함되게 되었다. 누가는 그러한 사람들을 염두에 두고 그의 복음서를 기록하였던 것이다. 누가는 그의 복음서를 높은 지위에 있는 헬라인인 "데오빌로 각하"(눅 1:3)에게 써 보내었으나, 실은 데오빌로라는 사람을 통하여 헬라어를 사용하고 있는 이방 세계에서 써 보냈던 것이다.

서론(눅 1:1-4)을 보면, 이미 기독교인인 사람들을 주로 가르칠 목적으로 이 복음서가 기록되었음을 알 수 있다. 그 같은 헬라 신자들을 위해서 누가는 예수님의 사역의 보편적인 성격을 강조했다. 여기서 우리는 예수님이 "모든 사람 특히 믿는 자들의 구주"(딤전 4:10)로 묘사되어 있음을 알 수 있다.

3) 개요

누가: 구속주의 복음	(장절)
Ⅰ. 구속주의 탄생	1-2
Ⅱ. 구속주에 대한 소개	3-4
Ⅲ. 구속주의 권세	5-6
Ⅳ. 구속주의 연민의 정	7-8
Ⅴ. 구속주의 목적	9-10
Ⅵ. 구속주의 가르침	11-13
Ⅶ. 구속주의 충돌	14-16
Ⅷ. 구속주의 교훈들	17-18
Ⅸ. 구속주의 수난	19-23
Ⅹ. 구속주의 부활	24

4) 특징

누가복음도 다른 복음서들과 구별되는 몇 가지 특징들이 있다.

1) 누가는 그리스도의 인간성을 강조하고 있다. 그는 예수님의 탄생과 어린 시절에 대하여 상세하게 묘사하고 있다. 또한 마태나 마가보다 예수님의 기도에 대하여 많은 언급을 하였다. 그리고 그리스도가 인간이었음을 보여 주는 많은 상세한 것들을 기록해 놓았다.
2) 누가는 하나님께 대한 찬양을 강조하고 있다. 그는 다른 복음서 기자들보다 "하나님께 영광을 돌리며," "하나님을 찬미하며"와 같은 용어들을 사용하고 있다. 엘리사벳, 마리아, 사가랴, 시므온, 그리고 천사들의 아름다운 노래들은 누가의 덕택으로 우리에게 전해져 내려온 것이다. 이러한 노래들을 그가 기록해 놓았다고 하는 사실은 그의 미적 감각이 특별히 뛰어났음을 의미한다.
3) 누가는 비천한 사람들과 여자들과 어린아이들에 대한 우리 주님의 연민의 정을 강조하고 있다. 그는 예수님께서 약한 자들과 가난한 자들과 버림받은 자들에게 관심을 가지셨음을 말해 주고 있다. 그만이 마리아와 엘리사벳에 대한 이야기를 기술해 놓았다. 다른 복음서들에는 언급되지 않는 적어도 여섯 명의 여자들을 그는 언급하고 있다. 어린아이들에 대한 그의 묘사는 흔히 동정적인 용어로 표현되어 있다.
4) 누가는 의학적인 용어들을 사용하고 있는가 하면 질병과 병든 자들에게 특별한 관심을 가지고 있다. 이는 의사로서의 그의 직업을 반영하고 있는 것이다.
5) 누가는 복음의 사건을 세상 역사의 구조에 따라 전개한 유일한 복음서 기자이다. 그는 예수 그리스도께서 살아계시는 동안 권좌에 있었던 왕들과 황제들과 대제사장들을 자주 언급해 놓았다.

5. 요한복음

1) 저자

넷째 복음서는 다른 세 복음서들보다 훨씬 늦게 기록되었다. 그러나 즉시 하나님의 말씀으로 받아들여졌던 것이다. 교회 교부들은 그것이 요한에 의해 기록되었다고 선언하였다. 어떤 사람들은 저자가 사도 요한이 아니라 에베소에 살았던 다른 요한이었다는 것을 증명하려고 노력하였다. 그러나 복음서 안에 있는 증거로 보아 사도 요한이 저자임을 알 수 있다.

첫째로, 저자는 유대인이었다. 그는 히브리어를 알고 있었다. 그러기에 70인역 대신에 히브리어 구약에서 때때로 인용하였던 것이다. 그는 구약의 예언들과 유대인의 명절들과 다른 유대인의 관례들을 익히 알고 있었다. 예를 들면, 그는 야곱의 우물이 깊다(요 4:11)는 것을 알고 있었고, 예루살렘에 대하여 지리적으로 상세하게 언급해 놓았다.

둘째로, 그는 목격자이었다. 그는 그가 그리스도를 직접 경험하였다고 주장하였다(요 1:14; 21:24). 그는 또한 목격자만이 말할 수 있는 상세한 것들을 기록해 놓았다.

그는 가나의 혼인잔치에 사용된 물통의 수효와 크기(요 2:6), 니고데모가 그리스도를 만나러 온 시간(요 3:2), 예수님께서 야곱의 우물가에 앉으셨던 시간(요 4:6)등을 알고 있었다. 요한복음 21:20, 24에서 저자는 자신을 "예수의 사랑하시는 그 제자"로 신원을 밝혔다. 이 모든 것은 요한이 저자임을 보여 주고 있다.

2) 기록의 이유와 목적

요한은 말년에 에베소로 가서 거기서 교회의 지도자가 되었다. 그곳의 기독교인들은 그에게 강권하여 "신령한 복음"을 기록하게 하였다. 요한은 그의 복음서에서 예수님에 대한 이야기들을 소개하고 그리고 나서 그것들을 해설하고 있다. 요한복음은 또한 다른 복음서들을 보충하고 있다. 요한복음에는 다른 복음서들에 포함되어 있는 이야기는 단 몇 개만 언급되어 있으나, 그것들에 기록되어 있지 않는 다른 사건들과 교훈들이 포함되어 있다.

요한복음은 어떤 특정의 집단을 위해서가 아니라 모든 기독교인들을 위하여 기록되었다. 요한복음의 기록 목적은 분명하게 진술 되어있다.

> 오직 이것을 기록함은 너희로 예수께서 하나님의 아들 그리스도이심을 믿게 하려 함이요 또 너희로 믿고 그 이름을 힘입어 생명을 얻게 하려함이니라 (요 20:31).

요한은 사람들을 인도하여 구원 얻는 신앙에 이르게 하기 위하여 그의 복음서를 기록하였으며, 그는 예수님을 하나님의 아들로 묘사하고 있다.

3) 개요

요한: 하나님의 아들의 복음 (장절)
 Ⅰ. 하나님의 아들이 사람 가운데 거하시다 ·················· 1
 Ⅱ. 하나님의 아들이 자신을 사람들에게 나타내시다 ············ 2-5
 Ⅲ. 하나님의 아들이 자신의 독특하심을 보여 주시다 ············ 6-8
 Ⅳ. 하나님의 아들이 사람들의 마음을 열어 보이시다 ············ 9-12
 Ⅴ. 하나님의 아들이 자기의 제자들을 가르치시다 ············· 13-16
 Ⅵ. 하나님의 아들이 자기의 아버지와 교통하시다 ················ 17

Ⅶ. 하나님이 아들이 고난당하시고 죽으시다 ·························· 18-19
Ⅷ. 하나님의 아들이 사망과 죄를 이기시다 ·························· 20-21

4) 특징

요한복음 역시 몇 가지 주목할 만한 특징들을 가지고 있다.

1) 요한은 예수님의 사역의 "표적들"을 강조하고 있다. 예수님의 표적들은 예수님이 하나님의 아들이심을 보여 주기 위해서 행하여졌다는 것을 요한은 지적하고 있다.
2) 요한은 그리스도의 신격을 강조하되, 배후에 그의 인성(人性)이 자리하고 있음을 밝히고 있다.
3) 요한은 예수님에 대하여 사람들에게 제시되어 있거나 예수님이 자신을 사람들에게 말씀하신 호칭들을 제시하고 있다. 그 같은 칭호들로는, 하나님의 어린 양, 생명의 빵, 선한 목자, 포도나무 등이 있다.
4) "믿는다," 하나님의 이름으로서 "아버지," "영광," "사랑"과 같은 특정 단어들이 요한복음에 자주 되풀이 되어 있다.
5) 마가복음의 경우처럼, 요한복음에도 그 복음서에 본래 속하지 않은 것으로 보이는 한 부분이 있다. 간음하다 잡힌 여자에 대한 이야기(요 7:53-8:11)는 약간 불확실한 사본들에서만 발견된다. 그것은 참된 이야기인 듯하다. 그러나 요한복음의 원본에는 포함되어 있지 않았다. 이 같은 이유로 해서 『미국 표준역 성경』(*American Standard Vision*)은 그것을 괄호안에 묶어두었다.

■ 복습 문제 ■

1. 복음서 기자들은 사람들이 무엇을 알게 되기를 원하였는가?
2. "공관복음"이란 용어에는 무슨 뜻이 있는가?
3. 복음서들의 저자들을 각각 알아내는 방법에 대해 설명하라.
4. 각 복음서의 저자들에 대하여 간략하게 말하라.
5. 각 복음서의 구성을 위한 주제는 무엇인가?
6. 마태복음 4:12-17; 12:31-33; 21:4-9에 나타나 있는 마태복음의 특징은 무엇인가?
7. 마가복음 1:21-31; 4:35-41; 10:42-45에 나타나 있는 마가복음의 특징은 무엇인가?
8. 누가복음 1:26-38; 2:8-14; 3:1-2; 9:37-43에 나타나 있는 누가복음의 특징은 무엇인가?
9. 요한복음 1:14-18; 2:6-11; 3:16-18; 10:11-15에 나타나 있는 요한복음의 특징은 무엇인가?

■ 더 연구할 문제 ■

1. 교회의 팽창과 네 복음서의 기록은 어떤 관계가 있었는가?
2. 하나의 복음서보다는 네 개의 복음서가 있는 것이 왜 더 나은가에 대하여 몇 가지 이유를 제시하라.

제2부 • 그리스도의 사역을 위한 준비

제6장

말씀이 육신이 되어
(요 1:1-18)

> ■ 연구 문제 ■
> 1. 왜 요한은 예수님을 "말씀"으로 일컫고 있는가?
> 2. 요한복음 1:1-18의 가장 중요한 가르침은 무엇인가?
> 3. 그리스도의 강림에 대한 사람들의 반응은 어떠했는가?

　요한복음은 예수님을 하나님의 아들로 제시하고 있다. 요한은 그의 책을 시작함에 있어서 독자로 하여금 역사 이전의 영원으로 되돌아가게 한다. 거기서 그는 그리스도의 영광을 우리에게 보여주고, 하나님께서 인간의 몸으로 세상에 오셨다는 것을 밝힌다.

1. 하나님이신 그리스도

    요한은 그리스도를 제시함에 있어서 그를 "말씀"으로 일컫고 있다. 그 칭호는 교통의 수단을 의미한다. 우리는 우리가 어떤 사람에게 우리의 사상을 전달하고자 할 때 말을 사용한다. 필립스(J.B. Phillips)가 "말씀"을 인격적 표현(Personal Expression)으로 번역한 것은 아마도 이점을 염두에 둔 까닭인 듯하다. 말씀은 인격적 형태로 된 하나님에 대한 표현이다. 요한은 말씀에 대하여 몇 가지 상세한 것들을 우리에게 말해 주고 있다.
    그는 세계가 창조된 태초로부터 존재하시기 시작한 것이 아니라, 그때 이미 존재하고 계셨었다. 그는 언제나 존재해 오신 것이다. 환언하자면, 그는 영원하시다. 태초에 그는 하나님과 함께 계셨다. 즉, 그와 하나님은 서로 친밀한 관계를 갖고서 존재하였다. 아니 그 이상이셨다. 그는 하나님과 함께 계셨을 뿐만 아니라 그는 하나님이셨다. 예수 그리스도가 되신 그 말씀은 영원한 하나님이시다. 말씀을 하나님과 동일시 한데 더하여, 말씀이 곧 만물이 창조된 바 그 분이셨다는 것을 요한은 말하고 있다(즉, 말씀을 통하여 만물이 창조된 것이다).
    인간은 창조함을 받았을 때, 정신적 영적 빛을 받았는데, 그 빛으로 말미암아 하나님을 예배하며 섬길 수 있게 되었던 것이다. 이 빛은 창조자이신 말씀으로부터 왔던 것이다. 그리고 죄의 어두움이 이 빛을 소멸시키려고 했기 때문에, 말씀이 세상의 빛으로 세상에 오셨다. 또한 창조주가 구주가 되셨다.

2. 성육신하신 그리스도

    요한복음 서론의 절정은 요한복음 1:14, "말씀이 육신이 되어"에서 찾을 수 있다. 이 구절의 의미는, 하나님이 우리와 똑같은 사람이 되셨다는 것이다. 하지만 예외적으로 그에게는 아무런 죄가 없으셨다. 그러나 그가 입으신 인성(人性)으로 말미암아 그의 신성(神性)이 감추어진 것은 아니다. 요한은 말씀이 육신이 된 때에 그 말씀을 보고서 말하기를, "우리가 그 영광을 보니 아버지의 유일한 아들의 영광"(요 1:14)이라고 했다. 그리스도는 사람이었지만, 그는 "은혜와 진리가 충만"(요 1:14)하였고, 하나님의 선하심과 영광이 그 안에 나타나 있었던 것이다.

3. 성육신을 위한 준비

성육신하신 말씀의 강림은 아무런 충분한 준비도 없이 된 것이 아니다. 하나님께서는 세례 요한을 보내셔서 말씀의 강림에 대하여 세상에 선포케 하셔서 요한은 예수님을 세상의 빛 되신 분으로 선포하였던 것이다. 그러나 하나님께서 그의 아들의 성육신을 위하여 하신 준비는 그것만이 아니었다. 수세기 동안 그리스도가 오실 것을 약속해 주셨다. 구약의 선지자들은 그에 대하여 말하였던 것이다.

이 같은 약속들과 예언들이 하나님께서 택하고 예비해 놓으신 한 백성에게 임하였기 때문에, 그들은 그리스도께서 강림하셨을 때 그를 영접할 수가 있었던 것이다. 그리스도는 그의 강림에 대한 선포를 들었던 한 백성에게 오셨다.

4. 성육신하신 그리스도에 대한 영접

이스라엘이 그리스도의 강림을 위하여 준비되어 있었지만, 그가 왔을 때 그는 사람에 의하여 받아들여지지 않았다. 그는 그가 만드셨던 세상에 오셨으나, 세상은 그것을 만드신 창조자를 알아보지 못했다. 그는 그의 강림을 위하여 예비 되었던 그 백성에게 왔으나, 자기 백성이 그들의 그리스도를 영접하지 않았던 것이다.

그는 멸시를 받아서 사람에게 싫어 버린바 되었다(사 53:3).

그는 싫어 버린바 되었으나, 모든 사람이 다 그런 것은 아니었다. 그를 알아보고 영접한 사람들이 있었다. 그들은 그리스도를 만났고 그를 믿었다. 그리고 그리스도는 그를 믿는 자들에게 하나님의 자녀가 되는 권세를 주셨다.

■ 복습 문제 ■

1. "말씀"이라는 칭호에 의하여 어떤 개념이 드러나는가?
2. 요한복음 1:1-5에서 찾을 수 있는 말씀에 대한 사실들을 열거하라.
3. 요한복음 1:6-15에서 세례 요한의 사역을 설명해 보라.
4. "말씀이 육신이 되어"는 무엇을 의미하는가?
5. "성육신"(incarnation)이라는 단어의 뜻은 무엇인가? 이 개념을 포함하고 있는 구절을 요한복음 1:1-18에서 찾아라.

■ 더 연구할 문제 ■

1. 요한복음의 서론은 다른 복음서들의 첫 머리와 어떻게 차이가 있는가?
2. 요한복음의 서론은 이 복음서의 목적에 어떻게 부합되는가?
3. 그리스도의 강림에 대한 구약의 세 예언들을 예시하라.

제7장

엘리야를 보내리니
(눅 1:5-25, 57-80)

■ 연구 문제 ■

1. 세례 요한의 부모는 어떤 사람들이었는가?
2. 무슨 목적으로 요한이 세상에 보내어졌는가?
3. 요한의 탄생이 어떻게 선포되었으며, 무슨 특이한 사건들이 그가 할례 받을 때 일어났는가?

    누가복음의 첫 머리 부분은 그리스도의 탄생을 둘러 싼 사건들에 우리의 관심을 집중시키고 있다. 의사요, 예술가요, 역사가로서 누가는 예수님의 탄생에 얽힌 이야기에 무척 관심이 있었을 것이다. 그리고 예수를 사람들의 구속주로 묘사하고 있는 복음서 저자로서, 누가는 예수님께서 어떻게 사람이 되셨는가를 설명하는 것이 필요하다고 생각했을 것이다. 그러기에 성령께서는 누가를 선택하시어 그리스도의 탄생에 얽힌 사건들을 기록하게 하셨던 것이다.

1. 사가랴와 엘리사벳

누가는 경건한 부부인 사가랴와 엘리사벳을 소개하고 있다. 그들은 모두 레위 지파의 자손들이었고, 특히 엘리사벳은 아론 가문에 속하였다. 사가랴는 제사장이었고, 엘리사벳은 제사장의 딸이었다. 제사장이 다른 제사장 가족과 결혼하게 되는 때에, 이스라엘 백성은 그 혼인을 하나님이 특별히 축복하신 결합으로 여겼다. 사가랴와 엘리사벳은 "하나님 앞에 의인이니 주의 모든 계명과 규례대로 흠이 없이 행하였다"(눅 1:6). 그들은 참 이스라엘인들로서 하나님을 사랑하고 그를 즐거운 마음으로 섬겼던 것이다.

그러나 이 부부의 행복은 불완전하였다. 그들에게는 자녀가 없었다. 이스라엘인들로 그들은 이 점을 매우 섭섭하게 생각했다. 왜냐하면 그것은 곧 가문이 쇠잔하여 없어지는 것을 의미했기 때문이다. 더구나, 자녀는 하나님이 주시는 축복이요, 은총의 표적이며, 무자(無子)한 것은 하나님의 냉대의 표징으로 생각되었던 것이다. 사가랴와 엘리사벳은 자주 기도하여 자녀를 구하였다. 그러나 이제는 늙어 소망이 없어지고 말았다.

2. 가브리엘의 메시지

이스라엘의 제사장은 스물네 반열로 나뉘어 있었는데, 사가랴는 아비야 반열에 속해 있었다. 이때에는 제사장의 수효가 수 천 명에 달했기 때문에, 각 반열은 순번제로 일정 수의 제사장들을 일주간 예루살렘에 보내어 성전에서 제사 직무를 수행케 하였다. 각 제사장이 수행하도록 되어있는 직무는 제비를 뽑아 결정했다. 사가랴가 예루살렘에 가게 되는 때가 왔으며, 그가 그곳에 가 있을 때 그는 큰 특권을 누리게 되었다.

즉 성소에 있는 제단 위에 분향하는 직무를 맡게 되었다. 이 직무는 어느 제사장이고 평생에 한번 정도나 겨우 수행할 수 있을 정도였기 때문에 아주 귀하게 여겨졌다. 하나님 앞에 드리는 분향은 하나님의 백성의 기도의 상징이었다. 그래서 분향이 드려지는 동안에 백성의 무리는 밖에 모여 기도하였다. 사가랴가 그의 성스런 직무를 수행하고 있을 때, 그는 성소에 다른 사람이 임재하고 있는 것을 의식하게 되었다. 천사 가브리엘이 향단 곁에 서 있었던 것이다. 천사는 무서워 떠는 제사장에게 하나님께서 자녀를 구하는 그의 기도를 들으시고 응답하시리라는 것을 선언하였다. 사가랴와 엘리사벳은 마침내 아들을 얻게 되었던 것이다.

천사는 사가랴에게 그 아이가 위대한 사람이 될 것이라는 것을 말해 주었다. 그는 둘째 엘리야로서 이스라엘 앞에 나타나 하나님의 의로운 심판을 선포하고, 이스라엘 민족을 하나님께로 돌아오게 하며, 주의 오심을 위하여 그 백성을 준비하도록 되어 있었다. 그에게 "외치는 자의 소리여 가로되 너희는 광야에서 여호와의 길을 예비하라 사막에서 우리 하나님의 대로를 평탄케 하라"(사 40:3)는 말씀이 응하도록 되어 있었다. 그 아이에게는 특별한 일이 주어져 있었다. 그의 이름은 그의 일을 반영하고 있음에 틀림없다. "그 이름을 요한이라 하라"고 가브리엘이 말했다. "요한"은 "여호와는 인애로우시다"라는 뜻을 가지고 있다.

그의 이름은 그가 길을 예비하도록 되어 있었던바 하나님의 은혜로운 선물을 선언하는 것이었다. 그의 생애 또한 그의 일을 반영하고 있음에 틀림없다. 천사는 그 늙은 제사장에게 그의 아들이 포도주나 독한 술을 마셔서는 안된다는 것을 알려주었다. 구약의 나실인처럼 요한은 하나님을 섬기는 일을 위하여 구별되었다. 사가랴는 천사의 말을 거의 믿을 수가 없었다.

그는 물었다.

"내가 이것을 어떻게 알리요?"

천사가 대답하기를, 그는 하나님께로부터 직접 보냄을 받은 가브리엘이라고 했다. 그러나 하나님께로부터 전달된 메시지를 사가랴가 믿지 않았기 때문에, 약속된 아이가 태어날 때까지 그는 말하는 능력을 빼앗겨 버렸다. 그 같은 메시지를 남기고서 천사는 사라졌다. 놀란 사가랴는 어안이 벙벙하여 방금 전에 일어난 괴이한 사건들을 곰곰이 생각하였다. 그가 성소에 매우 오래 머물러 있었기 때문에 밖에서 기다리고 있던 무리들은 왜 그가 늦어지고 있을까를 생각하기 시작했다.
  그런데 그가 마침내 나타나서 입을 열어 어떤 사건이 일어났는가를 설명하려고 했다. 그러나 그는 말을 할 수가 없다는 것을 발견했다. 사가랴가 벙어리 된 것은 천사의 말이 사실이라는 것을 입증해 주었던 것이다.

3. 요한의 탄생

  하나님의 은혜로운 섭리로, 사가랴와 엘리사벳은 그들이 그렇게도 오래토록 소원하였던 축복을 받았다. 그들이 아들을 낳았던 것이다. 그래서 온 이웃이 그들과 함께 즐거워했다. 그 아이가 할례를 받게 되는 그 날에 친지들이 축하하며 아이의 이름을 짓기 위해 모였다. 모든 사람은 확신하기를 그 아이가 그의 아버지를 따라 이름 지어질 것으로 알았으나, 놀랍게도, 엘리사벳은 요한이라고 불러야 한다고 주장했다.
  사가랴가 천사의 메시지를 그녀에게 알려 주었었고, 그녀는 하늘의 명령에 순종하였던 것이다. 사람들은 이를 보고서 놀랐다. 왜냐하면 요한은 성(姓)이 아니었기 때문이다. 그리고 자녀들의 이름은 가족 중의 어떤 사람을 따라 짓는 것이 관례였기 때문이다. 그래서 그들은 사가랴에게로 가서 손짓으로 그 아이의 이름을 어떻게 불러야 할 것인가를 물었다. 사가랴는 "그 이름은 요한"이라고 썼다.

4. 사가랴의 노래(감사 기도)

  하나님의 명령에 순종함으로써 사가랴의 혀가 오랜만에 풀리게 되었다. 그래서 그는 언어의 은사를 사용하여 하나님을 찬미하는 노래를 읊었다. 그 노래는 구약의 인용구로 가득 차 있고, 그것의 어휘와 문체는 구약을 반영하고 있다. 그러나 그 노래의 주제는 신약적인 주제이다. 사가랴는 성령으로 감동 되어 구약의 약속들의 성취를 예견하고서는 오실 구속주를 노래하였다. 이 노래(눅 1:68-79)에서 사가랴는 세 가지 사상을 제시하고 있다.

1) 하나님께서 구주에 대한 약속들을 성취하셨고, 자기 백성에게 구원을 곧 베푸시리라는 것.
2) 요한이 하나님의 백성에게 메시아의 강림을 선포하리라는 것.
3) 하나님의 긍휼을 인하여, 메시아가 죄악의 어두움 가운데 있는 자들에게 오시라는 것.

이렇듯 나이 많은 제사장의 노래는 구약을 신약과 연결하고 있다. 그 노래는 하나님께서 자기의 구약의 백성들에게 하신 약속들과 예수 그리스도 안에서의 그 약속들의 성취를 제시하고 있는 것이다. 사가랴의 경우 그 성취는 임박하였으나, 아직은 미래의 일이었다. 선지자들이 말한 축복의 날이 곧 올 것이었다. 메시아의 길을 예비하도록 되어 있는 요한의 탄생은 마치 새 날이 동터 오는 것을 미리 알리는 동쪽 하늘의 한 줄기의 희미한 빛과도 같았다.

5. 요한의 준비

누가는 요한의 준비 기간을 매우 간략하게 기록하고 있다. 그의 신체적 발육에 대해서는 아무 말도 하지 않고, 그의 영적 성장에 대해서만 주목하고 있다. 누가는 요한이 "성령이 강하여 졌다"고 말하고 있다. 청년 요한은 그의 출생지를 떠나 사막(빈 들)에 은거하였다. 거기서 그는 그가 그의 일을 시작해야 될 때가 이르기까지 하나님과 고독하게 교통하면서 머물러 있었다.

■ 복습 문제 ■

1. 언제, 어디서 가브리엘이 사가랴에게 나타났는가?
2. 요한이 할 일에 관하여 가브리엘이 사가랴에게 무엇을 말해 주었는가?
3. 요한은 어떻게 하나님을 섬기는 일을 위하여 구별되었는가?
4. 사가랴에게는 그의 불신앙을 인하여 무슨 일이 일어났는가?
5. 왜 사가랴는 그의 아들이 요한으로 이름 지어졌을 때 혀가 풀려 말을 할 수 있게 되었는가?
6. 사가랴의 노래는 어떻게 구약과 신약을 연결해 놓고 있는가?
7. 사가랴의 노래를 세 가지 사상을 따라서 절수대로 구분하라.
8. 사가랴의 노래의 각 부분을 자신의 말로 요약해 보라.
9. 요한은 어떻게 자기의 일을 준비하였는가?

■ 더 연구할 문제 ■

1. "두 사람이 하나님 앞에 의인이니 주의 모든 계명과 규례대로 흠이 없이 행하였다"라고 해서 사가랴와 엘리사벳은 죄가 없었다는 말인가? 이를 설명하라.
2. 요한은 말라기 4:4-6의 예언을 어떻게 성취하였는가?
   (참조, 눅1:13-17; 마 17:9-13)
3. 요한의 탄생과 이삭의 탄생 간의 유사점과 차이점을 말해 보라
   (참조, 창 17장; 21장).

제8장

유일한 아들을 보내 여자에게서 나게 하셨으니
(눅 1:26-56; 2:1-39)

■ 연구 문제 ■

1. 하나님은 왜 가브리엘을 마리아에게 보냈는가?
2. 하나님께서 마리아에게 대하여 행하시는 모든 기이한 일들에 대한 그녀의 반응은 어떠했는가?
3. 하나님께서는 예수님의 탄생을 위하여 어떠한 준비를 하셨는가?
4. 예수님을 왜 성전으로 안고 갔으며 거기서 무슨 일이 생겼는가?

예수 그리스도의 탄생은 인류 역사상 가장 신비스러운 것 중의 하나이다. 하나님께서 인간이 되셨다고 하는 것 자체가 놀라운 일이다. 또한 하나님께서 인간의 모태를 통해 어린아이로 태어나야 한다는 것은 더욱 놀라운 일이다. 이 놀라운 사실을 누가가 우리를 위해서 기록해 놓은 것이다.

1. 가브리엘의 방문

가브리엘이 사가랴에게 나타난 지 약 6개월이 지나서, 갈릴리 나사렛의 조그마한 동네에 살고 있던 마리아라는 한 처녀에게 그는 보냄을 받았다. 마리아는 위대한 왕 다윗의 후손이었던 요셉이라는 한 청년과 정혼(定婚)하였다. 가브리엘이 마리아에게 나타나 말하기를, "은혜를 받은 자여 평안할 지어다 주께서 너와 함께 계시도다"(눅 1:28)라고 했다. 그는 그녀가 예수라는 이름의 한 아들을 낳을 것을 선언하였다. 예수라는 이름은 "여호와는 구원이시다"라는 뜻을 가지고 있다.

그녀의 아들이 "지극히 높으신 이의 아들," 즉 "하나님의 아들"로 불리리라는 것을 그가 그녀에게 일러 주었다. 그는 구약에서 약속되어 왔던 그분, 즉 이스라엘을 영원히 다스릴 왕이 되실 것이었다. 성령이 마리아에게 임하여, 이적적인 방법으로 그가 그녀의 아들의 아버지 역할을 할 것이었다. 마리아는 사가랴가 했던 것처럼 표적을 구한 일이 없지만은, 표적 하나를 받았다. 가브리엘은 그녀의 사촌인 엘리사벳의 생애에 일어난 이적에 대하여 그녀에게 말해 주었던 것이다. 마리아의 반응으로 미루어 보아 그녀가 주님을 완전히 신뢰하였음이 분명하다. 그녀는 주께서 그녀가 행하기를 원하시는 일이라면 무엇이나 기꺼이 행하였으며, 주께서 원하신다면 어떠한 처지라도 기꺼이 감수했던 것이다.

> 주의 계집종이오니 말씀대로 내게 이루어지이다(눅 1:38).

2. 마리아의 엘리사벳 방문

마리아는 엘리사벳에 대한 가브리엘의 소식을 듣고서 그녀를 방문해 보라는 암시임을 직감했다. 그래서 처녀 마리아는 갈릴리에 있는 자기 집을 떠나 유대의 고원 지대까지 여행을 하였다. 그것은 거의 100마일이나 되는 여행이었다. 마리아가 온다고 하는 것이 엘리사벳에게 미리 알려지지 아니하였기 때문에 엘리사벳은 그녀를 보는 순간 깜짝 놀랐을 것임에 틀림없다. 그러나 마리아가 그 집에 들어섰을 때 엘리사벳은 성령으로 충만하여 말하기 시작했다. "여자 중에 네가 복이 있으며 네 태중의 아이도 복이 있도다"(눅 1:42)라고 큰 소리로 그녀가 마리아에게 말했다. 엘리사벳은 마리아 앞에서 경외심을 품고 있었다. "내 주의 모친이 내게 나아오니 이 어찌 된 일인고?"(눅 1:43)라고 그녀는 말했다. 엘리사벳의 태중에 있는 아이마저도 마리아가 온 것을 듣고서 기뻐 뛰었다. 엘리사벳이 결론지어 말했다.

> 믿는 여자에게 복이 있도다 주께서 그에게 하신 말씀이 반드시 이루리라
> (눅 1:45).

엘리사벳이 한 말들은 마치 메마른 대지 위에 내리는 빗방울처럼 마리아의 영혼 위에 임하였을 것임에 틀림없다. 마리아는 믿었었다. 그러나 이제는 천사의 방문이 한낱 꿈이 아니었다는 뚜렷한 확신을 갖게 되었다. 하나님께서 그녀의 생애 가운데 진실로 역사하고 계셨다. 그녀는 다른 아무 여자도 결코 받은 바 없는 축복을 받았던 것이다. 그녀는 기뻐서 하나님께 찬미하며 노래하였다.

3. 송가(頌歌)

흔히 송가(Magnificat)라고 불리는 마리아의 노래는 하나님의 놀라운 사역들에 관한 것이다. 마리아는 자기 자신에 대하여는 거의 말하지 않고, 또 자기가 낳을 아들에 대하여는 아무 것도 말하지 않는 대신에, 하나님께서 행하신 모든 기이한 사역들을 인하여 그녀의 관심을 하나님께 집중시키고

있다. 이 노래를 면밀하게 살펴 볼 것 같으면 마리아에 대한 극단적인 두 가지의 태도를 간과할 수가 있다.

로마 가톨릭교회는 마리아를 높이되 그녀의 아들과 동등하게, 아니 더 높은 위치에 올려놓았다. 그녀를 무죄한 천황후(天皇后 : Sinless Queen of Heaven)로 생각하고 있는 것이다. 즉, 그녀를 통해서 사람들이 기도를 해야만 그리스도께서 그들에게 응답 하신다는 것이다. 가톨릭교회의 어떤 회원들은 마리아가 그리스도의 구속 사역에 참여한 것으로까지 생각하고 있다. 그런데 프로테스탄트들은 그 반대의 극단으로 흔히 치우치고 있다.

즉, 그들은 그리스도의 강림에 있어서 마리아의 위치를 무시하였으며, 그녀의 위대한 신앙과 경건이 흔히 간과된 것이다. 마리아는 그녀의 노래 가운데서 말하기를, "내 영혼이 주를 찬양하며 내 마음이 하나님 내 구주를 기뻐하였도다"(눅1:46-47)라고 했다. 마리아는 하나님을 그녀의 구주로 언급함으로써 자기가 죄인인 것을 고백하였다. 그녀는, 로마 가톨릭교회가 말하는 것처럼, 다른 사람들을 구속하는 자가 아니요, 오히려 그녀 자신도 구속을 필요로 하고 있는 것이다.

그렇지만, 하나님께서 그녀 안에서 행하고 계시는 사역 때문에 모든 세대의 사람들이 그녀를 복이 있다 일컬으리라고 그녀는 또한 말하고 있다. 프로테스탄트들은 마리아의 그 말을 잊고 있는 경향이 있다. 마리아의 노래의 중심된 주제는 하나님께 대한 찬미이다. 그녀는 하나님께서 이미 행하신 일과 앞으로 행하실 일을 인하여 그를 찬미하고 있다. 그 다음 부분에서는 하나님의 긍휼과 거룩을 인하여, 그리고 큰 일들을 행하신 그의 권능을 인하여 그를 찬미하고 있다.

처음 부분에서 마리아는 하나님이 자신을 구주로 계시해 주심을 인하여 그를 찬미하고 있다. 그 다음 부분에서는 하나님의 긍휼과 거룩을 인하여, 그리고 큰 일들을 행하신 그의 권능을 인하여 그를 찬미하고 있다. 마지막 부분에서 하나님이 자기의 구원의 약속을 성취하셨기 때문에 마리아는 그의 은혜를 찬미하고 있다.

4. 예수님의 탄생

　예수님이 베들레헴에서 태어나신 것은 하나님이 그의 섭리 가운데서 그의 말씀을 성취하기 위하여 어떻게 일하고 계시는가를 보여주고 있다 하겠다. 선지자는 메시아가 베들레헴에서 태어나리라는 것을 선포하였다(미 5:2). 그러나 마리아는 나사렛에 살고 있었고, 나사렛의 요셉과 결혼하였다. 하나님께서는 이 부부를 나사렛에서 베들레헴으로 데리고 오기 위해서, 로마 황제인 가이사 아구스도를 이용하셨다. 가이사는 어쩌면 세금을 보다 효과적으로 거두어들일 목적에서였는지 전국에 명령을 내려 호적을 조사하라고 했다(즉, 인구 조사).

　인구 조사는 제국내의 각종 백성들의 관습을 따라 행하도록 되어 있었다. 유대인들의 경우는 지파와 가문을 따라서 인구 조사하는 것이 관습이었다. 즉, 모든 유대인은 자기의 조상의 도성으로 돌아가 호적하도록 되어 있었던 것이다. 요셉은 다윗의 후손이었기 때문에, 다윗의 도성인 베들레헴으로 가야만 했다. 그래서 그의 아내인 마리아도 그와 함께 갔던 것이다. 베들레헴에서 유숙할 곳을 찾기란 어려웠다.

　그 점을 이해하기는 어렵지가 않다. 베들레헴에는 요셉과 마리아처럼 호적하러 온 사람들이 아주 많았다. 마을 여관은 만원이었다. 숙박객을 받을 수 있는 한 가능한대로 이미 다 받아들였던 것이다. 유숙할 곳이 더는 없었다. 그런데 예수님이 태어날 때가 가까웠다. 그 같은 상황에서는, 마구간이라도 좋았던 것이다. 그곳은 아마도 어두침침하고 더러우며, 짐승들의 악취로 가득 차 있었을 것이다. 그러나 바로 그 마구간에서 예수님이 태어났다. 그는 짐승들이 먹이를 먹던 구유에 뉘어 있었다.

5. 목자들에게 알림

예수님은 가장 비천한 환경 속에서 탄생하셨지만, 그의 탄생을 알리는 일은 천사들이 하였다. 천사들이 목자들에게 들려 준 메시지는 분명하나, 천사들의 노래는 흔히 오해되고 있다. 첫째 부분인, "지극히 높은 곳에서는 하나님께 영광이요"는 이해하는데 아무런 어려움이 없으나, "땅에서는 평화로다"라는 부분은 흔히 그릇 해석되어 왔다. 『흠정역 성경』의 어순(語順), "땅에서는 사람들에게 평화와 기쁨이로다"(on earth peace, good will toward men)는 아주 아름답고 시적(詩的)이다.

그러나 그 어순에 의할 것 같으면, 이 평화와 기쁨은 모든 사람들에게, 그들의 예수님께 대한 태도와는 아무런 상관없이 베풀어진다는 오해를 낳게 된다. 그렇지만 예수님께서 가져다주시는 평화는 그를 사랑하는 자들에게만 주어진다는 것이 신약의 명백한 가르침이다. 천사들이 한 말은 사실상, 이 평화가 "기뻐하는 사람들에게로다"(to men of good pleasure) 였다. 그러므로 정확한 번역은, "하나님의 기뻐하심이 임하는 사람들에게 땅에서는 평화로다"(peace on earth to me upon whom the good pleasure of God falls) 일 것이다.

그 같은 번역은 좀 번거롭기는 하지만, 하나님의 평화가 은혜의 선물이라는 사실을 나타내 주고 있다. 하나님은 그가 영원 전부터 사랑했던 자들, 따라서 자기(하나님)를 사랑하는 자들에게 자기의 평화를 주시는 것이다.

6. 성전 방문

예수님은 유대인으로 태어나셨다. 즉, 바울이 말한 대로, 그는 "율법 아래 태어나셨다"(갈 4:4). 하나님의 율법이 모든 이스라엘 사람의 생애를 주관하였듯이, 예수님의 생애도 율법이 주관하였다. 그리스도께서 할례를 받으셨다고 하는 것은 그가 율법의 요구 아래 자신을 기꺼이 두셨다는 것을 보여주고 있다. 그렇게 하심으로 해서 그는 자기 백성처럼 되셨던 것이다.

그러나 그의 백성은 율법의 요구 사항들을 충족시킬 능력이 없었다. 예수님께서 자기 백성처럼 되시고 율법을 완전히 성취하신 것은 자기 백성을 구속하기 위함이었다. 예수님께서 할례 받으신 후 얼마 안 되어 요셉과 마리아는 그를 성전에 데리고 가서 '주께 드렸다.' 율법에 따르면, 첫 태에 처음 난 남아(男兒)마다 하나님의 것이었다. 그래서 이 예식에서 초태생을 여호와께 일단 드린 다음, 다섯 세겔을 지불하고 주께로부터 다시 샀다.

마리아는 이때에 그녀의 정결 의식을 위해 제사를 드렸다. 레위기 12장에 따르면, 여자는 어린아이를 낳은 경우 의례적으로 부정(不淨)하게 되었다. 이 부정의 상태는 40일간 계속되었다. 이 기간이 끝나면 성전에 와서 두 가지의 제물(번제물을 위한 어린 양과 속죄 제물을 위한 비둘기)을 드렸다. 마리아가 드린 제사는 그녀와 요셉이 가난했다는 것을 보여 주고 있다. 그러나, 가난한 자들의 경우 어린 양을 드릴 수 없으면 두 마리의 비둘기를 드릴 수가 있었다. 요셉과 마리아가 두 마리의 비둘기를 가져왔다고 하는 사실은 그들이 그 이상의 것을 드릴 여유가 없었다는 것을 의미한다.

7. 시므온과 안나

예수님 당시의 이스라엘의 영적 생활은 아주 형편이 없었다. 그러나 하나님은 언제나 자기의 참된 종들을 남겨 두시는 까닭에, 그 당시에도 이스라엘에는 얼마간의 경건한 백성들이 있었다. 그들 가운데 시므온과 안나가 있었던 것이다. 시므온은 "이스라엘의 위로," 즉 그리스도의 오심을 고대하고 있었던 사람이었다. 그는 그가 기다리고 있었던 약속된 구속주를 실제로 볼 때까지 죽지 않으리라는 것을 성령에 의하여 지시 받았다. 예수께서 성전에 데려와졌던 그 날에, 성령이 시므온을 그곳으로 인도하여 요셉과 마리아와 예수를 보게 하였다.

　그는 아기를 그의 팔에 안고 하나님을 찬송하였다. 시므온은 그의 노래에서, 아주 중요한 어떤 것을 볼 것을 지시 받은 종된 자신을 생각하고 있다. 그것이 임하매, 그것이 너무나도 기이한 까닭에 그는 평안하며 기쁨으로 충만하여졌다. 그는 그것을 그가 지금까지 기다리고 있었던 것으로 묘사하고 있다. 그것은 하나님께서 약속하신 구원이다. 그리고 그것은 모든 백성들에게 미치게 될 구원이다.

　　　이방을 비추는 빛이요 주의 백성 이스라엘의 영광이다(눅 2:32).

　마리아와 요셉은 예수가 약속된 메시아라는 것을 알고 있었다.
　그러나 그들은 그것이 의미하는 바를 충분하게 이해하지는 못했다. 그래서 시므온의 말을 듣고서는 기이하게 여겼던 것이다. 시므온은 그의 찬미하는 노래 외에도, 그들에게 하나님의 축복을 빌었고 예수님의 생애의 결과에 관하여 예언하였다. 그는 말하기를, 예수님이 사람들에게 흥망의 원천이 될 것이라고 했다. 그를 통하여 어떤 사람은 흥하여 영광에 이를 것이나 다른 사람들은 넘어져 망할 것이었다. 마리아는 고통을 당하며 고민하게 될 것이었다.

　　　칼이 네 마음을 찌르듯 하리라(눅 2:35).

　이 같은 시므온의 말들로 말미암아 마리아와 요셉이 하나님께서 그들의 생애 가운데 행하고 계시던 일들을 보고서 놀라게 된 것은 전혀 이상할 것이 없다. 그런데 그들이 놀라게 된 데에는 또 하나의 다른 원인이 있었다. 성전에서 하나님을 예배하면서 오랜 세월을 지내온 경건한 과부인 안나라고 하는 나이 많은 여자가 성령의 인도를 받아 아기 예수에게 오게 되었다. 그녀는 시므온의 증거에다 자기의 것을 더 보탰다. 그리고 그리스도의 강림을 기다리고 있던 예루살렘의 모든 사람들에게 그리스도가 마침내 나타나셨다는 소식을 알렸던 것이다.

8. 요약

　복음서들에 보면, 그리스도의 탄생의 두 국면이 강조되어 있다. 즉, 그리스도의 탄생을 위한 준비와 그가 탄생하던 때에 된 그에 대한 증거가 강조되어 있다. 그 준비들 중에는 천사의 마리아 방문, 엘리사벳에게 주어진 성령의 계시, 그리고 팔레스타인에서의 인구 조사, 즉 호적 하는 일 등이 있었다. 하나님께서 인구 조사를 작정하시어 예수님이 태어나시던 때 요셉과 마리아가 베들레헴에 가 있도록 함으로 해서 구약의 예언들이 성취되었다. 예수님의 탄생에 대하여는 충분한 증거가 있었다. 천사들, 목자들, 시므온과 안나 등 모두가 그를 이스라엘의 약속된 구속주로 인정하였다. 그들을 통하여 많은 다른 사람들도 그리스도가 마침내 오셨다는 것과 선지자들의 예언의 말들이 결국 성취되었다는 것을 듣게 되었던 것이다.
　그러나, 그리스도의 탄생이 아주 분명하게 알려졌는데도, 자기 백성은 결국 그를 거절하였다.
　인간의 죄악성이 얼마나 지독한가!

■ 복습 문제 ■

1. 마리아가 낳을 아들에 대하여 가브리엘이 그녀에게 말해준 것들은 무엇인가?
2. 마리아는 그의 신앙을 어떻게 드러냈는가?
3. 하나님은 미가 5:2의 예언이 어떻게 성취되게 하셨는가?
4. 천사들의 노래의 의미를 설명하라.
5. 목자들의 행위와 반응을 말하라.
6. 예수님을 위하여 구약의 어떤 의식이 행하여졌는가?
7. 그 의식에는 무슨 의미가 있는가?
8. 누가복음 2:29-35에 있는 시므온의 말은 무엇을 뜻하는가?

■ 더 연구할 문제 ■

1. 우리의 교회는 마리아를 어떤 위치에 놓아야 하는가?
2. 예수는 그의 출생 때부터 본래 구주였는가?
   아니면 세월이 흐른 후에 구주가 되셨는가?
3. 마리아와 한나의 노래 간의 유사점과 차이점을 열거하라
   (삼상 2:1-10).
4. 왜 이스라엘 백성은 예수님이 메시아임을 믿지 않았는가?

제9장

아이가 자라며
(마 2:1-23; 눅 2:40-52)

■ 연구 문제 ■

1. 박사들은 누구였는가?
2. 그들이 예루살렘에 왔을 때 무슨 일이 일어났는가?
3. 왜 요셉은 자기 가족을 애굽으로 데리고 갔는가?
4. 예수님의 성전 방문을 통해서 그에 대하여 무엇을 알 수 있는가?

누가는 그의 복음서에서 그리스도의 탄생에 대하여 상세하게 언급을 하고 나서 예수님의 어린 시절에 있었던 한 사건을 기록하고 있다. 그러나 마태는 그리스도의 탄생을 아주 간략하게 다루고 넘어간다. 마태는 천사가 요셉을 방문한 것을 언급하고 있는데, 그 방문으로 말미암아 비록 마리아가 아이를 잉태하고 있을지라도 그녀를 자기 아내로 받아들여야 한다는 것을 요셉은 확신하게 되었던 것이다. 또한 마태는 요셉이 마리아와 결혼하였다는 것과 예수님이 태어날 때 까지 그녀가 처녀이었다(동침하지 않았다)는 것을 기록해 놓았다.

마태는 동방박사들의 방문 외의 다른 사건은 기록하고 있지 않다. 동방박사에 대한 이야기는 예수님이 유대인의 왕이라는 점을 나타내 보여 주고 있으며, 예수님에 대한 그 같은 견해는 곧 마태가 강조하고자 한 것이었다.

1. 동방박사

마태복음에 보면, "헤롯 왕 때에 예수께서 유대 베들레헴에서 나시매 동방으로부터 박사들이 예루살렘에 이르렀다"(마 2:1)라고 되어 있다. 마태는 그들의 도착 시기를 정확하게 말하지 않고, 단지 헤롯 대왕이 통치하던 기간 중에 라고만 말하고 있을 뿐이다. 그 방문의 시기를 알기 위해서는 마태복음과 누가복음을 비교해 볼 필요가 있다. 목자들과 동방 박사들의 예수님 방문을 대개의 성탄 성화(聖畫)는 동시적인 것으로 묘사하고 있으나, 그 같은 성화가 엉터리라고 하는 것은 쉽게 드러난다.

목자들은 마구간에 있는 예수님을 방문했으나, 박사들은 집에 있는 예수님을 방문했고(마 2:11), 목자들은 들을 건너 짧은 거리를 달려갔을 뿐이지만, 박사들은 수백 마일을 여행하였던 것이다. 헤롯이 그리스도를 없애고자 했을 때, 그는 두 살 이하의 베들레헴의 모든 사내아이들을 살해하였다. 만일 예수님께서 갓 태어났을 때 동방박사들이 헤롯에게 왔다고 할 것 같으면, 헤롯이 두 살 된 아이들까지 모두 살해할 필요를 느끼지는 않았을 것이다. 그러므로 예수님이 태어나신지 여러 달이 지난 후에야 박사들이 도착했음에 틀림없다.

따라서 박사들의 방문은 성전에서 율법에 따라서 예수님을 드리는 일(눅 2:22, 23)이 있은 이후의 일이었던 것이다. 동방 박사들은 동방 나라 출신의 제사장 계급에 속한 사람들이었던 것 같다. 동방에 널리 퍼져 있었던 페르샤(파사)종교는 별들이 인간 생활과 밀접한 관련이 있는 것으로 생각했다. 동방박사들은 별들을 연구하는 자들, 즉 점성가(占星家)들이었다. 그들은 특별한 의미를 가질만한 새롭거나 특이한 징조를 찾아내기 위하여 하늘을 면밀하게 지켜보았던 것이다.

이 동방박사들은 특이한 별이 나타난 것을 보았다. 그 별을 보는 순간 그것이 아주 대단한 것이라는 확신을 갖게 되었다. 그 별은 하나님이 특별한 목적을 위해서 창조하신 것이든지, 아니면 별들이 특이하게 결합된 것이었을 것이다. 아무튼, 그 별은 그리스도의 탄생을 알리기 위하여 하나님이 사용하셨던 것이다.

어떻게 이방의 점성가들이 그리스도에 대하여 알았을까?

어떻게 해서 그들이 이 별을 유대인의 왕과 연결 지어 생각하게 되었을까?

우선, 유대인들이 앗수르와 바벨론에 포로로 잡혀가 살았던 점을 기억해야 할 것이다. 예루살렘으로 귀환하는 것이 허락되었을 때, 극소수의 사람들만이 귀환하였던 것이다. 대부분의 유대인들은 그들이 포로 되었던 땅에 그대로 남아 있었다. 그 결과로, 많은 유대인들이 초생 달 모양의 비옥한 땅의 동쪽 끝에 있는 모든 땅에까지 퍼져 살게 되었다. 모든 도성마다 유대인의 회당이 있었으며, 그들의 성경이 많은 이방인들에게도 읽혀졌다.

그러므로 동방박사들도 히브리 문헌들에 대한 다소간의 지식을 갖고 있었던 것으로 볼 수 있다. 그 같은 지식이 있었기 때문에 그들이 그렇게 별을 따라 인도될 수가 있었던 것이다. 특별히 다니엘서의 도움을 받아 유대인의 왕이 태어났다고 하는 결론에 도달했을지도 모른다. 하나님께서 별들을 통해서 예수의 탄생의 표적을 그들에게 보여주셨기 때문에. 그들은 그를 경배하기 위해 먼 길을 여행하였던 것이다.

2. 박사들의 예루살렘 도착

일단의 사람들이 긴 여행 끝에 먼지를 뒤집어쓰고 예루살렘 성문을 들어서서 유대인의 왕으로 나신 분이 어디에 계시는가를 묻던 그 날에 예루살렘 사람들이 깜짝 놀랐을 것임에 틀림없다. 그 질문이 떨어지자 사람들이 소동하였다. 그들은 그 같은 질문에 대해 헤롯이 어떠한 반응을 보이리라는 것을 알고 있었기 때문에 그것을 염려하지 않을 수가 없었다. 헤롯은 자기의 왕좌를 잃지나 않을까 하고 염려하고 있던 의심 많은 노인이었다. 그는 자기의 왕좌를 안전하게 하는 일이라면 피 흘리는 것도 불사할 사람이었다.

그는 자기 자신의 가족이 자기에 대해 음모를 꾸미고 있는 것으로 생각되자 그들을 살해하였던 것이다. 그 질문은 또한 헤롯을 당혹하게 하였다. 그는 자기의 왕좌를 노리는 어떠한 적수도 원치 않았다. 그래서 그는 율법사들을 자기의 왕궁으로 불러들여 그리스도가 어디에서 태어나도록 되어 있는가를 물었다. 그들은 헤롯의 질문에 대한 답을 알고 있었다. 이는 선지자 미가가 그리스도께서 베들레헴에서 태어나실 것을 분명하게 가르쳐 주었기 때문이다. 그래서 그들은 헤롯이 알고자 하는 바를 그에게 대답해 주었다. 이로써 헤롯은 동방박사들에게 그들의 여행 목적을 성취하는데 필요한 정보를 제공해 주었던 것이다.

동방박사들의 눈에는 헤롯이 아주 종교적인 사람처럼 보였다. 그는 그들이 그 아이를 찾는데 최대한의 협력을 해주었다. 심지어 그는 그들에게 부탁하기를, 그들이 예루살렘에 돌아와 그 아이가 있는 곳을 자기에게 알려주면 자기도 그를 경배하겠노라고 까지 하였던 것이다. 그러나 그는 마음 속으로는 언제나 아기 예수를 죽일 것을 계획하고 있었다.

3. 동방박사들의 경배

동방박사들이 예루살렘을 떠나자 그 별이 다시 나타나 그들 앞에서 베들레헴까지 그들을 인도하였다. 거기서 그들은 아기 그리스도를 찾아 만났고, 그들이 가지고 갔던 선물들을 그에게 드렸다. 그리고 나서, 꿈에 헤롯에게로 돌아가지 말라는 경고를 받고, 그들은 다른 길로 자기들의 고향 땅으로 되돌아갔다.

4. 애굽으로 피신함

동방박사들이 하나님의 인도하심을 받음으로 해서 헤롯의 계획은 일단 좌절되었다. 그러나 그의 악한 생각은 여전하였던 것이다. 동방박사들이 돌아올 것 같지 않음이 분명하여지자, 헤롯은 그의 적수인 아기 왕을 죽일 새로운 계획을 세우기 시작했다. 동방 박사들에게서 얻은 정보를 감안하여, 헤롯은 그리스도가 두 살 아래일 것임이 틀림없을 것으로 판단했다. 그래서 그는 베들레헴의 두 살 아래 되는 모든 사내 아이들을 살해하라는 명령을 내렸다.

헤롯의 음모는 성공할 뻔하였으나, 요셉이 꿈에 하나님에게서 경고를 받아 자기 가족과 함께 애굽으로 피신하였다. 요셉과 그 가족은 헤롯이 죽을 때까지 애굽에 머물렀다. 하나님이 다시 요셉에게 현몽하시자, 요셉은 자기 가족을 데리고 고향땅으로 되돌아왔다. 그가 유대에 와보니 헤롯의 아들 아켈라오가 그 땅을 통치하고 있었다. 아켈라오는 자기 아버지 못지 않게 악하였다. 그래서 요셉은 어떻게 할 것인가 하고 곰곰이 생각하게 되었다.

그때 하나님께서 다시 그를 인도하여 갈릴리 나사렛으로 다시 돌아가라고 일러 주었다. 그래서 그들은 그곳에 정착하였으며, 예수님은 거기에서 자기의 소년 시절과 청년기를 보내게 되었던 것이다.

5. 예수님의 성전 참예

누가복음에 보면 아기 예수님에 대하여 다음과 같이 설명 하고 있다.

> 아기가 자라며 강하여지고 지혜가 충족하며 하나님의 은혜가 그 위에 있더라 (눅 2:40).

다른 유대인 어린아이들처럼, 예수님도 하나님의 율법으로 교육을 받았으며 회당학교에 다녔다. 그의 발육은 그의 소꿉친구들의 경우와 똑같은 과정을 밟았다. 그러나 그의 모든 삶은 특별히 하나님의 은혜가 충만하였다. 비록 그는 우리와 같은 인간의 본성을 입으셨지만, 그에게는 아무 죄도 없으셨다.

그러므로 그의 성장과 발육은 죄의 어두운 그림자에 의하여 억제된 일이 없었다. 그는 또한 사람들에게도 사랑받는 아이였음에 틀림없다. 신체적으로, 정신적으로, 영적으로 예수님은 하나님이 축복하신 표가 역력하였다. 경건한 유대인들의 관례대로, 요셉과 마리아는 연례적으로 유월절에 예루살렘에 갔다. 예수님이 열두 살 때에, 그는 그들과 동행하였다. 그들과 함께 이전에도 그가 갔었는지 모른다.

그러나 이 여행의 경우는 주목할 만한 사건이 일어났기 때문에 복음서에 언급되어 있는 것이다. 유월절 행사가 끝난 후에 마리아와 요셉은 집을 향해 출발했다. 그들은 예수님이 그들과 함께 출발한 줄로 생각했다. 여자들과 남자들이 따로따로 여행하는 것이 관례였는가 하면, 어린아이들은 여자들과 함께 여행하였다. 예수님은 그때 어린아이로도 생각될 수 있고 청년으로도 생각될 수 있는 그러한 나이였다. 그래서 요셉은 그가 마리아와 함께한 것으로 여겼는가 하면, 마리아는 그가 요셉과 함께 하는 줄로 여긴 듯싶다.

날이 저물어 가족들이 함께 모여 밤을 지내려고 했을 때에서야, 비로소 그들은 그가 길을 잃었다는 것을 알게 되었다. 다음날 그들은 예루살렘으로 발길을 돌렸다. 그 다음날에 그들은 성전에서 그를 발견했다. 절기가 끝난 후에도 유대인 율법사들이 며칠간 그 도시에 남아서 비공식 토론들을 벌이는 것이 관례이었다. 이 모임들에는 아무 유대인 남자들도 참여할 수가 있었다. 예수님은 이 모임들 중의 하나에 끼어들었던 것이다.

유대인의 교육 방법은 주로 문답식에 의한 것이었기 때문에, 예수님은 말할 기회를 얻었었다. 그의 사상의 명료함과 표현의 신중함을 보고서 학식 있는 율법사들이 깜짝 놀랐다. 예수님의 부모들은 그 토론이 삼 일째 계속되고 있던 때에 도착했다. 마리아가 예수님께 한 말은 애정 어린 책망이었다(눅 2:48). 예수님은 그가 자기 부모들에게 크게 심려를 끼친 것에 대하여 죄송하게 생각했을 것임에 틀림없다.

그렇지만 그의 대답은 그가 더 고차원적인 책임을 의식하고 있었다는 것을 보여 주고 있다. 그는 자기 아버지(성부 하나님)에 의하여 이 세상으로 보내어졌다. 그래서 그는 그의 아버지 집에 있어야 할 필요성을 느꼈던 것이다(눅 2:49). 예수님은 비록 아이였지만, 그가 장차 해야 될 사역에 대하여 어느 정도 조금은 알고 있었다. 그러나 그는 자기의 육친의 부모들에게 순종하였다. 즉, 그는 순종하여 율법사들을 떠나 요셉과 마리아와 함께 나사렛으로 돌아왔던 것이다.

■ 복습 문제 ■

1. 예수의 탄생과 관련하여 어떤 사건들이 마태복음에 기록되어 있는가?
2. 동방박사들은 누구였는가?
3. 그들은 예수의 탄생에 대하여 어떻게 알았는가?
4. 동방박사들이 예루살렘에 도착함으로 해서 야기된 결과들을 약술하라.
5. 헤롯은 어떻게 예수를 제거하려고 했는가?
6. 하나님은 어떻게 아기 그리스도를 보호했는가?
7. 예수님은 왜 유월절이 지난 후에도 예루살렘에 머물러 있었는가?
8. 기독 어린이들을 위하여 무슨 본을 예수님께서 누가복음 2:41-51에서 보여주고 있는가?
9. 이 장의 무슨 역사적 사건이 요한계시록 12:4에 묘사되어 있는가?

■ 더 연구할 문제 ■

1. 그리스도의 탄생이 이방인들(동방박사들)에게 계시된 것이 왜 중요한가?
2. 누가복음 2:40, 52을 이사야 53:2-3과 비교하라. 그리스도에 대한 이 두 말씀들이 어떻게 참일 수가 있는가?

제3부 • 그리스도의 사역의 시작

제10장

광야에서 외치는 자의 소리

(눅 3:1-20; 마 3:1-3; 막 1:1-8)

■ 연구 문제 ■

1. 구약의 예언서들은 세례 요한에 대하여 어떻게 말했는가?
2. 왜 이스라엘 백성들은 세례 요한의 말을 들으러 갔는가?
3. 요한은 그의 메시지에서 무엇을 강조했는가?
4. 요한의 사역은 어떻게 끝났는가?

　　공관복음서들이 다 같이 맨 처음에 다루고 있는 것은 세례 요한의 사역이다. 그 이유는 세례 요한의 사역이 그리스도의 사역을 소개하고 있기 때문이다. 마가는 그의 복음서를, "예수 그리스도 하나님의 아들의 복음의 시작이라"(막 1:1)는 말로 시작하고 있다. 그런데 그 복음의 시작이란 다름 아닌 요한의 사역인 것이다.

1. 구약의 예언

마태, 마가, 그리고 누가는 다 같이 이사야 40:3-5의 말씀을 인용하여 세례 요한에 대한 이야기를 소개하고 있다. 그 구절의 말씀은 "외치는 자의 소리여 가로되 너희는 광야에서 여호와의 길을 예비하라 사막에서 우리 하나님의 대로를 평탄케 하라"고 되어 있는데, 마태와 마가와 누가는 그 예언의 말씀을 세례 요한에게 적용하였다. 이사야의 그 말씀들에 의하면, 예비되고 있는 길은 여호와 자신을 위한 길이다.

이로 보건대 그 예언의 말씀은 복음서 저자들이 예수 그리스도를 하나님으로 여겼다는 것에 대한 좋은 증거인 것이다. 그리고 요한은 선구자였기 때문에, 그의 하는 일이란 사람들이 그리스도를 영접 할 수 있도록 그들의 마음을 준비시켜 그리스도를 위한 길을 예비하는 것임에 분명하다. 요한의 준비적 사역을 통하여 하나님의 구원이 모든 사람들에게 나타나도록 되어 있었다.

2. 새 예언자

요한은 팔레스타인에서 사람들의 이목(耳目)을 끌었다. 예전에는 예언자들을 흔히 볼 수 있었는데, 이는 하나님께서 많은 사람들을 부르셔서 자기의 뜻을 백성들에게 알리도록 하셨기 때문이었다. 그러나 4세기 동안 아무 예언자도 나타나지 않았다.

> 여호와의 말씀이 희귀하여 이상이 흔히 보이지 않았더라(삼상 3:1).

사무엘 당시의 형편이 요한이 말씀을 전파하기 바로 전에 재현되었던 것이다. 요한이 사람들의 이목을 끌었던 것은, 그가 여러 세기만에 나타난 예언자였기 때문뿐만 아니라, 옛날의 한 선지자처럼 옷을 입고 있었기 때문이었다.

　엘리야에게 임한 성령과 권능으로 온 그가 그 사람처럼 옷을 입었던 것이다. 요한은 요단 근처 광야에서 말씀을 전파하였으나, 그가 곧바로 사람들의 이목을 끌었기 때문에 많은 군중이 그의 말을 듣기 위하여 무리지어 광야로 몰려왔다. 누가는 요한이 말씀을 전파하기 시작하던 때의 이스라엘의 통치자들과 대제사장들의 이름들을 열거하고 있다(눅 3:1-2). 그러므로 해서, 이스라엘이 로마의 통치하에 있었다는 것과, 그 당시 로마가 의심 많고 복수심이 강하며 부도덕한 한 황제에 의하여 다스려지고 있었다는 것을 우리가 알 수 있게 된 것이다.

　그 당시 이스라엘은 로마인들에 의하여 네 지방으로 분할되어 있었으며, 각 지방마다 이방인들에 의하여 다스려졌던 것이다. 또한 대제사장권도 품위가 크게 격하되어 있었다. 통상적으로 대제사장은 한 사람 뿐이었다. 어떤 사람이 대제사장이 되면 그는 죽을 때까지 대제사장직에 머물러 있었던 것이다. 그러나 로마인들은 정치적인 이유로 인하여 흔히 여러 명의 새 대제사장들을 세웠다. 그래서 요한이 말씀을 전파하기 시작하던 때에는, 안나스가 로마인들에 의하여 퇴위 당하고, 그의 자리에 가야바가 대신 앉았던 것이다.

　하나님의 오랜 침묵과 요한의 특이한 외모와 이스라엘의 절망적인 상황 등으로 말미암아 요한이 전파한 메시지를 듣기 위하여 백성들이 광야로 왔던 것이다.

3. 새 메시지

　요한은 이스라엘에게 "죄 사함을 얻게 하는 회개의 세례"(눅 3:3)를 전파하였다. 이스라엘은 세례에 대해서 잘 알고 있었다. 얼마 동안은 여호와를 섬기는 자들이 되고자 하는 이방인들에게 세례 주는 것이 관례가 되어 있었다. 세례는 이방인들이 그들의 이교(異敎)숭배로부터 정결케 되었다는 것을 상징하였다. 그 같은 세례는 유대인들에게는 결코 요구된 적이 없었다. 유대인들은 순결하고, 하나님 나라의 시민들인 것으로 생각되었던 것이다.

그러나 요한은 유대인들도 회개하고 세례를 받을 필요가 있다는 것을 주장했다. 이 세례는 마음의 변화에 대한 표호이자, 회개하는 죄인의 죄들을 하나님께서 용서하실 것에 대한 보증이었던 것이다. 요한의 메시지는 아브라함의 모든 자녀가 구원 얻으리라는 것과, 아브라함의 자녀들만이 구원 받게 되리라는 유대주의 사상에 대한 공격이었다. 요한은 그 사상을 공격함에 있어서, 유대인들에게 세례 받을 것을 요구하였고, 그들에게 퉁명스럽게 다음과 같이 말하였던 것이다.

> 속으로 아브라함이 우리 조상이라 말하지 말라 내가 너희에게 이르노니 하나님이 능히 이 돌들로도 아브라함의 자손이 되게 하시리라(눅 3:8).

그 같은 말은 곧, 단순히 유대인이라고 하는 것만으로는 하나님 보시기에 충분치 못하고, 회개가 필요하다는 것을 보여주는 경고이었다. 또한 하나님께서 유대인들에게 뿐만 아니라 이방인들에게도 그의 구원을 베풀어 주실 것이라고 하는 암시이었다. 왜냐하면 그는 돌들로도 아브라함의 자녀들을 일으키실 수 있었기 때문이다. 요한은 회개를 촉구한 것 외에도 앞에 놓인 심판을 경고해 주었다. 그는 심판의 때가 가까워졌다는 것과, 그 심판을 면키 위해 그들의 마음을 준비하는 데는 많은 시간이 걸리지 않는다는 것을 선포하였다.

그는 말했다.

> 이미 도끼가 나무 뿌리에 놓였으니 좋은 열매 맺지 아니하는 나무마다 찍혀 불에 던지우리라(눅 3:9).

이스라엘 백성들이 요한에게 그들이 회개했다는 것을 나타내 보이기 위해서 무엇을 해야 할 것인가를 물어왔을 때, 그는 그들에게 예기치 않은 대답을 해주었다. 유대인들은 율법의 의식들을 지키는 것이 생활상 가장 중요한 것으로 배워왔다. 그러나 요한은 그것에 대해서는 한마디 말도 하지 않았다. 그 대신 다른 사람들을 도와주는 일을 통해서 자기들의 죄를 그들이 참으로 슬퍼하고 있음을 나타내 보여야 한다고 그는 백성들에게 말했다. "네 이웃을 네 몸과 같이 사랑할지니라"는 명령에 대한 순종이 그들이 하나님을 참으로 사랑한다는 것을 나타내 보여주는 수단이었던 것이다.

세리들과 군병들도 백성들과 똑같은 질문을 요한에게 물었는데, 요한이 그들에게 들려준 대답을 그때 그들이 들었더라면 그들은 더욱 크게 충격을 받았을 것이 틀림없다. 세리들과 군병들은 유대인들이 증오한 로마인들을 섬기는 유대인들이었다. 그 같은 자들의 경우는, 이방인 정복자들과의 그들의 관계를 청산할 때만이 회개한 표가 나타날 수 있다고 요한이 그들에게 말할 만 하였다. 그러나 요한은 전혀 그 같은 대답은 하지 않고, 세리들의 경우는 백성들에게서 착취하는데 그들의 직위를 사용하지 말라고 말하는가 하면, 군병들의 경우는 백성들을 학대하는데 그들의 권력을 사용하지 말라고 하였던 것이다.

요한의 세례를 받는데 있어서 아무 세리나 군병도 자기의 직업을 바꾸어야 한다는 말을 들어보지 못했던 것이다. 요한이 전파한 회개의 메시지는 유대 백성들, 특히 율법사들과 바리새인들에게는 혁명적인 것으로 들렸으나, 사실은 구약의 선지자들이 전파하였던 것과 본질적으로 동일한 메시지였다. 그렇지만, 요한이 전파한 말씀에는 새로운 요소가 있었다. 많은 다른 선지자들도 사람들에게 회개할 것을 촉구하였었다. 그러나 아무도 "천국이 가까왔느니라"(마 3:2)고는 선포하지 않았었다. 구약의 선지자들 중에는 아무도 메시아가 곧 오리라는 것을 선포하지 않았던 것이다.

4. 오실 메시아

　요한의 색다른 외모와 그가 전파한 새로운 과감한 메시지 때문에 그가 혹시 그리스도가 아닌가하고 사람들이 서로 묻기에 이르렀다. 요한은 그들이 의심을 품게 가만두지 않았다. 그는 자기가 그리스도가 아니라는 것과, 그리스도의 오심을 준비하도록 보냄 받았다는 것을 분명하게 밝혔다. 요한은 오실 그리스도와, 그리스도의 위대성과, 그리스도께서 하실 위대한 사역에 대하여 백성들에게 말해 주었다. 요한은 자기는 물로 세례를 주었지만, 그리스도는 성령과 불로 세례를 줄 것이라고 선언했다(눅 3:16).
　그의 말의 뜻은, 성령께서 사람들의 마음들을 정결케 할 것이라는 것이다. 요한이 오실 메시아에 대해 무리들에게 말할 때, 그리스도께서 그들로 하여금 그들의 대적들을 물리쳐 이기게 해주시리라고는 말하지 않았다. 그는 그들에게 자유, 즉 정치적 독립을 약속해 주지 않았다. 그는 그들에게 오실 심판자에 대해 말했다. 그는 그리스도를 타작마당에서 일하는 농부에 비교했다. 그 농부는 키라고 불리는 도구를 사용하여 알곡과 쭉정이를 바람에 부쳐 그것들을 갈라냈다.
　이렇듯 요한은 그리스도를 선인과 악인을 구분하러 오실 분, 곧 선인에게는 상급을 주시고 악인에게는 벌을 주실 분으로 소개하였다. 그리스도께서는 사람들을 심판하실 것이었기 때문에, 그들이 그의 오심을 대하려고 할 것 같으면 그들이 회개하는 것은 불가피한 일이었다.

5. 요한의 사역의 최후

　요한은 그의 회개의 메시지를 일반 백성들에게만 국한시켜 전한 것이 아니었다. 그는 통치자들에게도 역시 전했다. 그는 그의 말을 들으러 오는 종교 지도자들에게 "독사의 자식들"(마 3:7)이라고 했다. 그는 헤롯 안디바가 헤로디아와 결혼한 것을 인하여 그를 비난하였다. 헤로디아는 헤롯의 형제인 빌립과 이혼한 여자였던 것이다. 그 같은 결혼은 하나님의 율법에 의해 금해져 있었다. 그래서 요한은 이 죄에 대하여 담대하게 주저하지 않고 말하였던 것이다.

요한의 메시지는 많은 무리를 상대하여 전하여졌으므로, 요한이 왕의 그 같은 죄를 비난한 사실은 곧장 방방곡곡에 퍼지게 되었다. 결국은 왕도 그것에 대해 듣게 되었다. 안디바는 그의 아버지인 헤롯 대왕처럼, 누군가가 자기의 보좌를 위협하는 것을 가만 보고 있을 위인이 아니었다. 요한의 경우 그에게 불리한 여론을 선동할 능력이 있었기 때문에 요한을 그는 두려워했다. 그래서 헤롯은 그가 행한 다른 모든 악한 일들 외에, 한 가지 악을 더하여 요한을 옥에 가두었다(눅 3:20).

■ **복습 문제** ■

1. 이사야 40:3-5의 예언은 요한과 예수님에 대하여 어떻게 말하고 있는가?
2. 왜 백성들은 요한이 전파하는 메시지를 들으러 갔는가?
3. 요한이 베푼 세례는 유대인이기만 하면 구원 얻는데 충분하다고 생각하던 유대주의 사상을 어떤 점에서 공격하는 것이 되었는가?
4. 요한은 백성들에게 그들이 회개한 것을 나타내 보이기 위해서는 무엇을 하라고 했는가?
5. 요한이 전파한 메시지에는 어떤 새로운 요소가 있었는가?
6. 요한이 그리스도를 타작마당의 농부와 비교한 것에 대하여 설명하라.
7. 요한의 사역은 어떻게 해서 최후를 맞게 되었는가?

■ **더 연구할 문제** ■

1. 요한과 엘리야를 비교하되, 유사점과 차이점들을 말해보라.
2. 예수께서 그의 공적(公的) 사역을 시작하시던 때에 요한의 준비 사역은 어떤 점에서 그에게 도움이 되었는가?

제11장

내 사랑하는 아들이요
(마 3:13-17)

> ■ 연구 문제 ■
> 1. 왜 예수님이 세례를 받으셨는가?
> 2. 하늘의 소리와 비둘기는 무엇을 의미하는가?

    요한은 그리스도의 선구자로서 보냄을 받았다. 그는 회개를 전파하고 회개한 자들에게 세례를 베풀어 그리스도의 오심을 준비하였다. 그러나 요한은 다른 방면에서 또한 메시아를 위해 준비했다. 하나님께서는 나사렛 예수가 그리스도 곧, "기름부음 받은 자"가 되는 의식(儀式)을 행하는 특권을 요한에게 주었던 것이다.

1. 예수의 출현

　요한과 예수님은 사촌 형제간이었다. 그러나 그들이 소년 시절에 서로 만났다는 증거가 전혀 없다. 그들은 서로 만날 수 있는 기회가 없었던 것이다. 요한의 경우는 유대 지방의 한 마을에서 성장하여 그의 청년기를 광야에서 보냈다. 반면, 예수님은 애굽에서 몇 년 동안을 보내고 나사렛 갈릴리 마을에서 어른이 되기까지 지냈다. 예수님이 요한에게 와서 세례 받기를 청하였을 때, 요한은 그에게 세례를 주고자 하지 않았다. 대신, 그가 예수님에게 세례를 받아야할 입장이라고 말하였다.
　그러면 왜 요한은 이렇게 말했는가?
　요한은 그가 세례를 베풀었던 다른 사람들과 예수님이 다르다는 것을 어떻게 알게 되었는가?
　요한은 그가 세례를 준 사람들에게 엄격한 요구 사항들을 제시하였다. 그런 까닭에 그는 아마도 세례 받고자 하는 자들을 시문(試問)하였던 것 같다. 이렇게 하여 그들이 회개하였는지의 여부를 발견해 낼 수가 있었다. 그러나 그가 예수님과 대화했을 때, 예수님에게는 죄가 없기 때문에 회개할 것이 없다는 것을 발견하였다. 그래서 그는 예수님에게 세례 베풀기를 원치 않았던 것이다. 예수님은 요한의 말이 옳다고 하였다. 예수님은 세례 받으실 필요가 없으셨다. 그러나 예수님은 요한에게 아무튼 자기에게 세례를 베풀어 달라고 요구했다.

>　이제 허락하라 우리가 이와 같이 하여 모든 의를 이루는 것이 합당하니라 (마 3:15).

2. 모든 의를 이루심

어떻게 예수님이 받은 세례가 모든 의를 이루는 수단이 되었는가?

예수님께서 오신 것은 범사에 형제들과 같이 되시어 하나님의 일에 자비하고 충성된 대제사장이 되어 백성의 죄를 구속하기 위함이었다(히 2:17). 즉, 하나님과 사람 사이에 중보자가 되시려고, 그는 사람이 되셔야 했던 것이다. 자기 백성을 대표하기 위하여 그는 그들과 동일시되어야 했다. 죄인들의 죄책을 제거하기 위하여 "죄를 알지도 못하시는" 그가 "우리를 대신하여 죄를 삼으신"바 되어야 했다(고후 5:21).

자기 백성과 그가 동일시된 일과 그들의 죄를 그가 지신 일은 십자가상에서 절정에 이르게 되었으며, 거기서 시작된 것이 아니다. 예수님은 그의 사역을 통하여 줄곧 그의 형제들과 같이 되셔야 했다. 그것이 그가 세례 받으신 이유였다. 그에게는 그가 회개해야 할 필요가 있는 자신의 죄란 전혀 없었다. 그러나 그는 자신을 자기 백성과 동일시 되게 해야 했다. 예수님은 그가 세례 받을 때 '위대한 죄 짐진 자'(the Great Sin Bearer)로서의 그의 일을 시작하신 것이다. 예수님의 세례에는 두 가지의 표적이 뒤따랐다. 즉 성령이 비둘기 같이 임하였고 하늘에서 소리가 들려왔다. 이 표적들은 예수님의 세례의 의미를 이해하는데 도움을 준다.

3. 성령이 내려 임하심

하나님의 택하신 종들(선지자들, 제사장들, 왕들)이 그들의 직위에 취임하게 될 때 행하여지는 구약의 기름 붓는 의식을 연구할 것 같으면, 그리스도 위에 성령이 내려 임하는 것을 쉽게 이해할 수 있다. 이 의식이 의미하는 바에 의하면, 그 기름부음 받은 자는

1) 하나님에 의하여 어떤 직위에 부름을 받았고,
2) 택정함을 받아 하나님의 보호 아래 있었으며,
3) 성령으로 충만하여 그의 직무를 수행할 수가 있었다(참조, 삼상 6:13).

구약의 기름부음은 그리스도의 세례에 해당한다. 그의 세례가 의미하는 것은 그가

1) 하나님에 의하여 부름을 받아 우리의 수선지자(首先知者), 대제사장, 영원한 왕이 되셨고,
2) 특별히 택정함을 받은 하나님의 아들이요,
3) 한량없이 성령으로 충만함을 받아, 성령의 권능으로 그가 살고, 일하며, 죽고 다시 살아나셨다.

4. 하늘에서 난 소리

예수님이 세례 받던 때,

> 하늘에서 소리가 있어 가로되 이는 내 사랑하는 아들이요 내 기뻐하는 자라 (마 3:17).

그 소리는 예수님에 대한 성부의 증거였다. 예수님이 기름부음 받아 이제 하나님과 특별한 관계에 있게 된 것을 알리는 신적 선언이었다. "아들"이라는 이름은 시편 2:7에 보면 메시아에게 주어진 호칭이다. 하늘에서 들려온 하나님의 소리와 성령의 임하심은 예수님이 받으신 세례로 말미암아 메시아로서의 그의 사역이 공적으로 시작되었음을 보여주고 있다.

5. 세례의 중요성

예수님이 받으신 세례는 그의 생애에 있어서 가장 중요한 사건들 중의 하나였다. 그것은 그리스도로서의 그의 사역의 시작이었다. 그것은 그의 중보 사역의 시작인 바, 그는 그 사역에 의하여 자기 백성을 대신하고 그들을 위하여 고난을 당하시고 죽으셨다. 이 사건에 앞서 있은 것은 모두가 예비적인 것들이었다. 사실상 예수님의 메시아 사역은 그가 세례를 받으심으로서 시작되었던 것이다.

■ 복습 문제 ■

1. 왜 요한은 예수님에게 세례 주기를 거절했는가?
2. 어찌하여 예수님께서 세례 받으실 필요가 있었는가?
3. 성령이 임하신 것은 무엇을 의미하는가?
4. 구약에서 기름부음은 무슨 의미가 있었는가?
5. 예수님이 받으신 세례는 그에 대하여 무슨 세 가지 진리들을 보여 주고 있는가?
6. 하늘에서 난 소리는 예수님에 대하여 무엇을 말해 주고 있는가?
7. 예수님이 받으신 세례는 왜 중요 하였는가?

■ 더 연구할 문제 ■

1. 구약 중에서 기름부음에 대한 두 개의 실례를 들고, 이 의식의 삼중 의미가 어떻게 나타나 있는가를 말해보라.
2. 만일 예수님이 항상 하나님의 아들이었다고 하면, 왜 그가 그리스도로 따로 택정될 필요가 있었는가?

제12장

마귀에게 시험을 받다

(마 4:1-11)

> ■ 연구 문제 ■
>
> 1. 왜 예수님은 사탄에게 시험 받으셨는가?
> 2. 사탄은 어떻게 예수님을 시험했는가?
> 3. 예수님은 어떻게 사탄의 시험에 대응하였는가?

　예수님은 세례 받으신 후에, 성령에게 이끌리어 마귀에게 시험을 받으러 광야로 가셨다. 시험은 그의 공적 사역의 시작에 대한 또 하나의 다른 본질적인 부분이었다. 그가 세례를 받으심으로 해서 그는 그의 메시아 직위에 취임 하였고, 자기 백성과 자신을 동일시하게 되었으며, 하나님과 사람 사이의 중보자로서 하나님이 주신 사역을 시작하였던 것이다. 그런데, 그의 사역을 시작함에 있어서, 그의 최대의 대적인 사탄과 싸워 물리치는 것이 그에게 필요하였던 것이다.

1. 시험의 의미

마귀는 시험할 때 예수님을 죄 짓게 하려고 몇 가지 시도를 하였으나 번번이 실패하였다. 예수님은 사탄을 물리침으로써 사탄과 그의 세력들에 대하여 권세를 획득하셨다. 후에 사역하실 때 예수님은 마귀 들린 자들에게서 마귀들을 쫓아내심으로서 이 권세를 나타내셨다. 그는 마귀들에 대한 그의 능력이 사탄을 그가 이긴 데서 비롯되었다는 것을 바리새인들에게 말씀하셨다(눅 11:14-26).

아담은 에덴동산에서 사탄에게 시험을 당하였었다. 그가 타락하여 죄에 빠짐으로 해서 모든 사람이 죄와 불행의 상태에 이르게 되었다. 예수님 또한 시험을 당하셨다. 그러나 그는 죄를 범하지 않으셨다. 그래서 그는 사람들을 거룩과 행복의 상태로 회복시킬 수가 있었던 것이다. 히브리서에 보면 시험의 또 하나의 다른 결과가 나타나 있다.

> 우리에게 있는 대제사장은 우리 연약함을 체휼하지 아니하는 자가 아니요 모든 일에 우리와 한결 같이 시험을 받은 자로되 죄는 없으시니라(히 4:15).

여기에서 볼 것 같으면 예수님이 시험을 당하신 것은 우리와 같이 되시기 위함이요, 우리가 당하는 것처럼 시험에 직면하기 위함이었다. 물론 예수님은 결코 시험에 굴하지 않으셨다. 그는 전혀 죄가 없으셨다. 그러나 우리의 시험에 동참하심으로서, 우리의 문제점들을 이해하시고 우리가 절망적인 곤경에 처해 있을 때 도우 실 수 있는 우리의 동정적인 대제사장이 되셨다.

2. 이 돌들이 빵덩이가 되게 하라

첫 번째 시험은 예수님의 연약함과 배고픔을 이용하는 것이었다. 예수님은 40일간 금식하신 까닭에 연약하고 배고픔 가운데 계셨던 것이다. 마귀는 예수님께서 자기의 신적 능력을 사용하여 음식을 자급(自給)할 것을 제안하였다. 그것은 악의 없는 제안처럼 보였다.

육신의 필요를 채워 주는 것이 무엇이 잘못일 수 있었겠는가?

그러나 예수님의 대답은 그 제안 안에 죄가 숨겨져 있음을 보여 주고 있다. 예수님은 신명기를 인용하셨다. 그 구절에 보면, 모세가 이스라엘 자손들에게 하나님이 그들에게 먹을 만나를 보내주신 것을 일깨워 주고 있다.

> 네 열조도 알지 못하던 만나를 네게 먹이신 것은 사람이 떡으로만 사는 것이 아니요 여호와의 입에서 나오는 모든 말씀으로 사는 줄을 너로 알게하려 하심이니라(신 8:3).

하나님께서 자기 백성의 필요한 것들을 공급해 주신다는 것을 이스라엘에게 가르쳐 주려고 만나를 준 것이다. 하나님은 그가 광야에서 이스라엘을 위해서 행하셨던 것처럼 때로는 이적적으로 공급해 주시는가 하면, 때로는 그의 섭리에 의하여 공급해 주신다. 하나님의 백성은 그들의 필요한 것을 위하여 언제나 하나님을 신뢰해야 한다. 자신들의 능력이나 자신들의 양식(糧食)을 신뢰해서는 안된다. 여기서 사탄의 책략을 간파할 수가 있다. 사탄은 예수님으로 하여금 하나님을 온전하게 신뢰하지 않게 하려고 하였던 것이다. 사탄은 예수님을 시험하여 그의 아버지(聖父, 하나님)의 능력 보다는 자신의 능력을 신뢰하게 하였다. 그러나 예수님은 그렇게 하실 수가 없었다. 그가 이 땅에 오신 것은 아버지의 종이 되기 위함이요, 아버지의 일을 하기 위함이며, 아버지의 도우심을 신뢰하기 위함이었다. 그러므로 그는 사탄의 첫 번째 시험을 이겨냈다.

3. 뛰어 내리라

두 번째 시험은 매우 교묘한 것이었다. 예수님은 첫 번째 시험을 성경 말씀을 가지고 답변하셨었다. 이제는 사탄이 성경을 인용하여 시험하는 것이다. 우리는 여기서 사단과 그의 하수인들이 그들의 목적에 알맞게 하나님의 말씀을 왜곡시켜 사용한다는 것을 알 수가 있다. 사탄은 예수님을 성전 꼭대기로 데리고 갔다. 사탄은 환상을 통해서 이같이 행할 수가 있었을 것이다. 그래서 마치 그와 예수님이 성전 꼭대기에 있는 것처럼 보였을 것이다. 그때 사탄이 예수님을 시험하여 뛰어내리라고 하였다. 그리하여 다음과 같이 성경에 약속된 진리를 증명해 보이라고 하였다.

> 저가 너를 위하여 그 사자들을 명하시리니 저희가 손으로 너를 받들어 발이 돌에 부딪지 않게 하리로다(참조, 마 4:6; 시 91:11-12).

이에 대하여 예수님은 자기가 시험 받으신 바로 그 죄악을 정확하게 겨냥하여 대답하신다. 그는 신명기에서 한 구절의 말씀을 인용하고 있다. 그 구절에서 모세가 이스라엘에게, "너희가 맛사에서 시험한 것 같이 너희의 하나님 여호와를 시험하지 말라"(신 6:16)고 말하고 있다. 맛사에서 이스라엘 백성은 물이 없는 까닭에 불평하였다. 그들의 불평은 그들이 하나님을 신뢰하는 대신 하나님을 시험하는 것을 의미했다.

그들은 하나님께서 그가 그들과 함께 계신다는 것과 그들을 돌보고 계신다는 것을 증명해 줄 것을 요구했던 것이다. 예수님께서 그 구절의 말씀을 인용하신 것은 성전 꼭대기에서 뛰어 내리는 것이 신앙의 행위일 수가 없다는 것을 보여 주고 있다. 그것은 하나님이 그의 말씀을 지킬 것인지의 여부를 증명하려는 시도이었을 것이기 때문에 비신앙적인 행위이었을 것이다.

그리고 만일 예수님께서 그 시험에 굴복하였더라고 하면, 그는 믿음으로 살 필요가 하등에 없었을 것이다. 그는 자신에게, "나는 하나님이 내 아버지이심을 안다. 나는 내가 성전에서 뛰어 내릴 때 그것을 증명하였노라"고 말할 수 있었을 것이나, 예수님은 "믿음이 없이는(하나님을) 기쁘게 할 수 없다"(히 11:6)라는 것을 알고 있었다. 그래서 그는 이 시험에 굴하지 않았던 것이다.

4. 내게 경배하라

세 번째 시험에서, 사탄은 자기의 능력을 사용하여 부(富)와 광채와 권세와 영광으로 가득찬 모든 세상 나라들에 대한 환상을 보여 주었다. 예수님께서 사탄에게 엎드려 경배만 할 것 같으면 그가 예수님에게 이 모든 것들을 주겠다고 했다. 하나님께서는 이미 바로 그 같은 선물을 그리스도에게 약속해 주셨었다.

> 내게 구하라 내가 열방을 유업으로 주리니 네 소유가 땅 끝까지 이르리로다 (시 2:8).

그렇지만, 자신과 자기 백성을 위하여 그 상급을 받기 위해서는 그리스도께서 고난당하시고 죽으셔야만 했다. 사탄은 고난 없이 상급을 주겠노라고 제시하였다. 만일 예수님께서 하나님의 종 대신 사탄의 종이 되었다고 하면, 그는 사망과 지옥의 고통을 면할 수 있었고 곧바로 세상을 통치하실 수 있었을 것이다. 선한 목적에 도달하기 위하여 악한 방법을 예수님이 사용할 것을 사탄이 제시하였던 것이다. 예수님은 또 다시 신명기에서 말씀을 인용하셨다.

> 주 너의 하나님께 경배하고 다만 그를 섬기라(참조, 마 4:10; 신 6:13).

예수님은 사탄에게 이같이 말씀하시어, 하나님을 기쁘시게 하는 방법으로 약속된 축복들을 그가 받도록 되어 있다는 것을 밝혀 주었다. 하늘에 계시는 아버지에게 순종하는 길만이 그가 걷고자 하는 유일한 길이었다.

5. 예수님은 우리의 모범

이 모든 시험들에게서 예수님은 우리의 모범이시다. 그는 하나님의 완전한 종이시며, 그의 유일한 소원은 그의 주인을 기쁘게 하는 것이다. 그것은 우리에게 요구되는 바로 그것이다. 사탄이 우리를 시험하여 하나님께 불순종케 하는 때, 우리보다 앞서 시험을 당하신 분이신 예수님을 우리가 바라보는 것이 좋을 것이다. 우리는 성령의 능력이 우리를 죄에서 지켜 줄 수 있다는 것을 그리스도의 경우로 미루어 알 수가 있고, 우리가 시험 당할 때 우리를 불쌍히 여기실 대제사장이 우리에게 있음을 알고 있다.

■ 복습 문제 ■

1. 예수님은 사탄의 시험에 굴하지 않음으로써 무엇을 이루어 놓으셨는가?
2. 첫 번째 시험에서 사탄의 목표는 무엇이었는가?
3. 어떻게 예수님은 사탄을 물리치셨는가?
4. 두 번째 시험에서 사탄의 목표는 무엇이었는가?
5. 예수님은 사탄을 어떻게 물리치셨는가?
6. 세 번째 시험에서 사탄의 목표는 무엇이었는가?
7. 예수님은 사탄을 어떻게 물리치셨는가?
8. 예수님이 받으신 시험에서 우리는 무엇을 배워 알 수 있는가?

■ 더 연구할 문제 ■

1. 아담이 받은 시험과 예수님이 받은 시험을 비교하라.
2. 어떤 점에서 예수님이 받으신 시험은 우리가 시험들에 대처할 때 우리에게 좋은 모범이 되는가?

제13장

하나님의 어린 양
(요 1:29–51; 3:22–36)

■ 연구 문제 ■

1. 세례 요한은 자기 제자들에게 예수님을 어떻게 표현하였는가?
2. 예수님을 만난 사람들은 어떻게 했는가?

    사도 요한도 다른 복음서 기자들과 마찬가지로 세례 요한에 대하여 기록했다. 그러나 그는 세례 요한이 예수님에 대하여 메시아와 하나님의 아들로 언급한 특별한 증거만을 기록하였다.

1. 보라 어린 양이로다

　예수님이 광야에서 나와 요한이 세례 주고 있는 장소에 다시 나타나셨을 때, 요한은 그를 보고 말했다.

> 보라 세상 죄를 지고 가는 하나님의 어린 양이로다(요 1:29).

　요한은 예수님의 세례 받으시던 것에 대하여 생각하고 있었다. 그는 그리스도 위에 임하였던 비둘기와 하늘에서 들려온 음성의 의미를 깊이 묵상하고 있었던 것이다. 그리고 그 같은 묵상의 결론이 그러한 말씀으로 표현된 것이다. 요한은 "하나님의 어린 양" 개념을 출애굽기 12장의 유월절 양과 이사야 53장에 언급되어 있는 어린 양에서 얻어냈을 가능성이 있다. 이 두 구절의 사상은 거의 같다. 유월절 양은 초태생의 대속물로 살해되었다. 양의 피로 말미암아 장자 아이가 죽음을 면하였던 것이다.

　이사야 53장에서, 여호와의 종이 하나님의 백성의 죄를 짊어지기 때문에 그가 고난당하리라는 것을 이사야 선지자는 말하고 있다. 그리고 나서 선지자 이사야는 덧붙여 말한다.

> 그가 곤욕을 당하여 괴로울 때에도 그 입을 열지 아니하였음이여 마치 도살장으로 끌려가는 어린 양과 털 깎는 자 앞에 잠잠한 양같이 그 입을 열지 아니 하였도다(사 53:7).

　이상의 두 경우에 있어서 함축된 개념은 대리 고난과 죽음에 대한 것이었다. 이 고난이 죄를 제거하기 위함이라는 것이 이사야에 특별히 분명하게 드러나 있다. 요한은 유월절 양과 이사야 53장의 예언이 모두 그리스도를 가리키고 있음을 인식하였다. 예수님이 세례 받으시던 때에 나타난 비둘기와 하늘의 음성으로 말미암아 예수님이 약속된 메시아라는 것을 요한은 확신하게 되었다. 그래서 요한은 예수님에 대하여 사람들의 죄를 짊어지기 위해 하나님께 보냄을 받으신 분이라고 말한 것이다.

2. 하나님의 아들

요한은 예수님에 대해 말할 때, 자기의 많은 청중들을 당황하게 했을 것임에 틀림없는 그러한 말을 하였다.

> 내 뒤에 오는 사람이 있는데 나보다 앞선 것은 그가 나보다 저 계심이라(요 1:30).

예수님은 요한이 그의 사역을 시작한 후에야 공적으로 나타나셨다. 이 점에서 예수님은 요한보다 뒤졌다. 그러나 예수님은 하나님이신 고로 언제나 존재하셨다. 그러므로 예수님은 요한보다 앞섰다. 필립스(J.B. Phillips)는 이 의미를 터득한 까닭에 세례 요한의 말을 다음과 같이 번역하였다.

"이 분은, 내가 말하기를 '나보다 언제나 앞서 계시는 한 사람이 내 뒤에 오시나니, 이는 내가 태어나기 전에 그가 계셨느니라'고 한 그분이시다."

요한은 예수님이 사람의 모양을 입으신 하나님이라는 것을 인식하고서 그가 자기보다 앞서 존재하였다는 것을 선포하였다.

3. 최초의 제자들

예수님의 최초의 제자들이 예수님을 따르게 된 것은 세례 요한의 의해서였다. 요한의 두 제자들은 예수님을 하나님의 어린양으로 요한이 언급하는 것을 두 번째로 듣게 되자, 예수님에 대하여 더 자세하게 알고자 그를 따랐다. 그들 중의 한 사람은 안드레였으며 다른 한 사람은 이름이 안 밝혀져 있으나, 요한복음의 저자인 요한인 것으로 생각된다.

안드레는 예수님을 만난 후 곧 참 제자로서의 면모를 드러냈다. 그는 즉시 자기의 형제를 찾아가서 모든 이스라엘이 기다리고 있던 그리스도에게로 그를 데리고 갔다. 빌립이 다음 날에 예수님을 만났는데 그 역시 안드레처럼 그리스도를 기꺼이 따랐으며 그를 증거 하였다. 그는 예수님을 만난 후에 나다나엘을 찾아가서 복음을 그에게 말해 주었다. 나다나엘은 자신이 갈릴리 사람이었지만, 갈릴리에서는 아무 선한 것도 나올 수 없다고 하는 독선적이고 잘난 체하는 예루살렘 사람들의 판단을 기꺼이 받아들였다.

이 같은 선입견에도 불구하고, 갈릴리의 예수를 와서 보고 스스로 판단하라고 하는 빌립의 요청에 그가 응하였다. 나다나엘은 경건하고 지성적인 사람이었다. 나다나엘이 앉아서 묵상하고 있을 때 그가 무엇을 생각하고 있었는지를 예수님께서 알고 있었다고 하신 그의 말씀을 듣고서 그는 예수님이 메시아임을 확신케 되었다. 그는 즉시 고백하였다.

> 랍비여 당신은 하나님의 아들이시요 당신은 이스라엘의 임금이로소이다 (요 1:4-9).

많은 사람들이 예수님을 증거하였다. 세례 요한, 안드레, 빌립, 나다나엘과 다른 사람들이 예수님을 그리스도로 인정하였다. 이 모든 증거들이 사람들에게서 나왔다. 그러나 예수님은 제자들에게 하늘 자체가 그를 증거할 것이라고 말씀하셨다.

> 진실로 진실로 너희에게 이르노니 하늘이 열리고 하나님의 사자들이 인자 위에 오르락내리락 하는 것을 보리라(요 1:51).

4. 그는 흥하여야 하겠고

그리스도의 위대성에 대한 세례 요한의 또 하나의 다른 증거가 있다. 예수님과 요한의 사역이 중첩된 시기가 있었는데, 이는 요한이 투옥 당하기 전에 예수님이 그의 공적(公的) 사역을 시작하셨기 때문이다. 예수님의 인기는 급히 상승하였다. 그래서 많은 사람들이 요한을 떠나 갈릴리 출신인 새로운 교사(敎師)에게로 와서 그의 말씀을 들었다. 요한의 제자들 중 몇몇은 예수님의 인기가 올라가자 당황하였다. 요한의 제자들은 그에게 와서 예수님의 인기가 요한을 능가할 정도로 상승하고 있음을 불평하였다. 그들은 요한이 그들의 불평에 동의하고 그의 인기를 만회하기 위해 할 수 있는 어떤 것을 제시해 줄 것으로 기대하였다.

그러나 요한은 그렇게 하지 않았다. 대신, 예수님이 왜 그보다 더 위대하신가를 설명하기 시작했다. 그들은 이미 이 점을 이해하고 있었어야 했다. 왜냐하면 요한이 자기는 단지 그리스도의 선구자일 뿐이라는 것을 자주 선언했기 때문이다. 요한은 자신을 신랑의 친구에 비교했다. 신랑 친구란 자기 친구의 자리를 차지하려 함이 없이 자기 친구의 기쁨을 함께 하는 것이다. 그는 하나님의 모든 참된 종이 가져야할 태도를 다음과 같은 말로 표현하였다.

> 그는 흥하여야 하겠고 나는 쇠하여야 하리라(요 3:30).

요한은 그리스도에게로 사람들의 시선을 향하게 하기 위해서 보냄을 받았다. 그런데 그리스도가 왔기 때문에 그는 양보할 준비가 되어 있었던 것이다. 요한은 또한 왜 그리스도가 첫째가 되어야 하는가를 자기의 제자들에게 설명하였다. 그리스도는 하늘에서 오셨고 하늘의 진리들을 말씀하시는 분이다. 그리스도는 하나님이 사람들에게 친히 보내신 그의 대표이다. 그런 까닭에 예수님의 말씀을 듣고 그 말씀들을 믿는 자는 사실상 하나님을 믿고 있는 것이다. 그리스도를 증거하는 요한의 최후의 말을 보면 이 같은 진리들의 결과가 설명되어 있다.

> 아들을 믿는 자는 영생이 있고 아들을 순종치 아니하는 자는 영생을 보지 못하고 도리어 하나님의 진노가 그 위에 머물러 있느니라(요 3:36).

■ 복습 문제 ■

1. "하나님의 어린 양"이라는 호칭은 무엇을 의미하는가?
2. 요한이 말한 바 예수님이 그보다 앞서 있다고 하는 것은 무슨 뜻이었는가?
3. 요한은 무슨 증거를 제시하여 예수님이 진실로 그리스도임을 보여 주었는가?
4. 안드레와 빌립은 어떤 점에서 우리에게 좋은 모범을 보여 주고 있는가?
5. 어떻게 해서 나다나엘은 예수님이 그리스도라는 것을 확신하게 되었는가?
6. 요한이 기쁜 마음으로 예수님보다 자기를 더 못한 것으로 말한 것은 무슨 이유에서였는가?

■ 더 연구할 문제 ■

1. 이사야 53장과 출애굽기 12장을 읽고 그 구절들에게서 하나님의 어린양에 대하여 알수 있는 사실들을 가능한대로 열거하라.

제14장

초기의 표적들
(요 2장)

> ■ 연구 문제 ■
>
> 1. 예수님의 가나 방문에서 무엇을 배울 수 있는가?
> 2. 왜 사도 요한은 예수님의 이적들을 "표적"이라고 일컫고 있는가?
> 3. 예수님은 무슨 권리로 성전을 청소하셨는가?

사도 요한은 예수님의 탄생과 소년 시절에 대해서는 아무 것도 기록하고 있지 않으나, 그의 복음서에는 예수님의 공적 사역의 최초의 사건들이 수록되어 있다. 이 사건들은 표적들로서, 예수가 그리스도임을 보여 주고 그 표적들을 본 사람들에게 믿음이 생겨나도록 할 목적으로 행하여졌던 것이다.

1. 가나의 혼인 잔치

요한은 예수님의 첫 번째 표적이 언제 행하여졌는가에 대하여 말하고 있다. 나사렛 북방 수마일 떨어진 곳에 위치한 조그마한 마을인 가나에서 혼인 잔치가 열린 것은 빌립과 나다나엘이 예수님을 약속된 메시아로 깨닫게 된지 삼 일 후였다. 예수님과 그의 제자들과 예수님의 어머니 마리아가 이 혼인 잔치에 초대 되었었다. 예수님 당시의 혼인은 오늘날 우리의 혼인과는 달랐다. 신부를 부모가 택하였을 뿐만 아니라, 혼인 예식도 달랐다. 먼저 남자와 여자가 서로에게 약속하는 약혼식이 있었다. 유대인들은 이 약혼식을 법적으로 구속력이 있는 것으로 간주했다. 그러므로 약혼이 깨어지면 그것은 이혼하는 것이 되었던 것이다. 일정 기간이 지나면 신랑이 신부의 집으로 와서 그가 잔치를 배설해 놓은 자기 자신의 집으로 신부를 데리고 갔다. 잔치는 흔히 일주일간 계속되었고, 새로운 손님들이 수시로 찾아왔다. 바로 그 같은 혼인 잔치에 예수님이 오셨던 것이다. 예수님께서 혼인 잔치에 친히 참석하신 것은 그가 혼인 제도와 잔치를 베풀어 결혼을 축하하는 일을 인정하셨음을 의미한다.

예수님이 참석하신 잔치에 한 가지 문제가 생겼다. 포도주가 거의 바닥났던 것이다. 마리아가 예수님께 와서 그 사실을 말해 주었다. 이에 대해 예수님은 이렇게 대답했다.

> 여자여 나와 무슨 상관이 있나이까 내 때가 아직 이르지 못하였나이다(요 2:4).

이 대답은 거칠어 보인다. 그러나 사실은 온건한 대답으로써, 자기 어머니에 대한 예수님의 사랑과 존경심을 반영하고 있는 것이다. 예수님은 자기 어머니가 자기를 그녀의 아들이 아니라 자기의 주님으로 생각해야 할 때가 오고 있다는 것을 그녀에게 보여 주고 있었다. 또한 그의 경우는 모든 것이 정해진 때가 있다는 것을 암시하였다. 그는 사람들의 계획을 따라서

가 아니라 자기 아버지의 계획에 순응하여 모든 것을 행해야 했다.

마리아는 그의 대답에서 그가 즐거이 도와 줄 마음이 있다는 것을 알아차렸다. 그래서 그녀는 종들에게 지시하여 그가 명령한 대로 행하라고 하였다. 그녀가 그렇게 한 것은 잘한 일이었다.

이는 종들에게 내린 예수님의 지시들이 이상하게 보였을 것임이 틀림없기 때문이다. 유대인들은 그들의 결례(潔禮)에 많은 물을 사용했다. 이 집에서는 하나에 약 20갤론이 드는 결례용 돌 항아리가 여섯 개 있었다. 예수님은 종들에게 명하여 항아리를 물로 채우라고 했다. 그리고 나서 얼마큼을 떠다가 연회장에게 갖다 주라고 그들에게 명령했다.

종들이 떠났을 때 물이 포도주가 되었다. 물을 포도주로 변화시킨 것이 예수님의 첫 번째 이적이었다. 그것이 사람들에게는 그가 그리스도시요 하나님의 아들이시라는 것을 보여 주는 표적이었다. 그리고 그 표적 까닭에 그의 제자들의 연약한 믿음이 북돋아졌다.

2. 유월절

예수님은 그의 사역의 이 시점에서는 가족 관계를 아직 그대로 유지하고 있었다. 그는 자기 어머니와 형제들과 함께 가버나움에 갔었고, 그와 그의 제자들은 잠시 그곳에 머물러 지냈다. 가나의 혼인 예식은 연초(年初)에 있었음에 틀림없다. 그런 까닭에 봄이 오면서 유대인의 유월절이 가까웠던 것이다. 12세 이상 된 모든 유대인 남자는 그 절기에 참여하도록 되어 있었으며, 그 절기는 일주일간 계속되었다.

예수님과 그의 제자들은 구약의 계명들을 따라서 유월절을 지키려고 예루살렘에 올라갔다. 유월절은 많은 희생 제물을 드리는 절기였다. 모든 가족이 어린 양을 희생 제물로 바치며 그것을 가지고 유월절 음식을 준비하였던 것이다. 다른 많은 낙헌제와 결례를 위한 제물들이 유월절 기간 중에 드려졌다. 그 같은 희생 제사에 필요한 짐승들을 공급하고 다른 부수적인 수입원을 확보하기 위해서 제사장들이 이방인들의 뜰을 번잡한 시장으로 변경시켜 놓았던 것이다. 모든 나라 사람들의 기도처로 지정된 이 뜰에는 큰 혼잡이 일고 있었다. 양 떼의 우는 소리와 소들이 우는 소리로 범벅이 되어 있는가하면 돈 바꾸는 사람들이 흥청댔다.

3. 성전 청소

예수님은 하나님의 성전의 참된 목적을 그 같이 변질시켜 놓은 것을 참을 수가 없었다. 노끈으로 만든 채찍을 가지고 그는 장사꾼들과 짐승들을 성전 뜰에서 몰아냈다. 그는 돈 바꾸는 자들의 상을 엎어 버렸다. 제자들은 그것을 바라보면서, "주의 전을 사모하는 열심이 나를 삼키리라"고 한 다윗의 말을 기억하였다(요 2:17). 그들은 이 말씀이 이 때의 예수님의 행동에 응하였다는 것을 깨달았다.

그는 순수하게 하나님을 경배하는 것을 열망하였다. 그래서 하나님이 임명하신 재판관으로서 그는 그릇된 것을 바로 잡았다. 예수님은 성전을 청소하심으로써 이스라엘이 청결케 될 필요가 있다는 것을 그들에게 보여 주셨을 뿐만 아니라, 자신이 그 같은 청결케 하는 일을 할 재판관이라는 것을 보여 주었던 것이다. 존 칼빈은 예수님의 성전 청소에 관하여 다음과 같이 말하고 있다.

"우리 모두 하나님의 아들과 같이 열심을 가져야 한다. 그러나 우리 모두가 채찍을 들고 우리 손으로 악을 바로 잡을만한 자유가 있는 것은 아니다. 왜냐하면, 우리는 그와 같은 권한을 받은 바 없고, 그 같은 위임을 받은 일이 결코 없기 때문이다."

성전 청소는 아무런 사고나 반대 없이 진행되었다. 그렇지만 일이 끝나고 나자, 예수님의 주위에 제사장들과 성전 보안관을 포함하여 유대인들이 몰려와 무슨 권세로 예수님이 이 같은 일을 했는가를 알고자 물었다.

"너희의 구하는 바 주가 홀연히 그 전에 임하리니… 레위 자손을 깨끗케 하리라"(말 3:1, 3)고 기록된 메시아였을까?

그들은 그의 권세에 대한 증거로 표적을 요구했다. 이에 예수님은 대답했다.

> 너희가 이 성전을 헐라 내가 사흘 동안에 일으키리라(요 2:19).

그것은 신비한 말이었다. 그래서 유대인들은 예수님의 말이 그들의 눈으로 보고 있는바 성전인 줄로 생각했다. 그러나 예수님은 자기의 부활에 대해서 말하고 계셨다. 그리고 그의 말은, 무덤에 대한 그의 승리가 그들의 원하는 표적이 될 것임을 뜻하였다. 아마 아무도 그 때에는 그의 말의 뜻을 이해하지 못했을 것이다. 그러나 그가 부활하신 후에는 제자들이 그 신비한 말씀들을 기억하고 이해하며 믿었다.

4. 예루살렘에서의 다른 표적들

예수님은 예루살렘에서 다른 많은 표적들을 행하셨다. 그래서 예수를 믿는 자들의 수효가 급증하였다. 그러나 그들의 신앙은 그가 행하신 표적들을 본 까닭이었다. 그래서 예수님은 그 같은 신자들에게 대해 일정한 거리를 유지하셨다. 그는 사람들의 마음을 알고 계셨다. 또한 그 같은 이적 중심의 신앙은 핍박이 있을 때 쉽게 무산되어 버릴 것도 알고 계셨다.

■ 복습 문제 ■

1. 가나의 이적 사건은 결혼에 대하여 어떤 점을 가르쳐주고 있는가?
2. 예수님은 왜 마리아에게 책망하는 듯한 말을 했는가?
3. 예수님의 첫 번째 이적의 목적은 무엇이었는가?
4. 참된 예배가 어떤 형태로 타락한 것을 예수님이 바로 잡았는가?
5. 예수님은 무슨 권세로 이 같은 과오를 바로 잡으셨는가?
6. 그의 권세의 증거는 무엇이었는가?

■ 더 연구할 문제 ■

1. 어떤 사람들은 예수님께서 물을 포도주가 아니라 포도즙으로 변화시켰다고 말하는데, 그같은 주장이 옳다고 생각하는가? 설명하라.
2. 유월절의 의미는 무엇이었는가?
3. 왜 예수님은 그의 공적 사역을 시작함에 있어서 이적들을 행하셨는가?

제4부 • 그리스도의 사역의 권세

제15장

바리새인 중의 한 사람
(요 3:1-21)

■ 연구 문제 ■

1. 예수님은 니고데모에게 거듭남에 대하여 무엇을 가르치셨는가?
2. 어떤 점에서 예수님은 구리 뱀과 같은가?
3. 왜 하나님은 예수님을 세상에 보내셨는가?

예수님은 그의 사역을 가나의 이적과 예루살렘에서의 성전 청소와 다른 표적들로 시작하였다. 이 같은 행위들로 말미암아 예수님이 그리스도라고 하는 것이 분명하게 드러났다. 그 행위들은 예수님의 신임장이요, 그가 하나님께로부터 권세를 받아 가지고 있다는 증거였다. 예수님이 가지고 계시는 권세란 백성들의 영적 안내자로서의 그의 권리를 의미한다. 권

세는 법률상의 정당한 권리를 뜻한다. 예수님은 하나님의 뜻이 무엇인가를 백성들에게 말할 권리가 있음을 주장했다. 그는 자기의 가르침이 하나님의 계시임을 주장했다.

예수님은 산상 설교에서 유대 전통의 오류를 지적한 다음에, "나는 너희에게 이르노니"(마 5:28, 34, 39)라는 말로 자기의 바른 견해를 소개하였다. 이것은 하나님의 요구 조건을 제시할 권리가 자기에게 있다고 하는 대담한 주장이었다. 그래서 백성들은 "그 가르치는 것이 권세 있는 자와 같고 저희 서기관들과 같지 않다"(마 7:29)라는 것을 깨달았다. 예수님의 권세로 말미암아 대제사장들과 통치자들의 반감을 사게 되었다. 예수님이 행하신 표적과 기사들은 그가 하나님께로부터 보냄을 받았다는 증거이었다.

그러나 그들은 예수님의 메시지를 좋아하지 않았기 때문에 그가 하나님께로부터 보냄을 받았다는 것을 인정하기를 원치 않았다. 그러나 그들 중의 한사람인 니고데모라고 하는 한 바리새인이 예수님의 표적들을 믿었고 예수님의 권세를 인정하였다. 그는 예수님이 참으로 메시아인지를 알아보기 위해 밤에 예수님께로 왔다. 사도 요한은 니고데모에게 하신 예수님의 말씀이 복음 메시지의 핵심이요, 니고데모가 예수님의 권세에 대한 증인이기 때문에 니고데모의 사건을 기록한 것이다.

1. 야간 방문객

니고데모는 바리새인으로서 그가 율법을 꼬박꼬박 준행한 까닭에 백성들에게 크게 존경을 받았다. 그는 산헤드린 회원이었기 때문에 유대인의 관원(통치자)이었다. 이 외에도 그는 율법사이었을 가능성이 있다. 왜냐하면 예수님께서 그에 대하여 "이스라엘의 선생"(요 3:10)으로 말씀하셨기 때문이다. 그는 모든 면에서 탁월한 사람이었는데, 바로 이 사람이 밤에 예수님을 만나러 왔던 것이다.

2. 대담

니고데모는 교사로서의 예수님의 신적 권위를 인정하는 정중한 말로 대화를 시작했다. 유월절 기간 중에 예수님이 행하신 이적들을 통해서 그는 예수님이 하나님에게서 보냄을 받았다는 것을 확신하게 되었다. 그래서 그는 하나님이 하시는 일들에 대하여 더 많은 것을 알고 싶었던 것이다. 예수님은 말씀하시기를, "진실로 진실로 네게 이르노니 사람이 거듭 나지 아니하면 하나님 나라를 볼 수 없느니라"(요 3:3)고 하셨는데, 그는 이 말씀으로 니고데모가 묻지도 않은 질문에 대답해 주심으로써 그의 정중하나 우회적인 서두(序頭)의 말을 일단락 지었다.

만일 어떤 사람이 하나님의 은혜를 체험하고 영생을 얻고자 하면, 그는 마음의 근본적인 변화를 체험해야 한다. 즉, 그는 새롭게 거듭나 새 사람이 되어야 하는 것이다. 니고데모는 예수님의 그 말씀을 이해할 수가 없었다. 그는 그 같은 일이 어떻게 있을 수 있는가를 알고 싶었다. 예수님은 거듭남이 물과 성령으로 말미암는다고 설명해 주었다. 그는 성령으로 역사하여 정결케 되는 것을 상징하는 물세례를 언급하고 있었다.

거듭남은 외형적인 것이 아니고 내면적인 것이며, 영혼의 거듭남이다. 성령의 이 같은 사역은 바람의 경우와 비슷하다. 그것은 추적하거나 도표로 작성할 수가 없으나, 성령의 임재의 결과는 선명하여 결코 부인할 수가 없다. 예수님께서 성령이 바람과 같다고 말씀하신 것은 성령이 어떻게 역사하는지 그 방법을 우리로서는 알 수가 없다는 뜻이다. 우리가 아는 것은 성령이 역사하고 있는 그 사실뿐이다.

그러나 니고데모는 물었다.

"어찌 이런 일이 있을 수 있나이까?"

그의 질문은 불신앙에서 나온 것이었다. 그는 성령이 그의 영혼을 거듭나게 할 수 있다는 것을 아직 믿지 못하고 있었다. 니고데모의 이 같은 질문이 있은 후로는 예수님의 말씀만을 요한은 기록하고 있다. 처음에는 대담으로 시작되었으나 이제는 일방적으로 예수님이 가르치고 있는 것이다.

3. 가르침

예수님은 니고데모에게 그가 이스라엘의 선생인 까닭에 예수님의 가르치심을 이해할 수 있어야 한다고 말씀하셨다. 니고데모와 그와 같은 사람들은 자기들의 불신앙을 인하여 자책하여야 했다. 니고데모는 성령이 누구이신가를 알고 있었다. 또한 세례 요한과 그의 가르침들을 익히 알고 있었다. 니고데모와 율법사들이 연구하여 가르쳤던 구약이 그리스도를 예언하였다. 그리고 그리스도께서는 땅의 일들과 거듭남에 대하여 아주 단순하게 말씀하셨으나, 니고데모는 예수님을 이해 할 수가 없었다.

그렇다면 만일 예수님께서 그에게 하늘의 일들을 계시해 주었다고 하더라도 어떻게 이해할 수 있기를 바라겠는가?

예수님은 니고데모에게 구원의 계획을 설명하기 시작했다. 그는 민수기 21:4-9에 기록되어 있는 그리스도의 사역에 대한 구약의 말씀을 언급하였다. 그것은 이스라엘 사람들을 치유하기 위하여 들어 올려진 구리 뱀에 대한 이야기였다. 광야의 뱀처럼, 그리스도가 사람들 앞에 들려져야만 그들이 그를 믿음으로써 영생을 얻고 하나님 나라에 들어갈 수가 있게 되는 것이다. 니고데모는 요한복음 3:16에 언급되어 있는바 가장 놀라운 하나님의 진리를 듣게 되었다. 하나님께서 영생을 주신 이유와 방법과 대상에 대한 모든 것이 이 한 구절에 담겨져 있다. 그래서 이 구절은 가장 간략하게 요약된 복음이라고 불려 왔다.

그러나 복음을 표현하는데 있어서 보충 설명이 필요하기 때문에 예수님은 그의 가르침을 계속하셨다. 그는 그 자신이 복음의 중심임을 분명하게 밝혔다. 그를 제쳐 놓고서는 결코 하나님 나라에 들어갈 수가 없다. 그는 세상의 구원을 위한 중보자로 하나님의 보내심을 받았다. 그는 또한 세상을 심판하는 분이시다. 그는 세상의 빛이시다. 악한 사람들은 그에게서 피하여 죄의 어두움 가운데 숨으나, 물과 성령으로 난 사람들은 그에게로 온다. 이로써 그들이 하나님의 자녀임이 분명하게 되는 것이다

4. 결과

　요한은 예수님과 니고데모의 이 만남이 어떻게 끝맺어졌는지에 대하여 아무것도 기록해 놓지 않았다. 또한 니고데모의 반응에 대해서도 전혀 언급한 바가 없다. 그러나 요한은 그의 복음서의 다른 부분에서 그를 때때로 언급하고 있다. 어떤 곳에 보면, 니고데모가 산헤드린에서 예수님을 변명하다가 책망을 받았다. 그리고 예수님의 시체가 십자가에 달려 방치되어 있자, 니고데모는 아리마대 요셉과 함께 빌라도에게 그 시체를 달라고 청하여 무덤에 장사하였다. 예수님께서 니고데모에게 들려주셨던 가르침의 말씀들은 그에게 영향을 미쳤던 것이다. 하나님의 주권적인 성령이 그의 심령에 임하여, 그가 이해할 수 없었던 중생을 실제로 체험하게 되었다. 그는 빛에게로 나왔다.

　　이는 그 행위가 하나님 안에서 행한 것임을 나타내려 함이라(요 3:21).

■ 복습 문제 ■

1. 이스라엘에서의 니고데모의 위치를 서술하라.
2. 왜 니고데모는 예수님께 왔는가?
3. 어떻게 사람이 하나님 나라에 들어갈 수 있는가?
4. 하나님 나라에 들어가기 위해서는 왜 거듭나야 하는가?
5. 요한복음 3:13-17에서 예수님은 자신에 대하여 니고데모에게 무엇을 가르쳐 주었는가?
6. 요한복음 3:16은 하나님 나라에 들어가는 것에 대하여 무엇을 가르쳐 주고 있는가?
7. 왜 어떤 사람들이 예수님을 거부하는가?

■ 더 연구할 문제 ■

1. 민수기 21:4-9에 언급되어 있는 구리 뱀과 그리스도 간의 유사점과 차이점을 말하라.

제16장

사마리아 여자 하나

(요 4:1-42)

- ■ 연구 문제 ■
  1. 유대인들과 사마리아인들 간의 관계는 어떠하였는가?
  2. 어떤 면에서 구원이 물에 비교될 수 있는가?
  3. 사마리아 여자와의 예수님의 대화의 결과는 어떤 것이었는가?

　요한이 그의 복음서를 기록한 것은 사람들이 예수가 그리스도임을 믿도록 하기 위함이었다. 그는 그리스도에 대한 증인들, 곧 그를 만났고, 그를 알며, 하나님의 아들 그리스도로서의 그의 권위를 인정한 사람들을 소개함으로써 사람들로 하여금 예수가 그리스도라고 하는 확신을 갖게 하려고 했다. 요한은 그의 복음서 3장에서 유대인의 관원의 간접적인 증거를 소개하였다. 이제 4장에서는 죄 많은 사마리아 여자를 그리스도에 대한 증인으로 삼았다.

1. 사마리아인들

예수님은 유월절 이후로 유대 땅에 있으면서 가르치며 세례를 베풀었다. 그는 그의 가르침이 바리새파의 가르침과 충돌된다는 것을 알고 있었다. 또한 그의 인기가 올라감에 따라 그들의 반대 또한 강력하여질 것을 의식하고 있었다. 그 반대가 일어났다. 그러나 예수님은 그를 십자가로 끌고 갈 그의 대적자들과 싸울 단계가 아직은 아니었다. 그래서 그는 갈릴리로 되돌아가려고 유대를 떠났다. 유대에서 갈릴리로 가는 여행 중에 예수님은 사마리아를 통과하셨다. 갈릴리로 가는 데는 몇 개의 길이 있었다.

많은 유대인들은 요단강을 건너 동편 쪽으로 여행하는 길을 택했다. 그 길은 더 멀었으나 그들이 증오하는 사마리아를 피해 갈 수가 있었다. 유대인들과 사마리아인들의 가슴 속에는 해묵은 적대 행위와 투쟁으로 말미암아 편견과 증오의 두터운 장벽이 가로 놓여 있었던 것이다. 사마리아인들의 역사는 이스라엘 왕국이 B.C. 722년에 멸망됨으로써 시작되었다. 대부분의 사람들이 포로로 잡혀갔고, 대신 앗수리아인들이 이방 백성을 그 땅에 거주하도록 들여보냈다.

남은 이스라엘 사람들은 이방의 이주민들과 잡혼을 하게 되었고, 그 결과로 혼혈 백성이 생겨났다. 그들은 인종적으로 뿐만 아니라 종교적으로 혼합되고 말았다. 그들의 종교는 여호와를 섬기는 것과 이방 신들을 섬기는 것이 뒤섞여 버렸다. 그들은 게르심 산에 그들 자신의 성전을 건축하고, 그들 자신의 제사장 제도를 정하는가 하면 그들 자신의 예배 의식을 정하였다. (그들의 종교에 대해서 상세하게 알고 싶으면 열왕기하 17:24를 읽어볼 것.)

유대인과 사마리아인들 간의 적대심은 에스라와 느헤미야 시대에 싹트기 시작했다. 사마리아인들은 성전 건축하는데 한몫을 하고 싶었으나 유대인들은 사마리아인들이 이방 종교와 여호와의 종교를 혼합시켰다는 이유로 그들의 청을 거부하였다. 사마리아인들은 그들의 제안이 거절당하자 유대인들을 대적하게 되었다. 그렇게 해서 싹튼 그들 간의 불화가 점점 악화되었던 것이다.

2. 야곱의 우물에서

예수님은 자기 제자들을 사마리아로 통행케 했다. 그들은 제 육시(정오 12시)에 수가라는 조그마한 동네에 도착했다. 그 동네 밖에는 야곱의 우물로 알려진 한 우물이 있었다. 그 우물은 족장 야곱이 판 것으로써 야곱이 요셉에게 준 땅에 있었다. 여기서 예수님은 자기 제자들이 음식을 사러 동네에 들어간 동안 쉬고 계셨다. 예수님이 거기 앉아 계셨을 때, 사마리아 여자 하나가 물을 길러 동네에서 나왔다. 예수님은 완전히 피곤하고 목말랐기 때문에 그녀에게 물 좀 달라하셨다.

이에 그녀는 충격을 받았다. 이는 그녀의 물그릇에서 그가 물을 마셔야 했는데, 유대인들은 사마리아인의 그릇이나 잔에 있는 음식이나 물을 결코 먹거나 마시는 일이 없었기 때문이다. 유대인들은 사마리아를 통행하거나, 사마리아인들에게서 음식을 사먹을 수가 있었다. 그러나 그들은 같은 그릇을 결코 사마리아인들과 함께 사용하는 일이 없었다. 물론, 예수님께서는 그 같은 하찮은 편견에 사로잡히지 않으셨다. 그는 악을 제외하고는 모든 것을 관용하였다. 그는 자유롭게 그 같은 유대의 전통들을 무시할 수가 있었다.

그러나 그는 시간을 허비하면서까지 이것을 그 여자에게 설명하려고 하지 않으셨다. 대신에, 그가 그녀에게 구하고 있는 물보다 훨씬 나은 물이 그에게 있다고 그녀에게 말해 주었다. 그는 인간의 영혼의 가장 절실한 필요를 공급해 줄 수 있는 하나님의 은혜의 선물인 신령한 물에 대해 말하고 있었다. 그 여자가 이 물을 달라고 예수님께 청하자, 그는 그녀의 남편을 불러오라고 말씀하셨다. 그녀는 남편이 없다고 대답했다.

그때 예수님은 그가 그녀의 생활 전부를 알고 있다고 말씀하심으로써 사람들의 마음을 뚫어 보는 그의 능력을 나타내 보였다. 그녀는 여러 차례 결혼한 경험이 있었으며, 지금은 그녀의 남편이 아닌 한 남자와 살고 있었다.

그는 그녀의 삶의 가장 아픈 곳을 정확하게 꼬집어 냈다. 예수님께서 그녀가 간구한 생수(生水)를 줄 수 있으려면 먼저 그녀에게 그가 그 물을 참으로 필요로 한다는 것을 보여 주어야 했다. 그녀는 그녀가 하나님의 은혜를 받으려 하기 전에 자기 죄를 분명하게 직시해야 했던 것이다.

그녀의 죄악이 이처럼 드러남으로 해서 그녀는 화제를 바꾸게 되었다. 그녀는 고통스런 화제를 피하려고 했거나, 아니면 하나님을 예배하며 그녀의 죄를 씻는 길을 진실로 알고 싶었을 수도 있다. 예수님은 그녀의 물음에 대답해 주셨다. 예수님은 그녀에게 말씀하시기를 예배에 대한 유대인들의 견해가 옳으나, 예배에 적합한 장소 문제는 중요한 것이 아니라고 하셨다. 이는 만국 사람들이 하나님을 모든 나라에서 예배할 날이 임할 것이기 때문이었다.

유대인들에게만 예배를 국한시켜 놓은 구약의 의식(儀式)들이 폐기되고, 모든 나라의 사람들이 영과 진리로 하나님을 예배할 것이었다. 그 여자는 모든 것을 계시해 주실 그리스도가 오실 것을 고대하고 있다고 말했다. 그때 예수님은 자기가 그리스도라고 분명하게 그녀에게 말해 주었다. 예수님의 사역의 초기 단계에서 그의 메시아격을 이처럼 분명하게 진술해 놓은 기록은 없다. 그는 그녀가 이해하는 데는 평이한 진술이 필요하다는 것을 분명히 알고 계셨다. 그녀는 그리스도에 대하여 그릇된 유대적 개념을 갖고 있지 않았다. 그런 까닭에 유대인들의 경우처럼 예수님의 메시아격을 물질적이거나 정치적인 면으로 오해할 것이 그녀에게는 없었다.

3. 제자들

제자들이 음식을 가지고 동네에서 돌아왔을 때 그들은 예수님이 사마리아 여자 하나와 말씀을 나누고 있는 것을 보고서 깜짝 놀랐다. 그렇지만 그들은 그를 아주 경외하였던 까닭에 그 일에 대하여 그에게 묻지를 못했다. 그 여자는 그리스도에 대하여 동네 사람들에게 말하기 위해 예수님을 떠나 마을로 되돌아갔다. 그 동안에, 제자들은 그들이 사 온 음식을 예수님께 가지고 와서 잡수시기를 권하였다.

그러나 그의 마음은 음식보다 더 중요한 일들로 가득 차 있었다. 그는 아버지의 뜻을 수행하는데 전념하였다. 그는 그의 제자들의 영적인 이해력이 부족함을 인하여 그들을 꾸짖지 않으면 안 되었다. 그들은 언제 농작물을 수확해야 될 것인지에 대해서는 잘 알고 있었으나, 급히 다가오고 있는 영적 수확의 표적들에 대해서는 둔감하였던 것이다. 영적 수확이 참으로 가까워졌다. 그 여자가 이 기이한 사람에 대하여 소문을 들었을 다른 모든 사람들에게 말했다.

> 나의 행한 모든 일을 내게 말한 사람을 와보라 이는 그리스도가 아니냐(요 4:29).

그들은 그녀의 증거로 인하여 예수를 보고 듣고자 왔다. 예수님은 이틀 동안 그들의 동네에 머무르셨다. 그래서 많은 사람이 그를 믿었다. 죄 많은 한 여자와 예수님의 대화로 말미암아 결과적으로 많은 영혼들이 구원을 얻게 되었던 것이다.

■ 복습 문제 ■

1. 예수님은 왜 유대를 떠났는가?
2. 사마리아인들은 어떤 사람이었는가?
3. 사마리아인들과 유대인들 간의 관계에 대해 말하라.
4. 왜 예수님은 그 같이 분명한 말로 사마리아 여인에게 자기의 메시아됨을 제시해 주셨는가?

■ 더 연구할 문제 ■

1. 그리스도를 증거하는데 도움을 줄 이야기에서 우리는 무엇을 배울 수 있는가?
2. 야곱의 우물에서 나는 물을 예수님이 공급하신 생수와 비교하되 유사점과 차이점을 지적하라.
3. 어떤 유형의 예배를 하나님은 원하시는가?

제17장

사람 낚는 어부

(마 4:12-25; 눅 5:1-11; 6:12-19)

> ■ 연구 문제 ■
>
> 1. 하나님의 나라란 무엇인가?
> 2. 예수님께서 제자들을 부르셨을 때 그들은 왜 그를 따랐는가?
> 3. 예수님은 제자들을 부르셔서 무엇을 하라고 하셨는가?

갈릴리 가나에서와 유월절 기간 중 예루살렘에서의 예수님의 초기 사역을 기록하고 있는 것은 사도 요한뿐이다. 공관복음서의 저자들은 세례 요한이 투옥되던 때의 예수님의 사역부터 기록하고 있다. 그때까지 예수님은 유대에 있었다. 그러나 "예수께서 요한의 잡힘을 들으시고 갈릴리로 물러가셨다"(마 4:12). 갈릴리에서 예수님은 가르치며, 말씀을 전하며, 병을 고치는 사역을 시행하셨다. 사람들은 크게 감동을 받아 무리지어 그에게 몰려들었다. 갈릴리에서의 사역에 대한 기록을 보면 예수님이 그의 권세를 사용하신 몇 가지 방법이 나타나 있다. 그는 병을 고치는 일들을 많이 행하셨다. 또한 가르치는 일과 다른 이적들을 행하셨다.

본 장에서는 하나님 나라에 관한 그의 전파와 제자들을 부르심에 나타난 대로의 그의 권세를 살펴보고자 한다.

1. 하나님의 나라

마태는 예수님이 갈릴리에서 전파하신 메시지를 다음과 같이 몇 마디로 요약해 놓았다.

> 회개하라 천국이 가까웠느니라(마 4:17).

여기에는 공관복음서들에 특출한 "천국"이라는 용어가 소개되어 있다. 요한은 예수님의 니고데모와의 대화를 기록하는데서만 그 용어를 사용하고 있다. 예수님 자신은 자기의 사역을 기술함에 있어서 자주 그 용어를 사용했을 것임에 틀림없다. "천국" 또는 "하나님 나라"라는 용어는 하나님이 주권자, 즉 통치자임을 나타내고 있다. 하나님은 사람들의 생활을 다스리신다. 하나님께서는 전 우주를 주관하실 뿐만 아니라, 사람들의 언행 심사와 모든 인간사(人間事)들을 다스려 사람들이 더욱 거룩하고 행복하게 되도록 하신다.

이 같은 하나님의 통치를 "하나님 나라"라고 일컫는다. 그것은 능력과 의와 축복의 나라이다. 하나님의 능력이 사람들을 위해서 행사되고, 그의 의가 사람들에게 주어지며, 그의 축복이 사람들에 쏟아 부어지는 경우 하나님의 나라가 임한 것이다. 하나님께서 사람들을 죄에서 속량하시는 때에 특별히 그렇게 된다. 구약의 선지자들은 다가올 하나님의 축복의 새 시대에 대해 말해 왔었다. 다니엘의 경우, "하늘의 하나님이 한 나라를 세우시게"(단 2:44)될 때에 대하여 예언하였다.

세례 요한은 하나님 나라가 가까웠다는 것과 사람들이 회개해야 할 것을 선포하였다. 예수님도 또한 동일한 메시지를 가지고 오셨다. 구약이 미리 말한 것이 이제 성취될 예정이었다. 그러기에 사람들은 그들의 심령을 준비해야했다. 그런데 요한이 메시아적 왕의 선구자였는데 반하여, 예수님은 그 자신의 왕국이 임한 것을 선포하는 왕이셨다.

2. 나를 따라 오너라

예수님의 제자들에 대한 첫 번째 부르심은 그가 소유하고 있던 권세를 나타내 보여 주고 있다. 예수님이 사람들을 명령하셨을 때 그의 말씀은 우리가 순종해야 하는 하늘의 왕의 명령이었다. 예수께서 갈릴리 해변을 거니시던 때, 그는 두 쌍의 어부 형제들을 발견하셨다. 그가 그들 곁에 왔을 때 그들은 자기들의 일에 전념하고 있었다. 그가 그들에게 말했다.

> 나를 따라 오너라 내가 너희로 사람을 낚는 어부가 되게 하리라(마 4:19).

그는 그들을 불러 삶의 새 과업을 맡겼다. 그들은 즉시로 그를 따랐다. 마태는 "곧"이라는 단어를 자주 사용하는 편이 아니나, 그들이 그리스도를 따라나선 때의 신속성을 강조하기 위해 여기서는 그 단어를 사용하고 있다. 왕이 그들을 부르시매 그들은 즉시로 순종한 것이다.

3. 두 번째 부르심

누가는 제자들에 대한 이 첫 번째 부르심을 언급하고 있지 않다. 대신, 그는 두 번째 부르심을 기록하고 있다. 이 두 번째 부르심 또한 갈릴리 해변에서 일어났다. 어부들은 그들의 어선과 그물로 되돌아왔었던 것이다.

아마도 그들은 처음 부르심을 받았을 때 잠시 동안만 그리스도와 함께 하였던 것 같다. 아마도 그들은 낙심하게 되었었거나, 아니면 그들의 가족을 부양해야 하는 책임을 통감했는지도 모른다. 아무튼, 그들은 되돌아와 어부 일에 다시 종사하였던 것이다.

예수께서 어느 이른 아침 큰 무리를 동반한 채 나타나셨다. 어부들이 그들의 밤일을 마치고 있을 그때 예수님이 시몬의 배에 오르셨다. 그는 그가 무리들에게 말을 할 수 있도록 배를 조금 띄기를 시몬에게 청하였다. 그가 가르치는 일을 마치시자, 시몬에게 명하여 깊은 데로 가서 그물을 내리라고 했다. 시몬은 많은 이유들을 내세워 예수님의 명하신 바를 얼마든지 거절할 수가 있었다. 이미 그물은 다 씻어서 내다 말릴 준비가 되어 있었다. 어부들은 밤새껏 일한 탓으로 지쳐 있었고, 한 마리의 고기도 잡지 못한 까닭에 낙심하고 있었다.

더구나, 아침나절은 고기 잡는데 가장 좋지 않은 시간이었다. 그러나 하늘의 왕께서 말씀하고 계셨던 것이다. 베드로는 거절하지 않았다. 그는 그물을 던졌다. 잡힌 것이 심히 많아 두 배에 가득하여 배들이 가라앉을 지경이었다. 시몬이 이 같은 이적을 보자, 이 사람이 하나님께로부터 보냄을 받았다는 것을 다시금 깨달았다. 그는 자신이 무가치한 죄인으로 보였다. 그래서 예수 앞에 무릎을 꿇고 자기를 떠날 것을 간구했다, 그러나 그리스도는 그를 다시 부르셔서 사람 낚는 어부가 되게 하셨다. 이 부르심은 영구적이고 유효하였다. 그들이 해안에 이르자, 어부들은 모든 것을 버리고 그리스도를 뒤따랐다.

4. 사도들을 택하심

복음서 저자들은 마태 레위의 부르심을 제외하고는 사도들이 되도록 되어 있던 다른 사람들의 부르심에 대해서는 전혀 언급하고 있지 않다. 예수님께서는 많은 사람들을 부르셔서 그를 따르도록 하신 것으로 보인다. 처음에는 그를 따르는 자들이 자주 바뀌었다. 사람들이 꾸준하게 그를 따른 것이 아니었다. 그러나 나중에 예수님께서는 항상 자기와 함께 하며 훈련을 받을 적은 무리의 사람들을 거느릴 필요성을 느끼게 되었다. 예수님은 그 같은 선택을 하심에 있어서 가볍게 하지 않으셨다.

예수께서 기도하시러 산으로 가사 밤이 맞도록 하나님께 기도하셨다(눅 6:12).

자기 아버지와 오래 의논하신 끝에 비로소 그는 열둘을 택하여 자기의 제자로 삼았다. 이 열둘을 그가 사도라고 칭했는데, 이는 "내보내심을 받은 자"라는 뜻이다. 그들은 그와 함께 하며, 그에게 배우고, 그에 대하여 말하기 위해 내보냄을 받도록 되어 있었다. 그들은 그가 세우실 교회의 지도자들이 될 것이었다.

■ 복습 문제 ■

1. 하나님 나라 또는 천국은 무슨 뜻이 있는가? 설명하라.
2. 예수님은 누구를, 어떤 상황 아래서 부르셨는가?
3. 어부들은 어떤 관계들을 내세워 예수님 따르는 것을 거절할 수도 있었는가?
4. 왜 예수님은 일단의 사도들을 택하셨는가?
5. 사도들의 이름을 열거 하고 각각에 대하여 아는 대로 말해보라.

> ■ 더 연구할 문제 ■
>
> 1. 현재 생활의 어떤 경험이 제자들의 부르심에 해당하는가?
> 2. "제자"와 "사도"라는 단어들을 사전에서 찾아보고 그것들의 뜻이 어떻게 다른가를 설명하라.

제18장

많은 사람을 고치시며
(막 1:21-2:12; 요 4:46-5:18)

> ■ 연구 문제 ■
>
> 1. 예수님은 사람들에게 무슨 질병들을 고쳐 주셨는가?
> 2. 병 고치는 이적은 어떤 점에서 예수님의 권세를 나타내고 있는가?
> 3. 예수님에 대한 사람들의 반응은 어떠했는가?

　　병 고치는 사역은 예수님의 초기 사역의 중요한 부분이었다. 우리가 앞서 살펴 본대로, 예수님은 이적들을 행하시어 자신을 사람들에게 소개하셨다. 복음서 기자들은 병 고치는 이적들이 예수님의 사역의 주요한 부분이 되었다는 것을 보여주고 있는 몇 가지 실례들을 기록해 놓았다.

1. 예수님의 병 고치심에 대한 배경

예수님 당시에는 의사들이 몇 명 되지 않았고, 의료 행위를 하는 사람들마저도 별로 지식이 없었다. 그래서 질병과 상해(傷害)가 극심하였다. 우리 생각에는 하찮은 질병들이 흔히 치명적인 것들이었고, 치료될 수 있어 보이는 질병들이 흔히 불치병이었던 것이다. 그런 까닭에 예수님 당시에는 병든 사람이 아주 많았으면, 우리가 병든 때에 그러하듯이 건강해지고 싶은 마음이 간절하였었다. 예수님께서는 신체적인 병을 가진 사람들만을 고쳐 주신 것이 아니고, 더 큰 문제를 갖고 있는 사람들도 고쳐 주셨다.

예수님 당시에는, 악한 귀신들린 남자들과 여자들이 있었다. "귀신들린" 상태에 대하여 정확하게 파악하기란 쉽지가 않다. 악한 귀신들린 사람은 정신적으로 병든 것이 아니라 그 속에 거하고 있는 악한 영의 지배 아래 그가 있는 것이다. 그 같은 사람은 마귀를 내쫓음으로 해서만이 치유될 수가 있었다. 예수님은 악한 귀신들을 내쫓으시어 귀신들에게 희생된 자들을 정상적인 생활로 회복시켜 주셨다.

2. 예수님의 병 고치심의 교훈

그리스도의 병 고치심에 대한 이야기들에서 우리는 몇 가지 교훈들을 배울 수가 있다.

1) 하나님은 우리 영혼뿐만 아니라 우리의 신체에도 관심을 갖고 계신다. 예수님의 사역은 전인(全人)에 대한 것이었다. 예수님은 사람들의 죄를 제거해 주셨을 뿐만 아니라, 그들의 질병들을 또한 고쳐주셨다.
2) 예수님의 병 고치심의 이적들은 사람들을 감동시키기 위해서가 아니라, 그의 가르침을 확증하기 위해서 행하여졌다. 이적들은 감동적

이다. 사람들은 그들의 생각에 불가능한 것을 어떤 사람이 행하는 것을 보면 깜짝 놀란다. 그리고 사람들은 그저 사람들을 감동시킬 목적으로 흔히 거짓 이적들을 행하였다.

그러나 예수님은 결코 그 같은 식으로 이적을 이용하지 않으셨다. 그의 이적들은 그의 가르침과 관련이 있었다. 그는 사람들의 병을 고치셨을 뿐만 아니라 그들을 가르치셨다. 또한 그의 병 고치심의 사역은 그의 가르치심의 사역을 후원하는데 도움이 되었다. 예를 들면, 손마른 자를 고치심은 안식일에 대한 가르침에 도움이 되었다(막 3:1-5). 예수님은 병 고치는 것이 가르치는 것을 대신하거나 가리는 것을 결코 허락하지 않으셨다. 즉, 병 고치는 사역보다는 가르치는 사역을 단연코 앞세웠던 것이다. 한 가지 실례를 들자면, 예수님께서 행하신 병 고치는 이적들 때문에 무리들이 그를 찾자 그는 갈릴리의 다른 마을들에서 가르치고자 그 지역을 떠난 일이 있었다.

3) 병 고치는 사역에는 믿음의 반응이 요구되었다. 예수님은 사람들이 그를 믿지 않을지라도 사람들의 병을 고치실 수가 있으셨다. 그러나 예수님이 오신 것은 사람들로 믿게 하기 위함이었다. 그를 믿는 신앙은 하늘나라로 인도하는 문이다. 그의 병 고치심은 그의 가르치심을 후원하도록 되어 있었기 때문에, 예수님은 그가 병 고쳐 주신 자들에게 신앙을 요구하셨다.

4) 병 고치심의 사역으로 말미암아 그의 권세가 드러나게 되었다. 예수님께서 사람들의 병을 고치기 시작하자, 곧 바로 사람들은 그를 주목하였다. 가버나움 회당에서 그가 귀신을 쫓아냈을 때, 사람들의 반응은 이러했다.

> 이는 어찜이뇨 권세 있는 새 교훈이로다 더러운 귀신들을 명한 즉 순종하는도다 (막 1:27).

사람들은 예수님의 말씀에 귀신들마저도 순종케 하는 권세가 있다는 것을 깨달았던 것이다. 예수님 자신이 그의 병 고치는 이적들은 그의 권세를 나타낼 의도로 되어졌다고 가르치셨다. 그의 죄 사하는 권세가 도전 받았을 때, 그가 한 사람을 고쳐 주셨는데, 이는 "인자가 땅에서 죄를 사하는 권세가 있는 줄을 너희로 알게"(막 2:10)하기 위함이었다. 그의 병 고치심의 이적은 사람들의 영혼의 가장 필요한 것들을 다룰 권한이 그에게 있다는 것을 보여 주려는데 그 의도가 있었다.

3. 예수님의 병 고치심의 결과

사람들은 예수님의 이적을 보고서 그에게로 무리지어 모여들었다. 예수님께서 병든 사람을 고쳐 주셨다는 것이 알려지자, 다른 많은 사람들이 그에게 와서 고침 받기를 구하였다. 그 무리의 수가 너무 많았기 때문에 예수님은 동네에 들어가실 수가 없었다. 그는 바깥 한적한 곳에 계셨다. 그래서 사람들은 그의 말씀을 듣고자 동네들에서 그에게로 나아왔다. 그렇지만, 예수님의 인기를 모두가 다 좋게 여긴 것은 아니었다.

예수님의 인기가 올라감에 따라 유대인들 가운데서 자신들의 지도적 위치와 권세가 위협 당하는 것을 염려하는 자들이 있었다. 율법사들과 바리새인들은 예수님에 대하여 금방 적대감을 갖게 되었다. 그러나 무리들이 예수님을 너무나 좋게 생각하고 있었기 때문에 예수님의 대적자들은 그를 어떻게 처치할 수가 없었던 것이다.

■ 복습 문제 ■

1. 왜 예수님의 병 고치심은 대중들에게 크게 인기가 있었는가?
2. 더러운 귀신들린 사람을 고쳐 주심에서 어떤 교훈들을 배울 수 있는가?
3. 시몬의 장모를 고쳐 주심에서 어떤 교훈들을 배울 수 있는가?
4. 병 고침을 받기 위하여 예수님께 오려면 왜 사람들이 해질 때까지 기다려야 했는가?
5. 예수님은 기도를 중요시했는가? 실례를 들어 말해보라.
6. 문둥이를 고쳐 주심에서 어떤 교훈들을 배울 수 있는가?
7. 중풍 병자들을 고쳐 주심에서 어떤 교훈들을 배울 수 있는가?
8. 왕의 신하의 아들을 고쳐 주심에서 어떤 교훈들을 배울 수 있는가?
9. 베데스다 못에서 사람을 고쳐 주신 일에서 어떤 교훈들을 배울 수 있는가?

■ 더 연구할 문제 ■

1. 하나님은 오늘도 치유 하시는가? 이를 설명하라.
2. 예수님의 병 고치심의 사역을 오늘날의 "믿음으로 치유하는 자들"의 사역과 비교하라.

제19장

그 가르치시는 것이 권세 있는 자와 같고
(마 5-7장)

> ■ 연구 문제 ■
>
> 1. 어떤 종류의 사람이 하나님을 기쁘시게 하고 있는 것인가?
> 2. 예수님은 구약의 율법을 어떻게 해석했는가?
> 3. 사람들은 어떻게 하나님을 예배해야 하는가?
> 4. 참 종교의 규례에는 무엇이 포함되는가?

예수님은 이적만을 행하고 다니는 자가 결코 아니었다. 모든 사람이 그를 랍비, 즉 선생으로 인정하였던 것이다. 복음서 저자들은 그가 가르치신 것을 많이 기록하여 놓았으나, 기록되지 않은 것이 더 많았다. 지금 우리에게 있는 기록들마저도 예수님께서 가르치신 것 그대로라기보다는 요약된 것들에 지나지 않는다. 물론, 그 요약된 것들도 하나님에 의해 영감된 것이다. 그것들 중에 많은 가르침들이 예수님의 말씀을 그대로 인용하고 있다는 것은 의심할 여지가 없다. 그러나 그것들이 그가 말씀하신 것 전부는 아니다. 복음서들에 기록되어 있는 예수님의 가장 긴 설교인 산상설교마저도 그러하다.

1. 팔복

예수님께서 산에 올라 가르치기 시작하셨을 때, 그는 먼저 복에 대하여 말씀하셨다. 그는 우리에게 참으로 행복한 한 사람의 모습을 보여 주었다. 마태복음 5:1-12의 여덟 말씀은 각기 다른 여덟 가지 유형의 사람들에 대한 묘사가 아니고, 참으로 행복한 한 사람이 갖는 특징들을 열거해 놓은 것이다. 예수님이 하신 말씀들은 무리들에게 충격적인 것이었을 것임에 틀림없다. 왜냐하면 당대의 대부분의 사람들의 견해와 정반대가 되는 행복의 방법을 그가 제시했기 때문이다.

대부분의 사람들은 행복을 위한 필요 조건들을 열거하라는 질문을 받을 경우, 건강, 편안, 안전, 경제적 자립 등을 낼 것이다. 그러나 행복한 사람이란 심령이 가난하고, 의에 주리고 목마르며, 온유하고, 화평케 하는 자이며, 예수를 위하여 핍박을 받는 자라고 예수님은 말했다. 이러한 사람들은 그들이 받는 축복들 때문에 행복한 것이다. 심령이 가난한 자는 그들의 가난 때문이 아니라, 하나님의 나라가 그들의 것이기 때문에 행복한 것이다.

애통하는 자들은 그들이 애통해서가 아니라 하나님의 위로를 확신하기에 복된 것이다. 참으로 행복한 사람은 자기의 모든 축복의 근원을 하나님 안에서 찾는 그 사람이다. 행복한 사람을 묘사하고 있는 말씀들은 다른 사람들에 대한 인간관계에 대한 일련의 말씀들과 긴밀하게 관련되어 있다. 이상하게도 행복한 사람은 모든 사람들과 평화롭게 하는 것을 기대할 수가 없다. 그는 핍박을 예상해야 한다. 하나님을 미워하는 세상은 하나님을 사랑하는 자들을 또한 미워하는 것이다. 그러나 핍박을 받는 때일지라도, 행복한 사람은 세상에서 양선(良善)과 의를 보존하는데 상당한 작용을 하게 된다. 그는 세상의 소금이요 세상의 빛인 것이다.

2. 율법

행복한 사람을 이같이 특이하게 묘사한 사람을 혁명가로 생각하는 것은 무리가 아니었다. 이는 유대인들은 율법을 엄격하게 준행하는 자들만이 의롭고 행복하다고 믿었기 때문이다.

예수님은 율법을 제쳐 놓고서도 사람들을 더욱 편안하고 행복한 생활에로 과연 인도할 수 있었을까?

이 같은 질문은 그의 대적들에 의해서와 그를 경청한 무리들에 의하여 제기되는 것도 당연했다. 하지만 예수님은 사실이 그렇지 않다는 것을 분명하게 밝혔다.

> 내가 율법이나 선지자나 폐하러 온 줄로 생각지 말라 폐하러 온 것이 아니요 완전케 하려 함이로라(마 5:7).

예수님은 구약의 율법을 무시하지 않고, 오히려 구약의 율법을 완전케 하셨다. 예수님 당시에 하나님의 율법이 슬프게도 악용되어 왔었다. 유대인들은 하나님의 율법에 완전히 순복하는 것을 공언하였지만, 율법을 왜곡시켰을 뿐만 아니라 그것의 참된 의미를 흐리게 하는 많은 인위적인 규례들을 첨가시켰다. 예수님은 그 악을 제거하기 시작하셨다. 그는 하나님의 율법에 대하여 일련의 진술들을 제시하였다. 그는 하나님의 율법에 대한 그릇된 해석과 인위적으로 율법에 첨가된 것들을 포함하여, "옛 사람에게 말한바"(마 5:21, 33)를 지적하였다.

매 경우에 있어서 율법을 해석하거나 첨가하게 되면 율법이 덜 정확하게 되는 결과를 가져왔던 것이다. 예수님은 그 같은 왜곡을 일소하고 율법의 참된 의미를 재확립하였다. 예수님은 특별히 율법의 넓이를 강조했다. 유대인들은 계명들의 의미를 좁혔다. 예를 들면, 여섯째 계명은 살인만을 금하는 것으로 말씀되어져 있었다. 그런데 예수님은 그 계명이 악의와 분노까지도 포함한다는 것을 분명하게 했다. 살인은 내면적인 분노와 증오의 감정의 결과이기 때문에, 하나님은 살인을 일으킬 수 있는 감정들까지도 금하고 있는 것이다.

계명은 우리의 외적 행위들을 시험할 뿐만 아니라, 우리의 생각, 감정, 결의까지도 다루고 있다. 만일 우리가 율법을 제대로 지키려고 하면, 동기가 올바른 것이어야 한다. 예수님은 율법을 설명한 후에 이 동기에 대하여 말하셨다. 그는 말씀하셨다.

> 그러므로 하늘에 계신 너희 아버지의 온전하심과 같이 너희도 온전하라 (마 5:48).

만일 우리가 하나님을 사랑하면, 우리는 그와 같이 되기를 원해야 할 것이다. 하나님을 본받는 자들이 되려고 애쓸 것이다. 예수님께서는 하나님의 율법에 대한 유대인의 곡해를 바로 잡으신 후에, 그들이 하나님을 예배함에 있어서 범하는 악들을 지적하셨다. 유대인들의 커다란 허물은 위선이었다. 그 허물은 특별히 바리새인들 가운데서 흔하게 찾아 볼 수 있었다. 바리새인들은 모든 의식들과 규례들을 준수하는데 있어서 빈틈이 없었고, 아주 경건한 것처럼 보였다.

그러나 그들은 하나님께서 그들의 예배를 인정해 주시는 것보다는 사람들이 그것을 어떻게 보아주는가에 관심을 더 기울였다. 그들은 외형적으로 예배했을 뿐, 마음으로는 하지 않았던 것이다. 예수님은 하나님께서 진실한 예배를 원하신다는 것을 아주 분명하게 하고 계신다. 우리의 외적인 행위들은 우리의 마음속의 깊은 감정들을 참되게 나타내야 하는 것이다.

우리가 구제하는 것을 사람들이 알아주도록 구제해서는 안된다. 사람들이 보거나 듣도록 기도해서도 안된다. 우리의 금식하는 것이 사람들의 주목을 끄는 그러한 방식으로 금식해도 안된다. 우리의 예배는 하나님께 찬양을 드리는 것이어야 하고, 우리가 예배를 통해서 사람들의 찬미를 받아서는 안되는 것이다.

3. 주기도

예수님은 기도를 무리들에게 가르치는 한편, 그들에게 주기도(主祈禱)를 가르쳐 주셨다. 이 기도가 기독교 배경을 가지고 있는 대부분의 사람에게 잘 알려져 있으나, 많은 사람들은 그것이 어떻게 사용되어야 하는가를 이해하지 못하고 있다. 그 기도의 내용을 해석하려고 하는 대신, 그것의 내용도 몇 가지를 언급코자 한다.

1) 진정한 형태의 경건이다. 구주께서는 자기 백성이 기도하는 마음의 소원을 표현하는 수단으로 주기도를 사용하도록 의도하셨다. 그는 말씀하셨다.

   너희는 기도할 때에 이렇게 (말)하라(눅 11:2).

2) 우리가 간구해야 하는 것들의 요약이다. 모든 합법적인 기원(祈願)이 주기도의 기원들 중의 하나에 포함될 수가 있다. 예를 들면, 우리가 신체적으로 필요한 것들을 공급받기 위해 하는 우리의 모든 기도들은, "오늘날 우리에게 일용할 양식을 주옵시고"(마 6:11)라는 기원의 확대로 생각될 수가 있다.
3) 우리의 기도의 모형이다. "우리 아버지"께 기도한다고 하는 것은 우리가 우리 자신을 위해서가 아니라 모든 하나님의 자녀들을 위해서 기도해야 한다는 것을 깨우쳐 준다. 주기도가 간결한 것은 우리가 많은 말로 기도한다고 해서 하나님이 우리의 기도를 들으시는 것이 결코 아니라는 것을 깨닫게 한다. 처음의 세 가지 기원들이 직접적으로 하나님과 그의 일을 다루고 있는 점에서, 우리는 우리 자신의 필요한 것들을 간구하기 전에 주님의 일들을 먼저 간구해야 한다는 것을 배우게 된다.

기도는 언제나 하나님 중심이어야 한다. 나중의 세 가지 기원들에서는, 우리의 몸과 영혼이 필요로 하는 모든 것들을 기도로 우리가 하나님께 간구해도 좋다는 것을 배우게 된다. 기도가 하나님 중심이어야 한다고 하는 사실은 우리가 기도할 때 우리 자신의 문제들을 무시해야 한다는 것을 결코 의미하지 않는다. 하나님의 영광을 위하는 것은 또한 우리의 유익을 위하는 것이다.

4. 기독교인의 삶

예수님은 우리가 하나님을 예배하는 활동들에 그의 가르침들을 제한시키지 않으셨다. 하나님께서 원하시는 종류의 삶에 대해서도 백성들에게 가르치셨다. 기독교인의 삶에 관한 그의 교훈들은 다음과 같은 항목들로 요약될 수가 있을 것이다.

1) 하나님께 대한 인간의 관계는 개인적이다. 그러므로 우리 각자가 영생으로 인도하는 좁은 문으로 들어가는 것을 확실하게 해야 한다. 그리고 우리 각자가 자신이 영적으로 궁핍하여 필요로 하는 것들에 관심을 가져야 한다. 또한 다른 사람들의 생활을 판단하기 보다는 우리 자신의 생활을 향상시키는데 더욱 관심을 가져야 한다. 예수님의 다음과 같은 말씀을 유의하라.

   외식하는 자여 먼저 네 눈 속에서 들보를 빼어라 그 후에야 밝히 보고 형제의 눈 속에서 티를 빼리라(마 7:5).

2) 기독교인의 삶의 특징은 하나님을 완전 신뢰하는 것이어야 한다. 재물을 쌓는 것으로 안전을 얻으려고 시도해서는 안된다. 하나님이 우리를 돌보아 주신다. 그러므로 세상의 재물보다는 하나님을 신뢰해

야 한다. 만일 우리가 하나님을 신뢰할 것 같으면, 우리는 기도하게 되는 것이다. 그리고 만일 우리가 기도하면 받을 것이라고 예수님은 약속하셨다. 우리가 하나님을 완전히 신뢰할 수가 있는 것은 그가 하늘에 계신 우리 아버지이시기 때문이다.
3) 기독교의 삶의 참된 시금석은 그리스도의 계명에 대한 순종이다. 우리는 그리스도의 말을 귀로 듣기 때문이 아니라 실제로 그를 순종하기 때문에 하나님께 인정을 받는 것이다. 우리의 삶이 그리스도를 나타내는 때만이 우리는 우리가 그에게 속하여 있음을 확신할 수가 있다.

5. 예수님의 권세

가버나움에서 예수님이 한 사람에게서 귀신을 내쫓으셨을 때, 그 마을의 사람들이 물었다.

> 이는 어찜이뇨 권세 있는 새 교훈이로다 더러운 귀신들을 명한즉 순종하는도다 (막 1:27).

그의 가르침에 대한 반응은 그의 이적에 대한 반응과 마찬가지이다.

> 예수께서 이 말씀을 마치시매 무리들이 그 가르치심에 놀라니 이는 그 가르치시는 것이 권세 있는 자와 같고 저희 서기관들과 같지 아니함 일러라(마 7:28-29).

■ 복습 문제 ■

1. 행복한 사람이란 어떤 사람인가? 당신 자신의 말로 묘사해 보라.
2. 팔복에 묘사되어 있는 그 사람은 왜 행복한가?
3. 처음 일곱 복(마 5:3-9)과 나중 여덟째 복(마 5:10-12)간에는 형식면에서 어떤 차이점이 있는가?
4. 그리스도의 구약에 대한 관계는 어떤 것인가?
5. 율법에 대하여 예수님은 무엇을 강조하셨는가?
6. 살인에 대한 예수님의 가르침을 유대인의 가르침과 비교하라.
7. 마태복음 5:33-37은 맹세에 대하여 어떻게 가르치고 있는가?
8. 원수를 다루는데 대한 예수님의 가르침을 유대인의 가르침과 비교하라.
9. 왜 우리의 이웃을 사랑해야 하는가?
10. 구제하는 일과 기도와 금식에 관한 예수님의 가르침에서 그는 어떤 잘못을 지적하여 말씀하고 있는가?
11. 어떤 형태의 예배를 하나님은 원하시는가?
12. 주기도는 어떻게 사용되어야 하는가?(참조, 하이델베르크 요리문답 120문)
13. 주기도의 여섯 가지 기원들을 열거하고 각각 무엇을 간구하고 있는가를 설명하라.
14. 산상 설교의 마지막 부분에서 기독교인의 삶에 대해 어떤 교훈들을 예수님이 가르치고 계시는가?
15. 하늘에 보화를 쌓아 두는 것이 왜 중요한가?
16. 어떤 실례들을 들어 예수님이 우리에게 하나님을 신뢰할 것을 가르쳐 주고 계시는가?
17. 판단하는 것에 대한 그리스도의 규칙들을 요약하라.
18. 하나님이 우리의 기도를 들으시고 응답하시리라는 것을 우리는 왜 확신할 수 있는가?
19. 사람의 심령은 무엇을 보고 알 수가 있는가?(참조, 마 7:20)
20. 산상설교에 언급되어 있는 두 사람의 집 짓는 자 간의 차이점은 무엇인가?

■ 더 연구할 문제 ■

1. 어떤 점에서 기독교인들은 소금과 같은가?
2. 어떤 점에서 기독교인들은 세상의 빛인가?
3. 마태복음 5:29-30의 가르침들을 문자적으로 받아들여야 할 것인가?
4. 마태복음 5:39-42의 가르침들을 문자적으로 받아들여야 할 것인가?
5. 마태복음 5:16을 마태복음 6:1-6과 비교해 보라. 어떤 모순이라도 있는가?

제20장

포로 된 자에게 자유를 전파하며

(눅 7:1-17; 막 4:35-5:43)

■ 연구 문제 ■

1. 예수님은 이적을 행하심에 있어서 어떻게 자기의 권세를 나타내 보이셨는가?
2. 예수님은 그가 행하신 각 이적들에서 어떠한 권능을 나타내 보였는가?

각 공관복음서마다 예수님이 행하신 일련의 권능 있는 사역들을 기록해 놓은 부분이 있다. 그 같은 사역들에 대해 기록함으로서 복음서 기자들은 예수 그리스도의 권세를 강조하였다. 그들은 그가 단순한 선생이나, 기인(奇人)이 아님을 드러냈다. 그의 놀라운 능력과 그 능력을 사용하는 방법 및 그의 능력을 통해서 그가 가르치신 교훈들에 의하여, 그가 하나님 자신의 권세를 가지고 말하며 행동하는 사람임을 그는 나타내 보였던 것이다.

1. 갈릴리에서

산상설교를 마친 후 예수님은 가버나움으로 돌아오셨다. 그가 거기 계시는 동안에, 어떤 유대인들은 그에게 와서 로마 군대의 한 백부장을 도와달라고 요청했다. 이는 그 백부장의 종이 병들었기 때문이다. 이 백부장은 유대 종교를 아주 좋게 생각하고, 가버나움에 회당을 건립하는 일에 많은 기부금을 희사했었다. 그러나 그는 자기가 이방인인 까닭에 예수님께 나아가기에는 부족하다고 생각했다. 그래서 유대인들이 그를 대표하여 예수님께 왔던 것이다.

예수님은 그들의 요청을 기꺼이 받아들여 그들과 함께 백부장의 집을 향해 갔다. 백부장이 예수님을 맞이하러 나왔다. 그가 구주를 뵙자, 더 이상 오실 필요가 없노라고 그는 예수님께 말씀드렸다. 예수님께서 그 종을 만질 필요가 없고, 단지 그가 "말씀만 하시면" 된다는 것이다. 그 백부장은 그가 말하면 그의 부하 장병들이 순종하는 것을 보아 왔기 때문에, 권세에 대하여 익히 알고 있었다.

그는 질병과 사망의 능력들을 이기는 바로 그 권세를 예수님이 가지고 계신다는 것을 믿었다. 백부장은 예수님께서 말씀만 하셔도 자기의 종이 나을 것을 믿었던 것이다. 이 사람의 믿음을 보고 예수님은 깜짝 놀라셨다. 그는 유대인들 가운데서 가르치는 일과 병 고치는 일을 하셨지만, 하나님의 택한 백성들 중에 한 사람에게서도 백부장의 믿음과 같은 믿음을 본 일이 없으셨다. 비록 예수님의 사역이 초기 단계에 있었지만, 하나님이 유대인들 가운데뿐만 아니라 이방인들 가운데도 자기 백성을 두셨다는 것이 분명하게 드러났던 것이다.

백부장과의 사건이 있은 후 얼마 안되어, 예수님은 가버나움 남서쪽 약 18마일 지점의 작은 마을인 나인성으로 가셨다. 예수님과 그의 제자들이 그 성에 이르기 전에, 그들은 애곡하는 행렬을 만났다. 과부의 외아들이 죽어, 친구들과 친척들이 그를 매장지로 옮겨가고 있던 중이었다. 자식을 여원 어머니나 그 시신을 뒤따르고 있던 자들과 예수님이 말할 수 있는 기회는 전혀 없었음에 분명하다. 그는 그의 신적 본성으로 말미암아 그 죽은 자가 한 과부 어머니의 외아들임을 알았던 것으로 보인다. 상황이 그러했던 까닭에 그 청년의 죽음은 더욱 사람들을 슬프게 했던 것이다.

그 불쌍한 여자는 자기의 사랑하는 아들마저 끝내 잃음으로 해서 세상에서 혼자뿐이게 되었다. 그녀의 아들은 그녀를 부양해 주는 유일한 방편이었는지도 모른다. 그러기에 그녀는 처량했을 뿐만 아니라, 슬퍼하지 않을 수가 없었던 것이다. 그 여자의 딱한 형편을 인하여 예수님의 마음도 아팠다. 그래서 그는 그 여자에게 울음을 그치라고 권하면서 그 청년을 실은 상여로 가서 시신에게 말했다. 그 시신이 갑자기 일어나 앉아 말하기 시작하자 모든 사람이 놀랐다. 그 사람들은 그들 가운데 위대한 사람이 임하여 계신다는 것을 알게 되었다.

> 모든 사람이 두려워하며 하나님께 영광을 돌려 가로되 큰 선지자가 우리 가운데 일어나셨다 하고 또 하나님께서 자기 백성을 돌아보셨다 하더라(눅 7:16).

2. 바다 건너 저편으로

광풍을 잔잔케 한 사건은 제자들에게 엄청난 감화를 주었을 것임에 틀림없다. 배를 젓던 사람들 중에는 어부들이 있었다. 그들은 바로 그 호수에서 그들의 삶을 꾸려왔었다. 그러나 이 광풍은 그들로서도 감당할 수가 없었다. 그들의 모든 수고가 헛되어 그들로서는 자신을 구원할 수가 없게 되었다. 그들은 그들이 곧 죽게 될 것으로 알았다. 그들은 무서운 나머지 예수님께 소리쳤다. 그들은 예수님이 그 같은 무서운 광풍 속에서도 주무실 수 있음을 보고 놀랐다. 그들은 그들을 위협하고 있는 재난을 그가 알아차리기를 원했다. 아마 그들은 예수님이 그들을 도와주실 것을 바랬던 것 같다.

그러나 그들의 신앙은 강하지 못했다. 그들은 그들 자신의 능력을 전적으로 의존해 왔었다. 그러기에 그들은 그들이 패배하여 무서움에 사로잡히게 된 때에야 비로소 예수님을 찾았던 것이다. 광풍을 잔잔케 하는 예수님의 능력은 두려운 것이었다. 그가 말씀하시매 바람과 풍랑이 잠잠해졌다. 제자들은 다음과 같이 말했다.

> 심히 두려워하여 서로 말하되 저가 뉘기에 바람과 바다라도 순종하는고 하였더라(막 4:4).

그들은 질병과 마귀들과 사망을 이기는 그의 권세를 목격했었으나, 자연계를 지배하는 그의 능력은 다른 모든 것보다 더 위대하게 보였던 것이다.

3. 군대 귀신

예수님은 바다 저편에 이르자마자 가다라 지방 근처에서 귀신들린 한 사람을 만났다. 그는 힘이 굉장히 셌다. 그래서 그를 묶어둘 수가 없었다. 그런데 그 사람이 육신적으로는 힘이 강했지만, 그의 영혼은 완전히 얽매어 있었다. 그에게는 평안이 없었다. 그래서 안정을 취할 수가 없었다. 주야로 무덤 사이를 배회하며 소름끼치는 소리를 질러댔다. 그 안에 살고 있는 악령으로 말미암아 그는 날카로운 돌로 자기 몸을 상하였다. 예수님과 그의 제자들의 배가 해변에 닿자 그 귀신들린 사람이 그들에게로 돌진해 왔다. 아마도 그는 그들을 공격하여 몰아내 버릴 작정이었던 듯하다.

그러나 그가 가까이 왔을 때, 그 안에 귀신이 하나님의 아들을 알아 보았다. 그 사람은 곧 예수님 앞에 꿇어 엎디었다. 귀신들은 그들을 제거하는 권세를 가지신 분 앞에 그들이 있다는 것을 알았다. 그분이 말씀하기만 하시면, 그들은 순종하지 않을 수 없었던 것이다. 그런 까닭에 그들은 그들이 그 사람 안에 머물러 있을 수 있도록 허락해 줄 것을 예수님께 구하였다. 이 탄원이 받아들여지지 않게 되자, 근처에서 음식을 먹고 있는 돼지 떼에게 들어가는 것을 허락해 줄 것을 요구하면서 그 지역에 그대로 머물러 있게 해달라고 했다.

예수님이 귀신들에게 그 같이 하도록 허락해 주자, 즉시로 돼지 떼가 우르르 바다로 도망쳐 다 물에 빠져 죽었다. 이 소문이 근처 마을에 퍼지자, 사람들이 어떻게 된 것을 보려고 왔다. 그들은 오랫동안 공포의 대상이 되어 왔던 그 사람이 이제는 몸과 영혼이 온전하여져, 앉아서 예수님과 이야기 나누는 것을 발견했다. 그러나 이 사람들의 주의를 끈 것은 귀신들린 사람이 고침 받은 일이 아니라, 돼지 떼가 몰사해 버린 것이었다.

그들은 다른 어떤 참화가 그들에게 생겨나기 전에 예수님이 떠나 줄 것을 간청했다. 그들은 그들의 물질적인 복리에만 관심이 있었다. 그런 까닭에 그들이 받을 수 있었던 영적인 축복에의 문을 그들은 닫고 말았던 것이다. 고침을 받은 그 사람은 마을 사람들과는 다른 견해를 가지고 있었다. 그는 자신에게 무슨 일이 일어났던가를 알고 있었기 때문에 예수님을 따르기를 원했다. 그러나 예수님은 그를 그 자신의 가정과 가족에게로 되돌려 보냈다. 예수님은 자기에게 떠나달라고 요청했던 그 사람들에게 그가 그리스도의 사랑의 증인이 되어 주기를 원했던 것이다.

4. 다시 갈릴리로 되돌아 옴

예수께서 갈릴리로 되돌아왔을 때 그를 필요로 하는 어떤 사람이 그에게로 나아왔다. 회당장 야이로가 예수님께로 와서 자기의 병든 딸을 고쳐달라고 예수님께 구했다. 야이로와 로마의 백부장은 아주 대조적이다. 태생이 이방인이었던 백부장은 주님마저 깜짝 놀라게 했던 강한 믿음을 나타내 보여 주었으나, 크게 존경 받는 유대인이었던 야이로는 겨우 싹이 난 믿음을 갖고 있었을 뿐이다. 그는 예수님이 자기 딸을 만져 주어야만 병이 나을 것으로 생각했다.

그러나 그 예수님은 그 적은 믿음일망정 귀하게 보시고 그와 함께 가셨다. 야이로의 집으로 가는 도중에 하나의 다른 믿음의 실례를 보여 주는 한 사건이 일어났다. 최근 수년을 슬픔 가운데 지내온 한 여자가 무리 가운데 있었다. 그녀는 12년 동안 병을 앓아 왔었으며, 의원마다 찾아다녔고, 그녀가 가진 모든 돈을 탕진하였으나 여전히 아무 효험이 없었다. 그녀는 한때 사회적으로 재산도 있고 지위도 있는 여자이었을지도 모른다.

그러나 이제는 가난뱅이가 되어 버렸고, 그녀의 건강은 호전되지 않았다. 모세의 율법에 의할 것 같으면 그녀는 질병으로 말미암아 부정(不淨)하게 되었기 때문에 감히 예수님께 접근하지 못했다. 예수님의 옷에 손을 댐으로써 자기의 건강을 되찾고자 하는 이 가엾은 여자의 절망적인 시도는 신앙의 효능에 대한 좋은 실례이다. 예수님은 군중들 가운데 에워싸여 있었다. 무리가 천천히 길 아래로 이동함에 따라 예수님은 시종 밀리었다. 예수님에게 손을 댄 많은 사람들 중에 한사람이 믿음으로 손을 댔다. 그래서 예수님이 그 사람을 고쳐 주셨다.

"누가 내게 손을 대었느냐?"(막 5:31)라고 예수님이 질문하신 것은 그가 몰라서 그런 것이 결코 아니다. 예수님은 그 여자가 자기의 신앙을 고백하고 자기가 고침 받은 것을 증거 할 수 있는 기회를 그녀에게 주고 싶었기 때문에 그 질문을 물으셨던 것이다. 그리고 그녀가 나아와 자기에게 된 일을 숨김없이 인정하였을 때 예수님은 다음과 같이 대답해 주셨다.

> 딸아 네 믿음이 너를 구원하였으니 평안히 가라 네 병에서 놓여 건강할지어다 (막 5:34).

이 같은 예수님의 대답은 그녀의 신앙이 그녀가 병 고침 받은 원인임을 보여준 것이다. 야이로가 얼마나 초조해 하면서 이 예기치 않은 사건을 지켜보았겠는가!

그에게는 일초(一秒)가 아쉬웠다. 이는 그의 딸이 죽어가고 있었기 때문이다. 그리고 어떤 사람이 그의 딸이 죽었다는 소식을 가지고 그의 집에서 오자, 그의 신앙은 약해지고 말았다. 그러나 예수님은 그를 격려하며 앞서 함께 길을 걸어올 때처럼 믿으라고 했다. 야이로의 집은 시끄럽게 통곡하는 소리로 진동하고 있었다. 그 아이가 살아나리라고 하는 예수님의 침착하면서도 확신 있는 말씀은 다만 경멸을 받을 뿐이었다. 그러나 부모와 몇몇 제자들만을 남기고 모든 사람들을 방에서 내보낸 다음에 예수님은 아이의 손을 잡고 말씀하셨다.

소녀야 내가 네게 말하노니 일어나라(막 5:41).

즉시 그 소녀는 일어나 걸었다. 예수님은 그 소녀의 부모에게 먹을 것을 조금 그에게 주라고 명하고, 그 소녀가 죽은 자 가운데서 일어난 것을 아무에게도 말하지 말라고 경계하시었다. 야이로는 믿음이 연약했던 까닭에 먼저 하나님의 은혜와 능력을 깊이 생각할 필요가 있었다. 그리고 나서 하나님이 그를 위해 행하신 것을 말하는 것이 좋았을 것이었다.

■ 복습 문제 ■

1. 백부장의 신앙을 야이로와 혈루증으로 앓았던 여자의 신앙과 비교하라.
2. 백부장은 어떤 점에서 자기의 위대한 신앙을 나타내 보였는가?
3. 왜 예수님은 과부의 아들을 죽은 자 가운데서 일으키실 수 있었는가?
4. 예수님이 광풍을 잔잔케 하였을 때 제자들의 반응은 어떠했는가?
5. 군대 귀신 들린 자에 대하여 당신 자신의 말로 서술하라.
6. 예수님은 귀신에서 놓인 자가 자기와 함께 가는 것을 왜 허락하지 않으셨는가?
7. 야이로는 예수님에게 무엇을 해 달라고 요청했는가?
8. 예수님은 야이로의 딸에게 행하여진 이적에 대하여 야이로에게 왜 말하지 말라고 명하셨는가?

■ 더 연구할 문제 ■

1. 광풍이 일어나던 때 제자들은 어떤 점에서 믿음 없음을 드러냈는가?
2. 무슨 권세로 예수님은 돼지떼를 물에 빠져 죽게 했는가?
3. 예수님은 야이로를 다루심에 있어서 어떤 방법으로 자기의 신중하심을 나타내 보이셨는가?

제5부 ◆ 그리스도의 사역에 대한 반대

제21장

누가 우리의 전한 것을 믿었느뇨?

(눅 4:6-30; 마 2:1-14)

> ■ 연구 문제 ■
> 1. 무엇으로 인하여 예수님에 대한 반대가 일어났는가?
> 2. 누가 예수님을 대적하였는가?
> 3. 예수님은 적대 행위에 대하여 어떻게 행하셨는가?

예수님께서 그의 가르치심과 이적을 통해서 그의 권세를 나타내셨기 때문에 그의 인기가 크게 올라갔다. 그러나 이 인기가 모든 사람들에게 통하는 것은 아니었다. 그 인기와 더불어 예수님에 대한 적대와 반대가 시작되었다. 적대 행위 중 얼마는 오해의 결과였고 얼마는 불신앙에서 나온 당연한 반응이었으며, 얼마는 예수님의 가르침을 두려워한 데서 생겨났다. 그리고 그 적대 행위는 예수님의 사역 초기에 나타났으며, 점차 발전되어 마침내는, "저를 십자가에 못 박게 하소서"(눅 23:21)라는 폭도의 외침에 의해 절정에 이르렀다.

1. 나사렛

예수님에 대한 반대의 얼마는 그의 고향인 나사렛에서 일어났다. 예수님이 그의 공적 사역의 초기에는 나사렛에 안 계셨었음에 틀림없다. 드디어, 그는 그의 청년기의 무대로 되돌아왔다. 안식일에 그는 예배하러 회당에 들어가셨다. 예수님 당시에는, 회중 가운데서 아무튼 유능한 사람이면 안식일에 성경을 읽는 것이 허락되었고, 만일 원하면 그가 읽은 구절에 대하여 말하는 것도 허락되었다. 예배 중 적당한 시간에 예수님이 성경을 읽으려고 일어나셨다. 선지자 이사야의 두루마리를 받아 그는 이사야 61장에 해당하는 구절을 폈다.

그는 그 구절을 읽고 나서 그 자신이 그 예언의 성취이심을 설명하기 시작했다. 그 같은 주장은 충격적인 것이었다. 어떤 사람이 자기가 성경에 예언된 것의 성취라고 말하는 것은 괴이하였다. 그리고 이 구절의 말씀은 하나님의 메시지를 전달하기 위해 하나님에게 기름부음 받은 자에 대한 것이었다. 예수님은 자기가 단순한 예언자가 아니라, 성령으로 기름부음 받은 위대한 바로 그 선지자라고 말씀하고 계셨다. 처음에는 마을 사람들이 예수님의 해석을 믿으려는 경향이 있었다. 그들은 그의 신기한 가르침과 능력 있는 사역들에 대하여 이미 들어왔던 모든 이야기들을 기억하고 있었다.

그러나 그들은 의심하게 되었다. 이는 예수님이 나사렛에서 그들과 함께 생활했던 것을 그들이 기억하고 있었기 때문이다. 그는 그들과 아무 다른 것이 없어 보였다. 그래서 그가 말한 것을 그들은 의심하기 시작했던 것이다. 예수님은 그들이 생각하고 있는 바를 아셨다. 그들은 표적을 보기 원했다. 그들은 그가 빵을 무제한으로 만들어 내거나 아니면 병든 자를 고쳐 보이기를 원했다. 그들은 그가 그들 자신과 전혀 다를 것이 없는 청년으로 자라난 것을 보아왔던 것이다. 그래서 그가 이제 참으로 다르다는 것을 보여 주는 증명을 원했다. 그들은 말했다.

의원아 너를 고치라(눅 4:23).

환언하면, "네가 할 수 있는 것을 우리에게 보이라, 그리하면 우리가 너를 믿을 것이다." 예수님은 자기의 고향 사람들일 망정 거저 사람들을 감화시킬 목적으로는 결코 이적을 행하지 않으셨다. 그는 이 회중에게서 불신앙의 징후들을 인지하였다. 그는 그들이 자신에 대한 그의 증거를 받아들일 준비가 되어있지 않다는 것을 알았다. 그래서 이스라엘인들의 불신앙으로 인하여 하나님이 그의 은혜를 유대인들 대신 이방사람들에게 부어 주시게 되었던 구약의 실례들을 예수님이 고향 사람들에게 일깨워 주었던 것이다.

예수님께서 사용한 구약의 실례들에는 유대인들이 듣기 싫어하는 교훈들이 가르쳐져 있었다. 즉, 그 실례들에는 하나님께서 자신을 유대 백성에게만 항상 국한시키는 것이 아니라 이방인들에게도 자신을 계시하였다는 것이 가르쳐져 있었던 것이다. 이는 그들의 약점을 건드리는 것이었다. 예수님은 이방인들에 대한 유대인들의 깊이 뿌리박힌 편견을 공격 하였었다. 그들은 격분하게 되었다. 그래서 그를 잡아 가지고 낭떠러지 가까이 끌고 가서 그를 거기서 밀쳐 떨어뜨리려고 했다.

그러나 그것은 예수님에 대한 하나님의 계획이 아니었다. 그러기에, 예수님은 그의 신적 능력을 사용하여 아무 상처도 입은 바 없이 살기등등한 군중을 헤집고 안전한 곳으로 걸어 지나가셨다.

2. 밀 밭

밀 밭 사이로 걸어간 것에 대한 이야기는 바리새인들에 의한 반대의 좋은 실례이다. 예수님과 그의 제자들이 밀 밭 사이로 걸어가시던 때에, 제자들이 밀 이삭을 꺾어 그것을 먹었다. 바리새인들은 안식일의 계명을 제자들이 범하였다고 그들을 비난하였다. 왜냐하면 그들이 밀을 안식일에 수확했기 때문이었다. 제자들에 대한 이 비난은 사실 스승을 겨냥한 것이었기 때문에, 예수님이 바리새인들에게 답변하셨다. 그는 하나님이 주신 예배 규칙이 범하여진 구약의 두 실례들을 예로 들었다.

그 중에 하나는, 다윗이 음식을 필요로 했을 때, 제사장들만이 진설병을 먹을 수 있다고 하는 율법을 그가 범하였다. 예수님은 다윗의 행위가 옳았다고 말했다. 또한 예수님은 제사장들의 일을 언급했는데, 그들은 한 주간의 다른 날들보다도 안식일에 더 고되게 하는 것이 옳은 것이다. 예수님은 바리새인들에게 그들의 오류를 보여주기 위해서 이 같은 두 실례들을 인용하였던 것이다. 다윗과 제사장들의 행위들은 그것들이 필요했기 때문에 허락되었다.

통상적으로는 안식일에 행하는 것이 불법적인 행위들일지라도 그것들이 필요한 때에는 허락될 수가 있다. 이로써 안식일을 지키는 문제에 대한 예수님의 태도가 바리새인들의 태도와는 전적으로 다르게 되었던 것이다. 바리새인들은 생활 전반에 걸쳐 규칙들을 제정해 놓았었다. 이 규칙들은 엄격하게 준행되어야 했다. 그렇지 않으면 율법을 범하는 죄를 면치 못했다. 그러나 예수님은 폭 넓은 규칙들을 제정해 주셨다. 그는 모든 사람이 그 자신의 생활에서 그 폭 넓은 규칙들을 적용하며 하나님이 그에게 요구하신 것을 스스로 결정할 수 있게 되기를 바라셨다. 그리고 어떤 때는 특이한 형편 때문에 그 규칙들이 유보되어야 한다는 것을 분명하게 예수님은 밝히셨다.

3. 손 마른 자

안식일 지키는 문제에 대하여 예수님은 회당에서 바리새인들과 또 한 번 충돌하였다. 예수님께서 손 마른 자를 고쳐 주시자, 안식일에 병 고치는 것이 적법한지의 여부를 바리새인들이 그에게 물어왔다. 예수님은 하나의 실례를 들어 이 질문에 답하셨다. 그는 말씀하시기를, 어느 농부가 하나 있는데 그의 양이 안식일에 구덩이에 빠진 경우 다음 날까지 기다렸다가 그것을 건지겠느냐고 하셨다.

그 농부는 당장에 그 짐승을 끌어올리기 위해 행동을 개시할 것이며, 그렇게 할지라도 아무도 그를 책망하지 않는 것이 상례(常例)였다. 그러기에 사람이 양보다 얼마나 더 귀하냐고 예수님은 말씀하셨던 것이다. 도움을 필요로 하는 자들에게는 안식일일지라도 선을 행하여 주는 것이 적법하다는 말씀이다.

4. 바리새인들의 증오

바리새인들은 예수님이 안식일에 대한 그들의 율법적인 개념과 일치하지 않았기 때문에 그를 증오했다. 그들은 예수님의 논증에 대답할 수 없음으로 해서 무리들에게 그들이 조롱을 당하게 되자 그를 경멸하였다. 마침내, 예수님이 그들에게 말씀을 마친 후에, 바리새인들은 밖으로 나가 어떻게 하여 예수를 죽일꼬 하고 의논하였다(마 12:14). 마가는 그들이 헤롯당과 의논하였다는 중요한 사실을 첨가해 놓았다. 바리새인들은 로마 정부를 경멸한 민족주의자들이었다. 그런데 헤롯당은, 그들의 이름이 암시하고 있는 대로, 헤롯과 로마 정부를 지지하는 자들이었다. 이 두 파당은 근본적으로 이질적이었고 서로 미워하였으나, 예수님을 대적하여 싸우기 위해 하나로 뭉쳤던 것이다.

■ 복습 문제 ■

1. 누가 그리스도를 반대했는가?
2. 무슨 이유로 그들은 그리스도를 반대했는가?
3. 나사렛 사람들은 예수가 그리스도라는 것을 왜 의심하였는가?
4. 그들은 예수님에게 무슨 짓을 하려고 했는가?
5. 바리새인들은 어떤 파당과 하나로 뭉쳐서 예수님을 멸하려고 했는가?
6. 예수님의 제자들이 안식일에 밀 이삭을 꺾었을 때 무엇 때문에 그들이 비난을 받았는가?
7. 예수님이 마태복음 12:3-5에 사용한 구약의 실례들은 안식일에 관하여 무엇을 입증해 주고 있는가?
8. 어떤 유형의 행위가 안식일에 허용되는가?

■ 더 연구할 문제 ■

1. 이사야 58장과 마태복음 12:1-8을 한데 묶어서 생각해보면, 안식일에 대한 성경의 입장이 제시되어 있다. 그 입장을 당신 자신의 말로 표현하라.
2. 제자들이 안식일에 밀 이삭을 꺾어 먹은 것은 도적질에 해당된다고 생각하는가?
레위기 19:9-10을 참조하여 대답해 보라.

제22장

그의 형제들이라도 믿지 아니함이러라
(마 11:2-9; 막 3:20-21, 31-35; 요 7:1-9)

> ■ 연구 문제 ■
>
> 1. 세례 요한은 예수님에 대하여 무엇을 알고 싶었는가?
> 2. 예수님은 세례 요한에 대하여 어떻게 생각하고 있었는가?
> 3. 예수님의 가족들은 누구누구인가?
> 4. 예수님은 자기 형제들과 함께 예루살렘에 가는 것을 왜 거부했는가?

예수님이 당면해야 했던 모든 반대들 중에서 가장 고통스런 반대는 그의 가족과 가까운 친구들의 반대이었을 것이 틀림없다. 그들이 자기의 하는 일에 완전히 공감하지 못하고 있음을 볼 때 예수님은 심히 괴로웠을 것임에 틀림없다. 본 장에서는 이같이 가족이 반대한 몇몇 사례들을 공부하고자 한다.

1. 세례 요한

요한이 얼마동안 감옥에 갇혀 있었다. 그 기간 중에, 예수님은 말씀을 전파하며 병을 고치셨다. 그래서 매우 인기가 올라갔다. 이때 요한이 사자들을 보내어 예수님께 물었다.

오실 그이가 당신이오니까 우리가 다른 이를 기다리오리이까(마 11:3).

그 질문은, 당신이 그리스도이니까, 아니면 그리스도가 앞으로 오실 것이니까 하는 말과 같다. 요한은 예수가 그리스도라고 하는 그의 신앙이 흔들리고 있었기 때문에 이 같은 질문을 아마도 물었던 것 같다. 예수님은 요한이 기대했었던 것과는 다른 방법으로 그의 사역을 수행하고 있었던 것이다. 요한은 그리스도가 나무 뿌리를 도끼로 찍을 것이라고 선포 했었으나, 예수님은 친절과 사랑을 베푸는 일들을 행하고 계셨다. 그 같은 상황 아래서는, 요한이 그를 당혹케 하는 질문을 품은 것도 아주 지당한 것이다.

예수님은 그 질문에 직접적으로 대답하지 않으시고, 대신 그가 행하고 있는 일에 대해 요한에게 말하라고 그는 사자들에게 말씀하셨다. 그는 요한에게 이사야 35:5-6과 61:1-3을 생각나게 하는 말로 자기의 하는 일들에 대해 말했다. 그 구절들은 메시아에 관한 것들이나 그 구절들에는 그리스도께서 자비의 일들을 행하리라는 것이 예언되어 있었다. 이 같은 방식으로 예수님은 그가 그리스도라는 것을 요한에게 말해 주었다. 그는 구약에 메시아가 행하리라고 말씀된 일을 하고 있었던 것이다. 예수님은 그의 자비의 행위들과 아울러 또한 심판을 선포하고 있었다. 그는 요한의 제자들에게 그 메시지를 그들의 선생에게 전할 것과 그에게 다음과 같은 말씀을 주의케 하라고 말했다.

누구든지 나를 인하여 실족하지 아니하는 자는 복이 있도다(마 11:6).

요한의 제자들과의 대담은 많은 다른 사람들이 주시하는 가운데서 되어졌는데, 이는 예수님이 대개 무리들에게 둘러싸여 있었기 때문이다. 요한의 제자들이 가고나자, 예수님은 요한에 대하여 무리들에게 말하기 시작했다. 그가 요한을 책망하였으나, 요한을 거절한 것으로는 무리들이 생각을 않기를 원하였다. 그래서 요한이 어떤 종류의 인물인가를 사람들에게 일깨워 주었다. 사람들이 아무런 별 다른 이유 없이 요한을 듣기 위해 광야로 몰려들었던 것은 아니다. 요한은 하나님의 선지자였다.

사실, 그는 선지자보다 더 위대하였다. 그는 오실 메시아에게 사람들의 시선을 향하게 하기 위해 하나님에 의해 보냄을 받은바 선구자였던 것이다. 예수님은 요한의 위대함을 사람들에게 극구 칭찬했다. 그리고 그는 또한 그들이 그보다 더 크게 은총을 입었다는 것을 그들에게 말해 주었다. 이는 요한은 그리스도의 왕국이 임할 것을 선포하러 왔었으나, 그들은 그 왕국에 참여하는 것이 허락되었기 때문이다. 그리스도의 선구자인 요한은 말라기 선지자가 예언했던 엘리야였다. 그러므로 만일 요한이 말한 것을 그들이 믿지 않을 것 같으면 그들은 왕국의 축복들을 받지 못하는 것이었다. 많은 사람들이 요한이나 예수를 받아들이지 않았다. 예수님은 말했다.

> 요한이 와서 먹지도 않고 마시지도 아니하매 저희가 말하기를 귀신이 들렸다 하나니 인자는 와서 먹고 마시매 말하기를 보라 먹기를 탐하고 포도주를 즐기는 사람이요… (마 11:18-19).

그들의 심령이 하나님의 메시지에 대하여 완악하여져 있었으므로 해서, 요한이든 예수이든 누가 그것을 가져온다 하더라도 그들은 그것을 받아들이지 않는 것이었다.

2. 예수의 어머니와 형제들

예수님에 대한 반대가 그의 가족 내에서 일어났다고 하는 것은 이상하게 보일지 모른다. 적어도 그의 어머니인 마리아만은 그 같은 반대에 가담하지 않을 것으로 우리는 확실히 예견하여도 좋을 것인 바, 이는 그녀가 위대한 신앙의 여인으로 묘사되어 있기 때문이다. 그렇지만 가족의 반대가 있었던 것이 사실이요, 그 반대에 마리아도 가담해 있는 것이다. 가족의 반대는 예수님이 하는 일에 대한 깊이 뿌리박힌 적대감에서가 아니라, 그를 돕고자 하는 열망에서 생겨났다.

그렇지만, 그것은 그가 수행하고 있던 프로그램에 대한 반대였으며, 그것은 구주에게 슬픔의 근원이 되었을 것임에 틀림없다. 이 반대 사건이 어디에서 일어났는지는 확실히 알 수가 없다. 마가복음 3:20은, "그가 집에 들어가시니"라고 기록되어 있다. 그는 그의 어머니가 거하는 집 가까이에 있었음이 확실하다. 마리아는 다른 자녀들을 슬하에 두고 있었던 것 같으며, 그들은 그녀와 함께 살고 있었다. 그들은 예수님이 항상 무리들에게 둘러 싸여 있는 것과, 사람들을 가르치기 위하여 식사를 거르는 것을 보았다.

그의 가족은 그의 건강을 염려하며, 그가 제 정신이 아닌 것으로 생각하게 되었다. 그들은 그를 둘러싼 무리들에게서 그를 떼어놓기 위해 그에게로 왔던 것이다. 그들은 예수님께로, 접근하려고 했으나, 무리들 때문에 할 수가 없었다. 그래서 그들이 지금 와서 그를 보고자 한다고 무리들을 통해서 전언케 했다. 그들은 그가 가르치는 것을 끝마칠 때까지 기다리지 못하고 그가 일하는 중간에 그를 방해하였다. 부모와 형제들의 전갈이 예수님에게 이르자 그는 그 상황을 처리하기 위해 잠시 멈추었다. 그리고 물었다. "누가 내 모친이며 동생(형제)들이냐?"

그는 무리들을 바라보면서 말했다.

> 내 모친과 내 형제들을 보라 누구든지 하나님의 뜻대로 하는 자는 내 형제요 자매요 모친이니라(막 3:33-35).

예수님의 대답에는 책망의 말이 포함되어 있었다. 그러나 그가 그의 가족 관계를 부인하거나 그를 사랑하는 자들과 절연한 것은 아니었다. 그가 십자가에 달렸을 때 보여준 마리아의 신상에 대한 관심으로 보아 그 점을 알 수 있다. 또한 그가 부활하신 후에 그의 형제 야고보에게 나타나신 점으로 보아서도 알 수 있다. 그러나 그는 그의 의무가 단순한 가족 관계상의 의무보다 훨씬 넓다는 것을 가르쳐 주었다.

　요셉과 마리아가 그를 성전에서 찾아냈을 때 그가 그들에게 묻기를, "어찌하여 나를 찾으셨나이까 내가 내 아버지 집에 있어야 할 줄을 알지 못하셨나이까?"(눅 2:49)라고 했던 것처럼, 이제 그는 하늘에 계신 아버지께서 그에게 주신 일에 대한 그의 책임이 자기 가족에 대한 그의 책임보다 더 중요하다는 것을 그들에게 가르쳐 주었던 것이다. 예수님의 말씀에서 또 하나의 다른 교훈을 얻어낼 수 있다. 예수님의 가족은 그와 혈연으로 맺어진 자들에 국한되지 않고, 하나님의 뜻을 행하는 모든 자들로 구성되어 있다는 점이다. 그를 믿는 우리는 그의 가족의 구성원들이요, 친척들을 하나로 연결하는 혈연적인 요소들 보다 더 위대한 사랑의 줄로 우리가 그에게 결속되어 있는 것이다.

3. 가족의 또 다른 반대

　사도 요한은 가족의 또 하나의 다른 반대 사건을 우리에게 말해주고 있다. 그러나 이 경우에는, 거기에 포함된 자들이 실제로 그의 형제들이었는지는 확실치가 않다. "형제"라는 단어는 가끔 성경에서 친족들에게도 사용되고 있다. 이들은 사촌들이나, 숙부들일 수도 있었던 것이다. 때는 초막절이었다. 그래서 예수님의 친족들은 그 절차를 지키려 예루살렘에 갈 것을 그에게 권하기 시작했다. 그들은 말하기를, 예수님이 갈릴리에서는 아무것도 할 수가 없다고 했다.

그러나 그가 만일 예루살렘에 간다고 하면, 그와 그의 제자들은 거기서 예수님이 메시아인 것을 주장하는데 있어서 진일보할 수 있는 것이다. 예수님의 친족들은 그를 이해할 수가 없었다. 그가 유명해지기 위해서는 그의 재능들을 사용해야 한다고 그들은 생각했다. 또한 예수님을 이용하여 자기들도 인기를 얻고 싶었던 것이다. 그들은 예수님이 그들과 동행하여 예루살렘에 가게 되기를 원했다. 이는 그렇게 될 때 그들이 그와 함께 무리들의 한복판에 서서 인기를 누릴 수 있게 될 것이었기 때문이다.

또한 그들은 그들이 그의 친족임을 사람들에게 말할 수 있게 되기를 원했다. 하나님께서 그리스도를 세상에 보내신 것은 사람들이 그들 자신의 영광을 위하여 그를 이용하게 하려는 것이 아니었다. 그리스도는 하나님의 종이지, 사람들의 종이 아니다. 예수님의 친족들은 그들의 소행으로 보아, 요한이 분명하게 말한 대로, 예수님을 믿지 않았다(요 7:5). 자기 자신의 목적을 도모하기 위하여 예수 그리스도를 이용하려는 자는 사실상 그리스도를 믿지 않고 있는 것이다. 예수님은 자기의 친족들과 함께 예루살렘에 가는 것을 거절했다.

그는 그가 갈 때가 아직 아니라고 말했다. 이 같은 그의 말에는, 그들을 결합해 놓은 가족 관계가 있기는 하지만 근본적인 불일치가 있다는 뜻이 내포되어 있다. 그들은 세상에 속해 있으나, 그는 속해 있지 않았다. 세상은 그를 미워했으나, 그들을 미워할 수는 없었다. 이는 그들이 세상에 속해 있었기 때문이다. 하나님께 속해 있는 자들과 세상에 속해 있는 자들 간의 이 차이는 그 어느 경우보다도 가장 근본적인 차이인 것이다. 가족 관계마저도 그것을 극복할 수가 없는 것이다.

■ 복습 문제 ■

1. 왜 요한은 사자(제자)들을 예수님께 보냈는가?
2. 예수님은 어떤 방법으로 자기의 메시아됨을 증명했는가?
3. 사람들은 요한과 예수님의 말씀 전파에 대해 어떻게 반응을 보였는가?
4. 예수님의 가족은 예수님이 제정신이 아니라고 왜 생각했는가?
5. 예수님의 어머니와 형제들은 어떤 점에서 그의 일을 방해했는가?
6. 왜 예수님은 그들을 책망했는가?
7. 누가 예수님의 가족의 구성원들인가?
8. 왜 예수님의 형제(친족)들은 그가 명절에 참석하기를 원했는가?

■ 더 연구할 문제 ■

1. 마리아는 그리스도를 믿었는가? 이를 설명하라.
2. 마태복음 11:7-12에서 하나님의 구속사역의 프로그램의 전개에 대하여 무엇을 배울 수 있는가?
3. 세례 요한을 구약의 선지자들과 신약의 사역자들과 비교하라.
4. 왜 예수님은 처음에는 명절에 참석하는 것을 거절해 놓고 나중에는 참석하러 갔는가?(참조, 요 7:10)

제23장

요나보다 더 큰 이

(눅 7:36-50; 11:14-36)

■ 연구 문제 ■

1. 어떤 면에서 죄 많은 여자가 시몬보다 더 나은 사람이었는가?
2. 왜 예수님은 마귀들을 쫓아낼 수 있었는가?
3. 왜 예수님의 세대는 정죄 받을 위험이 있었는가?

바리새인들과 서기관들은 예수님이 맞서야 했던 가장 악한 대적자들이었다. 그들은 이스라엘의 종교지도자들이었으며, 구약을 잘 알고 있었다. 그들은 예수님을 그리스도로 제일 먼저 영접했어야 할 자들이었다. 그러나 그들은 구약의 가르침을 왜곡시켰으며, 결과적으로 예수님의 가르침은 그들의 신앙과 곧장 충돌하게 되었다. 예수님의 가르침과 일치시키기 위해 그들의 종교를 변화시키는 대신, 그들은 그를 거부하고 그를 대적하여 싸웠다.

1. 죄 많은 여자

　바리새인들이 예수님과 그들 자신간의 차이점들을 인식하게 되자, 그들은 그를 관찰하며, 심문하고, 공격할 수 있는 문제점들을 찾기 위해 기회들을 엿보았다. 한번은 시몬이라는 한 바리새인이 예수님을 식사에 초대하였다. 시몬이 우정에서 예수님을 초대하지 않은 것이 분명하다. 그는 예수님이 해이된 상태에서 말을 하다가 자기의 대의(大義)에 손상을 주게 되는 어떤 것을 말하게 되지나 않을까 하고 기회를 엿보고 있었음이 분명한 것이다. 예수님께서는 시몬의 의도를 알고 있었지만, 그가 바리새인들까지도 사랑했고 시몬이 회개하고 믿기를 원했기 때문에 그의 초대를 받아들였다.

　그들이 음식을 먹고 있을 때, 한 여자가 방에 들어왔다. 불청객들의 경우는 식당에 들어와 벽을 따라 앉아서 식사하는 자들과 대화하는 것이 허락되어 있었다. 그러나 이 여자가 들어온 것은 주인에게 놀라운 일이었다. 그녀는 평판이 나쁜 여자로서, 아주 죄가 많은 것으로 알려져 있었다. 대개 그 같은 여자는 바리새인의 집에 들어오지 않았으나, 그녀는 예수님을 만나 뵙고 싶었던 것이다.

　그 여자는 방으로 들어와, 예수님이 기대어 앉아있던 의자 쪽으로 가서, 눈물로 그의 발을 적시기 시작했다. 그녀는 그의 머리털로 그의 발을 씻어주고, 그 발에 입 맞추며, 값진 향유를 부었다. 시몬은 예수님이 어떻게 하시는가를 지켜보았다. 구주께서 그 여자를 중지시키기 위한 아무 조치도 취하지 않으시자, 시몬은 예수님이 선지자가 아니라는 것을 확신했다. 선지자라고 하면 적어도 이 여자가 어떤 부류의 사람인가를 알고서, 그녀로 하여금 자기에 손을 대지 못하게 했어야 했다.

　여기서 시몬이 그렇게도 찾고자 소원했던 증거, 곧 그로 하여금 예수를 공공연하게 비난할 수 있게 해주는 증거가 나타났다. 그러나 예수님은 시몬이 무엇을 생각하고 있는가를 아셨다. 그는 한 비유를 들어 이 여자가 시몬보다 진실로 훨씬 더 나은 사람이 라는 것을 시몬에게 밝히 말해 주었다.

시몬은 예수를 식사에 초대했었지만, 아무런 예의도 갖추지 않았다. 그러나 이 여자는 그리스도에 대한 그의 애정을 나타냄에 있어서 도(度)에 지나쳤다. 시몬은 그의 행동으로 보아 죄 사함을 전혀 경험해보지 못한 사람이었음이 분명하다.

그러나 이 죄 많은 여자는 예수님께서 자기를 구해 주신 그 죄와 불행이 얼마나 큰 것인가를 잘 알고 있었음이 분명하다. 그래서 예수님은 그녀의 죄가 사해졌다는 것과 평안히 가도 좋다고 말씀해 주셨던 것이다.

2. 바알세불

악한 영으로 말미암아 벙어리 되었던 한 사람을 예수님께서 고쳐 주심으로 해서 예수님과 바리새인들 간에 날카로운 충돌이 발생했다. 사람들은 예수님에 의해서 행하여진 많은 이적들을 보아 왔었지만, 이번 것으로 인하여 그들은 두려움으로 가득 차게 되었다. 그러나 그 이적을 보았던 바리새인들은 예수님이 하나님의 능력으로 그의 이적들을 행하였다는 것을 인정하려 하지 않았다. 그들 중의 어떤 이는 말했다.

> 저가 귀신의 왕 바알세불을 힘입어 귀신을 쫓아낸다(눅 11:15).

예수님은 이 같은 비난에 대하여 간단한 대답을 해주었다. 즉, 사탄이 자신을 대적하여 싸울 리 없다는 것을 바리새인들에게 지적해 주었던 것이다. 사탄은 영리한 까닭에 그렇게 하지 않는다. 예수님은 바리새인들을 격노케 한 것이 틀림없는 또 하나의 다른 대답을 해주었다. 그가 말하기를, "내가 바알세불을 힘입어 귀신을 쫓아내면 너희 아들들은 누구를 힘입어 쫓아내느냐?"(눅 11:19)라고 했다. 유대인들은 귀신들을 쫓아내는 랍비의 능력을 하나님이 그와 함께 계시는 가장 확실한 표징으로 간주했다.

그런데도 바리새인들은 예수님이 귀신들을 쫓아내자 정반대의 해석을 하였던 것이다. 그들의 비난이 거짓됨이 폭로되었던 것이다. 광야에서 사탄의 시험을 저항하던 때 사탄을 이기셨기 때문에 예수님은 귀신들을 쫓아낼 수가 있었다. 예수님은 귀신들을 쫓아내심으로써 자신이 사탄보다 강하다는 것을 나타내 보이셨다. 또한 그가 하나님의 능력으로 말미암아 사탄을 이길 수 있었다는 것도 나타내 보이셨다. 사탄이 정복되었기 때문에 예수님은 하나님의 나라를 사람들에게 임하게 하실 수가 있었다.

바리새인들은 그 이적을 설명하려 하지 않고, 예수님에 대한 사람들의 확신을 파괴하려고 시도 했었다. 그래서 예수님은 사람들에게 그들이 누구를 따르는 것이 좋겠는가를 잘 판단하여 결정하라고 경고해 주었다. 아무도 예수님에 대하여 중립일 수가 없다.

> 나와 함께 아니하는 자는 나를 반대하는 자요 나와 함께 모으지 아니하는 자는 헤치는 자니라(눅 11:23).

그리고 나서 그는 그들에게 한 실례를 들어 중립이 불가능하다는 사실을 설명해 주었다. 그의 설명은 다음과 같다. 어떤 귀신이 어떤 사람에게서 떠났는데, 만일 그 빈자리가 하나님에 대한 적극적인 사랑과 하나님의 뜻을 쫓는 헌신으로 채워져 있지 않을 것 같으면, 그 귀신이 다른 귀신들을 데리고 함께 되돌아옴으로 해서 나중 상태가 처음보다 더 악하게 된다는 것이다.

3. 요나의 표적

예수님은 그가 사탄의 능력을 빌어 귀신들을 쫓아냈다는 비난을 다룬 후에, 그가 그리스도임을 입증해 줄 하늘로서 오는 표적을 그에게 요구한 자들에게 주목하였다. 그 같은 표적을 그는 주고 싶지 않으셨다. 그가 이미 갈릴리와 유대 지방에서 표적들과 기사(奇事)들을 행하셨기 때문이다. 그들은 그들이 이미 보았던 표적들을 믿지 않았던 것처럼 하늘로서 오는 표적도 믿지 않을 것이 뻔하였다. 문제는 증거의 부족이 아니라, 자기들이 이미 본 증거를 바리새인들이 믿기를 거절한 데 있었다. 그러나 예수님은 그의 세대를 위해 특별한 표적, 곧, 요나의 표적을 갖고 계셨다.

> 요나가 밤낮 사흘을 큰 물고기 뱃속에 있었던 것 같이 인자도 밤낮 사흘을 땅속에 있으리라(마 12:40).

그리스도의 대적자들이 그를 잔인하게 살해 한 후에 있을 그의 부활이 그가 보여 줄 최종적이고 가장 위대한 표적이었다. 큰 물고기 뱃속에서 지낸 후에 니느웨로 온 선지자 요나는 그 큰 도성에게 회개를 전파하는 하나님의 도구이었다. 자기의 사도들을 통해서 말씀하시는 바 십자가에 못 박혀 죽으시고 부활하신 그리스도는 그 세대를 불러 회개에 이르게 하는 하나님의 도구가 되는 것이다. 그리스도께서 살아 계시는 동안에 팔레스타인 지역에 산 사람들에게는 큰 책임이 주어져 있었다. 그들은 하나님의 아들 자신에게서 하나님의 말씀을 들을 수가 있었다. 그들은 그가 전해 준 메시지를 받아들이는데 민감했어야 했다.

그러나 많은 유대인들이 예수님을 외면해 버렸다. 그래서 그는 그들에게 그들의 책임과 그들이 당하는 정죄를 일깨워 주었다. 그는 그들에게 말하기를, 요나 시대의 니느웨 사람들과 솔로몬을 방문하러 온 남방 여왕과 같은 다른 사람들이 심판 날에 그들을 정죄하리라고 했다. 그 이방인들은 사람들에게서 하나님의 말씀을 전해 듣고 믿었었다. 그러나 이 유대인들은 그리스도 자신에게서 하나님의 말씀을 듣는 특권을 부여 받았으나, 그 말씀을 거절하고 있었던 것이다.

예수님은 그 다음에 진리에 대하여 열린 마음과 심령을 갖는 것이 중요하다는 것을 그들에게 또한 말해 주었다. 사람의 마음(그의 영안, 靈眼)은 등

불과도 같다. 그것은 온 몸에 신령한 빛을 비춰 주는 것이다. "순전(純全)한 눈"을 가진 사람, 즉 진리를 찾는 사람은 곧 그것을 발견 할 것이며, 그의 온몸이 빛으로 가득할 것이다. 그러나 "악한 눈," 즉 사악한 마음을 가지고 있는 사람은 진리에 대하여 그의 마음을 닫아 버린다. 그래서 그의 온 몸이 어두움으로 가득하게 되는 것이다. 예수님은 진리를 가지고 그의 세대에게 왔으나, 많은 사람들, 특히 종교지도자들이 사악한 마음을 가지고 있었던 까닭에 예수님이 선포한 진리를 볼 수가 없었다.

■ 복습 문제 ■

1. 바리새인인 시몬은 무엇 때문에 예수님을 비난했는가?
2. 시몬의 태도는 무엇이 잘못이었는가?
3. 왜 여자가 예수님에게 기름을 부었는가?
4. 누가복음 11:14 이하에서 바리새인들이 왜 예수님을 비난했는가?
5. 바리새인들이 그릇되다는 것을 예수님은 어떻게 증명했는가?
6. 왜 예수님은 귀신들을 쫓아낼 수 있었는가?
7. 바리새인들이 표적을 구했을 때 왜 예수님은 아무 표적도 보여주지 않으셨는가?
8. 요나의 표적이란 어떤 것인가?

■ 더 연구할 문제 ■

1. 하늘로서 오는 표적이란 무슨 뜻인가를 설명하고 그 같은 표적들에 대한 몇 가지 실례들을 말하라.

제6부 • 그리스도의 사역의 발전

제24장

추수할 일꾼들
(마 9:35-11:1; 눅 10:1-20)

> ■ 연구 문제 ■
> 1. 왜 예수님은 다른 사람들을 사용하시어 자기를 돕게 하였는가?
> 2. 예수님은 자기를 돕는 자들에게 어떤 가르침들을 주셨는가?
> 3. 그리스도에 대한 그 조력자들의 관계는 어떠했는가?

제5부에서는 예수님이 많은 반대를 받으신 것에 대하여 공부하였다. 그런데 그 같은 반대는 예수님이 그의 일들을 계속하는 동안 줄어들지 않고 증가하였다. 그러나 예수님은 자기를 반대하는 사람들이 있다는 이유만으로 그의 하시는 일을 그만둘 수는 없었다. 그는 말씀 전파를 계속했을 뿐만 아니라, 그를 대신하여 전파하도록 다른 사람들을 보냈으며, 서기관들과 바리새인들의 오류들을 폭로하는 일과 이적 행하는 일을 계속하였고, 그의 왕국의 신령한 성격을 더욱 분명하게 제시하기 시작했다. 그러나 그

의 왕국이 신령하다는 것을 사람들이 깨닫게 되자, 예수님의 인기는 떨어지기 시작했다.

1. 일꾼들에 대한 필요성

예수님은 그의 사역을 행하심에 있어서 순회하는 방법을 사용했다. 즉, 그를 필요로 하는 자들을 찾아 여기저기를 다니셨던 것이다. 또한 예수님의 사역은 사람들의 전반적인 모든 필요를 다루는 그러한 사역이었다. 즉, 그는 회당에서 가르치되, 예배하는 자들에게 구약의 참된 의미를 설명해 주었고, 하나님 나라의 복음을 전파하며, 사람들에게 회개하고 믿으라고 외쳤는가 하면, 병든 자들의 몸을 고쳐 주셨던 것이다. 예수님은 하나님의 아들이었지만, 통상적으로 그의 신적 능력을 사용한 것은 아니었다.

그는 인간의 유한성을 취하셨다. 그래서 한 번에 한 곳에만 있을 수 있었으며, 이 마을에서 저 마을로 가고자 하실 때에는, 다른 사람들의 경우와 마찬가지로 걸어가셨다. 이 유한성으로 말미암아 예수님의 지역이 제한되었다. 그가 할 수 있는 것은 그렇게 많지가 못했다. 그런데 어디를 가나 그를 필요로 하는 사람들이 있었고, 그의 마음은 그들에게 끌렸으며, 그래서 그들을 불쌍히 여기셨다. 그들은 목자 없는 양과 같이 사방으로 흩어져 갖가지 종류의 위험에 직면하고 있음을 그는 보았다. 그는 그들을 돕고 싶었다. 그래서 그는 그의 제자들에게 말했다.

> 추수할 것은 많되 일꾼은 적으니 그러므로 주인에게 청하여 추수할 일꾼들을 보내어 주소서 하라(마 9:37, 38).

2. 열두 명의 일꾼들

우리가 기도할 때 자주 하나님은 우리를 사용하여 우리 자신의 기도에 응답케 하신다. 제자들의 경우가 그러했다. 제자들은 예수님이 그들에게 기도하라고 하시매 기도했었다. 그때 그가 그들을 다 같이 불러놓고 그들에게 그를 대신하여 일할 권한을 위임하셨다. 그가 그들에게 준 권세는 대단하였다. 더러운 귀신들과 질병들을 물리치는 권세를 그들에게 주셨던 것이다. 그 권세를 가지고 그들은 병자들을 고치며 귀신들을 쫓아내는 예수님의 사역을 수행할 수가 있었다.

예수님은 그의 사역을 확장하기 위해 열두 제자들을 보내기 전에 그들이 할 일에 대한 지침들을 주셨다. 그들은 그들의 활동을 이스라엘의 자녀들에게 국한하도록 되어 있었다. 이방인들이나 사마리아인들에게로 가서는 안 되었다. 나중에 가서 예수님은 자기의 제자들을 명하여 이방인과 사마리아인들에게도 그들을 보내실 생각이었다. 그러나 이 시점에서는 그는 유대인들을 상대로 일하고 계셨으며, 그의 제자들도 그 같이 하도록 되어 있었던 것이다. 그들은 예수님이 전파하신 메시지를 전하며 예수님이 행하신 이적들을 행하고, 아무런 준비도 없이, 즉 음식이나 여분의 옷이나 돈 등을 갖추지 않고 가도록 되어 있었다.

그들은 그들이 필요로 하는 모든 것들을 하나님이 공급해 주실 것을 믿고 하나님만을 전적으로 의존하도록 되어 있었던 것이다. 예수님은 제자들로 하여금 핍박 받을 것을 각오하라고 말씀하셨다. 유대 종교지도자들은 예수님을 반대하고 있었다. 그러므로 제자들의 경우도 그 같은 반대를 예견할 수 있었는바, 이는 그들이 예수님의 대표들로 보냄을 받고 있었기 때문이다. 그리스도께서는 그의 종들에게 성령을 주시어 그들을 도울 것을 약속해 주었다.

> 너희를 넘겨 줄 때에 어떻게 또는 무엇을 말할까 염려치 말라 그때에 무슨 말할 것을 주시리니 말하는 이는 너희가 아니라 너희 속에서 말씀하시는 자 곧 너희

아버지의 성령이시니라(마 10:19-20).

열두 명이 그리스도의 대표들이었다는 것을 기억하는 것이 중요하나 그들은 그리스도의 말씀들을 말하고 그의 일을 하기 위하여 사람들 앞에 섰다. 그리스도께서 그의 하늘에 계신 아버지의 돌보심 아래 있었던 것처럼, 그들도 그러했다. 그들은 그의 대표들로서, 그에게 연합되어 있었다. 그러므로 사람들은 그리스도에 대하여 그들이 생각한 것처럼 그의 제자들에 대하여 생각하려 했을 것이며, 그들이 그리스도를 대하였던 것처럼 그의 제자들을 대하려 했을 것이다. 다소간은, 이것이 모든 그리스도인에게도 사실이다. 우리는 그리스도가 보낸 편지들인 바, 사람들이 알아보며 읽을 수가 있다. 우리는 그의 증인들인 것이다.

3. 칠십인의 일꾼들

다른 때에, 아마도 열두 제자들이 그들에게 맡겨진 일, 즉 그리스도께서 무리들을 위하여 일하시는 것을 돕는 직무를 수행한 후에, 예수님은 그를 도우도록 다른 그룹을 보내셨다. 이 그룹은 그 수효가 더 많아, 칠십 명이었다. 그들은 둘씩 서른다섯 짝을 이루어 보냄을 받았다. 예수님께서 칠십 명을 세워 그를 돕도록 보낼 수 있었다고 하는 사실은 열두 사도들 외에도 그를 충성스럽게 따르는 자들이 많이 있었다는 것을 의미한다. 칠십 명의 제자들은 예수님이 방문하기로 계획하신 여러 고을과 마을로 예수님 앞서 보냄을 받았다.

그들에게 예수님은 그가 앞서 열두 제자들에게 주셨던 것과 대동소이한 지침들을 주셨다. 그들 또한 병든 자를 고치며 하나님 나라가 가까웠다는 것을 전파하도록 되어 있었다. 예수님은 어떤 마을들이 그들의 전하는 것을 거절할 것을 알고 계셨다. 그들은 그들을 거절한 마을을 떠나되, 하나님의 메시지가 그곳에서 거절당한 표로 그들의 발에 묻은 먼지를 털어 버리도록 되어 있었다. 예수님은 그들의 메시지를 거절함으로 해서 마지막 날에 그곳에 심판이 임하리라는 것을 그들에게 확신시켜 주었다.

> 너희 말을 듣는 자는 곧 내 말을 듣는 것이요 너희를 저버리는 자는 곧 나를 저버리는 것이요 나를 저버리는 자는 나 보내신 이를 저버리는 것이라(눅 10:6).

칠십 명의 제자들이 말씀을 전파하며 병을 고치기 위하여 보냄을 받았고, 그리고 즐거워하면서 돌아왔다. 그들이 행한 일들의 결과들로 말미암아 그들은 깜짝 놀랐다. 그들은 그들의 주님께 말하기를, "주의 이름으로 귀신들도 우리에게 항복하더이다"(눅 10:17)라고 했다. 칠십 인이 거둔 성공은 예수님이 어둠의 권세들을 이기시는 승리의 표였다. 그는 광야에서 사탄을 이기셨었다. 그는 곧 십자가상에서 사탄의 권세를 파괴할 것이었다.

■ 복습 문제 ■

1. 왜 예수님은 열둘을 선택하여 자기를 돕게 하셨는가?
2. 예수님은 열둘을 누구에게 보내셨는가?
3. 예수님께서 열둘에게 주신 다섯 가지 지침들을 열거하라.
4. 예수님께서 칠십 인에게 주신 다섯 가지 지침들을 열거하라.
5. 열둘이 한 일과 칠십 인이 한 일 사이에 차이가 있다고 하면, 어떤 차이가 있었는가?
6. 열둘과 칠십 인이 그리스도를 대표한 방법들을 열거하라.
7. 왜 제자들은 핍박을 예견할 수 있었는가?
8. 누가 제자들을 도와 그들의 일을 하게 할 것이었는가?
9. 칠십 인이 전파한 것을 거절한 도성들보다도 왜 두로, 시돈, 소돔과 고모라가 심판 날에 더 낫게 되는가?

■ 더 연구할 문제 ■

1. 열두 사도의 선교 사역은 어떤 점에서 사도들을 위한 훈련 계획이었는가?
2. 칠십 인에 대한 얘기는 어떤 점에서 오늘날 교회 생활에 적용될 수 있는가?

제25장

생명의 빵
(요 6장)

> ■ 연구 문제 ■
>
> 1. 오천 명을 먹이신 사건은 거기에 참석한 사람들에게 어떻게 감동시켰는가?
> 2. 유대인들은 예수님에게서 무엇을 기대했는가?
> 3. 왜 많은 사람들이 이때에 예수님을 버리고 떠났는가?

예수님은 그의 사역의 처음 2년 동안 사람들의 주의를 대단히 많이 끌었다. 그의 가르침과 병 고침은 사람들의 상상력을 불러 일으켰었다. 그래서 큰 무리들이 그를 듣기 위해 도시들과 마을들에서 떼를 지어 나왔다. 그러나 갑자기, 그의 인기가 떨어지기 시작했다. 오천 명을 먹이시던 때를 기점으로 하여 인기가 떨어지기 시작한 것이다.

1. 오천 명을 먹이심

　오천 명을 먹이신 이적은 유월절이 가까워진 때에 일어났다. 예수님 주변에 모여든 무리들 가운데는 유월절에 참석하기 위해 예루살렘으로 여행하던 순례자들이 포함되어 있었을 것이다. 예수님은 무리들을 가르치며 병든 자들을 고치셨다. 저녁이 되자 사람들이 배가 고팠다. 그래서 예수님은 그들에게 음식을 제공하셨다. 빵 조각과 물고기를 증가시킨 이야기는 잘 알려진 이야기이다.

　예수님은 제자들이 어린 소년에게서 구해 온 보리빵 다섯 개와 물고기 두 마리로 무리를 먹이셨다. 모두가 배불리 먹었으며, 그들이 다 먹은 후에, 제자들은 열두 바구니의 남은 조각들을 거둘 수가 있었다. 예수님이 이적을 행하셨던 것이다. 무리들은 그 사건의 의의를 알고 있었다. 그들은 예수님이 오실 선지자임에 틀림없다고 서로 말하기 시작했다. 그들은 하나님이 모세에게 주신 말씀, "내가 그들의 형제 중에 너와 같은 선지자 하나를 그들을 위하여 일으키고 …"(신 18:18)를 언급하고 있었다.

　모세는 광야에서 매일 내리는 만나로 이스라엘 사람들에게 음식을 공급했었다. 예수님이 다섯 조각의 빵과 두 마리의 물고기를 가지고 행하신 이적은 모세의 경우와 같은 종류의 이적으로 보였다. 그래서 그들은 예수님을 모세에게 비교했던 것이다. 그들의 열광은 대단하여 그들 중의 많은 사람들이 억지로라도 예수님을 그들의 임금으로 삼고자 했다. 그들은 예수님의 권능을 보았으므로, 그가 그들을 대신하여 그의 권능을 행사하기를 원했다. 예수님은 그들의 의도를 아셨기 때문에, 제자들에게 만날 장소를 일러 준 후에 무리들을 떠나 산으로 올라가셨다.

　무리들은 예수님이 다시 나타나리라고 확신했다. 그러나 밤이 으슥해지도록 그는 나타나지 않았다. 제자들은 배를 타고 가버나움으로 건너갔다. 당황한 무리들은 예수님이 돌아오기를 기다렸다. 그러나 그들은 예수님을 만나지 못했다. 그는 밤중에 그가 산을 떠나 물 위를 걸어서 제자들의 배로 가셨기 때문이다.

2. 하늘에서 내린 빵

　마침내 무리들은 예수님이 그들을 피해 빠져 나가셨다는 것을 알고서, 그들도 배들을 구해 가지고 가버나움으로 갔다. 거기서 그들은 예수님과 그의 제자들을 발견해 냈다. 그들은 예수님께 그가 가버나움에 오게 된데 대하여 묻기 시작했다. 예수님은 그들이 그에게 관심을 갖고 있는 이유를 꼬집어 대답했다. 그들은 그들이 예수님을 믿었기 때문이 아니라, 그가 그들에게 빵을 주었기 때문에 그를 찾았던 것이다. 그는 그들에게 말하기를, 빵을 위해서가 아니라 영생을 위하여 힘쓰라고 하고, 영생을 얻기 위해서는 그를 믿으라고 했다.

　그러자 사람들은 괴이한 요구를 했다. 그들이 믿을 수 있도록 표적을 보여 달라고 한 것이다. 그들은 예수님이 이적을 통해 제공해준 음식을 먹은 그 이튿날에 표적을 구한 것이다. 그들은 그들이 어떤 표적을 원하고 있는가 하는 것까지 밝혔다. "우리 조상들은 광야에서 만나를 먹었나이다"(요6:31)라고 그들은 말했다. 하나님께서는 이스라엘 사람들에게 매일 만나를 주었었다. 유대인들은 예수님이 그 같은 방식으로 그들에게 양식을 제공해 주시기를 원했다.

　그러나 예수님은 사람들에게 그저 빵을 주기 위해서 세상에 오셨던 것이 아니다. 그는 그의 영적 필요를 채워주기 위해서 오셨다. 그는 그가 생명의 빵이라는 것을 명백하게 그들에게 말씀해 주었다. 그를 믿은 사람들은 결코 굶주리거나 목마르지 않는 것이다. 아버지께서 그에게 주신 모든 자들을 하나님께로 데리고 가려고 그가 하늘에서 오셨기 때문에 그들이 영생을 얻게 되는 것이다. 다시 한 번 예수님은 그를 알고 있는 자들의 불신앙을 보았다. 유대인들은 말했다.

> 이는 요셉의 아들 예수가 아니냐 그 부모를 우리가 아는데 저가 지금 어찌하여 하늘로서 내려왔다 하느냐(요 6:42).

아버지께서 그들을 그리스도에게로 이끌지 않으셨기 때문에 그들은 믿지 않았다. 하나님께서 사람의 마음 속에서 역사하지 않는 한 그 사람은 그리스도를 믿거나 그에게로 올 수가 없다. 예수님은 다시 한 번 빵과 관련하여 자신에 대해 말씀하셨다.

> 인자의 살을 먹지 아니하고 인자의 피를 먹지 아니하면 너희 속에 생명이 없느니라 내 살을 먹고 내 피를 마시는 자는 영생을 가졌고 마지막 날에 내가 그를 다시 살리리라(요 6:53-54).

예수님이 하신 이 말씀은 무엇을 뜻하는가?

우리가 실제로 그의 살을 먹고 그의 피를 마셔야 한다는 것을 의미했는가?

물론 아니다. 예수님은 우리가 그를 믿을 때 그가 우리의 마음 속에 거하게 되신다는 것을 강력하고 생생한 어휘로 그렇게 가르치신 것이다. 이 같은 방법으로 그는 우리로 하여금 영적으로 살 수 있게 하신다.

3. 대 전환점

이 가르침은 그리스도의 사역에 있어서 전환점을 이루었다. 이때까지는 그의 인기가 대단하였었다. 그러나 이제는 그를 따르고 있었던 많은 사람들이 외면하고 떠나갔다.

무엇 때문에 이같이 예수님을 버리게 되었는가?

그들은 그의 가르침이 너무나도 어렵다고 생각했다. 예수님은 그가 가져다주어야 하는 축복은 물질적인 것이 아니라 영적인 것이라는 것을 분명하게 밝혔었다. 유대인들은 그들에게 정치적인 독립과 물질적인 유익을 가져다주는 그러한 메시아를 고대하고 있었다. 그들은 단지 영적인 축복만을 가져다주는 그러한 메시아는 원하지 않았던 것이다. 이것은 가룟 유다에게도 위기였던 것으로 보인다. 유다도 세속적인 왕국을 고대하였고, 예수님을 따름으로 해서 물질적인 혜택을 기대하고 있었음이 분명하다. 이제 그는 그가 잘못 보았다는 것을 깨달았다.

그러나 예수님을 떠나지는 않았다. 대신에, 그는 그 자신의 이익을 위하여 열둘 중의 하나로서의 자기 지위를 이용할 기회 찾는 일을 시작했다. 많은 제자들이 예수님을 버리고 떠나가자, 그는 열두 제자에게로 와서 물었다.

> 너희도 가려느냐(요 6:67).

베드로가 모든 제자들을 대신하여 이에 응답했다.

> 주여 영생의 말씀이 계시매 우리가 뉘게로 가오리이까(요 6:68).

이 사람들은, 어쨌든, 영생의 귀중성을 터득하고 있었던 것이다. 그것은 우리 모두가 배워야 할 교훈이다.

■ 복습 문제 ■

1. 왜 예수님은 오천 명을 먹이셨는가?
2. 어떻게 예수님은 오천 명을 먹이셨는가?
3. 예수님은 그들을 먹이신 후에 그들을 어떻게 피하셨는가?
4. 왜 사람들은 예수님을 찾으려고 가버나움으로 왔는가?
5. 예수님이 제공해 준 빵과 광야에서의 만나를 비교하라.
6. 왜 예수님은 하늘에서 내려 오셨는가?
7. 사람이 그리스도에게로 올 수 있으려면 먼저 무엇이 필요한가?
8. 우리가 그리스도를 먹고 마시는 것이 왜 필요한가?
9. 왜 예수님의 가르침이 어렵다고 사람들은 생각했는가?
10. 왜 열두 제자들은 예수님과 함께 남아있었는가?

■ 더 연구할 문제 ■

1. 왜 예수님은 임금 자리에 오르는 것을 거부했는가?
2. 왜 예수님은 물 위로 걸어가셨는가?
3. "예정"이란 단어를 사전에서 찾아보라. 이 장에서 예정에 대한 어떤 증거를 찾을 수 있는가?(참조, 요 6:60-71)

제26장

바리새인의 누룩

(막 7:1-23; 8:11-21)

> ■ 연구 문제 ■
> 1. 유대인들은 더럽혀지지 않기 위해 어떻게 노력했는가?
> 2. 그 같은 노력들로 말미암아 어떤 죄에 빠지게 되었는가?
> 3. 어떻게 우리 자신을 지켜 더럽혀지지 않게 할 수 있는가?
> 4. 왜 바리새인들은 하늘에서 오는 표적을 요구했는가?

바리새인들과 서기관들은 사람들에 대한 예수님의 영향력이 그들의 경우보다 커지게 되는 것을 두려워했다. 그래서 모든 기회를 포착하여 그에게 도전하고, 사람들 앞에서 그를 당황케 하고자 했다. 예수님은 그들의 논박에 대답하고 나서 바리새인들의 가르침에 대하여 그의 제자들을 경계하게 하였다.

1. 씻지 아니한 손

바리새인들은 예수님의 제자들이 먹기 전에 그들의 손을 씻지 않았기 때문에 그들을 비난한 것으로 마가는 말한다. 이 손 씻는 규례는 의식적(儀式的)인 불결(不潔)을 피하기 위해 모든 유대인들에 의해 행하여진 종교 의식이었다. 그 의식은 장로들의 전통들 중의 하나였는데, 바리새인들은 그것을 중요성에 있어서 하나님의 율법과 맞먹는 것으로 생각했다. 하나님은 이스라엘을 거룩한 백성이 되도록 선택하셨다.

그러나 이스라엘은 죄악 된 세상에서 살았다. 그들은 죄를 피하는 것을 배워야 했다. 그들이 배우는데 도움을 주기 위해, 성전에서 예배하는데 이스라엘을 부적합하게 만드는 것들을 하나님은 "부정(不淨)" 하다고 선언했다. 레위기 11-15장에 보면 부정한 것들에 대한 하나님의 규칙들이 있다. 그러나 장로들은 사람들을 도와 더러운 것을 피하도록 하기 위해 갖가지 종류의 규칙들과 율법들을 창안해냈으며, 사람들은 그것들에 순종하였다.

사람들은 자기들이 깨끗하다는 것을 확신하기 위해, 시장터를 다녀온 후, 음식을 먹기 전 그리고 부정한 어떤 것이나 어떤 사람에게 손을 대었을지도 모를 때는 언제나 손을 씻었다. 그들은 생각하기를, 만일 부정한 어떤 것이 그들의 음식에 접촉된 경우 그 음식이 부정하게 되는 것으로 여겼다. 그래서 그들은 그들의 단지와 접시와 잔들과 식기류들을 깨끗케 하는가 하면, 그들의 손을 씻었다. 예수님은 하나님 율법을 전혀 깨뜨리지 않았다. 또한 하나님의 율법에 반대되지 않는 전통들을 그는 준행하였다.

그러나 종교지도자들이 하나님의 율법과 맞먹는 것으로 만들어 놓은 전통들을 그는 지키지 않았으며, 자기의 제자들에게도 그것들을 지키지 말라고 가르쳤다. 그 결과로 바리새인들은 그가 율법을 깨뜨리고 있다고 비난했다.

2. 고르반

이 같은 도전에 응답하여 예수님은 바리새인들을 외식죄로 비난했다. 외식하는 자들에 대한 이사야의 강력한 말씀들이 바리새인들에게 직접적으로 들어맞았다고 예수님은 말했다. 그들은 마음속으로부터가 아니라 겉으로만 하나님을 섬겼다. 그들은 사람들이 만든 모든 계명들을 지키는데는 아주 열심이었으나, 하나님의 계명들은 지키지 않았다. 사실상, 그들은 장로들에게서 그들이 받은 가르침들을 하나님의 말씀에 제시되어 있는 의무들을 회피하는 방도로 가끔 사용했다. 예수님은 그것에 대한 실례로 고르반이라는 관례를 지적하였다.

사람이 자기의 재산을 고르반(하나님께 드림이 되었다)이라고 선언할 수 있는 것으로 바리새인들이 가르쳤다. 그렇게 선언하고 나면, 그 재산은 아무에게도, 심지어 자기의 부모에게도 줄 수가 없었다. 그러나 하나님의 율법은 사람들에게 자기들의 부모 공경할 것을 요구하고 있다. 그 계명에는 부모님들을 보살펴 드리는 것과 그들이 필요할 때 그들을 도와 드리는 것이 포함되어 있다. 그런데 자기 재산을 고르반이라고 선언함으로 해서 그 사람은 자기 부모들을 아무런 재정적인 후원도 받지 못한 채 지내도록 내버려 두었고, 그렇게 함으로써 율법을 무효화 시켰던 것이다.

3. 더러움의 원천

예수님의 가르치심은 바리새인들의 가르침과는 정반대이었다. 그는 말하기를, 사람이 부정(不淨)하게 되는 것은 그 사람의 속으로 들어가는 것에 의해서가 아니라, 그 사람에게서 나오는 것에 의해서라고 했다. 아무도 그의 입에 들어가는 것에 의해서는 도덕적으로 악해지지 않는다. 그것은 단지 위(胃)로 들어가 나중에는 다시 뒤로 나온다. 더러움은 사실 마음에서 온다. 마음에서 일어나는 악들은 더러움의 참된 원천이다.

4. 하늘에서 오는 표적

　다른 경우에 바리새인들은 예수님께 질문하고 그가 메시아인 것을 증명하기 위해 하늘에서 직접 오는 표적을 요구했다. 물론, 유효한 많은 증거들이 있었다. 예수님께서는 많은 이적들을 이미 행하셨으며, 그것들 중의 몇몇은 바리새인들도 목격한바 있었다. 그러나 그들은 "그를 시험하여"(막 8:11) 표적을 요구했던 것이다. 그들은 그를 계략에 빠뜨릴 기회를 노리고 있었다. 그러나 표적을 요구하는 그들의 이유가 그릇되었기 때문에 예수님은 그들에게 표적 보여 주기를 거절했다. 바리새인들의 불신앙으로 말미암아 예수님의 마음은 크게 아팠다.

　그러나 그는 그의 제자들의 오해와 불신앙으로 말미암아 더욱 크게 마음이 어지러우셨다. 그들이 배를 타고 갈릴리 바다를 건너가고 있었을 때, 예수님은 그의 제자들에게 진지하게 말씀하였다. 그는 그들에게 바리새인의 누룩과 헤롯의 누룩에 주의하라고 경고하였다. 예수님의 말씀은 그들이 바리새인들의 사악한 가르침들을 유의하라는 뜻이었다. 그러나 제자들은 그것을 이해하지 못했다. 예수님께서 누룩을 언급하자, 제자들은 빵을 생각하고 서로 말하기를, "우리가 여행을 위해 음식 가져오는 것을 잊었기 때문에 예수님이 언짢아 하신다"라고 했다.

　예수님은 그렇게 생각하고 있는 제자들을 책망하셨다. 그는 음식에 대하여 그가 전혀 아무런 염려도 하지 않고 있다는 것을 그들에게 일깨워 주었다.

　그가 오천 명을 먹이지 않으셨던가?

> 그제야 제자들이 빵의 누룩이 아니요 바리새인과 사두개인들의 교훈을 삼가라고 말씀하신 줄을 깨달으니라(마 16:12).

■ 복습 문제 ■

1. "부정"(不淨)의 성경적 의미는 무엇인가?
2. 왜 하나님은 어떤 것들을 부정하다고 선언하셨는가?
3. 유대인들은 장로들의 규칙들을 따라 살기 때문에 어떤 오류를 범했는가?
4. 그들의 오류로 말미암아 어떤 죄에 빠지게 되었는가?
5. 더러움에 대하여 예수님은 무엇을 가르쳐주었는가?
6. 왜 예수님은 바리새인들을 위해 표적을 행하려 하지 않았는가?
7. 예수님이 제자들에게 바리새인의 누룩에 대해 주의하라고 경고했을 때 그들은 어떤 잘못을 범했는가?

■ 더 연구할 문제 ■

1. 바리새인들과 맛사에서의 이스라엘인들은 하나님을 시험했다. 우리는 어떻게 때때로 하나님을 시험하고 있는가?
2. 어떤 면에서 바리새인들처럼, 사람의 마음속에 있는 것에 대해서보다 외적인 일들에 대해 우리는 더 염려하게 될 수 있는가?
3. 하나님의 율법이 사람들의 전통들로 말미암아 기피되는 요즈음의 관례들 몇 가지를 열거하라.

제7부 • 그리스도의 사역의 위기

제27장

예수는 그리스도시요
(마 16:13-28)

> ■ 연구 문제 ■
> 1. 왜 베드로의 신앙고백이 중요하였는가?
> 2. 가이사랴 빌립보에서 예수님의 사역은 어떤 전환점에 이르렀는가?
> 3. 그리스도의 희생은 어떤 점에서 그리스도인들을 위한 모범인가?

예수 그리스도는 죽기 위해 태어났다. 그가 하늘의 영광을 버리고 인간으로 인간 역사에 들어오기 전에, 그의 생애가 갈보리 십자가로 인도 되도록 이미 결정되어 있었다. 하나님께 대한 모든 순종 행위, 모든 자비 행위, 모든 신적 가르침의 말씀 등은 그의 생애의 절정인 십자가에 못 박히는 것을 위한 준비이었다. 그의 죽음에 대한 개념은 깜짝 놀라운 것이어서 사람들이 그것을 이해할 수 있으려면 먼저 준비가 되어 있어야 했다. 그래서 예수님은 그의 사역의 초반부에는 그의 죽음에 대한 가르침을 받아들이도록 사람들을 준비시켰다.

베드로가 가이사랴 빌립보에서 신앙고백을 한 때에야 비로소 예수님은 그의 죽음과 부활에 대하여 명백하게 말씀하시기 시작했다. 예수님이 오천 명을 먹이신 후에 그의 인기는 쇠퇴하기 시작했다. 많은 사람들이 그를 외면하고 떠나갔다. 유대인들이 그를 죽이고자 했기 때문에 더 이상 유대 지방에서 가르칠 수가 없었다. 그래서 그는 자기의 제자들을 가르치는데 주력하고 남은 시간에 틈틈이 무리들을 가르치셨다. 유대인들의 적대감을 면하고 제자들과 따로 있고자 그는 때때로 한적한 곳으로 물러가기도 했다.

1. 가이사랴 빌립보

예수님은 오천 명을 먹이신 후에 자기의 제자들을 가이사랴 빌립보 근처 땅으로 데리고 갔다. 가이사랴 빌립보는 로마의 식민 통치의 중심지였고 이방인 지역과 인접해 있었기 때문에 유대인들이 그 지역을 기피하였다. 예수님이 그 지역으로 가신 것은 그의 제자들과 따로 있기 위해서였다. 그가 거기 계시는 동안에 예수님은 자기의 제자들에게 물었다.

"사람들이 인자를 누구라 하느냐?"

"너희는 나를 누구라 하느냐?"

그리고 나서 그는 예루살렘에서의 자기의 죽음에 대하여 그들에게 가르쳤다.

2. 나를 누구라 하느냐?

이 때에 된 대화가 십자가를 어떤 점들에서 강조하고 있는가에 유의하라.

1) "사람들이 인자를 누구라 하느냐?"라는 질문에 대한 대답을 보면, 예수님의 초기의 인기가 자신에 대한 예수님의 가르침을 오해한 데 근거하였음이 나타나 있다. 사람들은 예수님이 그들이 원한 종류의 메시아가 아니라는 것을 깨닫게 되자마자 곧 그를 버렸다. 이미 많은 사람들이 그를 버리고 떠났으나, 다른 사람들도 그 같이 떠나게 될 것이었다.

2) 예수님이 "그리스도시요 살아계신 하나님의 아들이시니이다"라고 한 베드로의 신앙 고백을 보면, 제자들이 예수님에 대한 진리를 터득하였음을 알 수 있다. 그들은 앞으로 있을 예수님의 죽음에 대한 새로운 가르침을 받아들일 준비가 되어 있었다. 그리스도께서는 하늘에 계신 아버지께서 그들에게 예수님이 누구인가를 가르쳐 주셨기 때문에 그들이 복이있다고 선언하셨다. 사람들이 예수님에 대한 진리를 이해할 수 있게 하나님만이 그들의 눈을 열 수가 있다.

베드로의 고백과 "너는 베드로라 내가 이 반석 위에 내 교회를 세우리라"는 예수님의 대답은 교회 내에서 많은 논쟁을 불러 일으켰다. 로마 가톨릭교회는 예수님의 대답이 베드로가 초대 교황임을 입증해 주는 것으로 생각하고 있다. 어떤 개신교도들은 예수님이 베드로 자신보다는 오히려 베드로의 신앙 고백을 언급한 것으로 생각하고 있다. 그렇지만, 베드로가 자주 열두 사도의 대변인 노릇을 했던 점으로 미루어 보아, 베드로를 그들의 대표로 생각하는 것이 가장 좋을 것 같다. 베드로는 그들 모두를 대신하여 이 신앙고백을 하였으며, 예수님은 그를 통해서 그들에게 말씀하셨던 것이다. 예수님은 자기의 교회를 "그리스도 예수 자신이 모퉁이 돌이 되어 있는바 사도들과 선지자들의 터 위에"(엡 2:20) 세우셨다.

3) 교회에 대한 주제는 직접적으로 십자가에 대한 주제와 관련이 있었다. 예수님의 죽으심으로 말미암아 결과적으로 교회가 세워지도록 되어 있는 것이었다. 예수님은 베드로를 지도자로 한 그의 열두 사도 위에 교회를 세우겠다고 약속하셨다. 그들에게 그가 왕국의 열쇠, 즉 교회 내에서의 권세를 주려고 하셨다. 그 권세가 사용된 실례는 사도행전 5장에서 찾아볼 수 있다.

4) 예수님은 자기의 제자들에게 명하여 그가 그리스도임을 아무에게도 말하지 말라고 했다. 이 경고의 말씀은 예수님의 사역을 올바르게 이해하는데 있어서 십자가의 중요성을 강조하고 있다. 만일 십자가에 대해서 사람들에게 아무것도 말하기 않은 채 예수님이 그리스도라고 제자들이 그들에게 말했을 것 같으면, 사람들은 그들이 원하는 종류의 그리스도로 예수님을 생각했었을 것이다. 십자가의 교리는 예수님이 어떤 종류의 그리스도인가를 설명해주었다.

5) 예수님은 제자들을 경계하신 후에 자기의 죽음과 부활에 대하여 그들에게 가르치기 시작했다. 이것이 그 주제에 관한 그의 첫 번째의 공개적인 가르침이었다. 이로써 예수님의 사역의 후반부가 시작된 것이다.

6) 베드로가 예수님의 가르침을 인하여 그를 책망하자, 그가 예수님을 제대로 다 이해하지 못하고 있다는 것을 설명해 주었다. 그는 그리스도가 고난 받아야 한다는 것을 아직 알지 못했다. 바로 그 같은 이유로 예수님은 제자들에게 그가 그리스도임을 아무에게도 말하지 말라고 경계하셨던 것이다. 그들은 그리스도에 대한 온전한 메시지를 전할 준비가 되어 있지 않았다.

7) 예수님이 베드로를 책망하신 그 격한 말씀들은 십자가의 필요성을 강조하고 있다. 그것은 그의 메시아 사역에 있어서 필수적이었으며, 그의 생애를 위한 하나님의 계획의 일부이었다. 베드로가 꾸짖던 말은

예수님으로 하여금 그의 아버지에게 순종하는 길에서 돌아서게 하려는 사탄의 또 다른 시도인 것이다. 베드로를 통해서 사탄은 예수님을 사람들이 원하는 종류의 메시아가 되게 하려고 시험하였다.

8) 예수님은 그의 희생에 대하여 가르친 후에, 그의 추종자들에게 요구되는 희생에 대하여 말하셨다.

> 아무든지 나를 따라오려거든 자기를 부인하고 자기 십자가를 지고 나를 쫓을 것이니라(마 16:24).

예수님은 십자가상에서 자기의 생명을 주셨다. 따라서 그의 추종자들은 하나님을 섬기는데 자기들의 생명을 드려야 한다.

■ **복습 문제** ■

1. 예수님께서 가이사랴 빌립보에 온 때 그의 가르침은 어떻게 변했는가?
2. 사람들은 예수님을 누구라고 믿었는가?
3. 제자들은 예수님에 대하여 어떻게 고백했는가?
4. 무엇 위에 예수님은 자기의 교회를 세우겠다고 약속했는가?
5. 왜 제자들에게 예수가 그리스도라는 것을 나타내지 말라고 했는가?
6. 예수님은 십자가의 고난을 감당코자하는 자기의 결의를 베드로에게 어떤 방법으로 나타내 보이셨는가?
7. 예수님은 어떤 희생을 자기의 추종자들에게 요구했는가?

■ 더 연구할 문제 ■

1. 마태복음 16:28의 약속은 어떻게 성취되었는가?
2. 하이델베르크 요리문답은 왕국의 열쇠를 어떻게 정의하고 있는가?
   (참조, 문83)
3. 그 열쇠로 어떻게 천국을 열고 닫는가?
   (참조, 하이델베르크 요리문답 문84-85)

제28장

그의 위엄을 목격한 자들

(눅 9:28-36; 막 9:14-32)

■ 연구 문제 ■

1. 예수님의 변형(變形)의 중요성은 무엇인가?
2. 마귀를 쫓아내는데 제자들이 실패한 것에서 우리는 그들에 대하여 무엇을 알 수 있는가?

　가이사랴 빌립보에서의 베드로의 고백, 예수님이 사도들 위에 자기의 교회를 세우겠다고 하신 그의 약속, 그리고 예수님의 죽음과 부활에 대한 새로운 가르침의 시작 등, 이 모든 것은 예수님의 사역이 절정에 이르고 있다는 것을 의미한다. 예수님의 변형은 가이사랴 빌립보에서 있은 사건들 이후 약 일주간이 지나서 일어났다.

1. 변형의 의미

　예수님은 그에게 임할 수난과 죽음에 대하여 자기의 제자들에게 말씀하신 후에 기도하러 산으로 물러나셨다. 그가 기도하시던 때, 그는 그가 출생하실 때 취하셨던 낮아지심의 신분을 초월하셨다. 그는 그에게 본래 있었던 영광과 그가 죽을 필요가 하등에 없다고 하는 사실을 생각하게 되었다. 그러나 그는 자원하여 그의 낮아지심의 신분으로 되돌아가 십자가에서 죽는 길을 택하셨다. 변형 사건은 제자들이 예수님에게 곧 임할 죽음을 올바르게 보는데 도움이 되었다. 정녕코 그 같은 영광을 가지고 계시며 하나님의 아들이신 분이 결코 패배하실 리가 만무하고, 그의 죽음마저도 승리로 끝날 신적 계획의 일부임에 틀림없는 것이다.
　그러나 불행하게도, 제자들이 이때에는 이 사건을 이해하지 못했다. 베드로가 한 말을 보면, 그는 십자가를 우회하는 길을 또다시 보았던 것이다. 십자가에 못 박히시고 부활하신 후에야 제자들은 변형의 의미를 이해할 수 있었던 것이다.

2. 간질병 걸린 소년

　예수님과 세 제자들이 변형 산에서 내려오시자, 한 가지 문제가 기다리고 있었다. 제자들이 귀신 들린 한 소년을 고쳐달라는 부탁을 받았는데, 귀신을 쫓아낼 수가 없었던 것이다. 이전에 예수님은 그들을 보내어 말씀을 전하며 질병과 귀신을 제어하는 권능을 그들에게 주셨던 일이 있다.
　그런데 지금은 왜 그들에게 그 권능이 없었는가?
　예수님은 그 소년을 고쳐주시고 난 후, 제자들의 질문에 답하셨다. 간질병 걸린 소년에게 들린 종류의 귀신은 기도에 의하여 배양되는 믿음인, 큰 믿음을 가진 자들에 의해서만 쫓아낼 수가 있었던 것인데, 제자들에게 그 믿음이 없었던 것이다.

3. 열둘을 가르치심

마가의 기록에 의하면, 예수님과 제자들은 될 수 있는 대로 비밀리에 갈릴리를 통과하였다. 예수님은 자기에게 임할 죽음과 부활에 대해 제자들에게 은밀하게 가르치시기를 원했다. 그러나 제자들은 가르침을 받고도 이해하지 못하고 그것에 대하여 묻기도 두려워했다. 우리는 여기에서 그리스도의 사역에 있어서 진정한 위치를 엿볼 수가 있다. 그의 죽음과 부활이 목전에 있고, 그는 자기의 교회를 제자들 위에 세우려 한다고 선언해 놓았는데, 제자들은 그의 가르침을 이해할 수가 없었다. 그래서 만일 그리스도의 사역을 계속해 나가는 일이 이 열두 제자들에게 맡겨진다고 할 것 같으면, 하나님의 교회의 장래가 참으로 불확실할 것처럼 보였던 것이다.

■ 복습 문제 ■

1. 변형산 위에서 예수님에게 일어난 사건들을 열거하라.
2. 시내산과 변형산에서 하나님의 임재가 어떤 방식으로 나타났는가?
   (참조, 출 34:28-35)
3. 하나님의 영광이 위의 두 경우에 어떻게 나타났는가?
4. 예수님의 경우 변형은 어떤 의미가 있었는가?
5. 세 제자들의 경우 변형은 어떤 의미가 있었는가?
6. 귀신 들린 소년의 상태를 서술하라.
7. 소년의 치유에 대해 서술하라.
8. 왜 제자들은 그 소년을 치유할 수 없었는가?

■ 더 연구할 문제 ■

1. 왜 예수님은 열두 제자 모두를 데리고 가는 대신에 베드로, 요한, 야고보를 데리고 갔는가?
2. 모세와 엘리야가 예수님과 함께 나타난 것은 어찌된 일인가?
3. 베드로의 요청은 옳은가? 그른가? 그 이유는?

제29장

몇 번이나 용서하여 주리이까
(마 17:22-18:35)

■ 연구 문제 ■

1. 예수님이 성전세를 내실 필요가 있었는가?
2. 어린아이들에 대하여 예수님은 어떻게 말씀하셨는가?
3. 우리를 대적하여 죄를 범한 자들을 어떻게 다루어야 하는가?

변형 사건 이후에 예수님과 제자들은 예수님의 고향 가버나움으로 갔다. 본 장에서 다루는 사건들은 예수님이 가버나움에 머무시던 마지막 날에 일어났다.

1. 반 세겔

가버나움으로 가는 도중에 예수님과 그의 제자들은 성전세를 거두고 다니는 제사장들을 만나게 되었다. 이십 세 이상의 모든 유대인 남자는 성전 관리를 위해 매년 반 세겔(약 37센트, 500원)을 납부하도록 되어 있었다. 그러나 강제징수를 할 수는 없었다. 제사장들은 베드로에게 예수님이 성전세를 낼 의향이 있는지의 여부를 물었다. 그러자 베드로는 예수님이 낼 의향이 있다고 즉시 대답했다. 베드로가 예수님에게 와서 이에 대하여 말하자, 예수님은 그에게 이상한 질문을 하였다. 질문의 요점은 이렇다.

"하나님의 아들이 하늘에 계신 그의 아버지께 세금을 지불해야 하겠느냐?"

그 대답은 "아니요"가 분명했다. 예수님은 그의 독특한 본성 때문에, 그 같은 요구로부터 자유로우셨다. 그러나 그는 불필요하게 사람들의 기분을 상하고 싶지 않았기 때문에, 세금을 지불해 주었다. 그런데 그 순간에는 예수님이나 베드로에게 아무런 돈이 없었다. 유다가 제자들 중에 돈궤 맡는 자였던 것으로 보인다(요 12:6; 13:29). 예수님은 베드로를 유다에게 보내어 세금 낼 돈을 가져오게 하는 대신 낚시를 던져 물고기를 잡으라고 그에게 일러 주었다. 그들이 필요로 한 돈이 물고기의 입에 있었다.

2. 어린아이

이 일이 있은 후에 제자들이 예수님께 와서 "천국에서는 누가 크니이까?"(마 18:1)하고 물었다. 그 질문은 열 둘 중에 셋만이 변형산에서 그리스도와 함께 있었기 때문에 생겨났는지도 모른다. 아니면 제자들이 제사장들에게 질문을 받았을 때 베드로가 대표로서 행동했기 때문에 생겨났는지도 모른다. 아무튼, 예수님은 그들 가운데 어린아이를 세우시고 대답했다. 그는 어린아이와 같은 자만이 천국에 들어가게 될 것이라고 말했다.

그것은 무엇을 의미하는가?

하나님 나라에 들어가게 될 자이면 누구에게서나 발견되어야 하는 순박한(즉, 어린아이 같은) 사랑과 신뢰의 특성들을 예수님은 말씀하신 것이다. 그것들은 또한 하나님 나라에서 큰 자가 되게 하는 특성들이기도 하다. 어린아이들은 조그만하기 때문에, 우리가 그들을 하찮게 생각하기 쉽다. 그러나 예수님은 그들을 아주 중요하게 생각했다. 그는 어린아이들 중에 하나라도 그릇 되게 인도하는 것은 무서운 죄라는 것을 경고하였다. 덧붙여서 우리가 아무 사람이든, 심지어 우리 자신을 그릇 인도하게 되는 위험에 대해 그는 경고하였다.

사람들이 그들의 생명을 구하기 위하여 자기의 팔이나 다리를 기꺼이 절단해 내버리는 것처럼, 우리를 하나님에게서 꾀어 떠나게 하는 것은 어떤 것이든 우리의 생활에서 기꺼이 제거해야 한다는 것이다. 예수님은 또한 하늘에 계신 아버지께서 어린아이들에게 베푸시는 그 사랑에 대해 가르쳐 주셨다. 즉, 하나님의 얼굴을 항상 뵈옵는 특별한 천사들이 어린아이들을 돌보고 있다는 것을 간단히 말씀하셨다. 또한 예수님은 잃은 양에 대한 이야기를 어린아이들의 경우에 적용하셨다.

> 이와 같이 이 소자 중에 하나라도 잃어지는 것은 하늘에 계신 너희 아버지의 뜻이 아니니라(마 18:14).

3. 용서하는 정신

예수님께서는 다른 사람들에게 죄를 짓는 것에 대하여 제자들을 경계하신 후에, 다른 사람들이 제자들에게 죄를 범하는 때 어떻게 해야 할 것인가를 말씀해 주셨다. 예수님은 그들이 본받아야 할 분명한 귀감을 제시해 주셨다. 그것은 어떤 기독교인이 우리에게 큰 죄를 범하는 때 우리가 따라야 할 귀감이기도 하다.

1) 어떤 기독교인이 우리를 해한 경우 그에게 혼자 가서 그의 죄상을 그가 인정하도록 노력해야 한다. 만일 그가 기꺼이 우리의 권고를 받아들여 자기의 죄를 뉘우치면, 함께 그 문제를 해결할 수가 있게 된다. 아무 것도 더 이상 할 필요가 없다.
2) 그러나 만일 그가 우리의 권유를 듣지 않을 것 같으면, 한두 사람의 증인들을 데리고 함께 가서 그를 회개에 이르도록 노력할 것이다.
3) 그러나 이렇게 해도 안 될 때는, 교회에 그 사건을 알려야 한다. 만일 그가 여전히 자기 죄를 회개하기를 싫어하면, 그를 징계하는 것이 교회의 의무이다. 징계의 최종적인 조치는 출교(제명)인데, 이것은 죄인을 교회 밖으로 쫓아내는 것을 의미한다. 출교는 많이 기도하고 깊이 숙고한 후에 취할 것이다.

출교 당한다고 하는 것은 아주 중대하다. 예수님은 교회의 그 같은 조치로 말미암아 하늘의 심판이 확정된다고 말씀하셨다. 그러므로 자기의 죄를 회개하지 않는 어떤 사람이 출교 당하게 되면, 그는 기독교인이 아닌 것으로 생각해야 한다. 이는 그가 믿음의 증거를 보이지 않았기 때문이요, 행함이 없는 믿음은 죽은 것이기 때문이다. 이상의 절차는 공공연하게 죄를 범하는 기독교인들이 자기들의 죄를 통감하고 회개하게 하는데 필요하다.

그러나 개인 자격으로는 우리가 어떤 사람의 죄를 판결해서는 안 된다. 설사 어떤 사람이 우리에게 거듭 죄를 범한다고 할지라도, 우리는 매번 그를 용서해야 한다. 하나님은 헤아릴 수 없이 많은 우리의 죄들을 용서해 주셨다. 그러므로 우리는 우리에게 죄를 지은 자들을 용서해야 하는데, 이는 우리에게 대한 그들의 죄가 하나님께 대한 우리의 죄만큼 수적으로 많거나 질적으로 악한 것이 아니기 때문이다. 만일 우리가 다른 사람들을 용서하지 않는다고 하면, 우리는 하나님의 용서를 기대할 수가 없다.

그렇다고 해서 우리가 다른 사람들을 용서해 주기 때문에 하나님이 우리를 용서해 주신다는 뜻은 아니다. 하나님은 우리를 위한 그리스도의 희생 때문에 우리의 죄를 용서하시는 것이다. 그러나 만일 하나님이 자기의 자녀들에게 주시는 용서하는 정신이 우리에게 없다고 하면, 우리가 하나님의 자녀인지는 의심스런 것이다.

■ 복습 문제 ■

1. 성전세란 어떤 것이었는가?
2. 왜 예수님은 성전세를 바치지 않아도 괜찮았을까?
3. 왜 예수님은 성전세를 지불했는가?
4. 예수님은 어떤 방식으로 어린아이를 사용하여 실물 교훈을 주셨는가?
5. 우리의 삶에 있어서 우리를 곁길로 인도하는 것들을 어떻게 처리해야 하는가?
6. 우리에게 죄를 범하는 친구를 어떻게 다루어야 하는가?
7. 왜 출교가 아주 중대한가?
8. 얼마나 자주 우리의 형제를 용서해주어야 하는가?
9. 악한 종의 비유는 무엇을 가르쳐주는가?

■ 더 연구할 문제 ■

1. 예수님이 성전세를 지불한 것에서 어떤 실제적인 교훈을 배울 수 있는가?
2. 마태복음 18:8-9을 얼마나 문자적으로 받아들여야 하는가?

제30장

생수의 강이 흘러나리라
(요 7:10-52)

> ■ 연구 문제 ■
>
> 1. 초막절에 예수님은 무슨 약속들을 해주셨는가?
> 2. 그에 대한 무슨 질문들이 유대인들에 의해 제기되었는가?
> 3. 어떤 반대를 예수님이 초막절에 당하셨는가?

앞의 장(22장)에서 예수님의 친족들이 그를 권하여 초막절에 그들과 함께 예루살렘에 올라가자고했으나 그가 거절했다는 것을 살폈었다. 예수님은 그의 친족들이 바라던 것처럼 의기양양하게 예루살렘에 입성할 준비가 아직 되어 있지 않았다. 그렇지만 그들이 명절에 참석하러 떠난 후에 그와 그의 제자들은 따로 올라갔다. 예수님은 그의 친족들이 그에게 원했던 방법으로 행할 수 없었던 것을, 그 자신의 방법으로 안전하게 행하실 수 있었다.

1. 성전에서

예수님이 예루살렘에 도착한 것은 이미 초막절이 시작된 후였다. 그는 성전으로 가서 가르치기 시작했다. 사람들은 그가 서기관으로서의 아무런 정식 학습과정을 밟지 않고서도 잘 가르치는 것을 보고 깜짝 놀랐다. 그들은 구약의 예언자들이 때때로 아무런 정식 교육을 받은 일이 없는 사람들이었다는 것을 잊고 있었다(암 7:14-15).

예수님은 선언하기를, 하나님의 뜻 행하기를 진심으로 원하는 자는 누구나 그의 가르침이 하나님의 것인지 아닌지를 알게 될 것이라고 했다. 어떤 사람이 랍비(선생)인지 아닌지를 알아보는 가장 중요한 시금석은 그가 얼마나 많은 교육을 받았는가가 아니라 그가 그 자신의 영광을 구하느냐 아니면 하나님의 영광을 구하느냐이다. 초막절의 주요 행사들 중의 하나는 그 기간 중 매일 실로암 못에서 물을 길어다가 성전에서 쏟아 붓는 의식이었다.

이것은 이스라엘 사람들이 광야에서 지내던 40년 동안 하나님께서 물을 공급해 주신 것을 생각나게 하는 행사였다. 또한 생수의 강이 하나님께서 물을 공급해 주신 것을 생각나게 하는 행사였다. 또한 생수의 강이 하나님의 집에서 흘러나리라는 약속을 생각나게 하는 것이었다(겔 47장). 예수님은 자기가 자기를 믿는 자들에게 생수의 강이 흘러나게 할 자라고 선포했다. 그는 구약의 예언들을 성취하는 자였다. 그는 그들에게 성령을 주심으로 해서 하나님이 수세기 전에 약속하신 것을 주시려고 했다.

2. 사람들이 당황함

사람들은 예수님에 대해서 어떻게 생각하는 것이 좋을지를 몰랐다. 그들이 알기로는 많은 종교 지도자들이 그의 가르침을 반대했었다. 그런데도 예수님이 성전에서 담대하게 서서 그들에게 가르치기 시작했던 것이다. 그들은 그가 행했던 이적들을 보고서 깜짝 놀랐다. 그래서 그가 진짜 그리스도가 아닐까하고 생각게 되었다. 그러나 그들은 그가 갈릴리 출신이라는 것을 알고 있었는가 하면, 그리스도가 그 멸시 받은 지방에서 태어나리라고는 생각하지 않았던 것이다.

사람들이 예수님에 대해 어떻게 생각하는 것이 좋을지 몰라 당황함으로 해서 그에 대한 그들의 태도에 변화가 생겨났다. 처음에 일반 사람들은 예수님을 즐거운 마음으로 들었다. 그래서 큰 무리가 그를 따랐던 것이다. 그러나 이제는 주저하게 되었다. 그의 메시지와 그리스도에 대한 그들의 개념들 간에 차이가 점차 명백하게 드러났던 것이다. 그래서 사람들은 그들이 기대하고 있었던 그리스도로 그를 더 이상 생각하지 않게 되어버렸다.

예수님께서는 하나님의 뜻을 행하고자 하는 마음이 반드시 있어야 한다고 말하심으로써, 그들이 당황하게 된 원인을 지적해 내셨다. 사람들은 하나님의 뜻을 행하는데 진심으로 관심이 없었기 때문에 예수님에 대하여 어떻게 생각하는 것이 좋을지를 모르게 되었던 것이다. 그들은 그들 자신의 개념과 꿈이 성취되는 것을 보고 싶었기 때문에, 그들의 마음을 고쳐서 하나님의 계획에 그들의 개념을 일치시키기를 거절했다. 결국 그들은 예수님이 하나님의 말씀을 말하고 있는지 아닌지를 결정할 수가 없게 되었다.

3. 당국자들의 적개심

대제사장들과 바리새인들의 반대는 예수님이 그의 사역을 시작한 이래로 서서히 타오르기 시작했는데, 이제는 훨훨 타올랐다. 예수님께서 성전에서 가르치고 계시는 동안에, 유대인의 당국자들은 그를 체포할 때가 온 것으로 판단하여 체포키로 결정했다. 그래서 성전 지키는 자들(하속들)을 보내어 그를 잡아오도록 했다. 그러나 그들은 그의 가르침에 완전 매혹되어 그를 잡지 않고 그냥 되돌아왔다. 그들이 그들의 임무를 수행하지 못한 유일한 핑계는 다음과 같다.

> 그 사람의 말하는 것처럼 말한 사람은 이때까지 없었나이다(요 7:46).

지도자들의 적개심이 단호하다고 하는 것은 하속들에게 말한바 그들의 대답으로 미루어 보아 분명했다.

> 당국자들이나 바리새인 중에 그를 믿는 이가 있느냐 율법을 알지 못하는 이 무리는 저주를 받은 자로다(요 7:48-49).

그때 니고데모가 그들 자신이 율법을 지키지 않고 있는지도 모른다고 말했는데, 이는 율법에 사람을 심문하기 전에는 판단하지 못하도록 규정되어 있었기 때문이다. 그래서 그들은 니고데모를 사납게 공격했다. 그들은 말하기를, 예수는 갈릴리 출신이요, 아무 선지자도 갈릴리에서는 나올 수가 없다고 했다. 그들의 감정이 격해진 것은 예수님에 대해 그들이 깊은 증오심과 심한 편견을 가지고 있다는 것을 보여 주었다. 그가 갈릴리 출신이었기 때문에 그들은 예수님의 주장을 아예 고려해 보지도 않으려 했던 것이다. 그러나 유대인들은 예수님을 다시는 잡으려 하지 않았다. 그는 성전에서 계속하여 가르쳤다(요 8:27).

4. 점증되는 반대

이 명절에서 된 사건들은 예수님의 사역이 십자가상에서 절정에 이를 날이 가까워지고 있다는 것을 보여주고 있다. 예수님이 자신을 하나님의 아들로 점점 더 분명하게 제시하고 있었던 것이다. 당국자들이 두려워했던 예수님에 대한 일반인들의 강력한 지지(支持) 세력은 허물어지고 있었다. 그러기에 당국자들의 점증하는 반대는 다가올 핍박에 대한 예고였다.

■ 복습 문제 ■

1. 초막절이란 어떤 명절인가?(참조, 4장의 '절기' 부분)
2. 어떤 시금석에 의하여 예수님이 하나님의 말씀을 전하고 있는가를 사람들은 알 수 있는가?
3. 유대인들에 의해 도전 받은바 예수님의 주장들을 열거하라.
4. 예수님의 주장들을 반대한 자들의 진술들을 열거하라.
5. 예수님의 주장들을 좋게 생각한 자들의 진술들을 열거하라.
6. 요한복음 7:33-34의 예수님의 말씀은 무엇을 의미하는가?
7. 요한복음 7:33-34의 예수님의 말씀을 유대인들은 어떻게 해석했는가?
8. 예수님이 자신에 대하여 생수(生水)로 말씀하신 것은 무슨 뜻인가?

■ 더 연구할 문제 ■

1. 복습 문제 4번과 5번에서 당신이 열거한 진술들을 비교해 보라. 어느 것이 더 설득력이 있는가? 이에 대해 설명하라.

제31장

나는 세상의 빛이니
(요 8:12-9:41)

> ■ 연구 문제 ■
>
> 1. 어떤 점에서 예수님은 세상의 빛이신가?
> 2. 예수님은 무엇에 근거하여 사람들을 두 종류로 나누었는가?
> 3. 소경 거지의 신앙은 어떤 방식으로 발전했는가?

예수님에 대한 적대감이 초막절 중에 표면화되었는데, 만일 예수님께서 가르치는 일을 멈추었었다고 하면 그 적대감은 없어졌을지도 모르나, 그는 그 명절의 사건들을 이용하여 계속 사람들을 자기에게로 불러 자기의 권능을 과시했다. 이로 말미암아 유대 지도자들이 격노하게 되었고, 그에 대한 그들의 반대가 증가하였다. 또한 그 지도자들과 예수님 간의 균열이 모든 사람들에게 분명하게 드러났던 것이다.

1. 성전에서

초막절 기간 중에, 유대인들은 자기 조상들을 광야에서 40년 동안 인도해 준 구름 기둥과 불 기둥을 회상하기 위해 촛불을 켜 밝혔다. 그 기둥은 그들을 그릇된 길로 전혀 인도하지 않은 신적(神的) 안내자였다. 예수님께서는, "나는 세상의 빛이니 나를 따르는 자는 어두움에 다니지 아니하고 생명의 빛을 얻으리라"(요 8:12)고 말씀하시어, 자기가 바로 그 기둥임을 주장했다. 이 말씀은 그가 초막절 기간 중에 하신 듯하다. 바리새인들은 즉시 예수님께 이의를 제기했다.

그들은 그의 가르침에 대해서가 아니라 그것을 가르치는 권리에 대하여 논쟁했다. 그들은 어떤 주장이든 두 사람의 증인들에 의해 지지를 받아야 한다고 하는 유대의 율법을 인용했다. 말하는 자는 증인들 중의 하나로 간주될 수가 있었다. 예수님이 자기 자신에 대해서 말씀하고 있었으므로 바리새인들은 예수님이 그를 지지해 주는 다른 증인이 아무도 없기 때문에 (즉, 나머지 한 사람의 증인이 없기 때문에) 그의 말을 믿을 수 없다고 주장했다.

그렇지만, 예수님에게는 다른 한 증인이 있었다. 그를 보내신 그의 아버지가 자기의 증인이시라고 그는 말했다. 그러나 바리새인들은 그 아버지를 알지 못하고 있었다. 왜냐하면 그들이 예수님을 거절했었기 때문이다. 바리새인들은 예수님께서 그 점을 지적하자 화를 냈다. 그때 예수님은 자기의 죽음에 대해서 사람들에게 가르쳤다. 처음에는 아무도 그의 말을 이해하지 못했다. 그러나 그가 그들의 질문들에 답하여 "이 말씀을 하시매 많은 사람이 믿었다"(요 8:30).

2. 사람들의 반대

예수님은 자기를 믿는 자들에게 자유를 주겠다고 약속하셨다. 이에 어떤 사람들이 유대인들은 속박 당한 일이 없다고 즉시로 말대꾸했다. 그들은 그들이 누구의 자손인가에 대해서 예수님과 논쟁하기 시작했다. 아브라함의 자녀 곧 하나님의 자녀 됨은 하나님께 순종하는 것과 아브라함에게 약속된 축복들을 받는 것을 의미한다. 한편, 마귀의 자녀 됨은 사악한 길들을 따라 마귀를 좇는 것을 의미한다.

그런데 사람들이 자기들의 죄악 됨을 인정하지 않았기 때문에, 예수님은 그들이 하나님의 자녀가 아니라고 말했다. 만일 예수님께서 그들이 원하는 종류의 메시아였다고 말할 것 같으면, 그들은 그가 메시아인 것을 기꺼이 믿었을 것이다. 그들은 자기들이 죄악 된다는 것을 인정할 수가 없었고, 그래서 그들을 그들의 죄에서 구원하기 위해 하나님이 보내신 자로 그를 믿지 않았던 것이다.

유대인들의 경우 그들이 하나님께 속하지 않았기 때문에 그를 이해하지 못하는 것이라고 예수님이 주장하자 그들은 화를 냈다. 또한 아브라함이 태어나기 전에 그가 있었다고 예수님이 분명하게 말하자, 그들은 그가 참람하다고, 즉, 자기를 하나님인 것으로 주장한다고 비난했다. 그들이 돌을 들어 치려하자 그는 피신해 버렸다.

3. 소경 거지

예수님은 자기 생명이 유대인들에 의해 위협을 받자 성전을 떠났다. 밖으로 나오자 곧 그의 제자들이 소경된 사람을 보았다. 제자들은 그 사람이 소경된 것은 누구의 허물 때문이냐고 물었다. 이에 대해 예수님은 분명하게 말씀하시기를, 질병이 반드시 죄의 직접적인 결과인 것은 아니라고 하셨다. 그 사람은 그리스도께서 그를 고치실 수 있게 나면서부터 소경이었다. 예수님이 세상의 빛이라고 하는 진리는 전혀 보지 못하던 사람에게 시력을 회복시켜 줌으로써 가장 잘 드러날 수가 있었다. 그래서 예수님은 소경을 눈뜨게 해주었다.

　그 이적은 많은 주목을 끌었다. 사람들은 그 사람이 나면서부터 소경이었던 거지라고는 거의 믿을 수가 없었다. 예수님께서 그를 고쳐 주셨다고 그가 그들에게 말하자, 그들 중의 몇 사람이 그 거지를 바리새인들에게 데리고 갔다.

4. 신앙과 불신앙

　바리새인들은 눈을 뜨게 된 그 사람을 심문하기 시작했다. 처음에 그들은 피차 의견이 엇갈렸다. 어떤 사람들은 예수님이 안식일에 눈을 뜨게 했다고 해서 그를 반대했는가 하면, 다른 사람들은 이 이적이 하나님께서 예수님과 함께 하신다는 증거라고 믿었다. 그러나 그들이 조사를 계속하는 동안에 변화가 생겨났다. 그들은 이적이 행하여졌던 그 사실 자체를 부인하려고 했던 것이다. 그 사람의 부모들은 그가 소경이었으나 이제는 볼 수 있게 되었다고 하는 그의 말이 사실이라고 주장했다.

　그러자 바리새인들은 예수님이 그 이적 행한 것을 부인하려고 했다. 그러나 그 소경되었던 사람이 계속해서 사실들을 거듭 진술하자, 그들은 아무 대답도 하지 못했다. 그들은 마침내 격분하여 그를 교회에서 출교시켜 버렸다. 바리새인들은 그들의 불신앙으로 마음이 완악해졌으나, 그 소경된 사람의 신앙은 점점 자라났다. 처음에는 그가 거의 아무것도 알지 못했다. 그는 그저 예수님을 믿고, 그가 명한 것을 행하자, 고침을 받았었다.

　그러나 그가 바리새인들 앞에서 자신을 변명하는 동안에, 예수님이 특별한 분이라는 것을 점점 확신하게 되었다. 그가 출교 당한 후에 예수님이 그를 찾아 주셨을 때, 그는 예수님이 하나님의 아들이심을 믿을 준비가 되어 있었다. 바리새인들과 그 소경된 사람은 예루살렘의 두 집단(불신자 집단과 신자 집단)을 대표한다. 예수를 믿은 사람들의 신앙은 강화되어 갔으나,

믿지 않은 자들은 점점 마음이 완악하여져 믿기가 어렵게 되어갔다. 사람들이 예수님의 위대한 주장들과 권능 있는 일들을 직접 대하게 되었을 때, 그 결과는 심판이었다. 그들은 예수를 믿거나 아니면 거부하였던 것이다.

■ 복습 문제 ■

1. 유대인들이 이의를 제기한 예수님의 주장들을 열거하라.
2. 예수님의 말씀이 진리인 것을 증거한 두 증인은 누구 누구였는가?
3. 누구에게 유대인들은 속박되어 있었는가?
4. 어떤 점에서 예수님은 유대인들과 그들의 조상에 대하여 의견을 달리했는가?
5. 예수님께서 그들이 마귀의 자녀라고 한 말씀의 뜻을 설명하라.
6. 왜 유대인들이 예수를 죽이려고 했는가?
7. 왜 거지는 나면서부터 소경이었는가?
8. 어떻게 그가 고침을 받았는가?
9. 거지의 신앙이 어떻게 성장했는지 그 단계를 열거하라.
10. 바리새인들의 불신앙이 어떻게 심화되었는지 그 단계를 열거하라.

■ 더 연구할 문제 ■

1. 거지에 대한 이야기는 예수님의 주변에 긴장이 고조되고 있다는 것을 어떻게 나타내 보여주고 있는가?
2. 예수님은 사람들에게 어떻게 심판이 임하게 하는가?

제32장

선한 목자
(요 10장)

> ■ 연구 문제 ■
>
> 1. 어떤 점에서 예수님은 목자와 같은가?
> 2. 예수님은 그의 교회에 대하여 어떤 점을 가르치셨는가?
> 3. 예수님은 자신에 대하여 어떤 주장들을 하셨는가?
> 4. 유대인들은 그의 가르침에 대하여 어떠한 반응을 보였는가?

앞장의 끝부분에서 유대 지도자들과 예수님 사이에 충돌이 노골화되었다는 것을 살펴보았다. 본 장에서는 그 충돌이 계속되고 있음을 살피고자 한다. 예수님은 사람들에게 유대 지도자들이 낙제생들임을 밝힘과 동시에 그들을 맡을 권리가 자기 자신에게 있음을 주장했다.

1. 목자

예수님은 하나님의 참된 종이 어떻게 처신해야 하는 가를 유대인들에게 가르쳐 주기 위하여 삯군 목자를 도둑과 비교시켰다. 도둑은 "도적질하고 죽이고 멸망시키려고"(요 10:10) 오는 자이다. 그의 행위의 특색은 교활과 사기이다. 그는 모든 사람을 속이고 양을 도적질하려고 한다. 삯군은 삯을 받고 양을 돌보는 사람이다. 그는 양을 사랑하지 않는다. 그는 그의 삯에만 관심이 있고, 자기의 생명을 걸고 양을 보호하려 하지 않는다. 목자는 교활하거나 속이지 않는다.

그는 문으로 들어온다. 그는 그 자신의 양을 알고, 양은 그를 안다. 그는 위험이 있을 때 양을 무방비 상태로 놓아 둔 채 달아나지 않는다. 예수님은 참 목자, 곧, 하나님이 보내신 목자이시다. 그러나 요한복음 10:1 - 10의 말씀은 또한 다른 목자들과도 관련이 있다. 구약성경은 하나님의 백성을 맡은 자들을 "목자들"이라고 불렀다(렘 23장). 그리고 예수님께서는 그가 승천하실 때, 그의 양떼의 목자들로 봉사할 사람들을 남겨두고 떠나셨다.

그러므로 요한복음 10장에 묘사되어 있는 말씀은 예수님이 목자 대행(代行), 즉 섬기는 자(under-shepherds, or ministers, 성직자)로 부르신 자들에게도 적절하다. 이 구절의 말씀에서 우리는 성직자가 자기 교회에 다니는 사람들에게 취해야 할 태도에 대해서 배울 수가 있다.

2. 교회

목자와 양에 대한 말씀에서 예수님은 양떼, 즉 그의 교회에 대한 복된 진리 몇 가지를 보여 주셨다. 성경에서 우리에게 주어진 가장 놀라운 약속들 중의 하나가 여기 있다.

> 내 양은 내 음성을 들으며 나는 저희를 알며 저희는 나를 따르느니라 내가 저희에게 영생을 주노니 영원히 멸망치 아니할 터이요 또 저희를 내 손에서 빼앗을 자가 없느니라(요 10:27-28).

이 구절의 말씀에서 구원받은 자들이 결코 믿기를 그만두지 않게 된다는 것을 예수님은 명백하게 가르쳐 주고 계신다. 그들에게는 영생이 있고, 그것을 결코 잃을 리가 없다. 그 같은 가르침을 "성도의 인내"(perseverance of saints) 교리라고 한다. 예수님은 또한 그의 교회가 유대인들에게만 제한되지 않으리라는 것도 그들에게 가르쳐 주셨다. 그는 그에게 말하기를, "이 우리에 들지 아니한 다른 양들이 내게 있어 내가 인도하여야 할 터이니"(요 10:16)라고 했다.

이들 다른 양이란 다름 아닌 이방인들로서, 구약 교회에는 속하지 않았다. 구약 교회는 유대 민족에게만 국한 되었었다. 그러나 유대인들만 교회 안에 들어오는 것이 허락되던 시기는 금방 지나가 버렸다. 예수님은 모든 민족의 사람들이 환영 받는 보편 교회를 세우려고 하셨다.

3. 선한 목자 예수

예수님은 유대인들을 가르치시면서, 자신에 대하여 여러 가지 주장들을 하셨다. 그는 자기가 선한 목자라고 말하셨다. 그는 자기보다 앞에 온 거짓 목자들에게 자신을 대조시키며, 자기가 하나님의 백성을 위한 유일한 참 목자라고 선언했다. 그는 자기의 생명을 버릴 권세와 그것을 다시 얻을 권세가 자기에게 있다고 주장했다. 이 말씀의 의미는 예수님에게 사망을 이기는 권세까지도 있다는 것이다. 예수님은 또한 그리스도임을 주장했다.

그리고 그가 하시는 일들이 이 사실에 대한 증거라고 말했다. 끝으로, 그는 그와 아버지가 하나라고 말씀하시어 자기가 하나님임을 주장했다. 예수님은 그의 사역의 초기 단계에서는 자기에 대해 이같이 노골적인 주장들을 하지 않으셨다. 그러나 이제 그의 죽으실 때가 가까워지고 있었고, 그래서 그는 사람들이 그에 대해 어떻게 생각할 것인가 하는 것이 분명하여지도록 그가 누구인가를 분명하게 가르치셨다.

4. 반응

예수님의 주장으로 말미암아 유대인들은 두 그룹으로 나뉘었다. 그를 믿는 자들이 있는가 하면, 믿지 않고 그를 죽이려는 자들이 있었다. 신자들과 불신자들, 곧 하나님의 백성들과 사탄의 자녀들 간의 구분이 점점 확연하여졌던 것이다.

■ 복습 문제 ■

1. 도둑과 목자간의 차이점은 무엇인가?(요 10:1-5)
2. 선한 목자와 도둑을 예수님은 어떻게 대조시키셨는가? (요 10:10-13).
3. 선한 목자와 삯군은 어떻게 대조되어 있는가?(요 10:10-13).
4. 선한 목자는 무슨 일을 하는가?
5. 유대인들은 이 같은 가르침을 인하여 예수님에 대해 어떻게 생각했는가?
6. 유대인들은 예수님이 자기가 그리스도라고 한 그의 주장을 왜 이해할 수 없었는가?
7. 예수님은 자기 양떼에게 무엇을 약속했는가?
8. "성도의 인내"란 용어는 무슨 뜻인가?
9. 왜 유대인들이 예수님을 돌로 치려했는가?
10. 예수님이 그들에게 하신 대답을 요약하라.
11. 예수님의 가르침에 대한 반응은 어떠했는가?

■ 더 연구할 문제 ■

1. 선한 목자의 비유를 참조하여 복음의 참된 사역자상을 말하라.
2. 요한복음 10:9에서 예수님이 자신을 "문"이라고 한 것은 무슨 뜻인가?

제33장

나사로

(요 11:1-53)

■ 연구 문제 ■

1. 왜 예수님은 나사로를 죽음에서 일으키셨는가?
2. 나사로를 일으키신 것에 대한 반응은 어떠했는가?
3. 이 이적은 예수님에 대하여 어떤 점을 가르쳐주고 있는가?

나사로를 일으키신 사건은 예수님이 마지막으로 행하신 공적(公的)인 이적이었다. 이 이적에 의하여, 그는 자신을 유대와 예루살렘 사람들에게 하나님의 아들로 분명하게 계시하셨고, 자기의 제자들에게 힘을 북돋워 주었으며, 그 자신의 죽음과 부활을 가리켜 보였다.

1. 이적의 목적

예수님은 하려고만 하셨다면 나사로의 죽음을 미리 예방하실 수 있었는가 하면 즉시 베다니로 가실 수도 있었다. 아니 베다니로 가지 않고도 나사로를 고치실 수도 있었다. 그러나 그는 나사로가 죽는 것을 허용했다. 그는 그가 그렇게 허용한 이유를 다음과 같이 밝히 말씀하셨다.

> 이 병은 죽을 병이 아니라 하나님의 영광을 위함이요 하나님의 아들로 이를 인하여 영광을 얻게 하려 함이라(요 11:4).

하나님의 아들의 영광이 그 이적으로 여러 가지 점에서 나타났다. 그는 그의 초자연적인 지식을 드러냄으로써 자기의 영광을 자기 제자들에게 나타내셨다. 그는 말했다.

> 우리 친구 나사로가 잠들었도다(요 11:11).

그러나 제자들이 알아듣지 못하자, "나사로가 죽었느니라"고 더욱 분명하게 말했다. 예수님이 이 말씀을 하실 때 그는 베다니에서 수마일이나 떨어져 있었다. 그러나 그는 실제로 나사로의 임종을 지켜본 사람처럼 아주 확실하게 말했던 것이다. 예수님의 영광은 그 이적 자체를 행하심에서 가장 충만하게 나타났다.

첫째, 그것은 공적으로 행하여졌다.

예수님이 나사로의 무덤 앞에 섰을 때, 그는 그의 제자들과 예루살렘에서 온 많은 무리에게 둘려 싸여 있었다. 그래서 금방 모든 예루살렘이 예수께서 나사로를 일으키셨다는 것을 알게 되었다.

둘째, 그것은 외경심이 일게 하는 이적이었다.

예수님이 병든 자를 고치는 것은 흔한 일이었다. 그는 몇 차례 사람들을 죽음에서 일으키기도 하셨다. 그러나 앞서 행한 부활 사건들은 죽자마자 곧 되어졌었다. 그런데 나사로의 경우는 나흘이나 죽어 있었다. 마르다가 지적한 대로, 그의 몸이 이미 썩어 냄새나기 시작했다. 그러므로 예수님이 나사로를 단지 한마디 말씀만을 하시어 죽음에서 일으키셨을 때, 그것은 참으로 하나님의 아들의 권능과 영광을 나타낸 이적이었다.

이같이 영광이 나타남으로 해서 예수님의 제자들의 신앙이 크게 향상되었다. 그는 그들에게 말했다

> 내가 거기 있지 아니한 것을 너희를 위하여 기뻐하노니 이는 너희로 믿게 하려 함이라(요 11:15).

그들의 신앙은 병을 고치는 이적에 의해서 강화되는 것보다 훨씬 더 많이 나사로의 부활에 의하여 강화되었다.

2. 이적이 주는 교훈들

나사로의 부활은 예수 그리스도의 부활을 묘사한 것이었다. 예수님이 마르다에게, "나는 부활이요 생명"(요 11:25)이라고 말씀하심으로써, 그는 그에게 생명과 사망에 대한 권세가 있다는 것을 선포하셨다. 그러므로 그가 사망을 당하셨으나 그의 죽으심이 영구적일 수 없었다는 것을 알 수가 있다. 부활이요 생명이신 그는 또한 사망과 무덤을 이기시는 자이시다. 나사로를 일으키신 사건은 죄인이 회심할 때 일어나는 영적 부활을 묘사하고 있다.

바울은 우리가 허물과 죄로 죽었다고 말하는가 하면(엡 2:1), 죽음을 이기는 생명을 하나님이 우리에게 주셨다고 또한 말했다(엡 2:5). 나사로가 무덤에서 나올 수 있기 전에, 두 가지 것들이 필요했다. 그리스도께서 그를 불러 주셔야 했고, 무덤에 누워있는 시체에게 생명을 그리스도께서 주셔야

했다. 마찬가지로, 아무 죄인도 하나님이 그를 먼저 부르시고 성령의 사역으로 말미암아 새 생명을 주시지 않는 한 하나님께로 올 수가 없다.

그리스도의 영광이 나사로의 부활에 의하여 나타났던 것처럼, 죄인이 회심할 때마다 하나님의 영광이 나타나게 되는 것이다. 나사로의 부활은 모든 신자들의 부활을 가리킨다. 예수님은 사망 후에 신자들이 다시 살아나리라고 약속하셨다.

> 나는 부활이요 생명이니 나를 믿는 자는 죽어도 살겠고 무릇 살아서 나를 믿는 자는 영원히 죽지 아니하리니 이것을 네가 믿느냐(요 11:25-26).

그것은 나사로가 경험한 것과 같은 신체적 부활일 것이다. 그러나 차이가 있을 것이다. 나사로의 경우는, 죽음에서 일으킴을 받되 똑같은 몸으로 일으킴 받았으며, 그는 여전히 죽음을 받도록 되어 있었으므로 해서 그의 부활은 일시적이었다. 이에 비하여, 우리의 부활은 그리스도의 경우와 같을 것이며, 우리는 변화된 몸을 갖게 되어 결코 다시는 죽지 않을 것이다. 예수님은 그를 믿는 자들이 결코 죽지 않 으리라고 약속하셨다. 그 약속은 영적 사망에 관한 것이다. 즉, 신자들의 영혼들이 영원히 살리라는 것을 의미한다.

3. 신앙

제자들의 신앙은 참되기는 했지만 연약했다. 그들은 예수님이 하신 말씀들의 의미를 이해할 수가 없었다. 예수님께서 그들에게 낮에는 열두 시간이 있다는 것과 아무도 낮에 다니면 넘어지지 않으리라고 말씀하셨을 때, 그들은 그가 하는 말의 뜻하는 바를 이해하지 못했다. 예수님은 그의 일이 다 끝날 때까지는 그가 해(害)함 받지 않으리라는 것을 그들에게 확실히 말하고 있었다.

그러나 그가 유대로 가자고 주장했을 때 도마의 반응은 이러했다.

> 우리도 주와 함께 죽으러 가자(요 11:16).

예수님의 제자들은 어떻게 해서든지 그를 유대로 되돌아가지 못하게 하려고 애썼는데, 이는 그가 살해될까 염려했기 때문이다. 그리스도에 대한 그들의 헌신은 대단했다. 그러나 그들이 그를 이해할 수 없었던 점으로 미루어 보아 그들의 신앙이 연약하였음을 알 수 있다. 마리아와 마르다의 예수님에 대한 신앙은 제자들의 경우보다 더 컸던 것으로 보인다. 예수님께서 나사로를 고쳐 주려고 때에 맞추어 오시지 않았음에도 불구하고, 마리아와 마르다는 여전히 예수님께서 그를 구원하실 수 있을 것으로 확신하고 있었다. 그들은 각각 그를 뵙게 되자 다음과 같이 말했다.

> 주께서 여기 계셨다면 내 오라비가 죽지 아니하였겠나이다(요 11:21, 32).

마르다는 한 걸음 더 나아가 말했다.

> 그러나 나는 이제라도 주께서 무엇이든지 하나님께 구하시는 것을 하나님이 주실 줄을 아나이다(요 11:22).

그렇지만 그 자매들의 신앙에는 부족한 것이 좀 있었다. 예수님께서 돌을 옮겨 놓으라고 명령하셨을 때 마르다의 반응은 이러했다.

> 주여 죽은지가 나흘이 되었으매 벌써 냄새가 나나이다(요 11:39).

예수님과 밀착되어 있었던 제자들과 이 자매들의 경우 그들의 신앙을 강화시킬 필요가 있었다. 이는 예수님 자신이 죽으실 때가 멀지 않았고, 그 사건으로 말미암아 연약한 신앙이 흔들리게 될 것이었기 때문이다. 그래서 예수님은 계속적으로 그들의 신앙을 강화시키기를 힘썼다.

4. 불신앙

나사로에 대한 이 이야기의 마지막 부분을 보면, 나사로를 일으킨 사건으로 말미암아 사람들이 다 믿은 것은 아니라는 사실이 나타나 있다. 예수를 믿지 않은 사람들도 있었던 것이다. 사실상 그들은 예수를 믿으려 하지 않았다. 그들은 그의 주장을 받아들여 그를 따르는 것을 거절했다. 이 같은 부류의 사람들 중의 괴수는 바리새인들과 대제사장들이었다. 나사로의 부활에 대한 소식이 이 당국자들에게 전달되자, 그들은 함께 공회로 모여 어떻게 할 것인가를 의논했다. 그 공회에서 유대인 당국자들은 단 한 가지 문제만을 고려했다.

즉, 이 이적으로 말미암아 예수가 그리스도인 것이 증명 되었는지를 묻는다거나, 그들이 그의 주장들을 받아들일 것인가를 그들은 고려 않고, 어떻게 해야 그를 제지 시킬 수 있을 것인가에 대해서만 생각했다. 대제사장 가야바는 예수를 죽이는 것이 백성들 가운데서 자기들의 지도적 위치를 견지할 수 있는 유일한 방법이라고 말했다. 그 제안에 공회의 다른 회원들은 동조 하였다. 이때까지는 예수님에 대한 유대인 당국자들의 반대가 계획된 바는 없었다. 그러나 이제는 그가 죽어야 마땅하다고 그들은 결의하였고, 그를 죽일 방법들을 모색하기 시작했다.

■ 복습 문제 ■

1. 나사로의 병과 죽음에 있어서 하나님의 목적은 무엇이었는가?
2. 왜 제자들은 예수님을 유대로 되돌아가게 하는 것을 염려했는가?
3. 왜 예수님은 나사로를 고쳐 주기 위해 직접 바로 그에게 가지 않았는가?
4. 어떤 점에서 마르다는 예수님에 대한 그의 신앙을 드러냈는가?
5. 예수님이 "부활이요 생명"이라고 하는 말의 뜻은 무엇인가?
6. 유대인들은 예수님에 대하여 어떻게 말했는가?
7. 왜 예수님은 나사로를 불러내기 전에 기도 했는가?
8. 왜 공회가 예수님을 위협적인 존재로 생각케 되었는가?
9. 가야바가 어떤 제안을 했는가?
10. 요한은 가야바의 제안을 어떤 방식으로 설명하고 있는가?
11. 이 공회의 모임으로 말미암아 예수님에 대한 반대가 어떤 국면으로 접어들게 되었는가?

■ 더 연구할 문제 ■

1. 왜 예수님은 나사로가 죽었을 때 "이 병은 죽을병이 아니라" (요 11:4)고 말했는가?
2. 나사로가 일으킴 받은 사건을 그리스도의 부활과 비교하라.

제8부 • 그리스도의 사역의 전환

제34장

비유로 말씀하여 가라사대
(마 13:1-53; 눅 15장)

> ■ 연구 문제 ■
> 1. 비유란 무엇인가?
> 2. 왜 예수님은 비유들을 사용했는가?
> 3. 어떤 방식으로 예수님은 자신의 비유들을 해석했는가?

앞의 단원(7부)에서는 그리스도의 사역에 위기를 초래한 몇 가지 사건들을 살펴 보았었다. 그 사건들이 일어나기 전에는 예수님의 무리들에 대한 인기가 대단했었다. 종교 지도자들이 적대감을 품고 있기는 했으나, 그들의 증오심이 반대를 결의할 만큼 아직 완악해지지는 않았었다. 그러나 위기가 조성된 기간 중에 그의 인기는 시들기 시작했고, 종교 지도자들은 그를 죽일 계획을 세우기 시작했다. 그리고 그 같은 위기로 말미암아 예수님의 가르침의 내용이 변화를 가져오게 되었다. 즉, 그의 사역이 전환점을 맞이한 것이다.

  가이사랴 빌립보에서 베드로의 신앙고백이 있기 이전에는, 예수님이 자기의 죽음에 대해서 거의 말씀하지 않으셨다. 그러나 그 고백이 있은 후로는 자기에게 무슨 일이 일어나게 될 것인가를 분명하게 자기 제자들에게 말씀하기 시작했다. 그의 사역의 초반에는 그가 누구였는가를 강조했었으나, 이제는 그가 무엇을 하게 될 것인가를 강조했다. 예수님은 또한 그의 가르치는 방법을 변경시켰다. 이제 그는 비유들을 많이 사용하기 시작했다. 앞의 단원에서 우리는 위기가 조성되어 가는 단계들을 추적하여 살폈으나, 이제는 그 기간 중에 그가 가르친 비유들을 공부하기로 하겠다.

1. 비유란 무엇인가?

  비유란 '하늘의 신령한 의미를 가진 땅의 이야기'(an earthly story with a heavenly meaning)로 정의되어 왔다. 그것은 간결하면서도 잘된 정의이다. 비유는 반드시 실제적 사건으로 보도된 참된 이야기인 것은 아니다. 그렇지만 그것은 반드시 일상 생활에서 일어 날 수 있었던 어떤 것이다. 예수님이 비유들을 사용하신 이면에는 위대한 원리가 있다. 즉, 동일 법칙들이 자연계와 영계(靈界)에 다 같이 적용된다는 것이다. 이것은 전혀 이상할 것이 없다. 이는 동일한 하나님이 자연계와 영계를 모두 창조하셨고, 바로 그 하나님이 그 세계들을 감독하고 통제하시기 때문이다.

  예수님은 그 두 세계 간에 있는 기초적인 통일성을 볼 수 있었다. 그러므로 그는 이 세계를 영적 실재들을 위한 예증의 자료로 자유롭게 사용하실 수가 있었다. 예를 들면, 씨 뿌리는 자의 비유에서, 농부가 뿌린 씨가 모두 열매를 맺는 것이 아닌 것처럼, 복음이 전파된다고 해서 반드시 기독교인이 되는 것은 아니라고 예수님은 말씀하고 계신다.

2. 비유의 목적

왜 예수님이 비유들을 사용했는가?

이에 대하여, 그가 사용하신 목적을 설교자가 진리를 보다 더 쉽게 이해할 수 있도록 설교할 때 예화를 사용하는 경우와 같은 것으로 우리가 생각할 수 있을지도 모른다. 그러나 예수님은 그가 다른 목적을 가지고 있다고 말씀했다. 그는 그의 제자들에게 다음과 같이 말했다.

> 그러므로 내가 저희에게 비유로 말하기는 저희가 보아도 보지 못하며 들어도 듣지 못하며 깨닫지 못함이니라(마 13:13).

예수님은 사람들이 그의 가르침을 이해하려 하지 않았기 때문에 비유들을 사용하셨던 것이다.

이 같은 이해 부족은 영적으로 눈이 먼 데서 기인되었다. 그가 명백하고 평이하게 가르쳤을 때에도, 그를 믿기를 거절한 사람들은 그를 이해 할 수가 없었다. 그래서 그는 다음과 같은 원리를 실행하였다.

> 무릇 있는 자는 받아 넉넉하게 되되 무릇 없는 자는 그 있는 것도 빼앗기리라 (마 13:12).

사람들이 그의 명료한 가르침을 믿지 않았었기 때문에, 영적 통찰력을 가진 사람들에게는 진리를 나타내 주지만 영적으로 눈이 먼 사람들에게 그것을 숨겨 버리는 비유들을 그가 사용했던 것이다.

3. 비유에 대한 해석

비록 기독교인들일지라도 비유들을 제대로 이해하는 데는 도움이 흔히 필요하다. 그런데 비유들에는 여러 가지가 있기 때문에, 해석상의 특정한 규칙들을 제시하기란 어려운 것이다. 그러나 다음과 같은 몇 가지 일반적인 규칙들은 유익할 줄로 믿는다.

1) 비유가 그리스도 자신에 의하여 해석 되었는지를 살펴볼 것. 그가 해석을 해준 경우는 그의 해석이 유일하고 정확한 해석이므로 다른 해석을 모색해서는 안된다.
2) 때때로 복음서 기자가 비유가 사용 된 이유를 말하고 있기도 하다. 예를 들면, 누가복음 18장 1절에는, "항상 기도하고 낙망치 말아야 될 것을 저희에게 비유로 하여 가라사대"라고 기록되어 있다.
3) 비유의 배경이 되는 사건들을 연구할 것. 때때로 그 사건들은 예수님이 비유를 말씀하신 이유를 이해하는데 도움이 되며, 그럼으로써 그 비유들 정확하게 해석하는데 도움이 되는것이다. 예를 들면, 마태복음 18장에서 베드로가 예수님께 자기에게 그릇 행한 사람을 몇번이나 용서해야 되느냐고 물었기 때문에 예수님이 용서할 줄 모르는 종의 비유(마 18:23-35)를 말씀하신 것이다.
4) 비유의 교훈을 찾아 볼 것: 각 비유마다 자연계와 영계 간에 한 가지 유사점을 가지고 있다. 그 점이 비유의 교훈이며 그것을 바르게 이해하는 열쇠이다. 그렇다고 해서 그 비유의 세부적인 것들을 무시해도 좋다는 뜻은 아니다. 예를 들면, 씨 뿌리는 자의 비유에서, 예수님은 여러 가지 세부적인 것들도 해석하셨다. 이는 곧 세부적인 것들로 말미암아 그 비유의 교훈이 감소되지 않고 더 잘 드러나게 해석되어야 한다는 것을 뜻한다.
5) 비유들의 경우 다른 성경 구절이 명백하게 가르치고 있는 교훈과 상

충되게 해석 되어서는 결코 안 된다. 비유들이란 그림 같은 서술들이라는 점을 기억해야 한다. 그 같은 그림들은 성경의 교훈을 실감나고 생동하게 해줄 수가 있으나, 또한 그릇 해석되기가 쉽다. 예를들면, 탕자의 비유는 자기의 죄 많은 아들을 영접하는 아버지에 대해 말하고 있다. 그 아버지는 아들의 잘못 행한 것을 인하여 아들이나 그 밖의 다른 사람에게 형벌을 요구한 일이 없다.

그래서 어떤 사람들은 하나님께서 죄 많은 사람들에게 형벌을 요구함이 없이 그들을 받으시리라는 것을 이 비유가 가르쳐 주고 있다고 말하는가 하면 예수님께서는 죄에 대한 형벌을 치루기 위해 십자가에서 죽으실 필요가 없었다고 주장한다. 그러나 그리스도가 죄에 대한 희생 제물로 죽으셨다는 것과 그 같은 희생제물이 없다고 하면 죄인들이 구원 될 수 없었다는 것을 명백하게 가르쳐 주고 있는 많은 성경 구절들이 있다. 예수님은 탕자의 비유를 통해서 구원의 전 과정을 완전하게 묘사하려고 하신 것이 아니다.

그의 목적은 죄인들이 아무리 죄가 많다고 할지라도 회개하는 죄인들을 아버지 하나님께서 영접하신다는 것을 보여 주는 것이었다. 이 규칙들을 따른다고 할지라도 정확한 해석이 보장되는 것은 결코 아니다. 그러나 비유들을 유의하여 읽고 그 규칙들을 주도면밀하게 적용할 것 같으면, 예수님이 가르치신 바를 대개는 이해 할 수 있을 것이다.

■ 복습 문제 ■

1. 비유를 정의하라.
2. 예수님의 비유 사용 이면에는 무슨 원리가 있는가?
3. 왜 예수님은 비유들을 사용하셨는가?
4. 어떤 규칙들이 비유들을 정확하게 해석하는데 도움을 주는가?

5. 씨 뿌리는 자의 주요한 교훈은 무엇 인가?
6. 씨 뿌리는 자의 비유들 그것에 대한 예수님의 설명과 비교해 보라. 그 비유 가운데 어떤 세부적인 것들이 설명되었고 어떤 것들이 안 되었는가?
7. 마태복음 13:24-50에 있는 여섯 가지 비유들의 주제는 무엇인가?
8. 비유마다 그 주제에 대하여 무엇을 가르쳐주고 있는가?
9. 알곡과 가라지 비유를 그것에 대한 예수님의 설명과 비교하라. 그 비유 가운데 어떤 세부적인 것들이 설명되어 있고 어떤 것들이 설명되어 있지 않은가?
10. 누가복음 15장에 있는 비유들의 주제는 무엇인가?
11. 탕자와 큰 아들은 어떤 유형의 사람을 나타내고 있는가?

■ 더 연구할 문제 ■

1. 마태복음 13장과 누가복음 15장에 나타난 천국에 대한 예수님의 가르침을 요약하라.
2. 탕자의 비유를 오늘의 생활에 적용하라.

제35장

무엇을 하여야 영생을 얻으리이까?
(눅 18:1-34)

> ■ 연구 문제 ■
>
> 1. 예수님은 기도에 관한 그의 비유들에서 무엇을 가르쳐 주고 계시는가?
> 2. 무엇이 영생 얻는 것을 방해할 수 있는가?
> 3. 왜 제자들은 예수님의 자기 죽음에 대한 가르침을 받아들일 수가 없었는가?

7부에서는 많은 성경 구절들이 요한복음에서 인용되었다. 그러나 8부에서는 성경 구절들이 공관복음서들에서 인용되고 있다. 기술(記述)상의 차이점을 주의해서 살펴보면, 사도 요한은 그의 복음서에서 몇 가지의 사건들만을 다루되 상세하게 기술하고 있다. 그래서 그가 다루고 있는 사건들의 대부분이 길이가 한 장 전체에 걸쳐 있다. 그 실례로 나사로에 대한 사건을 들 수 있다. 이에 반해서 다른 복음서 기자들은 사건들을 단축시켜 길게 기술하기 보다는 대체로 짧게 많은 사건들을 기술하고 있다.

본 장에서 다섯 개의 비유와 사건들을 공부하게 되는데, 이 모두가 누가복음서에서 한 장도 채 못 되는 구절들에 압축되어 있다.

1. 기도에 대한 비유들

과부와 재판관 비유는 기독교인이 꾸준히 기도에 힘쓸 것을 가르쳐 주고 있다. 비유에 나오는 재판관은 하나님을 나타낸 것이 아니다. 그 재판관은 불의하고 사악하다. 그러나 만일 사악한 재판관마저 불쌍한 과부의 소청을 들어 준다고 할 것 같으면, 하나님이 자기 자녀들의 소원을 들어 주시리라는 것은 확실하다고 아니할 수 없다. 바리새인과 세리 비유는 자기 의(義, self-righteousness)를 주장하는 것에 대한 경고의 말씀이나, 기도에 대하여도 중요한 교훈을 가르쳐 주고 있다.

하나님은 우리가 사용하는 말에 의해서가 아니라, 우리의 마음 가짐에 의하여 우리의 기도를 판단하신다. 루터는 말하기를, 이교도의 기도가 말은 많으나 생각이 천박한데 반해서, 기독교도의 기도는 생각이 깊고 말은 적어야 한다고 했다. 스스로 의롭다하는 자들은 사실상 하나님께 기도하지 않고, 그저 혼잣말을 하는 것에 지나지 않는다.

2. 어린아이들을 축복하심

제자들이 자기 어린아이들을 예수님께 데리고 오는 어머니들을 제지시키려고 하자, 예수님은 제자들을 꾸짖으셨다. 우리는 그의 꾸짖으심에서 하나님의 나라에 대한 두 가지 위대한 사실들을 배우게 된다.

첫째로, 예수님은 천국에 어린아이들을 위한 자리가 마련되어 있다는 것을 가르쳐 주셨다. 예수님께서 "하나님의 나라가 이런 자의 것이니라"고

하신 말씀은, "어린아이들과 같은 자들"을 의미하지 않고, "이 같은 어린 아이들"을 의미했다. 이런 자들은 예수를 믿는 부모들의 어린아이들이었다. 그런 까닭에 그 어머니들이 예수님께서 그 아이들을 축복해 주시기를 원했던 것이다. 예수님은 그의 제자들에게 그 부모가 기독신자인 어린아이들의 경우 하나님의 나라에서 제외되어서는 안된다고 가르쳤던 것이다.

둘째로, 예수님은 장년들의 경우 그들이 천국에 들어가려고 하면 어린아이들과 같이 되어야 한다고 가르치셨다. 그렇다고 해서 그들이 다시 젊어져야 한다거나, 어린아이처럼 행해야 한다는 뜻은 아니다. 그 뜻은 어린아이들이 그들의 부모를 사랑하고 신뢰하는 것처럼 그들이 예수님을 사랑하고 그를 신뢰해야 한다는 것이다. 그들은 자원하여 예수님께 순종해야 한다. 이 어린아이 같은 태도가 구원 받는데 필요하다.

3. 부자 청년 관원

부자 청년 관원 이야기는 우상숭배로 말미암아 어떻게 해서 구원을 받지 못하게 되는가를 보여주고 있다. 그 청년은 일반적인 의미로 생각하면 우상 숭배자가 아니고, 선한 삶을 살고 평판도 좋은 선량한 유대인이었다. 그러나 그에게는 영생에 대한 확신이 없었다. 이는 그가 마음속으로 우상을 섬겼기 때문이다. 그 우상은 돈이었다. 그에게는 하나님보다 돈이 더 중요했다. 예수님이 그 점을 아셨다. 그래서 예수님은 청년 관원에게 그가 가지고 있는 모든 것을 팔아서 가난한 자들에게 주라고 말씀하신 것이다.

그렇게 해야만 그의 우상이 제거될 것이었다. 그러나 그는 그렇게 하고 싶지 않았기 때문에, 근심하며 가버렸다. 부유한 자들은 큰 위험에 직면해 있는 바, 돈에 대한 신뢰가 하나님에 대한 신뢰에 앞서기가 쉽다. 그러기에 지혜자는 다음과 같이 기도했다.

나로 가난하게도 마옵시고 부하게도 마옵시고 오직 필요한 양식으로 내게 먹이시옵소서 혹 내가 배불러서 하나님을 모른다 여호와가 누구냐 할까 하오며 혹 내가 가난하여 도적질하고 내 하나님의 이름을 욕되게 할까 두려워함이니이다(잠 30:8-9).

4. 제자들의 눈이 멂

복음서를 읽는 독자로 하여금 당황케 하는 것은 예수님께서 자기의 죽음과 부활에 대해 말씀하실 때 제자들이 그를 이해할 수 없었다고 하는 점이다. 그런데 그렇게 된 것은 그가 분명하게 말씀을 하지 않으셨기 때문이 아니다. 허물은 그에게가 아니라 그들에게 있었다. 제자들은 그리스도에 대한 유대적 개념이 옳다고 확신하고 있었기 때문에 예수님의 고난과 죽음에 대한 그의 가르침을 받아들일 수가 없었던 것이다. 실제 사건들을 통해서만이(즉, 예수님이 실제로 고난당하여 죽고 부활하심으로써만이) 그들의 눈멂이 제거되어 이해할 수 있게 될 것이었다.

■ 복습 문제 ■

1. 왜 예수님은 과부와 재판관 비유를 말씀하셨는가?
2. 어떤 점에서 하나님은 재판관과 같은가?
3. 어떤 점에서 하나님은 재판관과 다른가?
4. 어떤 점에서 우리는 과부를 닮아야 하는가?
5. 누구를 상대로 하여 바리새인과 세리 비유가 말씀되었는가?
6. 바리새인의 기도는 무엇이 잘못이었는가?
7. 왜 세리가 의롭다 함을 받았는가?
8. 왜 예수님이 어떤 아이들을 축복하셨는가?
9. 어떤 점에서 장년(어른)들은 천국에 들어가기 위해 어린아이같이 되어야 하는가?
10. 부자 청년 관원에 대해 기술하라.
11. 왜 부자가 구원을 받는 것이 어려운가?
12. 그리스도는 그를 따르는 자들에게 무엇을 약속하시는가?
13. 누가복음 18:31-34에서 예수님은 자기 제자들에게 무엇을 가르치셨는가?
14. 왜 제자들은 예수님의 가르침을 이해할 수 없었는가?

■ 더 연구할 문제 ■

1. 바리새인을 부자 청년 관원과 비교해 보라.
2. 자기 의(自己 義) 외에, 무엇으로 말미암아 우리의 기도는 효과가 없게 되는가?

제36장

나중 된 자로서 먼저 될 자

(마 19:23-20:28)

> ■ 연구 문제 ■
>
> 1. 품꾼 비유는 무엇을 가르쳐 주고 있는가?
> 2. 세베대의 아들들의 요청은 무엇이 잘못이었는가?

　마태는 그의 복음서를 유대인들에게 썼는가 하면, 누가는 헬라인들에게 썼다. 그래서 각 복음서는 그 독자에게 가장 적절한 예수님의 가르침들이 수록되어 있다. 앞장에서 우리가 공부한 누가복음의 가르침들은 본 장에서 공부하게 될 마태복음의 것들과 시기적으로 거의 같은 때에 주어졌던 것 같다. 내용상의 차이 외에, 문제상 차이를 눈 여겨 보는 것도 흥미로운 일이다. 누가는 상세하게 기술하되 사건들에 대한 사람들의 반응에 대해 말하는데 반해서, 마태는 간결하게 기록하되 기초적인 사실들만을 보도한다.

1. 품꾼

부자 청년 관원은 모든 것을 버리고 예수님을 따를 마음이 없었다. 그러나 제자들은 모든 것을 버리고 예수님을 따랐던 것이다. 그래서 베드로가 예수님께 그들이 무슨 상급을 얻게 될 것인가를 물었다. 예수님은 그들에게 금세와 내세에 그들이 풍성한 상급을 받으리라고 말씀해 주었다. 그러나 예수님은 그들의 태도가 틀렸다는 것을 보여주기 위해 한 비유를 그들에게 말씀했다. 품꾼 비유에서 포도원 주인은 하나님이시요, 각 사람이 받는 품삯은 하나님이 자기 종들에게 주시는 상급이다.

자연계와 영계의 유사점은 모든 품꾼들에게 품삯이 동등하게 지불된 점이다. 영계에서는 하나님이 공로를 따라서가 아니라 은혜를 따라서 자기 종들에게 상급을 주신다. 종들은 하나님이 그들에게 주고자 하시는 것을 받는 것이지, 그들이 받을 가치가 있는 것을 받는 것이 아니다. 결국 비유가 우리에게 가르쳐 주고 있는 것은, 우리가 하나님을 위해 하는 일마다 하늘에 어떤 상급을 쌓는 것이 되는 냥, 상급을 받기 위해서 하나님을 섬겨서는 안된다는 점이다. 하나님이 사람들에게 상급을 주시는 것은 사실이다.

그러나 그 상급은 우리의 행위가 아니라 하나님의 주권적 사랑에 근거하여 주어지는 것이다. 또한 이 비유가 가르쳐 주고 있는 것은, 어떤 기독교인이 인생의 후반에 회심했다고 해서 낙심해서는 안된다는 점이다. 중요한 사실은 기독교인으로 얼마나 오래(길게) 살았느냐가 아니고, 어떻게 살았느냐이다. 바울이 이에 대한 좋은 실례인 것이다. 그는 마지막으로 선택된 사도였으나, 그가 충성스럽게 일했기 때문에 그는 가장 위대한 사도들 중의 하나가 되었던 것이다.

2. 세베대의 아들들

어부인 세베대의 아내가 예수님께 와서 자기 아들들을 위하여 부탁했다. 야고보와 요한은 예수님께서 그를 따르는 자들에게 상급을 약속해 주시는 것을 들었는가 하면, 열두 제자들이 보좌에 앉아 이스라엘의 열두 지파를 심판 하리라는 것에 대해 예수님이 말씀 하시는 것을 들은 일이 있다 (마 19:28). 그들은 야망 있는 사람들로서 가장 존귀한 자리(예수님의 우편과 좌편)를 얻고 싶어 했다. 야고보와 요한은 하나님 나라에서 크게 되기를 원했다. 그것은 가질 만한 좋은 야망이다. 그것은 예수님과 그의 왕국에 대한 신앙과 사랑에서 나온 것이다.

그러나 가장 존귀한 자리를 그들이 부탁한 것은 잘못이다. 그들은 첫째가 되고 싶었다. 또한 그들의 부탁은 하나님 나라에 대한 그릇된 관념에 근거하였다. 야고보와 요한은 하나님 나라가 세상 나라일 것으로 여전히 생각하고 있었다. 그래서 그 나라의 왕은 부탁을 먼저 하는 자들에게 은혜를 베풀어 줄 것으로 생각했던 것이다. 살로매(세베대의 아내)가 자기 아들들을 위해 부탁을 했었으나, 예수님은 아들들(야고보와 요한)에게 직접 대답해 주었다.

예수님의 영적 왕국에서는, 예수님이 마시게 될 바로 그 잔, 즉 고난의 잔을 마심으로 해서만이 존귀하게 될 수가 있었다. 또한 존귀의 자리는 하나님 아버지께서 위하여 예비한 자들에게 주어지게 되는 것이다. 이점에서, 예수님은 기독교인의 생활 원리를 제시하셨다. 만일 우리가 어떤 상급, 심지어 은혜의 상급도 받으려면, 그리스도의 모범을 따라야 한다. 그리스도께서 순종하신 것처럼, 이 순종이 고난을 요구한다고 할지라도 우리는 순종해야 한다.

3. 열두 제자

예수님과 세베대의 아들들 사이에 된 대화를 다른 제자들이 엿들었다. 그래서 그들은 그 두 형제들에 대해 분개하게 되었다. 그들이 분개한 이유는 뻔하다. 열두 제자 모두가 야고보와 요한이 가졌던 그 야망을 갖고 있었던 것이다. 그들은 각자 은근히 그리스도의 왕국에서 첫째가 되기를 희망하고 있었다. 그러나 아무도 감히 그것에 대해 말하지 못했었다. 그래서 열둘이 각기 원했던 것을 야고보와 요한이 예수님께 부탁했기 때문에 그들은 그 두 형제에게 화를 내게 된 것이다.

그들의 태도를 바로 잡기 위해서, 예수님은 그들을 다 함께 불러다가 그들이 이방인들처럼 행하고 있다고 책망했다. 이방인의 집권자들은 자기 아래 있는 자들에 대해 맘대로 주관하기를 좋아한다. 그러나 예수님은 말씀하기를, 만일 그들이 그의 왕국에서 큰 자가 되기를 원하면, 서로 섬기라고 했다. 그들은 그의 모범을 따라야 한다. 그 이유는 이렇다.

> 인자가 온 것은 섬김을 받으려 함이 아니라 도리어 섬기려 하고 자기 목숨을 많은 사람의 대속물로 주려 함이니라(마 20:28).

일반적으로는, 다른 사람들이 우리를 위해 일하게 하는 것이 큰 자 된 것의 표이나, 기독교인의 생활에서는 다른 사람들을 섬기는 것이 큰 자 된 것의 표이다.

■ 복습 문제 ■

1. 누가복음 18:28-30에는 없으나 마태복음 19:27-30에는 기록되어 있는 것을 찾아보라.
2. 품꾼 비유에서, 주인, 품꾼, 품삯은 각각 누구 또는 무엇을 의미하는가?
3. 집 주인이 어떤 기준으로 처음 품꾼들을 고용했는가?
4. 집 주인이 어떤 기준으로 나중 다른 품꾼들을 고용했는가?
5. 하루 종일 일한 사람들의 불평은 무엇이었는가?
6. 이에 대해 어떻게 대답되었는가?
7. 그 비유가 주는 교훈은 무엇인가?
8. 세베대의 아들들이 무엇을 원했는가?
9. 그들은 이것을 얻기 위해 희생할 마음이 있었는가?
10. 왜 예수님은 그들이 원하는 것을 줄 수 없었는가?
11. 왜 다른 제자들이 그 두 형제에게 화를 냈는가?
12. 기독교인이 천국에서 큰 자가 되려고 하면 어떻게 해야 하는가?

■ 더 연구할 문제 ■

1. 품꾼을 고용한 주인의 처사는 공정했는가? 이를 설명하라.
2. "위대한 기독교인이 되는 비결"이라는 주제로 200단어 안팎의 글을 써보라.

제37장

구하라 구원할 것이요
(눅 18:35-19:27)

■ 연구 문제 ■

1. 신앙에 대하여 소경 거지와 삭개오 사건에서 무엇을 배울 수 있는가?
2. 므나 비유가 가르쳐 주고자 하는 것은 무엇인가?

예수님께서는 나사로를 죽음에서 일으키신 후 유대 지방을 떠났었는데, 이는 종교 지도자들의 반대로 말미암아 그가 예루살렘 근처에서 일할 수 없게 되었기 때문이다. 그러나 수난 주간(passion week)이 가까워지자 그는 유대와 예루살렘으로 되돌아오셨다. 예루살렘으로 가는 길들은 유월절에 참석하러 가는 순례자들로 가득했다. 예수님과 그의 제자들도 그 중에 한 길로 여행했을 것이다.

그들은 요단 동편으로 내려와 여리고 근처 여울에서 강을 건너 해면 하(海面 下) 1000피트 이상 되는 요단강으로부터 해발 2000피트 이상 되는 예루살렘으로 천천히 올라가기 시작했다. 요단강 서편에서 가장 중요한 도시는 여리고였다. 본 장에 나오는 사건들은 예수님이 여리고를 통과하시던 때에 일어났다.

1. 신앙의 본질

소경 거지와 삭개오에 대한 이야기는 예수님과 직접 개인적인 접촉을 가진 두 사람에 대한 이야기들이다. 이들에게는 각각 특별히 필요한 것이 있었다. 그들의 특별한 필요는 각각 구주에 의하여 충족되었다. 이 사람들을 살펴봄으로써 우리는 신앙의 본질에 대하여 몇 가지를 배울 수가 있다.

1) 그리스도를 믿는 신앙은 개인적 필요에 대한 의식(意識)에서 싹튼다. 거지는 이것을 깨닫고서 외쳤으며, 삭개오는 그의 필요를 깊이 느꼈기 때문에 예수님을 보기 위해 나무에 올라갔던 것이다.
2) 신앙은 끈덕진 성질을 가지고 있다. 사람들은 거지를 꾸짖어 잠잠케 하려고 했으나, 그는 잠잠하기를 거절하고 오히려 더욱 심히 소리 질렀다.
3) 신앙은 품위 있는 사람들에게만 국한되지 않는다. 거지는 사회적으로 낮은 계층에 속했고, 삭개오는 세리였기에 사회적으로 버림당한 자였다. 그러나 하나님은 그들 모두에게 신앙을 선물로 주셨다.
4) 신앙에는 반드시 회개가 수반된다. 삭개오의 경우, 그는 과도하게 세금을 거두어들임으로써 부자가 되었기 때문에, 그의 돈을 가난한 자들에게 내주고, 그가 도적질한 것에 대해서는 4배로 기꺼이 갚겠다고 했다. 신앙을 가진 사람은 죄를 미워하게 되는 것이다.

2. 므나 비유

이 비유에 나오는 많은 인물들과 사건들은 상징들이다. 이 상징에 대해서는 복습 문제에서 해석할 것을 묻기로 하겠다. 그러나 이 비유가 무엇을 가르치고 있는가를 알고 나면 그것들에 대해 대답하는데 도움이 될 것이다.

1) 하나님의 나라가 즉시 임하는 것이 아니다. 우리가 기억할 것은 "하나님의 나라"라는 용어가 복음서에서 두 가지 의미로 사용되고 있다는 점이다. 어떤 때는 구원 및 하나님과의 교제를 가리킨다. 예수님께서 이 같은 의미로 사용하신 실례는, 그가 니고데모에게, "사람이 거듭나지 아니하면 하나님 나라를 볼 수 없느니라"(요 3:3)고 말씀하신 경우이다. 그러나 어떤 때는 그리스도의 재림시에 있을 하나님의 권능과 영광의 위대한 계시를 가리킨다. 이것이 므나 비유에 나오는 "하나님의 나라"의 의미이다. 구원으로 말할 것 같으면, 하나님 나라가 이미 현존하고 있으나, 그 나라의 완전한 현시(顯示)는 어떤 사람들이 주장하는대로 가까운 장래에 있는 것이 아니다.
2) 기독교인은 하나님의 나라에서 충성스러운 일꾼 이어야 한다.
3) 충성에 대한 상급은 증가된 책임과 기회이다. 금세에서 우리가 우리의 일을 충성스럽게 하게 되면, 그 충성으로 말미암아 우리가 하늘에서 하도록 되어 있는 일이 결정된다.
4) 하나님 나라가 임하게 되면, 사악한 자들이 형벌을 받고 충성스런 자들은 상급을 받는 심판이 있게 된다.

■ 복습 문제 ■

1. 본 장의 사건들이 언제 어디에서 일어났는가?
2. 어떤 유익한 특색들을 소경 거지가 보여주었는가?
3. 왜 거지가 고침을 받았는가?
4. 삭개오에 대해 기술하라.
5. 어떤 변화가 삭개오의 생활에 일어났는가?
6. 므나 비유에서 귀인(貴人)은 누구를 상징하는가?
7. 귀인의 통치를 거부한 시민들은 누구를 상징하는가?
8. 종들은 누구를 상징하는가?
9. 므나는 무엇을 상징하는가?
10. 귀인이 먼 나라로 간 것과 되돌아 온 것은 무엇을 상징하는가?
11. 왜 예수님은 이 비유를 말씀하셨는가?
12. 누가복음 19:16-27에 서술되어 있는 심판에서 우리는 어떤 교훈을 배울 수 있는가?

■ 더 연구할 문제 ■

1. 므나 비유를 마태복음 25:14-20의 달란트 비유와 비교해 보라.

예수님 시대의 예루살렘

MOUNT OF OLIVES

- Fullers' Tower?
- To Jericho
- Shushan gate
- Gethsemane
- Beautiful Gate?
- Solomon's portico
- "Tomb of Absalom"
- Pinnacle of the Temple
- Triple (Huldah) gate
- Gihon spring
- To Bethany
- Kidron Valley
- Pool of Bethesda (Bethzatha)
- THE TEMPLE
- Antonia fortress
- Court of Gentiles
- Western Wall
- Royal portico
- To Damascus
- Damascus gate
- Golgotha?
- Gabbatha?
- Praetorium
- Royal palace
- "House of Caiaphas"
- Pool of Siloam
- To Emmaus
- Hinnom Valley

KEY

- ▬▬▬ City wall in the time of Jesus, ca. 30 CE
- ▬▬▬ City wall added by King Herod Agrippa I, 41–44 CE
- ▮ City or Temple gate
- ▢ Area of King David's city, ca. 975 BCE
- C. Central sanctuary
- I. Court of Israel
- P. Court of Priests
- W. Court of Women

SCALE 0   200   400 Yards

N ←

제2권
예루살렘 편

제1부 메시아임을 주장하심
제2부 그리스도의 사역의 절정
제3부 그리스도의 승리의 사역

제1부 ◆ 메시아임을 주장하심

제1장

최후의 만찬
(요 11:54-12:11)

> ■ 연구 문제 ■
>
> 1. 왜 예수님은 예루살렘으로 돌아오셨는가?
> 2. 왜 마리아는 예수님께 기름을 부어드렸는가?
> 3. 베다니에서의 사건들은 예수님을 대적하는 원수들에게 어떠한 영향을 미쳤는가?

제1권(팔레스타인 편)에서 우리는 그리스도가 수난 당하시기 이전까지의 그의 사역을 공부하였다. 즉, 하나님이 그의 유일한 아들을 세상에 어떻게 보내셨는가 하는 것과, 예수님께서 그의 공적 사역을 어떻게 시작하셨는가 하는 것과, 그가 그 사역을 어떻게 계속해 나가셨는가 하는 것 등을 공부했다. 예수님은 그의 사역을 통해서 메시아로서의 자기의 권위를 말과 행동으로 주장하셨다. 그의 사역 초기에 벌써 이 같은 그의 주장은 유대 지도자들에게 반대를 받았다. 그리고 예수님께서 그의 주장들을 점차 더 분명하고 강력하게 내세움에 따라, 유대 지도자들의 반대 또한 더욱 더 심해졌다.

제2권 1부에서는 예수님께서 십자가에 못 박혀 죽게 되기까지의 수난 주간을 공부하게 된다. 예수님은 그가 죽으실 시간이 임박해 옴에 따라 그가 메시아인 것을 대담하고도 분명하게 주장했다. 그러나 그의 대적들은 계속해서 그의 주장들을 반대할 뿐만 아니라 그의 사역을 종식시키려고 했다. 제1부에서는 이 같은 충돌에 관하여, 그리고 제2부에서는 그 충돌로 말미암아 결과 된 그의 십자가의 죽음에 관하여 공부하게 된다. 수난 주간에 일어난 사건들을 순서대로 말하기란 여간 어려운 게 아니다.

이는 사복음서들의 거의 절반이 이 수난 주간에 관한 것이기는 하지만, 복음서 기자들이 그 사건들을 역사적 차서(次序)에 따라 대개 기록하지 않았을 뿐더러 그렇게 기록 할 생각도 아예 안 가졌기 때문이다. 복음서 기자들은 각기 자기가 묘사하고 있는 그리스도의 모습에 가장 잘 어울리는 사건들을 골라서 자기의 의도에 따라 배열했던 것이다. 학자들은 이 사건들을 역사적 차서대로 배열하고자 많이 노력하였으나, 아직도 견해 차이가 있다.

『예수 그리스도의 생애와 시대』(The Life and Times of Jesus the Mssiah)라는 걸작을 저술한 학자인 에델샤임(Alfred Edersheim)은 수난 주간의 사건들을 일별(日別)로 구분하였다. 그의 구분에 따르면, 베다니에서의 만찬이 금요일에, 예루살렘 입성은 일요일에, 성전 청소와 무화과나무 저주하는 일은 월요일에 각각 일어났으며, 화요일에는 아주 바쁘게 보냈는데, 본서의 3장에서 8장까지에 나오는 사건들과 가르침들이 모두 수난 주간의 화요일에 있었다. 그리고 예수님이 배반당하시고 체포되기는 목요일 밤에 그리고 십자가에 못 박혀 죽으신 것은 금요일에 되어졌던 것이다.

1. 예루살렘으로 올라가심

예수님께서는 여리고를 떠나시자 곧 예루살렘 성전으로 올라가는 순례자들의 무리와 합류하셨는데, 그가 예루살렘으로 돌아오신 데는 세 가지 이유가 있었다.

첫째, 예수님께서는 그의 죽음이 임박한 것과 그가 예루살렘에서 죽어야 할 것을 알고 계셨기 때문이다.

둘째, 때가 유월절이었기 때문이다. 유월절은 유대 월력 중 가장 중요한 명절이었다. 그래서 예수님은 그 명절을 지키기 위해 예루살렘으로 가야할 의무감을 느끼셨던 것이다.

셋째, 예수님의 사역을 종교 지도자들이 반대하고 있다는 것과 그를 체포하라는 명령이 내려져 있다는 것을 사람들이 알고 있었기 때문이다. 만일 예수님이 나타나지 않는다고 하면, 그가 바리새인들과 서기관들을 두려워한 것으로 무리들이 생각했을 것이다. 예수님은 그 같은 그릇된 인상을 주고 싶지 않으셨던 것이다.

2. 베다니에서의 만찬

예수님은 예루살렘으로 곧바로 가시는 대신에 그가 전에 나사로를 죽음에서 일으키셨던 마을인 베다니로 가셨다. 베다니 사람들은 그를 만나 뵐 수 있게 되자 너무 기뻐서 그를 위해 잔치를 베풀었다. 요한복음 12장에 묘사된 만찬은 예수님과 그의 제자들과 마리아, 마르다, 나사로만이 참석하였던 사사로운 것이 아니라, 문둥이 시몬의 집에서 베풀어졌으며(막 14:3), 그 자리에는 '예수와 함께 앉은'(요 12:2)다른 사람들도 있었다.

예수님의 대적들은 예수님이 무리에게 둘러 싸여 있지 않을 때에 그를 잡을 계획을 세웠었는데, 이는 그들이 사람들을 두려워했기 때문이었다.

그들은 그가 베다니에 있을 동안 그를 잡을 기회를 전혀 얻지 못했는데, 이는 그가 거기서는 여러 동료들 가운데 있었기 때문이다. 예수님께서 잡수시고 계실 때, 삼백 데나리온의 값이 나가는 비싼 향유를 마리아가 예수님께 부어 드렸다. 한 데나리온은 미화(美貨) 약 20센트(한화 약 250원)에 해당하는 헬라 화폐이었다. 이 돈은 대부분 노동자들의 하루 품삯이기도 하였다. 그러기에 마리아의 선물은 아주 값비싼 것이었다.

왜 마리아가 그에게 기름을 부었는가?

마리아는 그녀가 예수님의 가르침을 깊이 이해하고 있었고 그를 깊이 사랑하고 있었다는 것을 이전에도 여러 차례 나타낸 바 있었다. 예수님은 그의 임박한 죽음에 대해 그의 제자들에게 가르친바 있었는데, 열두 제자들보다 마리아가 이 같은 가르침을 더 잘 이해하였던 것으로 보인다. 마리아는 이 만찬 기회를 이용하여 예수님의 장례를 대비하여 그에게 기름을 부음으로써 그녀의 사랑을 나타내 보였던 것이다. 가룟 유다는 마리아가 그녀의 돈을 허비해 버렸다고 못마땅하게 여겼다.

우리는 여기서 유다로 하여금 그의 선생을 배반하게 한 탐심이 그에게 있었다는 것을 알 수 있다. 예수님은 마리아가 행한 것을 못마땅하게 생각하는 자들의 이의(異議)에 대하여 마리아를 변호하였다. 가난한 자들의 궁핍은 언제라도 도울 기회가 있을 수 있었으나, 예수님은 그들과 오래 계실 것이 아니었던 것이다. 그래서 마리아는 예수님께 기름을 부어 드림으로써 그에 대한 자기의 헌신을 표시하였던 것이다. 마리아는 예수님께 대한 그의 사랑을 직접 표현하는 특권을 누렸으나 우리에게는 이 특권이 없다.

그렇지만 예수님은 말씀하셨다.

> 가난한 자들은 항상 너희와 함께 있느니라(요 12:8).

우리는 그의 이름으로 가난한 자들을 돌봐줌으로 해서 예수님에 대한 우리의 사랑을 나타낼 수가 있다.

3. 반대

나사로를 살리셨다는 이야기가 명절에 참예하는 순례자들 사이에서 수없이 되풀이 되어 퍼져 나갔으며, 이로 인하여 많은 유대인들이 예수와 나사로를 보기 위해서 베다니로 왔다. 나사로가 예수님의 능력에 대한 산 증거이었기 때문에 많은 유대인들이 예수님을 믿게 되었는데, 이 같은 사실을 보고서 대제사장들은 나사로까지 죽이려고 했다. 예수님에 대한 유대 지도자들의 극단적인 반감(反感)은 인간의 본성이 얼마나 지독하게 죄악 된가를 보여 주고 있다 하겠다.

■ 복습 문제 ■

1. 본 장의 사건들은 언제 어디에서 일어났는가?
2. 예수님이 예루살렘에 올 것인지에 대하여 왜 무리들은 의심하였는가?
3. 왜 예수님은 이 때에 예루살렘에 오셨는가?
4. 만찬 석에서의 마리아와 마르다의 행동을 누가복음 10:38-42에 기록되어 있는 그들의 행동과 비교해 보라.
5. 마리아의 사랑의 행위에 대한 유다의 반응을 설명하라.
6. 예수님은 마리아의 행동에 대하여 어떠한 의의를 부여해 주셨는가?
7. 왜 예수님의 대적들이 나사로를 죽이려고 했는가?

■ 더 연구할 문제 ■

1. 본 장에서는 사랑과 탐심과 불신앙에 대하여 무엇을 우리에게 가르쳐주고 있는가?
2. 마리아가 예수님의 발에 향유를 부어 나타내었던 것과 같은 예수님께 대한 헌신을 우리는 어떻게 나타낼 수 있는지 그 방법들을 말해 보라.

제 2 장

네 왕이 임하나니
(마 21:1-27)

■ 연구 문제 ■

1. 예수님은 자기가 왕이시라는 것을 어떻게 나타내셨는가?
2. 예수님은 자신을 어떤 종류의 왕이신 것으로 나타내 보이셨는가?

예수님에 대한 유대 지도자들의 반대는 그가 내세운 주장들에서 연유한 것이었다. 만일 예수님이 평범한 랍비로서 자신을 만족해하였다고 하면, 그들은 그를 반대하지 않았을 것이다. 그러나 그는 자기가 그리스도임을 주장하였고, 예루살렘에 의기양양하게 입성하심으로써 그 같은 주장을 아주 분명하게 했다.

1. 의기양양한 입성

예수님은 예루살렘으로 가시기 위해 안전 지대인 에브라임을 떠나셨으며, 베다니에서 만찬이 있은 다음날 그는 예루살렘에로의 그의 여행을 계속하셨다. 예수님은 이제 목적지에 거의 다다르셨다. 남은 거리가 얼마 남지 않은 것이다. 베다니가 예루살렘에서 아주 가까운 거리에 있었기 때문에 예수님은 유월절 주간의 나머지 밤들을 베다니에서 보내셨다. 그는 매일 아침 예루살렘으로 가셨다가 밤에는 돌아오셨다.

그러나 베다니에서 예루살렘에로의 첫째 날의 여행이 지극히 중요하였는데, 이는 그 날에 예수님이 이스라엘에게 메시아로서의 왕(Messiah-King)으로 계시되었기 때문이다. 예수님이 왕으로 받아들여지는 것만으로는 충분하지가 않고, 그가 어떤 종류의 왕이신가를 사람들이 이해해야 했던 것이다. 앞서 한번 사람들이 그를 억지로 임금 삼으려한 적이 있었다. 그때 예수님은 그들이 그의 왕권의 참된 성격을 이해하지 못하고 있었기 때문에 물러가셨던 일이 있다. 이제 예수님은 그의 왕국의 성격이 영적이라는 것을 그들에게 분명히 밝혔다.

이 같은 영적인 성격은 그가 예루살렘에 입성하신 방법에 의하여 밝혀졌던 것이다. 나귀는 평화로운 때에 사용되며, 전시(戰時)에는 사용되지 않았다. 예수님이 나귀 타고 예루살렘에 입성하신 것은 그가 평화의 왕일뿐 세속적인 정복자가 아니라는 것을 밝히는 선언이었다. 그러나 그가 나귀를 타신 데는 더 중요한 이유가 있었다. 그의 의기양양한 입성은 스가랴의 예언을 성취하는 것이었다.

> 시온의 딸들아 크게 기뻐할지어다 예루살렘의 딸들아 즐거이 부를지어다 보라 네 왕이 네게 임하나니 그는 공의로우며 구원을 베풀며 겸손하여서 나귀를 타나니 나귀의 작은 것 곧 나귀 새끼니라(슥 9:9).

예수님은 그의 예루살렘 입성을 통해서 그가 하나님의 약속된 메시아임을 무리들에게 선언하셨다. 그러나 무리들은 예수님의 입성의 의미를 제대로 이해하지 못했다. 예루살렘 사람들은 소동하여 묻기를 이 사람이 누구냐고 했다. 이에 대한 무리들의 대답은 간단했다.

> 갈릴리 나사렛에서 나온 선지자 예수라(마 21:11).

무리들은 그를 하나님의 그리스도로 인식하지 못하고 그저 일개 위대한 선지자로만 알고 있었던 것이다.

2. 왕의 권위

예수님은 자신을 메시아로서의 왕으로 제시하신 후 그의 왕적 권위를 입증하였다. 그는 그가 그의 공적 사역을 시작하시던 때에 하셨던 것처럼 (요 2:13-22), 성전에서 장사꾼들과 돈 바꾸는 자들을 몰아내셨다. 그리고 나서 그는 성전을 병 고치는 장소로 삼아 소경과 저는 자들을 고치셨다. 그는 이로써 다음과 같은 선지자 이사야의 예언을 성취하였던 것이다.

> 그 때에 소경의 눈이 밝을 것이며 귀머거리의 귀가 열릴 것이며 그 때에 저는 자는 사슴같이 뛸 것이며 벙어리의 혀는 노래하리니(사 35:5-6).

예수님의 권위는 그가 무화과나무를 저주하시던 희한한 방법으로 입증되었다. 무화과나무는 잎이 발육하기 전에 열매를 맺는다. 그런데 예수님이 저주하신 그 무화과나무는 이미 잎이 무성해 있었다. 그래서 예수님은 열매를 얻을 수 있을 것으로 기대했었으나 전혀 열매가 없었던 것이다. 이 무화과나무는 겉으로는 종교적이지만 마음으로는 하나님을 전혀 경외하지 않은 사람들에 대한 화신(化身)이었다. 예수님이 그 나무를 저주하시자 그것은 말라 죽어버렸다. 예수님이 나타내신 자연계에 대한 그의 능력으로 말미암아 제자들은 두려움을 갖게 되었다. 그러나 그는 그의 제자들에게 만일 그들이 믿음만 있으면 그의 권세가 그들에게도 주어지게 될 것이라고 확신시켜 주었다.

> 너희가 기도할 때에 무엇이든지 믿고 구하는 것은 다 받으리라(마 21:22).

3. 도전받는 왕의 권위

예수님께서 이같이 자기의 왕적 권위를 입증해 보이셨지만 대제사장들과 장로들은 그의 권위를 깨닫지 못했다. 그들의 눈이 멀었기 때문에 진리를 알아보거나 예수님을 영접할 수가 없었다. 그들은 성전이 오염되는 것을 방관하고 있다가, 예수님께서 성전을 청소하시고 선한 행위를 위한 장소로 사용하시자 그들은 분개하였다. 그리고 예수님께서 예루살렘에 입성하시던 때에 사람들이 크게 외쳤던 "호산나" 소리를 어린아이들이 되풀이하는 것을 듣게 되자 또한 그들은 분개하여 예수님에게 어린아이들로 잠잠케 하라고 요구했다.

그러나 예수님은 잠잠케 하는 대신에, 반어법을 사용하여, 구약에 말씀된 것을 그들에게 상기시켜 주었다.

> 어린 아기와 젖먹이들의 입에서 나오는 찬미를 온전케 하셨나이다(마 21:16).

마침내 예수님의 대적들은 그의 권위에 공공연하게 도전했다. 그들은 성전에 있는 그에게 와서 그가 무슨 권위(권세)로 행하며 가르치느냐고 물었다. 예수님은 직접적으로 그들에게 대답하는 대신에 한 가지 질문을 던졌다.

"세례 요한이 그의 권위를 어디에서 얻었느냐 하나님에게서냐 아니면 사람들에게서냐?"

이에 그의 원수들이 함정에 빠지고 말았다. 그들은 요한이 선지자라는 것을 감히 부인할 수가 없었는데, 이는 사람들이 그를 크게 존경하였기 때문이다. 그러나 만일 그가 선지자라는 것을 그들이 인정할 것 같으면, 예수님이 그 자신에 관한 요한의 증거(1:29-34)를 왜 믿지 않느냐고 그들에게 물을 것이 뻔하였다. 그래서 그들은 대답하기를 거절했다. 이로써 그들은 그들이 진리를 추구하고 있지 않다는 것을 드러냈던 것이다. 그들은 단지 예수님을 함정에 빠뜨리려고 했을 뿐 아니라, 그들의 의로운 왕을 타도하기로 굳게 결심한 모리배들이었던 것이다.

■ 복습 문제 ■

1. 예수님께서는 그가 타셨던 나귀 새끼를 어떻게 구하셨는가?
2. 사람들은 예수님께 대한 그들의 열정을 어떤 방식으로 나타냈는가?
3. 왜 예수님은 나귀 새끼를 타셨는가?
4. 예수님은 성전에서 무엇을 하셨는가?
5. 왜 대제사장들과 서기관들이 격분했는가?
6. 왜 예수님은 무화과나무를 저주하셨는가?
7. 이 같은 능력 행하심을 통하여 예수님은 어떤 교훈을 보여 주셨는가?
8. 마가복음 11:25에는 어떤 또 하나의 교훈이 기록되어 있는가? 이 두 교훈들은 어떻게 관련이 있는가?
9. 관헌(대제사장들과 서기관들)들은 예수님께 어떤 방식으로 도전했는가?
10. 예수님은 관헌들에게 어떻게 대답하셨는가?

■ 더 연구할 문제 ■

1. 어찌하여 무리들은 "호산나"를 외치다가 금방 돌변하여 "십자가에 못 박으소서"라고 외칠 수 있게 되었는가?
2. 예루살렘 사람들이 돌변하였던 것처럼 오늘날의 젊은이의 경우 예수님께 대한 그의 태도를 돌변케 할 수 있을만한 사건을 예를 들어 말해 보라.

제3장

내가 땅에서 들리면
(요 12:20-50)

> ■ 연구 문제 ■
>
> 1. 예수님은 그의 죽음에 대해서 어떻게 가르치셨는가?
> 2. 이 가르침에 대한 반응은 어떠했는가?
> 3. 왜 사람들은 예수님을 믿지 못했는가?
> 4. 예수님은 이 세상에 무엇하러 오셨는가?

　예수님께서 예루살렘에 입성하실 때 입증하셨던 엄청난 주장은 결코 물거품이 되지 않았다. 그의 동료들과 대적자들과 무리들 등 모두가 그 입성 사건의 중요성을 인식하였던 것이다. 본 장에서는 의기양양한 입성에 대한 몇 가지 반응들을 살피기로 하겠다.

1. 예수님과 헬라인들

예루살렘으로 예배하러 올라온 무리들 가운데는 유대 종교를 받아들였던 몇몇 헬라인 개종자들이 있었다. 그들은 예수님이 가르치시는 것을 물었으며 그래서 그를 만나 그와 직접적으로 말을 나누고 싶었다. 그래서 그들은 빌립에게 와서 예수님을 만날 수 있게 해 달라고 부탁했다. 이에 빌립은 다시 안드레에게 이 사실을 알리고, 이 두 제자들이 예수님 앞에 나아가 헬라인들의 이 같은 면회 신청을 전언하였다.

요한복음서에는 예수님이 그 헬라인들을 만나주셨는지의 여부가 밝혀져 있지 않으나, 예수님의 대답은 제자들에게 하신 것이라기보다는 오히려 그 헬라인들에게 하신 것으로 보인다. 구약성경을 연구하던 중에 유대 종교로 개종했던 이 헬라인들은 예수님의 가르침에 크게 감명을 받은바 있었다. 예수님은 그들에게 그가 하는 일에는 가르치는 것 이상의 더 많은 것이 포함되어 있다는 것을 밝혔다.

많은 알곡들이 맺혀져 있는 새로운 줄기 하나를 싹트게 하기 위해서 땅에 떨어져 썩어야 하는 하나의 밀알처럼, 예수님 또한 사람들에게 생명을 얻게 해주기 위해서 죽으셔야만 했던 것이다. 예수님의 임박한 죽음은 자기에게는 너무나도 엄연한 현실이었기 때문에, 그가 그 죽음에 대해서 말할 때 그의 영혼은 번민하였다. 그렇지만 그는 죽을 것을 결심하였다. 왜냐하면 이를 위하여 그가 세상에 왔었기 때문이다.

예수님께서 자기 죽음에 대해서 말씀하시던 때에, 성부 하나님이 다시 한 번 하늘에서 음성을 발하여 예수님의 하시는 일을 그가 이미 인정하고 계신다는 것을 말씀해 주셨다. 예수님은 성부의 음성을 이해하였지만, 무리들은 알아듣지 못했다. 그들은 그 음성에 대하여 여러 가지 다른 해석들을 내렸던 것이다. 그래서 예수님이 그들에게 그 음성의 의미를 설명해 주셨는데, 그 음성이 그의 메시아 격에 대한 증거로서 하늘에서 들려졌는바, 이는 그의 죽음이 임박했기 때문이라고 말씀하였다. 메시아가 죽는다고 하는 사상은 사람들을 당혹케 했다.

그들은 메시아가 영원히 살아계실 것으로 배웠었던 것이다. 그래서 그들은 예수님에게 좀 더 구체적으로 설명해 달라고 부탁했다. 그들의 의문점은, 예수님이 자신에 대해서 "인자가 들려야 하리라"고 말씀했는데도(요 12:34), 그가 어떻게 메시아가 될 수 있겠는가 하는 것이었다. 이에 대하여 예수님은 그들에게 그를 다만 믿으라고 명령했다. 그들이 예수님을 이해하지 못한 것은 그들의 불신앙에 기인하였다. 만일 그들이 예수님을 세상의 빛으로 받아들였다면, 그들은 빛의 아들들이 되었을 것이다.

2. 예수님과 무리들

요한은 예수님에 대한 무리들의 반응들을 요약하고 있는 바, 전체적으로 보아서, 사람들은 예수님을 믿지 않았다. 이 같은 불신앙은 증거가 부족한 까닭이 아니었다. 예수님께서는 그들 앞에서 많은 표적들을 행하셨던 것이다. 그들의 불신앙의 이유는 그들이 예수님의 메시지를 받아들이기를 싫어한데 있었다. 하나님께서는 그들의 눈을 열어 주시거나 그들의 마음을 부드럽게 해주지 않으셨던 것이다. 예수님을 믿는 신앙은 오직 하나님의 은혜로 말미암아 우리에게 주어지는데, 이 사람들은 하나님의 은혜를 전혀 알지 못했다.

예수를 믿는 몇몇 유대인들이 있었으나 드러내놓고 말하지는 못했다. 그들 가운데는 높은 지위에 있는 사람들도 있었다. 만일 그들이 예수의 제자임을 고백했다고 할 것 같으면, 그들은 교회에서 쫓겨났을 것이며, 모든 유대인들에게 멸시를 받았을 것이고, 그들의 높은 지위를 잃게 되었을 것이다.

3. 예수님과 성부 하나님

예수님이 자기 자신의 뜻을 행하기 위하여 이 땅에 오시지 않았다고 하는 것을 사람들이 분명하게 이해하는 것은 중요하였다. 그는 성부 하나님의 종이요, 그를 대표하였다. 그는 그 자신의 권세가 아니라 성부의 권세에 근거하여 말씀하셨다. 그러므로 예수님을 저버리는 자는 성부 하나님을 저버리는 것이요, 예수님을 영접하는 자는 성부를 영접하는 것이 된다. 이 진리는 예수님이 이 땅에 육체로 계시던 때처럼 오늘날도 중요하다.

■ 복습 문제 ■

1. 본 장에 언급되어 있는 헬라인들은 누구인가?
2. 왜 헬라인들은 예수님을 만나보고 싶었는가?
3. 요한복음 12:23과 24절간에는 어떤 관련이 있는가?
4. 예수님을 섬기게 되면 어떤 상급이 있게 되는가?.
5. 왜 예수님의 영혼(마음)은 번민하였는가?
6. 왜 성부 하나님이 하늘에서 말씀하셨는가?
7. 예수님이 죽으시면 어떤 결과가 있게 될 것이었는가?
8. 요한복음 12:34의 질문에 대해 35절과 36절에서 예수님이 어떻게 대답하셨는가를 설명하라.
9. 왜 무리들은 예수님을 믿지 못했는가?
10. 하나님을 믿는 신앙과 예수님을 믿는 신앙 간의 관련성을 설명하라.

■ 더 연구할 문제 ■

1. 헬라인들을 예수님께 데리고 가기 전에 왜 빌립은 안드레와 상의했는가?
2. 성부 하나님이 하늘에서 음성으로 예수님에게 말씀하신 경우들을 열거하고, 이 사건들 간에 어떤 연관성이 있는가를 살펴보라.
3. 드러나지 않게 비밀리에 믿은 사람들은(요 12:42-43) 참 신자들인가?

제4장

건축자들이 버린 돌
(마 21:28-22:14)

> ■ 연구 문제 ■
>
> 1. 본 장에서 다루게 되는 세 비유들에는 어떤 공통점이 있는가?
> 2. 이 비유들을 통해서 예수님은 무엇을 가르치셨는가?

예수님께서 십자가에 못 박히실 날이 이제 수일 밖에 남지 않았다. 예수님은 그의 사역의 바로 그 초기부터 유대의 교권주의자들에게 반대를 받아왔었다. 바리새인들과 사두개인들은 사람들이 예수님의 말씀을 듣기 위해서 몰려들었던 때에도 그의 가르침을 결코 받아들이지 않았었다. 오히려 그의 주장을 거부하였고, 그를 대적하였으며, 마침내는 예수를 그리스도라고 선언하는 자는 누구나를 막론하고 출교할 것을 결의하였던 것이다. 일반 백성들이 예수님을 더 이상 따르지 아니했던 것은 부분적으로는 종교 지도자들의 비난과 반대에 기인하였다.

예수님은 바리새인들, 사두개인들, 그리고 서기관들의 위선과 독선을 자주 호되게 비난했다. 성전 청소 사건에 뒤따른 대담에서 볼 수 있었던 것처럼, 그들은 진리를 아는 데는 관심이 없었고, 다만 예수님을 죽이려 하는 데 몰두해 있었던 것이다. 그런데, 이 종교 지도자들이 자기네들의 행실을 고치려 하지 않음이 분명하여지자, 예수님은 그들이 자기를 반대함으로 해서 어떤 결과가 초래될 것인가를 그들에게 말하기 시작했다. 예수님은 세 가지 비유를 들어서 그들을 경고하셨다.

이 비유들은 각기 진리의 다른 면을 강조하고 있으나, 다 같이 한 가지 교훈을 가르치고 있었다.

1. 하나님을 섬기는 일

이 비유들은 하나님을 섬긴다고 하는 것이 무엇을 의미하는가를 보여 주고 있다.

첫째 비유에서는, 이 섬김이 단순히 노동(밖으로 나가 포도원에서 일하는 것)으로 제시되어 있었다.

둘째 비유에서는, 하나님을 섬기면 상급을 받게 된다는 것(농부들의 경우 노동의 대가로 포도원의 소출 중 얼마를 자기 몫으로 가질 수 있게 된다는 것)이 밝혀져 있었다.

셋째 비유에서는, 주님을 위한 일이 순전한 즐거움(큰 잔치를 벌인 혼인)으로 묘사되어 있다.

하나님을 섬기는 일에 수반되는 노동과 즐거움은 서로 관련이 있다. 즐거움은 노동의 결과로써 올 뿐만 아니라, 노동 자체가 즐거운 것이다.

> 사람의 제일 되는 목적은 하나님께 영광을 돌리며 그를 영원토록 즐거워하는 것이다(웨스트민스터 소요리문답 제1문답).

2. 하나님을 저버리는 것

우리는 또한 이 비유들에서 사람들이 하나님을 어떻게 저버리는가를 볼 수 있다.

첫 번째 비유는 하나님 섬기기를 기뻐하는 것 같으면서도 실상은 하나님을 업신여기는 자들을 묘사하고 있다.

두 번째 비유는 하나님을 공공연하게 무시하고 그에게 반역하는 자들을 묘사하고 있다.

세 번째 비유는 두 종류의 불신자들을 묘사하고 있다.

이들은 하나님의 축복을 받아들이기를 완고하게 거부하는 종류의 사람들과, 자기네들의 죄를 버림과 동시에 예수 그리스도가 마련해 주신 의(義)를 받아들임이 없이도 구원의 축복들을 받을 수 있는 것으로 생각하는 종류의 사람들이다.

3. 하나님께 벌을 받음

끝으로, 이 비유들에는 하나님을 불순종한 것에 대한 결과가 나타나 있다.

첫 번째 비유에서는, 다른 사람들이 하나님 나라에 들어가는데 반하여 불순종하는 자들은 거기에서 제외된다고 되어 있다.

두 번째 비유에서는, 반역하는 농부들이 멸망될 뿐만 아니라, 하나님 나라가 다른 사람들에게 주어진다고 되어 있다.

세 번째 비유에서는, 완악한 자들이 멸망 받으며 교만한 자가 결박당하여 하나님 나라에서 쫓겨나는 것으로 되어 있다. 각 비유마다 불순종으로 말미암아 형벌을 받게 된다는 것이 분명하게 나타나 있다.

■ 복습 문제 ■

1. 예수님은 어떤 연유로 이 비유들을 말씀하게 되었는가?
2. 두 아들의 비유를 설명하라.
3. 포도원을 가꾸는 것은 무엇을 가리키는가?(참조, 시 80:8-11)
4. 주인, 종, 아들, 악한 농부는 각기 누구를 가리키는가?
5. 악한 농부 비유의 요점은 무엇인가?
6. 왜 사람들이 혼인잔치에 오기를 거절했는가?
7. 이 사람들은 어떤 부류의 사람들을 나타내고 있는가?
8. 누가 잔치에 참여했는가? 그들은 누구를 나타내고 있는가?
9. 예복을 입지 않은 자는 누구를 나타내고 있는가?
10. 이 비유들은 하나님을 섬기는 일에 대하여 어떻게 가르치고 있는가?
11. 이 비유들에 의하면 사람들은 하나님을 어떤 방식으로 거절하고 있는가?
12. 이 비유들에 의하면 불순종의 결과는 어떤 것인가?

■ 더 연구할 문제 ■

1. 하나님의 어떠한 특성들이 이 비유들에 나타나 있는가?
2. 두 아들의 비유가 우리의 생활에 어떻게 적용될 수 있는가?

제5장

어찌하여 시험하느냐
(막 12:13-44)

> ■ 연구 문제 ■
>
> 1. 왜 바리새인들과 사두개인들이 예수님께 질문했는가?
> 2. 이같이 질문함으로 해서 어떤 결과가 생겨났는가?
> 3. 예수님은 어떠한 종교적 관례들에 대하여 경고하셨는가?

　서기관들과 바리새인들이 예수님의 권위를 떨어뜨리기 위해 시도한 방법들 중의 하나는 그에게 질문을 던지는 방법이었다. 그들은 어려운 질문들을 그에게 던져 그를 파멸시킬 어떤 길을 찾을 수 있게 되기를 바랐던 것이다. 본 장에서는 이 같은 그들의 시도들 중의 몇 가지를 공부하기로 하겠다.

1. 대적자들의 질문

예수님의 대적자들은 그에게 질문할 때 언제나 똑같은 목표를 염두에 두고 있었으나, 그 목표를 달성하기 위해 여러 가지 방법들을 시도하였다. 그들은 먼저 가이사에게 세금을 바치는 문제에 대하여 그에게 물었다. 그들은 그를 계략에 빠뜨려 그가 어떠한 대답을 하든지 간에 그 대답으로 인하여 그가 멸망되기를 바랐었다. 만일 그가 그들에게 세금을 바치라고 대답할 것 같으면, 사람들이 그를 매국노로 간주하게 될 것이며, 따라서 그의 영향력은 끝장이 날 것이었다.

그러나 만일 세금을 바치지 말라고 대답할 것 같으면, 로마 당국에 그를 혁명 분자로 고발할 수 있을 것이고, 로마 당국은 그를 처벌하게 될 것이었다. 사두개인들은 예수님께 와서 부활에 대하여 질문했는데, 그들의 생각에는 그가 이 같은 질문에 도저히 대답할 수 없을 것으로 여겼다. 그들은 그가 사람들에게 어리석은 자로 드러나게 되기를 바랐던 것이다. 사두개인들의 질문에 예수님이 대답을 잘하시는 것을 보고서, 서기관 한 사람이 나아와 첫째 되는 계명이 무엇이냐고 물었다.

그런데 그가 이같이 질문한 의도가 무엇인가를 결정하는 것은 상당히 어렵다. 마가의 기록으로 미루어 보면 그는 아주 정직하고 진실되게 이 질문을 하였던 것으로 생각된다. 그러나 마태는 그가 "예수를 시험하여"(마 22:35) 물었다고 진술하고 있다. 랍비들은 어느 계명이 가장 중요한가에 대하여 자주 논쟁을 벌였다. 그래서 서기관은 예수님이 어느 계명을 가장 중요한 것으로 생각하고 있는가를 물어 봄으로써, 어느 랍비와 그가 견해를 같이 하고 있는가를 선언하게 하려했던 것 같다. 그렇게 되면 다른 랍비와 견해를 같이한 사람들은 아마도 예수님을 저버리고 떠났을 것이었다.

2. 예수님의 대답

자기 앞에 놓여 있는 모든 함정을 예수님께서 어떤 방식으로 피하셨는가를 살펴보는 것은 흥미로운 일이다. 예수님은 경우마다 쉽게 피하셨다. 그러나 그는 피하시는 것만으로 그치지 않고, 토론 중에 있는 문제의 핵심을 정확하게 찔러 그 주제에 관한 진리를 제시해 주셨다. 예수님께서 가이사에게 세금 바치는 것에 대하여 질문을 받았을 때, 그는 이 질문에 대한 대답을 통해서 종교와 정치의 관계에 관한 하나의 기본 원리를 제시하셨다.

그는 하나님의 교회에 결코 공격 받을 수 없는 어떤 권리들이 있다는 것, 곧 교회가 국가로부터 독립되어 있다는 것을 선언하셨다. 그러나 그는 또한 지적하기를, 하나님께서 세상 통치자들을 세우셨고 그들에게 어떤 권리들을 주셨다는 것, 즉 국가가 교회로부터 독립되어 있다는 것을 말씀하셨다. 교회와 국가는 각기 하나님께서 그들에게 주신 위치를 지켜야 하며, 피차의 권리들을 결코 침해해서는 안 되는 것이다. 예수님은 사두개인들의 질문에 답변하시면서 그들의 질문이 안고 있는 오류를 지적하였다. 그들은 내세(來世)가 현세(現世)와 마찬가지일 것으로 생각하고 있었다.

그러나 예수님은 사실이 그렇지 않다고 말씀해 주셨다. 결혼 관계는 부활한 이후에는 존재하지 않게 되는 것이다. 예수님은 또한 부활에 대한 사두개인들의 태도가 완전히 그릇되어 있다는 것을 밝혀 주셨다. 그들의 경우 부활이 모세오경에 가르쳐져 있지 않다고 생각하고 있었기 때문에 사실상 그들은 부활을 부인하고 있었다. 그들은 오랫동안 바리새인들에 대하여 이 견해를 주장했었으나, 바리새인들은 그들의 그릇된 견해를 반박해 줄만한 성경 구절을 전혀 대지 못했던 것이다.

그러나 예수님은 모세의 오경으로 돌아가서 부활을 입증해 주셨다. 하나님께서는 아브라함을 위시하여 이스라엘의 족장들이 죽은 후에도 자신을 아브라함과 이삭과 야곱의 하나님으로 칭하였던 것이다. 그런데 죽은 사람들은 신들을 섬기지 못하며, 살아있는 자들만이 예배할 수 있는 것이다. 만일 하나님께서 여전히 이스라엘의 족장들의 하나님이시라고 하면, 그들은 정녕코 여전히 살아있는 것임에 틀림없다. 그렇다면 부활이 있다는 것이 확실해지는 것이다. 예수님께서 서기관에게 주신 대답은 하나님의 율법을 올바르게 해석한 것이었다.

이스라엘의 하나님은 유일하시고 참되신 하나님이시다. 그러므로 우리는 그를 사랑하고, 사랑으로 그에게 순종해야 한다. 이것이 첫째 되는 계명이다. 만일 하나님께 대한 우리의 사랑이 올바른 것이라고 하면 우리는 또한 우리의 이웃도 사랑하게 되는 것이다. 이 두 계명들에 의하여 다른 모든 계명들이 좌우된다. 즉, 하나님과 자기의 이웃을 사랑하지 못하고서는 아무도 하나님의 계명들을 하나도 지킬 수가 없는 것이다.

> 이 두 계명이 온 율법과 선지자의 강령이니라(마 22:40).

3. 어찌 다윗의 자손이 되겠느냐

메시아의 아들됨(子됨, sonship)에 관해 예수님이 물은 질문은 그의 대적자들을 침묵시키기 위한 단순한 책략적 질문이 아니었다. 대적자들의 질문들에 대한 예수님의 대답들이 기본적인 진리들에 대한 진술들인 것처럼, 그의 질문은 자기 자신에 대하여 그들을 가르치기 위한 것이었다. 메시아가 다윗의 자손일 것이라고 하는 유대인들의 일반적인 견해는 성경적인 견해였다. 그러나 그것은 완전한 진리는 아니었다. 만일 이것이 메시아가 되는 유일한 자격이라고 하면, 자격을 갖춘 유대인들이 매 세대마다 많이 있었을 것이다.

그러나 예수님은 메시아가 또한 다윗의 주(主)라는 것을 지적하셨다. 환언 하면, 메시아는 또한 하나님의 아들이시다. 그리고 예수님만이 홀로, 다윗의 모든 자손들 중에서 하나님의 아들이셨다. 예수님은 그것을 주장하셨을 뿐만 아니라, 자기가 하시는 일들을 통해서 그것을 입증하셨다. 또한 이것이 구약성경이 가르치는 것이라고 말씀해 주셨던 것이다.

4. 예수님이 가르치기를 계속하심

예수님은 그의 사역의 마지막까지 계속해서 무리들을 가르치셨으며, 그가 살던 당시의 일반 종교 관습들의 잘못된 점들을 계속 폭로하였다. 사람들은 대개 무엇이든지 일반적으로 행하여지고 있는 것이면 무조건 옳은 것으로 생각하는 경향이 있다. 그러나 예수님은 옳은 것을 판단함에 있어서 높은 표준(하나님의 완전한 율법)을 가지고 계셨다. 본 장에서 예수님은 그 표준에 따라 유대 종교의 두 가지 면을 진단하셨다.

그는 사람들에게 보이기 위해 하는 장황한 기도와 종교심의 과시를 통해서 자기들의 근본적인 부도덕과 부정직을 은폐시켰던 서기관들의 의식을 비난하시는 한편, 하나님께서는 우리가 드리는 헌금을 그 액수에 따라 판단하지 않으신다는 점을 가르쳐 주셨던 것이다. 그는 말씀하시기를, 과부의 두 렙돈의 헌금은 사람들이 바칠 수 있는 것 중에 가장 적은 것이기는 했지만, 그녀가 어느 누구보다도 더 많은 것을 바쳤노라고 하셨다.

그녀가 더 많은 것을 바쳤다고 하는 것은, 그녀가 가진 모든 것을 바쳤었기 때문이다. 하나님께서는 우리의 헌금을 우리가 바친 액수에 따라 판단하시는 것이 아니라, 우리가 남겨둔 액수(즉, 우리가 가진 것 중에서 헌금으로 바치고 남은 돈의 액수)에 따라 판단하신다. 하나님은 헌금을 드리는 우리의 마음의 동기를 알고 계시는 것이다.

■ 복습 문제 ■

1. 바리새인과 헤롯당은 가이사에게 세금을 내는 문제에 대하여 질문함으로 해서 예수님을 어떻게 함정에 빠뜨릴 수 있을 것으로 생각했는가?
2. 그는 어떤 방식으로 그들에게 대답해 주셨는가?
3. 교회와 국가의 관계에 대하여 예수님은 어떻게 가르쳐 주셨는가?
4. 사두개인들은 부활에 대하여 질문함으로써 어떠한 결과가 성취될 것으로 기대했는가?
5. 부활의 본질에 대하여 예수님은 어떻게 가르쳐주셨는가?
6. 예수님은 부활이 있을 것이라는 점을 어떤 방식으로 입증했는가?
7. 첫째 되는 계명은 무엇인가?
8. 마가복음 12:32-34의 서기관의 대답에서 우리는 서기관에 대하여 어떤 점을 배울 수 있는가?
9. 다윗은 그리스도에 대하여 어떤 점을 가르쳐주었는가?
10. 서기관들의 죄는 무엇이었는가?
11. 왜 과부의 헌금이 그렇게도 값진 것이었는가?

■ 더 연구할 문제 ■

1. 마가복음 12:17의 말씀이 일상생활에 어떻게 적용될 수 있는가?
2. 예수님께서 성경의 축자적 영감을 믿었다는 것이 마가복음 12:35-37에 어떻게 나타나있는가?

제6장

화 있을진저
(마 23장)

■ 연구 문제 ■

1. 무리들의 경우 서기관들과 바리새인들에 대하여 어떠한 태도를 취해야 하는가?
2. 서기관들과 바리새인들의 허물은 무엇이었는가?
3. 예수님은 예루살렘의 장래에 대해서 어떻게 예언해 주셨는가?

　　마태복음 23장에 기록되어 있는 예수님의 가르침은 성전에서 가르치신 것으로는 마지막 가르침으로 보는 것이 좋을 것이다. 이 말씀들은 수난 주간의 셋째날인 화요일에 말씀된 것으로 보인다. 이 같은 사실은 예수님께서 성전을 나오신 후에(마 24:1) 다시 성전으로 그가 되돌아오신 것에 대한 기록이 전혀 없는 것으로 보아 알 수 있다. 예수님께서는 질문을 다 받아주신 후에, 자기에게 질문했던 자들에 대해서 말씀하셨다. 그들이 예수님을 함정에 빠뜨리려고 했던 방법으로 보아, 예수님을 제거하려고 한 그들의 결의가 이제 절정에 이르렀음이 분명하다.

그들의 마음이 너무나 완악했고 전혀 회개하려 하지 않았기 때문에, 예수님께서는 그들에 대한 그의 태도를 분명하게 했다. 본 장에 말씀되어 있는 그의 가르침은 전혀 새로운 어떤 것이 아니고, 대부분이 전에 말씀되어졌던 것들이었다. 그러나 이제 단호하고도 강렬한 어조로 예수님은 그들을 마지막으로 비난하신 것이다.

1. 무리들에게 주신 경고

예수님은 서기관들과 바리새인들에 대하여 무리들에게 경고하시는 말씀으로 그의 가르침을 시작하셨다. 그러나 그는 그들에게 거역하라고는 말씀하지 않으셨다. 예수님은 개혁자로서, 선한 것은 보존하되 어떤 조건들이 악하여진 때에는 그것들을 개선하기를 원하셨다. 예수님은 율법을 가르치는 교사들로서의 서기관들과 바리새인들의 지위를 존중하셨으나, 그들의 악한 가르침들과 행실을 비난하셨다. 그들은 사람들에게 무거운 짐들을 지우되, 여러 가지 전통들과 요구 조건들을 첨가시켰다.

그들은 위선 죄를 범하고 있었는데, 이는 그들이 매우 의로운 척하였으나, 하나님의 율법의 주요한 요점을 빠뜨렸기 때문이다. 그들은 하나님께로부터 칭찬을 받기보다는 사람들에게 칭찬 받기를 좋아했다. 예수님은 그들이 자기 자신들의 영광을 구하였기 때문에 그들을 정죄하였으며, 무리들에게 겸손을 익히라고 가르치셨다.

2. 화 있을진저 바리새인들이여

예수님께서는 그의 가르침을 계속하시되 서기관들과 바리새인들에게 직접 말씀하셨고, 일곱 가지의 화(禍)를 열거하시는 중에 그들의 중대한 허물들을 밝히 말씀하셨다. 마태는 그리스도의 공적 사역을 기록함에 있어서 팔복(八福)으로 시작하여 칠화(七禍)로 끝맺어 놓았다. 그런데 우리가 알아 두어야할 것은, 예수님께서 서기관들과 바리새인들을 그저 저주만 하고 계신 것이 아니라는 점이다. "화 있을진저"라는 단어는 앞으로 있을 형벌과 비참의 개념뿐만 아니라 어느 정도의 비애가 포함되어 있는 것이다.

그러기에 "아아 슬프도다!"로 번역될 수도 있었다. 예수님의 경우 그를 대적하는 자들이 당하게 될 운명을 생각하자 그의 자비로운 마음은 슬픔으로 가득 찼던 것이다. 마태복음 23장에 포함되어 있는 일곱 "화 있을진저" 중의 여섯은 서기관들과 바리새인들을 외식하는 자들로 보고 있다. 그리고 세 번째 것은 그들을 소경된 인도자들이라고 부르고 있다. 처음 세 "화 있을진저"에서는, 서기관들과 바리새인들이 다른 사람들과 맺고 있는 관계성 면에서 예수님은 그들을 다루셨다. 그들은 유대인의 종교 지도자들이었다.

이 같은 자격을 갖고 있는 그들은 자기네들의 머리 위에 불행을 쌓고 있었는데, 이는 그들이 사람들을 하나님 나라에 들어가지 못하게 가로막고, 개종자들을 인위적인 규칙들에 얽매이게 하며, 맹세에 대한 그들의 그릇된 견해로 말미암아 사람들을 죄 짓게 가르쳤기 때문이다. 나중 네 "화 있을진저"는 바리새인들의 개인적인 외식을 다루고 있다. 이 같은 외식은 예수님에 대한 적대감에서 절정을 이루었다. 그들은 하나님의 종들이라고 주장했지만, 그들의 조상들이 하나님의 선지자들을 죽였던 것처럼, 하나님의 아들을 죽이려고 했던 것이다.

3. 예루살렘을 보시고 탄식하심

예수님의 공적 가르치심 중 마지막으로 기록되어 있는 것은 예루살렘을 위하여 탄식하면서 하신 말씀이다. 그는 예루살렘에서 가르치시며, 사람들에게 하나님의 말씀을 전해 주려고 노력했으나 예루살렘의 사람들은 그들에 대한 평판 그대로였다. 그러기에 과거 선지자들을 죽였던 그 도성은 그리스도를 배척하고 이제는 죽이려고 했던 것이다. 이스라엘은 하나님의 그리스도를 배척함으로써 하나님의 축복을 상실하게 되었다. 이스라엘이 그리스도를 영접할 때에야 비로소 그 축복은 회복될 것이다.

■ 복습 문제 ■

1. 서기관들과 바리새인들은 모세의 율법에 대한 해석자들로서 그들의 지위를 어떤 방식으로 남용했는가?
2. 서기관들과 바리새인들이 드린 기도는 어떤 점에서 그릇되었는가?
3. 맹세에 대한 바리새인들의 견해는 어떤 점에서 그릇되었는가?
4. 바리새인들이 십일조를 드리는 방식은 어떤 점에서 그릇되었는가?
5. 예수님은 마태복음 23:25-28에서 서기관들과 바리새인들의 외식을 예증하기 위해 어떤 두 가지 것들을 말씀하셨는가?
6. 어떤 점에서 바리새인들은 그들의 조상들을 닮았는가?
7. 예수님을 배척한 자들에게는 무슨 일이 일어나도록 되어있었는가?
8. 예루살렘에 대한 예수님의 태도는 어떠했는가?

■ 더 연구할 문제 ■

1. 서기관들과 바리새인들은 어떤 방식으로 "천국 문을 사람들 앞에서 닫고 들어가지 못하게" 했는가?(마 23:13).
2. 마태복음 23:23-24의 말씀은 십일조를 반대하는 뜻의 논증인가? 이를 설명하라.

제7장

재림의 징조들
(마 24:1-41)

> ■ 연구 문제 ■
>
> 1. 인자가 재림하기 전에 무슨 일이 일어나게 되는가?
> 2. 인자가 재림하는 때에 무슨 일이 일어나게 되는가?

예수님께서 마지막으로 성전을 나오시던 때, 그의 제자들은 그에게 성전 건물을 가리키며 주의를 기울이게 했다. 예수님은 성전이 무너질 것이라고 그들에게 대답해 주었다. 그 같은 대답으로 말미암아 제자들이 두 가지를 질문하게 되었다.

> 어느 때에 이런 일이 있겠사오며 또 주의 임하심과 세상 끝에는 무슨 징조가 있사오리이까(마 24:3).

그러자 예수님은 그들의 질문에 답하여 그들을 가르치기 시작했다.

예수님의 대답은 성경학자들에게 하나의 난제가 되고 있다. 어떤 때는 예수님께서 A.D. 70년에 일어난 예루살렘 멸망을 예언하고 계신 것이 분명하게 드러나 있는가 하면, 다른 경우에서는 그가 영광 중에 재림하실 때에 대하여 말씀하고 계시는 것이 분명했으나, 이 두 사건들 중 어느 것에 대해 그가 말씀하고 계시는지를 학자들이 항상 확실하게 분별할 수 있는 것은 아니다.

1. 끝은 아직 아니니라

마태복음 24:4-14에는 "세상 끝날" 이전에 일어나게 될 일에 대한 예수님의 설명이 기록되어 있다. 제자들이 그에게 물었던 "끝날"에 대해서 답하여 말씀하시기를 그가 승천하신 후에 있게 될 전쟁과 기근과 난리들을 인하여 놀라지 말라고 하셨다. 이것들은 참으로 그의 재림에 대한 징조들일 것이나, 그가 곧 재림하시리라는 것을 암시하지는 않는다. 예수님은 장차 세상에서 증가하게 될 사악과 분쟁과 불신앙에 대하여 말씀하셨다.

하나님의 백성들에게 임할 많은 재난들로 말미암아 그들은 낙담하며 두려워하게 되기가 쉬웠을 것이나, 예수님은 이 모든 것들이 하나님께서 알고 계시는 바요 그의 계획의 일부분이라고 가르쳐 주셨다. 이 세상에 재난들이 있다고 해서 악의 세력들에 의하여 하나님이 패배 하셨다거나 그리스도께서 압도될 것으로 생각해서는 안 된다.

2. 환난

15-28절의 말씀은 설명하기가 상당히 어려운데, 여기서 예수님은 장차 있을 환난에 대하여 말씀하셨으며, 그가 하신 말씀들 중 몇몇은 유대인들이 A.D. 70년에 있은 예루살렘 함락 동안에 받은 대 환난에 대한 것으로 볼 수가 있다. 그러나 29절에서는 "그날 환난 후에 즉시 해가 어두워지며 달이 빛을 내지 아니하며 별들이 하늘에서 떨어지며 하늘의 권능들이 흔들리리라"고 그가 선언하셨다. 이것은 아직 일어나지 않고 장래에 있게 될 사건인 듯하다. 어떤 사람들은 생각하기를 A.D. 70년에 유대인들이 당한 고통은 그리스도의 재림 직전에 있게 될 환난에 대한 묘사로 여겼다. 이 같은 해석은 옳을 것 같으나 확실하다고 말할 수는 없다.

3. 예수님의 재림

29-31절에는 그리스도의 재림이 간략하게 서술 되어 있다. 예수님은 그의 재림으로 말미암아 두 가지의 다른 결과들이 있게 될 것을 분명하게 가르쳐 주셨다. 기독교인이 아닌 자들은 그리스도를 그들이 보게 될 때 통곡할 것이며, 그리스도를 그들이 대적했던 것이 헛되었다는 것과 그들이 마땅히 받아야 할 형벌을 분명코 받으리라는 것을 깨닫게 될 것이다. 그리스도가 오실 때까지 사악한 사람들은 아무 것도 두려워 할 것이 없는 것으로 계속해서 생각할 것이다. 그러나 기독교인들은 통곡하지 않고 즐거워 할 것이다. 그리스도가 재림하실 때 그는 그의 천사들을 시켜 모든 기독교인들을 모을 것이며, 그들은 영원토록 그와 함께 있게 될 것이다.

■ 복습 문제 ■

1. 예수님의 어떤 말씀이 발단이 되어 마태복음 24장에 기록되어 있는 가르침을 그가 주시게 되었는가?
2. 제자들은 무엇을 알고 싶었는가?
3. 끝 날이 오기 전에 무슨 일이 있게 될 것인가?
4. "멸망의 가증한 것"을 보는 자들에게 그리스도께서는 어떤 명령들을 주고 계시는가?
5. 거짓 선지자들은 무엇을 주장하게 될 것인가?
6. 인자가 재림하실 때 어떤 징조들이 있게 되는가?
7. 인자는 언제 오실 것인가?
8. 인자의 오심은 무엇과 같을 것인가?
9. 인자가 오실 때 사람들의 생활상은 어떤 것과 흡사할 것인가?

■ 더 연구할 문제 ■

1. 왜 제자들은 끝날에 대하여 그렇게도 알고 싶었는가?
2. 왜 예수님은 그들의 질문에 대하여 분명하지 않은 대답을 주셨는가?

제8장

깨어 있으라
(마 24:42-25:46)

> ■ 연구 문제 ■
> 1. 본 장의 주요한 주제는 무엇인가?
> 2. 심판에 대한 두 비유들과 예언은 이 주요 주제와 어떻게 관련이 있는가?

　예수님에게 제자들은 그가 언제 재림할 것인가를 물었다. 그러나 예수님은 그 질문에 대해 직접적으로 대답하지 않으셨다. 그는 더욱 중요한 문제, 즉 그의 재림이 기독교인의 일상 생활에 어떻게 영향을 미치게 될 것인가에 대해 관심을 두고 있었다.
　어떤 사람들은 그리스도의 재림의 시기를 알아보려고 많은 시간을 허비한다. 그러나 예수님은 그를 사랑하는 자들이 그의 재림을 항상 대비하고 있어야 할 것을 강조하셨다.

이러므로 너희도 예비하고 있으라 생각지 않은 때에 인자가 오리라(마 24:44).

그는 그의 제자들에게 상급으로 큰 책임들을 맡게 된 충성스런 청지기의 모범을 본받으라고 권유하는 한편, 게을리 하는 자가 벌을 받으리라고 경고하셨다.

1. 비유들과 예언

마태복음 25장에는 비유가 둘 기록되어 있다. 이들의 경우에도 비유들을 해석하는 규칙들이 적용되어야 한다. 각 비유마다 하나의 주요한 교훈을 가르쳐 주고 있는 것이다. 그러므로 비유 가운데 나오는 세부적인 것들에서 각각 영적 교훈을 얻어내려 해서는 안된다. 예를 들면, 열 처녀 모두가 잠자고 있었다는 사실에는 아무런 영적 의의가 없는 듯하다. 그것은 미련한 처녀들이 마지막 순간에야 비로소 기름이 떨어진 것을 알게 된 이유를 설명하기 위하여 첨부된 하나의 세부 사항인 것이다.

예수님은 그의 가르침을 결론함에 있어서 심판이 있을 것을 예언하셨다. 그것은 인자가 영광 가운데 재림하실 때 무슨 일이 있을 것인가를 보여 주고 있는 것이다. 그렇다고 해서 그가 묘사한 꼭 그대로 모든 것이 일어날 것이라는 뜻으로 예수님이 말씀하신 것은 아니다. 예를 들면, 예수님이 의인들과 저주 받을 자들에게 한 예언의 말씀들은 심판 때에 되어질 바로 그 말씀들로 액면 그대로 이해되어서는 안 되는 것이다. 그렇지만 예수님의 이 말씀들은 비유들에서 보다는 문자적으로 해석되어야 한다.

2. 깨어 일하라

열 처녀 비유와 달란트 비유를 보면 "이러므로 너희도 예비하고 있으라"(마 24:44)고 하신 말씀의 의미하는 바를 설명하고 있다. 열 처녀 비유는 우리가 지혜로워야 한다는 것을, 달란트 비유는 우리가 충성스러워야 한다는 것을 가르쳐 주고 있다.

첫 번째 비유에서는 깨어 있을 것을, 두 번째 비유에서는 일할 것을 말하고 있는가 하면, 첫 번째 비유에서는 우리의 신앙이 진실할 것과, 두 번째 비유에서는 하나님이 우리에게 주신 모든 기회를 최대한으로 선용할 것을 가르치고 있다.

이 두 비유들은 많은 것을 가르쳐 주고 있다. 이 비유들은 다 같이 기독교를 신앙하는 자들에게 말씀된 것이 분명하기 때문에, 우리가 우리의 생활을 늘 검토해야 한다는 것을 이 비유들이 우리에게 일깨워 주고 있는 것이다. 또한 능력은 없어도 경건의 모양은 있을 수 있다는 것을 보여 주고 있다. 그런가하면, 하나님께서는 우리가 행한 것에 대해서 뿐만 아니라 우리가 행하지 않는 것에 대해서도 우리에게 책임을 물으신다는 것을 보여 주고 있으며, 하나님의 표준을 충족시키지 못하는데서 오는 위험을 경고해주고 있다.

우리는 또한 이 비유들에 말씀되어 있지는 않지만 몇 가지 귀중한 교훈을 배울 수가 있다. 예를 들면, 이 비유들은 죄인들이 하나님을 얼마나 많이 두려워해야 하는가를 보여 주고 있다. 이 비유들에서 정죄 되어 있는 사람들은 가장 악한 유형의 사람들이 아니다. 미련한 처녀들은 기름을 조금 밖에 갖고 있지 않으므로 해서 충분하지 못했다. 게으른 종은 그가 받은 한 달란트를 허비하지 않았으며, 단지 그것을 증식시키지 않았을 뿐이었다. 그렇지만 미련한 처녀들과 게으른 종은 다 같이 정죄 받아 하나님 나라의 축복을 놓쳤다.

만일 이것이 사실이라고 하면, 기름을 전혀 갖고 있지 않는 자들의 종말은 어떠할 것인가?

자기들이 받은 달란트를 허비한 자들이 받을 형벌은 어떠한 것이겠는가?

열 달란트를 받고서도 그것들을 증식시키지 못한 종에게 하나님은 무엇이라고 말씀하실 것인가?

만일 하나님께서 보다 충성스럽게 그를 섬긴 자들에게 더 큰 축복들을 주신다고 하면, 가장 악한 자들에게 더 큰 형벌을 그가 내리지 않겠는가?

이 비유들에는 또한 천국에 대한 개념들이 제시되어 있다.

첫 번째 비유에서는, 천국이 혼인잔치에 비유되어 있다. 천국에는 즐거움이 있을 것이다.

두 번째 비유에서는, 더 크게 봉사할 수 있는 기회가 주어지는 것으로 묘사되어 있다.

> 네가 작은 일에 충성하였으매 내가 많은 것으로 네게 맡기리니…(마 25:21, 23).

천국은 영원토록 놀며 지내는 장소가 아니다. 천국에서 우리는 하나님을 섬기며 그를 즐거워 할 수 있는 무한한 기회들을 갖게 될 것이다.

3. 양과 염소

이 설교의 마지막 부분에서 예수님은 심판의 날을 언급하셨다. 그의 모든 청중들은 앞으로 심판이 있을 것과, 의인과 악인 사이에 구분이 있을 것을 믿었는데, 이 교리들을 예수님도 가르치셨다. 그러나 그는 심판의 표준이 그에 대한 인간의 관계 여하에 있다는 것을 지적하셨다. 예수님을 의롭게 대접한 사람들은 그들을 위해 예비 된 천국에 들어가게 될 것이나, 그를 악하게 대접한 사람들은 마귀와 그것의 악한 천사들을 위해 준비된 영원한 불 못에 던짐을 받게 되도록 되어 있다.

여기서 가장 중요한 것은 예수 그리스도에 대한 사람의 태도인 것이다. 예수님의 가르침 가운데서 놀랄만한 점은 사람들이 그를 잘 대접 했는지의 여부를 결정하는 그의 방법이다. 양쪽 사람들(양과 염소)이 모두 그의 심판을 듣고서 놀라 어찌 그럴 수 있는가 하고 묻고 있다. 그런데 대답은 양쪽 경우에 있어서 동일했다. 즉, 자기네들의 동료들에게 행한 것이 바로 예수님에게 행한 것이라고 하셨다.

이 말이 미쁘도다 원컨대 네가 이 여러 것에 대하여 굳세게 말하라 이는 하나님을 믿는 자들로 하여금 조심하여 선한 일을 힘쓰게 하려 함이라(딛 3:8).

■ 복습 문제 ■

1. 본 장의 주요 주제는 무엇인가?
2. 열 처녀 비유는 무엇을 가르쳐주고 있는가?
3. 달란트 비유는 무엇을 가르쳐주고 있는가?
4. 심판에 대한 이야기는 무엇을 가르쳐주고 있는가?
5. 처녀들은 누구를 나타내는가?
6. 신랑은 누구인가?
7. 등불과 기름은 무엇을 나타내는가?
8. 문이 닫힌 것은 무엇을 나타내는가?
9. 주인과 종들은 각각 누구를 나타내는가?
10. 달란트는 무엇을 나타내는가?
11. 각양각색의 종들을 주인이 다루시는 것에서 어떤 교훈을 배울 수 있는가?
12. 마태복음 25:5, 6, 19에서 그리스도의 재림에 대하여 무엇을 배울 수 있는가?
13. 인자가 심판 때에 모든 사람들을 어떤 그룹들로 구분하시는가? 각 그룹에게 어떤 일이 일어나게 되는가?
14. 무엇에 근거하여 사람들이 구분되는가?

> ■ 더 연구할 문제 ■
>
> 1. 왜 슬기 있는 처녀들이 미련한 처녀들에게 기름을 나눠주지 않고 장사꾼들에게 보냈을까? 이 사실에서 어떤 영적 교훈을 얻어낼 수 있는가?
> 2. 마태복음 25:29은 금생의 경우도 사실인가? 이를 설명하라.
> 3. 심판에 대한 이야기는 사람들이 행위에 의하여 구원 받는다는 것을 가르치고 있는가? 이를 설명하여라.

제2부 ♦ 그리스도의 사역의 절정

제9장

가룟 유다

(막 14:1-11; 눅 22:1-6; 요 13:21-30; 18:1-11; 마 27:3-10)

> ■ 연구 문제 ■
> 1. 유다는 제자로서 처음에는 어떤 유형의 사람이었는가?
> 2. 어떤 사건이 발단이 되어 유다가 예수님을 배반하기에 이르렀는가?
> 3. 예수님이 받은 재판으로 말미암아 유다가 어떻게 심리적으로 영향을 받았는가?

우리 주 예수 그리스도의 고난을 공부하자면 반드시 가룟 유다를 빼놓을 수가 없다. 그는 배반자로서 예수 그리스도를 그의 대적자들의 손에 넘겨준 자였다. 그러나 그 한 가지 사건만으로는 유다를 제대로 알 수가 없다. 성경은 유다에 대하여 많이 말하고 있지 않으나, 몇 차례 그를 언급하고 있다. 성경에 묘사되어 있는 유다는 우리 모두에게 교훈과 경고가 되기에 충분하다.

1. 제자 유다

　우리는 유다가 유대지방 출신이라는 것 외에는 그의 초기 생애에 대해서 전혀 아는 바가 없다. 그는 예수님을 초기에 따랐음에 틀림없는데, 이는 예수님께서 그를 따른 무리들 중에서 열두 사도를 택했기 때문이다. 예수님께서 택한 자들이 그의 많은 추종자들 중에 가장 충성스런 자이었다는 것은 거의 의심할 여지가 없다.

　유다는 열두 사도 중에 하나로 선택을 받았었기 때문에 예수님과 언제나 함께 있었다. 그는 예수님이 가르치시는 것을 들었으며 그가 행하시는 이적을 보았다. 그는 복음을 전파하고 병을 고치러 보냄을 받았으며, 악령마저도 자기에게 굴복하는 것을 인하여 기뻐하며 돌아왔었다.

　요약하자면, 다른 제자들이 누렸던 것과 동일한 축복과 기회를 누렸던 것이다. 유다는 재능을 갖춘 사람이었다. 그는 제자로 선택을 받았을 뿐만 아니라 그들 가운데서 직책도 맡았다. 그는 제자들의 돈궤를 맡은 자였고 모든 구매를 총괄했다. 이로 보아 그는 거래하는데 특별한 능력이 있는 사람이었던 듯하다. 다른 제자들처럼 유다도 야망 있는 사람이었다. 야고보와 요한이 그리스도의 나라에서 좌우편의 높은 자리들을 청탁했을 때 무슨 일이 있었던가를 앞서 언급한바 있다. 다른 열 제자들도 모두가 바로 그 높은 자리들을 원하고 있었으면서도 감히 청탁하지 못하고 있었기 때문에 극도로 분개하였던 것이다.

2. 도적 유다

　유다의 믿음이 갑자기 약해지기 시작한 것은 베다니 사람들이 예수님을 위해 베푼 만찬석에서 발단되었다. 우리가 알고 있는 대로, 마리아가 예수님에게 값비싼 향유를 부어 드렸을 때 그 향유를 팔아서 가난한 자들에게 그 돈을 주면 더 좋았을 뻔하였다고 맨 먼저 불평한 사람이 유다였다. 열두 사도들 가운데서 그의 영향력은 아주 대단하였기 때문에 다른 몇몇 제자들도 그 불평에 동조하였다. 그러나 요한은 유다의 말을 다음과 같이 설명해놓았다.

> 이렇게 말함은 가난한 자들을 생각함이 아니요 저는 도적이라 돈궤를 맡고 거기 넣는 것을 훔쳐 감이러라(요 12:6).

그가 언제부터 돈을 훔쳐 내기 시작했는지는 정확히 알 수가 없다. 왜 그가 그렇게 했는지는 의문스러울 뿐이다. 그러나 이 때에 유다의 행동들이 예수님의 가르침에 어긋났던 것은 분명하다. 그리고 이 같은 견해차는 유다가 그의 선생의 목적에 진실 되게 공감하지 못했기 때문에 있었던 것이다. 예수님은 유다와 다른 제자들이 마리아를 비난하자 그들을 책망하셨다. 이 책망은 유다의 생애에 있어서 전환점을 이루었던 것이다. 책망이란 아주 유익할 수가 있다. 우리는 흔히 우리의 죄악을 인하여 책망을 받고 나서야 그 죄악들이 얼마나 위험한 것인가를 깨닫게 된다.

그러나 유다는 예수님의 책망하는 말씀을 듣게 되자 그의 마음을 완악하게 하여 그의 야망을 어떤 방식으로든지 채우고자 결심하였다. 그는 의의 길을 이미 떠나버렸었기 때문에, 쉽게 죄의 길을 내려 달리기 시작할 수 있었다. 그래서 그는 예수를 은밀하게 잡을 기회를 노리고 있던 그의 대적자들에게로 가서, 예수가 혼자 있을 때 그들을 그에게 안내해 주기로 약속했다.

3. 배반자 유다

　유다는 대제사장들과 맺은 무서운 약속을 이행하기 위하여 그의 평소의 위치로 되돌아와 다른 제자들 틈에 그대로 있으면서 첩자 노릇을 해야 했다. 그러므로 예수님이 다락방에서 유월절을 기념하시던 때에 유다는 다른 제자들과 함께 그 자리에 있었던 것이다. 예수님이 유다를 다루시던 방법에는 세심한 배려가 있었다. 그는 모든 제자들에게 그들 중의 하나가 그를 배반할 것이라고 말씀해 주셨다. 이 말씀은 너무나도 소름끼치는 것이었기 때문에 각기 "내이니까?"하고 물었다.
　유다도 같은 질문을 물었을 것이 분명하다. 왜냐하면 그가 묻지 않고 침묵을 지키고 있다고 할 것 같으면 자기가 배반할 것이라는 것을 인정하는 것이 될 것이기 때문이다. 예수님은 그들의 질문에 대해서 말로 대답하는 대신 빵 한 조각을 접시에 적셔 유다와 함께 나누어 잡수심으로써 그가 배반할 자임을 가리켜 보이셨다. 유다는 다시금 자기의 죄를 직시하게 되었으나, 그 죄를 고백하고 용서 빌기를 거절했다. 대신, 예수를 팔아야 할 계획을 실행하기 위해 밖으로 나갔다.
　그러면 겟세마네에 나타난 유다를 살펴보기로 하자.
　그는 그의 선생이 있는 장소를 알고 있었는데, 이는 예수님이 기도하기 위해 이 은둔처에 자주 가셨기 때문이다. 이제 유다는 일단의 성전 수비병들을 이끌고 거기서 예수를 체포하려고 왔다. 군병들은 유다의 신호를 통해서 예수님을 어두움에서 식별하도록 되어 있었는데, 이로 보아 그가 얼마나 심하게 타락했었는가를 알 수 있다. 그때 이후로 "유다의 입맞춤"(Judas' Kiss)은 가장 비열한 변절과 배반에 대한 표현이 되어 왔다.
　사탄이 유다의 마음 속에 들어갔다는 것을 성경이 우리에게 말해 주지 않았다고 하면 유다의 행위를 우리로서는 이해할 수 없었을 것이다. 그러나 여전히 예수님은 그 배반자에게 자비로우셨다. 그는 유다에게 자기의 죄를 깨닫게 하며 그를 회개케 하려고 노력했다.

유다야 네가 입맞춤으로 인자를 파느냐(눅 22:48).

그러나 유다는 전혀 마음으로 회개하지 않고, 대신 예수를 잡으러 온 자들 가운데 가서 섰다.

예수의 제자들의 경우 그들의 동료 제자가 원수 무리와 함께 있는 것을 보고서 얼마나 충격을 받았었겠는가!

4. 자살자 유다

복음서 기자들은 예수님의 재판 다음에 유다를 마지막으로 간략히 다루고 있다. 유다는 예수님에 대한 재판 진행 과정을 지켜보고 있었던 것 같다. 아무튼 그는 그가 행한 소행을 깨닫기 시작했다. 그는 예수님이 정죄받는 것을 보자 그의 행동에 대하여 후회하게 되었으며, 대제사장들이 그에게 주었던 돈을 되돌려 주려고 했다. 그러나 그들이 그 돈을 받아 주려하지 않자, 그것을 내팽개치고 밖으로 나가 목매달아 죽었다.

5. 경고

우리는 유다에 대하여 고개를 가로저으며 어떻게 사람이 그렇게 악해질 수 있을까 하고 의아해할 것이 없다. 왜냐하면 우리들 안에도 배반의 씨가 있기 때문이다. 우리의 야망은 하나님의 뜻에 굴복되어야만 한다. 그렇지 않으면 그 야망으로 말미암아 하나님을 저버리게 될 것이다. 유다의 경우에서처럼, 죄악 된 성향에 굴복하면 큰 죄를 범하게 된다. 모든 죄는 고백해야 한다. 그렇지 않으면 죄 짓는 것은 더 쉬워지고 회개하는 것은 더욱 어려워지게 되는 것이다.

■ 복습 문제 ■

1. 어느 때에 유다는 자기가 야심 있는 사람이라는 것을 드러냈는가?
2. 왜 유다는 마리아가 예수님께 부은 향유에 대하여 화를 냈는가?
3. 유다는 대제사장들을 위하여 무엇을 하기로 제안했는가?
4. 그는 수당으로 얼마를 받았는가?
5. 왜 유다가 예수님을 배반했는가?
6. 유다는 예수님이 자기의 음모를 알고 계신다는 것을 언제 처음으로 알게 되었는가?
7. 유다는 자기의 계획이 탄로 난 것을 알았을 때 어떻게 했는가?
8. 예수님은 유다에게 어떻게 행하셨는가?
9. 유다는 예수님을 체포하기 위하여 군병들을 어디로 데리고 갔는가?
10. 어떻게 유다는 예수님이 계실 곳을 알고 있었는가?
11. 어떤 방식으로 유다는 군병들에게 예수님을 식별할 수 있게 해 주었는가?
12. 왜 유다는 돈을 제사장들에게 되돌려 주었는가?
13. 유다는 자신의 소행을 후회한 뒤 어떻게 되었는가?
14. 그 돈은 어떻게 처분되었는가?

■ 더 연구할 문제 ■

1. 유다는 자기의 행위에 대하여 책임이 있었는가? 이를 설명하라. 돈을 돌려준 유다의 목적은 무엇이었는가?
2. 유다에 대한 이야기에서 어떤 교훈들을 배울 수가 있는가?

제10장

나를 기념하라

(막 14:12-31; 요 3:1-20)

> ■ 연구 문제 ■
>
> 1. 왜 예수님은 유월절 잡수시기를 원하셨는가?
> 2. 왜 예수님은 자기 제자들의 발을 씻어주셨는가?
> 3. 왜 예수님은 성찬 예식을 제정해주셨는가?

우리 구주께서 배반당하시던 밤에 많은 사건들이 일어났다. 그런데 이것이 어느 밤이었는지에 대해서는 약간의 의문이 있다. 일반적으로 주장하기는 예수님께서 목요일 밤에 유월절을 잡수시고 배반 당하셨으며, 금요일에 십자가에 못 박히셨고, 일요일에 살아나셨다고 한다. 그러나 또 하나의 다른 견해에 의하면, 예수님이 화요일 밤에 만찬을 잡수시고 수요일에 십자가에 못 박히셨다고 한다. 이 두 견해는 다같이 어떤 성경 구절들을 설명함에 있어서 난관에 봉착한다.

그러므로 예수님께서 언제 십자가에 못 박히셨으며, 어느 날 밤에 유월절을 잡수셨는지를 정확하게 말할 수가 없다고 결론지을 수 밖에 없는 것이다. 우리에게는 예수님께서 십자가에 못 박히시기까지의 사건들의 정확한 순서를 결정할 수 있는 충분한 지식이 없다.

1. 유월절을 준비하심

유월절을 지키기 위해 유대인들이 온 로마제국에서 예루살렘에 모여들었다. 일반적으로 유월절은 가족 단위로 지켰으나, 가족을 대동하지 않은 사람들은 함께 그룹을 지어 지켰다. 예수님과 그의 제자들도 그 같이 그룹을 이루었다. 그들은 가족 관계에 의해서가 아니라, 구주께 대한 공동의 충성심에 의하여 결속되었다. 제자들은 유월절을 먹을 장소가 필요했다. 예수님은 두 제자에게 지시하여 유월절을 준비할 수 있는 방을 안내해 줄 물 한 동이를 지고 가는 사람을 따라가라고 하셨다.

예수님이 그 같이 지시하신 것으로 보아 그는 모든 것을 알고 계시는 전지(全知)하신 분이셨다. 예수님은 그의 예루살렘 입성을 위해 쓰실 나귀를 구하려 하실 때도 이같이 자기 제자들에게 지시하신 일이 있었던 것이다.

2. 제자들의 발을 씻기심

유월절 식사를 잡수시던 중에, 예수님은 자리에서 일어나 제자들의 발을 씻기 시작했다. 예수님이 이렇게 하신 데는 두 가지 목적이 있었다.

첫째, 그들이 죄에서 깨끗함을 받을 수 있도록 그가 곧 고난 당해야 할 것을 상징적으로 나타내고자 하심이었다. 예수님은 베드로가 자기 발 씻는 것을 극구 반대했을 때 그와 나누신 대화를 통해서 이 점을 분명하게 밝히셨다.

둘째, 예수님은 겸손의 본을 자기 제자들에게 보여 주고 싶으셨던 것이다. 발 씻어 주는 일은 집안에서 가장 천한 종이 하도록 되어 있었다. 그러나 예수님은 제자들의 주인이시면서도 그렇게 하셨다. 어떤 기독교인들의 경우를 보면, "내가 주와 또는 선생이 되어 너희 발을 씻겼으니 너희도 서로 발을 씻기는 것이 옳으니라"(요 13:14)는 예수님의 말씀을 문자적으로 해석하여 발 씻기는 것을 관례로 행하고 있다.

그렇지만 예수님의 의도는 그 계명을 기독교인들이 문자적으로 지키게 하는 것이 아니었다. 예수님 당시 유대 나라는 모든 길이 먼지가 많았고, 게다가 사람들은 발가락이 다 노출된 샌들을 신고 다녔다. 그래서 누구든지 자기 집을 나서기 바로 직전에 발을 씻었다 할지라도 한두 집을 돌아다니고 나면 금방 발이 먼지투성이가 되어 버렸던 것이다. 그러므로 손님의 발을 씻어 주는 것은 예의와 친절의 표시이었다.

그렇지만 도로와 인도가 잘 포장되어 있고, 대개 양말을 착용하고 구두를 신고 다니는 나라에서는 발을 씻어주는 것은 무의미한 의식인 것이다. 그것은 예수님 당시의 경우처럼 겸손과 예의와 친절을 표시하는 것이 되지 못한다. 예수님의 명령의 참 된 뜻은 그가 가지고 계셨던 대로 우리가 사랑으로 충만하고 겸손한 정신을 가져야 한다는 것이다.

3. 성만찬

유월절 식사를 잡수시던 중에, 예수님은 식탁에 있는 빵과 포도주를 취하여 성만찬을 제정하셨다. 이 성만찬을 제정해 주신 것은 그리스도께서 죄의 속박에서 교회를 구출해 주심을 교회로 하여금 기억하도록 하기 위함이었다. 예수님께서 성만찬을 제정하시어 그를 따르는 자들에게 그것을 지키라고 명령하셨다는 사실에 대해서는 모든 기독교인들이 견해를 같이 하고 있다. 그러나 예수님이 하신 말씀을 해석함에 있어서는 많은 견해차가 있어 왔다. 성만찬의 본질에 대한 문제는 개혁주의자들과 로마 가톨릭 교회가 분열하게 된 기본 요인들 중의 하나였다.

4. 로마 가톨릭의 성찬관

로마 교회는 성만찬이 그리스도를 재희생(resacrificing)하는 것이라고 가르친다. 그들은 미사를 "피 없는 희생 제사"(unbloody sacrifice)라고 부른다. 다시 말해서, 미사가 집례 될 때마다 예수 그리스도께서 거듭 십자가에 못 박히시는 것이다. 로마 가톨릭교회는 미사에 희생 제사 성격이 있는 것으로 믿기 때문에 사제(司祭)가 "이것이 내 몸이니라"는 말씀을 할 때에 성만찬의 빵과 포도주가 그리스도의 살과 피로 변화되는 것으로 또한 믿는 것이다. 이 변화 때문에 미사가 희생 제사로 간주될 수가 있는 것이다.

5. 개신교의 성찬관

개신교도들은 성만찬이 그리스도를 재희생하는 것이 아니라는 점에서는 견해를 같이한다. 성경에는 예수님이 자신을 단번에 희생 제사로 드렸다고 분명하게 가르쳐져 있다.

> 이 뜻을 좇아 예수 그리스도의 몸을 단번에 드리심으로 말미암아 우리가 거룩함을 얻었노라 제사장마다 매일 서서 섬기며 자주 같은 제사를 드리되 이 제사는 언제든지 죄를 없게 하지 못하거니와 오직 그리스도는 죄를 위하여 한 영원한 제사를 드리시고 하나님 우편에 앉으사 …(히 10:10-12).

또한 개신교도들은 빵과 포도주가 그리스도의 살과 피로 변하지 않는다고 하는 점에서도 견해를 같이 한다. 예수님께서 성만찬을 제정하시고 "이것이 내 몸이니라"고 말씀하셨을 때, 그가 여자적(如字的)으로 말씀하셨을 리 없다는 것을 개신교들은 잘 알고 있다. 예수님은 아직 십자가에 못 박히지 않으셨으며, 그는 육신의 몸으로 실재하고 계셨다. 그러므로 빵과 포도주는 그의 상한 몸과 흘린 피가 될 수 없었다.

개신교도들은 로마 가톨릭의 성찬관이 그릇되다는 데는 견해를 같이하고 있으나, 성찬이 무엇을 의미하느냐 하는 문제에 대해서는 견해 차이가 있다. 이것은 종교 개혁 당시에도 마찬가지였다. 삼대 종교 개혁자들인 루터와 칼빈과 쯔빙글리가 이 문제에 관해서는 의견의 일치를 보지 못했으며, 그들의 견해가 오늘날도 존재하고 있는 것이다.

1) 루터의 성찬관: 그의 견해는 오늘날 루터파 교회들에 의해서 지지되고 있으며 로마 가톨릭 견해에 가깝다. 루터파는 빵과 포도주가 그리스도의 몸으로 변화되는 것으로는 믿지 않으나, 그리스도의 신체적인 몸이 빵과 포도주와 공재(共在)하는 것으로 믿는다. 그들은 우리가 빵과 몸을 함께 먹으며 포도주와 피를 함께 마시는 것으로 생각하고 있다. 그들의 주장에 의하면, 예수님께서 하늘로 승천하셨을 때 그의 신체적인 몸이 모든 곳에 편재하게 되었기 때문에, 빵과 포도주에 그리스도의 살과 피가 공재하는 것이 가능하다는 것이다. 그러나 성만찬이 처음 시행되던 그 당시에 그리스도의 신체적인 몸은 편재하고 있지 않았다. 예수님이 신체적으로 존재하고 계셨으나, 그의 제자들은 그의 몸을 먹지 않았다. 이 견해는 "이것이 내 몸이니라"는 말씀을 지나치게 강조하고 있는 것이다.

2) 한편, 쯔빙글리의 견해(오늘날 많은 침례교회들에 의해 지지되고 있음)는 "이것이 내 몸이니라"는 말씀을 무시하고 있다. 쯔빙글리는 성만찬이 주님의 죽음을 기억하는데 도움을 주는 단순한 상징적 기념 만찬

이라고 주장했다. 쯔빙글리는 예수님께서 성만찬에 어떤 특별한 방식으로 임재 하신다는 것을 부인했다. 쯔빙글리의 견해를 지지하고 있는 자들은 성만찬을 성례로 인정하지 않는다. 그들은 성만찬을 하나님이 자기 백성에게 자기의 은혜를 주시는 방도로 생각지 않고 있는 것이다.

3) 칼빈의 성찬관: 이 견해는 오늘날 개혁주의 장로교회에 의해 지지를 받고 있으며, 루터와 쯔빙글리의 중간에 위치한다. 칼빈은 예수 그리스도께서 성만찬에 참으로 임재한다고 가르쳤다. 그러나 예수님은 신체적으로가 아니고 영적으로 임재하신다고 했다. 빵과 포도주를 믿음으로 받을 때, 우리를 위한 예수님의 죽으심이 분배된 빵과 포도주로 표현되어 있음을 깨닫게 되며, 특별한 방식으로 우리가 하나님의 은혜를 받게 된다는 것이다. 그것은 개혁주의 교회 목사가 성찬식을 집례하면서 하는 말의 의미이기도 하다.

"우리가 하늘의 참 빵이신 그리스도를 먹고 자라날 수 있도록, 외형적인 빵과 포도주에 우리의 마음을 집착시키지 말고, 높이 하늘을 우러러 보게 합시다. 거기에는 우리의 대변자이신 그리스도 예수께서 그의 하늘에 계시는 아버지 우편에 계십니다. 우리가 예수님을 기념하여 거룩한 빵과 포도주를 참되게 먹고 마시는 때, 성령의 역사하심을 통하여 그의 살과 피로 우리의 영혼이 자라나며 새 힘을 얻게 된다는 것을 의심하지 맙시다"(기독 개혁주의 교회의 성찬 예식서).

6. 제자들이 부인할 것을 예언하심

유월절 기간 중에 예수님께서는 유다가 자기를 배반할 자임을 밝히셨다. 그러자 유다는 제자들의 집단을 떠나 유대 지도자들을 찾아 나섰다. 예수님과 그의 제자들은 유월절과 성만찬을 마치신 후에 다락방을 나와 감람산에 있는 겟세마네 동산으로 가셨다. 그들이 예루살렘 도성의 고요한

거리들과 가파른 언덕으로 내닫는 길을 따라 걸으며, 기드론 시내를 건너 겟세마네 동산에 이르는 동안에, 예수님은 곧 일어날 사건들에 대해서 그들에게 말씀해 주었다. 그는 그들 모두가 그를 버리고 도망갈 것이라고 그들에게 경고하셨으며, 이것이 성경에 예언되었다는 것까지 말씀하셨다.

하지만, 제자들이 도망쳐 버리는 것으로 일이 끝나 버리는 것은 아니고, 그들은 신앙의 부족과 두려움의 상태에서 회복되고, 예수님이 죽음에서 살아나신 후에 갈릴리에서 그들을 다시 만나 주시게 되어 있었다. 그러나 제자들은 이런 일이 일어나리라는 것을 믿으려 하지 않았다. 다른 때처럼, 이번에도 베드로가 앞장서서 그가 결코 그리스도를 버리지 않겠노라고 주장했다. 그리스도께서 베드로가 세 번 부인할 것을 예언하신 후에도, 베드로는 자기가 그리스도와 함께 죽을 준비가 되어 있노라고 주장했다.

모든 제자도 이와 같이 말하니라(막 14:31).

■ 복습 문제 ■

1. 언제 예수님이 유월절을 잡수셨는가?
2. 제자들은 유월절 먹을 장소를 어떻게 마련했는가?
3. 왜 시몬 베드로는 예수님이 그의 발을 씻어 주시는 일에 대하여 마음을 고쳐먹었는가?
4. 제자들의 발을 씻어 주심으로 해서 예수님은 그들에게 무엇을 가르쳐주셨는가?
5. 어떤 방식으로 예수님은 자기를 배반할 자를 밝히셨는가?
6. 개신교도들은 성찬관에 있어서 로마 가톨릭과 어떤 점들에서 다른가?
7. 루터파의 성찬관을 말하라.

8. 침례교회의 성찬관을 말하라.
9. 개혁주의의 성찬관을 말하라.
10. 그리스도께서는 자기 제자들에 대하여 무엇을 예언하셨는가?
11. 베드로와 다른 제자들은 이에 대하여 어떤 반응을 보였는가?

■ 더 연구할 문제 ■

1. 베드로와 나누신 예수님의 대화는 발 씻어주는 것의 상징적 의미에 대하여 무엇을 계시해주고 있는가?
2. 성만찬 제도는 그 성찬에 참여하는 동안에 기독 신자들이 가져야 할 태도에 대하여 무엇을 가르쳐주고 있는가?

제11장

평안을 너희에게 끼치노니
(요 14장)

> ■ 연구 문제 ■
>
> 1. 예수님은 자기 제자들에게 무슨 약속을 해주셨는가?
> 2. 그는 다른 신격(神格, 성부와 성령)에 대하여 그들에게 무엇을 가르쳐 주셨는가?

요한복음 14장에서 17장은 신약성경 중에 특유한 부분을 이루고 있다. 이 장절에서 요한은 예수님이 줄곧 말씀하신 가장 깊이 있고 감동을 주는 말씀들 중 얼마를 기록해 놓았다. 예수님은 삼년 동안 제자들과 함께 지내오는 가운데, 그들과 함께 지루하게 여러 마일을 걸었으며, 함께 목마르고 굶주렸으며, 함께 위험에 처하셨었다.

그렇게 지내시는 중에 그는 그들을 속속들이 알고 깊이 사랑하게 되었던 것이다. 그는 그들이 그가 배반당하여 체포되는 것을 보게 되면 그들의 연약한 신앙이 위축될 것을 알고 계셨다. 그래서 그는 그들을 위로하고 힘을 북돋아 주려하고 계시며, 제자들이 다음날 목격하게 될 충격적인 사건에 대비시키기 위해 다방면으로 노력하고 계시는 것이다. 이 장절들에서 우리는 사랑으로 가득차 있는 예수님의 마음을 볼 수 있다. 아무 사람도 지금껏 경험하지 못한 엄청난 고통과 영혼의 고뇌를 그 자신은 당하도록 되어 있는데도 그는 그의 사랑하는 제자들을 염려하고 계시는 것이다.

1. 길

예수님은 그의 말씀을 시작하심에 있어서 그의 제자들에게 근심하지 말라고 말씀하신다.

너희는 마음에 근심하지 말라 하나님을 믿으니 또 나를 믿으라(요 14:1).

그리고 그는 왜 그들이 근심할 필요가 없는가 하는 이유들을 제시하고 있다.

첫째, 그는 그들을 위해 처소를 마련하기 위해 아버지께로 가신다. 그리고 나서 모든 것이 준비되는 때, 그가 그들을 자신에게로 영접하여 인도하시는 것이다.

둘째, 그가 가는 길을 그들이 알고 있다고 그는 말씀하신다. 그러나 도마는 이 말씀을 받아들일 수가 없었는데, 이는 그가 의심 가운데 빠져 있어서 예수님이 어디로 가시는지 조차 이해하지 못하고 있기 때문이다. 도마의 질문에 대한 예수님의 대답은 성경의 위대한 구절들 중의 하나이다.

그 대답에서 그는 자신을 우리가 하나님께로 가는 길이요, 하나님을 알게 되는 진리요, 하나님과 함께 하나님 안에서 살게 되는 생명으로 계시하고 있다. 오직 예수 그리스도를 통해서 만이 우리는 하나님께로 갈 수가 있는 것이다.

예수님의 이 주장을 사람들이 감히 어떻게 무시할 수 있겠는가?
하지만, 사람들은 하나님께서 계시해 주신 것을 받아들이려 하지 않기 때문에 하나님께로 가는데 있어서 다른 길들을 언제나 모색하고 있다. 그들은 자기 힘으로 구원을 획득하고자 한다. 그러나 하나님께로 갈 수 있는 다른 길은 없고, 오직 예수 그리스도와의 살아있는 관계를 통해서만이 아버지 하나님께로 우리가 갈 수 있는 것이다.

2. 그리스도와 아버지 하나님

"주여, 아버지를 우리에게 보여 주옵소서. 그리하면 족하겠나이다"(요 14:8)라고 빌립이 질문하자, 예수님은 자신과 아버지와의 관계에 대해서 말씀하게 되신 것이다. 빌립은 그가 질문한 것으로 보아 예수님이 누구이신가를 아직 제대로 이해하지 못하고 있었다. 베드로가 예수님은 그리스도시요 살아계신 하나님의 아들이라고 고백했을 때, 빌립도 분명 견해를 같이 했을 것이 틀림없다.
그러나 그는 이 고백이 예수님과 아버지가 하나라는 것을 의미한다는 것을 제대로 깨닫지 못했던 것이다. 아마 다른 제자들도 같은 문제를 안고 있었을 것이다. 사실 삼위일체 교리는 신비이기 때문에 그것을 이해하는 데는 어려움이 있다. 그러나 예수님은 그가 하나님을 사람들에게 나타내 보여 주기 위해서 세상에 오셨다는 것과, 그 자신이 하나님이시기 때문에 하나님을 그가 완전하게 나타내 보일 수 있다는 것을 분명하게 가르쳐 주셨다.
기도를 응답해 주시겠다고 하는 예수님의 약속은 그와 아버지가 하나라고 하는 그의 주장과 밀접하게 관련이 있다. 그는 만일 그의 제자들이 그의 이름으로 무엇을 구하든지 응답해 주시겠다고 약속했다. 이와 같이 예수님은 그가 하나님이시라는 것을 거듭 주장하고 있는 바, 이는 하나님만이 기도를 응답해 주실 수가 있기 때문이다. 그렇지만 또한 예수님은 그가 아버지께 구하겠으니, 아버지께서 성령을 그들에게 보내주실 것이라고 말씀하셨다. 여기에 두 위대한 진리가 균형을 이루고 있다(예수님은 하나님이시다).

그렇지만 그는 하나님의 종이 되시려고 이 땅에 오셨다. 그래서 그는 기도를 응답해 주시면서도, 성령을 보내주시라고 아버지께 구하는 것이다.

3. 그리스도와 제자들

그리스도께서는 그가 그의 제자들을 떠나가실 것에 대하여 말씀하시는가 하면, 그들을 쓸쓸하게 놓아두지 않고 그들에게 오시겠다고 그들을 안심시키고 계신다. 이 말씀은 곧 마지막 날에 그가 신체적으로 재림하실 것이라는 약속과 오순절에 있을 성령 강림을 가리킨다. 성령을 통하여 그리스도께서는 자기 백성의 마음 속에 거하신다. 그가 성령을 보내실 예정으로 계셨기 때문에, 그는 자기의 제자들에게, "볼지어다 내가 세상 끝날 까지 너희와 항상 함께 있으리라"(마 28:20)고 말씀하실 수 있었던 것이다.

예수님은 또한 자기 제자들에게 그에 대한 자기들의 사랑을 확신할 수 있는 방법을 말씀하셨다. 사랑은 감정에 속하는 것이기 때문에, 우리가 주님을 참으로 사랑하는지의 여부를 알기란 어렵다. 그러기에 주님에 대한 사랑을 스스로 확신할 수 있는 시금석이 우리에게 절실히 필요한 것이다. 예수님이 그러한 시금석을 제시해 주셨다.

> 나의 계명을 가지고 지키는 자라야 나를 사랑하는 자니라(요 14:21).

우리가 하나님의 말씀을 지킴으로써 하나님께 대한 우리의 사랑과 헌신을 입증할 때, 예수님은 약속하시기를, "나를 사랑하는 자는 내 아버지께 사랑을 받을 것이요 나도 그를 사랑하여 그에게 나를 나타내리라"(요 14:21)고 하셨다. 예수님은 외견상으로는 많은 사람들에게 자신을 계시하셨으나, 그를 사랑하는 자들에게만 구세주로 자신을 계시하고 계신다.

4. 최후의 축복

　요한복음 14장의 마지막 부분은 구약성경에 나오는 족장 야곱의 이야기를 연상케 한다. 야곱이 나이 많아 곧 죽을 것이 틀림없게 되자, 그는 그의 모든 아들들을 자기에게로 불러들여 그들을 위해 축복을 빌어 주었다. 예수님께서는 십자가의 죽음이 임박해지자, 그의 영적 자녀들인 제자들을 자기 주위에 모아 놓고 그들 위에 복을 빌어 주셨다.

　첫째, 그는 성령을 그들의 선생으로 그들에게 보내주시겠다고 약속하셨다. 제자들의 경우 그들이 배워야 하는데도 아직 받아들일 수가 없는 진리들이 있었는데, 이 진리들을 성령께서 그들에게 가르쳐 주시게 되는 것이다. 또한 예수님이 그들을 삼년 동안 가르치셨지만, 그들로서는 이해하지 못하는 것들이 많이 있었다. 그러나 성령께서 그들의 기억을 새롭게 하여 주심으로 그들은 주님이 말씀하신 것을 상기하고 그것을 이해할 수 있게 되는 것이다.

　둘째, 예수님은 제자들에게 그의 평안을 주시겠다고 하였다. 그의 경우 세상 사람들이 하는 것처럼, 그저 평안하기를 소원하거나 희망하는 뜻을 표하는 것으로 그치는 것이 아니다. 그는 그들의 괴로워하는 마음속에 실제적으로 평안을 주시는 것이다. 예수님은 제자들에게 무슨 일이 있게 될 것인가를 말씀해 주셨다. 즉, 그가 패배를 통하여 승리를 얻을 것과, 그의 고난에는 영광이 따른다는 것을 밝히 말씀하셨다.

　그들의 경우, 예수님의 고난 가운데 내포되어 있는 참된 승리를 볼 수 있게 될 때, 그들의 마음이 평안으로 충만하게 되는 것이다. "나의 평안을 너희에게 주노라"(요 14:27)는 말씀은 죄인이 하나님 앞에서 의롭다 칭함 받은 사실을 알게 되는 때에 그가 체험하는 평안을 의미하기도 한다. 그러므로 이 구절의 말씀은 예나 지금이나 모든 기독교인들에게 귀중한 것이다.

■ 복습 문제 ■

1. 예수님은 제자들에게 어떤 이유들을 들어서 근심하지 말라고 하셨는가?
2. 예수님이 가시려는 길을 왜 제자들은 알고 있었어야 했는가?
3. 사람들은 어떻게 하나님 아버지를 알 수 있는가?
4. 예수님과 아버지와는 어떤 관계가 있는가?
5. 요한복음 14:12-18에서 예수님은 자기 제자들에게 어떤 약속들을 주셨는가?
6. 어떤 두 가지 방식으로 예수님은 자기 제자들에게 오시는가?
7. 예수님을 우리가 사랑한다는 것을 우리는 어떻게 알 수 있는가? 즉, 예수님에 대한 우리의 사랑을 우리가 어떤 방식으로 확신할 수 있는가?
8. 왜 예수님은 자신을 세상에 나타내지 않으시는가?
9. 성령은 어떤 사역을 하게 되시는가?
10. 왜 제자들은 예수님이 떠나시는 것을 보고서 즐거워해야 하는가?

■ 더 연구할 문제 ■

1. 예수님은 우리를 위해 처소를 아버지 집에 어떻게 마련하시는가?
2. 요한복음 14:12을 설명하라.
3. 예수님의 이름으로 어떤 것을 구하는 것은 무엇을 의미하는가?
4. 어떤 점에서 아버지가 아들보다 더 크신가?(요 14:28)

제12장

내 안에 거하라
(요 15장)

> ■ 연구 문제 ■
>
> 1. 예수님은 자신과 자기 제자들과의 관계를 묘사하기 위하여 왜 포도나무와 가지 비유를 사용하고 계시는가?
> 2. 기독교인의 현저한 특징들은 무엇인가?
> 3. 그리스도와 그의 제자들에 대하여 세상은 어떤 태도를 취하고 있는가?

마지막으로 그 위대한 교사는 그가 그처럼 참을성 있게 교육시켜 온 그 적은 무리 앞에 서 있다. 그의 가르치시는 일이 거의 끝나 가고 있는 것이다. 이제 얼마 안 있어 이 사람들은 그가 고난을 당하여 죽는 것을 보고 충격을 받게 될 것이며, 그의 부활의 기쁨을 체험하고, 그리고 나서 죄의 흑암 속에서 길을 잃고 방황하는 세상에서 그를 대표하기 위해 나아가야 한다. 요한복음 14장에는 구주의 위로의 말씀이 기록되어 있고, 15장에는 가르침의 말씀이 있다.

여기서 예수님은 제자들에게 그들의 자기에 대한 관계와 상호 간의 관계 및 세상에 대한 관제를 일러 주고 계신다.

1. 과실을 많이 맺으라

15장의 처음 부분(1-8절)은 과실을 많이 맺을 것을 다루고 있다. 예수님은 그의 제자들이 과실을 많이 맺어야 한다는 것을 그들에게 가르치기 위해서 포도나무 비유를 사용하고 계신다. 이 비유의 모든 말씀들은 이 핵심되는 요점을 드러내는데 이바지하고 있다. 성부 하나님은 농부로 묘사되어 있다. 그가 포도나무를 가꾸신다. 그는 과실을 맺지 아니하는 나무를 제거하여 불태우고 과실을 맺는 가지들은 더 많은 과실들을 맺게 하려고 그것들을 전정하신다. 포도나무의 경우 과실을 맺는 것은 정상적인 것이요 당연한 것이다.

예수님의 비유의 말씀은 기독교인의 경우도 과실 맺는 것이 정상적이요 당연하다는 것을 보여 주고 있다. 사실 그것은 기독교인의 현저한 특징이기도 하다. 과실을 맺지 않는 제자는 그리스도와 전혀 관계가 없다.

그러면 제자들이 맺어야 할 열매란 무엇인가?

개인적인 성결인가, 아니면 전도하여 얻는 많은 회심자들인가?

둘 다인 듯하다. 예수님은 제자들에게 그들이 그의 일을 계속해 나가야 한다는 것과 그들에게 필요한 모든 것을 그가 주시겠다는 것을 말씀하고 계신다. 기독교인의 의무 중에 하나는 점진적으로 성결하게 되어 더욱 더 예수 그리스도를 닮아 가는 것이요, 또 하나의 다른 의무는 그리스도를 사람들에게 증거하는 것이다.

그런데 기독교인들이 이 두 가지의 의무들에 다 같이 충실할 때만이 그리스도의 일이 그들에 의해 계속되는 것이다. 그리스도께서 우리를 사용하여 다른 사람들을 인도해 그를 믿게 할 것인지의 여부에 대해서 우리는 알 수가 없다.

그러나 그를 위하여 사는 것과 그에 대하여 다른 사람들에게 말하는 것에 우리가 충실하고 있는지의 여부는 우리가 알 수 있다. 만일 우리가 이 두 가지 일들을 하고 있다면, 우리는 그를 위해 과실을 맺고 있는 것이다.

어떻게 우리는 과실을 많이 맺을 수 있는가?

그리스도 안에서 거함으로 해서이다. 그러면 어떻게 그 안에 거할 수 있는가?

어떤 신기한 정해진 규칙이라도 있는가?

결코 없다. 그리스도 안에 거한다고 하는 것은 그의 사랑 안에 거하는 것을 말한다. 우리가 그를 사랑하기 전에 그가 우리를 사랑하셨다. 우리가 그리스도를 신뢰할 때에, 우리는 과실을 맺게 되는 것이다. 우리가 그리스도 안에 거하고 있는지를 알 수 있는 하나의 특징(징표)이 있다.

> 내가 아버지의 계명을 지켜 그의 사랑 안에 거하는 것 같이 너희도 내 계명을 지키면 내 사랑 안에 거하리라 … 내 계명은 곧 내가 너희를 사랑한 것 같이 너희도 서로 사랑하라 하는 이것이니라(요 15:10, 12).

이것은 또한 우리가 그리스도에게 속해 있다는 것을 다른 사람들이 알 수 있는 표지(특징)이기도 하다.

> 너희가 서로 사랑하면 이로써 모든 사람이 너희가 내 제자인 줄 알리라 (요 13:35).

2. 서로 사랑하라

예수님은 그의 제자들에게 말씀하시기를, 그가 먼저 그들을 사랑해 주셨기 때문에 서로 사랑하라고 하신다. 진실로, 그는 그의 친구들을 위하여 자기의 목숨을 내버림으로써 가장 큰 사랑을 나타내 보이셨던 것이다. 그는 그들이 그의 계명을 지킬 것 같으면 그의 친구라는 것을 그들에게 일깨워 주고 있다. 예수님은 그의 제자들을 종이 아니라 친구로 대하심으로써 그들에 대한 그의 사랑을 나타내셨다. 그들은 그들이 그에게 순종해야 했다는 점에서는 여전히 종이었으나, 하나님의 뜻에 대하여 그들을 가르쳐 주심으로써 그는 그들을 또한 친구로 취급하셨다.

종들에게는 그저 순종하라고만 일러주는데 반하여, 친구들에게는 왜 그들이 순종해야 하는가를 일러주는 것이다. 예수님은 그들에게 하나님의 계획과 목적들을 계시해 주심으로서, 그가 그들을 사랑하신다는 것을 입증하셨다. 제자들에 대한 예수님의 사랑은 그가 그들을 사도로 임명하셨을 때에 나타났다. 그가 그들을 사랑하여 선택해주셨기 때문에, 그들은 그의 종들로서 나아가 열매를 맺게 되며, 하늘에 계신 아버지께서 그들의 기도를 응답하실 것을 확신할 수가 있었던 것이다. 이것이 사도들의 경우 특별히 사실인 것은, 예수님이 몸소 그들을 사도들로 준비시켰기 때문이다.

그러나 모든 기독교인의 경우 또한 사실이다. 예수님께서 우리를 택하셨고 그의 종들로 정하셨기 때문에 우리가 그에게로 나아오는 것이다. 그리고 그가 우리를 지극히 사랑해주셨기 때문에, 우리는 서로 사랑해야 하는 것이다.

3. 세상이 미워하리라

예수님은 제자들에게 세상이 그들을 미워할 것이라고 경고해주셨다. 세상이 그리스도를 미워하였으므로, 그에게 속한 자들의 경우 그 같은 취급을 예상하는 것은 당연한 것이다. 그리고 이 같은 미움을 모든 기독교인이 당하게 되는데, 이는 그리스도께서 우리를 세상에서 구분하여 선택하셨다는 그 한 가지 이유 때문이다. 그리스도께서는 우리를 세상과 다르게 해주셨으며, 우리가 다르기 때문에 세상이 우리를 미워하는 것이다.

우리는 그의 종들이요, 세상은 그를 미워한다. 세상은 하나님을 미워하기 때문에 예수님을 미워한다. 만일 세상이 하나님을 사랑하지 않는다고 하면, 그것은 하나님의 유일한 아들을 사랑할 리가 없다. 만일 세상이 유일한 아들을 사랑하지 않는다고 하면, 그것은 하나님을 섬기는 자들을 사랑할 리가 없는 것이다.

왜 세상이 유일한 아들을 그렇게도 미워하는가?

그 이유는 유일한 아들이 죄인들에게 그들이 얼마나 죄악 된가를 보여 주셨기 때문이다. 그는 그의 생활과 그의 가르침을 통해서 하나님의 완전한 성결을 나타내 보이셨다. 사람들은 예수님의 성결을 보게 되자 그들 자신의 죄악성을 깨닫게 되었던 것이다. 그들은 그들이 죄인임을 인정하려 하지 않았다. 그래서 그들은 그리스도가 그들의 죄를 드러내 보여주었기 때문에 그를 미워하였던 것이다.

만일 세상이 예수님을 미워했다고 하면, 사람들이 그를 믿게 되리라는 것을 사도들이 어떻게 바랄 수 있었겠는가?

혹자는 세상의 이 같은 증오감으로 말미암아 사도들의 일이 불가능하게 될 것으로 생각했을지 모른다. 그러나 예수님은 그가 진리의 영이신 보혜사 성령을 보내 주시겠다고 약속하셨다. 성령이 제자들과 함께 일하게 되는 것이다. 제자들이 그리스도의 복음을 증거하는 때에, 성령이 사람들의 마음 속에서 증거하시게 된다. 하나님께서 사람들의 마음 속에서 일하실 것이기 때문에, 사도들은 사람들이 그들의 메시지를 믿으리라는 것을 기대할 수가 있었다. 보혜사가 예수님을 증거하고 계시기 때문에 사람들이 복음을 사실상 믿는 것이다.

■ 복습 문제 ■

1. 요한복음 15:1은 무슨 비유적 표현인가?
2. 어떤 점에서 그리스도는 포도나무와 같은가?
3. 어떤 점에서 기독교인들은 가지와 같은가?
4. 어떤 점에서 아버지는 농부와 같으신가?
5. 예수님께 속해 있는 자들의 특징은 무엇인가?
6. 왜 예수님은 이제 그의 제자들을 친구라고 부르고 있는가?
7. 왜 세상은 기독교인들을 미워하는가?
8. 왜 세상은 그리스도를 미워하는가?
9. 보혜사가 하시는 일은 무엇인가?

■ 더 연구할 문제 ■

1. 성부와 그리스도 간의 관계가 그리스도와 그의 제자들 간의 관계에 어떻게 반영되어 있는가?
2. 세속적인 청소년들이 기독교인들에 대한 세상의 증오감을 어떤 방식으로 나타내고 있는지 몇 가지 실례를 들어 보라.

제13장

내가 세상을 이기었노라
(요 16장)

> ■ 연구 문제 ■
>
> 1. 제자들의 장래는 어떻게 될 것인가?
> 2. 그리스도가 고난을 당하심으로 해서 제자들의 경우 어떻게 더 좋은 일이 있게 되는가?

　요한복음 14장-16장은 예수님이 십자가에 못 박히시기 전 그의 제자들에게 주신 그의 마지막 메시지를 기록해 놓은 것이다. 요한복음 14장에는 예수님의 위로의 말씀이, 15장에는 그의 가르침의 말씀이, 그리고 16장에는 그의 격려의 말씀이 있다.

1. 제자들의 장래

그리스도께서 그의 제자들을 격려하심에 있어서 그들에게 낙관적인 장래를 약속하지 않으셨다. 반대로, 그는 그들에게 핍박을 각오하라고 말씀해 주셨다. 심지어는 출회(黜會)(역자주—유대인 사회에서 쫓겨나는 것)까지 각오하라고 하셨다. 요약하자면, 그리스도가 그의 대적들에게서 받은 것과 같은 종류의 취급(핍박)을 그들이 받게 될 것을 그들은 예견할 수가 있었던 것이다. 사람들은 하나님과 주 예수 그리스도를 사랑하지 않기 때문에, 그리스도의 제자들을 핍박한다. 심지어 종교심이 있는 자들까지도 그리스도를 따르는 자들을 핍박한다.

이 말씀은 산상 보훈 중에서 다음과 같은 말씀을 생각나게 한다.

> 나를 인하여 너희를 욕하고 핍박하고 거짓으로 너희를 거스려 모든 악한 말을 할 때에는 너희에게 복이 있나니 기뻐하고 즐거워하라 하늘에서 너희의 상이 큼이라 너희 전에 있던 선지자들을 이같이 핍박하였느니라(마 5:11-12).

2. 새로운 계시

예수님은 이 마지막 메시지를 전하시면서 그가 곧 그의 제자들을 떠나신다는 말씀도 섞어서 해주셨다. 이 같은 말씀으로 인하여 제자들은 크게 슬퍼하게 되었다. 그들로서는 예수님이 그들을 버리고 떠나신다는 것을 도무지 생각조차 할 수 없었다. 그런데 그가 떠나가는 것이 실상은 그들에게 유익이 된다는 것을 그는 그들에게 밝히셨다. 그는 이 같은 말씀들을 이전에는 그들에게 말씀하지 않으셨는데, 그 이유는 그가 그들과 함께 계셨기 때문이다. 또한 그가 떠날 시간이 임박하기까지는 말씀하실 필요도 없었기 때문이다.

이제 이 새로운 계시를 밝힐 때가 왔다. 그리고 예수님이 가시고 나면 그들은 더 많은 계시를 필요로 하게 되는 것이다. 이는 응답되어야 하는 새로운 문제들이 그들의 마음속에서 생겨나게 될 것이기 때문이다. 이 같은 이유로 인하여 성령이 그들에게 교사로 오셔서 그들을 모든 진리 가운데로 인도하실 것이라고 그리스도께서는 약속하셨다. 여기서 그리스도가 그의 제자들에게 보이신 사랑을 찾아볼 수 있다. 그는 그들이 필요로 한 지식을 필요한 때에 그들에게 제공해 주셨다. 그는 그들을 한결같이 인도하여 마침내는 그들이 그의 기이한 구속 사역을 충분히 이해할 수 있게 하셨던 것이다.

3. 근심이 도리어 기쁨이 되리라

예수님께서 그들을 떠나 가셨다가 다시 그들에게 돌아오시리라는 개념은 너무 어려워서 제자들로서는 이해할 수가 없었다. 그래서 제자들은 예수님이 무엇에 대하여 말씀하려고 하셨는지 서로 묻기 시작했다. 예수님은 그들이 혼란 가운데 빠진 것을 아시고, 그가 떠나시는 것에 대하여 더욱 자세하게 가르쳐주셨다.

그러나 그는 그의 십자가에 못 박히심에 대하여 여자적(如字的)으로 설명하려 하지 않으셨다. 이는 그가 십자가에 실제로 못 박히시기까지는 그들이 그의 죽음을 이해할 수 없었을 것이기 때문이다. 대신, 그가 떠나시게 될 때 그들이 체험하게 될 슬픔(근심)과 그를 다시 보게 될 때 그들이 얻게 될 기쁨을 그들에게 말씀해주셨다. 이 기쁨을 그들은 결코 잃지 않게 될 것이다. 그것은 아버지 하나님께 대한 새롭고 더 친밀한 관계를 포함하게 될 것이며, 그들은 예수의 이름으로 기도할 수가 있고 그들의 기도가 응답되리라는 것을 확신할 수 있게 될 것이다.

예수님은 그의 제자들을 "불분명한 언사"(dark sayings)로 가르쳐주셨으나, 그것이 끝날 때가 가까워졌다. 그가 곧 그의 아버지께로 돌아가시게 되며, 그 때에는 그들에게 모든 것들을 분명하게 말할 수 있게 될 것이다. 이 같은 내용의 말씀은 제자들에게 도움을 주었다. 그들은 이제 그를 이해할 수 있게 되었다고 말하는가 하면, 그가 하나님께로부터 왔다는 것도 믿게 되었다. 그러나 실상 그들에게는 아직껏 강한 믿음이나 예수님의 말씀에 대한 분명한 이해가 없었다.

그런 까닭에, 예수님께서 잡히시는 때에, 그들은 모두 흩어지며 예수님 혼자서 그의 대적들을 맞서도록 그를 버리게 되는 것이다. 요한복음 16장 마지막 구절은 예수님의 제자들과 가진 이 전체 대화에서 그가 강조하셨던 바를 요약하고 있다.

> 이것을 너희에게 이름은 너희로 내 안에서 평안을 누리게 하려함이라 세상에서는 너희가 환난을 당하나 담대하라 내가 세상을 이기었노라(요 16:33).

■ 복습 문제 ■

1. 어떤 시련들을 제자들은 각오해야 하는가?
2. 왜 예수님은 이 때까지 기다렸다가 자기의 떠나실 것과 돌아오실 것에 대하여 그들에게 말씀하셨는가?
3. 어떤 점에서 예수님의 떠나가심이 제자들에게 유익이 되었는가?
4. 보혜사가 하시는 일은 무엇인가?
5. 그리스도에 대한 보혜사의 관계는 어떤 것인가?
6. 어떤 가르침을 제자들은 이해할 수가 없었는가?
7. 어떤 위로를 예수님은 그들에게 약속하셨는가?
8. 기도에 대한 어떤 약속을 요한복음 16장에서 찾아볼 수 있는가?
9. 어디에서 기독교인은 평안을 찾을 수 있는가?
10. 환난이나 근심에 대한 예고가 어떻게 기쁨이나 평안에 대한 약속과 균형을 이루고 있는가를 말하라.

■ 더 연구할 문제 ■

1. 그리스도께서 세상을 떠나지 않으시는 한 왜 보혜사가 오실 수 없었는가?
2. 성령은 당신을 위하여 무엇을 하시는가?
3. 그리스도의 고난, 죽음, 부활과 그가 주시는 기도에 대한 약속 간에는 어떤 관련이 있는가?

제14장

내가 저희를 위하여 비옵나니
(요 17장)

> ■ 연구 문제 ■
>
> 1. 예수님은 다락방에서 누구를 위하여 기도하고 계시는가?
> 2. 무엇을 위하여 기도하고 계시는가?

예수님은 제자들과의 대화를 끝낸 후에 기도하셨다. 이 기도는, 대화의 경우처럼, 그들이 겟세마네 동산으로 향해 떠나기 전 다락방에서 드려졌던 것으로 보인다. 겟세마네 동산에서의 그의 기도와 혼동해서는 안된다. 두 기도의 음조(音調)가 완전히 다르다. 동산에서 기도할 때 예수님은 그가 곧 당면하게 될 고난을 염두에 두고 있었다. 그러나 여기서 그는 그의 교회의 장래에 대하여 염려하고 있다.

1. 아들을 영화롭게 하소서

이 기도는 그가 수난 전에 드린 그의 마지막 공적 기도이다. 이 기도에서 우리 구주께서는 자신을 위하여 기도하고 있지 않다. "아들을 영화롭게 하소서"라는 간구로 그가 그의 기도를 시작하고 있는 것은 사실이나, 이같이 기도한데 대해 "아들로 아버지를 영화롭게 하옵소서'라는 이유를 그는 제시하고 있다(요 17:1). 아들은 그의 지상에서의 사역을 통해서 아버지를 이미 영화롭게 하셨다. 이제 그는 하늘에서 하나님을 계속 영화롭게 할 수 있기 위해 하늘의 영광의 보좌로 되돌아갈 준비가 돼 있는 것이다. 이 기도에서 예수님은 두 가지의 큰 목적을, 곧 하나님 영광과 그의 제자들의 유익을 염두에 두고 있다.

2. 내게 주신 자들을 위함이니이다

예수님의 기도의 대부분은 그의 제자들과 나중에 그를 믿게 될 자들을 위한 것이다. 그가 기도하고 있을 때 그의 제자들이 어떤 감정을 느끼게 되었을 것인가를 생각해 보라. 그는 그가 고난을 당하게 될 것이라는 것을 그들에게 말해 주었을 뿐 아니라, 그가 어려움에 처하게 되는 그 시간에 그들이 그를 버리리라는 것도 말씀하셨었다. 그런데 이제는 그들을 위하여 그가 아버지께 그의 마음을 쏟아놓는 것을 그들은 듣고 있다. 예수님은 그의 뼈아픈 고난을 목전에 둔 이 시간에 자신보다는 그들을 더 염려하고 있는 것이다.

예수님은 제자들을 위하여 기도하실 때 열둘 이외의 다른 제자들을 위해 사실상 기도하고 있다. 그는 기도하기를, "내가 비는 것은 이 사람들만 위함이 아니요 또 저희 말을 인하여 나를 믿을 사람들도 위함이니"(요 17:20)라고 하고 있다. 그는 아버지께서 그에게 주신바 되고, 그가 하나님에 의해 보냄 받았다는 것을 믿는 모든 사람들을 위하여 기도하고 있는 것이다.

예수님은 그의 기도에서 그의 제자들을 위하여 다음과 같이 네 가지로 간구하고 있다.

1) 그는 아버지께서 그들을 보존하여 지켜 주시기를 기도한다. 그는 자기 백성이 세상으로부터 분리되기를 구하지 않고, 그 안에 살되 악한 자로부터 보존되기를 구하고 있다. 그들을 미워하는 세상 가운데서 그들은 하나님의 보존하시는 능력(keeping power)에서만 안전을 찾을 수가 있는 것이다.

2) 예수님은 그의 백성이 거룩하게 되기를 기도한다. 그는 자기 백성이 점점 더 성결하게 되기를 원하고 있다. 이 성결은 하나님의 진리에 의하여 된 것이다. 사람들은 진리를 믿을 때에, 하나님께 순종하여 살게 된다. 우리가 성경을 공부하고 성령이 성경의 말씀들을 우리 마음에 심어줄 때에 우리가 점점 더 성결하게 되어 가는 것이다.

3) 예수님은 자기 백성이 하나 되기를 기도한다. 아버지와 아들(성부와 성자) 간에 있는 것과 동일한 종류의 연합(하나 됨)을 교회가 세상에게 보여 줄 수 있기를 원하고 있다. 연합된 교회는 분열된 세상에게 하나의 증거가 되는 것이다. 그 같은 사랑을 담고 있는 종교라면 하나님께로부터 온 것이 틀림없는 것으로 세상이 인정하게 되는 것이다. 예수님은 "아버지께서 나를 보내신 것과 또 나를 사랑하심 같이 저희도 사랑하신 것을 세상으로 알게 하려고"(요 17:23) 이 연합을 위해 기도하신 것이다. 그리스도의 이 기도는 교회가 크게 분열되어 있는 현재로서는 아직 성취되고 있지 않음이 확실하다.

그러나 연합을 위한 그리스도의 기도가 응답될 것으로 확신한다. 하나님께서 이 연합을 어떻게 이루실지 우리로서는 알지 못하나, 우리는 연합을 위하여 기도하고 힘써야 한다. 이는 그로 말미암아 하나님께 영광이 돌려지기 때문이다.

4) 예수님은 자기 백성을 영화롭게 해주시기를 하나님께 구한다. 그는 자기 자신이 영화롭게 되는 것으로 만족하지 않고, 자기의 영광을 자

기 백성과 함께 나누어 갖기를 원하고 있다. 그는 그들이 그의 영원한 영광을 바라보며 그의 축복들에 참여하기를 원하고 있는 것이다.

■ 복습 문제 ■

1. 왜 예수님은 영화롭게 되기를 구하고 있는가?
2. 예수님은 무엇을 하러 보내심을 받았는가?
3. 예수님이 위하여 기도하는 자들을 식별하는 표는 무엇인가?
   (요 17:6-8)
4. 왜 예수님은 제자들만을 위해서 기도하고 세상을 위해서는 안하시는가?
5. 예수님은 제자들과 함께 계시는 동안에 그들을 위해 무엇을 하셨는가?(요 17:12-14)
6. 예수님은 아버지께서 그들을 위해 무엇을 해주시기를 구하고 있는가?
   (요 17:12-17)
7. 어떤 점들에서 기독교인들이 그리스도와 같아야 하는가를 열거하라
   (요 17:18-23)
8. 어떤 최종적인 축복을 예수님은 자기 백성을 위하여 바라고 있는가?

■ 더 연구할 문제 ■

1. 그리스도의 이 기도에서 우리는 우리 자신의 기도에 대하여 무엇을 배울 수 있는가?
2. 이 기도가 완전히 성취되었다고 한다면 오늘의 기독교회는 어떤 상태가 되었을까?

제15장

나의 원대로 마옵시고
(마 26:36-56)

■ 연구 문제 ■

1. 왜 예수님은 겟세마네의 고뇌를 겪으셨는가?
2. 예수님은 그가 배반당하시고 잡히시던 기간 중에 어떤 태도를 취하셨는가?

다락방에서는 예수님이 자기 제자들을 위하여 기도하셨으나, 겟세마네에서는 자신을 위하여 기도하셨다.
이 두 기도 사이에는 얼마나 큰 차이가 있는가!
예수님과 제자들은 그들이 함께 유월절 만찬을 먹었으며, 예수님이 그의 떠나실 것과 돌아오실 것에 대하여 그들을 가르쳐 주셨으며, 대제사장이신 그가 자기 백성을 위하여 기도하셨던 그 다락방을 떠나 예루살렘 거리들을 걸어갔다. 그 거리에는 많은 집에서 불빛이 새어나오는 것으로 보아 아직도 유월절을 먹고 있는 중이었던 것이다. 그들은 성문을 통과하여 기드론 계곡에 이르는 가파른 길로 내려갔다. 보름달이 창백하게 계곡을 비추고 있었고, 기드론 시내는 겨울비가 내린 뒤라서 넘쳐흐르고 있었다.

그들은 조심스럽게 시내를 건너 그 계곡의 반대편으로 올라갔다. 그들은 겟세마네 동산을 향해 가고 있었다. 여기, 예루살렘에서 가까운 조용한 작은 이 숲에서, 예수님은 그의 영혼을 쉬게 하기 위해 자주 왔었다. 이제, 그의 공적 사역의 시간들이 점점 막바지로 접어드는 때에, 그는 하늘에 계신 그의 아버지와 교통하는 마지막 시간을 갖기 위해 이 거룩한 곳을 다시 찾아오신 것이다.

1. 동산에서의 기도

예수님은 동산에 이르러 제자들에게 입구에서 그를 기다리라고 말씀하셨다. 그러나 베드로, 야고보, 요한에게는 손짓하여 그와 함께 동산 안으로 갔다. 입구에서 조금 벗어나자 그는 그의 영혼을 짓누르고 있던 슬픔과 고민을 세 제자들에게 털어놓고 말씀하셨다.

> 내 마음이 심히 고민하여 죽게 되었으니 너희는 여기 머물러 나와 함께 깨어 있으라(마 26:38).

그리고 나서 그는 기도하러 가셨다. 그는 세 차례 기도하셨는데, 그가 그 세 제자들에게 되돌아와 본 때마다 그는 그들이 잠자고 있는 것을 발견했다. 그는 그들을 부드럽게 책망하셨다.

> 너희가 나와 함께 한시 동안도 이렇게 깨어 있을 수 없더냐 시험에 들지 않게 깨어 있어 기도하라 마음에는 원이로되 육신이 약하도다(마 26:40-41).

그러나 세 번 모두 그들의 피곤한 눈이 떠지지 않았으며, 특히 그들은 잠에 빠지곤 했다.

   이 어찌된 일인가!

   베드로와 다른 제자들은 그들의 주님을 결코 버리지 않겠노라고 장담했으면서도 그를 위해 한시 동안도 깨어있을 수 없었다는 말인가?

   무엇을 위하여 예수님이 기도하셨는가?

   예수님이 하신 세 번의 기도는 말은 약간 다르다 할지라도, 사상과 내용은 사실상 동일했다. 그는 아버지께 가능하다면 그에게서 잔을 거두어 줄 것을 구하였다. 그러면서도 아버지의 뜻이 이루어지기를 기도하였다. 예수님이 기도하실 때 그에게서 거두어 달라고 한 잔은 그가 받을 고난의 잔을 의미하였다.

   그는 그가 죽어야 한다는 것을 알고 있었다. 그는 그가 죄를 담당하는 자로서 죽어야 한다는 것을 알고 계셨다. 그의 백성의 모든 죄악이 그의 어깨 위에 지워 짐으로 해서 그는 그 모든 죄악들의 죄책을 담당하게 되는 것이다.

   그는 하늘에 계시는 자기 아버지께서 자기를 버리실 것을 알았다. 그것은 생각만 해도 소름끼치는 일이었다. 이 같은 고통을 감내하는 일은 그로서는 도무지 감당할 수 없을 것처럼 보였다. 그래서 가능하다면 목숨을 부지케 해 달라고 구했던 것이다. 그는 죄인들을 구원하기 위하여, 즉 "자기 목숨을 많은 사람의 대속물로 주려"(막 10:45) 세상에 오셨었다. 그는 항상 그 목적에 순종하였다. 그의 기도의 배후에는 다음과 같은 개념이 들어있다.

     아버지여, 내가 소름끼치는 십자가를 대가로 지불하지 않고서라도 당신이 내게 주신 백성들을 구원하실 수 있다고 하면 그렇게 하옵소서. 그러나 다른 방도가 전혀 없으며, 당신이 이 목적을 위하여 나를 보내셨으므로, 사람들을 위한 고난의 구주로 쓰임 받기 위해 나 자신을 당신께 기쁜 마음으로 드리오니, 내 안에서 당신의 온전한 계획이 이루어지게 하소서.

2. 배반당하심

예수님께서 그의 제자들과 말씀하고 계시던 때에, 검과 몽치(막대기)로 무장한 일단의 사람들이 조금 전에 주님(예수님)께서 그의 추종자들을 인도했던 바로 그 길로 접어 들고 있었다. 그들이 기드론에서 겟세마네에 이르는 비탈길을 올라오고 있을 때 나뭇가지들 틈새로 그들의 등불이 어렴풋이 비쳐왔다. 예수님은 그 일단의 사람들이 누구인지를 알고 계셨다. 그러기에 다음과 같이 말씀하셨다.

> 일어나라 함께 가자 보라 나를 파는 자가 가까이 왔느니라(마 26:46).

예수님은 그 동산에서 쉽게 빠져나가 그를 잡으러 온 군병들을 피할 수가 있었으나, 그들을 맞이하기 위해 앞으로 나아가셨다. 동산이 어두웠던 까닭에 유다는 예수님에게 입 맞추어 군병들에게 그를 확인시켜 주었다. 이 같은 배신행위로 유다는 대제사장들과 그가 맺은 악마적인 약속을 성취했다. 유다는 소요의 위험이 전혀 없는 조용한 곳에서 그들이 예수님을 체포할 수 있게 해주었던 것이다. 예수님은 군병들과 대차한 때일지라도 체포당하는 것을 쉽게 피할 수가 있었다. 그래서 그는 베드로에게 말하기를 그가 하나님께 구하기만 하면 하나님이 그에게 열두 군단 병력의 천사들을 보내 주실 것이라고 했다.

그러나 그는 그 같은 하늘의 호위병을 원치 않으셨다. 그는 기쁜 마음으로 수비대 군병들에게 자신을 내주었다. 그들은 그가 마치 도망갈 우려가 있는 포로인 냥 그를 묶었으나 반항하지 않으셨다. 이 모든 것이 하나님의 계획대로 일어나고 있었다. 그것은 구약의 예언자들에 의하여 예언되었던 것이다.

■ 복습 문제 ■

1. 예수님은 왜 동산 안으로 베드로, 야고보, 요한을 데리고 가셨는가?
2. 예수님의 의도는 무엇인가?
3. 어떤 면에서 제자들이 예수님을 실망시켰는가?
4. 마태복음 26:47-56에는 없으나 마가복음 14:43-51에 언급되어 있는 것은. 무엇인가?
5. 마태복음 26:47-56에는 없으나 누가복음 22:47-53에 언급되어 있는 것은 무엇인가?
6. 마태복음 26:47-56에는 없으나 요한복음 18:1-11에 언급되어 있는 것은 무엇인가?
7. 예수님은 왜 베드로의 도움을 거절했는가?
8. 예수님은 왜 자신이 붙잡히는 것을 허락했는가?

■ 더 연구할 문제 ■

1. 왜 예수님은 기도하실 필요가 있었는가?
2. 이 장에서 기도에 대하여 무엇을 배울 수 있는가?
3. 복습 문제 4, 5, 6번에 열거되어 있는 본문들의 자료들을 사용하여 배반당하시던 때의 사건들을 순서대로 말해 보라.
4. 예수님의 기도와 그의 체포 사이에는 어떤 관련성이 있는가?

제16장

공회

(요 18:12-23; 막 14:53-65; 눅 22:66-71)

> ■ 연구 문제 ■
>
> 1. 공회의 목적은 어떤 점에서 재판정의 목적과 달랐는가?
> 2. 공회는 어떤 수단에 의하여 그것의 목적을 달성코자 했는가?
> 3. 무슨 죄로 예수님은 정죄함을 받았는가?

예수님이 일하시던 기간에 그를 반대하던 자들은 그를 살해하려고 여러 차례 시도했다. 그러나 그들이 살해할 수 없었던 것은 그의 때가 아직 이르지 않았기 때문이었다. 이제 예수님에게 어두움의 때가 이르렀다. 그는 그들의 원수들의 손에 넘겨졌다. 그들은 지체함이 없이 그를 사형에 처하고자 했다.

1. 안나스 앞에서

예수님이 동산에서 체포 되신 후에, 군병들은 그를 안나스의 집으로 데리고 갔다. 비록 안나스가 로마 당국에 의하여 대제사장직에서 물러나게 되었었지만 그는 현직 대제사장인 가야바의 배후에서 권한을 행사하는 실력자였다. 가야바는 안나스의 사위였다. 복음서 기자들의 간략한 설명만을 가지고서는 그 날 밤에 된 사건들을 재구성하기란 어렵다.

왜냐하면 안나스의 집에서 무슨 일이 있었는가에 대한 기록이 전혀 없고, 요한이 예수님과 가야바 사이에 된 사적인 대화를 기록해 놓았을 뿐이며, 마가는 공회의 첫 모임을 기술해 놓았고, 누가는 새벽녘에 열린 공식적인 모임을 기록해 놓았을 뿐이기 때문이다.

2. 가야바 앞에서

예수님께서 대제사장의 집으로 끌려가신 때는 아직 밤이었다. 산헤드린이 소집 되었었으나 아직 도착하지 않았다. 그래서 가야바는 죄수에게 사적으로 말할 수 있는 기회를 얻었다. 그는 예수님이 유죄한지 무죄한지를 알아내고자 한 것이 아니었다. 그는 이미 예수님을 어떻게 처리할 것인가를 결정해 놓고 있었다.

> 가야바는 유대인들에게 한 사람이 백성을 위하여 죽는 것이 유익하다 권고하던 자러라(요 18:14).

가야바는 예수님에게 그의 제자들과 그의 가르침에 대하여 물었다. 예수님은 자기의 제자들에 대하여 아무 것도 말하고자 하지 않으셨다. 그는 또한 자기의 가르침에 대하여도 설명하기를 거부하고, 어떤 유대인이나 그를 들을 수 있는 곳에서 공개적으로 그가 가르쳤다는 것을 가야바에게 일깨워 주었다. 그의 말씀들을 들었던 많은 사람들이 있었으며, 그들이 증거할 수가 있었다.

3. 공회 앞에서

한편, 공회는 예수님을 심문하기 위하여 아마 모였던 것 같다. 그러나 유대 율법 전문가들은 이 심문이 여러 면에서 불법적이라는 것을 지적하였다. 공회는 재판정이 아니라, 예수를 대적하는 원수들이 예수님을 살해할 수 있는 방법을 결정하는 모임이었다. 처음에 공회는 예수님에게 불리한 거짓 증거들을 찾았다.

그러나 그들은 의견을 같이한 두 사람을 찾을 수가 없었다. 성전을 헐고 짓는 것에 대한 예수님의 말씀들을 왜곡시키려고 했던 자들마저도 그들의 증거가 일관성이 없었다.

그런데 이 같은 뚜렷한 거짓말들에 대하여 예수님은 한 마디도 대답하지 않으셨다. 예수님에 대한 송사가 좌절될 위험에 처하게 되었다. 가야바는 그가 어떤 조치를 취해야 할 것인가를 알고 있었다. 그는 예수님으로 하여금 맹세하게 했다.

> 내가 너로 살아 계신 하나님께 맹세하게 하노니 네가 하나님의 아들 그리스도인지 우리에게 말하라(마 26:63).

예수님은 맹세를 하도록 되어 있었기 때문에 침묵을 지킬 수가 없었으며, 그렇다고 거짓말할 수도 없었다. 그래서 그는 대답했다.

> 내가 그니라 인자가 권능자의 우편에 앉은 것과 하늘 구름을 타고 오는 것을 너희가 보리라(막 14:62).

이 대답은 산헤드린이 필요로 한 모든 것이었다. 대제사장은 자기 옷을 찢으며 그 대답이 참람한 말이라고 선언했다. 공회원들도 동의하며 그를 사형에 처하는 것이 마땅하다고 말했다. 그들이 예수님을 때리며 그에게 침을 뱉은 후에, 그를 관원들에게 향하게 하자, 그들도 그를 주먹으로 쳤다. 그러나 예수님에 대하여 산헤드린의 송사하는 일이 아직 끝난 것은 아니었다. 그들은 그가 죽어 마땅하다고 말했으나, 그들에게는 사형을 내릴 아무 권한이 없었다. 그래서 예수님을 빌라도에게 데리고 가서 로마 총독인 그를 설득시켜 예수님에게 사형을 언도하게 해야 했던 것이다.

■ **복습 문제** ■

1. 왜 예수님이 처음에 안나스에게로 끌려갔는가?
2. 한 사람이 백성을 위하여 죽는 것이 유익하다는 말을 가야바가 언제 했는가?(참조, 요 11:50)
3. 예수님은 그의 가르침을 가야바에게 설명하기를 왜 거절했는가?
4. 예수님은 거짓 증인들의 증거에 의하여 왜 유죄로 확정되지 않았는가?
5. 왜 예수님은 마침내 침묵을 깨고 가야바에게 대답을 해주었는가?
6. 예수님께서 자기가 메시아인 것을 고백함으로 해서 그 결과가 어떻게 되었는가?

■ 더 연구할 문제 ■

1. 예수님에 대한 심문이 어떤 점들에서 불법적인가를 성경 참조서들을 사용하여 찾아보라.
2. 예수님이 자기가 그리스도임을 선언하자, 가야바는 그것을 참람한 말이라고 했다. 만일 당신이 예수님의 변호사였다고 하면, 그 같은 고소에 대하여 어떻게 대답하였겠는가?
3. 로마 당국의 허락 없이도 유대인들이 스데반을 돌로 쳐 죽일 수 있었다고 할 것 같으면, 사형 판결을 위하여 왜 그들은 예수님을 빌라도에게 데리고 가야할 필요를 느꼈을까?

제17장

베드로

(마 26:31-35, 69-75; 눅 22:54-62; 요 18:10-18, 25-27)

■ 연구 문제 ■

1. 베드로는 어떤 종류의 사람이었는가?
2. 왜 베드로가 그리스도를 부인했는가?
3. 베드로는 자기의 선생을 부인함으로 해서 어떤 감정을 느끼게 되었는가?

　예수님이 수난 당하시던 때에 가장 침통한 순간들 중의 하나는 사도 베드로가 그를 부인한 것이었다. 베드로가 이같이 부인한 사건은 가장 훌륭한 기독교인일지라도 때때로 주님을 실망시킬 수 있다는 것을 생각나게 하는 것으로 복음서에 빼어나 있다. 그 사건이 주는 교훈은 너무나도 명백하기 때문에 쉽게 간파할 수가 있다. 그렇지만 이 사건을 정확하게 이해하기 위해서는 베드로의 성격과 그의 초창기의 행위를 참작하여 그것을 보아야 한다.

1. 리더로서의 베드로

여러분이 기억하고 있듯이 베드로는 갈릴리 바다에서 고기 잡는 어부였는가 하면, 예수님의 최초의 제자들 중의 하나였고, 예수님이 어떤 특별한 경우들에 자기와 함께 데리고 간 세 제자들 중의 하나였다. 또한 그가 얼마 안 있어 전체 제자들의 대변자가 되었다는 것이 분명하다. 실례로, "너희는 나를 누구라고 하느냐?"(마 16:15)라고 예수님이 물었을 때, 그는 전체 제자들에게 말씀하고 있었으나, "당신은 그리스도시오, 살아계신 하나님의 아들이로소이다"(마 16:16)라고 대답한 것은 베드로였다.

그는 전체를 대신하여 말했고, 그렇게 되자 예수님은 베드로를 통해서 제자들에게 말씀을 하시게 되었다. 베드로는 성미가 급한 사람이었다. 그는 재빨리 나서서 말하는가 하면 때로는 무턱대고 말하기도 했다. 그와 야고보와 요한이 그리스도께서 변형된 것을 보았을 때, 초막 셋을 지어 모세와 엘리야와 함께 그 산 위에 머물 수 있도록 하자고 제안한 것은 베드로였다. 이에 대하여 마가는 다음과 같이 설명하고 있다.

> 이는 저희가 심히 무서워하므로 저가 무슨 말을 할는지 알지 못함이더라(막 9:6).

2. 베드로의 뽐냄

예수님과 제자들이 유월절을 잡수시던 그 다락방에서 자리를 떠나자, 예수님이 그들 모두가 그날 밤에 자기를 부인할 것을 선언하신 후에도, 베드로는 언제나 그렇듯이 성미가 급한 까닭에, 그가 결코 예수님을 버리지 않을 것이라고 주장했다. 우리는 베드로만이 유별나게 자만했던 것이 아니라는 사실을 기억해 둘 필요가 있다. 모든 제자들이 그 같은 맹세를 하였던 것이다(마 26:35). 그리고 야고보와 요한은 다른 사람들 앞에서 그들이 그리스도와 함께 고난을 받을 수 있다고 장담했었다(막 10:38-39).

그러기에 베드로만이 주님께서 배반당하여 잡히시던 날 밤에 혼자서 장담했던 것이 아니고, 제자들 하나 하나가 다 예수님과 함께 있겠다고 장담했던 것이다. 하지만 베드로가 장담하며 뽐내는데 앞장 섰으며, 그런 까닭에 그에게 지도를 기대했던 자들에게 못된 본을 보이게 된 것이다.

3. 베드로의 가장 어두운 시간

주님께서 배반당하여 잡히시던 때에, 모두 자만에 찬 장담들은 잊고 있었다. 베드로는 그의 칼을 휘둘러 그의 주인을 보호하려 했다. 그러나 그리고 나서 그의 용기는 꺾이었으며, 다른 제자들이 안전을 도모하여 어두움 속으로 달아났을 때 그들과 합류하였다. 비록 베드로의 용기가 그 순간에는 꺾이었으나, 그는 자기의 용기를 되찾은 첫 번째 사람이었다. 추적해 오는 소리가 전혀 들리지 않자, 베드로는 도망가던 발걸음을 멈추었을 뿐만 아니라, 조심스럽게 되돌아서서 군병들이 예수님을 결박하여 그를 예루살렘 쪽으로 데리고 가는 것을 안전하게 멀리서 지켜보았다. 일단의 무리들의 모습이 사라지자 베드로는 그 뒤를 밟았다.

그러나 멀리 떨어져서 어두운 곳에 몸을 숨긴 채 뒤따랐던 것이다. 뒤를 밟아가다가 베드로는 요한을 만났다. 요한 역시 도망가다가 되돌이켰던 것이다. 예수님께서 대제사장의 집으로 끌려 들어갈 때까지 그들은 함께 무리(폭도)들의 뒤를 밟았었다. 거기에 요한의 아는 사람이 있어서 그 집에 그들은 들어갈 수가 있었다. 요한은 집안으로까지 들어갈 수 있었으나 베드로는 안마당에 머물러야 했다. 아무튼, 그 안마당에서 주님을 부인하는 극적인 사건이 일어났다. 베드로가 세 번 부인한 것에 대한 이야기는 잘 알려져 있다. 그의 용기가 또다시 꺾인 것이다. 그는 앞서 칼을 가지고 군병들을 응수할 수 있었으나, 이제 숯불 주위에 둘러서 있는 일단의 무리의 매서운 눈초리를 감당해낼 수가 없었다. 베드로의 죄는 참으로 중대하였다.

그러나 베드로의 죄와 유다의 죄 사이에는 큰 차이가 있었다. 베드로는 연약해진 순간에 죄를 범하였으나, 유다가 그리스도를 배반한 것은 굳게 결심한 계획에서 나온 결과였다. 그러나 그러한 차이보다도 더 중요한 것은 이 두 사람들이 자기들의 죄에 대해 각각 취한 반응에 나타난 차이다. 유다의 경우 양심의 가책을 받자 그는 자살했다.

그러나 베드로는 양심의 가책을 받자 밖으로 달려 나가서 눈물로 용서를 구했다. 베드로의 죄는 우리가 그리스도를 부인하지 않도록 주의하게 하는 경고요, 베드로의 회개는 우리가 범죄 할 때마다 본받아야 할 좋은 실례인 것이다.

■ **복습 문제** ■

1. 베드로의 성격에 대해 말해보라.
2. 예수님이 잡히시던 밤에 베드로가 보여준 행위에서 어떤 좋은 점들을 발견할 수 있는가?
3. 베드로가 안마당에 있을 때 그는 무엇 때문에 고소당했는가?
4. 베드로는 그 고소들에 대하여 어떻게 반응을 보였는가?
5. 베드로가 예수님을 세 번 부인했을 때 무슨 일이 일어났는가?

> ■ 더 연구할 문제 ■
>
> 1. 베드로가 예수님을 부인한 죄를 다윗의 죄와 비교하되, 상이점들에 유의하라.
> 2. 어떤 방식으로 우리가 때때로 예수님을 부인하는가?
> 3. 우리가 그 같이 부인하게 되는 이유들은 베드로의 경우와 유사한가?

제18장

빌라도

(눅 23:1-25; 요 18:28-19:16)

■ 연구 문제 ■

1. 빌라도는 예수님을 십자가에 못 박고 싶어 했는가?
2. 제사장들과 서기관들은 어떻게 빌라도를 설득시켜 예수님을 정죄하게 했는가?
3. 이 심문에서 예수님은 어떻게 학대받았는가?

산헤드린은 예수님을 심문하여 그를 정죄할 이유를 발견해 냈었다. 그러나 그들로서는 그를 처형할 수가 없었다. 왜냐하면 사형에 처하는 것은 그들의 권한 밖의 일이었기 때문이다. 그래서 그들은 로마 총독인 빌라도에게 예수님을 데리고 갔다. 빌라도의 법정에서의 그들의 행위들로 말미암아 그들의 위선이 드러나 있다. 그들은 무죄한 사람을 정죄하여 그를 처형하도록 빌라도에게 넘겨주었다.

그런데도 그들은 빌라도의 법정에 들어가려 하지 않았는데, 이는 그들이 법정에 들어가게 되면 의식법상(儀式法上) 부정하게 되어 유월절 절기를 계속하여 지킬 수가 없게 되었기 때문이다. 더욱이, 그들은 그들이 예수님을 정죄하게 된 진정한 이유를 빌라도에게 말해 주지 않았던 것이다.

1. 빌라도의 태도

유대인들은 아마 빌라도가 전적으로 협조해 줄 것을 기대했던 것 같다. 왜냐하면 예수님을 잡는데 도움이 되도록 몇 명의 로마 군병들을 그가 유대인들에게 보내주었었기 때문이다. 그러나 빌라도가 유대인들에게 그들이 예수님을 왜 고소하는지 알고 싶다고 하고 그 문제를 스스로 해결하라고 말하자 놀라며 아연 실색하였다. 그렇지만 빌라도가 예수를 판결하지 않는 한 그들로서는 그를 사형에 처할 수가 없었다.

그래서 그들은 반역죄를 뒤집어씌워 예수를 고소하였다. 그들은 예수가 자기를 왕이라고 주장했다는 것과 로마를 대적하여 백성들을 소동케 하였다고 말했다. 이 같은 고소를 예수님 앞에 내놓고 빌라도가 그를 심문하였다. 예수님은 다른 때에 침묵을 지키셨던 것과는 달리 빌라도의 질문에 답변을 하셨다. 그는 자기의 신령한 왕권에 대하여 설명하고 빌라도로 하여금 신령한 문제들에 관심을 갖게 하려고 노력했다.

그러나 빌라도는 이 세상에만 관심을 가지고 있었다. "진리가 무엇이냐?"(요 18:38)라고 한 그의 질문에는 예수님의 가르침에 대해 무관심하다는 것이 나타나 있다. 빌라도는 자기의 그 질문에 대한 대답을 기다리거나 바라지 않았던 것이다. 예수님을 심문함으로 해서 빌라도는 그가 갈릴리 사람이라는 것을 깨달았다. 이는 곧 그가 헤롯의 신민(臣民)임을 의미했다. 그런데 그때에 헤롯이 예루살렘에 있었다.

그래서 빌라도는 그 사건에서 벗어나고자 예수님을 헤롯에게 보내어 심문받게 했다. 그러나 헤롯은 예수님에 대한 그의 호기심을 만족시키는 데만 관심이 있었다. 예수님이 질문들에 대해 대답도 하지 않고 이적을 행하려 하지도 않자, 헤롯은 예수님을 빌라도에게 되돌려 보냈다.

2. 빌라도의 문제

예수님이 총독 관정으로 되돌아오자, 빌라도는 예수님을 놓아 줄 이유를 찾고자 노력했다. 이 때에 총독의 마음 속에 무슨 일이 일어나고 있었는가를 이해하기란 어렵다. 빌라도는 예수님의 조용하면서도 확신에 찬 태도에 감명을 받았었다. 또한 그의 아내가 예수님에 대한 꿈을 꾸었었다(마 27:19). 어떻든 이 로마 관원은 유대인의 이 같은 계략에 휘말려 들어서는 안된다는 생각을 갖게 되었다. 빌라도는 매년 유월절에 죄수 한 사람을 놓아주는 일을 잘 알고 있었다. 그는 예수 또는 바라바를 놓아주자고 제안했다. 그는 무리들이 예수를 택할 것으로 확신했다. 왜냐하면 바라바가 살인자였기 때문이다. 그러나 대제사장들이 무리들을 선동하여 바라바를 놓아줄 것을 요구하게 하였다. 빌라도로서는 무리들의 마음을 변화시킬 수가 없었다.

그래서 빌라도는 예수님을 매 맞게 내어주었다. 그 당시의 매질은 대개 아주 가혹했던 까닭에 한 로마 저술가는 그것을 "반죽음"이라고까지 일컬었다. 군병들은 예수님을 매질한 후에 그에게 가짜 왕으로 옷을 입히고 머리에는 가시면류관을 씌웠다. 다시 빌라도가 예수님을 백성들에게로 데리고 나왔다. 그는 처량하게 보였다. 빌라도는 예수님에게서 아무 죄도 발견하지 못했다고 다시 한 번 선언했다.

그러나 무리들은 지도자들의 선동을 받아 예수님을 십자가에 못 박으라고 요구했다. 그래서 빌라도는 다른 조치를 취하고자 했다. 그는 물을 가져다가 손을 씻었다(마 27:24). 그가 이렇게 한 것은 예수님의 피에 대하여 그가 무죄하다는 것을 나타내고 싶어서였다. 그는 유대인들에게 예수님을 십자가에 못 박는 것이 실제로 살인하는 것이 되리라는 것을 보여 주고 있었던 것이다.

그러나 유대인들은 제지될 수가 없었다. 그들은 기꺼이 죄책을 받아들였으며 그것을 심지어 자기 자손들에게까지 물려주었던 것이다. 빌라도는 어떻게 해야 좋을지를 몰랐다. 그는 다시 한 번 예수님을 놓아 주려고 했으나, 이번에는 위협하는 대답을 듣게 되고 말았다.

> 이 사람을 놓으면 가이사의 충신이 아니니이다 무릇 자기를 왕이라 하는 자는 가이사를 반역하는 것이니이다(요 19:12).

가이사의 미움을 사는 것은 빌라도로서는 감히 생각할 수가 없는 것이었다. 그것은 곧 그의 지위와 권력의 상실을 의미할 수가 있었다. 그래서 그는 예수님을 십자가에 못 박히도록 넘겨주었던 것이다.

3. 빌라도-사탄의 도구

하나님께 대한 사탄의 분노와 증오가 이 장에서 분명하게 나타나 있다. 사탄은 유대 지도자들의 마음을 예수님이 죽어야 한다고 하는 결의로 가득 채웠었다. 사탄이 유대 백성들의 심령과 생각을 덮어 가렸기 때문에 그들은 그들의 불신앙으로 인하여 그들이 하나님의 아들을 십자가에 못 박는 것을 요구하고 있다는 것을 알 수가 없었던 것이다. 사탄이 빌라도의 마음을 두려움과 개인적인 야망으로 채워 놓음으로 해서 그는 주저하지 않고 무죄한 사람을 정죄하기에 이르렀던 것이다.

■ 복습 문제 ■

1. 왜 산헤드린 회원들은 총독의 법정에 들어가려 하지 않았는가?
2. 왜 유대인들은 유대 율법에 의하여 예수님을 재판하려 하지 않았는가?
3. 어떤 방식으로 빌라도가 처음에 예수님을 심문하는 것을 회피했는가?
4. 요한복음 18:33-19:12에서 예수님께 물은 빌라도의 질문과 예수님의 대답을 찾아 열거하라.
5. 어떤 방식으로 빌라도가 예수님을 놓아주려고 했는가?
6. 유대인들은 어떻게 빌라도의 그 같은 시도를 매번 좌절시켰는가?
7. 빌라도와 예수님과 유대인들이 취한 행동 방식을 비교해보라.

■ 더 연구할 문제 ■

1. 이 장에 나오는 자료를 근거로 하여 재판관으로서의 빌라도를 평가하라.
2. 왜 무리들은 예수님의 죽음에 대한 책임을 받아들였는가?
3. 어떻게 그리스도의 죽음에 대한 죄책이 유대인들에게 임하게 되었는가?(마 27:24-26)
4. 예수님을 십자가에 못 박은 것을 인하여 오늘 우리가 유대인들을 미워해야 하는가? 이를 설명하라.
5. 빌라도가 예수님의 죽음에 대한 그의 책임을 참으로 씻어낼 수가 있었는가? 이를 설명하라.
6. 빌라도의 경우와 비슷한 것으로 우리가 어떤 경우들을 당면하고 있는가? 우리가 어떻게 그 같은 경우들에 대응해야 하는가?

제19장

예수를 끌고 나가니라

(마 27:27-31; 눅 23:26-32)

■ 연구 문제 ■

1. 왜 군병들이 예수님을 그렇게 학대했는가?
2. 왜 예수님은 그 여자들에게 그렇게 말씀하셨는가?

예수님은 그의 지방 사람들에 의하여 정죄 받았었다. 그들이 로마 총독인 빌라도에게 압력을 넣어 그를 정죄하게 하였었다. 이제 하나님의 아들이 죄수의 몸이 되어 처형을 기다리며 서 있다. 모든 일이 신속하게 처리되었다. 예수님이 처음 빌라도에게 끌려간 지 세 시간도 채 못 되었던 것이다. 그런데 이제 로마 군병들이 그를 십자가에 못 박을 준비를 할 수 있도록 그들에게 그가 넘겨졌다.

1. 군병들

십자가형을 집행하는 책임을 맡은 군병들은 유월절 절기 동안 예루살렘에 파견된 로마 군대였다. 그들은 사형 집행을 다반사로 한 사람들이었다. 그들은 곧 죽게 될 이 사람에 대하여 전혀 불쌍한 마음을 갖지 않았다. 군병들은 예수님을 가짜 왕으로 희롱하는 데서 재미를 느꼈다. 예수님은 자기가 유대인의 왕이라고 주장했다하여 고소를 당했다.

그런 까닭에 군병들은 예수님의 옷을 벗기고 왕의 의복을 그에게 입혔다. 그들은 가시면류관을 엮어 그의 머리에 씌웠다. 그들은 그의 오른편 손에 홀 대신 갈대를 들려주고 그 앞에서 무릎을 꿇고 희롱하면서 말하기를 "유대인의 왕이여"(마 27:29)하였다.

예수님을 거칠게 희롱하기를 마친 후에 그에게서 왕의 의복(홍포)을 벗기고 그 자신의 옷들을 입혔다. 그리고 나서 십자가에 못 박으려고 그를 끌고 나갔다. 일반적으로 십자가형 언도를 받은 자들은 십자가 형장(刑場)까지 자신의 십자가를 강제로 지고 가도록 되어 있었다.

그러나 군병들은 구레네 사람 시몬을 강제로 예수님의 십자가를 지고 예루살렘 성문을 통과하여 갈보리 언덕까지 가게 했다. 그러나 군병들이 예수님에게 고통을 덜어주고자 하는 인정 많은 사람들이었기 때문에 그렇게 한 것은 결코 아니었다. 다만 예수님이 십자가를 더는 지고 갈 수가 없을 것 같았기 때문에 그의 짐을 덜어주었던 것이다. 그는 밤새 한잠도 자지 못했었고, 전날 밤에 유월절 만찬을 잡수신 이래로 아무 것도 먹지 아니하셨으며, 군병들에게 무자비하게 매 맞으셨었다.

2. 예루살렘의 딸들

예수님께서 그의 십자가를 지고 길을 가던 때에, 무리들이 그를 뒤따랐다. 그 무리들 가운데는 그가 십자가에 죽게 되는 것을 인하여 통곡하며 슬퍼하는 여자들이 있었다. 그들은 예수님의 사역 기간 동안 여기저기 그를 뒤따랐던 갈릴리 사람들이 아니었던 것 같다. 그들은 "예루살렘의 딸"이라고 불리고 있다.

왜 그들이 예수님을 위해 울었는가?

그가 십자가에 못 박히는 것이 부당하다고 생각했기 때문이었는가?

아니면 그가 당해야 하는 고통을 생각하고서 가슴 아팠기 때문이었는가?

그들의 동기가 어떤 것이든 간에, 예수님은 그들이 우는 것을 원치 않으셨다. 그는 몸이 심히 허약했지만 그들에게로 돌이켜 말했다.

> 예루살렘의 딸들아 나를 위하여 울지 말고 너희와 너희 자녀를 위하여 울라 (눅 23:28).

그리고 나서 예루살렘에 임할 슬픔에 대하여 그들에게 말하기 시작했다. 즉, 로마 군대가 예루살렘 성벽을 헐고, 예수님께서 십자가에 못 박히셨던 것처럼, 도성 밖에서 수백 명의 사람들을 십자가에 매달아 죽인 A.D. 70년에 성취될 예언을 말씀하셨다. 실제 예수님을 십자가에 못 박아 죽인 것은 로마 사람들이었지만, 그의 사형을 요구했던 것은 유대 백성들이었다.

그래서 그들은 그들이 하나님의 아들에 대하여 요구했던 바로 그 형벌로 처벌을 받아야 했던 것이다.

3. 도적들

예수님은 홀로 십자가에 못 박히지 않으셨다. 그가 그의 십자가를 지고 골고다로 가던 때에, 그와 함께 십자가에 못 박히도록 되어 있었던 다른 두 사람들 역시 그들의 십자가를 지고 갔다. 그들은 행악자들, 즉 도적들이었다. 그들은 얼마 전에 로마 사람들에 의하여 체포되었었음에 틀림없다. 그런데 예수님께서 정죄되었기 때문에, 그들이 모두 함께 십자가에 못 박히게 되었던 것이다. 이같이 하여 선지자 이사야의 말씀이 성취되었다.

> 그는 강포를 행치 아니하였고 그 입에 궤사가 없었으나 그 무덤이 악인과 함께 되었으며 그 묘실이 부자와 함께 되었도다(사 53:9).

■ 복습 문제 ■

1. 군병들이 예수님에게 무슨 짓들을 행하였는가?
2. 그들의 희롱은 어떤 점에서 예수님이 정죄 받은 그 고소와 관련이 있는가?
3. 왜 군병들은 억지로 구레네 사람 시몬에게 예수님의 십자가를 지게 했는가?
4. 여자들이 예수님을 위하여 울 때에 그는 무엇을 예언하셨는가?
5. 왜 예수님이 두 명의 도적들과 함께 십자가에 못 박히셨는가?

■ 더 연구할 문제 ■

1. 로마 가톨릭교회에서의 14성로(聖路, Stations of the Cross)의 기원과 효용을 설명하라.
2. 형벌의 수단으로써의 십자가형에 관하여 말해보라.

제20장

십자가에 못 박다

(요 19:18-27; 마 27:33-44; 눅 23:33-43)

> ■ 연구 문제 ■
>
> 1. 예수님께서 십자가에 달려 있을 동안에 군병들은 무엇을 했는가?
> 2. 예수께서 십자가에 못 박히고 있을 때 예수님의 원수들은 무엇을 했는가?
> 3. 예수님이 십자가상에서 말씀하신 첫 세 가지 말씀들에서 그는 자신에 대하여 어떤 점을 계시하고 있는가?

갈보리는 예수님의 생애의 절정이다. 그의 생애에 있어서 가장 중요한 것은 그가 행한 기이한 일들이나, 그가 들려준 가르침이 아니다. 예수 그리스도는 죄인들의 구주로 죽기 위해 이 세상에 오셨다. 그리고 갈보리 십자가에서 그는 그 목적을 이루셨다.

1. 군병들

예수님이 갈보리에 도착하자 군병들이 그를 십자가에 못 박았다. 그들은 그의 손을 수평 막대 위에 펼쳐 놓고 못 박았으며, 발은 수직 기둥에다 못 박았던 것이다. 예수님의 몸이 십자가에 완전하게 고정되자, 그가 거기서 고통하며 죽도록 매달아 둔 채 그들은 그를 떠나 버렸다. 십자가에 못 박힌 자들에게 마취제를 탄 포도주를 주는 것이 관례였다. 이 포도주는 그들이 최후의 고통을 당할 때 조금이나마 더 잘 견딜 수 있게 해주는 것이다.

그러나 예수님은 이것을 거절하셨다. 그가 이 땅에 오신 것은 고통의 잔을 마시기 위해서였다. 이제 그 고통의 잔이 그의 입술에 와 닿았을 때 그는 그 잔을 완전하게 마시기로 결심하였던 것이다. 십자가에 못 박혀 처형된 사람들의 경우는 그들의 죄패를 써 붙였다. 빌라도는 예수님의 경우 다음과 같은 죄패를 써 붙이게 했다.

"이는 유대인의 왕 예수라."

빌라도가 이것을 진실로 믿었는가?

예수님이 왕이신 것을 그가 확신했었는가?

아니면 그가 미워하던 대제사장들과 서기관들을 단순히 격분케 하기 위해서 이렇게 썼는가? 이 같은 질문들에 대하여 우리로서는 전혀 대답할 수가 없다. 그러나 빌라도가 기록하였고 유대인들의 종교 지도자들이 반대한 그 죄패는 진실로 예수님에 대한 참된 진술이었던 것이다. 그러므로 그들이 예수님의 십자가 위에 히브리어와 헬라어와 라틴어로 이 죄패를 써 붙임으로 해서 거기 십자가에 못 박히신 그분이 왕이라고 하는 것이 온 세상에 선포되었다. 군병들은 예수님과 도적들을 십자가에 못 박고 나서 그 죄수들에게서 벗긴 옷을 나누어 가졌다. 이것은 로마 관례에 따른 그들의 특권이었다.

여러 세기 전에 시편 기자가 다음과 같이 기록해 놓았었다.

내 겉옷을 나누며 속옷을 제비 뽑나이다(시 22:18).

그런데 이 말씀들이 그리스도의 생애에서 성취되고 있었던 것이다. 군병들은 각기 별로 값이 없는 겉옷의 경우는 나누어 가졌으나, 속옷은 이음매가 없이 통으로 짜진 것이어서 대단히 값비싼 것이었기 때문에 제비를 뽑았다. 아마 어떤 종류의 주사위를 던졌을 것이다. 왕이 거기 달려 죽어가고 있는 것은 그들에게 전혀 아무렇지가 않았다.

2. 원수들의 희롱

예수님의 원수들은 그를 정죄하여 십자가에 못 박는 것으로 만족하지 못했다. 그가 십자가상에 매달려 고통을 당하고 있을 때, 그들은 그를 희롱하고 야유하면서 그 밑에서 돌아다녔다. 그들은 그들이 예수님을 패배시킨 줄로 믿었으며, 그래서 그들의 승리를 그의 면전에서 과시하고 있었던 것이다.

예수님의 원수들은 그를 비웃으며 욕했다. 그들의 비웃는 말에서 예수님 자신의 주장과 그의 선행에 대한 증거를 우리가 찾아 볼 수 있다. 그들은 말했다.

> 저가 남은 구원하였으되 자기는 구원할 수 없도다(마 27:42).

참으로 그는 다른 사람들을 구원하였다. 그가 한 일은 결코 파괴적인 것이 아니었다. 그는 구속(救贖)하기 위해서 왔다. 그들은 말했다.

> 저가 하나님을 신뢰하니 하나님이 저를 기뻐하시면 이제 구원하실지라 제 말이 나는 하나님의 아들이라 하였도다(마 27:43).

그들은 예수님이 선한 사람이요, 그의 생활이 하나님을 전적으로 신뢰한 것이었음을 인정했다. 그는 사형을 받아 마땅한 반역죄를 범한 죄인이 아니었다.

그의 원수들의 입술에서 나온 것으로 보아 이것은 얼마나 놀라운 증거였는가!

그들의 야유하는 말들에는 그들이 예수님의 주장들을 몰이해한 것이 아니었다는 것이 나타나 있다. 그들은 예수님이 가이사의 원수라고 빌라도 앞에서 고소하였다.

그러나 그가 십자가에 달려있는 지금에는 이 같은 고소 사실에 대하여는 전혀 언급하지 않았다. 대신에, 그가 하나님의 아들이라고 말한 것과 성전을 헐고 삼일 안에 다시 지을 수 있다고 주장한 것을 그들이 그에게 들려주었던 것이다. 그들은 심지어 이렇게까지 말했다.

> 저가 이스라엘의 왕이로다 지금 십자가에서 내려올지어다 그러면 우리가 믿겠노라(마 27:42).

이로 보건대 빌라도 앞에서의 그들의 고소가 다만 그를 정죄하기 위해 계획된 것이 분명하다. 그들은 예수님의 주장들을 아주 잘 이해하고 있었으나 믿기를 거부하였던 것이다. 그들은 예수님을 반대하고 십자가에 못 박았으며, 그가 자신에 대하여 주장한 것을 인하여 그를 조롱하였다.

3. 십자가상에서의 예수님의 말씀들(첫 세 마디)

예수님의 원수들이 조롱하는 말과 예수님 자신이 십자가상에서 말한 말씀들은 너무나 현저한 대조를 이루었다. 그들의 말은 증오에 차 있었고 십자가에 매달려 있는 무력한 사람을 향해 악의에 찬 욕설을 퍼붓고 있었다. 한편 예수님의 말씀들은 사랑으로 넘치고 있었으며, 그의 둘레에 있는 자들에게 하시는 말씀들이었다. 그는 자기 자신이나 자신의 곤경에 대해서가 아니라 다른 사람들의 곤경을 생각하였던 것이다. 예수님이 십자가 위에서 하신 첫 마디 말은 하나님께 향한 것이었다. 그것은 자기를 십자가에 못 박은 자들을 위한 기도였다.

> 아버지여 저희를 사하여 주옵소서 자기의 하는 것을 알지 못함이니이다
> (눅 23:34).

그는 자기를 십자가에 못 박고 있었던 군병들을 위하여 용서를 빌었던 것이다. 그러나 그의 기도에는 더 많은 사람들이 포함되어 있었다. 그 기도는 "그를 십자가에 못 박으소서!"하며 외쳤던 자들과 지금 그들의 요구가 성취되고 있는 것을 지켜보고 있는 백성들 역시 포함하였던 것이다. 대제사장들과 바리새인들에 의하여 선동되었던 까닭에 그 백성들은 그들이 무엇을 하고 있는가를 알지 못했다. 예수님께서는 무지한 까닭에 그를 십자가에 못 박는 일에 포함 되었던 모든 사람들이 하나님의 아들을 그들이 십자가에 못 박았다는 것을 깨닫게 되기를 기도했던 것이다.

예수님의 주장들을 알고 있었고 고의적으로 그를 죽게 만들었던 종교 지도자들은 그의 기도에 포함되지 않은 듯하다. 예수님은 그들에게 전에 이렇게 말씀하신 적이 있었다.

> 너희가 소경 되었다면 죄가 없으려니와 본다고 하니 너희 죄가 그저 있느니라
> (요 9:41).

예수님의 둘째 마디 말은 회개한 도적에게 향한 것이었다. 예수님은 대답하셨다.

> 내가 진실로 네게 이르노니 오늘 네가 나와 함께 낙원에 있으리라(눅 23:43).

우리 구주께서는 그가 고통을 당하여 죽는 때일 망정 사람들의 영혼에 관심을 가지셨다. 비록 그가 십자가에 매달려 있었지만, 그는 죄인들을 구원하실 수 있는 절대 주권을 가지신 구주이었다. 그러기에 도적이 구원 받았으니 아무도 절망할 이유가 없고, 그러나 오직 한 편 도적만 구원 받았으니 아무도 주제넘게 굴 수가 없다고 말한 것은 지당하다(도적도 구원 받았으니 어떤 죄인이든 구원 받을 가망이 있다. 그렇지만 그렇다고 해서 모든 죄인이 다 구원 받는 것이 아니므로 제멋대로 행해서는 안 되는 것이다).

십자가상에서 죽어가는 도적일지라도 구속 받을 수가 있다. 그러나 우리가 그리스도를 신뢰하기 위해서는 인생의 말년까지 기다리는 것이 지혜롭거나 안전하다는 것을 의미하지 않는다. 예수님의 셋째 마디 말은 그의 어머니와 사촌인 요한에게 향한 것이었다. 마리아의 남편인 요셉이 이미 죽었던 것으로 보인다.

그런데 이제는 마리아가 그녀의 아들마저 잃고 있는 것이었다. 예수님은 자기의 어머니를 염려했다. 그래서 그는 사랑받는 제자인 요한으로 하여금 그녀를 돌보도록 부탁한 것이다.

우리 구주께서 십자가에 못 박히신 것을 생각할 때마다, 우리는 마음속 깊이 감동을 받게 된다. 우리는 십자가에 매달리시어 육체적인 고통을 당하시고 원수들에게 희롱을 당하시며 무리들에게 멸시를 당하셨지만, 사랑과 부드러움을 가지고 자기의 원수들과, 회개한 도적과, 어머니에게 자신을 주신 그를 우리는 우리의 마음속으로 그려 보아야 한다. 우리의 마음이 감동 받는 것은 이상할 것이 없다. 예수 그리스도께서 십자가에 못 박히신 것은 단순한 역사적 사건 이상의 것이다.

그것은 모든 기독교인이 예수님의 영혼 깊은 곳에 참여하는 사건이다. 그것은 우리로 하여금 선지자와 더불어 다음과 같이 말하게 해준다.

> 그가 찔림은 우리의 허물을 인함이요 그가 상함은 우리의 죄악을 인함이라 그가 징계를 받음으로 우리가 평화를 누리고 그가 채찍에 맞으므로 우리가 나음을 입었도다(사 53:5).

웬 말인가 날 위하여 주 돌아가셨나?
이 벌레 같은 날 위해 큰 해 받으셨나? (찬송가 141장)

■ 복습 문제 ■

1. 갈보리에서의 군병들의 행위에 대하여 말해보라.
2. 예수님의 십자가 위에 빌라도는 어떤 죄 패를 써 붙여 놓았는가?
3. 예수님과 함께 십자가에 못 박힌 두 도적들은 예수님에 대한 그들의 태도에 있어서 어떻게 달랐는가?
4. 예수님께서 십자가에 매달려 있을 동안에 그의 원수들이 한 말들을 열거하고, 예수님의 원수들이 그가 선한 사람이었음을 알고 있었음을 보여주고 있는 말과, 그들이 예수님의 주장들을 이해하고 있었음을 보여 주고 있는 말들에 밑줄을 그으라.
5. 예수님의 어떤 친구들이 십자가 곁에 서 있었는가?
6. 십자가상의 첫 세 마디의 말은 어떤 점에서 예수님의 사랑을 나타내 보여주고 있는가를 밝히라.

■ 더 연구할 문제 ■

1. 십자가상에서의 예수님의 기도가 응답되었음이 사도행전 2장에 어떻게 나타나 있는가?
2. 어떤 요인들이 회개한 도적에게 감화를 주어 예수님을 믿게 했는가?
3. 십자가 주위에 있는 자들이 어떤 태도들을 나타냈는가?
4. 시편 22편의 어떤 말씀들이 십자가에서 성취되었는가?
5. 그리스도께서 십자가에 못 박히신 것에 대하여 생각할 때 어떤 느낌이 드는가?

제21장

영혼이 떠나시다

(마 27:45-56; 요 19:28-37; 눅 23:44-49)

■ 연구 문제 ■

1. 예수님께서 십자가상에서 하신 나중 네 말씀들의 뜻은 각각 무엇인가?
2. 예수님이 죽으심으로 말미암아 백부장과 및 함께 예수님을 지키던 자들은 어떻게 감동 받았는가?
3. 예수님이 십자가에 못 박히시던 때에 어떠한 표적들이 일어났는가? 그 표적들이 의미하는 바는 무엇인가?

앞장에서는 예수님이 십자가에 못 박히시던 것에 대하여 살폈었는데 그분은 심한 고통에도 불구하고, 다른 사람들의 아픔에 관심을 여전히 갖고 계셨다. 십자가상에서의 예수님의 그 모습을 가슴에 새겨둘 필요가 있다.

그러나 예수님께서 자기 백성의 죄를 위하여 고난당하시고 죽으셨다는 사실을 또한 분명히 알아 두어야하는 것이다. 우리가 예수님의 대속적

(代贖的)인 고난을 인정할 때에만 십자가의 의미를 제대로 이해할 수가 있는 것이다.

1. 십자가상에서의 말씀들

십자가상에서의 예수님의 처음 세 말씀들은 다른 사람들을 위하여 말씀되어졌다. 그러나 나중 네 말씀들은 그 자신의 고난에 대한 것들이다. 이 말씀들을 통하여 그의 영혼의 깊은 곳과 그의 고통을 이해할 수가 있다. 또한 이 말씀들을 통하여 예수님이 십자가에서 죽으시던 때 성취된 놀라운 사역을 살펴 알 수가 있는 것이다.

예수님이 십자가상에서 말씀하신 네 번째 말씀이다.

나의 하나님 나의 하나님 어찌하여 나를 버리셨나이까?(마 27:46).

이 같은 외침은 예수님이 당하신 고통이 얼마나 아픈 것이었는가를 보여 주고 있다. 그는 십자가에 못 박히심으로서 신체적인 고통을 당하셨을 뿐만 아니라, 그가 사람들에게 멸시와 버림을 받으시던 이 때에 하늘에 계시는 그의 아버지에 의하여 또한 버림을 받았던 것이다. 그는 지옥의 고통을 당하고 계셨다. 우리는 지옥을 불못으로 흔히 생각하고 있는데, 이는 성경이 그 같은 용어로 지옥을 묘사하고 있기 때문이다.

그러나 신체적 고통이 지옥의 가장 악한 국면은 아니다. 지옥의 불은 저주받은 자들이 하나님께 버림받게 되는 때에 경험하게 될 무서운 영적 고통을 상징한다. 그들은 그들이 지상에서 사는 동안에 하나님을 인정하기를 원하지 않았기 때문에, 하나님 없이 영원토록 살아야 하는 것이다. 그것이 지옥의 진정한 공포이며, 예수님께서 십자가상에서 당하신 고통이다. 하나님을 사랑하고 하나님의 사랑을 받으신 그분이 갑자기 버림 당하셨다. 예수님의 경우 이것이 얼마나 큰 고통이었겠는가는 우리의 이해를 초월한다. 그러나 그가 우리 때문에 그 고통을 견디셨다는 것을 우리는 결코 잊어서는 안 된다.

> 그가 찔림은 우리의 허물을 인함이요 그가 상함은 우리의 죄악을 인함이라 (사 53:5).

> 그가 친히 나무에 달려 그 몸으로 우리 죄를 담당하셨도다(벧전 2:24).

이것이 갈보리 사건의 진정한 핵심적 의미인 것이다. 예수님이 다섯 번째로 하신 말씀은 그의 신체적 고통에 관한 것이었다. "내가 목마르다"(요 19:28)고 그가 말했다. 이것은 그의 지옥의 심적 고통이 끝난 것을 의미한 것으로 볼 수가 있다. 그의 영혼이 심한 아픔을 느끼고 있을 동안에는, 그가 아마 그의 신체의 고통은 느끼지 못했을 것이다. 그런데 이제는 십자가에 못 박힘으로 해서 오는 심한 갈증을 의식하게 되었다. 그래서 외쳤던 것이다.

그의 외침에 응답하여 군병 하나가 해융을 가지고 신 포도주(식초)를 그것에 머금게 하여 막대기에 꿰어 예수님의 바짝 마른 입술에 갖다 댔다. 예수님은 죄인들을 구원하는데 필요한 모든 것을 당하신 후에 그저 말씀하시기를, "다 이루었다"(요 19:30)라고 하셨다. 그리고 나서 큰 소리로 외치기를, "아버지여 내 영혼을 아버지 손에 부탁하나이다"(눅 23:46)라고 했다. 그리고 이렇게 말씀하신 후에 그의 영혼이 떠나 죽으셨다. 이것은 십자가에 못 박힌 경우 겪게 되는 일반적인 죽음과는 달랐다.

대개는 십자가에 못 박히게 되면 서서히 힘이 빠지게 되어 마침내는 생명이 끊어지게 되는 것이었다. 그런데 예수님의 경우는, 그의 생명의 마지막 그 순간에, 그의 온 힘을 모아 큰 소리로 외쳤다. 이 외침은 그가 이전에 하신 다음과 같은 말씀들을 우리에게 기억나게 한다.

> 아버지께서 나를 사랑하시는 것은 내가 다시 목숨을 얻기 위하여 목숨을 버림이라 이를 내게서 빼앗는 자가 있는 것이 아니라 내가 스스로 버리노라 나는 버릴 권세도 있고 다시 얻을 권세도 있느니라(요 10:17-18).

2. 군병들

예수님을 십자가에 못 박은 군병들과 관련이 있는 두 사건들이 여기서는 중요한 의미를 갖는다. 군병들을 책임 맡고 있던 백부장이 예수님의 죽음으로 말미암아 감동 받은 사실이 마태와 누가 복음서들에 다 같이 기록되어 있다. 마태복음에는, "이는 진실로 하나님의 아들이었도다"(마 27:54)라고 백부장이 말한 것으로 되어 있고, 누가복음에는 "이 사람은 정녕 의인이었도다"(눅 23:47)라고 그가 말한 것으로 되어 있다.

마태복음의 말씀을 여자적으로 해석하여 예수님이 참으로 신적 존재인 것을 백부장이 믿은 것으로 보려고 한다면 그것은 아마 지나친 억측일 것이다. "하나님의 아들"이란 칭호는 위대한 사람, 즉 강력한 영웅을 그저 의미할 수가 있다. 백부장이 아마도 그 말을 이 같은 의미로 사용했는지도 모른다. 하지만, 백부장의 증거는 중요하다. 이는 그 증거에 의하여 예수님의 죽음이 얼마나 놀라운 것이었는가를 알 수 있기 때문이다. 백부장은 사람들이 죽는 것을 자주 보아온 사람이었다.

그러나 나사렛 예수라고 하는 이 사람의 죽음에서, 그는 그가 전에 전혀 보지 못했던 어떤 것을 보았다. 그는 예수님이 십자가에 못 박히시던 때에 일어난 어두움과 지진으로 말미암아 크게 감명을 받았다. 또한 예수님의 죽어가는 모습에서 감명을 받았던 것이다. 예수님의 죽음에 대한 그의 증거는 어떤 특별한 것이 갈보리에서 일어났다는 것을 보여주는 증명인 것이다.

그리고 그의 증거는 자기네들의 가슴을 치는 자들에 의하여 지지되고 있다. 그들의 애통은 그들이 그때 일어난 초자연적인 사건들에 의하여 감명을 받았다는 것을 입증해 준 것이다. 십자가에 못 박힌 자들의 경우 여러

날 동안 십자가에 매달려 있는 것이 보통이었다. 그러나 그 다음 날이 안식일이었기 때문에 유대 지도자들은 못 박힌 자들의 시체들을 십자가상에 그대로 방치해 두고 싶지가 않았다.

그래서 그들은 빌라도에게 가서 그 사람들의 시체들을 옮겨 치워버릴 수 있도록 그들을 죽여 달라고 부탁했다. 빌라도가 그들의 부탁을 들어 주었다. 그래서 군병들이 하던대로 일을 해내기 시작했다. 고통을 짧은 시간에 거두도록 하려는 것이었기 때문에, 아주 가혹한 것이었음에 틀림없다. 그러기에 못 박힌 자들의 다리들을 꺾어 부러뜨렸다. 군병들은 두 도적들의 다리들은 꺾었으나, 예수님의 경우는 그가 이미 죽어 있었기 때문에 그의 다리는 꺾지 않았다.

그리고 나서 군병들은 도적들의 심장에 창을 찔렀다. 또한 예수님의 옆구리에도 창을 찔렀다. 그의 옆구리에서 피와 물이 흘러나왔던 것이다. 요한복음에는 군병들이 이 때에 성경의 두 가지 예언들을 부지중에 성취한 것으로 말씀되어 있다.

3. 표적들

예수님이 십자가에 못 박히신 때에 몇 가지 특이한 표적들이 일어났다. 정오부터 오후 세시까지 세 시간 동안 온 땅 위에 어두움이 있었다. 이 시간 동안에 예수님께서 가장 심한 고통을 당하고 계셨음에 분명하다.

어떤 사람은 주장하기를, 하나님께서 큰 고통 중에 있는 성자를 사람들이 볼 수 없게 그 고통 하는 장면을 어두움으로 가리셨다고 한다.

다른 사람들은 생각하기를, 사람들이 그리스도를 버렸던 것처럼, 이 어두움은 하나님께서 그리스도를 버리고 계신다는 그의 표적이라고 한다. 이 같은 두 가지 견해는 다 옳을지 모른다.

그러나 후자가 더 옳은 듯하다. 하늘의 어두움은 우리 구주께서 저주 받은 자들이 당하는 고통을 당하고 계신다는 것을 연상케 하는 것으로 생각된다. 예수님께서 죽으시던 때에 하나님은 두 가지 중요한 표적들을 사람들에게 보이셨다.

첫째, 성소의 휘장이 위로부터 아래까지 찢어졌다.

이것은 성소를 지성소와 구분하는 휘장이었다. 그것은 하나님께서 자기 백성과 함께 거하시는 그 안쪽 지성소를 사람들이 볼 수 없게 하는 휘장이었다. 그러므로 그 휘장이 찢어진 것은 예수 그리스도의 죽음이 구약의 질서를 종식시켰다는 표적인 것이다. 이제는 제사장이 더 이상 필요 없게 되었는데, 이는 큰 대제사장이 오셔서 일을 성취하셨기 때문이다. 또한 이제는 제사도 더 이상 필요 없게 되었는데, 이는 영원한 제사가 이미 드려졌기 때문이다. 이제 예수 그리스도를 통하여 사람들이 하나님께 나아갈 수가 있게 된 것이다.

둘째, 하나님께서 바위들이 터지고 예루살렘 근처의 어떤 무덤들이 열리는 지진을 일으키셨다.

셋째 날, 예수님께서 죽은 자들 가운데서 일어나셨을 때, 무덤에 묻혀 있던 사람들이 나와 성읍에 들어가 많은 사람들에게 나타나 보였다. 그들은 잠자던 성도들이었다(마 27:52). 그들은 아마도 얼마 전에 예루살렘에서 살았던 것 같다. 그들을 그 당시 예루살렘에 살고 있던 자들이 기억하고 있었을 것이다. 그들은 예수 그리스도의 부활의 증인이 되도록 하나님에 의하여 보냄을 받았음에 틀림없다.

이렇게 하여 많은 사람들은 오순절 날 사도들의 메시지를 듣고 믿을 준비가 되었던 것이다. 사람들은 갈보리 사건이 무엇을 의미하는가에 대하여 여러 가지로 해석했다. 어떤 사람들은 자기의 대의(大義)를 위하여 순교한 단순히 선한 선생으로 예수님을 보았다. 또 많은 사람들이 갈보리 사건을 패배로 생각했다. 그러나 십자가의 죽음에 대하여 하나님이 우리에게 주신 기록을 볼 것 같으면, 이 같은 견해들을 우리는 받아들일 수가 없는 것이다.

우리 구주께서 하신 말씀들과, 성취된 예언들과, 하나님이 주신 표적들을 볼 때, 갈보리에서 하나님의 아들이 죄인들의 구주로 고난당하시고 죽으심으로 구원을 성취하시고(롬 3:24-25), 또 사탄 마귀를 파멸하고 승리하셨음(창 3:15; 골2:15)을 우리는 확신할 수 있다. 갈보리에서 하나님의 사랑이 최고의 영광과 위엄 가운데 나타나 있음을 본다(롬 5:8). 갈보리 십자가에서 무엇이 일어났는가를 진정으로 우리가 이해하는 때, 우리는 다음과 같이 노래하고자 할 것이다.

> 온 천하 만물을 하나님이 선물로 나에게 주셨으나,
> 그의 사랑에 비하면 너무 하찮해,
> 그 사랑 너무나 놀랍고 신령하여
> 나의 영혼, 나의 생명,
> 나의 모든 것을 아낌없이 바치오리다.

■ 복습 문제 ■

1. 십자가상에서의 네 번째 말씀을 설명하라.
2. 십자가상에서의 다섯 번째 말씀을 설명하라.
3. 십자가상에서의 여섯 번째 말씀을 설명하라.
4. 십자가상에서의 일곱 번째 말씀을 설명하라.
5. 십자가상에서의 처음 세 말씀들과 나중 네 말씀들 간에는 어떤 차이점이 있는가?
6. 어떤 예언들이 군병들에 의해 성취되었는가?
7. 백부장은 예수님에 대하여 어떻게 생각했는가?
8. 왜 빌라도는 십자가상의 사람들을 죽이라고 명령했는가?
9. 세 시간 동안에 걸친 어두움은 아마도 무엇을 의미한 것 같은가?
10. 찢어진 휘장의 의의는 무엇인가?
11. 성도들의 몸이 왜 죽은 자들 가운데서 일어났는가?
12. 그리스도께서는 십자가상에서 무엇을 성취하셨는가?

■ 더 연구할 문제 ■

1. 시편 22편의 어느 구절들이 본 장에 나오는 사건들에 의해 성취되었는가?
2. 예수 그리스도의 죽음은 당신에게 무슨 의미가 있는가?

제22장

그 묘실이 부자와 함께

(요 19:38-42; 막 15:42-47; 마 27:62-66)

> ■ 연구 문제 ■
>
> 1. 예수님이 장사 지냄 받은 것은 어떤 중요성이 있는가?
> 2. 예수님의 시체가 그의 친구들에 의하여 어떻게 보살펴졌는가?
> 3. 예수님의 원수들은 예수님의 시체에 대하여 어떤 예방 조치들을 취했는가?

　십자가형 집행이 끝났다. 예수님께서는 자기 영혼을 아버지께 부탁하고 마지막 숨을 거두셨다. 그 광경을 지켜보던 무리들에게는 예수님의 생애가 끝난 것처럼 보였을 것임에 틀림없다. 그는 혁명적인 교사였었으며, 종교적인 지배자들을 반대하였었으나, 성공하지 못하고 죽임을 당하였었다. 그것이 장래가 촉망되던 한 생애의 비참한 최후였다.

1. 묻힘

그러나 예수님의 생애에 대한 이야기는 십자가상에서 끝나지 않았다. 그의 죽음 이후에 그의 묻히심이 있다. 어떤 위인(偉人)의 생애를 기록함에 있어서 대개는 그의 장례에 대한 것보다는 그의 죽음에 대한 것으로 그 사람의 전기를 끝맺는 것이 예사이다. 그러나 복음서 기자들은 그렇게 하지 않았다. 그리스도의 생애 가운데는 네 복음서 기자들 모두에 의해 언급되지 아니한 많은 사건들이 있으나, 그들 모두가 그리스도의 묻히심에 대하여 기록하는 것을 중요하게 생각했다.

우리가 우리의 기독교 신앙을 사도신경으로 고백할 때, 우리 구주께서 "십자가에 못 박혀 죽으시고 장사한지 …"라고 선언하는데, 이 고백 또한 예수님의 묻히심이 중요했다는 것을 연상케 한다. 예수님의 묻히심은 우리 기독교 신앙의 극히 중요한 요소인 것이다.

왜 예수님의 묻히심이 그렇게도 중요했는가?

그 한 가지 이유로는 그것이 부활을 위한 준비로 필요했다. 예수님의 묻히심은 그가 참으로 죽었다는 것을 온 세상에 알리는 표징이었다. 그러므로, 그가 셋째 날에 일어났을 때 그것은 그가 사망을 정복하였다는 사실들을 기꺼이 받아들이는 모든 자들에게 분명한 사실이었던 것이다.

그러나 예수님의 묻히심은 그 자체로서 중요하다. 그것은 그의 낮아지심의 한 요소였다. 바울은 예수님께서 사람이 되기 위하여 자신을 낮추셨다고 말하고 있다(빌 2장). 그는 자신을 더욱 더 낮추시어 우리를 위해 고난당하시고 죽으셨다. 그는 또한 우리를 위해 무덤에 묻히심으로 해서 자신을 낮추셨다. 어떤 의미에서, 무덤은 인류에 대한 죄의 권세의 상징이다.

> 한 사람으로 말미암아 죄가 세상에 들어오고 죄로 말미암아 사망이 왔나니 (롬 5:12).

그러기에 구주께서 무덤에 묻히심으로 해서 그 자신이 죄와 사망에 복종하셨던 것이다. 그는 자기가 죄의 삯을 받았노라고 세상에 말씀하고 계셨던 것이다. 물론, 그가 위하여 죽은 죄는 자기 자신의 것이 아니었다.

> 하나님이 죄를 알지도 못하신 자로 우리를 대신하여 죄를 삼으신 것은 우리로 하여금 그분 안에서 하나님의 의가 되게 하려 하심이니라(고후 5:21).

그리스도의 묻히심은 그가 십자가상에서 우리를 대신하였고, 우리의 죄를 담당 하셨으며, 우리를 위해 구원을 마련하고 계셨다는 것을 연상케 하는 것이다.

2. 예수님의 친구들

예수님의 묻히심(장례)에는 놀랍게도 대조적인 현상들이 나타났다. 우리 생각에는 제자들이 마침내는 그들의 두려움을 떨쳐버리고 예수님의 시체를 요구하여, 그의 시체를 장사하기 위한 마지막 의식(儀式)을 행하고자 했을 것으로 예견되나, 사실 그들은 나타나지 않았다. 예수님의 공생애 기간 동안 그를 따랐었지만, 그들은 모두 그가 패배의 쓴 잔을 마시고 있던 그 때에는 그를 버렸다.

대신, 예수님을 정죄한 유대인 공회 출신의 두 사람이 그의 시체를 요구하여 그 시체를 향품과 함께 세마포로 싸서 부자의 무덤에 안치했던 것이다. 그 두 사람의 유대 지도자들은 예수님의 생전에는 그를 그리스도로 주장하기를 두려워했으나, 이제 그가 죽은 이 시각에는 그를 그들의 주님으로 고백한 것이다.

아리마대 요셉과 니고데모는 이전에 그들이 침묵을 지킨 것을 뉘우치고 있었음에 틀림없다. 그러나 이제 그들은 단호하게 그들의 행동으로 예수님을 위하여 말하고 있는 것이다. 그리고 이 두 사람들이 주님의 시체를 따뜻하게 보살피고 있을 때, 과거에 예수님을 전심으로 따랐던 두 여자가 무덤 가까운 곳에 앉아 그들의 사랑하는 주님의 시체가 무덤에 안장될 때까지 그 슬픈 장례식을 눈물로 지켜보고 있었다.

3. 예수님의 원수들

종교 지도자들이 예수님의 죽음을 모의하였었다. 그들은 그들의 계획을 성공리에 끝맺었다. 그들은 마음을 풀어 놓고 그들의 성공을 자축할 수도 있었으나, 아직도 만족하지 못했다. 그들은 "내가 사흘 후에 다시 살아 나리라"(마 27:63) 한 예수님의 말씀을 잊을 수가 없었던 것이다. 그래서 그들은 빌라도에게 가서 파수꾼을 무덤에 세워달라고 부탁하여 다음과 같이 말했다.

> 그러므로 분부하여 그 무덤을 사흘까지 굳게 지키게 하소서 그의 제자들이 와서 시체를 도적질하여 가고 백성에게 말하되 그가 죽은 자 가운데서 살아났다 하면 후의 유혹이 전보다 더 될까 하나이다(마 27:64).

예수님의 대적들은 그들의 명백한 승리에도 불구하고, 그들의 주도면밀한 모의를 뒤집을지도 모를 어떤 일이 일어나지나 않을까하고 두려워했던 것이다.

■ 복습 문제 ■

1. 누가 예수님의 시체를 빌라도에게 요구했는가?
2. 그 요구에 대해 빌라도가 어떤 반응을 보였는가?
3. 누가 그 시체를 보살피는데 거들었는가?
4. 그 시체는 장사를 위해 어떻게 준비되었는가?
5. 언제 장사되었는가?
6. 어디에 장사되었는가?
7. 누가 그 장례를 지켜보았는가?
8. 대제사장들이 빌라도에게 무엇을 요구했는가?
9. 왜 그들은 이 같은 요구를 했는가?
10. 어떤 방식으로 무덤을 보호했는가?
11. 예수님의 묻히심이 왜 중요한가?

■ 더 연구할 문제 ■

1. 관주 사전을 사용하여 그리스도와 니고데모의 관계에 대한 이야기를 살펴보라.
2. 예수님의 원수들의 소행은 그들에 대하여 무엇을 말해주고 있는가?

제3부 • 그리스도의 승리의 사역

제23장

첫날 새벽
(마 28:1-15; 요 20:1-18)

■ **연구 문제** ■

1. 안식 후 첫날에 무슨 사건들이 일어났는가?
2. 예수님을 따르던 자들이 어떻게 해서 그의 부활을 깨닫게 되었는가?
3. 예수님이 막달라 마리아에게 나타나신 것은 부활하신 그리스도에 대하여 무엇을 가르쳐주고 있는가?
4. 부활에 대한 어떠한 해명이 유대인 가운데 퍼졌는가?

성경이 역사책이 아니라는 것을 우리가 유념해 두어야 하는 경우가 많이 있다. 역사책은 사건들이 일어난 순서를 알 수 있도록 그것들을 관련 지어 놓으려고 한다. 그러나 복음서 저자들은 그들이 중요하다고 생각하며 그들의 목적에 적합한 사건들을 발췌하여 기록했다.

그래서 그들이 기록한 사건들에 차이가 있는 네 복음서들이 있는 것이다. 따라서 사건들의 사실상의 순서가 어떤 것인가를 결정하기가 어려운 때가 흔히 있다. 예수님이 죽은 자 가운데서 부활하신 그 날에 대해서도 역시 마찬가지다. 그러나 모든 복음서 기자들은 예수 그리스도께서 안식 후 첫날에 실제로 부활했다는 것을 분명히 하고 있다.

1. 먼저 무덤에 찾아온 자들

우리가 알 수 있는 대로는, 부활의 사건들이 다음과 같이 진행되었다. 큰 지진이 먼저 일어나고 곧 두 천사들이 무덤 밖에 나타나, 돌을 굴려내고 안으로 들어갔던 것이다. 그러나 이 때 부활이 있었는지에 대해서는 알 수가 없다. 예수님께서는 이에 앞서서 부활하셨을 가능성이 있다. 그가 무덤에서 나오실 수 있기 전에 돌이 굴려내지는 것을 기다리실 필요가 없었음이 확실하다. 돌을 굴려낸 것은 예수님께서 나오실 수 있도록 하기 위해서라기 보다는 다른 사람들이 들어갈 수 있도록 하기 위해서였다.

동트기 전에 한 무리의 여자들이 동산에 들어와 무덤이 있는 곳으로 접근했다. 그들은 무덤의 돌이 옮겨진 것을 보자 어떻게 그 무덤에 들어갈 것인가를 의논하고 있었다. 그때 막달라 마리아는 베드로와 요한에게 그 사실을 알리려고 그 자리를 빠져나갔다. 다른 여자들은 주저주저하면서 무덤에 접근해 갔다. 무덤 안에서 부활에 대하여 말하는 천사를 그들은 보았다. 그리고 나서 그들은 사도들에게 알리기 위하여 예루살렘 성으로 되돌아가려고 그 자리를 떠났다. 여자들이 성읍으로 발걸음을 재촉하고 있을 때 예수님께서 그들을 만나주셨던 것이다.

2. 예수님이 막달라 마리아에게 나타나심

마리아의 반응은 열린 무덤을 본 다른 여자들의 경우와는 달랐다. 다른 여자들이 조심스럽게 무덤을 향해 가고 있을 동안에 마리아는 달려가서 베드로와 요한에게 다음과 같이 말했다.

> 사람이 주를 무덤에서 가져다가 어디 두었는지 우리가 알지 못하겠다(요 20:2).

이 말씀은 마리아에 대하여 많은 것을 우리에게 말해 주고 있다.

첫째로, 마리아가 예수님에 대한 참된 믿음을 가지고 있었음을 보여주고 있다. 그녀는 예수님을 "주"라고 칭함으로써 아직도 그를 그리스도로 그녀가 믿고 있다는 것을 고백했다. 비록 예수님께서 십자가에 못 박히셨지만 그 십자가는 그녀의 그 믿음을 흔들어 꺾지 못했던 것이다. 그러나 마리아가 슬픔으로 가득 차 있었음을 볼 수 있다. 그녀는 열린 무덤을 보고서 성급하게 그릇된 결론을 내렸다.

그녀는 최악의 경우를 예상했던 것이다. 예수님께서 평범한 죄수로서 처형당한 것으로 충분하지 못하여, 그가 죽는 그 순간까지 그의 원수들은 그를 철저하게 괴롭히려 들었던 것이다. 베드로와 요한이 동산으로 달려갈 때, 마리아는 뒤쳐져 따랐다. 틀림없이 그녀는 걸어오면서 울고 있었다. 그녀가 동산에 이르렀을 때, 베드로와 요한은 이미 무덤을 들여다보고서 텅 빈 수의(壽衣)를 확인했었던 것이다. 그래서 그들은 떠나려 했다.

그러나 마리아는 남아서 그녀의 주께서 묻히셨던 그 무덤을 들여다 보았다. 그녀는 눈물이 고인 눈으로 예수님의 시체가 놓였던 그 자리에 두 천사가 앉아 있는 것을 보았다. 이로써 그녀가 자기의 잘못을 분명코 깨닫게 되었을 것으로 보인다. 그러나 마리아의 슬픔이 너무나 컸기 때문에 그녀는 자기가 무엇을 보았는가를 이해할 수가 없었던 것이다.

그래서 "여자여, 어찌하여 우느냐?"(요 20:13)라고 한 천사의 질문마저도 그녀로 하여금 비통에 찬 통곡만을 울부짖게 했던 것이다. 이제 그녀는 더 이상 말을 할 수가 없어서 돌아섰다. 그리고 예수님이 자기 앞에 서 계시는 것을 보았다. 그러나 아직도 그녀는 자기가 무엇을 보고 있는가를 분별할 수 없었기 때문에 예수님을 동산지기로 착각했다. 그녀의 눈은 차고 넘치는 슬픔으로 말미암아 가려져 있었다.

그녀가 천사의 질문의 의미를 이해하지 못했고 자기의 주님을 분별하지 못했다고 해서 마리아를 비난해서는 안된다. 만일 마리아가 예수님을 그처럼 사랑하지 않았다고 하면, 지난 며칠 동안에 일어난 사건들로 말미암아 그녀는 그렇게 크게 감동되지는 않았었을 것이다. 그녀에게는 비난 대신 따뜻한 애정이 필요했다. 그래서 예수님은 그녀를 따뜻하게 다루셨다. 예수님은 단지 한 마디의 말씀(그녀의 이름, '마리아야')만으로 자신을 마리아에게 나타내셨다. 그것이 필요한 모든 것이었다.

예수님의 음성이 그녀의 비통에 차 있던 영혼을 달래어 줌으로써 그녀의 슬픔은 가라앉게 되었다. "랍오니여"(선생님)라고 한 그녀의 대답은 그의 부활을 믿는 그녀의 새로 싹튼 신앙을 의미했다. 예수님께서는 아직 자기가 아버지께로 올라가지 않으셨기 때문에 자기에게 마리아가 손을 대는 것을 허락하지 않았다. 이것은 마리아에게 대한 부드러운 책망이었다. 마리아는 사물들의 옛 질서가 계속되기를 원했으나 이미 새 시대가 열렸던 것이다.

예수님께서는 자기의 교회 위에 성령을 보내실 수 있기 위해 하늘로 되돌아가셔야 했다. 그러므로 마리아는 옛 관계의 회복을 기대해서는 안 되었고, 새 시대의 더 큰 축복들을 대망해야 했던 것이다. 예수님은 마리아를 제자들에게 보내어 다음과 같은 메시지를 전하게 했다.

> 내가 내 아버지 곧 너희 아버지 내 하나님 곧 너희 하나님께로 올라간다 하라 (요 20:17).

그녀는 큰 소식의 전달자가 되었다. 그녀는 예수님이 죽음에서 일어나셨다는 것을 선포하기 위해서 왔을 뿐만 아니라, 제자들과 하나님간의 새롭고 놀라운 관계를 수립하기 위하여 그가 부활하셨다는 소식을 가지고 왔던 것이다. 마리아가 전한 메시지는 십자가를 이해하는데 도움을 준다. 우리가 알고 있는 대로, 십자가상에서 예수님은 우리의 죄를 담당하셨고 죄에 대한 형벌을 치르셨으며, 하나님이 우리를 장차 벌하지 않으시도록 우리의 모든 죄책과 유죄 판결을 십자가상에서 제거하셨다.

하나님은 자기 아들을 우리 대신 벌하신 것이다. 예수님은 우리의 죄를 담당하시고, 우리에게 자기의 의(義)를 제공해 주셨다. 그는 그 자신의 경우처럼 친밀한 하나님과의 관계를 우리를 위하여 수립하셨다. 그래서 그는 "내 아버지 곧 너희 아버지, 내 하나님 곧 너희 하나님"이라고 말하실 수가 있는 것이다. 여기서 우리는 다음과 같은 말씀을 연상케 된다.

> 영접하는 자 곧 그 이름을 믿는 자들에게는 하나님의 자녀가 되는 권세를 주셨으니(요 1:12).

3. 부활의 증거들

그 빈 무덤에서 무슨 일이 일어났었던가를 알고 싶은 자는 누구나 아무런 어려움 없이 알아냈을 것이다. 나사렛 예수가 실제로 죽음에서 부활했다는 신앙을 지지해 주는 많은 증거들이 있었다.

첫째, 무덤 입구의 돌이 굴러 옮겨진 증거가 있었다. 사실 그 돌은 로마 당국이 인봉하였었고 한 떼의 군병들이 지키고 있었던 것이다.

둘째, 수의(壽衣)의 증거가 있었다. 그 수의는 예수님이 입으셨던 그대로 있었던 것으로 보인다. 즉, 시체가 놓인 자리에 시체를 싸서 감아 놓은 대로 있었다. 그러나 텅 비어 있었다. 예수님의 머리를 쌌던 수건은 따로 개어 놓여 있었다.

셋째, 목격자들의 증거가 있었다. 즉, 부활하신 주님을 보았고 그에게 말을 건넸으며, 그를 만져본 남자들과 여자들이 있었다. 알려지기로는, 고대 역사상 어떤 사건도 예수 그리스도의 부활만큼 문서로 잘 증명된 것이 없다고 한다.

4. 유대인들의 불신앙

　예수님의 원수들은 부활이 있은 직후에 부활에 대하여 들었다. 군병들이 충격에서 깨어나 대제사장들에게 가서 부활 사건을 말해 주었던 것이다. 제사장들은 군병들의 보고를 장로들과 의논한 후에 일련의 조치를 취했다. 그들은 군병들에게 돈을 주어 제자들이 시체를 도적질해 갔다는 소문을 퍼뜨리게 했다.

　그리고 이 같은 소문이 퍼지는 일로 인하여 군병들의 경우 그들의 직무를 태만히 한 것처럼 보일지도 모르기 때문에, 제사장들은 필요한 경우 그들을 보호해 주기로 약속까지 해주었다. 우리는 이 사건에서 앞을 내다보지 못하는 불신앙의 한 좋은 실례를 찾아 볼 수 있는 것이다.

　유대인들의 지도자들은 예수님의 가르침을 청종하기를 거부했었다. 그들은 그를 반대하였으며 마침내는 그를 십자가에 못 박아 죽였다. 이제 그들은 자기들이 그릇되고 예수님이 옳았다는 것을 분명하게 보여주는 정보를 직접 접수했다.

　그러나 그들은 그들의 죄를 회개하려 하지 않았다. 그들은 단지 예수님을 타도하기 위해 더욱 열심히 싸웠을 뿐이었다. 이 사람들의 소행들은 우리에게 하나의 경종이 되어 마땅하다. 우리들은 흔히 젊은 날에는 예수님 없이 살다가 인생 말년에 가서 예수님을 섬겨 구원의 축복들을 받아 누릴 속셈을 갖기가 참으로 쉽다.

　그러나 우리가 예수님을 거절하기 시작하면, 우리에게는 더욱 더 끊기 힘든 습관이 형성되고 마는 것이다. 이 제사장들처럼, 우리의 경우도 복음의 가장 명백한 증거를 받아들이지 못함으로 해서 구원 받을 수 없는 지점에까지 이를 가능성이 있다. 그러므로 우리가 젊을 때 우리의 삶을 그리스도에게 맡기는 것이 중요하다.

■ **복습 문제** ■

1. 어떻게 그리고 왜 무덤의 돌이 굴러 옮겨졌는가?
2. 수직하던 자들에게 무슨 일이 일어났는가?
3. 누가 무슨 이유로 무덤에 왔는가?
4. 예수님이 여자들에게 무슨 말씀을 하셨는가?
5. 막달라 마리아는 여자들에게 말하는 천사를 보았는가? 이를 설명하라.
6. 어떻게 해서 베드로와 요한이 무덤에 오게 되었는가?
7. 베드로와 요한이 본 것은 무엇인가?
8. 두 제자들이 동산을 떠났을 때 마리아는 무엇을 했는가?
9. 부활을 증거하는 어떤 표적들을 마리아가 받았는가?
10. 왜 그녀는 그것들을 받아들일 수 없었는가?
11. 왜 예수님은 그녀가 그를 만지지 못하게 했는가?
12. 무슨 메시지를 마리아가 제자들에게 전달해 주었으며 그것은 무엇을 뜻했는가?
13. 예수님이 죽음에서 실제로 부활하셨다는 어떤 증거들이 있었는가?
14. 유대 지도자들은 군병들의 보고를 접수하자 어떻게 했는가?
15. 제사장들의 태도에서 어떤 교훈을 우리는 배워야 하는가?

■ 더 연구할 문제 ■

1. 마태복음과 누가복음에 나오는 천사들에 대한 기록들은 어떻게 조화될 수가 있는가?
2. 막달라 마리아에 대하여 알고 있는 바를 말하라 성경 관주 사전을 사용할 것.
3. 마리아의 반응을 베드로와 요한의 것과 비교하라
4. 수직하던 군병들이 소문을 퍼뜨리도록 돈을 받았다고 하는 사건에서 어떤 명백한 약점들을 찾을 수 있는가?

제24장

떡을 떼심
(눅 24:13-49)

> ■ 연구 문제 ■
>
> 1. 왜 제자들은 예수님의 부활에 대한 증거들을 믿지 않았는가?
> 2. 예수님은 어떤 방식으로 그들을 인도하여 믿음을 갖게 했는가?
> 3. 제자들에게 맡겨진 새 임무는 무엇이었는가?
>   그리고 예수님께서는 그 임무를 위하여 그들을 어떻게 준비시켰는가?

　엠마오 출신 두 제자들의 이야기에서, 안식 후 첫날에 일어났던 놀라운 변화를 우리는 엿볼 수가 있다. 누가는 모든 제자들에게 일어났던 것에 대한 상징적 표본을 그들에게서 보았기 때문에 그가 이 두 사람들의 이야기를 아마도 기록한 듯하다. 우리는 이 이야기에서 예수님의 제자들이 그들의 주께서 참으로 다시 살아나셨다는 것을 깨달았을 때 그들이 절망의 구렁텅이에서 깜짝 놀랄 만큼의 경건 상태에로 고조된 것을 볼 수 있다.

1. 마음이 슬퍼진 제자들

안식 후 첫날 오후 엠마오로 발걸음을 옮기기 시작한 글로바와 그의 친구만큼 낙심된 사람들을 찾아보기란 어려웠던 듯싶다. 그들은 또한 당황하고 있었다. 그날 이상한 소문들이 제자들 사이에 퍼져 가고 있었다. 무덤에 있다가 천사들을 본 여자들에 대한 이야기를 그들은 들었다.

그러나 그들은 그것을 믿어야 할지 아니면 믿지 말아야 할지를 몰랐다. 그들은 그들의 소망이 이전처럼 깨어지지 않기를 아마도 소망했던 것 같다. 그들의 슬픔에 대하여 그들에게서 들은 한 낯선 사람이 접근해 왔을 때, 지난 며칠 동안에 일어났던 소름끼치는 모든 사건들에 대하여 아무 것도 그가 전혀 모르고 있다는 것을 발견하고서 그들은 깜짝 놀랐다. 그래서 그들은 그 동안에 된 것에 대한 모든 이야기, 즉 위대한 선지자 예수가 어떻게 종교 지도자들에게 정죄를 받아 예루살렘 밖에서 십자가에 못 박혀 죽었는가를 그에게 말해 주었다. 그들은 이 모든 일에 있어서 한쪽으로 치우치지 않은 목격자들이 아니었다.

그들이 슬퍼한 까닭은 그들의 낙심에 찬 증거에서 찾아 볼 수가 있다.

> 우리는 이 사람이 이스라엘을 구속할 자라고 바랐노라(눅 24:21).

그들의 경우, 그들의 주께서 십자가에서 죽으셨을 때 모든 희망이 산산조각나고 말았던 것이다.

2. 마음이 뜨거워진 제자들

이 낯선 사람이 응답하기를, "미련하고 선지자들의 말한 모든 것을 마음에 더디 믿는 자들이여"(눅 24:25)라고 말했을 때, 이 두 여행자들은 크게 충격 받았을 것임에 틀림없다. 그리스도께서 그의 영광에 들어가시기 전에 이 모든 일이 일어나야 할 필요가 있다는 것을 그가 그들에게 말해 주었다.

그러고 나서 그는 그들에게 계속하여 성경을 설명해 주었다. 구약성경 중에서 한두 구절을 들어서 해주신 것이 아니라, 구구절절을 들어서 설명해 주었던 것이다. 그리하여 실제로 무엇이 일어났는가를 정확하게 이해할 수 있도록 해주었던 것이다. 그 두 제자들이 엠마오에 도착했을 때 기분이 상쾌해진 것은 의심할 나위가 없다.

그러나 그들의 절망감을 제거해 주고 그들의 심령을 기쁨으로 차고 넘치게 할 계시는 아직 주어지지 않았다. 그들은 그 낯선 사람을 강권하여 자기들과 함께 밤을 지내도록 했다. 그런데 놀랍게도 그가 그들을 제쳐놓고 주인 노릇을 해냈다. 그가 떡을 취하여 축사하시고 떼어주었던 것이다. 그때 갑자기 그들은 자기네들이 부활하신 주님과 동행하고 있었다는 것을 깨달았다. 예수님 자신이 그들에게 그의 죽음과 부활에 대하여 가르쳐 주셨던 것이다.

그가 분명코 살아계셨다!

그런데 그 사실을 깨닫게 된 그 순간에 주께서 사라져 버렸다. 그러나 이처럼 사라졌음에도 불구하고 그들이 새로 찾은 기쁨은 무산되지 않았다. 그가 그들에게 들려준 그 가르침으로 말미암아 그들의 생각이 바뀌었다. 그들의 얼굴은 기쁨으로 환하여졌으며, 그들은 먹고 있던 식사를 내팽개치고 다른 제자들과 기쁜 소식을 나누기 위하여 예루살렘으로 급히 되돌아갔다. 그들이 예루살렘으로 되돌아왔을 때, 그들은 다른 제자들도 자기네들처럼 들떠 있는 것을 발견했다.

그들이 그들에게 된 것을 말하려고 했으나 주께서 과연 살아나시고 시몬에게 나타나셨다(눅 24:34)고 그 다른 제자들이 소리치는 까닭에 눌리고 말았다. 얼마 있다가 마침내 그들은 엠마오로 가는 길에서 그들에게 일어났던 일에 대하여 말할 기회를 얻게 되었다.

3. 최종적 증거

글로바와 그의 동료가 그들의 이야기를 털어 놓고 있을 때, 갑자기 그 방에 다른 사람이 나타났다. 그는 방문으로 들어오지 않았다. 그는 아무도 없는 방에 이미 와 계셨기라도 한듯했다. 그분이 예수님이셨다. 그들은 잠시 신앙하기보다는 미신 가운데 사로잡히려 했다. 사실 이 같은 나타나심에 대하여 아무도 마음의 준비가 없었던 것이다. 그러나 예수님은 그들의 마음을 편하게 해주었다. 그는 그들에게 그의 못자국난 손과 발을 보여 주었다.

그리고 그들을 청하여 그를 만져 보고 그가 영이 아님을 알라고 했다. 그는 그들에게 먹을 것을 좀 달라하여 그들 면전에서 먹었다. 그들은 확신하였다. 그래서 예수님이 십자가에 못 박히는 것을 보던 때에 그들의 마음 속에서 일어나기 시작했던 모든 절망감과 패배감이 영원히 사라졌던 것이다. 제자들에게 일어난 그 변화는 부활의 실제성에 대한 가장 강력한 증거들 중의 하나이다.

특별히 베드로의 변화가 눈에 띈다. 자기의 선생을 버리며 배반한 허약자였던 베드로가 예수님을 십자가에 못 박았던 바로 그 공회를 공공연하게 반항하는 용기 있는 반석의 사람이 되었다. 그러나 다른 제자들의 경우 또한 변화가 역력하다. 절망 대신 기쁨이 있었다. 그리스도의 부활로 말미암아 패배한 사람들이 승리의 삶을 되찾았다.

대제사장들에 의하여 발설된 소문이 거짓이었다고 하는 것이 얼마나 분명하여졌는가!

자기네들이 거짓을 퍼뜨리고 있음을 알고 있는 사람들은 이 사람들(제자들)이 체험한 변화를 체험하지 못하였다. 제자들이 근본적으로 달라진 것에 대한 유일한 한 가지 설명은 예수 그리스도께서 죽음에서 부활하셨다고 하는 사실에서 찾을 수 있다.

예수님의 부활은 오늘 우리에게도 바로 그 같은 효과를 나타내야 하는 것이다. 만일 우리가 예수님에게 속해 있다고 하면, 죄는 결코 우리를 정복하거나 멸망시킬 수가 없다. 예수님께서는 부활하심으로써 죄와 사망의 권세를 무산시키고 확신과 기쁨을 가져다 주었다.

4. 새로운 임무

예수님께서 제자들에게 나타나셨을 때, 그것은 그가 죽음에서 참으로 부활하셨다는 것을 그들에게 확신시켜 주기 위한 것만은 아니었다. 그의 부활은 그들에게 특별한 의미가 있었다. 그것은 예수님의 사역에 있어서 새 시대의 시작을 의미하였다. 그가 하늘로 돌아가더라도, 그는 자기의 사역을 제자들을 통하여 계속하고자 하신 것이다. 이제 그는 그 사역을 위하여 그들을 준비시키기 시작했다. 예수님께서는 엠마오로 가는 길에 있던 두 제자들에게 그가 주셨던 것과 같은 유형의 가르침을 주기 시작했다. 그는 그들에게 성경을 해석해 주었다.

그러나 그들이 그의 가르침들을 이해할 수 있도록 그는 그들의 마음들을 또한 열어 주었다. 그의 공적 사역을 통하여 그들의 마음은 진리에 대하여 자주 닫혀져 있었다. 그들이 늘상 들어온 전통적인 유대인의 가르침으로 말미암아 예수님의 말씀들의 충분한 영적 의미를 이해하기가 그들로서는 어렵게 되었던 것이다.

그런데 그가 그들의 심령들을 만져 주시고 그들의 마음들을 열어 주시자, 갑자기 진리가 그들에게 사실로 받아들여지게 되었다. 이때에 예수님께서 그들에게 새로운 사명을 주셨다.

그들에게 말씀하시기를, "아버지께서 나를 보내신 것같이 나도 너희를 보내노라"(요 20:21)고 했다. "보낸다"고 하는 헬라어 단어는 "사도"라는 단어와 같은 어원에서 나왔다. 예수님은 이제 그들에게 그의 사도들로 임무를 부여하고 계신 것이다. 예수님은 구속의 계획을 수행하기 위하여 세상에 보냄 받은 아버지의 사도였다. 이제 사도들은 그리스도의 구속하는 사역의 메시지를 가지고 모든 세상에 보냄 받는 그리스도의 사도들이 되도록 되어 있었다. 예수님은 그들이 그 임무(사명)를 수행할 수 있는 권능을 이 임무에 더하여 주었다.

> 이 말씀을 하시고 저희를 향하사 숨을 내쉬며 가라사대 성령을 받으라(요 20:22).

비록 성령의 충만한 능력이 오순절에 이르러서야 비로소 그들에게 주어지게 되었지만, 그들은 이미 성령을 받도록 되어 있었다. 그리고 성령의 은사와 더불어 그들이 지상에서 그리스도의 대표들로 섬기도록 되어 있다는 확신이 주어졌다. 그가 죄들을 용서해 주는 권세를 가지고 있었기 때문에, 이제 사람들의 죄들이 용서 받았다는 것을 저들에게 확신시켜 주는 권세를 제자들에게 주었다. 성령에 대한 약속은 예수님이 그들에게 숨을 내쉼에 의하여 상징되었다. 숨과 영이 히브리어로는 같다.

그래서 예수님은 성령을 전해 주시는 것에 대하여 묘사하고 계신 것이다. 예수님에게 성령이 한량없이 임했었는데, 이제 그가 성령을 그들에게 부어 주시는 것이다. 그가 성령의 권능으로 사역(일)하였던 것처럼, 그들도 그의 대사(大使)들로서 성령의 권능으로 섬기도록 되어 있었던 것이다.

■ 복습 문제 ■

1. 엠마오 출신 두 제자들을 예수님은 어떻게 만나주셨는가?
2. 그들은 그에게 예루살렘에서 무엇이 일어났다고 말했는가?
3. 어떤 가르침을 그가 그들에게 주었는가?
4. 그들은 어떻게 그를 알아보게 되었는가?
5. 그들이 그를 알아보게 되었을 때 무슨 일이 일어났는가?
6. 왜 그들은 예루살렘으로 돌아갔는가?
7. 열 한 제자들은 예수님의 어떠한 나타나심을 알려 주었는가?
8. 제자들은 예수님께서 그들 가운데 나타나셨을 때 어떠한 반응을 나타냈는가?
9. 예수님은 그가 영이 아니라는 것을 어떻게 증명했는가?
10. 예수님은 제자들에게 무엇을 가르쳐 주셨는가?
11. 어떤 사명(임무)이 이 때에 주어졌는가?
12. 왜 예수님은 제자들에게 성령을 주셨는가?

■ 더 연구할 문제 ■

1. 종교 지도자들의 불신앙과 두 제자들의 불신앙 간에는 어떤 차이가 있는가?
2. 그리스도께서 그의 제자들에게 준 임무에 대한 로마 가톨릭 교회와 개혁주의 교회의 견해를 비교하라. 그 임무가 누구에게 주어졌으며, 오늘날은 누구에게 주어지고 있는가?
3. 그리스도의 부활은 오늘 우리에게 어떤 결과로 나타나야 하는가? 즉, 어떤 효력을 미쳐야 하는가?

제25장

도마
(요 20:19-31)

> ■ 연구 문제 ■
>
> 1. 도마는 어떤 종류의 사람이었는가?
> 2. 도마는 어떻게 그의 의심을 극복했는가?
> 3. 도마에게서 무엇을 배울 수 있는가?

사복음서들에 흩어져 있기는 하지만 사도들이 어떤 종류의 사람들이었는가를 이해하는데 도움을 주는 몇몇 사도들에 대한 간단한 소개들을 찾아볼 수 있다. 이 같은 간단한 소개들이 없다고 하면 제자들이 우리와는 전혀 다른 사람들, 우리가 직면하고 있는 문제들에 결코 직면할 필요가 없었던 사람들이었던 것으로 우리는 생각하려 할 것이다.

그러나 만일 우리가 제자들을 면밀하게 살펴볼 것 같으면 그들이 우리 자신들과 전혀 다를 바 없다는 것을 알 수 있다. 그들의 성격은 크게 차이가 있었으며, 그래서 그들이 안고 있는 문제들 또한 크게 차이가 있었다.

베드로의 경우를 보면, 그는 흔히 성급하게 말하며, 그가 지킬 수 없는 약속들을 하는 그러한 사람이었다. 안드레의 경우를 보면, 그는 지도자라기보다는 추종자로서 보통의 재능을 가진 사람이었다.

야고보와 요한은 야심 있는 사람들이었다. 제자들이 실상은 우리들과 전혀 다를 바 없는 자들이었다는 것을 알게 될 때, 하나님이 그들을 사용하신 것처럼 우리들을 그가 사용하실 수 있다는 것을 깨닫게 되는 것이다.

1. 의심하는 도마

도마는 본래 회의적이었다. 그런 까닭에 오늘날 모든 것을 의심하는 경향이 있는 사람을 가리켜 '의심장이 도마 같은 사람'(a Doubting Thomas)이라고 하는 것이다. 아마 도마는 비관주의자였는지도 모른다. 그는 언제나 사물들의 어두운 면을 보고 있었다. 그는 좋은 소식을 믿는 데는 둔감하였으나 악한 것을 믿는 데는 민첩하였다. 우리는 이 같은 점을 나사로를 살리신 사건에서 찾아 볼 수 있다. 예수님께서 베다니에 갈 것을 결심하셨을 때, 제자들은 그를 설득하여 가지 못하게 하려고 했다.

그러나 그들이 그의 마음을 바꿀 수 없다는 것을 알았을 때, "우리도 주와 함께 죽으러 가자"(요 11:16)라고 말한 것은 도마였다.

그러나 도마의 이 말들로 보아 그가 비관주의자였긴 하지만, 그는 또한 예수님에 대해 깊은 충성심을 갖고 있었음을 알 수 있다. 그는 최악의 경우를 믿었으며, 만일 예수님께서 유대 지방으로 되돌아가실 것 같으면 유대 지도자들이 그를 죽이려고 할 것을 확신하였다.

그러나 그는 예수님을 사랑했다. 그래서 그는 그의 선생이 직면하는 위험을 기꺼이 감수하고자 했던 것이다. 예수님께서는 죽으시기 바로 직전에 자기 제자들에게 그가 그들을 위해 처소를 준비하러 아버지께로 갈 예정이라고 말씀하셨다. 그는 다시 와서 그들을 데리고 가 자기와 함께 있게 하겠다고 약속하셨다. 또한 그들에게 확신시키기를, "내가 가는 곳에 그 길을 너희가 알리라"(요 14:4)고 하셨다.

이에 대하여 말대꾸한 것은 의심장이 도마였다.

> 주여 어디로 가시는지 우리가 알지 못하거늘 그 길을 어찌 알겠삽나이까
> (요 14:5).

그는 예수님과 함께 있고 싶었으나, 전혀 그것에 대한 확신을 갖지 못했던 것이다. 도마의 성격의 바로 그 요소들을 요한복음의 본문에서 찾아 볼 수가 있다. 예수님께서 부활하신 그 날 제자들에게 나타나셨을 때 도마는 없었다. 왜 그가 남은 제자들과 함께 있지 않았는가에 대해서는 확실히 알 수가 없으나, 그의 성격 탓인 듯하다. 예수님께서 십자가에 못 박히셨을 때 도마의 세계는 완전히 허물어지고 말았다. 그는 최악의 공포에 사로잡혔던 것이다. 그는 홀로 있고 싶었는지도 모른다.

그렇지만 도마는 제자들에게서 떨어져 나가지는 않았다. 의심과 공포로 인하여 예수님께 대한 그의 깊은 충성심이 제거된 것이 아니었다. 그 다음 주간 중에 그는 다시 제자들과 합류했다. 누군가가 그를 만나 예수님의 부활 소식을 말해준 듯하다.

그러나 주님을 본 다른 사람들의 증거를 도마가 들었을 때, 그는 그것을 믿을 수가 없었다. 그는 자기 눈으로 직접 보고 부활하신 그리스도의 몸에 있는 상처 자국들을 만져 보지 않는 한 그 소식을 믿지 않겠다고 주장했다.

2. 고백하는 도마

한 주간이 지나고 다른 일요일이 이르자, 제자들은 다시 다락방에 모였다. 이 때에는 도마가 그들과 함께 있었다. 구주께서는 일주일 전에 그가 나타나셨던 것처럼 또다시 나타나셨다. 그는 도마를 향하여 그가 꼭 해보

고 싶다고 말한 것을 해보라고 다음과 같이 말했다.

> 도마에게 이르시되 네 손가락을 이리 내밀어 내 손을 보고 네 손을 내밀어 내 옆 구리에 넣어 보라 그리하고 믿음 없는 자가 되지 말고 믿는 자가 되라(요 20:27).

도마가 이같이 부활하신 그리스도를 마주보게 되고 그가 전에 요구했던 것을 해보라는 도전을 받자, 그에게는 더 이상의 증명이 필요 없게 되었다. 그래서 즉시 외치기를, "나의 주시며 나의 하나님이시니이다"(요 20:28)라고 했다. 도마의 이 고백은 예수님에 대한 그의 의심들이 영원토록 사라졌음을 보여 주고 있다. 그는 자기 앞에 서 계시는 분이 다름 아닌 그의 사랑하시는 선생이시라는 것을 알았다. 그는 예수님을 자기의 주님으로 인정했고 예수님이 자기의 하나님이시라고 선언했다. 여기에 우리 구주의 신격(神格)에 대한 분명한 증거가 있다.

도마의 고백은 결코 그 이하일 수가 없다. 그리고 예수님은 도마의 고백을 받아들였다. 그는 도마의 고백을 듣고서 그를 칭찬했다. 다시 말해서, 예수님은 도마가 말한 것이 사실이라는 것을 인정하신 것이다. 도마의 고백은 그가 이전에 의심을 품고 있었던 까닭에 우리에게 더욱더 귀중하다. 도마는 무엇이나를 잘 믿는 그러한 사람이 아니었다. 그는 본래 불신하는 경향이 있었다.

그러나 증거가 너무 명백했기 때문에 예수님께서 죽음에서 부활하셨다는 것을 그는 믿지 않을 수가 없었다. 그래서 그는 예수님이 하나님의 아들이심을 고백하지 않을 수 없었던 것이다. 도마의 고백은 제자들이 부활의 이야기를 날조하지 않았다고 하는 분명한 증거이다. 그들은 온 세계에 거짓말을 퍼뜨리기 위하여 함께 모의하지 않았다. 그들은 의심할 여지가 없는 증거에 의하여 확신을 얻었던 것이다.

3. 복 되도다

예수님은 도마가 자기를 믿는 것을 보시고 그를 칭찬해 주었다. 그러나 그는 또한 이렇게 말씀하셨다.

> 너는 나를 본 고로 믿느냐 보지 못하고 믿는 자들은 복 되도다(요 20:29).

예수님을 볼 기회를 전혀 가지지 못할 사람들이 많을 것이다. 도마와는 달리 그들은 예수님의 부활을 목격한 자들의 증거에 의존해야 할 것이다. 그런데 우리는 예수님을 보거나 그의 손과 옆구리를 만져 볼 기회를 가지지 못하는 그러한 사람들 중에 속해 있다. 그렇지만 우리에게는 믿을 수 있을만한 충분한 증거가 있다. 이러한 까닭에 요한은 그가 기록한 이야기들을 그의 복음서에 포함시켜 놓았다고 말한다.

> 오직 이것을 기록함은 너희로 예수께서 하나님의 아들 그리스도이심을 믿게 하려 함이요 너희로 믿고 그 이름을 힘입어 생명을 얻게 하려 함이니라(요 20:31).

복음서 기자들의 증거가 주어진 것은 예수가 참으로 그리스도이심을 우리가 인정하고, 도마처럼, 그를 우리의 주님과 우리의 하나님으로 고백하게 하기 위함인 것이다.

■ 복습 문제 ■

1. 도마가 비관적인 성격을 가졌다는 증거를 제시하라.
2. 예수 그리스도께 대한 도마의 깊은 충성심에 대한 증거를 제시하라.
3. 도마는 그가 믿으려 하기 전에 어떤 증거를 요구했는가?
4. 예수님은 도마에게 어떤 도전을 하셨는가?
5. 도마가 어떤 이보다 큰 축복을 누릴 수 있었을 뻔하였는가?
6. 왜 요한이 그의 복음서를 기록했는가?

■ 더 연구할 문제 ■

1. 다락방에서의 사건 전과 기간 중의 도마를 회개하기 전과 기간 중의 다소의 사울과 비교하라(참조, 행 8:1-3; 9:1-22).
2. 그리스도의 부활에 대한 어떤 증거가 우리에게 있는가? 그것은 충분한 설득력을 가지고 있는가?

제26장

내 양을 먹이라
(요 21장)

■ 연구 문제 ■

1. 왜 예수님께서 물고기를 잡아 주는 이적을 행하셨는가?
2. 왜 예수님께서 베드로에게 사랑을 다짐하셨는가?
3. 예수님께서는 베드로의 장래에 대하여 어떻게 말씀하셨는가?

빈 무덤을 찾았던 여자들에게 천사가 다음과 같이 말했다.

> 가서 그의 제자들과 베드로에게 이르기를 예수께서 너희보다 먼저 갈릴리로 가시나니 전에 너희에게 말씀하신대로 너희가 거기서 뵈오리라 하라(막 16:7).

그러나 제자들이 갈릴리로 즉시 가지는 않았다. 바로 그 날과 일주일 후에 또한 예수님께서는 예루살렘에서 그들에게 나타났다. 그러나 그들이 천사의 지침을 따라야 하던 때가 이르렀다. 그래서 그들은 그들 대부분 본래 태어났던 그 장소로 되돌아갔다. 그들이 갈릴리로 되돌아가자, 베드로는 고기 잡는 자기의 직업을 다시 계속하기로 결심했다. 그때에 그와 함께 있던 제자들은 그와 동행할 것을 동의했다. 이것은 그저 시간을 보내기 위해서가 아니었던 것 같다.

왜냐하면 그들의 고기 잡는 직업이 우리가 즐기는 평안한 운동이 아니었기 때문이다. 이 사람들은 밤에 고기를 잡았으며, 그물을 던지며 끌어당기는 일은 등뼈가 부러지는 아주 고된 노동이었다. 이 사람들은 그들 자신과 그들의 가족을 부양하기 위하여 그들의 이전의 직업에로 되돌아 갈 필요가 있었던 것 같다. 예수님의 사역 기간 동안에 열두 제자들은 예수님을 추종하는 다른 사람들의 후원금으로 부양을 받았었다.

그러나 이제는 자기 손으로 벌어먹어야 했다. 그래서 그들이 예수님을 따르기 위해서 그만두었던 노동에 다시 한 번 그들은 종사해야 했던 것이다.

1. 예수님의 나타나심

제자들은 밤이 맞도록 고기를 잡았으나 성공하지 못하고 해변가로 되돌아오고 있었다. 해변가에서 한 낯선 사람이 큰 소리로 맞이하면서 고기를 잡았느냐고 물었다. 한 마리도 잡지 못했다고 그들이 대답하자, 그들의 그물을 배 오른편에 던지면 고기를 잡을 수 있을 것이라고 그가 그들에게 말해 주었다.

그들이 그렇게 던지자 그물을 끌어 올릴 수 없을 만큼 많은 고기를 잡게 되었다. 갑자기 요한은 그들을 맞이하여 말씀하신 분이 누구인가를 알아보게 되었다. 그래서 그는 "주시라"고 말했다(요 21:7).

베드로가 이 말을 듣고서 그 역시 예수님을 알아보았다. 그는 물로 뛰어들어 자기의 선생을 맞으러 헤엄쳐 갔다. 한편 다른 제자들은 고기가 가득

찬 그물을 해변가로 끌고 왔다. 예수님이 이적들을 행하신 것은 사람들에게 단지 감명을 주기 위한 것이 아니었다.

왜 그가 이 이적을 행하셨는가?

그것은 제자들의 필요를 공급하는 그의 방법이었던 것으로 추측할 수 있다. 만일 그들이 자신들과 가족들을 부양하기 위해 물고기를 잡고 있었다고 하면, 그들이 아무 것도 잡지 못한 것은 심각한 문제였다. 그러나 그가 이적을 행한 것은 그가 그들이 이전에 알고 있었던 바로 그 주님이심을 그들에게 보여 주기 위함이었다. 사망과의 그의 투쟁으로 말미암아 그의 권능이 쇠퇴하지는 않았다. 그는 아직도 만물을 통제하고 계셨다.

그리고 그가 그들을 그의 전권 대사들로 임명하였었기 때문에, 그의 권세가 의문의 여지가 없다는 것을 그들에게 확신시켜 줄 필요가 있었던 것이다.

2. 예수님과 베드로와의 대화

그들이 조반을 먹은 후에, 예수님은 베드로에게 묻기 시작했다. 그는 베드로에게 자기를 사랑하는가에 대하여 세 번 물었다. 첫 번째 질문은 비교적인 것이었다.

> 네가 이 사람들보다 나를 더 사랑하느냐(요 21:15).

예수님은 베드로에게 그의 사랑이 다른 제자들의 사랑을 능가하는지를 물었던 것이다. 베드로는 그리스도에 대한 자기의 사랑이 대단하다는 것을 전에 크게 주장했었다. 예수님께서는 베드로가 아직도 자기의 사랑을 이같이 높게 생각하고 있는가를 알고 싶었던 것이다. 베드로의 대답은 겸손하였다. 그는 예수님께서 자기의 마음을 알고 계시지 않느냐고 대답했다.

주여 그러하외다 내가 주를 사랑하는 줄 주께서 아시나이다(요 21:15).

베드로는 사랑에 대해서 대답할 때 예수님께서 사용하신 것과 같은 단어를 사용하지 않았다. 그의 대답은, "내가 주를 좋아하는 줄 주께서 아시나이다"라고 번역될 수 있다. 두 번째로 물으실 때 예수님은 비교하는 말을 빼버리고 단순히 베드로가 그를 사랑하는지를 물었다. 베드로는 다시금 똑같은 대답을 했다. 끝으로 예수님은 베드로가 사용한 바로 그 단어를 사용하여 베드로가 참으로 자기를 좋아했는지를 물었다. 이같이 세 번째 문자 베드로가 마음으로 근심케 되었다. 그는 대답했다.

주여 모든 것을 아시오매 내가 주를 사랑하는 줄을 주께서 아시나이다(요 21:17).

베드로가 얼마나 크게 변화되었는가!

예수님을 배반하던 날 밤에 그가 나타내 보였던 자만심이 완전히 없어지고 그 대신 깊은 겸허가 있었다. 그는 자기가 전적으로 주님께 의존하고 있음을 깨달았던 것이다. 베드로가 예수님에 대한 자기의 사랑을 확언할 때마다, 구주께서는 그에게 명령을 주셨다. 이 계명에는 베드로가 장차 해야 할 일이 말씀되어져 있었다. "아버지께서 나를 보내신 것 같이 나도 너희를 보내노라"(요 20:21)하신 말씀에 예수님이 베드로를 포함시켰다는 사실을 이 명령이 확신시켜 주었던 것이다.

예수님은 베드로에게 자기 양을 먹이라, 자기 양을 치라, 자기 양을 먹이라고 말씀해 주셨다. 그는 자신을 선한 목자로 언급하고 있는 것이다. 예수 그리스도를 믿는 자들과 그들의 자녀들은 예수님의 양떼를 이룬다. 베드로는 목동으로서 섬기며, 자기의 주인을 대신해 그 양떼를 보살피도록 되어 있었던 것이다. 예수님의 말씀에서 우리가 배울 수 있는 것은 양떼는 먹이고 보살핌을 받아야 한다는 점이다.

어린 양들은(그들이 성도의 자녀들이거나 또는 방금 신입한 자들이든 간에) 그들이 자라날 수 있기 위해서는 하나님의 말씀으로 먹일 필요가 있다. 나이 먹은 양들은 그들이 죄에 빠지지 않도록 보살핌을 받는 것과 하나님의 말씀으로 먹이는 것 등 두 가지를 다 필요로 한다. 이것이 예수님께서 자기 제자들에게 주신 위대한 임무이다. 전도 사업을 통하여 남녀노소를 막론하고 모두 교회로 인도되어야 한다. 그 다음에는 목회적 관리(pastoral care)를 통하여 그들이 하나님의 말씀으로 먹이고 의의 길로 인도되어야 하는 것이다.

3. 베드로의 장래

베드로는 예수님에게 자기가 예수님을 위해 기쁜 마음으로 죽겠노라고 약속한 적이 있었다. 그러나 그 자신의 힘으로는 무참하게 실패하여 그의 주님을 부인하고 말았던 것이다. 그런데 이제 예수님이 그에게 말씀하시기를, 그가 전에 약속했던 바를 장래에 행하게 될 것이라고 했다. 그는 예수님을 위하여 다른 사람들에게 이끌려 죽음을 당하게 되는 것이었다. 전설에 따르면 베드로는 순교하였다고 한다. 예수님처럼, 그도 십자가형을 언도 받았다.

그러나 그는 예수님께서 죽으셨던 것처럼 죽을 자격이 없다고 스스로 생각한 나머지, 거꾸로 십자가에 못 박아 달라고 요구했다 한다. 이 전설이 얼마나 정확한지에 대해서는 알 수 없으나, 예수님이 베드로에게 이 때 하신 말씀과는 일치하고 있다. 그리고 나서 베드로는 예수님에게 사랑하는 제자 요한에게는 무슨 일이 일어나겠냐고 물었다. 예수님은 대답하기를 거부했다. 대신 말씀하시기를, "내가 올 때까지 그를 머물게 하고자 할지라도 네게 무슨 상관이냐? 너는 나를 따르라"(요 21:22)고 했다.

이 말씀의 의도는 요한의 장래 문제는 베드로의 관심사가 아니며, 베드로는 단지 그리스도에 대한 자신의 충성심에 대해서만 관심을 가져야 한다는 것을 나타내고자 한 것이다. 그러나 어떤 사람들은 이 말씀이 요한의 경우 결코 죽지 않을 것을 의미하는 것으로 생각했다. 요한이 그의 복음서를 쓸 당시 그는 노인이었다.

그리고 다른 모든 사도들은 이미 죽고 없었다. 요한은 자기가 결코 죽지 않을 것으로 예수님께서 말씀하지 않으셨다는 점을 분명히 하고 있다. 그는 그의 죽음 문제로 인하여 누구도 예수님을 오해하는 것을 원치 아니했던 것이다.

■ 복습 문제 ■

1. 왜 제자들이 갈릴리로 갔는가?
2. 왜 제자들이 고기를 잡았는가?
3. 어떤 방식으로 예수님이 그들을 도와주셨는가?
4. 그 낯선 사람이 주님이신 것을 알았을 때 베드로는 어떻게 했는가?
5. 예수님은 베드로에게 무엇을 물으셨는가?
6. 베드로는 어떻게 대답했는가?
7. 베드로의 대답에 대하여 예수님은 어떤 반응을 보였는가?
8. 왜 예수님이 베드로에게 이 질문들을 물었는가?
9. 어떤 이중의 임무를 예수님이 베드로에게 주셨는가?
10. 예수님은 베드로의 장래에 대하여 어떻게 예언하셨는가?
11. 요한에 대한 예수님의 말씀이 어떻게 오해되었는가?

■ 더 연구할 문제 ■

1. 베드로에게 예수님이 주신 임무를 현대에 적용하는 문제에 대하여 개신교와 로마 가톨릭의 견해를 비교하라
2. 자신들의 식생활을 스스로 해결하기 위해 고기 잡으러 간 제자들의 예는 오늘의 목회자들도 스스로 식생활을 해결하기 위해 일해야 한다는 것을 의미하는가?
3. 이 문제에 관하여 바울은 고린도전서 9장과 고린도후서 11장에서 어떻게 가르치고 있는가?
4. 바울이 복음을 전파하는 한편 천막을 계속 만들어 자급자족한 것에 대하여 설명해 보라.

제27장

너희는 증인이라

(마 28:16-20; 눅 24:50-53; 행 1:1-11)

> ■ 연구 문제 ■
>
> 1. 사도행전의 저자가 누구인지에 대하여 어떻게 확인할 수 있는가?
> 2. 예수님은 자기 제자들에게 어떤 명령을 주셨는가?
> 3. 예수님은 부활 후 40일을 어떻게 보내셨는가?
> 4. 신자들에게 있어서 그리스도의 승천은 어떤 의의가 있는가?

　본 장에는 사도행전이 소개되어 있기 때문에, 그 책에 대한 몇 가지 사실들을 잠시 살펴보는 것이 좋을 줄로 안다.

1. 저자와 목적

　사도행전의 저자는 자신의 이름을 스스로 밝히고 있지 않으나, 그 책에 있는 단서들에 의하여 확인할 수가 있다. 저자가 몇몇 바울의 전도 여행에서 바울과 함께 여행했음을 알 수 있는데, 이는 어떤 곳에서 그가 "우리"라는 단어를 사용하고 있기 때문이다(행 16:10-17; 20:5-16; 27:1-28:16). 이 "우리 부분"(We-sections)을 바울 서신에 있는 관련 구절들과 비교해 보면, 사도행전의 저자가 "사랑을 받는 의원 누가"임에 틀림없다는 것을 알 수 있다. 이 같은 사실은 사도행전에 나오는 의학 용어에 의해 지지를 받고 있다. 사도행전의 머리말은 제3복음서와 연관되어 있다. 그 복음서는 데오빌로에게 쓰여 졌다.

　그런데 사도행전 또한 그에게 쓰여져 있다. 누가는 두 번째의 이 책을 시작함에 있어서, 그의 첫 번째 책이 다음과 같은 것을 다루었다는 것을 그에게 상기시켜 주고 있다.

> 무릇 예수의 행하시며 가르치시기를 시작하심부터 그의 택하신 사도들에게 성령으로 명하시고 승천하신 날까지의 일을 기록하였노라(행 1:1-2).

　사도행전은 누가복음이 멈춘 곳, 즉 예수님의 승천에 대한 곳에서 다시 계속되고 있는 것이다. 이 머리말이 본서『그리스도의 천국복음 사역』에 우리가 왜 사도행전을 포함시키는지 그 이유를 설명해 주고 있다. 예수 그리스도께서는 그가 지상에 계실 동안에 하신 것처럼 부활하신 후에는 사람들에게 더 이상 사역하지 않으셨으나 그렇다고 해서 그의 사역이 끝난 것을 의미하지는 않는다. 그는 계속해서 사역하신다. 그러나 이제는 그가 택하셔서 그의 전권 대사들로 세우신 사람들을 통하여 그는 일하고 계신다.

2. 대 명령(The Great Commission)

예수님께서는 그의 부활과 승천 간의 40일 동안에 여러 차례 자기 제자들에게 나타나셨다. 그러나 복음서들에 이 모든 나타나심이 기록되어 있는 것은 아니다. 그런데 마태는 아주 중요한 갈릴리에서의 한 번의 나타나심을 간략하게 기록하고 있다. 예수님은 갈릴리에 있는 한 산에서 제자들을 만나 주시겠다고 그들에게 말씀 하셨었다. 열한 제자들이 거기 있었으며 아마 다른 사람들도 또한 있었던 것 같다. 예수님께서 나타나셨을 때, "경배하나 오히려 의심하는 자"도 있었다(마 28:17). 이 때에 예수님께서 그들에게 명령을 주셨다.

예수님께서는 그들에게 그 명령을 주시기 전에, 가장 강력한 권리를 주장하셨다.

> 하늘과 땅의 모든 권세를 내게 주셨도다(마 28:18).

예수님의 지상 사역을 일관하여 우리는 그의 권세의 많은 실례들을 보아왔다. 그는 병든 자들을 고치시고 죽은 자를 일으키심으로써 그 권세를 나타내셨다. 또한 그 권세가 그의 가르치심에 분명하게 드러났기 때문에 무리들이 그것에 대하여 말하기도 했다. 심지어는 그의 원수들마저도 그것을 인정하지 않을 수 없었다. 그러나 이제는 부활하신 그리스도께서 모든 권세가 그의 것이라고 주장하고 있다. "죽은 자들 가운데서 먼저 나신" 그는 또한 "땅의 임금들의 머리"이신 것이다(계 1:5).

바로 이 같은 우주적인 권세에 근거하여 예수님이 그의 제자들에게 우주적인 사명을 주어 보내시는 것이다. 그들은 자기들의 활동을 더 이상 이스라엘의 집에 제한시켜서는 안된다. 그들은 이제 "모든 족속으로 제자를 삼아 아버지와 아들과 성령의 이름으로 세례를 주고 내가 너희에게 분부한 모든 것을 가르쳐 지키게" 해야 한다(마 28:19-20). 그리고 이 일은 인간의 힘으로 성취될 수가 없기 때문에, 예수님은 다음의 약속을 더해주신다.

볼지어다 내가 세상 끝 날까지 너희와 항상 함께 있으리라(마 28:20).

예수님께서 제자들에게 주신 그 명령은 그들에게 국한되지 않았다. 그것은 모든 세대의 기독교회에게 주어졌다. 그는 여전히 모든 권세를 가지고 계시며, 그는 지금도 우리를 불러 모든 민족을 그의 나라로 데려오라 하신다. 그 같은 이유 때문에 선교는 언제나 교회가 하는 일의 가장 중요한 부분이어야 한다. 그리스도께서는 지금도 약속하시기를 우리와 언제나 함께 계시고 그의 일을 위하여 우리를 강하게 하시겠다고 하신다.

3. 40일

부활과 승천 사이의 40일 동안에 예수님께서는 "하나님 나라의 일"을 그의 제자들에게 가르치셨다(행 1:3). 성령이 주시는 그의 은사로 말미암아 예수님은 제자들이 그의 말씀들의 충분한 의미를 이해할 수 있게 하였고, 그들이 그리스도를 메시아로 전할 수 있게 준비시키셨다. 예수님 자신이 그의 사역을 시작하실 때에 성령으로 세례를 받으셨던 것처럼, 제자들도 그들의 사역을 시작할 때 바로 그 세례를 받아야 하는 것이다.

하나님의 일은 "힘으로 되지 아니하며 능(能)으로 되지 아니하고 오직 나의 신(神)으로" 되어야 한다고 "만군의 여호와께서 말씀하셨다"(슥 4:6). 이것은 오순절 날에 성취되도록 되어 있었다. 제자들의 경우 성령 강림을 예루살렘에서 기다리라는 분부를 받았다.

그런데 제자들을 괴롭히는 한 가지 문제가 있었다. 그들은 아직도 그들의 마음속에 메시아의 강림에 대한 옛 유대 개념을 품고 있었던 것이다. 그리스도께서 정치적인 나라를 세우실 것을 여전히 바라고 있었다. 그래서 그들은 물었다.

주께서 이스라엘 나라를 회복하심이 이때니이까(행 1:6).

예수님은 딱 잘라서 "아니다"라고 대답하시는 대신에, 이와 같은 일들은 아버지의 권한에 속해 있다는 사실을 그들에게 일깨워 주셨다. 사람들이 그것들을 묻기보다는, 그들의 관심은 그리스도의 복음을 세상 끝까지 전할 수 있는 권능을 그들에게 주실 성령의 강림에 집중되어야 했다.

4. 승천

40일 기한이 차매, 예수님은 그의 제자들을 예루살렘에서 데리고 베다니 근처로 나갔다. 거기서 "손을 들어 저희에게 축복하셨다"(눅 24:50). 축복하실 때 그는 승천하기 시작했다. 그의 제자들은 그가 높이높이 올라가 마침내 구름이 그를 보이지 않게 가리기까지 지켜 볼 수 있었다. 그들은 그들이 본 것을 인하여 놀래어 거기 서 있었다.

그 때에 두 천사가 그들을 정신 차리게 하여 말하기를, "너희 갈릴리 사람들아, 어찌하여 서서 하늘을 쳐다보느냐? 너희 가운데서 하늘로 올리우신 이 예수는 하늘로 가심을 본 그대로 오시리라"(행 1:11)고 했다.

예수 그리스도의 승천이 제자들에게 무슨 의미가 있었으며 오늘 우리에게 무슨 의미가 있는가?

첫째, 우리 심령 속에 거하실 성령을 그가 보내실 수 있었다는 것을 의미한다.

둘째, 그가 아버지의 오른편에 계시어 거기서 우리를 위하여 간구하시며 온 우주를 통치하신다는 것을 의미한다.

셋째, 그가 지금 모든 곳에서 자기의 모든 백성들과 함께 계신다는 것을 의미한다.

넷째, 그가 산 자와 죽은 자를 심판하시고 우리로 하여금 그와 함께 영원토록 있게끔 우리를 인도하기 위해 다시 오실 것을 의미한다.

우리는 예수님께서 지상에 계시던 때 그를 볼 수 있었기를 소원할 수도 있다. 그러나 그가 승천하셨기 때문에 실제로는 우리가 훨씬 더 유익된 것이다(요 16:7).

■ 복습 문제 ■

1. 사도행전의 저자가 누구인지를 확인하라.
2. 사도행전이 셋째 복음서와 어떻게 관련되어 있는가?
3. 예수님은 자기 제자들에게 무엇을 행하라고 명령하셨는가?
4. 왜 예수님의 제자들은 그의 명령을 수행할 수 있는가?
5. 왜 예수님의 제자들은 부활 후에 그의 가르침들을 더 잘 이해할 수 있었는가?
6. 왜 제자들에게 예루살렘에서 기다리라는 분부를 받았는가?
7. 예수님께서 대답하고 싶지 않는 어떤 질문을 제자들이 물었는가?
8. 예수님께서 그의 제자들을 어떻게 떠나 승천하셨는가?
9. 승천을 지켜보고 있던 자들에게 하나님이 무슨 메시지를 들려주셨는가?
10. 승천은 우리에게 무슨 의미가 있는가?

■ 더 연구할 문제 ■

1. 마태복음 28:18-20을 오늘날 교회가 하는 사업에 적용하여 간단히 논술하라.
2. 사도행전 1:8에 있는 개요를 따라 사도행전 전체를 세 부분으로 나누어 보라.

제28장

그 직분을 타인이 취하게 하소서
(행 1:12-26)

- ■ 연구 문제 ■

1. 승천과 오순절 사이에 제자들은 무엇을 하였는가?
2. 사도의 자격 요건과 책임은 무엇이었는가?

　　예수님께서는 자기의 제자들을 떠나가셨으며, 그들은 그가 하늘로 올라가시는 것을 보았었다. 그가 부활하신 이후로 나타나셨던 것처럼 그들 가운데 더는 나타나지 않으리라는 것을 그들은 알고 있었다. 그러나 제자들은 예수님의 승천으로 말미암아 슬퍼하지 않았다. 그가 십자가에서 죽으시던 것을 보던 때에는 그들의 신앙이 흔들렸었으나, 예수님은 그가 부활하신 이후로는 그들의 신앙을 굳게 해주었고, 그가 그들을 불러 행하게 하신 일에 대하여 그들을 가르쳐 주셨다. 그들은 그리스도의 승천이 곧바로 일어나게 되어 있는 기이한 사건들을 위한 디딤돌이라는 것을 인식하였다.

1. 기다림의 시간

예수님이 승천하신 곳인 감람원에서 예루살렘으로 제자들이 되돌아오자, 그들은 다락방으로 올라갔다. 이 다락방은 그들이 자주 모이곤 하였던 방이었음에 틀림없다. 또한 예수님이 처음으로 그들에게 나타나신 방이었던 것 같다. 그리고 최후의 만찬이 베풀어졌던 그 방이었는지도 모른다. 이 방에 열한 사도들이 예수님의 어머니와 그의 형제들을 포함하여 다른 제자들과 함께 모였다. 마리아가 예수님 외에 다른 자녀들을 두지 않은 것으로 믿고 있는 어떤 사람들(로마 가톨릭 학자들)은 이 형제들이 예수님의 사촌 또는 다른 가까운 친척들인 것으로 생각한다.

그러나 그들이 예수님의 형제들이 아닌 것으로 생각할 하등의 이유가 없다. 그들은 예수님의 공적(公的) 사역 기간 동안에는 그를 믿지 않았었으나, 예수님은 부활하신 후에 그의 형제 야고보에게 나타나셨으며, 다른 형제들 또한 신자가 되었다.

예수님께서는 그가 성령을 보내실 때까지 그의 제자들에게 예루살렘에서 기다리라고 분부했었다. 제자들은 기다리는 동안에, "마음을 같이하여 전혀 기도에 힘썼다"(행 1:14). 그렇게 함으로써 그들은 그들의 선생의 본을 좇았으며 기도에 대한 그의 가르침을 순종하였던 것이다.

그런데 무엇보다도 가장 중요한 것은, 그들의 주께서 하늘로 올라 가셨지만, 기도를 통해서 그들이 그와 계속 교제를 나눌 수 있었다는 점이다. 이 특권은 또한 우리의 것이기도 하다. 비록 우리가 육신을 입으신 예수님은 결코 보지 못했다 할지라도, 기도로 그와 교통할 수가 있는 것이다.

2. 맛디아를 뽑음

기다리고 있는 기간 동안에, 베드로가 모인 무리들에게 유다를 대신할 자를 뽑아야 할 필요에 대해서 말했다. 단지 유다가 죽었기 때문에 이것이 필요한 것은 아니었다. 예컨대, 야고보가 살해되었을 때(행 12:2) 그 자리는 보충되지 않았다. 또한 다른 사도들의 경우도 대신 할 계승자들이 뽑히지 않았다. 유다의 경우는 그가 예수님을 배반함으로써 자기의 지위를 잃었기 때문에 그 자리를 보충한 것이다. 베드로는 이 조치를 취하지 않으면 안되는 증거로 시편에서 몇 구절들을 인용했다. 베드로는 사도의 자격 요건을 분명하게 제시하고 있다.

사도로 뽑힐 자는 예수님을 그의 공적 사역 기간 동안 줄곧 따라 다녔고 그가 죽은 자 가운데서 부활하신 후에도 그를 본 사람이어야 했다. 사도들은 그리스도의 증인이 되도록 부르심을 받았다. 즉, 그들은 예수님께서 행하시며 가르치실 때 그들이 보고 들었던 바를 말할 수 있어야 했던 것이다.

이 구절의 말씀에서 사도들의 하는 일이 무엇인가를 조금은 알 수가 있다. 그들은 증인들로서 하나님이 놓으신 기초 위에, 즉 예수 그리스도의 구속 사역 위에 교회를 세워야 했다. 그들은 복음을 가지고 모든 민족들에게 가서 그리스도를 믿고자 하는 모든 사람에게 구원을 제시해야 했던 것이다. 이것이 그들이 하는 일의 일면이었다.

그 일의 다른 면은 베드로가 인용한 시편 109편, "그 직분을 타인이 취하게 하소서"라는 구절의 말씀에 나타나 있다(행 1:20). 여기서 "직분"이라는 단어는 감독의 직분을 의미한다. 사도들에게는 교회를 감독하는 임무가 주어져 있었다.

사도들은 교리뿐만 아니라 조직 면에서 교회를 건전하게 세워야 했다. 그들은 성례뿐만 아니라 권징을 집행해야 했던 것이다. 그들은 선교사들일 뿐만 아니라, 교회 지도자들이었다. 우리는 사도행전에서 사도의 임무의 양면이 실행되고 있음을 볼 수 있다. 사도를 뽑는 일은 특별한 방식으로 되어졌다. 먼저 무리들이 회원들을 심사하여 자격을 구비한 두 사람을 택하였다.

그리고 나서 그들은 그 문제를 하나님께 기도로 맡기고, 둘 중에 누가 그 직분을 취하게 될 것인가를 알기 위해 제비를 뽑았다. 이것은 우연을 믿는 것이 아니었다. 그들은 하나님의 절대적인 주권을 인정하고 결정권을 하나님께 맡겼던 것이다. 다른 사도들은 하나님에 의하여 택함을 받았었다. 그래서 열두 번째 사도를 그 같은 방식으로 택해야 했던 것이다. 맛디아는 유다의 자리를 보충하기 위해 뽑혔다. 이같이 하여 의미가 있는 수인 열둘이 다시금 채워졌다. 열두 사도는 이스라엘의 열두 지파에 해당했다(계 21:12-14).

마지막 사도인 바울의 경우는 그가 맛디아를 대신한 것이 아니다. 바울은 그의 사도권이 열둘의 것과는 다르다고 늘 주장했다. 그는 베드로가 제시한 자격 요건을 구비하지 못했다. 그러나 그는 예수 그리스도 자신에게서 특별한 부름을 받았던 것이다.

■ **복습 문제** ■

1. 예수님 승천 후에 누가 함께 모였는가?
2. 왜 그들은 그렇게 힘써 기도했는가?
3. 다른 사도를 뽑는 것이 왜 필요했는가?
4. 사도의 자격 요건은 무엇이었는가?
5. 사도들의 하는 일은 무엇이었는가?
6. 다른 한 사도를 뽑는 일은 어떤 방식으로 되어졌는가?
7. 누가 유다의 자리를 보충하게 뽑혔는가?

■ 더 연구할 문제 ■

1. 사도의 계승에 대하여 로마 가톨릭 교회는 어떻게 가르치고 있는가? 본 장에는 어떻게 가르쳐져 있는가?
2. 구약을 보는 사도들의 견해에 대하여 본 장에는 어떻게 가르쳐져 있는가?
3. 십자가 아래서 군병들이 제비 뽑은 것과 사도를 뽑을 때 교회가 제비 뽑은 것 사이에는 어떤 차이가 있는가?
4. 사도들은 그리스도의 죽음과 부활에 대한 증인들이었다. 어떤 면에서 우리가 그리스도의 증인들인가?

제 29 장

오순절
(행 2:1-42)

> ■ 연구 문제 ■
>
> 1. 오순절 날에 무슨 일이 일어났는가?
> 2. 오순절에 된 사건들에 대하여 베드로가 어떻게 설명해 주었는가?
> 3. 베드로의 설교는 어떤 결과가 있었는가?

예수님께서는 그의 제자들에게 그가 그들에게 성령을 보내 주시겠다고 약속한 바 있었다. 그는 성령이 오실 때까지 예루살렘에서 기다리라고 그들에게 분부하였었다. 그러나 성령이 언제 강림하실 것인지에 대하여는 그들에게 말씀하지 않으셨다. 그가 승천하신 후 열흘 째 되는 날, 곧 그가 부활하신 후 오십 일째 되는 날인, 유대인의 오순절 날에 성령이 예수 그리스도의 교회 위에 임하였다.

1. 표적들

오순절 날에 제자들이 모두 함께 성전 뜰 한 곳에 모였다. 이 때에 성령이 그들 위에 임하였으며 성령의 강림은 강한 바람 같은 소리와 각각에게 임한 불꽃처럼 갈라진 혀로 나타났다.

성령의 은사에 수반된 표적들은 상징적인 의미가 있었다. 바람과 하나님의 영간의 관계는 잘 알려져 있었다.

바람과 영은 히브리어로는 같은 단어이다. 그래서 예수님은 니고데모에게 이렇게 말씀 하셨다.

> 바람이 임의로 불매 네가 그 소리를 들어도 어디서 오며 어디로 가는지 알지 못하나니 성령으로 난 사람은 다 이러하니라(요 3:8).

유대인들의 경우 바람의 소리와 성령의 강림을 연관 지어 생각하는 데는 아무 어려움이 없었을 것이다. 불꽃처럼 갈라진 혀 또한 성령의 강림을 상징하였다. 세례 요한이 메시아에 관하여 "그는 성령과 불로 너희에게 세례를 주실 것이요"(마 3:11)라고 예언한 바 있었다.

그러므로 바람의 소리와 더불어 불꽃처럼 갈라진 혀를 봄으로 해서 사람들은 세례 요한의 이 예언을 생각케 되었을 것이다. 성령이 제자들에게 임하였을 때, 또 하나의 다른 표적이 나타났다. 그들 모두가 방언으로 말하기 시작했던 것이다. 어떤 사람들은 이에 대하여 해석하기를 마치 듣는 자의 모국어로 그들이 말하고 있기나 한 것처럼 그들이 말하는 것을 모든 사람이 들은 것으로 생각했다. 즉, 듣는 자들이 듣기에 방언으로 말하는 것 같았을 뿐 실제로는 그렇지 않았다고 보았던 것이다.

그러나 이 같은 해석은 누가의 진술과 일치하지 않는다. 성령이 듣는 자들에게가 아니라, 말하는 자들 위에 임하였던 것이다. 그리고 누가는 그들이 "성령이 말하게 하심을 따라 다른 방언으로 말하기를 시작"(행 2:4)했다고 분명하게 말하고 있다. 여러 계층의 제자들은 그들이 전혀 배운 바 없는 언어로 말하는 능력을 갑자기 습득하였으며, 성령이 그들에게 주시는 말씀들을 말했던 것이다.

바람과 불의 표적들은 사람들의 주의를 끌기 시작했고, 많은 방언들로 말할 수 있는 능력이 무식한 이 갈릴리 사람들에게 있으므로 해서 호기심에 찬 사람들의 주의가 집중되었는가 하면, 이를 기이히 여기는 그 청중들의 수에 다른 사람들이 더하여졌다. 이 이상한 사건에 대한 소식이 퍼짐에 따라, 제자들의 주위로 군중이 점점 몰려들어 마침내 수천 명이 그들의 말하는 것을 듣게 되었다. 그들은 대부분 크게 감동을 받았으나, 몇몇은 제자들을 조롱하면서 그들이 술 취하였다고 우겼다.

2. 베드로의 설교

이같이 술 취했다는 비난이 있자, 사도들의 대변자인 베드로가 일어나 그것에 대해 대답했다. 아마도 그는 모든 사람이 이해할 수 있는 헬라어로 말했을 듯하다. 그는 먼저 그 비난에 대해 대답하므로 말을 꺼냈다. 그 비난은 분명히 그릇되었다. 베드로는 때가 아직 너무 일러서 이 모든 사람들이 술 취했다고 볼 수가 없다는 점을 사람들에게 상기시켜 그 비난을 가볍게 일축해 버렸다.

그리고 나서 그는 진짜로 설명하기 시작했다. 이것은 하나님이 말세에 그의 영을 모든 육체에게 부어 주시리라고 요엘에게 한 예언의 성취였다. 유대인들은 "말세"라는 말을 하나님께서 축복에 대한 그의 많은 약속들을 성취하시고 그의 나라를 세우실 그 때로 이해하고 있었다.

그런데 신약은 예수 그리스도의 초림과 재림 사이의 기간을 가리켜 말세라고 하고 있다. 이는 곧 이스라엘 백성이 기다려 왔었던 "말세"를 예수 그리스도께서 성취하셨다는 것을 의미한다.

베드로의 설교가 그 점을 정확하게 해주고 있다. 그는 나사렛 예수의 놀라운 사역에 대하여 백성들을 일깨워 주었다. 그는 또한 예수님의 죽음에 대하여 그들에게 책임이 있다는 점도 일깨워 주었다. 비록 하나님께서 그리스도의 대속적 죽음을 영원 전부터 계획하시기는 했지만. 그를 사형에 처하도록 로마 관원들에게 넘겨준 책임은 유대인들에게 있었던 것이다. 예수님께서 하나님의 아들이심을 주장하셨었다. 그런데 유대 지도자들은 그의 주장을 반대했기 때문에 예수님을 정죄하였던 것이다.

그러나 하나님은 산헤드린의 유죄 판결을 뒤집어 엎으셨다. 예수님을 죽은 자 가운데서 일으키심으로써 하나님은 다음과 같은 사실을 선언하셨다.

> 너희가 십자가에 못 박은 이 예수를 하나님이 주와 그리스도가 되게 하셨느니라 (행 2:36).

3. 설교의 결과

그들이 반대했었던 그 예수를 하나님께서 어떻게 받으시고 영화롭게 하셨는가 하는 것에 대한 이 베드로의 설교는 듣는 청중들의 마음을 감동시켰다. 그들은 즉시로 그들이 예수님을 반대함으로써 하나님 앞에서 범한 죄를 깨달았다. 그들은 자기네들의 영혼이 위험에 처해 있다는 것을 인식했다. 그들은 그들의 죄로 인하여 양심의 가책을 받았던 것이다. 베드로는 이 백성들을 비참하게 만들고 싶은 마음이 추호도 없었다. 그는 그 비참에서 빠져 나오는 돌파구를 그들에게 보여 주고 싶었기 때문에 그들로 하여금 그들의 비참함을 깨닫게 한 것뿐이다.

그래서 "형제들아 우리가 어찌할꼬?"(행 2:37)하고 그들이 물어왔을 때, 베드로는 그들에게 곧 바로 대답했다.

너희가 회개하여 각각 예수 그리스도의 이름으로 세례를 받고 죄 사함을 얻으라 그리하면 성령을 선물로 받으리라(행 2:38).

베드로의 설교에 대한 반응은 놀라웠다. 그 날에 약 삼천 명이 회개와 믿음으로 응답하여 세례의 표를 받았다. 이 한 번의 설교로 예수님께서 그의 공적 사역을 통틀어 얻은 제자보다 더 많은 수를 제자로 얻은 듯하다. 이로써 제자들은 예수님이 행하신 것보다 더 큰 일을 그들이 행할 것이라는 그의 약속을 연상케 되었을 것이 틀림없다.

오순절에 개종한 자들은 먼저 믿은 자들에게 가담하였다. 그들은 사도들에게서 하나님의 진리를 배우고, 귀한 믿음의 사람들과의 교제를 즐기며 성찬을 통해 그리스도의 임재를 체험하고, 공적인 기도회에 참여하는 가운데 함께 많은 시간을 보냈다. 초대교회의 제자들은 은혜의 방편들을 충실하게 사용하여 하나님의 은혜를 받아 누렸다.

초대교회의 능력을 보고 우리는 잘 놀라는데 하나님이 제정하신 방편들을 사용함으로 해서 그들이 이 능력을 얻었다는 점을 잊어서는 안된다. 만일 하나님께서 우리에게 주신 방편들을(성경, 성례, 다른 기독교인들과의 (교제, 기도) 충실하게 사용할 것 같으면 우리도 풍성한 하나님의 은혜를 누릴 수가 있다.

■ **복습 문제** ■

1. 성령이 어떻게 제자들 위에 임하였는가?
2. 왜 이 표적들이 성령을 시사했는가?
3. 성령 강림의 결과는 어떠했는가?
4. 이 이적을 보고서 어떤 사람들이 어떤 어리석은 말로 조롱했는가?
5. 이 비난에 대해 베드로가 어떻게 대답해 주었는가?

6. 베드로는 그 이적에 대하여 어떻게 설명해 주었는가?
7. 예수님이 죽은 자 가운데서 부활하신 것을 베드로가 어떻게 증명했는가?
8. 부활의 결과로는 어떤 것들이 있었는가?
9. 베드로의 설교의 주요점을 한 문장으로 진술하라.
10. 베드로의 설교에 대한 반응은 어떠했는가?
11. 베드로는 사람들에게 무엇을 하라고 촉구했는가?
12. 제자들이 그들의 시간을 어떻게 보냈는가?

■ 더 연구할 문제 ■

1. 사도행전 2:19-20은 오순절을 가리키는가? 아니면 그것을 전후한 어떤 사건들을 가리키는가? 이를 설명하라.
2. 사도행전 2:29을 마태복음 27:25과 비교하라.
3. 어떤 점들에서 바람과 불이 성령의 사역을 상징할 수 있는가?

제30장

예수 그리스도의 이름으로
(행 3장)

■ 연구 문제 ■

1. 베드로와 요한이 무슨 이적을 행하였는가?
2. 왜 그 이적이 많은 주의를 끌었는가?
3. 베드로가 한 말의 주요점은 무엇이었는가?

오순절에 성령이 제자들에게 임하였다. 성령이 임할 때 그들이 권능을 받으리라고 예수님께서는 약속해 주셨다. 그 권능이 방언으로 말하는 능력에서 직접적으로 나타났다. 오순절 직후에 성령의 권능이 사도들에 의하여 행하여진 이적들을 통해서 나타났다. 나사렛 예수가 그의 공적 사역 기간 동안에 보여 주었던 바로 그 권능이 그의 이름으로 말하는 사도들에게 이제 전하여졌다는 것을 이 이적을 통해서 유대인들이 알게 되었다. 본 장에는 누가가 기록해 놓은 이 이적들 중의 첫 번째 것이 다루어져 있는 것이다.

1. 이적

　베드로와 요한이 앉은뱅이 거지를 고쳐준 이적은 몇 가지 이유들로 인하여 특별히 주의를 끌었다.
　첫째, 그 이적은 사람들 앞에서 행하여졌다.
　그들은 예배하러 성전으로 가고 있을 때 성전 문에서 그 사람을 고쳐 주었던 것이다. 바로 그 때에 다른 예배하는 자들이 성전에 도착하고 있었기 때문에 많은 사람들은 그 사람이 걷기 시작하는 것을 보았고 다른 많은 사람들은 그가 뛰는 것을 보았으며 그가 기뻐 외치는 것을 들었다. 고침을 받은 그 사람은 베드로 및 요한과 함께 예배하러 들어갔다. 예배를 마친 후, 그들이 성전을 떠나고 있을 때 큰 무리가 그들 주위로 모여 들었다.
　둘째, 이적이 행하여졌다는 것을 아무도 의심할 수가 없었다.
　이 거지는 나면서부터 앉은뱅이였던 것으로 알려져 있었다. 그는 여러 해 동안 바로 이 성전 문에서 구걸하고 있었던 것이다. 그가 병 고침을 받은 것은 제자들이 꾸며낸 속임수가 아니었다. 어떤 큰 일이 베드로와 요한에 의하여 행하여졌다는 것이 모두에게 분명하였던 것이다.
　셋째, 앉은뱅이를 고쳐준 것은 구약의 약속들에 연결되어 있었다.
　오는 세대에 있을 축복들을 소개하고 있는 장절인 이사야 35장에는 다음과 같은 한 가지 약속이 있다.

　　그 때에 저는 자는 사슴같이 뛸 것이며 …(사 35:6).

　이 약속들을 유대인들은 메시아의 강림과 연결지어 생각했던 것이다. 예수님이 그리스도인지의 여부를 묻기 위해 세례 요한이 사자들을 그에게 보냈을 때, 예수님께서 다음과 같이 대답해 주셨다.

　　너희가 듣고 보는 것을 요한에게 가서 고하되 소경이 보며 앉은뱅이가 걸으며 전파된다 하라(마 11:4-5).

예수님께서 행하신 병 고치는 일들은 그가 그리스도이심을 증명해 주었다. 그리고 베드로와 요한은 앉은뱅이를 고쳐줌으로써 그들이 그들의 선생이 하던 일을 계속하고 있다는 것을 입증하였던 것이다.

2. 메시지

호기심에 찬 큰 무리가 베드로와 요한 및 그들이 고쳐준 그 사람의 주위로 모여들자 베드로가 그들에게 말할 수 있는 기회를 포착했다. 그는 자기와 요한이 자신들의 권능이 아니라 예수 그리스도의 권능으로 이 사람을 고쳐주었다는 점을 사람들에게 확실하게 말했다. 유대인들은 예수님을 로마 관원들에게 넘겨주고 빌라도가 그를 놓아 주려고 했어도 그를 죽일 것을 집요하게 주장했었지만 하나님께서는 죽은 자 가운데서 그리스도를 일으키심으로써 그를 영화롭게 해주었었다. 앉은뱅이가 고침 받은 것은 예수의 이름의 권능과 그 이름을 믿는 신앙 때문이었던 것이다.

이로써 제자들은 예수님이 그리스도이심을 증명하였고 그리고 그리스도의 고난에 대한 예언들이 그 안에서 성취되었다는 것을 보여 주었다. 그리고 나서 베드로는 사람들을 권하여 회개하라 했다. 비록 그들이 무지하여 그리스도를 십자가에 못 박았었지만 그들은 여전히 하나님 앞에서 책임이 있었다.

그러나 만일 그들이 회개할 것 같으면, 하나님께서 그들에게 유쾌하게 되는 날을 허락하실 것이요, 오는 세대에 있을 약속된 축복들은 그들의 것이 될 것이었다. 그리고 그들의 축복들은 그리스도의 재림으로 말미암아 절정에 이를 것이었다. 다윗은 그리스도에 대하여 다음과 같이 예언하였다.

> 여호와께서 내 주에게 말씀하시기를 내가 네 원수로 네 발등상 되게 하기까지 너는 내 우편에 앉으라 하셨도다(시 110:1).

이 예언이 복음 전파에 의하여 성취되는 때에, 곧 "만유를 회복하실 때"(행 3:21)가 이르고 그리스도께서 재림하실 것이다. 이것이 베드로가 유대인들에게 제시한 최고의 축복이다. 그러나 이스라엘이 회개했었다고 하면 복음의 문이 이방인들에게는 닫혀졌을 것이라는 의미로 베드로가 말한 것은 아니었다.

사실상, 이스라엘 백성의 민족적 회개는 복음 전파를 가속화 시켰을 것이다. 그리고 나서 베드로는 예수님에 대한 최초의 예언들 중의 하나인 신명기 18:15, 19의 모세의 말씀에 비추어 그를 소개하였다.

여기에 보면 메시아가 절대 권세를 가지고 말씀하시는 가장 위대한 선지자로 소개되어 있다. 모세가 하나님의 말씀을 당대의 이스라엘 민족에게 전하였던 것처럼 이 위대한 선지자는 하나님의 말씀을 모든 백성에게 전하게 되어 있었던 것이다. 그런데 이 위대한 선지자가 다름 아닌 하나님의 아들 나사렛 예수였다.

> 옛적에 선지자들로 여러 부분과 여러 모양으로 우리 조상들에게 말씀하신 하나님이 이 모든 날 마지막에 아들로 우리에게 말씀하셨다(히 1:1-2).

베드로가 상대하여 말하고 있었던 백성들은 선지자들의 후손들이요 하나님이 아브라함과 맺은 언약의 수혜자들이었다. 그러므로 그들에게 하나님이 먼저 자기 아들을 보내시어 그들을 그들의 죄에서 불러내어 하나님 자신에게로 오게 했던 것이다.

■ 복습 문제 ■

1. 이 이적이 행해진 상황을 설명해보라.
2. 이 이적의 전말을 간략하게 말해보라
3. 앉은뱅이는 고침을 받은 후에 어떻게 했는가?
4. 베드로는 이 같은 병 고침이 어떠한 권능에 기인한 것으로 말했는가?
5. 베드로의 말을 듣고 있는 청중들에게는 무슨 큰 죄가 있었는가?
6. 베드로는 이 사람들에게 어떤 요구와 어떤 약속을 제시했는가?
7. 그는 그리스도를 어떤 말씀에 비추어 소개했는가?
8. 이 청중은 어떤 특권을 누리고 있었는가?

■ 더 연구할 문제 ■

1. 이 초대교회와 유대교와의 관계에 대하여 어떠한 점을 본 장에서 알 수 있는가?
2. 그리스도의 선지자직은 무엇이며, 어떻게 그가 그것을 이루고 계시는가?
3. 어떤 것이 그릇되다는 것을 알지 못하고서 그것을 행하는 경우 죄가 되는가? 베드로의 설교에 비추어 답하라.
4. 앉은뱅이 거지의 치유를 죄인의 구원과 비교하라.

제31장

우리는 말하지 아니할 수 없다
(행 4:1-31)

> ■ 연구 문제 ■
>
> 1. 베드로와 요한이 잡힌 원인과 결과에 대하여 말하라.
> 2. 공회(산헤드린)는 어떤 문제에 직면했는가?
> 3. 핍박에 대하여 제자들은 어떤 태도를 취했는가?

앉은뱅이를 고쳐준 것과 그 때에 베드로가 한 설교로 말미암아 유대 지도자들에 의한 최초의 핍박이 있게 되었다. 핍박이 있게 되는 것은 필연적이었다. 예수님께서는 사람들이 자기를 미워했던 것처럼 제자들을 미워할 것이라고 이미 그들에게 말하신 바 있다. 그런데 본 장에서 그 핍박이 매우 일찍 시작되었다는 것을 알 수가 있다.

1. 잡힘

베드로가 성전 뜰에서 설교하고 있을 때, 제사장들과 사두개인들과 성전 수비병의 우두머리가 와서 그를 저지시켰다. 사두개인들은 부활이 있다는 것을 부인하는 자들이었기 때문에 베드로가 말하고 있는 것을 듣자 몹시 화가 났다. 더구나 이 사람들이 정죄하여 사형 판결을 내렸었던 그 예수의 부활을 그가 가르치고 있었기 때문에 그들은 더욱 화가 났던 것이다. 그래서 그들은 베드로와 요한을 잡아 아침까지 감금했다.

유대 지도자들은 베드로와 요한을 잡을 수는 있었다. 그러나 그들은 하나님의 영의 역사를 멈추게 할 수는 없었다. 사도들의 말씀들은 그들이 행한 이적과 짝을 이루어 많은 사람들에게 확신을 주었다. 그래서 그들이 예수를 믿고 제자가 되었다. 베드로의 설교가 있은 후 믿는 자들의 수가 여자들과 아이들을 빼고 남자만 약 5000명쯤 되었다.

2. 심문

다음 날 아침 베드로와 요한이 공회 앞에 소환되었다. 그들이 주님을 정죄하였던 바로 그 공회 앞에 선 것이다. 대제사장 문중이 적어도 네 명 이상에 의하여 대표되었다. 이는 이 지도자들이 그 문제를 얼마나 중요한 것으로 여겼는가를 보여 주고 있다. 그들은 나사렛 예수를 십자가에 못 박을 수 있게 되자 그를 끝장냈던 것으로 생각했다. 그러나 이제 그들에게 그의 제자들이 문젯거리로 등장했다. 상황이 더 나아지는 대신에 더 악화되었던 것이다. 그래서 그들은 제자들에게 물었다.

너희가 무슨 권세와 뉘 이름으로 이 일을 행하였느냐(행 4:7).

예수님께서 자기 제자들에게 이렇게 말씀하신 적이 있었다.

> 사람들이 너희를 끌어다가 넘겨 줄 때에 무슨 말을 할까 미리 염려치 말고 무엇이든지 그 시에 너희에게 주시는 그 말을 하라 말하는 이는 너희가 아니요 성령이시니라(막 13:11).

사실 그러했다. 베드로가 "성령이 충만하여"(행 4:8) 산헤드린에게 예수 그리스도에 대하여 담대하게 말했다. 그는 예수의 권능이 그 앉은뱅이를 고쳐 주었다는 것과, 하나님께서 예수님을 죽은 자 가운데서 일으키셨다는 것과, 예수님이 사람들이 구원을 얻을 수 있는 유일한 분이시라는 것을 선포했다. 유대 지도자들은 학문 없는 어부들이 과시한 이 같은 용기를 보고서 깜짝 놀랐다. 그들은 그들을 밖으로 내보내고 나서 어떻게 할 것인가에 대하여 협의하였다.

그들은 진퇴양난에 빠졌다. 즉, 그 사람이 고침 받은 것을 부인할 수도 없고. 그렇다고 예수의 이름으로 이같이 설교하는 것을 허락해서도 안 되었던 것이다. 그래서 그들이 기껏해야 할 수 있는 것은 베드로와 요한에게 예수의 이름으로 설교하지 말라고 주의를 주는 정도에 그쳤던 것이다. 가끔 우리는 사람들이 말하지 않는 것에서 많은 것을 배울 수가 있다. 산헤드린(공회)의 경우를 볼 것 같으면 하나님이 예수님을 죽은 자 가운데서 일으키셨다고 한 베드로의 말을 그들은 전혀 반박하려 하지 아니했던 것이다.

만일 그들이 그 한마디를 반박할 수만 있었다고 하면, 그들의 모든 문제는 해결되었었을 것이다. 그들이 침묵한 것은 예수님의 부활에 대한 제자들의 가르침을 이들 예수의 원수들이 반박할 수 없었다는 것을 의미한다. 베드로와 요한이 공회의 결정을 통고 받았을 때, 그들은 정중하게 그러나 단호하게 그것을 받아들일 수 없다고 대답했다. 그들은 하나님을 순종하든가 아니면 사람을 순종하든가 하지 아니할 수 없었다.

그러나 사람을 순종하는 것은 죄를 짓는 것이 되었다. 그래서 베드로와 요한은 그들이 보고 들은 것들을 선포하지 않을 수 없다고 대답했던 것이다. 유대 지도자들은 이 같은 공공연한 반항적인 태도를 보고 자연히 감정이 상했지만 그들로서는 어찌할 도리가 없었다. 그들은 여전히 진퇴양난에 빠져 있었던 것이다. 그래서 다시 한 번 더 경고하고 베드로와 요한을 놓아 주었다.

3. 제자들

베드로와 요한은 풀려나자 다른 제자들에게 되돌아와서 일어난 일을 저들에게 보고했다. 이에 기독교인들은 합심하여 기도하고, 핍박을 당하여도 담대하며 하나님이 그들을 통하여 행하시는 표적과 기사를 계속 행할 수 있기를 하나님께 간구하였다. 그들이 기도하고 있을 때 그들의 기도가 응답되었다. 하나님께서 성령을 보내시매 성령이 제자들에게 충만하게 임하였다. 성령 강림에는 거듭 표적들이 수반되었다. 그들이 모인 장소가 진동하였으며 그들은 즉시로 하나님의 말씀을 담대하게 전하기 시작했다.

이 첫 번째 핍박은 가벼운 것이었다. 훨씬 더 심한 핍박이 초대교회 앞에 놓여 있었다. 그러나 기독교인들은 이 같은 핍박을 적절하게 대처했다. 그들은 하나님을 신뢰하고 하나님께서 힘주시기를 구하였다. 이같이 하여 더 큰 핍박을 대비했던 것이다.

■ **복습 문제** ■

1. 왜 베드로와 요한이 잡히었는가?
2. 이적과 설교는 어떤 결과를 가져왔는가?
3. 공회가 베드로와 요한에게 어떤 질문을 물었는가?
4. 베드로가 그리스도에 대하여 그들에게 어떻게 말했는가?
5. 공회는 베드로에 대하여 새삼 무엇을 알게 되었는가?

6. 공회는 어떤 문제에 부딪혔는가?
7. 공회가 말하지 않은 것에서 무엇을 배울 수 있는가?
8. 공회의 요구에 대하여 베드로와 요한은 어떤 대답을 해주었는가?
9. 왜 공회는 사도들을 벌할 수가 없었는가?
10. 베드로와 요한은 놓임을 받자 무엇을 했는가?
11. 제자들은 무엇을 위해 기도했는가?
12. 그들의 기도가 어떻게 응답되었는가?

■ 더 연구할 문제 ■

1. 산헤드린 앞에서의 베드로의 행동을 예수님이 심문 당하시던 때 가야바의 법정에서의 그의 행동과 비교해 보라. 베드로의 이 같은 변화는 어떻게 설명될 수가 있는가?

제32장

한 마음과 한 뜻이 되어
(행 2:43-47; 4:32-37)

■ 연구 문제 ■

1. 초대교회의 특징들로는 어떤 것들이 있었는가?
2. 초대교회는 어떤 형태의 공산주의를 실시했는가?

초대교회는 급성장했다. 오순절 새벽녘에는 예루살렘에 약 120명의 기독신자들만이 있었으나, 앉은뱅이 거지를 고쳐준 후로는 5,000명 이상이 되었다.

얼마나 엄청난 성장인가!

그 초대교회의 생활 모습이 어떠했을까 생각하는 것은 자연스럽다. 복음이 믿는 자들에게 어떤 영향을 주었는가를 우리로 하여금 볼 수 있도록 누가가 초대교회의 몇 가지 단편적인 면모들을 소개하고 있다.

1. 사도들의 권능

구주께서는 사도들을 자기의 전권 대사들이 되도록 세우셨었다. 그는 그들을 부르시고 사람들 앞에서 그를 대표할 수 있게 권세를 주었었다. 그들은 교회 성장에 있어서 핵이었다. 그들의 양 어깨 위에 그리스도를 증거하며 교회를 세우는 임무가 주로 지워져 있었던 것이다. 그러므로 대체로 초교대회는 사도들 중심이었다. 그리스도께서는 사도들에게 성령을 통하여 권능을 주시겠다고 약속하였었다. 이 약속은 오순절에 성취되었다. 그러나 거기서 끝나지 않았다. 오순절 후에도 사도들이 그리스도를 담대하고 분명하게 증거하는 일과 이적들을 통해서 성령의 권능을 계속적으로 나타냈다. 그들의 성령 충만한 사역이 교회의 기초가 된 것이다.

2. 교회의 단결

초대교회의 현저한 한 가지 특징은 하나로 뭉치는 정신이었다. 이들 기독신자들은 그들의 생활에서 하나님의 사랑을 체험한 사람들이었다. 하나님을 사랑하는 사랑이 있는 곳에, 사람에 대한 사랑이 필연적으로 따르게 되는데, 그리스도를 믿는 신자들을 특별히 사랑하는 사랑이 있기 마련이다. 그리고 초대교회의 사랑은 신자들의 화목한 생활과 예배로 나타났다. 이제 그들이 수천 명으로 불어났다.

그러나 그들은 여전히 함께 모여 부활하신 그리스도를 예배하기를 원하였다. 그래서 그들은 한 성전 뜰에서 매일 예배하러 모였다. 게다가, 성찬을 시행하기 위하여 소집단으로 회원 가정들에 모이기도 했다. 비록 그들이 그들의 모든 활동을 위해 함께 모두 있을 수는 없었으나, 그들은 예배하는 일과 정신적인 면에서는 하나였다. 그들이 시행한 재산의 공동 소유는 그들 상호 간에 대한 사랑을 가장 분명하게 나타내 주는 것이었다. 기독교인들 중에 몇몇은 가난했다.

그리고 그들 중에 몇몇은 명절에 참여하기 위해 예루살렘에 와서 예수 그리스도에 대하여 더 많은 것을 배우려 계속 머무른 다른 지역에서 온 순례자들이었음에 틀림없다. 그런가하면 다른 사람들은 예루살렘 사회의 비교적 가난한 지역 출신들이었다. 이 사람들은 특별히 예배와 교제에 많은 시간을 바쳤기 때문에 곧 궁핍하게 되었던 것이다. 그들의 단결심이 아주 강했기 때문에 재산을 가진 자들은 그것을 자기 자신의 것으로 생각하지 않았다.

> 믿는 사람이 다 함께 있어 모든 물건을 서로 통용하고…(행 2:44).

많은 사람들이 그들의 소유를 팔아 그 돈을 사도들에게 헌납하여 궁핍한 자들에게 분배되게 하였던 것이다. 어떤 이들은 이 같은 관례를 공산주의라고 불렀다. 그러나 만일 우리가 이 용어를 사용하려고 할 때에는, 그것을 막스의 공산주의와 구별하는데 유의해야 한다. 이 두 가지 체계는 여러 면에서 공통점이 있는 것처럼 보일지 모르나, 실제로는 많은 중요한 차이점들이 있다. 초대교회는 개인의 사유 재산 소유권을 인정한데 반하여, 현대 공산주의는 이 권리를 부인하고 있다. 초대교회가 순전히 자발적으로 공산주의를 시행했던데 반하여, 막스의 공산주의는 그것을 모두에게 강요하고 있다.

초대교회 기독신자들은 궁핍한 형제들을 도와줌으로써 상호 간의 사랑을 나타냈으나, 막스의 공산주의는 부(富)를 균등하게 분배함으로써 세계의 모든 문제들을 해결하고자 하는 것이다. 이 차이점들 외에도, 현대 공산주의가 하나님을 부인하고 있음을 우리는 인식해야 한다. 그것은 세계에서 큰 악들의 원인이 되어 왔다. 그러나 이 악들 중의 아무 것도 초대교회의 관례에서는 찾아 볼 수가 없었던 것이다.

3. 교회와 예루살렘 백성들

초창기의 초대교회는 유대 백성들을 두려워할 것이 전혀 없었다. 오순절의 이적으로 말미암아 백성들은 경외감과 두려움을 품게 되었던 것이다. 복음을 받아들이지 않은 사람들마저도 그 이적으로 말미암아 감화를 받았다. 사도들의 설교를 듣고서 마음에 큰 감동을 받은 자들이 많아졌다. 오순절이나 앉은뱅이 거지를 이적으로 고쳐준 특별한 경우들에만 사람들이 성령으로 감화된 것이 아니었다. 반대로, 매일 사람들이 그리스도를 믿는 새로운 신앙을 고백하고 신자들의 교제에 가담하기를 바라서 모여 들었던 것이다.

■ 복습 문제 ■

1. 초대교회에서 사도들의 임무는 무엇이었는가?
2. 초대교회 성도들은 어떠한 단결된 증거들을 과시했는가?
3. 초대교회의 공산주의를 서술하고 그것을 막스의 공산주의에 비교하라.
4. 요셉 바나바가 무엇을 했는가?
5. 이 때에 교회에 대한 예루살렘 백성들의 태도는 어떠했는가?

■ 더 연구할 문제 ■

1. 초대교회가 행한 바 공동 소유의 원리가 오늘 우리의 상황에서는 어떻게 적용될 수 있는가?

제33장

아나니아와 삽비라

(행 5:1-16)

> ■ 연구 문제 ■
>
> 1. 아나니아와 삽비라가 범한 죄는 무엇이었는가?
> 2. 왜 아나니아와 삽비라가 그토록 가혹하게 벌을 받았는가?

누가가 묘사하고 있는 초대교회의 모습은 거의 이상적이다. 그리스도의 사랑으로 충만하고 복음을 권능 있게 전하는 것은 모든 교회가 추구해야 할 목표인 것이다. 그러나 우리의 교회들은 언제나 완전하기에는 미흡하다. 초대교회도 마찬가지로 미흡하였다. 사탄이 교회를 외부에서 공격할 뿐만 아니라, 내부에서 교회를 파괴하려고 시도하고 있는 것이다.

1. 아나니아와 삽비라의 죄

사탄은 아나니아와 삽비라의 죄를 통해서 교회를 공격했다. 우리는 그들의 죄가 무엇이었는가를 정확하게 이해하려고 해야 한다. 그 죄는 이기심에서 나온 것이 아니었다. 그들에게는 자기네들의 땅을 팔 하등의 의무가 없었으며, 그것을 팔았다 할지라도 그 돈을 교회에 바칠 의무가 있었던 것이 아니다. 그러므로 그 돈이 사실상 그들의 것이었기 때문에 우리는 그들을 도적으로 몰아세울 수가 없는 것이다.

베드로는 그들이 하나님께 거짓말하고 하나님의 영을 속여 시험하고 있다는 죄로 그들을 책망하였다.

이 같은 책망은 무엇을 의미하는가?

아나니아와 삽비라의 사건을 소개하기 바로 전에 누가는 요셉 바나바가 바친 밭 값에 대하여 말하고 있다. 그 헌금이 인색함이 없고 희생적이었기 때문에 누가가 특별히 언급하고 있는 듯하다. 바나바가 칭찬 받을 목적으로 밭 값을 바친 것은 아니었지만, 그로 말미암아 다른 기독신자들이 그를 칭찬하게 되었던 것 같다.

그런데 아나니아와 삽비라도 그 같은 칭찬을 사람들에게서 받고 싶었던 것이 분명하다. 그들은 교회의 돋보이는 회원으로서 선망의 대상이 되고자 했던 것이다. 그러나 그들은 또한 가능한 한 최소의 값으로 이 지위를 얻고 싶었다. 그래서 그들은 그들의 밭 값으로 실제 그들이 받은 것보다 더 적게 받은 것으로 말하자고 공모했다. 말하자면, 그들은 위선자들이었던 것이다. 그들은 분수에 맞지 않게 아주 경건한 체하려고 했다. 그들은 그저 사람들을 감화시키려는 데만 관심을 기울였는지도 모른다.

그러나 사실 그들은 하나님의 것을 아무렇게나 다루고 있었던 것이다. 그들은 하나님께 합당치 못한 헌물을 바치고 있었는 바 이는 그것이 그들의 거짓말로 오염되어 있었기 때문이다.

2. 받은 형벌

하나님께서 이 두 죄인들에게 내린 형벌은 매우 가혹하게 보일지도 모른다. 만일 하나님께서 모든 위선자를 쳐 죽이기로 하셨다고 하면, 오늘의 교회는 크게 위축되었을 것이 틀림없다. 만일 우리가 자신을 위하여 사실상 남겨 두고자 했던 돈을 헌금함으로 해서 하나님이 우리에게 사망의 형벌을 내리고자 하셨다고 하면, 많은 사람이 지금 살아남지 못했을 것이다.

그렇다면 왜 하나님이 아나니아와 삽비라를 이같이 벌하셨을까?

우리가 기억해야 할 것이 하나 있다. 그것은 초대교회가 급성장하기는 했지만, 그 규모가 아직은 매우 작았다는 점이다. 초대교회는 국가로부터 아무런 지지나 보호를 전혀 받지 못했다. 대신 가혹한 핍박을 곧 받도록 되어 있었다. 초대교회의 유일한 힘의 근원은 그것의 순결성에 있었다. 위선자들이 교회 안에 있게 되면 교회가 약화될 입장에 있었던 것이다. 그래서 하나님께서는 교회를 위선자들로부터 보호하고 그리하여 교회를 힘있게 하여 교회가 핍박을 견디어낼 수 있도록 하기 위해서 아나니아와 삽비라를 가혹하게 처벌했던 것이다.

3. 처벌의 효과

그 처벌은 바람직한 효과를 거두었다. 사도들이 계속하여 이적들을 행하였고 신자들이 매일 성전의 솔로몬 행각에서 모였지만, "그 나머지는 감히 그들과 상종하는 사람이 없었다"(행 5:13). 그 심령이 하나님의 영으로 참되게 감동되지 못한 사람은 아무도 하나님의 백성과 상종하려고 교회에 가입할 생각을 갖지 않게 되었다. 아나니아와 삽비라의 사건으로 말미암아 지각 있는 위선자들은 낙심하여 사람들에게서 인기를 얻기 위해 교회에 들어올 생각을 아예 갖지 않게 되었다. 그렇지만, 참되게 회심한 자들은 가입하였다. 즉, "남녀의 큰 무리"(행 5:14)가 나아왔다.

  신자들은 하나님의 심판뿐만 아니라 그의 긍휼을 인하여도 감동되었다. 누가가 사도들에게로 사람들이 병자들을 데리고 오는 것을 묘사하고 있는데, 이것은 예수님께로 병든 자들을 데리고 왔던 무리들을 생각나게 한다. 그런데 사도들이 그들 모두를 다 고쳐 주었다. 여기에서 예수 그리스도의 사역이 그의 제자들을 통하여 계속되고 있다는 분명한 증거를 우리는 찾을 수가 있다. 그런가하면 아나니아와 삽비라를 처벌하신 그 하나님이 은혜의 하나님이시라는 것도 알 수가 있다. 교회의 순결성이 유지되어야 한다는 것은 중요하였다. 그렇지만 교회의 하는 일이 하나님의 사랑을 강조해야 한다는 것 또한 필요했던 것이다.

■ **복습 문제** ■

1. 아나니아와 삽비라가 무엇을 했는가?
2. 그들의 죄는 무엇이었는가?
3. 그들의 죄가 어떻게 드러났는가?
4. 그들에게는 무슨 벌이 내려졌는가?
5. 왜 그렇게도 가혹하게 그들이 처벌받았는가?
6. 그들이 처벌 받은 결과 어떤 효과가 있게 되었는가?
7. 사도들은 어떤 사역을 계속해 나갔는가?

■ 더 연구할 문제 ■

1. 교회의 권징에 대하여 본 장에서 우리가 배울 수 있는 점은 무엇인가?
2. 위선자들이 전혀 없는 교회란 가능한가? 이를 설명하라.
3. 본 장은 어떤 개인적인 경고를 우리에게 주고 있는가?

제34장

하나님을 순종하는 것이 마땅하니라

(행 5:17-42)

■ 연구 문제 ■

1. 사도들이 잡힌 후에 하나님의 능력이 어떻게 나타났는가?
2. 왜 사도들은 살해되는 대신에 채찍질 당했는가?

산헤드린이 베드로와 요한에게 경고하여 예수 그리스도의 이름으로 설교하는 것을 삼가하라고 했다. 예수의 부활에 대한 설교를 듣고 분개한 것은 사두개인들, 특히 대제사장들이었다. 그들은 예수를 그리스도라고 이같이 계속 전파하는 것을 제지시키기로 결의했다. 그러나 사도들이 계속해서 복음을 전파했다. 만일 사도들의 전하는 것이 별다른 호응을 얻지 못했었다고 할 것 같으면, 아마 사두개인들은 그들의 반항적인 행동을 대수롭지 않게 여길 수 있었을 것이다.

그러나 사도들의 영향력이 날로 더욱 증가되었다. 특별히 그들의 병 고치는 사역이 확대됨에 따라, 사도들의 주위로 모여드는 무리들이 늘어났다. 마침내 대제사장들과 사두개인들은 더 이상 방관할 수가 없었다. 그래서 다시 사도들을 체포하라고 명하였던 것이다.

1. 투옥과 출옥

사도들이 체포되어 옥에 하룻밤을 갇히었다. 다음 날 아침 그들은 심문받을 예정이었다. 그러나 그날 밤 하나님께서 간여하셨다. 하나님이 천사를 보내신 것이다. 천사가 그들을 옥에서 풀어 주면서 그들에게 성전으로 되돌아가 복음을 계속 전하라고 말해 주었다. 아침에 산헤드린이 소집되었을 때, 대제사장이 죄수들을 부르러 보냈다. 그러나 옥이 든든하게 잠겨 있고 아무 이상이 없었는데도, 죄수들은 온데간데없었다. 제사장들은 옥졸들 중 몇이 사도들을 은밀하게 동조하고 있는 것으로 생각했을 것이 틀림없다.

그런데 어이없게도, 이들 탈옥한 죄수들이 성전에 되돌아와 백성들에게 복음을 전하고 있다는 보고를 그들은 받게 되었다. 그들은 성전 수호대를 보내어 그들을 데려오게 했다. 수호대는 조심스럽게 행동해야 했는데, 이는 무리들이 사도들과 함께 있었기 때문이다. 만일 사도들이 저항했다고 하면, 그들은 잡히지 않을 수 있었을 것임에 틀림없다. 그러나 그들은 잠잠히 수호대를 따라 공회당으로 갔다. 사도들이 대제사장 앞에 나아왔을 때, 그들에게 내린 바 있는 명령을 어떻게 감히 그들이 거역했느냐고 물었다.

대답은 앞서 그들이 했던 것과 동일했다. 이 사람들은 하나님을 순종하기로 뜻을 정했던 것이다. 사람에 의하여 주장된 어떠한 요구 사항도 그들의 양심과 하나님의 명백한 계명을 그들로 하여금 거스리게 할 수가 결코 없었다. 산헤드린은 또다시 그들이 정죄한 바 있는 예수를 하나님께서 높이셨다고 하는 사도들의 증거를 맞대하게 되었던 것이다. 제자들은 그리스도의 높아지심(昇貴)에 대한 증인들이었다. 그리고 하나님의 성령이 그리스도를 전적으로 신뢰하는 자들을 충만케 하고 능력 있게 해주심으로써 또한 예수 그리스도를 증거하고 있었던 것이다.

2. 가말리엘

사도들의 담대한 증거로 인하여 사두개인들은 그들을 죽이기로 결심할 만큼 크게 노하였다. 그러나 사두개인들이 산헤드린의 다수를 차지하고 있었지만 바리새인들의 동의가 없이는 행동할 수가 없었는데, 이는 바리새인들이 백성들에게 훨씬 더 인기가 있었기 때문이다. 특별히 이 경우에 있어서 바리새인들의 동의를 얻는 것이 중요했던 것은, 죄수들이 백성들에게 존경을 받고 있었기 때문이다. 한 지도적 위치에 있는 바리새인인 가말리엘이 죄수들을 잠깐 내보낸 뒤에 산헤드린에게 말했다. 가말리엘은 그의 동료 공회원들에게 사도들에 대하여 조치를 취하는 문제에 있어서 조심하라고 경고했다.

그는 이 같은 종파들의 경우 가만 놓아두는 것이 최상책이라고 견해를 밝혔다. 만일 그 종파가 사람에게로서 기원되었으면 그것이 실패할 것이나, 만일 하나님께로서 기원되었다고 하면, 그것을 반대하는 것은 곧 하나님을 실제로 반대하는 것이 될 것이었다. 그렇다고 해서 가말리엘이 내심 기독교인이었다거나 아니면 사도들의 가르침을 그가 받아들일 마음이 있었던 것으로 생각할 이유는 전혀 없다.

그는 단지 사려 깊은 충고를 주는 신중한 사람이었다. 가말리엘의 충고를 산헤드린이 받아들였다. 그래서 다시 한 번 사도들에게 예수의 이름으로 전하지 말라고 명하였다. 그런데 이번에는 말로만 경고하지 않고 채찍질까지 했다. 아마 그 당시의 관례를 따라 사십에 하나 감하는 서른아홉 대의 매를 맞은 듯하다. 그러나 이렇게 맞았어도 사도들의 기세가 꺾이지 않았던 것이다. 그들은 그리스도를 위하여 고난 받는 특권을 인하여 기뻐하며 공회당을 떠났다. 바울이 나중에 쓴 대로, 그들은 다음을 이해하고 있었다.

> 그리스도를 위하여 너희에게 은혜를 주신 것은 다만 그를 믿을 뿐 아니라 또한 그를 위하여 고난도 받게 하심이라(빌 1:29).

그래서 그들은 성전 뜰에서 뿐만 아니라 가정집(私家)에서도 그리스도에 대하여 전하며 가르치기를 계속하였던 것이다.

■ 복습 문제 ■

1. 왜 사도들이 체포되었는가?
2. 어떻게 그들이 풀려났는가?
3. 어떻게 다시 붙들렸는가?
4. 대제사장이 무엇을 염려했는가?
5. 왜 사도들이 공회의 명령에 불순종했는가?
6. 어떻게 해서 공회가 사도들을 죽이지 않게 되었는가?
7. 가말리엘의 주장을 한 마디로 요약하라.
8. 이 심문의 결과는 어떻게 되었는가?

■ 더 연구할 문제 ■

1. 사도들이 공회를 거역한 것이 좋은 모범이라고 생각되는 경우들을 우리의 생활에서 찾아 열거하라.
2. 가말리엘이 사도행전 5:38-39에서 제시한 원리를 어느 정도까지 받아들이는 것이 좋겠는가?
3. 로마서 13:1-7에 비추어 정부에 대한 사도들의 태도를 평가하라.

제35장

칭찬 듣는 사람 일곱
(행 6:1-7)

> ■ 연구 문제 ■
>
> 1. 왜 새로운 직원들이 교회 내에 필요했는가?
> 2. 어떤 유형의 사람들이 택함을 받았는가?

　초대교회는 유대인들의 지도자들로부터의 핍박뿐만 아니라 자체 내부에서 일어난 문제들에 직면해 있었다. 첫 번째로 일어난 그 같은 내부의 문제로 아나니아와 삽비라의 죄가 있었다. 이 문제는 신속하고도 준엄하게 처리되었다. 그러나 얼마 안 있어 다른 또 하나의 문제가 생겨났다.

1. 문제

유대 백성들은 두 그룹으로 나뉘어져 있었다. 한 그룹은 팔레스타인에 거주하는 유대인들로서 가끔 히브리파라고 불렸다. 그들은 아람어를 말했으며 그들 주변의 이방 세계의 관습들을 받아들이는 것을 거부했다. 또 다른 하나의 그룹은 이방인 땅에 사는 흩어진 유대인들로서 그들은 헬라파 또는 헬라계 유대인들이라고 불렸다. 그들은 헬라어를 말했으며 그들이 살고 있는 땅의 사람들의 관습들을 많이 받아들였다.

히브리파와 헬라파는 흔히 서로를 이해해주지 못했다. 그런데 이들 두 그룹이 다 초대교회에 있었으며 그들 간에 의견 충돌이 일어났다. 그러다가 헬라파의 과부들이 매일 분배되는 음식과 돈을 제대로 받지 못하고 있다고 헬라파가 불평함으로 해서 두 그룹 간의 갈등은 표면화되었던 것이다.

2. 해결

그 문제는 즉시로 사도들에게 보고되었는데, 이는 그들이 교회의 유일한 직원들이었기 때문이다. 이 불평으로 말미암아 사도들의 입장이 난처해지고 말았다. 그들로서는 모든 과부들이 공평하게 다루어지고 있다는 것을 확실하게 해줄 의무가 있었다. 그러나 이 일을 하자면, 그들의 제일 주요한 직무인 복음 전하는 일과 기도하는 일을 하는데 충분한 시간을 바칠 수 없을 정도로 시간이 너무 많이 걸릴 것 같았다. 그래서 그들은 백성들에게 말하여 매일 분배하는 일을 맡을 일곱 사람을 택하게 했다. 사도들은 이들 새로운 직원들이 갖추어야 할 자격 요건들을 분명하게 제시했다.

첫째, 아무도 그들의 정직과 공정성을 의심하지 않을 정도로 그들은 좋은 평판을 얻은 사람들이어야 했다.

둘째, 지혜의 사람들이어야 했는데, 이는 그들이 어려운 결정들을 확신을 가지고 과감하게 맞서야 될 것이었기 때문이다.

　　셋째, 그들은 하나님의 영이 충만한 사람들이어야 했다. 이는 그들이 하게 될 일이 하나님의 일이었기 때문이다. 그 사람들이 교회에 의하여 택하여졌고 그리고 사도들에게 데려와졌다. 사도들은 기도하고 그들 위에 안수하여 그들을 새로운 직무에 취임시켰다. 성경을 통해서 보면 안수는 어떤 것을 양도해 주는 것을 의미한다. 여기서는 사도들이 그리스도께서 그들에게 주셨던 권세의 일부를 그들이 하는 일의 한 부분을 맡게 될 이 사람들에게 양도해 주고 있는 것이다.

　　택함 받은 일곱 사람들의 이름들로 미루어 보아 그들 모두가 헬라파 출신이었던 것으로 생각된다. 이들 중의 한사람인 안디옥 사람 니골라는 개종자, 즉 유대교로 개종한 이방인이었다. 새 직원들을 뽑은 이 일에서, 우리는 예루살렘에서 세상 끝까지 뻗어가는 교회 확장의 시작을 볼 수가 있다.

3. 교회의 성장

　　예루살렘에서 교회는 계속 성장해 나갔다. 그런데 개종자들 가운데는 많은 제사장들이 있었다. 그들은 기독교인들이 되었어도 제사장직을 버리지 않고 계속 성전에서 봉사했다. 이렇듯 예루살렘 교회는 성전 및 옛 유대 종교와 밀착되어 있었다. 그러나 새 술은 낡은 술 부대에 넣어둘 수가 없는 것이다. 조만간에 교회와 성전이 분리되어야 했는데 이는 유대 종교의 의식들이 신약교회에 적합하지가 못했기 때문이다.

■ 복습 문제 ■

1. 헬라파와 히브리파는 누구였는가?
2. 교회내의 분쟁의 원인은 무엇이었는가?
3. 어떤 일을 위하여 사도들은 그들의 힘을 비축해 두고자 했는가?
4. 어떤 종류의 사람들이 재정 출납하는 일에 필요했는가?
5. 어떻게 이 사람들이 뽑혔는가?
6. 왜 사도들이 그들에게 안수했는가?
7. 일곱 사람들의 이름들로 미루어 보아 어떤 점을 알 수 있는가?
8. 이같이 새롭게 조직을 정비함으로 해서 교회에 어떤 결과가 나타났는가?

■ 더 연구할 문제 ■

1. 택함 받은 일곱 사람들은 가끔 초대 집사들로 불린다. 그들의 하는 일을 오늘 여러분의 교회의 집사들의 하는 일과 비교해보라.
2. 교회의 집사직에 대하여 성경은 어떻게 말하고 있는가?

제36장

스데반

(행 6:8-8:1)

> ■ 연구 문제 ■
>
> 1. 왜 스데반이 심문을 받았는가?
> 2. 스데반의 설교의 주된 요점들은 무엇이었는가?
> 3. 스데반이 어떻게 죽임 당했으며, 그는 그의 죽음을 어떻게 맞이했는가?

재정 출납을 맡도록 택함 받은 일곱 사람들의 명단에 스데반이 제일 먼저 나와 있다. 그는 "믿음과 성령이 충만한 사람"(행 6:5)으로 묘사되어 있다. 그 같은 사람은 주의 일로 분주해야 했던 것이다. 스데반은 그의 새 직분에 따른 의무들 외에도 복음을 전파하며 이적들을 행하였다. 그가 복음 선포하는 일을 했던 까닭에 기독교사상 첫 순교자가 되었던 것이다.

1. 잡힘

스데반이 복음을 전파했기 때문에, 그는 반대를 만나게 되었다. 그 반대는 자유민(해방된 노예들이나 그들의 후손들인 듯함)들의 회당을 포함하여 여러 회당들에서 헬라파 유대인들로부터 일어났다. 그들이 논쟁으로는 그를 이겨낼 수가 없자 그를 공회 앞에 데리고 왔다. 스데반의 대적자들은 사람들을 시켜 스데반을 다음과 같이 고소하게 하였다.

> 이 사람이 모세와 및 하나님을 모독하는 말하는 것을 우리가 들었노라(행 6:11).

이 사람들은 거짓 증인들이었기는 하지만, 스데반이 하지 않은 말로 그를 고소하지는 않았다. 만일 그들이 이렇게 했었다고 할 것 같으면, 스데반이 그 고소 사실들을 부인했을 것이다. 그들은 스데반이 한 말을 그가 의미한 것과는 다른 어떤 것으로 왜곡시켰던 것이다. 그런 까닭에 그들은 율법과 성전을 그가 반대했다고 그를 몰아 세워 고소했다. 스데반에 대하여 제거된 고소는 예수님께서 산헤드린 앞에 있을 때 그에 대하여 제기된 고소와 유사하다.

이로 보아 스데반이 그의 선생이 전했던 바로 그 메시지를 전했다는 것을 알 수 있다. 다른 제자들도 이같이 전했으나, 스데반의 경우는, 그리스도의 복음이 예배와 하나님의 백성들의 생활에서 근본적인 변화를 요구할 것이라는 점을 분명히 알고 있었음에 틀림없다. 그가 이 점을 그의 논쟁들에서 명백하게 했기 때문에, 다른 제자들은 고소당하지 않았지만 그는 고소당했던 것이다.

2. 답변

스데반은 고소 사실들을 부인하려 하지 않았다. 그는 그가 전한 것이 정확하게 구약 자체가 말하도록 요구한 것이었음을 밝힘으로써 고소들에 답변해 주었다. 스데반은 그의 답변에서 구약 역사의 뚜렷한 세 부분들을 다루었다. 먼저 그는 족장시대를 언급하였다(행 7:1-16). 그리고 나서 모세와 율법을 언급하고(행 7:17-43), 끝으로 회막과 성전에 대하여 말하고 있다(행 7:44-50). 그는 그가 율법이나 성전에 대하여 모독하지 않았다는 것을 입증하기 위해 구약 역사를 돌이켜 보았던 것이다. 스데반의 원수들은 나사렛 예수가 모세에 의하여 그들에게 주어진 규례들을 고치려 한 것을 가르쳤다 하여 그를 고소했었다.

스데반은 그들에게 모세가 하나님의 율법을 유대인들에게 주었을 때, 그 유대인들이 그것을 거부했으며 하나님을 버리고 우상들을 섬긴 것을 기억나게 했다. 광야에서 유대인들이 모세를 거절했었던 것처럼, 그들의 후손들은 모세가 선언하기를, "하나님이 너희 형제 가운데서 나와 같은 선지자를 세우리라"(행 7:37)고 한 예수님을 거절했던 것이다. 스데반은 유대인들이 예수 그리스도를 거절함으로써 모세를 그들이 거절하고 있었다는 것을 그들에게 밝히고 있었다. 스데반은 성전을 모독하여 그가 말했었다고 한 말에 대해 답변함에 있어서, 모세 때까지는 하나님의 백성들에게 하나님을 예배할 특정한 장소가 전혀 없었다는 점을 그들에게 깨우쳐 주었다.

그리고 모세로부터 솔로몬 때까지는 하나님의 백성들이 장막(회막)에서 예배했었던 사실을 스데반이 그들에게 일깨워 주었다. 또한 "지극히 높으신 이는 손으로 지은 곳에 계시지 아니하신다"(행 7:48)라고 구약이 가르쳤음을 그들에게 밝히 보여 주었다. 중요한 것은 성전이 아니라 하나님께 대한 진정한 예배였다. 스데반은 일관하여 그의 청중들에게 그들의 조상들이 거듭거듭 하나님의 종들을 거절했던 사실을 일깨워 주었다. 결론 부분에서 그가 그의 주장을 아주 분명하게 관철했기 때문에 그것을 그들이 못 알아 들을 리 없었다.

> 목이 곧고 마음과 귀에 할례를 받지 못한 사람들아 너희가 항상 성령을 거스려 너희 조상과 같이 너희도 하는도다(행 7:51).

스데반은 자신을 변명하고 있지 않았다. 그는 공격적인 자세를 취하여 그의 청중들에게 회개를 촉구하고 있었던 것이다.

3. 죽음

그러나 그의 청중들은 회개하지 않았다. 대신 이 담대한 젊은 설교자를 없애기 위해 그들이 분개하여 일어섰다. 살기(殺氣)가 그들의 눈에 서려 있었다. 그러나 스데반은 그것을 보지 않고, 대신 하나님의 오른편에 서 계시는 예수 그리스도를 보았다. 그가 이것에 대하여 말하자, 그를 체포했던 자들이 그에게 달려들어 성 밖으로 끌어내어 처형장으로 데리고 가 그를 돌로 쳐 죽였다. 잔악한 돌멩이들이 그의 몸에서 생명을 빼앗아 가고 있을 때, 최초의 순교자는 그의 영혼을 그의 구주께 부탁하고 자기를 살해하는 자들을 용서해 줄 것을 기도했다. 스데반의 순교에 대한 이야기에 누가가 우리에게 사전 지식을 갖게 하는 사담(私談)을 첨부해 놓았다.

> 증인들이 옷을 벗어 사울이라 하는 청년의 발 앞에 두니라(행 7:58).

> 사울이 그의 죽임 당함을 마땅히 여기더라(행 8:1).

여기서 우리는 처음으로 다소의 사울을 소개 받는다. 그는 제자들을 극렬하게 괴롭히는 자가 되는가 하면, 나중에는 누가의 선교 여행담의 주역이 된다.

■ 복습 문제 ■

1. 왜 스데반은 다른 제자들보다 더 많은 반대를 받았는가?
2. 스데반에 대하여 어떤 고소들이 제거되었는가?
3. 스데반이 이 고소들에 대하여 각각 어떻게 자신을 변명했는가?
4. 스데반이 아브라함에 대하여 말한 것을 한 문장으로 요약하라.
5. 스데반이 요셉에 대하여 말한 것을 한 문장으로 요약하라.
6. 스데반이 다음 구절들에서 모세에 대하여 각각 말한 것을 한 문장으로 요약하라(행 7:17-22, 23-29, 35-43).
7. 스데반이 회막과 성전에 대하여 말한 것을 한 문장으로 요약하라.
8. 스데반이 유대인들에 대하여 어떤 비난을 가했는가?
9. 스데반이 순교하던 순간 무엇을 보았는가?
10. 사울이 스데반의 죽음에 어떤 방식으로 연루되어 있었는가?

■ 더 연구할 문제 ■

1. 스데반의 심문과 죽음을 예수님의 심문 및 죽음과 비교해 보라

신약성서 시대의 세계

제3권
땅끝까지 편

제1부 그리스도의 사역의 전환
제2부 그리스도의 사역의 확대
제3부 그리스도의 사역의 팽창
제4부 그리스도의 사역의 성공
제5부 그리스도의 사역의 강화

제1부 · 그리스도의 사역의 전환

제1장

로마 세계

> ■ 연구 문제 ■
>
> 1. 로마 제국은 기독교가 전파되는데 있어서 어떻게 도움을 주었는가?
> 2. 헬라 문화는 기독교가 전파되는데 있어서 어떻게 도움을 주었는가?
> 3. 로마 제국의 종교적 상황은 어떠했는가?

　예수님께서는 사도들에게 그들이 "예루살렘과 온 유대와 사마리아와 땅 끝까지 이르러"(행 1:8) 자기의 증인들이 될 것이라고 말씀하셨다. 이제 복음이 로마 세계에 어떻게 확산되어 나갔는가를 공부하고자 한다. 그러므로 복음이 전파되어 나간 그 세계를 먼저 살펴보는 것이 좋을 줄로 안다.

1. 로마 정부

사도들이 대 명령을 받았을 때, 세계는 로마에 의하여 통치되고 있었다. 로마 제국은 지중해를 둘러싸고 있었는가 하면, 멀리는 영국 제도(諸島)에까지 뻗어 나갔으며, 그리고 그 당시에 알려진 세계의 대부분을 포함하고 있었다. 로마는 팔레스타인의 이스라엘 왕국이 남북으로 분열되어 있던 때에 건설되었다. 유대인들이 예루살렘과 성전을 재건하고 있을 무렵에, 로마는 강력한 공화정치 형태의 정부를 발전시켰다. 로마의 세력은 천천히 뻗어 나가다가, 그리스도 때까지는 세계를 통치하기에 이르렀다.

로마는 공화정이었지만, 통치자들이 군대를 사용하여 그의 권력을 신장시키기 시작했다. B.C. 27년에 아구스도(아우구스투스)가 로마의 황제가 되었다. 결과적으로 정부의 권력이 황제의 수중(手中)에 집중되었던 것이다. 로마 제국은 많은 속령(屬領)들로 둘러싸인 조그마한 핵영토(核領土, 이탈리아)로 구성되어 있었다. 이 속령들은 미국의 주(State)나 캐나다의 주(Province)에 비교될 수 있는 것으로 생각해서는 안 된다. 로마 제국의 속령들 중에 몇몇은 자발적으로 귀속되었었지만, 대부분은 무력으로 정복되었었다.

그 속령들은 로마를 위해서 존재했다. 그들은 황제가 임명한 사람들이나 로마 원로원에 의해 통치되었다. 그들은 세금을 로마에 바쳐야 했으며, 로마 군병들로 구성된 수비대가 그 속령들 안에 주둔하였다. 그 당시의 알려진 세계가 한 정부 아래 이같이 합병되어 있었기 때문에, 사도들은 별다른 어려움 없이 여기저기를 여행할 수 있었다. 그들을 대적하는 군대나 그들을 거절하는 폐쇄된 국경이 전혀 없었다. 로마 당국은 사통팔달(四通八達)한 도로망을 건설해 놓았었다. 그리고 지중해에 연접해 있는 모든 나라를 사이에는 해로(海路)가 개설되어 있었다.

그리고 비록 노상강도들과 해적들이 때때로 여행자들을 괴롭혔지만, 그 같은 무법은 로마의 군대에 의하여 크게 줄어 들어 있었던 것이다. 로마는 그들의 법률 체계로 유명하다. 그리고 로마의 법률은 그 제국의 방방곡곡에까지 그 효력을 미치고 있었다. 그래서 기독교 선교사들은 그들이 가는 곳마다 어디에서나 법에 호소할 수가 있었다. 바울과 같이 로마 시민권을 가진 자들은 특별한 권리를 누렸다. 바울은 필요한 경우 이 특권들을 사용하였다. 그는 유대에서 법의 보호를 받지 못하자 가이사에게 호소하기도 했다.

2. 헬라 문화

로마가 세계를 지배하는 통치자가 되기 전에는, 헬라가 헬라 동편 대부분의 땅들을 정복했었다. 헬라가 정복한 모든 땅은 그들의 문화에 크게 영향을 받았다. 그래서 헬라어가 공통어(통용어)가 되었고, 헬라 연극들이 공연되었으며, 헬라 문학 작품이 읽혀졌다. 그리고 비록 로마가 세계를 정복했지만, 로마 자신은 헬라 문화에 정복당했다. 수도인 로마 도시에서 마저도 헬라 문화가 보편화되어 있었다. 이 같은 이유로 인하여 바울이 모든 비유대인들(non-Jews)을 "헬라인"으로 지칭했던 것이다.

헬라 문화의 보급은 기독교회에 아주 중요했다. 헬라어가 공통어로 사용됨으로 해서 사도들은 어디를 가나 사람들에게 복음 전하기가 용이했다. 또한 그로 인하여 신약 책자들이 세계 도처에 빠른 속도로 보급될 수가 있었던 것이다. 헬라 문화 자체가 그리스도의 복음을 위한 통로를 마련해 주었다. 헬라에는 위대한 철학자들이 있었으나, 그들은 죄 문제에 대한 해답을 제공해 줄 수가 없었다. 모든 헬라 문화가 다 도덕적으로 병들어 치유자를 필요로 하고 있었다. 그런데 기독교인들이 전한 메시지가 죄인들의 구주이신 예수 그리스도를 소개함으로 그 필요를 해결해 주었던 것이다.

3. 사회 구조

이방인(비유태계=非猶太系) 세계 내에는 귀족, 상민(常民), 노예, 자유민 등 몇 가지 종류의 뚜렷한 사회적 계급이 있었다. 대부분의 귀족들은 방대한 땅덩어리를 소유하고 있었고, 그래서 굉장한 부자들이었다. 이와는 대조적으로, 대부분의 상민들은 아주 가난했다. 적은 면적의 땅을 소유한 그들은 노예를 부려 농장을 경작하는 귀족들을 당해 낼 수가 없었다. 결국 많은 상민들이 그들의 땅을 귀족들에게 잃고 도시로 몰려들었다.

그들의 불만은 흔히 폭력으로 발산되었다. 이 점을 감안해 보면, 사도들을 반대하는 자들이 폭도들을 쉽게 모을 수 있었던 이유를 알 수가 있을 것이다. 노예는 그 자체로서 하나의 계층을 이루고 있었다. 그들 중의 얼마는 로마가 전쟁을 통해서 포로로 잡아온 자들이었으나, 다른 노예들은 자기들이 진 빚을 갚기 위해 노예로 팔린 자들이었다. 많은 노예들이 좋은 교육을 받았다. 유명한 철학자들 중의 한 사람인 에픽테투스는 노예였다. 몇몇 노예들은 자유를 얻었는가 하면, 다른 사람은 돈 주고 샀다. 이들 해방된 노예들이 "자유민"으로 알려진 특별한 사회 계층을 형성했던 것이다.

4. 종교 생활

초대교회 당시의 로마 제국 안에는 각양각색의 종교적 신앙들이 있었다. 그것들 중에 가장 일반적인 것들을 간략하게 다루고자 한다. 헬라인들은 많은 신들을 섬겼는데, 로마인들이 이 다신 종교를 받아들였다. 헬라신들에게 새 이름들(제우스가 주피터로, 헤라가 주노로 바뀌었다)이 주어졌으나, 그들은 여전히 인간의 모양과 인간적인 약점과 죄가 있는 신들이었다. 그러나 천박한 신들은 천박한 종교를 낳는 법이어서, 고대 신들에 대한 숭배가 그리스도 때에 이르러서는 완전히 쇠퇴하기 시작했던 것이다.

다신 종교와 전체주의 정부가 결합하여 황제숭배를 낳았다. 황제가 많은 권력을 손에 쥐고 국가의 이익을 위하여 그것을 사용했기 때문에 사람들은 그를 숭배하기 시작했다. 사도 시대에는 황제 자신들이 황제숭배를 제도화시키려 하진 않았으나, 그 같은 경향이 점점 고조되었다. 그러다가 1세기 말엽에는 황제숭배 문제가 인간을 숭배할 수 없었던 기독교인들에게 큰 위협이 되었던 것이다. 이방인들은 이것을 애국심의 결여로 해석했기 때문에 기독교인들을 결국 핍박했던 것이다.

동방의 신비 종교들은 낡은 신들이나 황제숭배가 줄 수 없는 어떤 것을 주었기 때문에 제국 내에서 받아들여졌다. 신비 종교의 추종자들은 죽었다가 다시 생명을 되찾은 것으로 믿어지는 신과 관계를 맺었다. 그 추종자들에게는 정교한 입회 의식을 통하여 불멸이 약속되었던 것이다. 이 종교들 외에도 로마 세계에는 다수의 미신들이 있었다. 마술사 시몬의 이야기가 보여 주고 있는 대로(행 8:9-13), 서민들은 마술을 믿었다. 귀신들을 믿는 신앙이 널리 보급되어 있었고, 그들을 쫓아내는 부적이 발행되었다. 또한 별들이 사람들의 생애에 영향을 주는 것으로 주장되는 점성술이 서민들뿐만 아니라 귀인들에 의해서도 행하여졌다.

5. 철학파들

로마 제국의 종교들은 단지 공허한 의식(儀式)이나 조잡한 미신만을 가져다주었다. 그래서 생각이 깊은 많은 사람들이 우주를 탐구하고 지고(至高)의 선(善)을 지향하는 철학에 안주하였던 것이다. 몇몇 철학들은 우리가 앞으로 공부하는데 있어서 중요하다. 영지(靈知)주의(노스틱주의)는 어떤 신비들을 아는 지식을 통하여 구원을 얻게 된다고 했다. 영지주의자들은 물질이 악하다고 믿었다. 그래서 선하신 하나님께서는 세상을 창조하지 않으셨다고 했는가 하면, 인간이 구원을 얻고자 하는 경우 물질적인 세상을 포기해야 한다고 했다.

그리고 세상을 포기하기 위해서는, 영지주의의 신비들을 배워야 했던 것이다. 어떤 영지주의자들은 세상을 포기하는 데는 금욕주의(절대적으로 필요한 것을 제외하고는 어떠한 신체적인 욕구라도 만족시키는 것을 삼가는 것)가 요구된다고 가르쳤다. 그들은 말하기를, "붙잡지도 말고 맛보지도 말고 만지지도 말라"(골 2:21)고 했다. 에피큐리안주의(에비구레오파)는 쾌락이 인생의 으뜸 되는 목표라고 가르쳤다. 그렇다고 해서 모든 종류의 쾌락을 탐닉하라는 것은 아니고, 원대한 만족을 주는 것들을 택하여 즐길 것을 권하였다.

그렇지만 에피큐리안주의는 근본적으로 이기적인 목표들을 제시했다. 그래서 그것은 반종교적이었으며, 신들이 인간들의 삶과 관계를 맺고 있다는 것을 부인했다. 에피큐리안주의는 사람들에게 대단한 인기가 있었는데, 이는 인간이 추구하고 싶어 하는 쾌락을 추구할 것을 권하였기 때문이다. 스토아주의(스도이고파)는 순수 이성의 철학이었다. 그것은 생활에서 감정을 부인했다. 스토아주의자들은 완전한 자제를 추구하는 한편 감정을 인정하지 않했다. 스토아주의는 숙명론적인 인생관이었다. 즉, 모든 것이 작정되어 있으며 변경될 수가 없다고 주장했다. 인간이 할 수 있는 것이라고는 만사를 있는 그대로 그저 받아들이는 것이라고 했다. 스토아주의는 사람들이 덕스럽게 행하도록 인도하려고 노력했으나, 사람들의 공통된 운명을 변경해 주는 개혁을 시도하게끔 사람들을 인도할 수는 결코 없었다.

6. 결론

이상이 기독교가 등장한 당시의 세계였다. 그 세계는 로마의 법률과 헬라의 문화가 결합된 세계였으며, 매우 종교적인 세계였다. 그러나 그 당시의 종교들은 사람들의 지적, 도덕적, 영적 요구들을 만족시켜 줄 수가 없었다. 그 세계는 도덕적으로 병들고, 신적 치유(divine healing)를 절망적으로 필요로 하는 세계였다. 그런데 바로 그 치유의 메시지를 가지고 사도들이 로마 세계로 나아가 하나님께서 예수 그리스도를 통하여 제공하신 구원을 죄 많은 사람들에게 전해주었던 것이다.

■ 복습 문제 ■

1. 로마 제국이 어떻게 강성해졌는가?
2. 로마와 속령들 간의 관계는 어떠한 것이었는가?
3. 하나님께서는 로마 제국을 어떻게 사용하시어 복음 전파에 이바지하게 했는가?
4. 로마 제국이 어떻게 헬라 문화를 받아들이게 되었는가?
5. 헬라어가 통용어로 사용됨으로 해서 교회가 어떻게 도움을 받았는가?
6. 로마 제국의 사회적 계급들을 말해보라.
7. 로마 제국의 종교들에 대해 말해보라.
8. 사도 시대의 가장 유명한 이방 철학 들을 간략하게 말해보라.

■ 더 연구할 문제 ■

1. 속령들의 이름과 경계선을 넣어 로마 제국의 지도를 그려보라.
2. 본 장에 언급되어 있는 철학들의 어떤 형적들을 현대 광고에서 찾아볼 수 있는가?

제2장

모든 땅으로 흩어지니라
(행 8:1-25)

> ■ 연구 문제 ■
>
> 1. 무엇으로 말미암아 복음이 유대 지역의 범위를 넘어서까지 전파되게 되었는가?
> 2. 복음이 사마리아에서 어떤 결과를 맺었는가?
> 3. 무슨 일이 마술사 시몬에게 일어났는가?

예수님의 공적 사역이 시작되었을 때부터, "이스라엘 집의 잃어버린 양"(마 10:6)에게 거의 전적으로 복음이 전파되었었다. 오순절 이후에도 교회가 예루살렘에 국한되었고, 회원 또한 유대인들뿐이었다. 그러나 그리스도께서는 자기 교회를 한 유대 집단으로 머물게 할 생각은 품고 있지 않으셨다.

그가 오신 것은 "야곱의 지파들을 일으키며 이스라엘 중에 보전된 자를 돌아오게 할" 뿐만 아니라 "이방의 빛"이 되시기 위함이었다(사 49:6). 사도행전 8-12장에서 교회의 전환기를 누가가 기술하고 있는데, 여기에서는 강조점이 유대인들에게서 이방인들에게로 옮겨지고 있다. 이 전환기의 첫 단계가 사마리아인들에게 복음이 전파된 것이었다.

1. 핍박

스데반의 죽음은 교회가 당해내야 했던 첫 핍박의 시작이었다. 이전까지는 관원들의 진노가 사도들에게 퍼부어졌었으나, 이제는 다른 신자들도 핍박당했다. 이 핍박이 스데반을 돌로 쳐 죽인 것과 관련되어 있기 때문에, 헬라계 기독교인들이 그 핍박에 정면으로 맞섰던 것으로 결론지을 수가 있다. 많은 기독교인들은 예루살렘을 어쩔 수 없이 떠났다. 그러나 사도들은 그 도시에 계속 남아 있었다. 다소의 사울은 스데반을 돌로 쳐 죽이는데 전적으로 동의하였었다.

스데반이 죽은 후에, 사울은 폭력을 사용하여 교회를 반대하는 자들의 지도자가 되었다. 그의 선생인 가말리엘은 인내할 것을 권유하였으나, 사울은 진멸되어야 할 위험스런 이단의 집단으로 기독교인들을 생각하고 있었다. 그렇지만, 핍박은 정반대의 결과를 가져왔다. 사울의 격렬한 핍박으로 말미암아 기독교인들이 어쩔 수 없이 예루살렘을 떠나 흩어지게 되자 "그 흩어진 사람들이 두루 다니며 복음의 말씀을 전했다"(행 8:4). 교회를 진멸코자 한 사울의 노력이 하나님에 의하여 교회를 확장시키는데 사용되었던 것이다.

2. 사마리아에서 복음이 전파되다

흩어진 사람들 중에 빌립 집사가 있었다. 그는 사마리아 성으로 가서 거기서 그리스도를 전파했다. "유대인들이 사마리아인들과 상종하지 아니했던"(요 4:9) 점을 여기서 우리는 기억해 두어야 한다. 그러므로 복음을 사마리아인들에게 전하는 데는 빌립이 넘어뜨려야 하는 편견의 철벽이 가로 놓여 있었던 것이다. 그러나 예수님께서 제자들이 사마리아에서도 그의 증인들이 되어야 한다고 주장하신 것을 빌립은 기억하고 있었다. 사마리아에서의 빌립의 사역은 성공적이었다. 그는 복음을 전파했을 뿐만 아니라, 많은 표적과 기사들도 행하였다. 그는 귀신들을 내쫓으며 중풍병자와 앉은뱅이를 고칠 수 있었다. 그 결과, 그가 전하는 것을 사람들이 열심히 듣고 메시지를 기쁜 마음으로 받아들였다.

사마리아는 시몬이라는 마술사의 고향이었다. 마술에 의하여 시몬이 사람들의 마음을 완전히 사로잡아 버렸다. 그래서 사람들은 그를 "크다 일컫는 하나님의 능력"(행 8:10)으로 생각했다. 그러나 빌립이 행한 이적으로 말미암아 시몬의 인기가 급락하고 말았다. 이전에 시몬의 능력을 인정했던 많은 사람들이 이제는 복음을 믿고 세례를 받았다. 마침내 시몬마저도 빌립의 표적을 보고서 믿고 세례를 받았다. 그는 세례 받은 후에 빌립과 함께 많은 시간을 보냈는데, 빌립이 가지고 있는 큰 능력을 보고서 놀랬던 것이다.

빌립의 한 일이 예루살렘 교회에 보고되자 그들은 베드로와 요한을 사마리아로 보냈다. 이 사도들은 유대계 신자들이 오순절에 받은 것과 같은 성령의 은사를 사마리아 신자들이 받지 않았다는 것을 발견했다. 그래서 그들에게 안수하고 그들을 위해 기도하였다. 그래서 사마리아인들도 방언으로 말하며 다른 기이한 일들을 행할 수 있는 이 은사를 받게 되었다. 사도들이 취한 이 조치는 유대계들이 사마리아인들을 동등한 사람으로 기꺼이 받아들이고 있었다는 명백한 표시였다. 이로써 편견의 장벽이 그리스도의 복음의 영향 아래 부서져 버렸다. 빌립의 능력을 보고서 놀란바 있었던 시몬은 사도들이 성령 부어주는 것을 보고서는 더욱 더 놀랐다. 그가 빌립을 자신보다 더 위대한 마술사로 생각했었던 것은 분명하다. 그런데 이제 그는 사도들이 빌립보다 더 위대하다는 것을 보았던 것이다. 그는 성령을 주는 이 능력을 얻고 싶었다. 그래서 마치 성령이 돈 주고 살 수 있는 마술사의 비법이나 된 것처럼, 그는 사도들에게 돈을 내밀었다. 즉시 베드로는 시몬의 그 같은 태도로 보아 그의 마음이 아직껏 변화되지 않했다는 것을 간파했다. 그래서 그를 책망하고서 죄를 회개하라고 촉구했다. 이에 시몬이 다음과 같이 대답했다.

> 나를 위하여 주께 기도하여 말한 것이 하나도 내게 임하지 말게 하소서(행 8:24).

그의 이 같은 간청이 회개한 마음에서 우러났는지 또는 그렇지 않은 지는 알 수가 없다. 그런데 전설에 의하면 시몬은 이단의 괴수가 되었고 사도들을 대적했다고 한다. 사도들은 사마리아에서 그들의 일을 마친 후에 예루살렘으로 되돌아왔다. 그들은 돌아오던 길에 빌립을 본받아 그들이 지나는 사마리아인의 마을들에서 복음을 전했다. 이같이 하여 빌립의 사역이 예외적인 어떤 것이 아니라, 구원의 길이 유대인뿐만 아니라 사마리아인들에게도 열려져 있다는 것을 그들은 증명하였던 것이다.

■ 복습 문제 ■

1. 스데반의 죽음에 뒤이은 핍박은 이전에 있었던 핍박과 어떤 점에서 차이가 있었는가?
2. 이 핍박의 예기치 않은 결과는 무엇이었는가?
3. 사마리아에서의 빌립의 사역을 말해보라.
4. 시몬은 누구였는가?
5. 빌립의 사역이 시몬에게 어떤 영향들을 미쳤는가?
6. 베드로와 요한이 사마리아에서 무슨 일을 했는가?
7. 시몬이 베드로와 요한의 한 일에 대해 어떤 반응을 보였는가?
8. 시몬의 반응으로 보아 그의 내면의 상태가 어떠했음을 알 수 있는가?
9. 베드로와 요한이 사마리아인의 여러 마을에서 복음 전한 것은 무엇을 의미하는가?

■ 더 연구할 문제 ■

1. 사마리아인들이란 누구인가? 왜 유대인들이 그들과 상종하지 않았는가?
2. 마술사 시몬의 이름에서 "성직 매매"(simony)라는 술어가 나왔다. 이 술어에 대한 것을 교회사나, 백과사전 등에서 찾아보라.
3. 유대인에게서 이방인에게로 교회 역사의 흐름이 옮아간 것을 보여주는 사도행전 8-12장의 사건들을 열거하고, 각 사건이 어떤 점에서 그 변화에 기여했는가를 설명하라.
4. 우리나라에서 핍박이 교회 역사에 어떤 결과를 가져다주었는가 말해보라.

제3장

누구를 가리킴이뇨?
(행 8:26-40)

> ■ 연구 문제 ■
>
> 1. 어떤 유형의 사람에게 빌립이 복음을 가지고 보냄 받았는가?
> 2. 본 장에 하나님의 손길이 어떻게 분명히 드러나 있는가?

빌립은 편견의 장벽을 깨뜨리고 그리스도를 사마리아인들에게 전파했었다. 그러나 그의 일은 끝나지 않았다. 간접적으로, 그는 또한 복음이 이방인들에게 전하여지는데 방편(도구)이 되도록 되어 있었던 것이다.

1. 에티오피아 사람

빌립은 사마리아에서의 그의 일이 끝난 후에, 또 다른 일을 위한 신적 지시를 받았다. 서남쪽 예루살렘에서 가사로 가는 길까지 가라는 명령을 받았던 것이다. 그가 이 길에 도착했을 때, 포장된 병거를 타고 가사로 향해 여행하고 있는 한 사람을 보았다. 이 사람은 나일강 상류를 따라 이집트 남쪽에 위치한 옛 에티오피아 땅 출신이었다. 그는 여왕 간다게의 국고 맡은 자로서 높은 지위를 가진 사람이었다(에티오피아 왕들은 태양의 아들들로 간주된 까닭에 너무나 성스러워 나라의 세속적인 일들을 수행할 수가 없었다. 그래서 간다게라는 호칭을 가진 여왕이 실제적인 통치자였다).

이 사람은 예루살렘에서 예배하고 자기 땅으로 돌아가고 있었다. 이는 곧 그가 유대인 개종자이거나 아니면 완전한 개종자보다 못한 "하나님을 경외하는 자"이었음에 틀림없다는 것을 의미한다. 성령께서 빌립에게 지시하여 이 사람에게 접근하게 하셨다. 빌립은 천천히 가고 있는 병거에 이르렀을 때 그 사람이 책을 읽고 있는 것을 들었다. 옛날에는 사람들이 크게 읽는 것이 보통이었다. 그 에티오피아 사람이 이사야 53장을 읽고 있었는데, 그 부분은 여호와의 종의 죽음에 대해 말하고 있다.

2. 복음

빌립이 그 사람에게 그가 읽은 이 말씀을 깨닫느냐고 묻자, 그 에티오피아 사람은 그렇지 못하다고 고백하고 빌립을 청하여 그 옆에 앉아 그를 도와 달라 했다. 그래서 빌립은 복음을 전했다.

> 입을 열어 이 글에서 시작하여 예수를 가르쳐 복음을 전했다(행 8:35).

그리스도께서 이 땅에 오시기 이전에는 아무도 이사야의 종의 노래를 시편 2편에 언급되어 있는 여호와의 기름 받은 자 또는 다니엘 7:13에 언급되어 있는 "인자 같은 이"를 가리키는 것으로 해석한 일이 없다.

그러나 예수님께서 오셔서 그가 인자요, 여호와의 기름부음 받은 자이며, 고난의 종임을 아주 분명하게 주장하셨던 것이다. 이 구절의 말씀들은 실제로 성취되기까지는 난해하였다. 그러나 이제 그 말씀들이 나사렛 예수에게서 성취되었기 때문에 그것들은 명약관화해졌다. 그래서 빌립이 예수 그리스도의 복음을 그 에티오피아 사람에게 전했던 것이다. 그들이 물 있는 곳에 이르렀을 때, 그 에티오피아 사람이 세례를 허락해 달라고 요청하자, 빌립은 세례를 베풀어 주었다.

3. 사건의 연속

그 에티오피아 사람이 세례를 받은 후에, 빌립을 성령께서 이적적으로 낚아채 가셨다. 그 다음에 그가 아쉬돈의 옛 블레셋 도시인 아소도에 나타났다. 그는 그 도시를 거점으로 하여 북쪽으로 해안 평야의 여러 도시들에서 복음을 전하다가 마침내 가이사랴에 이르렀다. 빌립에 대한 기록은 일단 여기서 끝나나 바울의 3차 전도 여행의 끝에 가서 다시 언급되어 있는데, 그 때에 그는 가이사랴에 살고 있었으며 여 선지자들인 네 딸들을 거느리고 있었던 것으로 되어 있다.

그 에티오피아 사람은 빌립이 졸지에 떠나감으로 해서 홀로 남게되었으나, "흔연히(기쁘게) 길을 갔다"(행 8:39). 그가 고향으로 돌아갔음은 의심할 여지가 없다. 어떤 교부의 기록에 의하면 그는 자기 자신의 백성을 위하는 선교사가 되었다고 한다. 이것은 우리가 예상할 수 있는 성질의 것이다. 왜냐하면 참된 믿음은 복음을 다른 사람들과 함께 나누고자 하는 소원을 가져다주기 때문이다. 이같이 그 에티오피아 내시를 향한 빌립의 증거를 통해서 복음이 북쪽 아프리카의 검은 피부의 이방인들에게 전해졌던 것이다.

■ 복습 문제 ■

1. 왜 빌립이 사마리아를 떠났는가?
2. 빌립이 만난 사람에 대해 말하라.
3. 빌립이 어떻게 그 에티오피아 사람에게 접근하였는가?
4. 그 에티오피아 사람이 어떤 질문을 했는가?
5. 빌립이 어떻게 그 질문에 대답해 주었는가?
6. 복음에 대한 그 에티오피아 사람의 반응은 어떠했는가?
7. 빌립과 그 에티오피아 사람이 어떻게 헤어졌는가?
8. 그들이 헤어진 후에 빌립과 그 에티오피아 사람에게 무슨 일이 일어났는가?

■ 더 연구할 문제 ■

1. 사도행전 8:37(난외주를 참조할 것)의 원본에서 그리스도를 증거하는 문제에 관해 어떤 교훈들을 그 에티오피아 사람에 대한 빌립의 전도에서 배울 수 있는가?
3. 오늘날 우리의 교회들은 검은 피부의 에티오피아인을 받아들이려 하고 있는가? 받아들여야 한다면 설명하라.

제4장

택한 나의 그릇

(행 9:1-31)

> ■ 연구 문제 ■
>
> 1. 유대인들 사이에서 사울이 지도자가 될 수 있었던 자질들에 대하여 말해 보라.
> 2. 어떻게 사울이 회심하였는가?
> 3. 사울이 그 사역을 시작했을 때 어떤 반대를 만났는가?
> 4. 사울이 회심하므로 말미암아 기독교회에 어떤 영향이 미쳐졌는가?

　다소의 사울의 회심은 초대교회 역사상 가장 중요한 사건들 중의 하나였다. 그것은 또한 하나님의 주권적인 능력과 은혜가 가장 현저하게 나타난 실례 중의 하나였다. 어떤 사람들은 사울의 회심 사건을 주의 깊게 연구하는 중에 회심하였다. 이러한 사람들 중의 하나가 진술하기를 사울의 회심에 대한 이 이야기 하나만으로도 기독교의 진리가 충분히 증명된다고 했다.

1. 핍박자 사울

다소의 사울은 놀랄 만한 청년이었다. 소아시아의 로마 도시인 다소에서 태어나, 가장 위대한 유대 율법학자들(랍비들) 중의 한 사람인 가말리엘 문하에서 연구하기 위해 예루살렘에 유학하였다. 그는 자신을 다음과 같이 표현하고 있다.

> 히브리인 중의 히브리인이요 율법으로는 바리새인이요 … 율법의 의로는 흠이 없는 자로라(빌 3:3-5).

> 내가 내 동족 중 여러 연갑자보다 유대교를 지나치게 믿어 내 조상의 유전에 대하여 더욱 열심이 있었으나(갈 1:14).

그는 비록 아직 청년이었지만 산헤드린의 회원이었던 것 같다. 그가 총명하고 훌륭한 교육을 받고 열심이 대단했던 까닭에 유대인들 사이에서 급성장하여 지도자의 자리에 올랐던 것이다. 누가는 사울이 스데반의 죽음에 연루되어 있었다는 사실을 지적하였다. 스데반을 돌로 쳐 죽인 자들의 옷들을 맡아 보관해 둠으로써, 사울은 돌로 쳐 죽이는 일을 그가 인정하고 있다는 것을 나타내 보였다. 스데반의 죽음 이후에 사울의 핍박하는 일이 시작되었다.

그가 예루살렘에 있는 많은 기독교인들을 사로잡아 투옥시켰을 뿐만 아니라, 그들 중의 몇몇을 사형시키는데 가편(可便)투표를 하였던 것이다(행 26:10). 교회를 핍박하는 그의 열심으로 인하여 많은 기독교인들이 어쩔 수 없이 예루살렘을 떠나지 않으면 안 되었다. 그러나 사울은 그것으로 만족할 수 없었다. 그래서 피신한 그들의 뒤를 추적하여 그들을 예루살렘으로 잡아다가 처벌할 수 있게 하는 권한을 위임해 주는 공문을 그가 대제사장들에게서 받아냈던 것이다.

2. 사울과 예수님

사울은 교회를 핍박하는 일을 계속하기 위해서 일단의 동조자들을 규합하여 이끌고 다메섹을 향해 길을 떠났다. 그가 다메섹을 향한 것은 몇몇 기독교인들이 그곳으로 피신한 까닭에 그들을 색출하기 위함이었다. 그러나 그가 다메섹에 도착하기 전에, 사울 자신이 예수님에 의해서 색출되었다. 정오의 태양을 무색케 하는 눈부신 빛으로 승천하신 그리스도께서 그 핍박자와 맞닥뜨렸다. 사울의 경우 그가 핍박하고 있던 그 분이 하늘에서 그에게 말씀하시는 음성을 들었을 때 크게 절망하였을 것이 틀림없다.

그것은 마치 최후의 심판의 음성처럼 생각되었을 것이 틀림없다. 그렇지만 예수님께서는 사울에게 심판 가운데서가 아니라 은혜 가운데서 나타나셨다. 우리는 사울이 언제 회심하였는지 그 정확한 시간은 알 수가 없으나, 하늘에서 빛이 비추인 것과 아나니아에게 그가 세례 받은 것 사이의 어떤 시간에 사울의 심령이 완전히 변화되어 그는 그가 적대하였던 그 분의 추종자가 된 것이다.

예수님께서는 사울을 그의 죄악에서 구원해 주셨을 뿐만 아니라, 그를 사도로 부르셨다. 사울이 기독신자가 되리라고는 꿈도 꾸지 않은 때에 예수님은 이방인들과 왕들에게 복음을 전할 자로 사울을 미리 택정해 놓으셨던 것이다. 그는 택함 받은 그릇이었다. 그의 회심은 그로 하여금 평생토록 구주의 계획을 실행할 수 있게 하는 준비였다. 하나님께서는 그가 구원되기 오래 전에 이 일을 위하여 그를 준비해 놓으셨던 것이다.

3. 전파자 사울

사울이 교회를 핍박하는 일에 보여 주었던 바로 그 열심이 이제는 교회를 세우는 데로 향하여 쏟아졌다. 사울이 다메섹의 회당 뜰에 나타나자, 유대인들은 예수를 따르는 자들을 탄핵하는 연설을 들을 것으로 기대했다. 그러나 의외로, 예수가 약속된 메시아임을 증명하는 강력한 메시지를 그들은 들었다. 갈라디아서에 보면 바울이 아라비아에서 얼마 동안을 지냈던 것으로 말씀되어 있다. 여기서 말하는 아라비아는 오늘의 지도상에 나타나 있는 위치가 아니고, 다메섹 동편 지역이었다. 그가 얼마동안 거기 있었으며, 거기서 무엇을 했는지에 대해서는 알 수 없다.

또한 갈라디아서에 있는 바울의 말과 사도행전에서 누가가 언급하고 있는 다메섹에서의 복음 전파가 어떻게 부합되는지 알 수 없다. 그러나 사울이 사려 깊은 학자이었던 점으로 미루어 보아, 그가 아라비아로 간 것은 회당에서 예수님에 대하여 그가 전파하기 시작하기 전에 메시아에 대한 구약의 약속들을 새롭게 연구하기 위함이었던 것으로 보인다. 사울이 복음을 전함으로 해서 그를 동조하여 핍박하는 일에 자원해서 참여했던 자들로부터 그는 반대를 당하게 되었다. 사울에 대한 유대인들의 증오심이 너무나 커졌기 때문에 그는 피신하지 않을 수 없었다.

그런데 성문을 그들이 지키고 있었기 때문에, 제자들은 사울을 광주리에 담아 성문에서 달아 내렸다. 사울은 예루살렘에 되돌아왔을 때, 그가 진실로 회심한 것을 제자들이 처음에는 잘 믿지 않으려 한 것을 발견했다. 그러나 후에 사울과 함께 첫 번째 전도 여행을 나서게 된 일이 있는 바나바가 그를 믿고 사도들에게 그를 소개하여 기독교인들의 교제에 참여시켜 주었다. 사울은 예루살렘에서 복음을 전하며 헬라어를 사용하는 유대인들과 변론하였다.

이 유대인들은 그들이 스데반을 죽였던 것처럼 그를 죽이고자 했다. 그래서 기독교인들이 그를 예루살렘에서 피신시키지 않으면 안 되었다. 그들은 그를 그의 고향인 다소로 가게 했다. 거기서 사울이 얼마 동안 머물렀다. 사울의 회심은 후에 기독교회에 굉장한 효과를 가져다주었다. 복음이 이방인들에게 전해지고 예수님께서 자기의 교회를 확장시키는데 사용하는 대선교사가 탄생된 것이다. 그러나 그의 회심은 즉각적인 효과도 있었다. 사울이 변화됨으로 해서 그가 주동하였던 핍박이 끝장나고, 교회는 평화의 시기를 맞게 되었던 것이다.

■ **복습 문제** ■

1. 사울은 회심하기 전에 그리스도에 대하여 어떤 태도를 취했는가?
2. 왜 사울이 다메섹을 향해 갔는가?
3. 다메섹 도상에서 사울에게 무슨 일이 있었는지 상세하게 말해 보라
4. 주님께서 아나니아에게 무슨 지시를 해주셨는가?
5. 이 지시들에 대한 아나니아의 반응에 대해 말해보라.
6. 어떤 목적을 위하여 사울이 회심되었는가?(참조, 행 26:16-18)
7. 아나니아가 사울에게 갔을 때 무슨 일이 일어났는가?
8. 다메섹에서 사울이 무슨 일을 했는가?
9. 그가 한 일에 대한 반응은 어떠했는가?
10. 예루살렘에서 사울에게 무슨 일이 일어났는가?
11. 그의 회심으로 말미암아 교회에 총괄적으로 어떤 효과가 있었는가?

> ■ 더 연구할 문제 ■
>
> 1. 하나님께서는 그가 구원하시는 모든 사람마다 특정한 일을 맡기시는가?
> 2. 사울의 배경은 그가 앞으로 할 일을 위해 그를 어떻게 준비시켜 주었는가?
> 3. "가시채를 뒷발질하기가 네게 고생이니라"(행 26:14)는 말씀은 무슨 뜻인가?
>   어떤 점에서 모든 사람들, 심지어 기독교인들마저도 "가시채를 뒷발질 하는가?"

제5장

다비다야 일어나라
(행 9:32-43)

> ■ 연구 문제 ■
>
> 1. 복음의 권능이 어떻게 계속 나타났는가?
> 2. 베드로가 한 일이 교회 확장에 어떻게 기여한 바 되었는가?

사울의 회심은 예수 그리스도의 교회에 수년 내로 엄청난 효과를 가져다 주도록 되어 있었다. 그러나 다소의 사울이 핍박자에서 전도자로 회심함으로 해서 어떤 일들이 앞으로 있게 될 것인가에 대해 교회로서는 전혀 예상하지 못하고 있었다. 위대한 선교사로서의 생애가 사울 앞에 놓여 있었다. 그러나 교회의 일은 정체되어 있을 수가 없고, 사울이 선교사로 부르심 받을 때를 기다리고 있을 수도 없었다. 그래서 다른 사도들이 그리스도를 위한 그들의 일을 계속했던 것이다. 누가는 이제 우리의 주위를 베드로에게와 그가 유대의 외딴 지방에서 행한 일에 기울이게 하고 있다.

1. 룻다에서의 베드로

스데반의 죽음에 뒤따른 핍박으로 인하여 사도들이 예루살렘을 떠나 피신한 일은 없었다. 그러나 베드로는 (그리고 아마 다른 사도들도) 유대의 다른 지역들의 사람들에게 복음을 전하기 위해 예루살렘을 떠났다. 베드로가 유대의 여러 도시들과 마을들을 두루 다니다가 해안 평야에 위치한 한 도시인 룻다에 이르렀다. 룻다에는 이미 기독교인들이 있었다. 베드로는 불신자들에게 복음을 전할 뿐만 아니라 예수 그리스도의 복음에 대하여 더 많은 것을 이미 믿은 신자들에게 가르쳐 주기 위해서 왔던 것이다.

베드로는 룻다에 있는 동안에, 예수님에 의하여 시작되었고 오순절 이후 즉시로 예루살렘에서 사도들에 의하여 행하여졌던 병 고치는 일을 계속해서 행했다. 교회의 회원이었던 것으로 보이는 애니아라는 사람이 중풍에 걸려 8년 동안이나 침상에 누워 있었다. 베드로가 예수님께서 다른 앉은뱅이들에게 말하셨던 것처럼 말하고서는 일어나 그의 침상을 정돈하라고 명령했다. 예수님께서 나타내 보이셨던 바로 그 권능이 예수님의 종인 베드로에게 임재해 있었다.

그래서 즉시로 애니아가 고침을 받았다. 애니아에게 치유가 필요했기 때문에 베드로가 애니아를 고쳐 주었다. 예수 그리스도의 복음은 사람의 영혼뿐만 아니라 그의 신체에도 영향을 미치는 것이다. 기독신자들의 경우 그들이 부활할 때 죄의 모든 영향들이 제거될 것이며, 그때에 몸들도 전적으로 완전하게 될 것이다. 그러나 하나님께서는 금생에서도 사람들의 죄뿐만 아니라 질병들을 고치시는 일을 하신다. 룻다에 사는 사람들이 이같이 하나님의 권능이 나타난 것을 보자, 그들 중의 많은 사람들은 복음의 진리를 확신하게 되었다. 그들은 주 예수 그리스도께로 돌아와 그 안에서 구원을 찾았다.

2. 욥바에서의 베드로

룻다에서 멀지 않은 곳에 기독교회가 있는 욥바라는 도시가 있었다. 그런데 그 교회에 주 예수 그리스도를 따르고 있다는 것을 행동으로 나타내 보인 다비다(일명 도르가)라는 여자가 있었다. 그녀는 "선행과 구제하는 일이 심히 많았다"(행 9:36). 베드로가 룻다에 있을 때 도르가가 병들어 죽었다. 기독교인들이 그녀의 장례를 준비했다. 한편 룻다로 사람을 보내어 베드로를 오도록 청하였다. 왜 그들이 베드로를 청하였는지 그 이유는 알 길이 없다. 아마도 장례식을 베드로가 치루어 주었으면 해서였던 것 같다.

그가 도착하매 그들은 도르가의 시체가 놓여 있는 방으로 그를 안내했다. 그는 거기서 도르가의 선행으로 말미암아 은혜를 입은 큰 무리의 사람들을 발견했다. 과부들이 그들을 위하여, 도르가가 만들어 준 각종 옷가지들을 그에게 보여 주었다. 유대 장례식의 관례대로 크게 울며 애통해 하였다. 베드로는 장례식을 치루는 대신에 그것을 그만 두게 했다. 그는 모든 사람을 밖으로 내보내고 나서 무릎 꿇고 기도했다.

그리고 나서 도르가에게 일어나라고 명령했다. 다시금 복음의 권능이 나타났다. 죽었던 도르가가 눈을 뜨고 일어나 앉았다. 베드로가 그녀에게 손을 내밀어 그녀를 일으켜 우는 자들에게 그녀를 보여 주었다. 이것은 애니아를 치유한 것보다 훨씬 더 큰 이적이었다. 이것은 사람들의 상상을 초월한 능력의 과시였다. 베드로가 주 예수 그리스도의 이름으로 도르가를 살렸기 때문에 많은 사람들이 그를 믿은 것은 놀라운 일이 아니다.

누가의 말에 따르면, 베드로는 얼마 동안 욥바에 머물면서 무두장이 시몬의 집에서 지냈다. 이것은 베드로에게 일어나고 있던 변화를 보여주고 있다. 유대인들은 무두장이들을 부정(不淨)하다고 생각했다. 그래서 교제하기에 부적합한 것으로 여겼던 것이다. 그러나 베드로는 무두장이의 집에서 지냈던 것이다. 그는 구약의 낡은 의식법(儀式法)이 폐지되었다는 것을 깨닫기 시작하고 있었다. 이같이 하여 그가 고넬료의 집으로 청함을 받았을 때 의식법을 기꺼이 버릴 수 있도록 하나님께서 그의 심령을 준비시키고 있었던 것이다.

■ 복습 문제 ■

1. 어떤 유형의 일에 베드로가 종사했는가?
2. 베드로가 예수님의 모범을 어떻게 따랐는가?
3. 애니아가 고침을 받음으로 해서 사람들에게 어떤 영향이 미쳐졌는가?
4. 왜 욥바로 베드로가 청함을 받았는가?
5. 도르가는 어떤 종류의 사람이었는가?
6. 도르가가 고침 받은 것에 대하여 말해보라.
7. 베드로가 시몬과 함께 지낸 것이 왜 중요한가?

■ 더 연구할 문제 ■

1. 도르가의 경우를 야이로의 딸의 경우와 비교해보라(막 5:35-42).

제6장

고넬료의 집에서
(행 10장)

> ■ 연구 문제 ■
>
> 1. 고넬료와 베드로의 만남을 하나님이 어떻게 주선해 주셨는가?
> 2. 고넬료와 그의 친구들에게 베드로가 복음을 전한 것은 어떤 의의가 있었는가?
> 3. 고넬료와 그의 친구들에게 임한 성령의 은사로부터 베드로와 그의 친구들이 무엇을 배웠는가?

기독교회는 처음에 유대인 중심의 교회였다. 그러나 예수님은 그의 제자들에게 온 세계에 나아가 복음을 전하라는 명령을 주셨다. 그가 제자들을 부르신 것은 세상 끝까지 이르러 그의 증인들이 되게 하기 위함이었다. 그래서 점점 교회가 이 방향으로 움직여 나가고 있었다. 천천히 유대주의 전통의 장벽이 무너져 내리고 있었던 것이다. 그렇지만 교회가 이방인들에게 복음을 전하는 계획을 충분하게 담당하지 못하고 있었다.

바울이 예수 그리스도에 의하여 이 일을 위해 택함을 받았었으나, 시작은 다른 사람들에 의해 되어졌다. 사도행전 10장에는 모든 사람들이 하나님 앞에서 동등하다는 것과 하나님의 구원이 모든 사람에게 확대되어야 한다는 것을 베드로에게 보여 줌으로써 하나님이 어떻게 그 일을 위해 베드로를 준비시키셨는가가 말씀되어 있다.

1. 고넬료

팔레스타인의 해변에 있는 도시인 가이사랴에 고넬료라는 백부장이 주둔하고 있었다. 그가 로마 군대의 관원이었다는 것을 유의하는 것은 중요하다. 이는 로마 군대와 관련된 자들을 유대인들이 미워했기 때문이다. 고넬료는 이방인이었으나, 이교도는 아니었다. 그는 하나님, 곧 이스라엘의 하나님을 사랑했으며, 그에게 기도하였다. 그는 유대 백성들에게 구제와 자비를 베풀어 그의 사랑을 나타냈다.

그러나 그는 개종자가 아니었다. 유대교를 완전히 받아들인 이방인이 아니었다. 그는 유대인이 말하는바 "하나님을 경외하는 자"였다. 즉, 이스라엘의 하나님을 섬기는 이방인이었다. 어느 날 오후 세시 경 고넬료가 기도하고 있을 때 천사가 그에게 나타났다.

이 천사가 그에게 하나님이 그의 기도를 들으시고 그를 받아 주셨다는 것과, 이제 하나님이 그를 더 큰 일을 위하여 인도하려 하고 계신다는 것과, 그가 욥바로 사람을 보내어 무두장이 시몬의 집에 머무르고 있는 베드로를 청해야 한다는 것 등을 말해 주었다. 천사가 떠나자, 고넬료는 천사가 그에게 행하라고 말해 준 것을 즉시로 행하였다. 그는 두 명의 종과 한 명의 군병을 보내어 베드로를 찾아 그를 가이사랴로 모셔 오게 했다.

2. 베드로

다음 날, 베드로를 찾으려 고넬료가 보냈던 사람들이 욥바 가까이 이르렀을 때, 베드로는 고요한 시간에 기도하러 지붕 위로 올라갔다. 정오쯤 그는 배가 고프자 먹을 것을 달라고 부탁했다. 음식이 준비되고 있는 동안, 베드로는 황홀경에 빠졌다. 그는 큰 보자기 같은 어떤 것이 하늘로서 내려오는 것을 보았다. 그것은 모든 종류의 네 발 가진 짐승들과 새들과 기어 다니는 것들로 가득 차 있었다.

그가 이것을 놀라운 눈으로 바라보고 있을 때, 주님 자신의 음성으로 여겨지는 소리가 하늘로서 나서 그것들을 잡아먹으라고 그에게 명했다. 그러나 베드로가 그렇게 행하기를 거부했다. 그의 경우 어느 짐승들을 먹어도 좋은가 하는 것과 어떻게 그것들을 준비할 것인가에 대하여 말하고 있는 구약의 율법들을 거슬러 행하기를 그는 원하지 않았다. 이에 그 음성이 베드로에게 답하기를, "하나님께서 깨끗게 하신 것을 네가 속되다 하지 말라"(행 10:15)고 했다. 이 대화는 지금 말씀되어지고 있는 것의 중요성을 베드로에게 깊이 새겨 주게끔 세 번이나 계속되었다.

그리고 나서 그 그릇이 하늘로 올리어 갔고 베드로는 황홀경에서 깨어났다. 이 환상의 의미를 베드로가 분명하게 깨닫지 못했다. 그래서 예수님이 그에게 말씀해 주고 계시는 것을 이해하려고 그는 그것을 골똘하게 생각했다. 그런데 그가 보고 들은 것을 깊이 묵상하고 있을 때, 고넬료가 보낸 사람들이 그 집에 도착하여 그를 부르며 찾았다. 성령께서 그에게 이 사람들과 함께 갈 것을 말씀하셨다. 그래서 베드로가 그들을 만나기 위해 지붕에서 급히 내려와 그들이 무엇을 원하는가를 그들에게 물었다. 그들이 그에게 말해 주자, 그가 그들을 집 안으로 청하여 환대하였다. 다음날 아침 그는 욥바에 있는 교회의 여섯 형제를 대동하고 그들과 함께 가이사랴를 향하여 떠났다.

3. 고넬료의 집에서

베드로와 그의 동료들이 고넬료의 집에 도착했을 때 고넬료가 그들을 기다리고 있는 것을 발견했다. 베드로가 들어올 때에 고넬료가 즉시 나아가 베드로의 발에 꿇어 엎드려 그를 경배하여 맞이했다. 이에 베드로가 자기를 경배하는 것을 만류하였다. 그는 고넬료에게 일어나라 말하고, 그와 함께 집 안으로 들어갔다. 그 때에 베드로는 그가 말해야 하는 것을 듣기 위해 고넬료가 그 자신의 식구들과 많은 자기 친구들을 모아 놓은 것을 거기서 발견했다.

베드로의 경우 이방인들에 대한 유대인의 편견이 급속도로 사라지고 있었다. 그는 예수님이 "중간에 막힌 담"(엡 2:14)을 허물어 버리셨다는 것을 깨닫기 시작하고 있었던 것이다. 그가 고넬료와 그의 친구들에게 말했다.

> 유대인으로서 이방인을 교제하는 것과 가까이 하는 것이 위법인 줄은 너희도 알거니와 하나님께서 내게 지시하사 아무도 속되다 하거나 깨끗지 않다 하지 말라 하시기로 부름을 사양치 아니하고 왔노라(행 10:28).

베드로는 짐승들에 대한 환상이 음식에만이 아니라 이방인들과의 교제에도 적용된다는 것을 깨달았다. 그가 고넬료에게 왜 자기를 청하였느냐고 물었다. 고넬료는 그가 본 천사의 환상에 대해서 그에게 말하고 나서, 자기와 자기의 친구들이 지금 "주께서 당신에게 명하신 모든 것을 듣고자 하여 다 하나님 앞에 있나이다"(행 10:33)라고 큰 소리로 알리었다. 베드로가 다음과 같이 입을 열어 그의 연설을 시작했다.

> 내가 참으로 하나님은 사람의 외모를 취하지 아니하시고 각 나라 중 하나님을 경외하며 의를 행하는 사람은 하나님이 받으시는 줄 깨달았도다(행 10:34-35).

우리에게는 이 말씀이 아주 당연하게 보이나, 자기네들만이 하나님께 사랑을 받고 있는 것으로 항상 믿고 있었던 유대인들에게는 충격적인 말이었다. 이제 베드로는 그가 보았던 환상이 고넬료와 그의 친구들에게 복음을 전하라는 부르심인 것을 깨달았다.

그래서 그가 그들에게 예수님에 대한 이야기를 들려주었던 것이다. 그는 그들이 예수님에 대하여 들었을 것으로 생각했다. 이는 구주께서 행하신 일들이 "한쪽 구석에서 된" 것이 아니고, 그 일들이 온 팔레스타인 땅에 두루 알려져 있었기 때문이다. 그래서 그는 그의 청중들에게 예수님의 사역과 죽으심과 부활에 대하여 일깨워주고, 그와 다른 제자들이 부활의 목격자들이었다는 것을 일러 주었다. 그들은 부활하신 구주를 보았으며 그와 더불어 음식을 먹기도 했었다.

이제 그리스도의 이름을 믿는 자마다 죄 용서함을 받게끔 그를 증거하도록 그들이 부르심을 받았던 것이다. 베드로의 설교는 주목할 만한 방법으로 끝났다. 아직 그가 말하고 있을 때, 성령께서 고넬료와 그의 친구들 위에 임하였던 것이다. 그들은 베드로의 말씀들을 믿었었다. 그들은 그가 말한 그리스도를 신뢰했으며, 베드로와 다른 유대인 신자들이 오순절에 성령의 은사를 받았었던 것처럼 그들도 그것을 받았다. 성령의 은사는 오순절 이후에 다른 사람들에게 주어진 바 있었다.

예를 들면, 사마리아에서 사도들이 신자들 위에 안수했을 때 그들이 성령을 받았었다. 그러나 여기서는 안수함이 없이 성령께서 이방인 신자들에게 임하였으며, 오순절에 유대인 신자들에게 주어졌던 바로 그 표적들이 이들 이방인들에게 주어졌다. 베드로가 이로 말미암아 크게 감명을 받았다. 그래서 그와 함께 있던 자들에게 다음과 같이 말했다.

> 이 사람들이 우리와 같이 성령을 받았으니 누가 능히 물로 세례 줌을 금하리요
> (행 10:47).

그는 고넬료와 그의 친구들에게 세례를 주라고 명령했다. 이 세례는 이

방인들이 예수 그리스도의 교회 안으로 받아들여졌음을 의미했다. 그들은 유대인 신자들과 동등한 위치에 놓여졌다. 고넬료가 베드로와 그의 친구들에게 청하여 그가 주 예수 그리스도에 대하여 더 많이 배울 수 있게 며칠 동안 자기와 함께 머물러 달라고 했다. 이전 같으면 베드로가 이방인과 함께 머무르려 하지 않았을 것이나, 지금은 고넬료의 청을 받아들였다. 유대인과 이방인 간의 담벽이 그리스도의 복음으로 말미암아 무너진 것이다.

■ **복습 문제** ■

1. 고넬료의 신분에 대해 말하라.
2. 고넬료가 본 환상을 말해보라.
3. 베드로는 무슨 환상을 보았는가?
4. 성령께서 어떻게 베드로를 도와 그 환상의 의미를 이해하게 해주었는가?
5. 어떻게 고넬료가 베드로를 맞이했는가?
6. 복음에 관한 어떤 통찰력을 베드로가 그의 환상을 통해서 받았는가?
7. 고넬료의 집에서 행한 베드로의 설교를 요약해서 말해보라.
8. 베드로가 기도한 후에 무슨 일이 일어났는가?

■ 더 연구할 문제 ■

1. 마가복음 7:14-23에 있는 예수님의 말씀은 베드로가 본 환상을 이해하는 데 있어서 그에게 어떻게 도움이 되었는가?
2. 오순절에 있은 성령 부음을 고넬료의 집에서 있은 성령 부어 주심과 비교하라.
3. 본 장은 그리스도의 증인들로서의 우리의 책임에 대하여 무엇을 가르쳐주고 있는가?

제7장

이방인에게도
(행 11:1-30)

> ■ 연구 문제 ■
>
> 1. 왜 베드로가 가이사랴에서의 그의 행동들에 대하여 설명해야 했는가?
> 2. 안디옥 교회가 왜 중요했는가?
> 3. 교회의 일치가 어떻게 드러났는가?

이방인인 고넬료의 회심은 초대교회의 발전 과정에서 거보적(巨步的) 진전이었다. 교회는 한 유대 분파로 남아 있을 수가 없었고, 그 범위가 세계적인 것이 되어야 했다. 고넬료의 회심의 의의가 본 장에 나타나 있다. 고넬료에 대한 이야기는 베드로가 자기의 동료 사도들 앞에서 자기의 행동들을 설명하는 때에 다시 말씀되어져 있는데, 이 같은 형태의 반복은 그 사건이 크게 주목할 가치가 있을 때만이 있는 것이다. 고넬료를 교회 안으로 받아들인 사건은 더욱 중요한 사건을(안디옥에 이방인 교회를 세우는 것) 위한 길을 예비하였다.

1. 베드로의 설명

고넬료와 그의 가족이 회심한 것을 모든 신자들이 알게 되는 때 그를 모두가 기뻐할 것으로 우리는 생각할 수가 있다. 그러나 이방인들에 대한 유대인의 편견은 너무나 심하여서 그렇게 기뻐할 수가 없었다. 기뻐하는 대신에 몇몇 유대인 신자들은 모세의 율법을 범하였다는 죄로 베드로를 비난하였다. 아마도 그들은 앞으로 무슨 일이 일어날 것으로 걱정했던 것 같다. 만일 베드로가 모세의 율법을 무시한 것이 알려지게 되는 날에는 신자들이 유대인들에게 핍박받을 것이 거의 확실하였던 것이다.

그래서 베드로가 예루살렘에 이르렀을 때 그를 항의하는 사람들이 있었던 것이다. "네가 무할례자의 집에 들어가 함께 먹었다"(행 11:2)라고 힐난했다. 이에 베드로는 그에게 일어났던 일들을 정확하게 그 힐난하는 자들에게 말하여 줌으로써 응수했다. 그는 먼저 그가 욥바에 있을 때 보았던 환상으로 시작하여, 고넬료의 집으로 가게 된 경위를 말하고, 그리고 나서 성령이 이방인들에게 어떻게 임하였는가를 진술함으로 그의 설명을 끝맺었다.

베드로가 고넬료의 집에 그를 동행한 여섯 사람들을 데리고 왔는데, 그들이 그의 진술을 뒷받침해 주었다. 그래서 베드로가 묻기를, "그런즉 하나님이 우리가 주 예수 그리스도를 믿을 때에 주신 것과 같은 선물을 저희에게도 주셨으니 내가 누구관대 하나님을 능히 막겠느냐?"(행 11:17)고 하자, 그의 말을 듣던 자들이 그를 인정했다. 이제 베드로와 다투는 대신에, 하나님이 이방인들에게도 영생을 허락하셨기 때문에 그들도 그와 더불어 하나님께 영광을 돌렸다.

2. 안디옥

사도행전 11:19에서 누가는 사도행전 8:4의 말씀, "그 흩어진 사람들이"를 반복하고 있다. 이는 곧 안디옥의 복음화가 스데반을 돌로 쳐 죽인 것에 뒤따른 핍박으로 인한 또 하나의 결과이었음을 의미한다. 기독교인들이 흩어짐으로 해서 복음이 유대와 사마리아로 뿐만 아니라 이방인들의 땅끝으로도 전해졌다. 흩어진 제자들의 공통된 관심사는 복음을 유대인들에게 전하는 것이었다. 여기에는 개종자들 또는 "하나님을 경외하는 자들"이었던 이방인들도 포함되었을 것이다.

그러나 안디옥에서 어떤 제자들이 과감하게 새로운 접근을 시도했다. 만일 복음이 유대인들에게 하나님의 구원하는 능력이었다고 한다면, 왜 이방인들에게는 아니었겠는가?

그래서 그들은 예수님에 대하여 안디옥의 이교도들에게 전하였다. 그 반응은 놀라웠다.

> 수다한 사람이 믿고 주께 돌아오더라(행 11:21).

복음의 메시지가 이교도의 굶주린 심령들의 깊은 갈망들을 만족시켜 주었던 것이다. 이 같은 과감한 시도에 대한 소식이 예루살렘에 전해지자, 사도들은 안디옥의 상황을 조사하기 위해 사람을 보내기로 결정했다. 하나님의 선하신 섭리로 그들은 적합한 사람을 선택했다. 그 이름이 "권위자"(勸慰子)를 뜻하는 바나바는 그 이름에 합당하게 살았다. 그는 그리스도의 대의(大義)가 이같이 진전되는 것을 보고서 기뻐하고 새로운 제자들에게 권하여 주님께 충실하라고 했다. 안디옥에서의 복음 사역은 크게 발전하였다. 더 많은 이방인들이 기독교인들이 되었다.

그래서 바나바는 그에게 도움이 필요하다는 것을 깨닫기 시작했다. 그는 개종한 핍박자 사울을 기억하고 직접 다소로 찾아가 그를 안디옥으로 데리고 왔다. 두 사람이 함께 안디옥에서 일 년간 일하면서 갓 태어난 교회를 지도하고 그리스도의 복음을 전했다. 이 때에 안디옥 사람들에 의하여 '그리스도인'이라는 별명이 붙여졌다. 즉, 신자들이 그리스도인 곧 그리스도의 사람들로 알려지게 되었던 것이다. 이보다 더 좋은 별명은 붙여질 수 없었을 것이다. 그러기에 여러 세기가 지난 후에도 그리스도를 따르는 자들이 그리스도인으로 알려지는 것을 여전히 기뻐하고 있다.

3. 예루살렘을 위한 부조(扶助)

바나바와 사울이 안디옥에서 일하고 있었을 때, 그들은 예루살렘에서 온 선지자들의 도움을 받고 있었다. 이 선지자들은 하나님에 의해 영감을 받았으며 그래서 하나님의 뜻을 그리스도인들에게 계시해 주었다. 여기서 초대 기독교인들이 신약을 갖고 있지 않았다는 점을 기억하라. 그러기에 그들은 하나님의 특별한 지시를 필요로 했던 것이다. 그때에 아가보라는 한 선지자가 크게 흉년이 들리라고 예언했다.

이 같은 흉년은 글라우디오가 통치하던 때에 있었으며, 그 당시의 몇몇 저술가들에 의해 그것이 언급되어 있다. 안디옥교회가 이 같은 기근이 있으리라는 예언의 말씀을 듣자, 즉시로 유대에 사는 기독교인들에게 부조를 보낼 계획을 세웠다.

그들이 왜 이같이 했는가?

첫째, 예루살렘 교회에 많은 가난한 사람들이 있었고, 그들이 흉년 들면 가장 심하게 고통당할 것이었기 때문이다.

둘째, 유대에 사는 그리스도인들이 유대인 지도자들에 의하여 핍박을 받고 있으므로 해서, 그들의 경우 궁핍할 때 유대인들로부터 아무런 도움도 기대할 수 없었기 때문이다.

셋째, 안디옥의 이방인들이 예루살렘의 유대인 그리스도인들에게 이 같은 부조금을 보내는 것은 사랑과 일치의 증표로서, 복음이 편견의 장벽을 무너뜨렸었기 때문이다.

넷째, 이 부조가 안디옥이 예루살렘으로부터 받았던 신령한 선물에 대하여 물질로 나타내는 감사의 표시였기 때문이다.

■ 복습 문제 ■

1. 베드로가 예루살렘으로 되돌아왔을 때 어떤 힐난을 받았는가? 베드로는 자기의 행동을 어떻게 설명해 주었는가?
2. 베드로의 설명이 있고 나서 어떤 결과가 나타났는가?
3. 안디옥에서의 제자들의 증거는 어떤 점에서 특이했는가? 왜 바나바를 안디옥에 보냈는가?
4. 왜 사울이 안디옥으로 오게 되었는가?
5. 유대에 있는 교회가 어떤 위협에 직면하게 되었는가?
6. 왜 안디옥 교회가 예루살렘 교회를 도와주었는가?
7. 본 장에 나오는 사건들이 갖고 있는 의의는 무엇인가?

■ 더 연구할 문제 ■

1. 왜 바나바는 사울이 안디옥에서 자기를 도울 수 있는 사람이라고 생각했는가?
2. 1장을 배경으로 하여, 안디옥에 있는 이방인들이 복음을 그처럼 기쁘게 받아들인 이유를 설명하라.
3. "그리스도인"이라는 용어가 오늘날 어떤 방면으로 사용되고 있는지 그 실례를 몇 가지 열거해 보라.

제8장

헤롯의 손에서 벗어나다
(행 12:1-24)

■ 연구 문제 ■

1. 왜 헤롯이 사도들을 핍박하기 시작했는가?
2. 어떻게 베드로가 감옥에서 구조되었는가?
3. 어떻게 헤롯이 형벌 받았는가?

　사도행전 8-12장은 사도행전을 크게 셋으로 구분할 때 둘째 부분을 이루고 있다. 이 부분은 유대와 사마리아에서 복음이 전파된 것을 다루고 있으며, 유대인 교회에서 이방인 교회로의 전환을 소개하고 있다. 우리는 지금까지 복음이 사마리아인들과, 에티오피아인 개종자와, 로마 백부장과, 안디옥의 이방인들에게 확대 전파된 것을 보아왔다. 겉으로 보기에는 지금 공부하고자 하는 8장이 복음 사역의 전환에 전혀 기여하고 있지 않은 것처럼 보일지 모르나, 실제로는 기여하고 있다.

　복음의 확산에 대해서는 전혀 아무것도 여기에서 언급된 바 없지만, 낡은 유대 종교에 유대인 기독교인들이 얽매어 있다가 어떻게 이제 풀려나고 있는가를 볼 수가 있다.

1. 핍박

　스데반의 순교 시에 시작되었다가 사울이 회심함으로 해서 끝난 핍박 뒤에는 잠시 평화로운 때가 있었다. 그러나 A.D. 44년에 그리스도인들에 대한 새로운 핍박이 헤롯 아그립바 1세에 의하여 시작되었다. 그는 팔레스타인 전역을 지배하는 왕이었다. 이 핍박은 이전의 핍박과 차이가 있었는데, 전에 핍박이 있었을 때에는 헬라파 기독교인들은 피신해야 했지만 사도들은 예루살렘에 남아있을 수가 있었다. 그런데 이번 핍박 시에는 사도들이 주요 표적이었다. 세베대의 아들 야고보가 헤롯에 의하여 체포되어 목 베임 당했다.

> 유대인들이 이 일을 기뻐하는 것을 보고 베드로도 잡으려 할새 때는 무교절일이라(행 12:3).

　왜 이 같은 처형으로 말미암아 유대인들이 기뻐했는가?
　앞서 우리가 공부한대로는 유대 백성들이 기독교인들을 아주 좋게 생각했었다. 그러나 세월이 흐름에 따라 오순절 당시에 있었던 이적들을 백성들이 잊어갔다. 그리고 베드로가 실제로 이방인들과 함께 먹은 소문이 예루살렘에 온통 퍼짐에 따라 유대 백성들은 기독교인들을 점점 적대시하였다. 베드로가 투옥되어 로마 군병들이 그를 견고하게 파수했다. 그는 그의 생애의 마지막이라고 생각되는 밤에, 그의 옆구리를 치는 손길과 일어나라고 하는 음성을 따라 깨어났다. 한 천사가 베드로 곁에 서 있었다.

천사의 지시를 좇아 베드로는 옥문을 통과하여 거리로 나왔다. 그는 그가 꿈을 꾸고 있다고 생각했다. 그러나 천사가 사라지자, 베드로는 그가 실제로 자유로운 몸이 된 것을 깨달았다. 그는 곧바로 기독교인들이 자기를 위해 기도하고 있는 집으로 달려가, 하나님이 그들의 기도를 들으신 것을 보여 주었다. 그리고 나서 예루살렘을 떠나 더 안전한 곳으로 갔다. 여기서 유의할 것이 있다. 제자들이 감옥에서 놓여 성전으로 되돌아가 복음을 전하라는 명령을 받았을 때에(행 5장) 그들은 그렇게 했다.

그러나 이번 경우에는 베드로가 예루살렘에 머무름으로 해서 자기의 생명을 어리석게 걸지 않았다. 하나님께서 특별하게 지시한 것이 없었기 때문에 그는 그의 상식을 따라 그 성을 떠났던 것이다.

2. 헤롯

베드로가 도피한 사실이 드러나자, 헤롯의 진노는 파수꾼들에게 퍼부어졌다. 왕은 베드로가 도피할 수 있도록 내부에서 도와 준 것으로 생각했던 것 같다. 파수꾼들이 밖으로 끌려 나가 죽임을 당했다. 그들은 헤롯이 베드로에게 내리려고 계획해 놓았던 바로 그 형벌을 당했던 것으로 보인다. 누가가 우리를 위하여 헤롯의 죽음에 대한 이야기를 기록해 놓았다. 왕이 하나님의 교회를 적대하여 핍박했을 뿐만 아니라, 참람하게 행하였다. 두로와 시돈에서 온 사신들이 왕의 은혜를 다시 얻고자 갈망하여 그를 하나님 모시듯 환호하였다.

이 환호를 헤롯은 만류하려 하지 않고 받아들였다. 그래서 하나님이 그를 벌하여 곧 죽게 했던 것이다. 헤롯이 어떤 종류의 죽음을 죽었는가 하는 것은 유대인 역사가 요세푸스에 의하여 확증되어 있다. 요세푸스는 누가보다 훨씬 더 상세하게 헤롯의 죽음을 기록해 놓았다. 그러나 두 기록이 근본적으로는 서로 일치하고 있다. 누가는 요세퍼스가 언급하지 않은 어떤 것을 첨가하였다.

즉, 누가는 헤롯의 죽음이 그의 불경건으로 인하여 하나님이 그에게 내린 형벌이라는 것을 정확하게 지적했다. 헤롯의 죽음에 대한 이 이야기가 베드로의 놓임에 대한 이야기와 나란히 배열되어 있으므로 해서, 하나님이 자기 백성은 구원하시되 자기의 원수들은 벌하신다는 것을 우리가 분명하게 알 수 있게 되어 있다.

■ **복습 문제** ■

1. 본 장에 언급되어 있는 사건들은 기독교회가 이방인 교회로 전환되는 것을 어떻게 진전시켰는가?
2. 헤롯이 교회를 어떻게 핍박했는가?
3. 헤롯의 핍박은 어떤 점에서 앞서의 핍박과 달랐는가?
4. 예루살렘 교회는 베드로가 투옥되자 어떻게 했는가?
5. 베드로가 감옥에서 풀려난 경위를 말해보라.
6. 베드로가 마리아의 집에 도착했을 때 무슨 일이 있었는가?
7. 베드로가 탈옥한 것을 헤롯이 알게 되었을 때 그는 어떻게 했는가?
8. 헤롯이 어떻게 죽었는가?
9. 왜 누가가 헤롯의 죽음에 대한 이야기를 기록해 놓았는가?

■ 더 연구할 문제 ■

1. 야고보가 살해되고 베드로는 구원 받은 사실에서 무엇을 배울 수 있는가?
2. 헤롯 아그립바 1세란 누구인가? 다른 헤롯 왕들과 어떻게 관련되어 있으며, 그는 어떻게 그의 왕국을 얻었는가?

제2부 • 그리스도의 사역의 확대

제9장

바나바와 사울을 따로 세우라
(행 12:25-13:12)

> ■ 연구 문제 ■
>
> 1. 사도행전의 마지막 부분(13-28장)은 어떤 중요성이 있는가?
> 2. 이방 선교 사역이 어떻게 시작되었는가?
> 3. 성령의 권능이 어떻게 나타났는가?

본 장을 기점으로 하여, 사도행전 1:8에서 누가가 개설한대로, 사도행전의 셋째 즉 마지막 부분을 다루게 된다. 우리는 지금까지 복음이 어떻게 먼저 예루살렘에서, 그리고 나서 온 유대와 사마리아에서 전파되었는가를 공부해 왔다. 이제 누가는 복음이 땅 끝까지 전파되어 가는 과정을 소개하고 있다.

1. 예루살렘에서 돌아옴

바나바와 사울이 흉년 구제를 위해 모금된 돈을 예루살렘 교회에 전달하도록 안디옥 교회에 의해 택함 받았었다. 거기서 그 돈을 장로들에게 전해 주도록 되어 있었다. 이 일이 A.D. 46년에 되어졌는데, 이것은 베드로가 피신한 것과 헤롯이 죽은 후 약 5년이 지나서였다. 그러므로 안디옥 교회가 예루살렘의 기독교인들에게 적절한 도움을 줄 수 있기 위해서 상당 기간 동안 돈을 모금하였던 것이다. 사도행전 11:30의 말씀에서 예루살렘 교회 안에서 일어났던 변화에 대하여 알 수가 있다. 처음에 교회의 유일한 직원들이라고는 사도들뿐이었다.

그 다음에 과부들에게 주어지는 구제금을 관리하기 위해 집사들이 선택되었다. 그런데 이제는 교회의 치리자들로 보이는 장로들에 대하여 본문이 언급하고 있음을 본다. 이로 보건대 교회 정치가 증가되어 가는 많은 수의 그리스도인들의 필요에 응하기 위해서 발전되었던 것이다. 이때까지 해서 예루살렘 교회가 유대인들의 회당으로부터 완전히 분리되었다. 바나바와 사울은 맡은바 일을 마친 후에 안디옥으로 되돌아왔다. 그들은 바나바의 생질인 요한 마가를 데리고 왔었다.

요한의 어머니는 상당히 오래 믿어 온 터였다. 베드로가 놓임을 받았을 때 그리스도인들이 그녀의 집에서 기도하고 있었으며, 그래서 베드로는 그들을 찾아 그곳으로 왔던 것이다. 요한 마가는 아마도 마가복음 14:51-52에 언급되어 있는 청년인 듯하다. 그는 예수님을 잡으러 온 자들이 자기를 잡자 옷을 벗어 던진 채 어둠 속으로 도망쳤었다. 또한 예수님이 성찬을 제정하신 그 다락방이 요한 마가의 어머니의 집이었던 것으로 주장되어 왔다. 그러나 이것은 증명될 수가 없다.

2. 성령에 의해 부름 받음

이때까지 해서는 안디옥교회에 많은 수의 선지자들과 교사들이 있었다. 이 사람들이 교회 안에서 함께 일하며 하나님의 말씀에 진력하였다. 그들이 그들의 일에 전심전력 하였다고 하는 것은 그들이 하나님의 일에 집중할 수 있기 위하여 먹는 것과 마시는 것을 제한하여 금식했다는 사실에서 찾아볼 수 있다. 그들이 금식하며 주를 섬길 때에, "성령이 가라사대 내가 불러 시키는 일을 위하여 바나바와 사울을 따로 세우라"(행 13:2)고 하셨다. 성령께서 선지자들 중의 한 사람에게 말씀하시고, 그리고 나서 그 선지자가 다른 사람들에게 성령이 주신 메시지를 전달하였을지도 모른다. 새로운 직무를 위하여 바나바와 사울을 이같이 특별히 부르심으로 해서 새롭게 금식하며 기도할 필요가 있게 되었다.

그리고 나서 선지자들과 교사들이 떠나는 두 사람 위에 안수하였다. 이 안수는 안디옥 교회가 바나바와 사울을 그들의 대표로 보내고 있다는 표시였다. 비록 교회가 그들을 보냈지만, 그들을 택하시고 부르신 것은 사실 성령이셨다. 하나님의 성령은 일반적으로 예수 그리스도의 교회를 통해서 일하신다.

3. 새 일터

바나바와 사울은 그들이 무엇을 해야 할 것인가를 알고 있었다. 그들을 부르셨던 바로 그 성령께서 그들의 여행 중에 그들을 또한 인도하셨다. 그들은 안디옥의 항구인 실루기아로 가서, 배를 타고 바나바의 고향섬인 구브로로 갔다. 구브로에는 복음이 알려져 있었다. 안디옥에 복음을 전한 바로 그 흩어진 제자들이 구브로에도 전했던 것이다(행 11:19). 처음에 안디옥에 있는 이방인들에게 복음을 전한 제자들은 구브로와 구레네 출신들이었다.

그러나 그 섬에는 아직도 해야 할 일이 많이 있었다. 그래서 바나바와 사울이 섬 이쪽 끝에서 저쪽 끝까지 복음을 전했다. 바나바와 사울은 그들의 사역 초기에 바울이 후에 말한바, 첫째는 유대인에게요(롬 1:16)라는 원칙을 채택했다. 그들은 살라미에서 회당에 들어가 거기서 예배하는 유대인들에게 전하였다. 그들이 무엇을 전했는가에 대해서는 아무런 기록이 없지만은, 사도행전에 있는 다른 실례들과 아마도 거의 흡사했을 것이다. 그들은 예수님에 대한 이야기, 특히 그의 죽으심과 부활에 대하여 말했으며, 이것이 구약의 성취라는 것을 밝혀 주었다. 그들이 조력자(助力者)로 대동했던 요한 마가는 크게 도움을 주었을 것으로 생각된다.

예수님께서 십자가에 못 박히시고 부활하시던 때에 그가 예루살렘에 살고 있었기 때문에, 그는 그 자신의 경험에 비추어 예수님의 생애에 대해 상세한 것들을 그들에게 제공해 줄 수가 있었다.

4. 박수 엘루마

그 선교팀이 그 섬을 동에서 서로 횡단하여, 구브로의 로마 총독이 살고 있는 도시인 바보에 이르렀다. 총독 서기오 바울이 바나바와 사울을 그 앞으로 불러 그들이 가르치는 것을 듣고자 했다. 그는 그리스도의 복음에 감명 받았다. 이로 인하여 총독부에 전속된 유대인 박수 엘루마가 자기의 지위를 염려하게 되었다. 만일 서기오 바울이 복음을 받아들일 것 같으면 그 자신의 영향력이 약해질 것을 깨닫고서, 그는 총독이 믿음을 갖지 못하게 하려고 훼방 놓았다. 이 때까지에는 바나바가 선교 팀의 지도자였었다.

그러나 이제는 사울이 앞에 나서서 엘루마가 주님의 일을 훼방하려는 것을 인하여 그를 책망하였다. 엘루마는 유대인이었기 때문에, 그가 구약을 알고, 참되시고 살아 계시는 하나님에 대해 알고 있으면서도 하나님을 떠나 거짓 종교를 섬기고 있었다. 그래서 바울이 말했다.

보라 이제 주의 손이 네 위에 있으니 네가 소경이 되어 얼마 동안 해를 보지 못하리라(행 13:11).

바울은 그 자신의 체험에 비추어 육신적 눈멈이 영적 광명으로 인도할 수 있다는 것을 알고 있었다. 바울은 또한 그가 이렇게 말할 때 하나님의 인도를 받고 있었다. 이는 즉시로 그가 한 말이 사실로 나타났기 때문이다. 이를 보고 있던 총독이 놀랬다. 하나님의 권능이 이같이 나타나자 그는 듣고 감명 받는 데서 진일보하여 확신하고 믿는 자가 되었다. 선교사들의 일을 훼방하려던 사탄의 시도가 변하여 그리스도의 복음을 위하는 감격적인 승리가 되었다.

■ 복습 문제 ■

1. 왜 바나바와 사울이 예루살렘으로 보내졌는가?
2. 예루살렘 교회에 어떠한 변화들이 일어났었는가?
3. 바나바와 사울과 함께 안디옥으로 돌아온 청년에 대하여 말해보라.
4. 사울의 첫 번째 선교 여행이 어떻게 해서 이루어졌는가?
5. 성령의 사역과 인간의 사역이 여기서 어떻게 얽히어 있는가를 설명하라.
6. 바나바와 사울은 선교 사역을 함에 있어서 어떤 원칙을 따랐는가?
7. 요한 마가가 바나바와 사울에게 어떤 점에 크게 유익이 되었는가?
8. 왜 바나바와 사울이 엘루마와 충돌하게 되었는가?
9. 엘루마를 어떻게 다루었는가?
10. 엘루마가 벌을 받음으로 해서 어떤 결과가 나타났는가?

■ 더 연구할 문제 ■

1. 본문에서 금식에 대한 말씀에 유의하라. 오늘날 금식이 필요한가? 그리고 그것은 지혜로운 일인가?
2. 어떤 사람에게 그리스도에 대하여 증거하는데, 다른 사람이 훼방 놓으려고 하는 경우 어떻게 하겠는가?
3. 바울의 첫 번째 선교 여행 지도를 만들어보라. 중요한 사건이 일어난 곳마다 그 사건을 나타내는 그림을 그려보라. 이 그림들이 그 사건들을 마음에 새기는데 크게 도움을 줄 것이다.

제10장

우리가 이방인에게로 향하노라
(행 13:13-52)

> ■ 연구 문제 ■
>
> 1. 선교사들이 구브로를 떠난 때에 어떤 변화들이 일어났는가?
> 2. 바울이 어떻게 비시디아의 안디옥에서 유대인들에게 예수님을 소개했는가?
> 3. 안디옥에서 선교한 결과가 어떻게 되었는가?

　서기오 바울이 회심한 후에, 선교팀은 과감하게 새로운 발걸음을 내디뎠다. 구브로는 그들이 도착하기 전에 이미 복음에 접촉되어 있었다. 그러나 이제 그들은 구브로를 떠나 그리스도의 복음이 전혀 전파되지 않은 지역에 들어갔다.

1. 버가

구브로에서 약 175마일 북쪽으로 배를 타고 소아시아(지금 터키)에 이르러 버가에서 착륙했다. 그들의 여행의 이 첫 발걸음은 한두 가지 이유로 주목할 만하다. 이미 언급한대로, 그들은 새로운 지역에 들어서고 있었다. 그리고 이 때로부터 선교팀의 리더십이 바나바에서 바울에게로 옮아가기 시작했다. 지금까지는 누가가 "바나바와 사울"이라고 말해 왔지만, 이제는 그가 바울과 그의 일행에 대해서 말할 때 바울을 먼저 언급한다. 버가에서 요한 마가가 그들을 떠나 예루살렘으로 되돌아갔다.

그가 왜 그랬는지 그 이유는 알 수가 없으나, 바울은 그것을 분명히 탈주(脫走)로 간주했다(행 15:38). 선교사들이 버가에서는 복음을 전하지 않은 것이 분명하다. 그러나 소아시아에서 그들의 사역을 시작하기 위해 그들은 그곳에서 비시디아 안디옥으로 갔다.

2. 안디옥 회당

구브로에서 시작된 관례를 좇아 바울과 바나바가 안식일에 유대인 회당에 갔다. 회당들은 오히려 자유로운 형태의 예배를 드렸다. 성경 말씀을 읽은 후에, 회당장이 참석한 유대인들에게 권하여 권면의 말을 회중에게 주게 하는 것이 관례였다. 이 제안에 바울은 기꺼이 응하여 거기에 모인 유대인들과 하나님을 경외하는 이방인들에게 복음을 전했다. 이 때에 바울의 설교는 오순절 날 베드로가 한 설교와 비슷했다. 유대인들에게 설교할 때는 사도들이 일반적으로 십중팔구 다음과 같은 양식을 따라 설교했던 것 같다.

우선 먼저 구약 시대에서의 하나님의 구원하시는 행위들을 회고했다. 즉, 이스라엘의 선택, 출애굽, 이스라엘의 가나안 정착, 통치하는 왕들의 규례와 다윗 때에 그것이 절정에 이른 것 등을 먼저 서두로 꺼냈다. 이같이 회고하고 나서 바울은 다윗의 자손이요, 하나님께서 약속하셨던 구주이신 예수님에게로 직접 뛰어넘어 갔다. 그는 그의 길이 세례 요한에 의하여 예비된 분이셨다.

비록 그가 유대인 통치자들에게 의하여 버림을 받아 나무 위에서 죽임을 당했지만, 하나님이 그를 죽은 자 가운데서 일으켜 그가 사신 것을 제자들에게 보이셨다. 그리고 나서 바울은 한걸음 더 나아가 이것이 구약의 예언들과 일치하고 있다는 것을 밝혔다. 그리스도의 죽음과 부활을 통하여 사람들이 그들의 모든 죄에서 의롭다함을 받을 수가 있으며, 모세의 율법으로는 이것이 되어질 수가 없었던 것이다. 바울은 복음을 전하고서는 청중들 중의 몇몇이 그 메시지를 받아들이려 하지 않을 것으로 생각했을지도 모른다.

왜냐하면 그가 그 메시지를 끝맺을 때에 불신앙의 위험에 대하여 선지자들의 말씀을 빌려 경고했기 때문이다. 그러나 대체적인 반응은 아주 좋았다. 많은 유대인들과 헬라인들이 예배를 필한 후에 선교사들의 주위에 모여 예수님에 대하여 더 많이 배우고자 했다. 바울과 바나바에게 다음 안식일에도 다시 이 말씀을 해주기를 일반적으로 바라고 있었던 것이다.

3. 다음 안식일

그 주간에 새로운 메시지에 대한 소문이 안디옥에 온통 퍼졌다. 다음 안식일 날 유대인들은 회당에서 큰 무리의 이방인들을 보고서 놀랬다. 그들은 크게 기뻐했어야 할 것이었으나, 시기심에 사로잡히고 말았다. 이 안식일에는 유대인들이 바울의 설교를 조용하게 듣지 않았다. 그들은 그를 반박하고 기독교의 복음을 비방하였다. 이 같은 반항에 대하여 바울과 바나바가 담대하게 다음과 같이 대답해 주었다.

> 하나님의 말씀을 마땅히 먼저 너희에게 전할 것이로되 너희가 나를 버리고 영생 얻음에 합당치 않은 자로 자처하기로 우리가 이방인에게로 향하노라(행 13:46).

그들은 이대로 행하였다. 그리고 이방인들은 기쁨으로 하나님의 은혜의 메시지를 받아들였다. 하나님께서 영생을 주시기 위해 선택하셨던 사람들은 믿음으로 응답하였다. 그들은 그리스도를 받아들였을 뿐만 아니라, 전 지역에 걸쳐 복음의 메시지를 전파했다. 이방인들이 복음을 받아들이자 유대인들은 더욱더 화가 났다. 이들 이방인들은 대부분 유대교에 관심이 있었던 사람들이었던 것이다. 그래서 그들의 경우 개종하여 회당에 가입할 가망이 조금씩은 있었다.

그런데 그들을 이 떠돌이 전도자들이 쓸어가 버린 것이다. 그래서 유대인들이 바울과 바나바를 크게 핍박하여 사도들을 그 도시에서 내쫓아 버렸던 것이다. 이 핍박으로 말미암아 새로 믿기로 회심한 자들이 다소간은 영향을 받았을 것이 틀림없으나, 그들을 낙심시키지는 못했다. 그들은 "기쁨과 성령이 충만했다"(행 13:52).

■ 복습 문제 ■

1. 버가에서 무슨 일이 있었는가?
2. 바울과 바나바가 그들의 선교 사업을 안디옥에서 어떻게 시작했는가?
3. 바울의 설교의 주요점은 무엇인가?
4. 바울의 설교 개요를 말하라.
5. 바울이 그의 설교에서 예수님에 대하여 한 말들을 모두 열거해보라.
6. 설교에 대한 반응은 어떠했는가?
7. 유대인들의 태도가 왜 바뀌었는가?
8. 유대인들이 복음을 거부했을 때 선교사들은 어떻게 했는가?
9. 어느 정도로 복음이 안디옥에서 효과를 냈는가?
10. 왜 바울과 바나바가 안디옥을 떠났는가?

■ 더 연구할 문제 ■

1. 바울의 여행 지도를 놓고, 버가와 안디옥에서의 사건들을 표기하라.
2. 어떤 상황 아래서 핍박을 피하는 것이 옳은가?
3. 바울이 이방인들에게로 향했을 때 선교 사업의 어떤 원칙을 그가 따랐는가?

제11장

신들이 내려 오셨다
(행 14장)

> ■ 연구 문제 ■
>
> 1. 소아시아에서 복음이 어떻게 받아 들여졌는가?
> 2. 사도들이 어떤 핍박들을 받게 되었는가?
> 3. 바울과 바나바가 어떻게 회심자들을 보살폈는가?

　소아시아에서의 복음의 첫 번째 전파는 성공이었다. 안디옥에서 많은 사람들이 믿었다. 그렇지만 십자가를 인하여 넘어지는 자들이 있었다. 대부분 유대인들은 복음을 반대하고 바울과 바나바를 적대하여 심하게 핍박을 선동하였기 때문에 그들이 그 성을 떠나지 않을 수가 없었다.

1. 이고니온

사도들은 동쪽으로 여행하여 이고니온에 이르러 다시금 회당에 들어가 복음을 전하자 주님께서 그들의 사역을 축복하심으로 해서 많은 유대인들과 헬라인들이 믿었다. 이에 믿지 않는 유대인들이 말썽을 일으켰다. 그러나 이 같은 핍박에도 불구하고 사도들은 이고니온에서 계속 복음을 전했다. 주님께서는 그들이 그곳에서 이적들을 행할 수 있게 하시어 그들을 축복해 주셨다. 그래서 그들의 하는 일이 아주 성공적이었던 것으로 보인다.

그러나 복음을 받아들이려 하지 않던 유대인들이 계속 말썽을 일으킴으로 해서 마침내 그 도시가 사도들을 믿는 자들과 그들을 대적하는 자들로 나뉘었다. 관원들은 믿지 않는 유대인들에게 영향을 받아 사도들을 돌로 치려는 계획에 찬동하였다. 그러나 바울과 바나바는 그 음모를 알고 그들을 살해하려 하기 전에 그 도시를 떠났다.

2. 루스드라

이고니온에서 선교사들은 경계선을 넘어 루가오니아 지방으로 갔다. 그 지방의 여러 도시들과 주변 마을들에서 복음을 전했다. 그들의 하는 일의 대부분은 도시들에서, 특히 루스드라에서 되어졌다. 바울과 바나바가 루스드라에서 얼마동안 복음을 전한 후에, 그들은 예루살렘에서 베드로와 요한에 의하여 된 것과 유사한 이적(행 3장)을 행하였다. 성령의 특별한 권능에 의하여 바울은 나면서부터 앉은뱅이였던 그 사람의 마음을 이해할 수 있었다. 그는 그 사람이 영적으로 뿐만 아니라 신체적으로 온전케 될 수 있는 믿음을 갖고 있음을 알았다.

이적은 하나님이 초자연적으로 하시는 사역이나, 사람들이 믿지 않는 때에는 거의 행하여지지 않는다. 그런 까닭에 병 고침의 이적들이 구원과 아주 밀접하게 관련되어 있었던 것이다. 즉, 믿음의 은사(선물)가 병 고침과 구원에 다 필요했던 것이다. 청중의 반응은 전형적으로 이교도적이었다. 그들의 생각에 바울과 바나바는 "사람의 형상으로 우리 가운데 내려오신 신들"(행 14:11) 이었다. 루스드라 사람들이 제우스(쓰스, 주피터로 알려져 있기도 함)를 섬겼기 때문에 그리고 헤르메스(허메, 머큐리로 알려져 있기도 함)가 제우스와 동행하는 것으로 여기고 있었기 때문에, 바울과 바나바가 이 신들임에 틀림없는 것으로 그들은 생각했던 것이다. 그들은 즉시로 이교도의 예배 의식을 준비하기 시작했다. 처음에는 선교사들이 무슨 일이 꾸며지고 있는지를 이해하지 못했는데, 이는 그 사람들이 그들의 본토말로 말했기 때문이다. 그러나 그들이 꾸미고 있는 것이 무엇인가 분명하게 드러나자, 바울과 바나바가 그들을 만류하기 위해 안간힘을 다했다. 그리하여 간신히 만류할 수가 있었다.

안디옥과 이고니온의 믿지 않는 유대인들이 바울과 바나바를 그들의 도시들에서 쫓아낸 것으로 만족하지 않고 루스드라까지 쫓아왔다. 여기서 그들은 이고니온에서 계획 세웠던 것을 성취할 수가 있었다. 방금 전까지 바울을 신으로 섬기기 원했던 그 사람들이 설득되어 그를 물리쳤다. 그것은 예루살렘 사람들이 그리스도에게 보여 주었던 것과 똑같은 놀라운 태도 변화였다. 바울의 원수들은 그를 돌로 치되 그가 죽은 것으로 생각될 때까지 쳤다. 그리고 나서 그를 성 밖으로 끌어냈다. 제자들이 슬퍼하며 그의 곁에 서 있을 때, 바울이 의식을 회복하여 일어나 성 안으로 다시 들어갔다.

첨언하자면, 제자들에 대한 언급이 있는 것으로 보아 여기서도 하나님께서 그의 말씀이 전파 되는 것을 축복해 주셨음을 알 수 있다. 이 제자들 중에 디모데와 그의 어머니와 할머니가 끼어 있는 것으로 보아서 틀림없다.

3. 귀로(歸路)

다음날 바울과 바나바가 루스드라를 떠나 더베로 갔다. 여기서 그들은 얼마 동안 복음을 전하여 많은 사람들을 제자들로 삼았다. 그리고 나서 그들은 수리아의 안디옥으로 되돌아가기로 결정했다. 그들은 지금까지 서쪽으로 구브로를 지나, 북쪽으로 비시디아 안디옥에 이르렀다가 그 다음에 동쪽으로 여행하여 여기 더베까지 온 것이다. 그런데 더베는 바울의 고향인 다소로 이어지는 산맥의 통로인 길리기아 성문과 가까웠다. 그리고 다소에서 안디옥은 가까운 거리였다.

그들이 통과해 온 도시들에서 받았던 핍박을 고려해 보면, 만일 그들이 이 가까운 길을 택하여 안디옥으로 돌아갔다고 할지라도 아무도 그들을 나무랄 수는 없었을 것이다. 그러나 바울과 바나바는 그들이 삼아 놓은 제자들을 걱정하였다. 그래서 그들은 루스드라와 이고니온과 비시디아 안디옥을 거쳐 되돌아갔던 것이다. 이같이 되돌아가는 데는 대단한 용기가 필요했다. 그러나 최근에 회심한 자들에게 격려와 조직이 필요하다는 것을 그들이 알고 있었기 때문에 그들은 그렇게 했다.

그들은 새 제자들에게 핍박에도 불구하고 믿음을 계속 지키라고 당부했는데, 이는 기독교인들이 환란을 통하여 하나님의 나라에 들어가야 하기 때문이다. 선교사들은 또한 형성된 교회들에 장로들을 세워 앞으로 닥칠 환난 중에 이 새로운 신자들을 지도할 수 있게 했다. 바울과 바나바가 다시금 버가에 이르자, 그들은 거기서 복음을 전했다. 그렇지만 그들이 처음 그 도시를 통과하던 때에 했던 것처럼은 하지 않았음이 분명하다.

어떤 학자들은 주장하기를, 그들이 처음 도착한 때는 모든 사람들이 무더운 도회지를 떠나 여름철을 지내러 산으로 올라가는 중이었다고 한다. 그러나 지금은 그 도시가 사람들로 붐볐기 때문에 그들이 그곳에서 복음을 전했다는 것이다. 사도들은 버가에서 배를 타고 수리아 안디옥으로 되돌아왔다. 여기서 그들은 교회를 불러 모아 놓고 그들의 여행담을 들려주었다. 안디옥 교회가 그들을 그들의 대표로 파송했었다.

그래서 바울과 바나바는 그들이 교회의 대표로서 행하였던 일에 관하여 보고했던 것이다. 그들은 잠시 동안 안디옥에 머물렀다. 그리고 그들이 선교사로 부름을 받기 전에 했던 일을 다시 추켜 들었다.

■ 복습 문제 ■

1. 이고니온에서 유대인들이 어떻게 복음을 받아들였는가?
2. 왜 바울과 바나바가 이고니온을 떠났는가?
3. 무슨 이적을 바울이 루스드라에서 행했는가?
4. 이교도들은 이적에 대하여 어떠한 반응을 보였는가?
5. 바나바와 바울이 하나님에 대하여 이교도들에게 어떻게 말했는가?
6. 어떤 비극이 루스드라에서 일어났는가?
7. 루스드라를 떠난 후에 바나바와 바울이 어디로 갔는가?
8. 사도들은 귀로에 무엇을 했는가?
9. 바울과 바나바가 수리아 안디옥에서 무엇을 했는가?

■ 더 연구할 문제 ■

1. 앞 장에서처럼 지도를 놓고 본 장에 언급된 여행을 추적하여 중요 사건들을 기재하라.
2. 바울과 바나바는 복음에 대한 가장 심각한 반대가 유대인들로 말미암는다는 것을 발견했다. 오늘날 우리는 어떤 사람으로 말미암아 가장 큰 핍박이 있을 것으로 예상되는가?
3. 그리스도께서는 우리가 사람들에게 복음을 전하거나 또는 그들을 교회로 데려 오는 것만을 원하시는가? 이를 설명하라.
4. 본 장의 바울의 활동을 근거로 하여, 그리스도를 위하는 우리의 증거가 완성되려면 어떻게 해야 하는가를 설명하라.

제12장

행함이 없는 믿음은 죽은 것이니라
(야고보서)

> ■ 연구 문제 ■
>
> 1. 야고보서의 역사적 배경(저자, 연대, 수신자)에 대해 말하라.
> 2. 왜 야고보서가 기록되었는가?
> 3. 무슨 주요 주제들을 야고보가 다루고 있는가?
> 4. 어떤 점에서 야고보가 바울과 정반대되고 있는 것처럼 보이는가?

사도행전에 보면 초대교회에 문제들이 곧 일어났다는 것을 알 수 있는데, 매우 중요한 논쟁점은 신앙과 행위의 관계에 관한 것이었다(행 15장). 야고보서와 갈라디아서 등 두 서신이 이 문제를 반영하고 있다. 바울의 갈라디아서는 신앙을 가장 강조하고 있는 것처럼 보인다. 한편 야고보서는 행위를 강조하고 있어 보인다. 그래서 어떤 사람들은 이 두 서신들이 서로 상반되는 것으로 결론 지었다. 이 결론을 검토해 보며, 오늘의 기독인의 생활에 특별히 적용하여 봄으로써 그 문제를 좀 더 잘 이해하여 보기로 하자.

1. 저자

바울의 서신들 중에는 서신이 쓰인 시기, 수신자, 그리고 기록한 장소를 말해 주는 구절들이 있다. 그러나 야고보서에는 전혀 아무런 암시가 없다. 이 서신에 있어서 가장 큰 문제들 중의 하나는 저자가 누구인가를 확인하는 것이다. 이 서신의 저자는 요한의 형제인 사도 야고보일 리가 없다. 왜냐하면 그는 오순절 이후 얼마 안 되어 곧 헤롯에게 살해 되었는데, 이 서신은 상당히 후에 기록된 것으로 미루어 보아, 야고보가 그리스도의 형제였다는 것이 거의 확실하다.

그러나 "그리스도의 형제"에 대한 해석이 구구하다. 마리아가 예수님 외에는 아무 자녀도 낳지 않았다고 믿는 로마 가톨릭교회는 야고보가 예수님의 사촌 형제라고 주장한다. 이에 반하여 다른 학자들은 야고보가 요셉의 전처(前妻)소생이라고 믿는가 하면, 요셉과 마리아의 아들로 주장하기도 한다. 후자의 두 견해들 중 어느 것이 옳은지 확실하게 우리로서는 결정할 수가 없으나, 야고보가 예수님의 친형제(full brother)였다고 하는 견해가 가장 옳은 듯하다.

2. 연대와 수신자

야고보가 그의 서신을 언제 썼는지 정확하게는 알 수가 없다. 몇 가지 사실들로 미루어 보아 야고보서가 신약의 최초의 서신인 듯하다. 약 2:2에서 저자는 "교회" 대신에 "회당"이라는 단어를 사용하고 있다. 이는 곧 기독교인들이 아직도 다른 유대인들과 함께 예배드리고 있었음을 의미하는 것으로 볼 수 있다. 야고보는 교회 내에서 일어난 교리에 대한 문제들을 전혀 언급하고 있지 않다. 그러므로 이 문제들이 일어나기 전에 그가 이 서신을 쓴 듯하다.

많은 학자들은 야고보서가 A.D. 45년경에 기록된 것으로 믿고 있다. 야고보는 그의 서신을 (팔레스타인 밖에서) 흩어져 사는 유대인 그리스도인들에게 써 보냈다. 흩어져 사는 많은 유대인들의 경우 그들은 오순절 날 예루살렘에 있으면서 회심했었던 것이다.

3. 목적

야고보서의 수신자들은 기독인의 일상생활에서 일어나는 많은 문제들을 안고 있었으며, 야고보는 그러한 문제들을 거의 다루고 있다. 이들 그리스도인들의 경우 그리스도께서 가르쳐 주신 것보다 수준이 낮은 생활을 살고 있었던 것으로 보인다. 아마도 그들은 그들의 신앙을 구실로 하여 방종한 생활을 살았던 것 같다. 그래서 높은 수준의 도덕적 생활에 크게 관심이 있는 야고보가 그들로 하여금 그리스도인의 이름에 부끄럽지 않은 생활을 살게 하려하고 있는 것이다.

4. 개요

야고보서는 바울 서신들만큼 논리적으로 배열되어 있지가 못하다. 그래서 그것의 개요를 말하기란 무척 어렵다. 그러나 아래의 간단한 개요가 그것의 주요점들을 파악하는데 도움이 될 것이다.

야고보서	(장절)
Ⅰ. 참 종교의 표준	1장
Ⅱ. 참 신앙의 증거	2장
Ⅲ. 참 지혜의 증명	3:1-4:12
Ⅳ. 참 경건의 표지	4:13-5:20

5. 내용

1) 참 종교

종교란 본래 하나님에 대한 인간의 관계이다. 그래서 이교도들은 흔히 종교를 다른 사람들과의 인간관계에 거의 또는 아무 영향도 미치지 않는 어떤 것으로 보았다. 그러나 구약성경은 하나님을 사랑하는 자가 또한 자기 이웃을 자신같이 사랑해야 한다고 분명하게 가르치고 있다. 그런데 야고보는 기독교가 또한 이것을 가르치고 있음을 일깨워 주고 있다.

> 하나님 아버지 앞에서 청결하고 더러움이 없는 경건은 곧 고아와 과부를 그 환란 중에 돌아보고 또 자기를 지켜 세속에 물들지 아니하는 이것이니라(약 1:27).

야고보는 기독교를 생활화하는데 있어서 몇 가지 방법들을 제시하고 있다.

⑴ 기독교인은 유혹에 굴복하거나 시련을 당할 때에 믿음을 상실해서는 안된다. 시련을 통해서 인내를 배우는 기회를 얻게 되는 것이다. 하나님께서는 우리가 시련 당할 때에 필요한 지혜를 주시고 우리가 인내할 때 큰 상급을 약속해 주신다.

(2) 기독교인은 세상의 부귀를 귀하게 여겨서는 안된다. 재물은 세상이 주장하는 것처럼 그렇게 중요하지가 않다. 왜냐하면 금생의 모든 보화는 없어지기 때문이다.

(3) 기독교인은 하나님의 말씀을 들을 뿐만 아니라, 그것을 행해야 한다. 어떤 사람이 자기가 종교적이라고 생각한다 할지라도, 만일 그가 하나님의 말씀을 실천에 옮기지 않는다고 하면, 그는 자신을 속이고 있는 것이 된다. 참된 기독교인은 하나님이 명하신 것을 행하는자이다.

2) 참 신앙

신앙이 행위와 분리된 어떤 것으로 생각되기 쉽다. 예를 들면, 신앙을 고백하면서도 편벽되어 부자에게는 아첨하나 가난한 자에게는 모질게 행동하는 수가 있다. 이는 사랑의 결핍에서 오는 것이다. 야고보는 하나님께서 선한 행위에 의하여 증명되는 그러한 신앙만을 인정하신다고 주장하고 있다. 신앙과 행위는 불가분한 것이다. 그래서 야고보가 사람을 행위로 말미암아 의롭다 함을 받는다고까지 말하고 있는 것이다.

흔히 말하기를, 사람이 믿음으로 말미암아 의롭다 함을 받는다고 한 바울의 가르침에 반대하여 야고보가 행위로 말미암는 칭의(稱義)를 가르치고 있다고 했다. 그러나 그것은 전혀 가당찮다. 바울과 야고보는 다 같이 사람이 믿음으로 말미암아 구원 받는다는 것과 참된 신앙에는 언제나 선한 행위가 따른다는 것을 믿었고 또한 가르쳤다. 바울의 경우 자기들의 선한 행실로 구원 받으려고 애쓰는 자들에게 글을 써 보냈기 때문에, 그가 믿음으로 말미암는 칭의를 강조했던 것이다. 이에 반하여, 야고보는 기독인의 삶을 살지 않는 자들을 상대로 글을 써 보냈기 때문에, 믿음의 증거로서 선한 행실의 필요성을 강조했던 것이다. 이 같은 강조는 다 같이 필요하다. 신앙과 행위, 곧 행위가 있는 참된 신앙이 기독교인에게 중요한 것이다.

3) 참 지혜

지혜란 유용하게 사용되는 지식을 말한다. 야고보는 기독교인들이 복음의 진리를 그들의 생활에 적용할 수 있기를 원하고 있다. 그는 그들이 "지혜의 온유함으로"(약 3:13) 그들의 선한 행실들을 나타내기를 원하고 있는 것이다. 지혜의 큰 부분이 우리의 혀를 제어하는데 있다. 이것은 결코 쉬운 일이 아니다. 야고보는 우리의 혀를 완전히 길들이는 것이 불가능하다고까지 말한다. 그렇다고 해서 노력할 필요조차 없다는 뜻은 아니다.

하나님에 의하여 제어되지 않는 혀의 경우 헤아릴 수 없는 해독을 끼칠 수가 있으나, 하나님에 의하여 제어되는 혀는 큰 유익을 줄 수가 있는 것이다. 지혜의 다른 부분은 다툼을 피하는데 있다. 다툼은 제어되지 않은 혀에 의하여 흔히 야기되며, 그것은 욕심이나 탐욕과 같은 악한 정욕의 증거이다. 우리는 마귀를 대적하고 하나님께 가까이 감으로 해서만이 이 같은 정욕을 제어할 수가 있다. 그것이 참 지혜이다.

4) 참 경건

야고보는 무엇이 경건이 아니고 무엇이 경건인가를 밝힘으로써 경건을 설명하고 있다. 그는 하나님을 고려함이 없이 장래를 위해 계획을 세우는 자들과, 폭력과 불의로 재물을 쌓는 자들을 경고한다. 하나님이 그들의 죄를 벌하실 것이다. 이것은 더욱 잘 알아야 할 기독교인들의 경우 특별히 그러하다.

> 이러므로 사람이 선을 행할 줄 알고도 행치 아니하면 죄니라(약 4:17).

그는 또한 무엇이 경건에 속한 것인가를 몇 가지 예를 들어 보여 주고 있다. 핍박을 당하는 자들은 욥과 선지자들의 본을 따라 인내해야 한다. 병든 자들은 병 낫기를 위해 기도하고 자기들의 죄를 고백해야 한다.

의인의 간구는 역사하는 힘이 많으니라(약 5:16).

끝으로, 우리에게는 우리 자신들뿐만 아니라 다른 사람들에 대해서도 책임이 있다는 것을 야고보가 일깨워 주고 있다. 만일 기독 형제가 죄 짓는 것을 보면, 그를 인도하여 회개케 하고, 그리하여 죄 용서함을 얻을 수 있도록 해주어야 한다는 것이다.

■ **복습 문제** ■

1. 야고보서가 언제 기록되었으며, 누구에게 보내졌는가?
2. 저자가 누구인가에 대하여 아는 바를 말하라.
3. 어떤 종류의 문제들을 이 서신이 다루고 있는가?
4. 어떤 유익이 시련들로부터 오는가?(약 1:2 이하, 12 이하)
5. 야고보서가 지혜에 대하여 어떻게 가르치는가?
   (약 1:5 이하; 3:13 이하)
6. 기도에 대하여 어떻게 가르치는가?(약 1:5 이하; 4장; 5:13 이하)
7. 선한 행위에 대하여 어떻게 가르치는가?(약 1:22 이하; 2:14 이하)
8. 혀에 대하여 어떻게 가르치는가?(약 1:26 이하; 3장; 4:11이하; 5:12)
9. 부자에 대하여 어떻게 가르치는가?(약 2장; 5장)
10. 인내에 대하여 어떻게 가르치는가?(약 1:2 이하; 5:7 이하)

■ **더 연구할 문제** ■

1. 야고보서 2:14-26을 로마서 4:1-8과 비교하고, 이 두 본문의 말씀들이 조화될 수 있는가를 설명하라.

제13장

이신칭의(以信稱義)
(갈라디아서)

■ 연구 문제 ■

1. 갈라디아서의 역사적 배경에 대하여 말하라.
2. 바울이 칭의에 대하여 어떻게 가르치는가?
3. 바울이 그리스도인의 자유에 대하여 어떻게 가르치는가?

앞서 지적한대로, 갈라디아서와 야고보서가 구원의 길에 대하여 상이한 개념들을 소개하고 있는 것으로 어떤 사람이 생각하나, 사실은 그렇지가 않다. 단지 두 서신의 강조점이 크게 다를 뿐이다. 이는 상이한 문제점들을 갖고 있는 사람들에게 저자들이 서신을 써 보내고 있었기 때문이다.

1. 목적

바울이 복음을 갈라디아인들에게 전하고 그의 선교 여행을 계속한 후에, 그가 세워 놓은 교회들에 다른 교사들이 들어왔다. 이 교사들은 자기네들이 예루살렘에 있는 사도들의 대표라고 주장했다. 그들의 이 같은 주장은 바울이 참 사도가 아니요, 그의 복음은 믿을 만한 것이 못 된다는 것을 암시했다. 그들은 갈라디아인들에게 가르치기를, 그리스도를 믿는 것에 더하여, 구원 받기 위해서는 모세의 율법을 지킬 필요가 있다고 했다. 특히 갈라디아인들에게 할례를 받아야 한다고 주장했는데, 이는 할례가 그들의 가르침을 받아들이고 있다는 표시였기 때문이다.

바울은 무엇이 지금 갈라디아 교회에서 가르쳐지고 있는가 하는 것과 갈라디아인들이 이 유대주의자들의 가르침을 받아들이기 시작하고 있다는 것을 알았을 때, 갈라디아교회들에게 이 편지를 써 보내어 이 그릇된 가르침을 경계하게 하였다. 갈라디아서의 마지막 구절들은 매우 흥미 있다. 그 구절들을 보면, "내 손으로 너희에게 이렇게 큰 글자로 쓴 것을 보라"(갈 6:11)로 시작되어 있다. 바울은 그의 서신들을 자필로 쓰지 않고 비서로 하여금 받아쓰게 하였다. 어떤 질병으로 인하여 바울의 경우 글을 쓰는 것이 아주 힘들었다.

그래서 그는 큰 글자로 할 수 없이 썼던 것이다. 갈라디아인들에 대한 그의 관심과 그가 기록한 것을 강조하고자 하는 그의 간절한 소원으로 인하여 그가 이 마지막 구절들을 친필로 쓰게 되었던 것이다.

2. 연대와 수신자

바울이 언제 갈라디아서를 썼는지 정확하게는 말할 수가 없다. 예루살렘 회의가 유대주의자들의 문제를 다루기 위해서 소집되었으며, 그 회의는 유대주의자들의 가르침들을 정죄하였는데, 그 회의가 있은 후에 바울이 이 서신을 갈라디아인들에게 써 보낸 것인가?

그렇다면, 그 회의는 실패로 끝난 것인가?

유대주의자들이 그들의 가르침으로 사람들을 계속해서 미혹했다는 말인가?

아니면, 그 회의가 있기 전에 이 서신이 기록되었는가?

그러했다고 하면, 이 서신에서 바울이 다룬 문제를 그 회의가 해결해 주었다고 결론 지을 수가 있다. 생각건대 십중팔구, 갈라디아서가 예루살렘 회의 이전, 곧 49년경 기록되었고, 바울이 첫 번째 전도 여행 시에 방문했던 남부 갈라디아 교회들에게 이 서신이 보내어진 듯하다.

3. 개요

갈라디아서 (장절)
Ⅰ. 바울의 권위는 그리스도에게서 옴 ·················· 1-2장
Ⅱ. 믿음으로 말미암는 칭의가 성경적임 ··············· 3-4장
Ⅲ. 그리스도인의 자유는 거룩한 생활을 열매 맺음 ········· 5-6장

4. 내용

1) 바울의 사도적 권위

바울은 그의 복음을 강력하게 변호하여 갈라디아서를 시작하고 있다. 그는 그것이 유일한 참된 복음이라는 것과 그가 그것을 예수 그리스도로부터 직접 받았다는 것을 강조하고 있다. 이만큼 기독교 복음의 배타성을 강

력하게 진술한 것은 그 유례를 찾을 수가 없다.

> 그러나 우리나 혹 하늘로부터 온 천사라도 우리가 너희에게 전한 복음 외에 다른 복음을 전하면 저주를 받을지니라(갈 1:8).

바울의 복음이 진리라고 하는 증거는 그것의 근원에 있다. 그 복음은 부활하시고 승천하신 그리스도께로부터 직접 그에게 왔던 것이다. 바울이 그의 과거 생활을 회고한 것은 그가 복음의 가르침을 사람들에게서 받지 않았다는 것을 보여주기 위함이었다. 그는 그것을 다른 사도들에게서도 받지 않고, 직접 그리스도께로부터 받았으며, 이 사실을 다른 사도들도 인정했던 것이다. 그가 그의 복음을 다른 사도들에게 설명해 주었을 때 그들은 수정하려 하지 않았다. 반대로, 안디옥에서의 베드로의 행동이 복음의 가르침과 모순되었을 때, 바울이 베드로를 면박하였다. 만일 베드로가 바울을 동료 사도로 인정하지 않았었다고 하면 바울이 이렇게 할 수 없었을 것이다.

2) 믿음으로 말미암는 칭의

바울은 행위에 의해서가 아니라, 믿음으로 말미암아 우리가 하나님 앞에서 의로운 것으로 간주된다는 진리를 갈라디아인들에게 심어주기를 열망하였다. 이에 반하여 유대주의자들은 율법 지키는 것을 구원의 필수 요소로 삼기를 원하였다. 그러나 바울은 이 같은 유대주의가 참일 수가 없다는 것을 구약을 들어 밝히고 있다.

첫째, 그는 아브라함이 믿음으로 말미암아 의롭다 여김 받은 것을 지적하고 있다.

아브라함의 참된 자손들은 아브라함이 믿었던 것처럼 믿는 자들이다. 믿는 자들은 그리스도께서 우리를 대신하여 율법의 저주를 담당하셨기 때문에 믿음으로 말미암아 의롭다 함을 받게 된다.

둘째, 바울은 율법이 구원의 길일 수가 없다는 것을 증명하고 있다.

하나님께서는 그의 언약을 아브라함과 맺으시고 아브라함에게 구원을 약속해 주셨다. 그런데 율법은 그 후로 430년이 지나서야 주어졌다. 그러므로 하나님이 아브라함과 맺은 언약을 율법이 변경시킬 수가 없는 것이다. 도리어, 율법이 온 것은 사람들에게 자기들의 죄를 깨닫게 하고 하나님의 약속을 통하여 구원을 구하도록 하기 위함이었다.

셋째, 바울은 그리스도께서 오실 때까지만 율법이 하나님의 백성들을 인도하도록 되어 있었다고 가르친다. 율법은 그의 의식들과 희생 제사들을 통해서 그리스도의 완전한 제사를 미리 지시한 교사였다. 그리스도께서 오심으로 해서 교사는 더 이상 필요하지 않게 되었다. 또한 그리스도의 강림을 인하여 신자들이 어린아이에서 상속자로 성장했다.

넷째, 바울은 신약시대의 그리스도인들이 의식과 제사의 멍에로부터 자유하다는 사실을 납득시키고 있다. 그리스도께서 우리를 자유하게 하셨으므로, 우리는 다시 종노릇하려 해서는 안된다.

3) 그리스도인의 자유

위에서 언급한 네 번째 것은 그리스도인의 자유로 알려져 있다. 그것은 그리스도께서 우리를 구약의 율법과 사람들의 교훈들의 멍에로부터 자유케 하셨다는 가르침이다. 그리스도인은 그리스도의 종이요, 그 밖의 누구에게도 종노릇하지 않는 것이다. 갈라디아서의 마지막 장절에서, 그리스도인의 자유 사용을 위한 규칙들을 바울이 제정해 놓았다.

첫째, 우리는 그 자유를 확실하게 붙잡고 있어야 한다. 아무도 우리를 미혹하여 그리스도 이외의 어떤 것이나 어떤 사람에게 종노릇하게 해서는 안된다.

둘째, 우리의 자유가 언제나 사랑 안에서 행해져야 한다는 것을 기억해야 한다. 다른 사람들을 해하는 것은 자유가 아니고, 다른 사람들을 돕는 것이 자유이다.

    셋째, 우리는 하나님의 영이 인도하는 삶을 살아야 한다. 그렇게 될 때 우리가 그리스도를 참으로 따르며, 우리의 자유를 보전하고 그것을 적절히 사용하게 될 것이다. 그리스도인의 자유는 죄를 범하는 자유가 아니라, 오직 그리스도만을 따르는 자유이다.

■ **복습 문제** ■

1. 갈라디아서는 언제 기록되었는가?
2. 무슨 문제로 이 서신을 기록하게 되었는가?
3. 바울은 자기 것과 다른 복음을 전한 자들에 대해 어떻게 생각했는가?(갈 1장)
4. 바울은 그가 그의 복음을 사람들에게서 받지 않았다는 것을 어떻게 증명했는가?(갈 1:11–2장)
5. 어떤 방식으로 바울이 그리스도인들을 아브라함에게 비교시켰는가?(갈 3장)
6. 율법이 어떤 목적에 도움이 되었는가?(갈 3:15 이하)
7. 그리스도의 강림으로 말미암아 신자들의 위기가 어떻게 변화되었는가?(갈 4장)
8. 갈라디아인들이 율법 하에 있기 원한 것은 왜 나빴는가?(갈 4:8 이하)
9. 우리의 기독교인의 자유를 어떻게 다루어야 하는가?(갈 5장)
10. 성령이 인도하는 생활의 세 가지 필수 요건을 열거하라(갈 5:22–6장)
11. 갈라디아서의 끝맺음 하는 장절들에는 어떤 특이한 점이 있는가?

■ 더 연구할 문제 ■

1. 기독교인의 자유에 관한 당신의 견해를 표현하는 글을 600자 정도로 지어 보라.
2. 갈라디아서에는 바울과 베드로가 두 개의 다른 복음을 갖고 있는 것으로 나타나 있는가?
   그들의 서신들을 비교하여 설명하라.
3. 다른 교파의 목사와 대화를 나누어 보고, 그의 교회가 기독교인의 자유에 대하여 어떻게 믿고 있는가에 관해 보고서를 작성하라.

제14장

아무 짐도 지우지 아니하는 것이
(행 15:1–35)

> ■ 연구 문제 ■
>
> 1. 어떤 문제가 안디옥 교회에서 일어났는가?
> 2. 베드로와 야고보가 어떻게 이방인 성도들을 받아들이는 문제를 지지해 주었는가?
> 3. 어떤 메시지가 안디옥 교회에 보내졌는가?

앞의 두 장들(야고보서와 갈라디아서 공부)에서 우리는 초대교회에서 일어난 문제를 생각해 보았다. 야고보서에서는 율법에 순종하는 것이 크게 강조되어 있었으나, 바울의 갈라디아서에는 믿음으로 말미암는 칭의와 그리스도인의 자유가 크게 강조되어 있었다. 그러나 사실상, 야고보와 바울 사이에는 아무런 기본적인 견해 차이가 없다. 두 서신들의 강조점들을 종합해서 생각할 것 같으면 기독교인의 건전한 체험을 위한 기초를 발견할 수 있다.

그러나 야고보서의 강조점을 왜곡시켜 거짓된 결론을 내린 유대인 지도자들이 있었다. 이들 유대인 기독 교사들(Jewish Christian teachers)이 교회에서 분쟁을 일으켰다. 이 분쟁으로 인하여 우리가 본 장에서 공부하려고 하는 회의가 소집된 것이다.

1. 안디옥 교회의 분쟁

안디옥 교회는 주로 이방인 그리스도인들로 구성되어 있었다. 그런데 이 교회에 유대 지방에서 사람들이 와서 이방인 그리스도인들에게 할례를 받아야 할 필요가 있다고 가르쳤다. 할례는 모세의 율법의 모든 의식상의 요구들을 받아들인다는 표시였다. 그러므로 이들 유대인 교사들은 구원 받기 위해서는 유대인이 될 필요가 있다고 사실상 말하고 있었던 것이다. 베드로마저도 잠시나마 이 같은 생각을 품은 일이 있었다. 갈라디아서 2장에 보면 베드로가 이방인 그리스도인들과 함께 식사를 한 일이 있었다.
그러나 유대주의자들의 가르침의 압력을 받아 그 같은 관례를 중단하고 유대인들과만 식사를 같이 했다. 바울과 바나바는 이 유대주의 가르침의 위험성을 인식했다. 만일 할례를 이방인들이 받은 경우에 한하여서만 그들이 유대인들과 음식을 함께 먹기에 적합하다고 할 것 같으면, 교회 회원 되는 것과 구원 얻는데 할례가 필요하게 될 것이라는 주장이 곧 대두될 것이었다.
즉, 하나님께서 활짝 열어 놓으신 이방인들을 위한 문이 쾅 닫혀지게 될 것이었다. 그래서 바울과 바나바가 이 가르침을 강력하게 반박하였던 것이다. 이로써 온 안디옥 교회가 토론과 논쟁에 휘말려 들었다. 결국은 이 문제에 관해 충고를 받는 것이 가장 좋을 것 같다는 결론에 이르자, 바울과 바나바를 지명하여 예루살렘에 가서 그 문제를 그곳 교회 앞에 내놓게 하기로 했다.

2. 예루살렘 회의

바울과 바나바가 예루살렘으로 여행하는 중에 그들은 베니게와 사마리아의 교회들을 방문하고 하나님이 그들을 통해 이방인들 가운데서 행하신 일에 대하여 말했다. 이 교회들은 대부분 이방인들로 구성되어 있었기 때문에 그 소식을 크게 기뻐하였다. 사도들은 예루살렘에 도착하자 그들 가운데서 된 일을 다시 이야기해 주었다. 그러나 여기서는 앞서 베니게와 사마리아와는 받아들이는 것이 판이하였다. 바리새파 출신의 몇몇 그리스도인들은 크게 불쾌해했다. 바울의 경우는 그가 회심하던 때에 그의 견해가 완전히 변하였으나, 이들 바리새파 출신 회심자들은 유대 율법의 모든 규정들을 지켜야 할 필요성을 여전히 확고하게 믿고 주장했다.

그래서 사도들과 장로들이 이 견해 차이를 해결하기 위해 회의로 모였다. 그 회의에서 그 문제를 장시간에 걸쳐 다루었으며, 많은 변론이 있었다. 마침내 베드로가 일어나 말했다. 그는 모인 자들에게 하나님이 그를 택하시어 이방인들이 처음에 복음을 그를 통해 들을 수 있게 하셨던 것을 일깨워 주었다. 하나님께서는 이방인들에게 성령을 부어 주심으로써 그가 그들을 받으신다는 것을 나타내셨다.

유대인들마저도 성취할 수 없었던 율법을 이방인들에게 지키라고 어떻게 교회가 요구할 수 있었겠는가?

만일 이같이 반대하는 말을 바울이 했었다고 하면, 그 발언은 별로 주목을 받지 못했을 것이다. 그러나 유대인들을 위하는 사도인 베드로가 했었기 때문에, 이 반대 발언이 크게 설득력을 발휘했다. 베드로를 뒤이어 그리스도의 형제인 야고보가 발언했다. 바리새파는 그들의 입장을 그가 지지해 줄 것으로 예견했을지도 모른다.

왜냐하면 야고보가 하나님의 율법에 헌신적이었기 때문이다. 그들이 만일 그렇게 예견했다고 하면, 그들은 실망했을 것이다. 야고보는 그리스도께서 강림하시면 이방인들이 구원을 얻으리라는 아모스의 예언을 인용하였다. 그래서 야고보는 이방인들을 자유롭게 받아들여야 한다고 의견을 개진하였다. 그들에게 요구해야 할 단 한 가지는 유대인들의 감정을 특히 상하게 하는 관례들을 삼가게 하는 것이었다.

3. 편지

예루살렘 회의에서 결정된 것을 안디옥과 수리아와 길리기아에 있는 교회들에게 알리기 위하여, 그 회의는 편지를 작성하여 예루살렘 교회 대표를 이들 교회에 보내기로 했다. 이 편지에는 이방인들이 유대인들과 동등하게 자유로이 교회에 받아들여져야 한다고 진술되어 있는가 하면, 야고보가 언급한 제한들이 제시되어 있었다. 그 편지는 유다와 실라 편에 안디옥에 부치기로 가결되었다. 그래서 그들이 바울과 및 바나바와 함께 안디옥을 향해 북쪽으로 여행했다. 유다와 실라는 안디옥에서 얼마동안 복음을 전하고 나서 예루살렘으로 되돌아갔다. 그러나 바울과 바나바는 안디옥에 남아서 하나님의 말씀을 가르치며 전하였다.

4. 예루살렘 회의 평가

예루살렘에서 해결된 변론의 의의를 우리가 제대로 평가하기는 어렵다. 겉으로 보기에 그 변론이 하찮은 어떤 것에 관한 것처럼 보일지도 모른다. 그러나 누가는 그것의 중요성을 인식하였기 때문에 그의 책에서 많은 분량을 할당하여 자세하게 그것을 기록하였다. 만일 그 회의가 다른 결정을 내리게 되었다고 하면, 바울의 선교 사역이 갑자기 끝장났을 것이요, 복음이 이방인들에게 알려지지 않게 되었을 것이며, 교회는 조그마한 유대 분파가 되었을 것이고, 복음을 온 세계에 전하라고 하신 그리스도의 명령이 지켜지지 아니하였을 것 등을 누가는 알았던 것이다.

■ 복습 문제 ■

1. 유대 지방에서 온 사람들이 무엇을 가르쳤는가?
2. 그들의 가르침이 어떤 결과를 가져 왔는가?
3. 바울과 바나바가 왜 예루살렘에 갔는가?
4. 그들이 한 일에 대한 보고가 어떻게 받아들여졌는가?
5. 베드로가 교회 회의 앞에 내놓아진 문제에 대하여 자신의 경험을 어떻게 적용했는가?
6. 야고보가 베드로를 어떻게 지지해 주었는가?
7. 이방인 교회들에게 어떤 메시지가 보내어졌는가?
8. 유다와 실라가 안디옥에서 무엇을 했는가?
9. 예루살렘 회의의 결정이 왜 중요한 의의가 있었는가?

■ 더 연구할 문제 ■

1. 본 장에는 베드로의 성품의 어떤 점이 나타나 있는가?
2. 바울이 예루살렘 회의에서 패배했다고 가정하고, 그렇게 되었을 경우 교회가 어떻게 되었을 것인가에 대하여 원고지 3매 내외로 글을 써보라.
3. 예수 그리스도의 교회 안에서 변론은 좋은가 아니면 나쁜가? 초대교회 역사에 나타난 사례들과 성경 말씀들을 사용하여 당신의 입장을 밝히라.

제3부 • 그리스도의 사역의 팽창

제15장

마게도냐 사람 하나가
(행 15:36-16:15)

■ 연구 문제 ■

1. 왜 바울이 2차 전도 여행 때에 실라를 택하여 함께 다녔는가?
2. 어떻게 선교사들이 성령에 의하여 인도되었는가?
3. 어떻게 복음이 유럽에서 받아들여졌는가?

예루살렘 회의가 있은 후에 바울과 바나바는 유다 및 실라와 함께 동행하여 안디옥으로 되돌아왔다. 유다와 실라는 안디옥에서 얼마 동안 머물면서 복음을 전한 후에 예루살렘으로 되돌아갔으며, 바울과 바나바는 계속 안디옥에서 복음을 전했다. 안디옥 교회는 많은 수의 회중으로 구성되어 있었고, 그 도시에는 바울과 바나바와 함께 일하는 다른 동역 자들이 있었다.

그들은 얼마 동안 안디옥에서 말씀을 가르치며 전한 후에, 그들이 첫 번째 전도 여행 때에 세워 놓은 교회들을 재차 방문하자고 바울이 바나바에게 제안했다.

1. 다툼

 심한 다툼이 비기독교인들 뿐만 아니라 기독교인들 사이에도 있다는 것은 슬픈 일이지만 사실이다. 사도들마저도 그 같은 다툼이 없지 않아 있었다. 바나바는 2차 여행 때 요한 마가를 데리고 가고자 했다. 그러나 바울이 들어 주려하지 않았다. 마가가 1차 여행 때 그들을 버리고 도중에 떠났었기 때문에, 바울은 그를 다시 데리고 가는 것은 어리석다고 생각했다. 이방인들과 함께 음식 먹기를 거부한 베드로의 본을 바나바가 따랐을 때도 다툼이 있었던 것 같다(갈 2장). 그랬다고 하면, 이로 인하여 이미 이 두 사도들 간의 결속에 금이 갔을지도 모른다. 아무튼, 그들은 헤어지기로 결정했다.
 누가는 그들의 다툼을 얼버무리려 하거나 책임을 한 사람에게만 돌리려 하지 않고 있다. 둘 다 잘못이 있었던 것 같다. 그러나 하나님께서는 그의 지혜와 은혜로 이 같은 인간의 약점들을 이용하여 그의 일을 발전시켰다. 바나바는 그의 고향 구브로로 되돌아가 거기서 복음 사역을 계속했으며, 바울은 소아시아로 되돌아가 교회들을 재방문했다. 바울은 함께 여행할 동반자가 필요했기 때문에 실라를 얻기 위해 예루살렘으로 갔다. 그리하여 그들은 안디옥을 출발해서 북쪽으로 타우루스 산맥을 통과하여 더베와 루스드라에 이르렀다.

2. 갈라디아에서

 바울은 이제 그가 갈라디아서를 써 보냈었던 그 지역에 되돌아와 있었다

(즉, 갈라디아서의 수신지[受信地]에 다시 와 있었다). 이곳의 그리스도인들은 할례의 필요성을 강조하는 유대주의자들의 거짓된 가르침에 접해 왔었다. 그래서 바울이 그들의 가르침을 집요하게 반박해 왔었던 것이다. 그렇지만 루스드라에서 바울은 아버지가 헬라인이며 한 젊은 기독교인인 디모데를 선교 일행으로 받아들이기 전에 그에게 할례를 행하였다.

그렇다면 이것은 갈라디아서에서의 바울의 가르침과 모순되었는가?

아니다. 바울은 이방인들이 할례 받을 필요가 없다는 것을 시종여일하게 주장했다. 그러나 디모데의 어머니가 이방인이었고 그가 그의 어머니와 할머니에 의해서 유대주의 신앙으로 양육 받았었기 때문에(딤후 1:5), 바울은 불필요한 충돌을 피하기 위해 그에게 할례를 행하기로 결정했다. 이것은 그가 몇몇을 구원하기 위해서 모든 사람에게 모든 것이 되는 그의 정책과 일치했다(고전 9:22). 바울과 실라는 여러 도시들을 다니며 여행하던 때, 예루살렘 회의가 결정하여 안디옥교회에 보냈었던 편지 사본들을 교회들에게 주었다. 이로써 바울이 갈라디아서에서 제시했던 입장이 지지를 받았고 교회들이 신앙으로 튼튼해져 갔다.

3. 성령으로 인도됨

선교사들은 그들이 앞서 방문했었던 교회들의 범주를 넘어서서 그들의 여행을 확대시키기로 결정했다. 그들은 분명히 아시아 지방(에베소가 그 지방의 주요 도시였다)에서 복음을 전하기로 계획을 세웠다. 그러나 성령께서는 그곳에서 전하지 못하게 막으셨다. 성령께서는 그들과 직접 교통 하셨을지도 모른다. 아니면 교회의 선지자를 통해서 그들에게 성령이 말씀하셨을 것이다. 그 명령에 순종하여 그들은 그들의 방향을 바꾸어 비두니아의 도시들을 향하여 북쪽으로 갔다. 그러나 다시금 성령께서 그들을 제지하셨다.

그래서 그들은 서쪽으로 향하여 마침내 지난날 트로이로 알려진 고대 도시인 드로아로 갔다. 드로아에서 성령이 그들을 다시 인도하셨는데, 이번에는 적극적으로 하셨다. 바울이 환상 중에 마게도냐로 그들을 부르는 한 사람을 보았다. 그래서 그들은 배를 타고 유럽 본토에 위치한 빌립보로 갔다. 누가가 드로아에서 그들과 합류하여 함께 항해했다.

4. 유럽에서의 복음

드로아에서 북쪽으로 네압볼리까지의 여행은 이틀이 걸렸다. 네압볼리는 빌립보의 항구였다. 빌립보는 마게도냐의 중요한 도시였다. 그곳은 퇴역한 로마 군병들이 정착한 로마 식민 도시였다. 그래서 이로 말미암아 어떤 특권을 누리고 있었다. 빌립보에서 바울은 그의 관례를 따라 유대인에게 먼저 복음을 전했다. 그 도시에는 회당이 하나도 없었다. 이로 보건대 빌립보에는 극소수의 유대인들만이 있었음을 알 수 있다. 왜냐하면 단 열 사람의 성년(成年) 유대인 남자들만 있어도 회당을 세웠기 때문이다.

회당을 세울 만한 수효의 남자들이 없을 경우에, 유대인들은 하나님을 예배할 수 있는 다른 장소를 찾는 것이 보통이었다. 빌립보에서 그들은 강가에서 모였다. 바울과 실라와 디모데가 이 장소를 찾아가 거기 모인 여자들에게 그리스도를 통한 구원의 메시지를 전했다. 유럽 대륙에서 전파된 이 첫 번째 복음을 하나님께서 축복하셨다.

그 여자들 가운데 루디아가 있었다. 그녀는 상류 계층들 가운데서 많이 찾는 자주 빛 옷감을 파는 "하나님을 경외하는 자"(이스라엘의 하나님을 경외하는 이방인)였다. 그녀가 믿었다.

그리고 그녀와 그녀의 집이 세례를 받았다. 그녀는 선교사들이 빌립보에 있는 동안 그녀의 집에 유숙할 것을 강권하였다. 이같이 하여 복음을 위한 교두보가 유럽에서 마련되었던 것이다.

■ 복습 문제 ■

1. 바울과 바나바가 무엇을 하기로 결정했는가?
2. 무엇에 대하여 그들은 의견 차이가 있었는가?
3. 어떻게 하여 바울과 바나바는 그들이 전에 방문했던 지역을 나누어 재차 방문했는가?
4. 루스드라에서 무슨 일이 있었는가?
5. 왜 바울이 디모데에게 할례를 행했는가?
6. 왜 바울과 그의 일행이 드로아에 갔는가?
7. 드로아에서 무슨 일이 있었는가?
8. 누가가 드로아에서 바울의 일행과 합류한 것을 어떻게 알 수 있는가?(행 16:6-10을 주의하여 읽어보라)
9. 어떤 조건하에서 복음이 유럽에서 처음으로 전해졌는가?
10. 유럽에서의 첫 회심자에 대하여 말해보라.

■ 더 연구할 문제 ■

1. 오늘날 성령이 그리스도인들을 어떻게 인도하시는가?
2. 하나님께서는 그가 당신에게 원하시는 특별한 일터를 마련해 놓고 계시는가? 대답해보라.
3. 2차 전도 여행 지도를 그려보라.

제16장

너와 네 집이 구원을 얻으리라
(행 16:16-40)

> ■ 연구 문제 ■
>
> 1. 왜 선교사들이 감옥에 갇혔는가?
> 2. 그들이 감옥에 있을 때 무슨 일이 일어났는가?
> 3. 어떻게 그들이 감옥에서 풀려났는가?

마게도냐 선교는 그 출발이 성공적이었다. 바울과 실라가 빌립보에 얼마 동안 머물면서 복음을 전했다.

1. 귀신 들린 여종

누가는 비극적으로 속박당한 한 소녀에 대하여 말하고 있다.

첫째, 그녀는 여종이었다. 종에게는 전혀 아무 권리도 없었고, 전적으로 소유자의 뜻에 순복해야 했다. 그런데 이 소녀는 돈 밖에 모르는 사람들을 주인으로 섬기고 있었다.

둘째, 그녀는 귀신이 들려 있었다. 요즈음은 귀신 들린 사람을 별로 볼 수가 없다. 그러나 그리스도와 사도 당시에는 아주 흔하였다. 그 소녀는 이 같이 귀신이 들림으로 해서 점을 칠 수가 있었다. 그래서 그녀의 잔인한 주인들이 그녀를 이용하여 돈을 벌었다. 바울과 그의 동료들이 빌립보 도시를 돌아다닐 때에 그들은 이 소녀를 자주 만났다. 그때마다 그 소녀가 그들을 쫓아와 조롱하며 말했다.

> 이 사람들은 지극히 높은 하나님의 종으로 구원의 길을 너희에게 전하는 자라
> (행 16:17).

예수님의 사역 기간 중에, 귀신들이 예수님을 하나님의 아들이라고 선언하자 그가 그들을 잠잠케 하셨었다. 귀신들의 복음에 대한 증거는 궁상스런 것이었다. 그런 까닭에 그 소녀의 조롱 섞인 증거는 오히려 그들의 하는 일을 방해하였다. 어느 날 바울이 그 소녀를 향하여 그 귀신더러 그녀를 떠나라고 명령했다. 그 귀신이 예수 그리스도의 이름의 권능에 굴복하였다. 즉시로 그 소녀가 변화된 사람이 되었다.

그러나 그녀의 주인들은, 그녀의 영혼의 고통이 치료된 것을 기뻐하는 대신에, 바울이 그들의 수입원(收入源)을 빼앗았다 하여 격노하였다. 그래서 그들이 바울과 실라를 잡아 가지고 법정으로 끌고 갔던 것이다.

2. 심문과 투옥

아마도 사도들에게 가해진 심문보다 더 부당한 경우를 찾아보기란 어려웠을 것이다. 그들을 고소한 자들이 거짓으로 송사했다. 그들에게는 송사에 답변할 수 있는 기회가 전혀 주어지지 않았다. 군중들이 그들을 대적하여 고함을 치자, 관원들은 그들을 매로 치라고 명하였다. 이것은 로마 제국 내에서 흔히 볼 수 있었던 반유대주의(anti-Semitism)의 일례인지도 모른다. 관원들은 사도들을 매로 친 후에 그들을 하옥시켰다. 거기서 그들은 악질병 취급을 받았다.

그들은 가장 철저하게 파수를 선 깊은 옥에 투옥되었을 뿐만 아니라, 그들의 발은 착고에 든든히 채워졌던 것이다. 설령 바울과 실라가 낙심했다 할지라도 이상할 것이 없겠으나, 그들은 낙담하지 않았다. 한밤중에도 그들은 여전히 찬송하였으며, 다른 죄수들이 깜짝 놀라 들었다. 분명코 이들은 특이한 죄수들이었다. 어쩌면 바울과 실라는 그들이 투옥 당함으로 해서 복음 전하는 일에 방해가 있을 것으로 생각했을지도 모른다.

그러나 실제로는, 하나님께서 그들의 투옥을 이용하여 그가 택하신 자들 중의 한 사람에게 복음이 전해지게 하셨다. 비록 길이 험난했지만 하나님이 주관하시며 인도하고 계셨다. 하나님께서는 선교사들을 투옥 당하게 하신 후에, 이제는 지진으로 간섭하셨다. 이로 말미암아 간수의 마음이 열려 그가 지키던 죄수들에게서 구원의 메시지를 받았다. 바울과 실라가 투옥 당한 결과 간수와 그의 가족이 회심케 되었던 것이다. 이제 바울과 실라는 깊은 감옥에서 천박한 죄수로 취급 받는 대신에 그 간수의 숙소로 인도되어 존귀한 손님으로 대접 받았다.

3. 감옥에서 놓임

아마도 아침까지 해서 관원들은 전날의 심문이 부당했었다는 것을 깨달았던 것 같다. 아무튼, 그들은 사람들을 보내어 그 죄수들을 놓아 주되 그 도시를 떠날 것을 그들에게 말하라고 간수에게 지시했다. 그러나 바울이 나가려 하지 않았다. 그는 관원들이 보낸 사람들에게 그가 로마 시민이라는 것과 관원들이 와서 놓아 주기까지는 감옥을 떠나지 않겠다는 것을 알려 주었다. 관원들이 이 말을 들었을 때 얼마나 두려워했겠는가를 상상해 보라.

로마 시민은 특별한 권리들을 누리고 있었기 때문에 이 관원들을 바울이 크게 곤욕을 치르게 할 수도 있었다. 이 같은 사실을 그들이 잘 알고 있었기 때문에 그들은 기꺼이 와서 바울과 실라를 호위하여 감옥에서 데리고 나갔던 것이다.

그러면 바울이 이같이 한 동기는 무엇이었는가?

그저 복수하기 위함이었는가?

결코 그렇지 않다. 바울은 공의에 관심이 있었다. 하나님께서 관원들을 택정하여 세우신 것은 무죄한 자들을 보호하기 위함이지 그들을 학대하기 위함이 아니었다. 그래서 바울은 이 기회에 관원들에게 그들의 책임을 일깨워 주고 그들이 다른 사람들을 학대하지 않도록 하기 위함이었다. 선교사들은 루디아의 집으로 되돌아와 그녀와 다른 기독교인들을 격려한 후에, 마게도냐의 다른 곳에서 전도 사업을 계속하기 위하여 빌립보를 떠났다. 그러나 누가는 빌립보에 머물렀으며, 3차 여행 때에 가서야 바울의 일행에 다시 합류하였다.

■ 복습 문제 ■

1. 바울과 실라가 만난 여종의 경우 무슨 문제가 있었는가?
2. 그녀의 주인들이 그 소녀를 어떻게 이용해 먹었는가?
3. 그녀가 바울을 어떻게 괴롭혔는가?
4. 바울이 귀신에게 어떻게 말했는가?
5. 바울과 실라가 그 소녀의 주인들에 의하여 어떻게 고소당했는가?
6. 그들은 어떻게 다루어졌는가?
7. 그들이 감옥에서 어떻게 행동했는가?
8. 지진의 결과로 무슨 일이 일어났는가?
9. 간수가 왜 자살하려고 했는가?
10. 바울이 로마 시민으로서 그의 권리들을 어떻게 주장했는가?
11. 관원들이 어떻게 했는가?

■ 더 연구할 문제 ■

1. 본 장의 사건들을 당신이 만든 지도에 포함시켜 표기하라.
2. 사도행전 16:16-18을 각색하여 대본을 써보라.
3. 기독교인들은 핍박 받을 때 왜 즐거워해야 하는가?(마 5:10-12)

제17장

알지 못하는 신에게

(행 17:1-34)

> ■ 연구 문제 ■
>
> 1. 데살로니가에서 유대인들의 시기로 말미암아 어떻게 소동이 빚어졌는가?
> 2. 베뢰아에서 어떻게 복음이 받아 들여졌는가?
> 3. 아덴에서의 바울의 증거는 어떤 성격의 것이었는가?

바울과 실라가 강제로 빌립보를 떠나게 된 후에, 그들은 서쪽으로 향하여 마게도냐를 복음화시키는 일을 계속했다. 언제나 그러했듯이, 바울은 큰 성읍들로 가서 거기에서 복음을 전했다. 일단 한 교회가 한 성읍에 세워진 때에는, 이웃 지역에까지 영향을 미칠 수가 있었다. 그래서 바울은 시간과 정력을 쏟아 복음을 새로운 지역들까지 확대시킬 수가 있었다.

1. 데살로니가에서

데살로니가는 빌립보에서 서쪽으로 약 100마일쯤 되었다. 그곳은 전략적 위치에 있는 중요한 도시였다. 교회가 데살로니가에 세워진지 얼마 안 되어, 바울은 그곳 기독교인들에게 다음과 같은 내용이 담긴 편지를 써 보냈다.

> 주의 말씀이 너희에게로부터 마게도냐와 아가야에만 들릴 뿐 아니라 하나님을 향하는 너희 믿음의 소문이 각처에 퍼지므로 우리는 아무 말도 할 것이 없노라 (살전 1:8).

이 같은 내용의 말씀은 데살로니가 교인들의 신앙에 대하여 말하고 있을 뿐만 아니라, 데살로니가에서 된 사건들이 멀리 그리고 널리 곧 알려지게 되었다는 것을 암시하고 있다. 데살로니가는 복음화를 위해 전략적으로 중요한 도시였다. 바울은 그의 관례를 좇아 유대인 회당을 이용하여 그의 일을 시작했다. 세 안식일 동안 그가 회당에서 말하자, 많은 수의 유대인과 헬라인들이 믿었다.

누가는 단지 이 삼 주간에 대해서만 언급하고 나서 유대인들이 일으킨 핍박에 대해서 말하고 있을 뿐이나, 바울은 그가 데살로니가인들 가운데서 수고하고 애쓰되 자기 손으로 일한 사실을 그들에게 일깨워 주고 있다(살전 2:9). 이로 보건대 그가 거기서 더 오랜 기간 동안 지냈던 것 같다. 또한 데살로니가전후서를 읽어 보면, 그가 신앙에 대한 모든 중요한 교리들을 가르쳤음을 알 수 있다. 그러므로 그가 삼 주간 동안에 이 모든 것을 할 수 있었을 것 같지가 않다. 바울의 사역이 성공을 거둠으로 해서 유대인들의 반대를 초래했다.

유대인들은 그 지방의 싸움꾼들을 고용하여 소동을 일으켰다. 그들이 바울과 실라를 찾았으나 발견하지 못하자, 바울이 유숙한 집 주인인 야손을 붙잡아다가 그를 끌고 읍장들 앞으로 갔다. 기독교인들에 대하여 제기된 고소는 거짓이었다.

> 이 사람들이 다 가이사의 명을 거역하여 말하되 다른 임금 곧 예수라 하는 이가 있다 하더이다(행 17:7).

그들이 사도들을 "천하를 어지럽게 하던 이 사람들"(행 17:6)로 표현하였는데 이 같은 그들의 표현은 옳았다. 그러나 사실상은 세상이 죄로 인하여 어지럽혀져 있으나, 불신자에게는 이 어지럽혀진 상태가 정상적인 것처럼 보이는 것이다. 그래서 복음에 의하여 질서가 제대로 잡히게 되면, 오히려 세상이 어지럽혀진 것처럼 보이게 되는 것이다. 고소하는 자들의 이 같은 말은 그리스도의 복음의 능력과 사도들의 충실한 복음 전파에 대한 일종의 찬사이다. 야손은 억지로 보석금을 바쳤다.

기독교 신앙으로 인하여 또 다른 소요 사태가 있게 되면 재수감 하기로 하고 보석금을 공탁했던 것 같다. 그렇게 한 후에 제자들이 바울과 실라를 밤에 베뢰아로 보냈다. 베뢰아는 데살로니가에서 얼마 떨어지지 않은 조그마한 고을이었다.

2. 베뢰아에서

데살로니가에서의 소동에도 불구하고 사도들은 낙심하지 않고 베뢰아의 회당에서 복음을 전했다. 이곳에서 그들은 아주 다른 환영을 받았다. 베뢰아의 유대인들은 구약에 대한 사도들의 해석에 크게 감명 받아, 기독교의 메시지가 사실인지의 여부를 알아보기 위하여 성경을 연구했다. 바울과 실라가 베뢰아에서 행하고 있었던 성공적인 사역에 대한 소문이 데살로니가에 전해졌다. 데살로니가의 유대인들은 사도들을 데살로니가에서 내어 쫓은 것으로 만족하지 않고 베뢰아까지 와서 그곳에서 무리를 선동하여 소동케 하였다.

데살로니가판 소동이 재현된 것처럼 보이기 시작했다. 그래서(이는 주께서 사도들의 베뢰아에서의 사역을 축복해 주셨기 때문이다) 신자들이 바울을 배로 아덴에 보냈다.

3. 아덴에서

실라와 디모데는 바울이 떠난 후에 베뢰아에 남아 있었다. 그러나 바울을 아덴까지 안전하게 인도해 준 베뢰아인들이 다시 베뢰아로 되돌아가려 하자, 바울은 그들에게 부탁하기를 실라와 디모데에게 지시하여 아덴에 있는 자기에게 속히 오라고 했다. 헬라인들은 많은 신들을 섬겼다. 오늘날도 헬라인들은 "모든 신들"(Pantheon)을 섬기고 있다. 그래서 모든 헬라 도시들에는 많은 우상들과 신전들이 있었다. 아덴도 결코 예외가 아니었다.

바울이 아덴을 돌아다니면서 이 같은 많은 신전들을 보았을 때, 그는 잠잠히 있을 수가 없어서 아덴 사람들과 더불어 그들의 신들에 대하여 말했다. 바울은 예수 그리스도의 아버지, 유일하신 참 하나님의 명예에 대하여 아주 열심이었다. 그러기에 사람들이 다른 신들을 섬기는 것을 그는 차마 볼 수가 없었던 것이다. 바울이 끈덕지게 증거하자 아덴의 몇몇 철학자들이 주목하기에 이르렀다. 아덴은 학문의 중심지로 자부하고 있었다.

> 모든 아덴 사람과 거기서 나그네 된 외국인들이 가장 새로 되는 것을 말하고 듣는 이 외에 달리는 시간을 쓰지 않음이더라(행 17:21).

철학자들이 바울을 아레오바고로 데리고 갔다. 이곳은 그 도시의 야외 법정이었다. 그러나 한편으로는 철학을 토론하는 곳이기도 했다. 이곳에서 철학자들이 바울에게 그의 가르침을 설명해달라고 요구했다. 바울의 강연 내용을 보면 그가 그의 메시지를 그의 청중에게 아주 잘 적응시켰음이 나타나 있다. 그가 유대인들에게 말할 때에는, 그의 청중이 구약을 알고 있는 것으로 예견할 수가 있었다.

그러나 여기서는 그가 이교도들에게 말하고 있었기 때문에 그는 전혀 구약을 사용하고 있지 않았다. 그는 창조로부터 말을 시작하여 하나님이 만유 위에 계시고 만유를 통치하시는 분이시기 때문에 형상화할 수가 없다는 것을 밝혔다. 회당에서는 바울이 이스라엘의 역사를 사용하여 복음을 소개했으나, 여기서는 아덴 사람들의 시선을 "알지 못하는 신"을 위해 세워 놓은 제단으로 향하게 하여 말을 시작했다. 그러나 비록 바울은 그의 청중들이 동의할 수 있는 개념들을 언급하여 그의 말을 시작했지만, 결코 타협하지는 않았다.

그는 복음을 소개했던 것이다. 그는 하나님께서 이제 회개할 것을 요구하신다는 것과, 그리스도를 통해서 하나님이 세상을 심판할 것이라는 것과, 그리스도의 부활이 앞으로 있을 심판을 예견케 한다는 것 등을 선언하였다. 이 강연에 대한 반응은 시원치 않았다. "저희가 죽은 자의 부활을 듣고 혹은 조롱도 하고 혹은 이 일에 대하여 네 말을 다시 듣겠다"하였다(행 17:32). 복음이 이방인들에게는 미련한 것이었다(고전 1:23).

그렇지만 아레오바고 회원들 중의 한 사람을 포함하여 몇몇이 믿었다. 비록 "육체를 따라 지혜 있는 자가 많지 아니하며 능한 자가 많지 아니하며 문벌 좋은 자가 많지" 아니하지만(고전 1:26), 하나님은 사회의 모든 계층에 자기 백성을 갖고 계신다. 그러므로 복음은 모든 사람들 곧 부자와 가난한 자, 유명한 자와 무명한 사람들에게 전해져야 하는 것이다.

■ 복습 문제 ■

1. 데살로니가에서의 바울의 전도 활동에 대해서 말하되, 그가 무엇을 어디서 얼마 동안 전했는가를 말하라.
2. 데실로니가에서 사도들이 행한 사역의 결과는 어떠했는가?
3. 사도들에 대하여 어떤 고소가 제거되었는가?
4. 베뢰아의 유대인들을 데살로니가의 유대인들과 비교하라.
5. 왜 바울이 베뢰아를 떠났는가?
6. 아덴에서의 바울의 활동을 말하라.
7. 왜 바울이 아레오바고로 붙들러 갔는가?
8. 바울이 어떻게 아덴 사람들의 시선을 끌었는가?
9. 바울이 아레오바고 강연에서 언급한 하나님께 대한 다섯 가지 사실들을 열거하라.
10. 그리스도께서 세상에 오심으로 해서 하나님께 대해 인간에게 어떤 영향이 미쳐졌는가?(행 17:30; 참조, 롬 3:25-26)
11. 바울이 예수님의 부활을 심판과 어떻게 연결지었는가?
12. 바울의 강연에 대한 반응은 어떠했는가?

■ 더 연구할 문제 ■

1. 본 장의 사건들을 지도에 표기하라.
2. 아덴에서의 바울의 활동에서 우리는 우리의 동료들에 대한 우리의 책임에 대하여 어떤 교훈을 배울 수 있는가?
3. 행 17:22의 바울의 말은, "범사에 종교성이 많도다" 또는 "너무 미신적이도다"로 번역될 수가 있는데, 어느 것이 옳다고 생각되는가? 그 이유를 설명하라.

제18장

알지 못함을 원치 아니하노니
(데살로니가전후서)

> ■ 연구 문제 ■
>
> 1. 데살로니가전후서의 역사적 배경에 대하여 말하라.
> 2. 왜 바울이 이 서신들을 기록했는가?
> 3. 무슨 교리들이 이 서신들에 가르쳐져 있는가?
> 4. 기독교인의 생활을 위한 어떤 충고를 바울이 데살로니가인들에게 주고 있는가?

유대인들의 반대로 인하여 바울이 어쩔 수 없이 데살로니가를 떠나게 되자, 그는 베뢰아로 갔다. 그곳에서 그는 활발하게 일할 수 있었다. 그러나 데살로니가의 유대인들이 베뢰아로 와서 소동을 일으킴으로 해서 바울은 베뢰아를 떠나지 않을 수 없게 되었다. 베뢰아에서 바울은 아덴으로 갔다. 그러나 데살로니가의 기독교인들에 대한 그의 관심 때문에 그는 디모데를 마게도냐로 다시 보내어 그들이 어떻게 지내고 있는가를 알아보게 하였다. 그런데 데살로니가 교회에 대한 좋은 소식을 가지고 디모데가 되돌아오자, 이 서신들을 바울이 써 보냈던 것이다.

1. 연대와 장소

데살로니가전후서 둘 다 바울이 2차 전도 여행 중에(A.D. 50년에서 53년 사이) 고린도에서 썼다.

2. 목적

바울이 이 서신들을 기록한 것은 데살로니가인들의 기독교 신앙을 격려해 주고, 그리스도의 재림에 대하여 알려 주며, 그리스도인의 생활에 대한 지침을 주기 위해서였다.

3. 개요

데살로니가전서	(장절)
Ⅰ. 데살로니가인들의 신앙에 대한 감사	1장
Ⅱ. 데살로니가인들에 대한 바울의 사랑을 회고함	2-3장
Ⅲ. 그리스도인의 생활 지침	4:1-12
Ⅳ. 그리스도의 재림에 대한 지침	4:13-5:11
Ⅴ. 그리스도인의 생활 지침(계속)	5:12-28

데살로니가후서	(장절)
Ⅰ. 장차 있을 심판에 대한 현재의 증거 ……………………	1장
Ⅱ. 그리스도의 재림에 대한 전조들…………………………	2장
Ⅲ. 지금 충실하게 일하라 …………………………………	3장

4. 내용

1) 주요한 강조점

　데살로니가전후서는 종말론을 다루고 있기 때문에 때때로 종말론 서신으로 불리고 있다. 서신들 가운데 여러 장절에 그리스도의 재림과 장차있을 심판에 대한 언급이 있다. 또한 몇몇 주요 장절에서는 마지막 일들에 대한 문제들을 다루고 있다. 데살로니가인들은 벌써 어떻게 될 것인가 하고 궁금해 하였다. 이에 대하여 바울은 그리스도께서 재림하실 때 이미 죽은 그리스도인들이 죽은 자 가운데서 일어나 공중에서 그리스도를 영접케 되리라는 것을 그들에게 확신 시켜 주었다.

　그리고 아직 살아남아 있는 그리스도인들은 그리스도와 그들의 부활한 형제들을 만나기 위해 올리어 가게 된다고 했다. 데살로니가전서 5:1-11에서 바울은 그리스도의 재림 시기에 대한 문제를 다루고 있다. 그는 데살로니가 사람들에게 그리스도의 재림은 그 시기를 정확하게 예견할 수 있는 성질의 어떤 것이 아니라는 것을 일깨워 주었다. 그리스도께서는 사람들이 예측하고 있는 때가 아니라, 밤중에 도적같이 오실 것이다. 데살로니가후서 1:6-10에서 바울은 그리스도인들을 핍박하는 자들에 대하여 말하고 있다.

　그는 그들에게 임할 하나님의 심판에 대하여 강력하게 말하고 있다. 우리가 기억해야 할 것은 그리스도의 재림이 하나님의 백성에게는 영광과 축복의 때일 것이지만, 그리스도와 그의 교회를 핍박한 자들에게는 심판과 형벌의 때일 것이라는 사실이다. 데살로니가후서 2:1-12에서 바울은 적 그리스도인 "불법의 사람"에 대하여 말하고 있다. 몇몇 데살로니가 신자들은 부활이 이미 지나간 과거지사(過去之事)라고 생각했다.

그러나 불법의 사람이 나타나기까지는 그리스도께서 재림하실 수 없다는 것을 바울은 그들에게 확실하게 말했다. 이 적그리스도는 자신을 하나님처럼 높이는 자일 것이다. 그러나 그리스도께서 재림하시는 때, 그가 "그의 입 기운으로"(살후 2:8) 적그리스도를 죽이실 것이다. 악의 세력들이 아무리 강력하다 할지라도 그들은 결코 하나님의 능력을 당해낼 수가 없다.

2) 다른 교리들

비록 바울이 데살로니가인들에게 비교적 짧은 기간 동안 말씀을 가르치며 전했지만, 기독교 교리에 대한 분명한 이해를 그들에게 심어 주었던 것이다. 그의 서신들을 통하여 그는 하나님, 선택, 부르심, 회심, 성화, 그리스도의 재림, 부활, 심판 등 많은 교리들을 언급하고 있다. 이 두 서신에서 하나님의 백성을 구원하는데 나타나 있는 하나님의 주권 사역을 바울이 강조한다. 바울은 데살로니가인들이 그가 전한 복음을 받아들였기 때문에, 성령이 그들의 심령 속에서 역사하신 것을 알고 있었다. 그는 하나님께서 그들을 선택하셨다는 것을 확신하였다. 바울은 말한다.

> 하나님이 우리를 세우심은 노하심에 이르게 하심이 아니요 오직 우리 주 예수 그리스도로 말미암아 구원을 얻게 하신 것이라 예수께서 우리를 위하여 죽으사 우리로 하여금 깨든지 자든지 자기와 함께 살게 하려 하셨느니라(살전 5:9).

그리고 그는 데살로니가후서에서 또 이렇게 말하고 있다.

하나님이 처음부터 너희를 택하사 성령의 거룩하게 하심과 진리를 믿음으로 구원을 얻게 하심이니(살후 2:13).

3) 실제 문제들

바울은 교리를 가르치는 것만으로는 결코 만족하지 않았다. 그의 목표는 사람들이 하나님의 진리에 대하여 아는 것뿐만 아니라, 이 진리가 그들의 생활에 변화를 가져오게 하는 것이었다. 데살로니가인들은 이혼과 성적 부도덕이 크게 문제화되어 있던 사회에서 살고 있었다. 그래서 바울은 그 같은 죄에 대하여 그들에게 경고하고 그들 자신의 남편과 아내와 함께 행복하게 살 것을 권장하였다(살전 4:1-8).

기독교인이 된 뚜렷한 증거 중의 하나는 형제 우애이다. 데살로니가인들은 이미 이 같은 형제 우애를 피차간에 잘하고 있었다. 그러나 바울은 계속해서 더욱 열심으로 형제 우애할 것을 권하였다(살전 4:9-10). 바울은 또한 그들에게 강권하여 하나님이 그들을 불러 맡기신 직업에 부지런하며 충실한 일꾼이 되라 하였다. 우리들에게는 기독교를 우리의 일상적인 일과는 무관한 어떤 것으로 생각하는 위험이 늘 있다.

그러나 바울은 결코 그렇게 생각하지 않았다. 진정한 기독교인의 표지 중의 하나는 하나님이 그에게 하라고 맡기신 직업을 잘 감당해 내는 것이다. 데살로니가후서에서 바울은 이 문제를 아주 상세하게 다루고 있다. 분명히, 어떤 기독교인들은 그리스도의 재림에 대한 바울의 가르침을 오해하고 있었다. 그들은 그들이 일하기를 그만두고 남의 일에 참견하기 좋아하는 자들이 되는 순간에 그리스도께서 오실 것으로 확신하고 있었다. 그래서 바울이 그들에게 경고하였다.

누구든지 일하기 싫어하거든 먹지도 말게 하라(살후 3:10).

4. 결론

이 서신들은 아직 믿음의 연륜이 짧은 자들에게 써 보내졌지만, 바울이 말씀을 가르치며 전하던 방법을 교회에게 일깨워 주는데 도움을 준다. 그는 전도자요 교사였다. 그는 사람들을 권하여 그리스도를 믿는 신앙에 이르게 했을 뿐만 아니라, 그리스도에 대하여 가르쳤다. 또한 바울은 목회자였다. 그의 간절한 소원은 그의 사역을 통해서 회심한 자들이 그가 섬기는 주 예수 그리스도에게 존귀와 영광을 돌리는 삶을 사는 것이었다.

■ 복습 문제 ■

1. 언제 어디에서 바울이 데살로니가전후서를 기록하였는가?
2. 왜 그가 이 서신들을 썼는가?
3. 어떤 점에서 바울이 데살로니가인들을 인하여 하나님께 감사했는가?(살전 1장)
4. 바울이 데살로니가인들 사이에서 어떻게 복음을 전하며 가르쳤는가?(살전 2장)
5. 어떤 형편으로 말미암아 바울이 데살로니가와 서신 연락을 하게 되었는가?(살전 3장)
6. 결혼에 대하여 바울이 어떻게 말하고 있는가?(살전 4장)
7. 그리스도께서 재림하실 때 무슨 일이 있게 되는가?(살전 4:13 이하)
8. 그리스도가 언제 재림하시는가?(살전 5장)
9. 그리스도의 재림을 예견하고 있다면, 어떤 형태의 삶을 살아야 하는가?(살전 5장)
10. 그리스도인들을 핍박하는 자들에게 무슨 일이 있게 되는가?(살후 1장)
11. 그리스도의 재림에 앞서 무슨 사건들이 반드시 있게 되는가?(살후 2장)
12. 게으름 피우는 자들에 대하여 바울이 어떻게 말하는가?(살후 3장)

■ 더 연구할 문제 ■

1. 그리스도의 재림 신앙이 어떤 영향을 당신의 생활에 미쳐야 하는가?
2. 기독교의 죽은 자의 부활 교리는 영혼 불멸 사상과 어떻게 다른가?
3. 데살로니가인들에게 서신을 써 보낼 때 왜 바울이 하나님의 선택의 은혜를 강조했다고 생각하는가?

제19장

이 성중에 내 백성이 많음이라
(행 18:1-28)

■ 연구 문제 ■

1. 고린도에서의 바울의 사역은 얼마나 효과가 있었는가?
2. 바울은 고린도를 떠난 후에 어디로 갔는가?
3. 에베소에서 아볼로가 어떤 가르침을 받았는가?

아덴의 저잣거리(시장터)에서 바울이 복음을 충실하게 전함으로 해서 아레오바고에서 철학자들에게 말할 수 있는 기회를 얻게 되었었다. 그의 메시지는 대부분의 철학자들에 의해서는 거절당했으나 몇몇은 믿었다. 그 후에 바울이 아덴을 떠나 고린도로 갔다. 이 두 도시는 굉장히 차이가 있었다. 아덴이 헬라 문화와 학문의 중심지였는데 반하여, 항구 도시인 고린도는 부도덕하기로 로마제국 전역에 널리 알려져 있었다.

1. 고린도에서의 사역

고린도에서 바울은 아굴라와 그의 아내인 브리스길라를 만났다. 그들은 유대인들이 로마에서 강제로 추방당했던 때에 거기에서 왔었다. 바울처럼 그들은 장막을 만드는 자들이었다. 바울은 고린도에서 복음을 전하는 동안 그들과 함께 거하며 함께 일하였다. 안식일에는 회당에 나가 유대인들에게 그리스도에 대하여 강론했다. 얼마 후에 유대인들 사이에서 반대하는 소리가 일어났다. 그들이 복음을 더 이상 들으려 하지 않자, "바울이 옷을 떨어 가로되 너희 피가 너희 머리로 돌아갈 것이요 나는 깨끗하니라. 이후에는 이방인에게로 가리라"(행 18:6)고 했다. 바울이 회당을 떠나 회당 바로 곁에 있는 디도 유스도의 집에서 복음을 전했다. 모든 유대인들이 다 그의 메시지를 거절한 것은 아니었다. 회당장 그리스보와 많은 다른 사람들이 믿었다. 이 때에 바울이 환상을 보았다. 주께서 그에게 나타나셔서 말씀하셨다.

> 두려워하지 말며 잠잠하지 말고 말하라 내가 너와 함께 있으매 아무 사람도 너를 대적하여 해롭게 할 자가 없을 것이니 이는 이 성중에 내 백성이 많음이라 (행 18:9).

공공연한 핍박이 아직은 전혀 없는 이 때에 바울이 주님께로부터 이 같은 격려를 필요로 했다는 것은 이상하게 보일지 모른다. 그러나 사실상 가장 위험한 때에만 격려가 필요한 것이 아니다. 이 점에서 바울도 우리들과 전혀 다를 바가 없었다. 그러나 그가 격려를 가장 절실하게 필요로 하는 때에, 그는 그것을 주님께로부터 받았던 것이다. 그 환상은 다가올 핍박에 대한 준비이기도 했다. 갈리오가 총독이 되자 유대인들이 그 앞에서 바울을 고소하였다.

그러나 갈리오가 그들의 고소를 받아들이지 않고 거부해 버렸다. 이는 바울이 로마의 법률을 깨뜨려서가 아니라 종교적인 이유로 유대인들의 감정을 상하게 함으로 해서 고소당한 것을 그가 알고 있었기 때문이다. 유대인들의 하찮은 불평조차도 갈리오 총독이 들어 주지 않게 되자, 헬라인들은 이를 기회로 삼아 유대인들에 대한 그들의 증오심을 털어 놓을 수 있게 되었다. 그리스보가 기독교인이 된 후에 회당장이 된 것으로 보이는 소스데네를 헬라인들이 총독 관저 바로 앞에서 잡아다 매로 때리되, 총독이 그 일에 전혀 상관하지 않았다.

2. 고린도를 떠남

바울은 일 년 육 개월을 고린도에 머무른 후에 고린도인들과 작별하였다. 그는 브리스길라와 아굴라를 데리고 수리아로 되돌아오기 시작했다. 그가 고린도의 항구인 겐그레아를 떠나기 전에, 일찍이 서원이 있었던 까닭에 그는 머리를 깎았다. 바울은 이방인들을 위한 사도였기 때문에 다른 유대인들이 이방인들을 강제로 모세의 율법에 순종케 하려 한 경우 완강하게 반대해 왔었다. 그러나 그는 자기 백성의 모든 관례들과 관습들을 버릴 필요는 없다고 생각했다. 바울이 에베소에 잠시 들려 유대 회당에서 복음을 전했다. 유대인들은 복음에 대하여 더 많은 것을 듣고자 하여 바울에게 더 오래 머물러 달라고 청했다. 그러나 바울은 머무를 수가 없어서, 빠른 시일에 다시 올 수 있도록 하겠다고 약속해 주었다. 그는 그곳에 브리스길라와 아굴라를 남겨두어 그들로 하여금 계속해서 복음을 전하고 이미 믿은 자들을 가르치게 했다. 바울 자신은 배를 타고 가이사랴로 갔다. 거기서 예루살렘으로 올라가 그곳 교회에 문안했다. 그리고 나서 수리아의 안디옥으로 되돌아갔다.

안디옥은 이렇듯 그의 선교 여행의 출발지요 또한 종착지였다. 잠시 안디옥에서 머무른 후에 바울은 그의 여행을 디시 떠났다. 2차 여행 때처럼, 갈라디아와 브루기아 지방들을 통하여 북쪽으로 여행했으며, 육로로 에베소까지 갔다.

3. 에베소에서의 아볼로

앞서 바울이 에베소를 떠난 후에, 아볼로라고 하는 알렉산드리아의 한 유대인이 에베소로 와서 사람들을 가르치기 시작했다. 그는 아주 웅변술에 능한 사람이었다. 그는 성경을 믿고 있었으나, 주 예수 그리스도에 대하여 온전하게 알고 있지는 못했다. 그는 세례 요한이 전한 메시지만을 배워 알고 있었던 것이다. 그러나 그는 그가 알고 있는 것을 전하고 있었다. 그가 에베소에 있을 동안에 브리스길라와 아굴라가 그의 말하는 것을 들었다. 그들은 그가 아직 알지 못하고 있는 것이 많다는 것을 알게 되었다.

그래서 주 예수 그리스도에 대해서와 바울이 전한 복음에 대해서 그에게 가르쳐 주었다. 아볼로가 천한 장막 만드는 자들에게서 기꺼이 배운 점으로 미루어 보아, 그는 참으로 겸손한 사람이었음에 틀림없다. 아볼로는 그가 아가야 지방으로 건너가는 것이 더 나을 것 같은 판단이 생겼다. 아마도 그의 생각에, 그가 에베소에서 세례 요한의 메시지를 전한 후에, 이제 와서 더욱 온전한 메시지를 전할 것 같으면 사람들이 이해하는데 어려움이 있을 것으로 판단한 듯하다.

에베소의 그리스도인들이 고린도의 그리스도인들에게 보내는 편지를 휴대하고서 아볼로가 고린도로 갔다. 거기서 그는 교회의 영접을 받았다. 아굴라와 브리스길라에게서 받은 메시지를 전하여, 그 도시에서 예수 그리스도의 교회에 크게 도움을 주었던 것이다.

■ 복습 문제 ■

1. 어떤 점에서 고린도가 아덴과 달랐는가?
2. 왜 바울이 아굴라와 브리스길라와 합하였는가?
3. 유대인들이 바울의 가르침에 어떤 반응을 보였는가?
4. 고린도에서 바울이 그의 사역을 어디에서 계속했는가?
5. 어떤 격려를 하나님이 바울에게 주셨는가?
6. 갈리오는 자기 앞에서 바울을 고소하던 유대인들을 어떻게 대했는가?
7. 에베소에서 바울이 어떻게 받아들여졌는가?
8. 에베소에서(행 18:21) 에베소까지(행 19:1) 바울의 여행을 추적해보라.
9. 아볼로가 어떤 가르침을 에베소에서 받았는가?
10. 아볼로가 고린도에서 어떤 성공을 거두었는가?

■ 더 연구할 문제 ■

1. 바울이 장막 만든 것은 선교 사업에 대하여 어떤 점을 우리에게 가르쳐주고 있는가?
2. 아굴라와 브리스길라의 사역에서 어떤 교훈들을 배울 수 있는가?
3. 하나님께서 이제는 흔하게 환상 중에 우리에게 말씀해 주지 않으신다. 그렇지만 바울이 받은 것과 같은 형태의 격려를 우리가 받을 수 있는지 설명하라.
4. 2차 전도 여행을 지도에 표기하라.

제 20 장

크도다 에베소 사람의 아데미여
(행 19장)

■ 연구 문제 ■

1. 왜 바울은 그가 에베소에서 만난 제자들에게 세례를 베풀어 주었는가?
2. 에베소에서의 바울의 사역은 얼마나 성공적이었는가?
3. 무엇이 원인이 되어 에베소에서 소동이 일어났는가?

　　바울이 수리아 안디옥을 떠나 3차 전도 여행에 나선 것은 A.D. 54년 봄이었던 것으로 보인다. 그는 길리기아를 통과하여 북쪽으로 여행하면서 다시금 갈라디아의 교회들을 방문했다. 그리고 나서 에베소를 향하여 서쪽으로 그의 발길을 옮겼다. 이는 그가 되돌아오겠다고 그곳 사람들에게 약속했었기 때문이었다. 그는 아볼로가 고린도로 떠나간 후에 에베소에 도착했다.

1. 다시 세례 받는 제자들

　바울이 에베소에 도착한 후 곧 믿음이 불완전한 몇몇 제자들을 만났다. 그들은 세례 요한의 메시지만을 알고 있었다. 그들이 팔레스타인에 있으면서 세례 요한에게 들었는지 아니면 아볼로에게서 메시지를 들었는지는 알 수가 없다. 그러나 그들이 예수님을 그리스도로 알지 못하고 있었기 때문에, 그들은 성령을 받지 못한 상태에 있었다. 그래서 바울이 그들에게 그리스도께서 이미 오셨었다는 것을 설명해 주었고, 그리고 그들은 예수의 이름으로 세례를 받았다. 이것은 신약에서 신자들이 거듭 세례를 받은 유일한 경우이다.

　바울이 그들에게 세례를 준 것은 초대교회 신자들이 오순절에 받았던 것처럼 그들이 성령을 받지 않았기 때문인 듯하다. 바울이 그들에게 안수하자, 그들이 성령을 받았다. 그들은 마치 오순절 날에 제자들과 고넬료의 집에서 신자들이 하였던 것과 같이 방언으로 말하고 예언도 하였다. 분명히 성령의 이 특별 은사들은 초대교회 기독신자들의 일반적인 표지였다.

2. 에베소에서의 사역

　에베소에서 바울은 유대인들과 또 마찰을 빚게 되었다. 잠시 동안은 그들이 바울을 기꺼이 경청하였지만, 그들 중에 몇몇이 그를 반박하고 나섰고 "이 도(道)"를 비방하기 시작했다. 그래서 바울이 두란노 서원에서 기독 유대인들(Christian Jews)을 만났다. 어떤 사본들에 의하면 바울이 에베소에서의 오수(낮잠) 시간인 오전 11시에서 오후 4시까지 서원을 사용한 것으로 되어 있다. 누가는 에베소에서의 바울의 사역에 대하여 거의 말하지 않고 있다. 바울은 에베소에 거의 3년이나 있었다. 그동안에 아주 심한 반대를 당했을 가능성이 있다.

이는 그가 "에베소에서 맹수로 더불어 싸웠"(고전 15:32)다고 고린도인들에게 써 보냈기 때문이다. 그러나 누가는 바울이 성공적으로 사역한 것에 대해서만 몇 가지로 언급하고 있다. 에베소에서 하나님이 바울에게 이 적들을 행할 수 있는 비상한 능력을 주셨다. 이로 말미암아 많은 무리들이 모여 들었다. 뿐만 아니라 귀신들을 내쫓을 수 있다고 주장한 몇몇 떠돌이 유대인의 시선을 끌었다. 스게바의 아들들이 "바울이 전파하는 예수를 빙자하여"(행 19:13), 즉 예수의 이름을 사용하여 귀신을 쫓아내 보려고 했으나, 오히려 귀신을 격노시키고 말았다.

그래서 그들은 크게 망신만 당하고 도망쳤다. 예수의 이름을 마술의 주문으로 시용하려고 한 스게바의 아들들의 시도마저도 복음의 역사를 위해 좋은 결과들을 낳았다. 즉, 이 일로 인하여 많은 사람들이 죄를 고백하였고, 많은 마술에 관한 책들을 불에 태워 버리는 역사가 일어났던 것이다. 또한 그 결과 복음의 능력이 놀랍게 증가되었다.

> 이와 같이 주의 말씀이 힘이 있어 흥왕하여 세력을 얻으니라(행 19:20).

3. 소동

바울이 에베소를 떠날 계획을 세우고 있었을 무렵에 적지 않은 소동이 일어났다. 에베소는 아데미 숭배의 중심지였다. 이 아데미는 신화에 흔히 나오는 사냥과 달의 로마 여신이 아니었다. 에베소의 아데미는 땅의 여신으로서 생명을 주고 비옥케 하는 자였다. 그 여신의 신전이 에베소에 있었다. 그러나 그 여신은 로마 제국 전역에서 숭배되었다. 에베소의 은장색(silver smith)들은 그 여신과 성전의 형상들을 만들어 장사함으로 많은 이익을 남겼다. 그런데 기독교가 전파됨에 따라 그들이 만들어 낸 상품에 대한 수요가 줄어들었다.

이로 말미암아 마침내 은장색들 중의 한 사람인 데메드리오가 다른 은장색들을 규합하여 바울이 그들의 장사를 망치며 그들의 여신을 모독하고 있다고 비난했다. 데메드리오는 영리한 사람이었던 까닭에, 은장색들을 선동하여 소동을 일으키게 했던 것이다. 소동을 일으킨 은장색들로 말미암아 온 도시가 뒤집히고 말았다. 데메드리오가 소동을 충동질한 것은 아데미를 기념하는 봄철 축제 기간 동안이었을지도 모른다. 그때에는 "크다 에베소 사람의 아데미여"라고 외침으로 해서 숭배자들을 쉽게 모을 수가 있었던 것이다. 곧 바로 온 도시가 요란해졌다.

무리들이 25,000명을 수용하는 시립 연극장에 몰려들었다. 사람들은 분명히 특별한 민회(民會)를 열기 위해서 연극장으로 들어가기를 원했으나, 아무것도 이루어진 것이 없었다. 그들은 바울을 찾지 못했던 것이다. 바울이 난동자들에게 연설하기 위해 연극장으로 들어가기를 원했으나, 그의 친구들이 지혜롭게 그를 설득시켜 그렇게 하지 않게 했다. 유대인들이 그들의 회원 중의 한 사람인 알렉산더를 보내어 말하게 했다. 그는 아마도 유대인들이 이들 기독교인들과 아무 관계가 없다는 것을 사람들에게 말하려고 했던 것이다.

그러나 무리들은 그가 유대인인 것을 보자, 그가 말할 수 없을 정도로 큰 소리를 질러냈다. 에베소인들이 유대인들을 좋아하지 않았음이 분명하다. 마침내 그 도시의 서기장이 무리를 안돈시키고 그들의 행동을 꾸짖었다. 그는 다음과 같은 사실들을 지적하여 말했다. 곧, 아무 법률도 범하여진 바가 없고, 여신이 모독된 일도 없다고 했다. 또한 만일 송사할 것이 있으면 에베소의 법정이 개방되어 있으므로, 데메드리오와 그의 친구들은 그들의 문제들을 해결하기 위해 법적 수단을 사용할 수 있다고 했다.

그리고 나서 사람들을 그가 흩으자 그들은 조용히 떠나갔다. 주목할 만한 사실은 이 때에 로마 관원들이 대개 교회에 대하여 호의적이었다는 점이다. 후에 가서야 로마 당국이 교회를 핍박하고 적대시하였던 것이다.

■ 복습 문제 ■

1. 바울은 에베소로 온 후 어떤 종류의 제자들을 금방 만났는가?
2. 어떤 가르침을 바울이 그들에게 주었는가?
3. 그들이 세례 받을 때 무슨 일이 있었는가?
4. 어떤 유대인들이 바울의 메시지를 거부했을 때 그는 어떻게 했는가?
5. 에베소에서의 바울의 사역은 얼마나 효과가 있었는가?
6. 스게바의 아들들이 무엇을 하려고 했는가?
7. 스게바의 아들들에게 무슨 일이 일어났는가?
8. 스게바의 아들들에게 일어난 사건으로 인하여 어떤 결과가 생겨났는가?
9. 데메드리오가 어떻게 은장색들을 선동했는가?
10. 은장색들에 의하여 벌어진 소동을 말해보라.
11. 서기장이 무리들을 어떻게 흩었는가?

■ 더 연구할 문제 ■

1. 1, 2차 여행의 경우처럼 3차 여행의 지도를 그려보되, 본 장의 사건들을 표기하라.
2. 다음의 구절들을 이용하여, 베드로와 바울의 사역들의 유사점을 밝히라(행 3:1–10; 5:12–16; 8:14–24; 9:36–43; 10:44–48; 12:6–11; 13:4–12; 14:8–11; 16:25–34; 19:1–7, 11–12; 20:7–12).
3. 사도행전 19:18–20에서 어떤 실제적인 교훈을 배울 수 있는가?
4. 하나님이 때때로 사탄을 이용하여 그의 나라를 확장하신다는 것을 본 장에서 밝히라.

제21장

고린도에 있는 하나님의 교회에게
(고린도전후서)

> ■ 연구 문제 ■
>
> 1. 이 서신들의 역사적 배경에 대해서 말하라.
> 2. 고린도전서에서 바울이 어떤 문제들을 다루고 있는가?
> 3. 바울이 왜 고린도후서에서 그의 사역에 대하여 많이 말했는가?
>   (참조, 고후 1:8 이하; 4:7 이하)

　2차 전도 여행 때 바울은 일 년 육 개월을 고린도에서 보냈다. 그래서 고린도교회는 많이 발전할 수 있었다. 그러나 이교적(異敎的)인 성격을 대체로 아직껏 벗어나지 못하고 있었다. 그러기에 이 같은 기독교 공동체에서는 많은 문제들이 일어나는 것이 당연한 것이다.

1. 연대와 장소

바울이 3차 전도 여행 중(A.D. 55년경) 에베소에서 말씀을 가르치며 전하고 있을 때 고린도에서 일어나고 있는 문제들에 대하여 소식을 듣고 알게 되었다. 그 때 그가 고린도전서를 써 보냈다. 그리고 고린도후서는 그가 에베소에서 고린도로 가는 도중 마게도냐의 어떤 곳(아마 빌립보인 듯함)에서 A.D. 56년경에 써 보냈다.

2. 목적

바울이 고린도교회의 형편에 대한 소식을 전해 들은 것은 고린도교회에 가족이 있는 글로에의 집 편으로부터였다. 그는 또한 어떤 질문들에 대하여 그의 해답을 구하는 편지를 고린도인들에게서 받기도 했다. 고린도전서는 고린도교회 안에서 일어난 문제들을 다루고 또한 고린도교회 교인들이 들어온 질문들에 대답하기 위하여 기록되었다. 바울은 만일 예수 그리스도가 주님으로 인정된다고 하면 모든 어려움들이 해결될 것이라는 사실을 강조했다.

바울이 에베소를 떠난 후에, 그의 첫 번째 편지의 결과들과 그 이후의 진전에 대하여 고린도로부터 소식을 들었다. 이 같은 소식을 듣고서 그가 고린도후서를 써 보낸 것이다. 고린도후서의 목적은 그의 사역과 사도권의 정당성을 주장하는데 있었다. 몇몇 고린도인들이 바울의 사도권을 부인하고 바울의 사역의 동기를 의심한 것이 분명하다. 비록 고린도후서에는 고린도인들이 바울의 사상들을 받아들이고 순종한 것을 인하여 감사한 것이 포함되어 있기는 하지만, 그 서신의 주요 취지는 이를 비난 자들에게 해답하는데 있다.

3. 개요

고린도전서 (장절)

Ⅰ. 문제들:
A. 분쟁에 대한 ·· 1-4장
B. 음행에 대한 ··· 5장
C. 소송에 대한 ··· 6장

Ⅱ. 질문들:
A. 혼인에 대한 ··· 7장
B. 우상 제물에 대한 ·· 8-10장
C. 예배의 방법에 대한 ·· 11장
D. 성령의 은사에 대한 ····································· 12-14장
E. 부활에 대한 ··· 15장
F. 연보에 대한 ··· 16장

고린도후서 (장절)

Ⅰ. 바울의 사역의 성격 ······································· 1-7장
Ⅱ. 연보의 본질 ·· 8-9장
Ⅲ. 바울의 사도권의 증명 ································· 10-13장

4. 내용

1) 문제들

고린도교회에는 주로 세 가지 문제들이 있었다. 즉, 분쟁들이 회원들 간

에 대두되었고, 공공연한 부도덕의 사례가 일어났으며, 고린도교인들이 서로 소송을 제기하고 있었다. 이 같은 문제에 대하여 바울은 예수 그리스도가 구세주(Saviour)이실 뿐만 아니라 주님(Lord)이신 사실을 강조하여 대답하고 있다. 분쟁을 다룸에 있어서, 바울이나 베드로나 아볼로가 중요하지 않다는 것을 바울은 지적하고 있다. 아무도 자신을 이 사람들 중의 누구에게 속하고 있는 것으로 생각해서는 안된다. 또한 마치 그리스도께서 그의 종 된 자들을 반대하여 권좌에 오르실 수 있기나 한 것처럼, 아무도 자기가 그리스도에게 속해 있는 것을 자랑해서도 안된다.

반대로, 그리스도가 모든 것이시다. 그는 모든 기독교 사역의 기초이시다. 그러므로 모든 충성을 오직 그에게만 바쳐야 한다. 이 같은 충성이 있는 경우 교회가 지도자들을 중심으로 하는 파당으로 분열될 위험이 전혀 없을 것이다. 이 같은 분쟁들이 고린도교회에서 일어났었다고 하는 사실은 고린도인들이 아직 영적으로 성숙되지 못했다는 증거였다. 그래서 바울이 그들에게 다음과 같이 말하고 있다.

> 형제들아 내가 신령한 자들을 대함과 같이 너희에게 말할 수 없어서 육신에 속한 자 곧 그리스도 안에서 어린아이들을 대함과 같이 하노라 내가 너희를 젖으로 먹이고 밥으로 아니하였노니 이는 너희가 감당치 못하였음이거니와 지금도 못하리라 너희가 아직도 육신에 속한 자로다 너희 가운데 시기와 분쟁이 있으니 어찌 육신에 속하여 사람을 따라 행함이 아니리요(고전 3:1-3).

고린도 사람들이 그리스도에게까지 성장할 필요가 있었던 것은, 그들의 생활의 모든 영역에서 그리스도가 주님으로 참되게 인정될 수 있기 위해서였다. 만일 그리스도가 참으로 주님이시라고 하면, 그의 교회 안에는 결코 부도덕이 있을 수 없다. 음행의 사례가 실제로 교회 안에서 일어났었기 때문에, 범죄한 자를 바로잡아 줄 생각에서 그를 징계할 것을 바울이 고린도인들에게 요구하였다. 범죄한 자가 전체 교회를 더럽히지 않도록 그들 가운데서 그를 쫓아내라고 했던 것이다.

비록 그리스도인들이 세상에서 악한 사람들과 더불어 살아야 한다 할지라도, 예수 그리스도의 교회는 그 안에 악하게 사는 자들로 들끓게 해서는 안된다. 바울은 그리스도인들 사이에서 된 소송에 대한 문제의 경우도 이와 마찬가지로 공격하고 있다. 그는 고린도 사람들에게 속해 있는 큰 특권들을 기억할 것을 그들에게 요구하고 있다.

> 우리가 천사를 판단할 것을 너희가 알지 못하느냐 그러하거든 하물며 세상일이랴(고전 6:3).

세상일들에 관하여 의견 차이가 그들 사이에 생기는 때에, 이 차이는 그들 간에서 해결되어야 하고, 세상 법에 소송을 제기해서는 안된다. 법정에 소송을 제기함으로 해서 그리스도의 주님 되심(Lordship)을 우리가 부인하는 것보다는 차라리 우리의 재물을 사기 당하는 편이 더 나은 것이다.

2) 질문들

글로에의 집 식구들에 의하여 알게 되었던 문제들을 다룬 후에, 바울은 고린도인들이 자기에게 보냈었던 편지에 제기되어 있었던 몇 가지 질문들을 다룬다. 그는 먼저 혼인 문제를 다루고 있다. 고린도의 이교적(異敎的) 분위기에서는, 혼인에 대한 기독교의 가르침이 아주 이상하고 가혹하게 들렸을 것임에 틀림없다. 고린도인들이 혼인에 대하여 많은 질문들을 물었으며, 바울은 그 질문들을 각각 다루고 있다. 각 경우마다, 혼인이 종신 제도라고 한 주 예수 그리스도의 가르침을 그는 지침으로 삼고 있다.

혼인은 두 사람이 서로에게 전부를 주는 연합이다. 이 전형적인 연합이 가능한 한 유지되어야 한다는 것을 바울이 주장하고 있다. 한쪽이 불신자인 경우일지라도, 신자는 혼인을 지속시키기 위해 그의 힘이 닿는 한 모든 노력을 다 기울여야 한다. 몇몇 고린도인들이 당면한 문제들 때문에, 바울은 결혼하지 않은 자들의 경우 혼인하지 않은 것이 더 낫다고 충고하였다. 그러나 그는 이것을 명령으로 말한 것이 아니었다. 그의 주장은, 일단 결혼이 성립되면, 결혼에 대한 책무들이 충실하게 이행되어야 한다는 것이다.

고린도의 환경으로 말미암아 생겨난 또 다른 하나의 질문은 우상에게 드려진 제물을 먹는 것에 대한 것이었다. 고린도에는 많은 이교의 성전들이 있었다. 그래서 그곳에서는 시장에서 파는 거의 대부분의 고기들이 우상에게 제물로 이미 바쳐진 것들이었다. 몇몇 기독교인들은 양심으로 말미암아 그 같은 고기 먹는 것을 삼가했다.

그러나 다른 사람들은 양심에 거리낌 없이 그것을 먹었다. 이로 인하여 두 그룹의 기독교인들 사이에 문제가 생겨났다. 그래서 바울이 신령한 원리들에 기초하여 그 문제를 다루고 있다. 가장 중요한 것은 하나님께 대한 인간의 관계이다. 그러므로 그리스도인은 각각 자기 양심이 허락하는 것만을 행해야 한다. 우상에게 드려진 고기를 먹을 수 있는 자들은 그들의 연약한 형제의 양심을 해치지 않도록 주의해야 하고, 연약한 자들은 그러한 고기를 먹을 수 있는 강한 기독교인을 판단해서는 안된다.

이 원리들은 그들이 의견을 달리하고 성경이 그에 대하여 특정한 계명을 제시하지 않고 있는 윤리에 대한 모든 문제들에 적용되어야 한다. 고린도교회에서는 예배에 관한 두 가지 질문들이 대두되었다. 하나는 교회 내에서의 여자들의 지위에 대한 것이었고, 다른 하나는 성찬을 어떻게 기념하는 것이 합당한 것인가에 대한 것이었다. 바울은 첫 번째 질문을 다룸에 있어서 하나님이 여자를 남자에게 짝이되게 만드셨다는 것을 고린도인들에게 일깨워 주고 있다.

그렇다고 해서 남자들이 여자들보다 더 잘 낫다는 뜻은 결코 아니다. 하나님께서 여자를 남자의 배필(돕는 자)로 지으셨다는 것을 의미한다. 이는 마치 예수 그리스도께서 성부 하나님과 동등하시지만 하나님의 구속 계획을 성취하기 위해서 그가 하나님의 종이 되신 것과도 같다. 그러므로 바울은 예배 의식이 남자들에 의해서 집행되어야 한다는 것과, 하나님께서 남자에게 주신 권위에 대하여 여자들이 존경을 표하고 그 권위에 순복해야 한다는 것을 주장하고 있는 것이다.

성찬을 다룸에 있어서 바울은 아주 고약한 상황에 직면했었다. 고린도인들은 성찬을 떼기 전에 먼저 애찬(Agape feast)을 먹으려 함께 모이곤 하였다. 이 애찬이 성도의 교제를 나타내는 훌륭한 방법일 수가 있었는데 고린도의 경우는 정반대가 되고 말았다. 모든 신자들이 각자 자기 음식을 가지고 왔다. 그러나 고린도 사람들은 음식을 나누어 먹지 않았다. 부자들은 부자끼리 먹고, 가난한 자들은 자기들끼리 먹도록 버림받았다. 결국 어떤 사람들은 부끄러워하는가 하면, 다른 사람들은 배부르게 먹고 심지어는 술에 취하기도 한 듯하다.

그런 까닭에, 부자나 가난한 자나 다 마찬가지로 성찬을 올바르게 기념할 상태에 있지 못했던 것이다. 바울은 합당한 태도로 성찬에 참여하는 것이 중요하다는 것을 강조하고 있다. 우리가 성찬을 받기 전에, 성찬에서 예수 그리스도의 피와 살을 영적으로 분별할 수 있을 만큼 우리의 심령과 마음의 상태가 갖추어져 있는가를 확실히 하기 위해 우리는 자신을 살필 필요가 있는 것이다.

고린도인들에게는 성령의 은사들을 바르게 사용하는 것에 대한 문제들이 있었다. 하나님께서 모든 시대의 자기 백성들에게 주시는 은사들 외에, 예언하고 방언으로 말하는 능력과 같은 성령의 특별한 은사들이 초대교회에 주어져 있었다. 그런데 고린도교회에서 이 은사들이 개인적인 영적 진보를 위해서 그리고 이기적인 동기로 사용되고 있었다. 고린도인들은 방언으로 말하는 능력과 같은 가장 눈에 띄는 그러한 은사들을 사모하였다.

그러나 바울은 다른 사람들에게 유익을 주는 은사가 그리스도인의 가장 고귀하고 신령한 은사들이라고 주장하고 있다. 이 문제를 다루면서 바울이 사랑의 찬송인 유명한 고린도전서 13장을 기록했다. 이 13장은 바울의 논증에 있어서 중요한 단계를 이루고 있다. 그는 이 장을 소개하려고 함에 있어서 먼저, "너희는 더욱 큰 은사를 사모하라. 내가 또한 제일 좋은 길을 너희에게 보이리라"(고전 12:31)고 말하고, 그리고 13장을 말하고 나서는, "사랑을 따라 구하라 신령한 것(은사)을 사모하되 특별히 예언을 하려고 하라"(고전 14:1)고 말하고 있다. 은사들에 대한 우리의 소원은 사랑이 동기가 되어야 하고, 하나님의 은사들을 사용할 때에는 사랑에 의하여 인도함을 받아야 하는 것이다.

하나님께서 자기의 은사를 개인들에게 주신 것은 주로 자기 자신들의 유익을 위해서가 아니라, 교회의 유익을 위해서였다. 은사는 그 목적을 위해서 언제나 사용되어야 하는 것이다. 고린도전서 15장은 전체 신약 성경 중에서 그리스도와 신자들의 부활에 대하여 가장 상세하게 진술한 장절이다. 그 장에서 바울은 우리를 죄에서 구원하신 그리스도의 중요성을 분명하게 진술하고, 그리고 그리스도께서 재림하시며 죽은 자들이 일어나게 되는 때에 무슨 일이 신자들에게 있게 되는가를 말해 주고 있다.

3) 연보

바울은 고린도전후서 모두에서 예루살렘 성도들을 위한 연보문제를 다루고 있다. 그는 고린도인들이 이 문제에 있어서 뒤떨어지지 않기를 간절히 바랐다. 그들은 그들이 연보를 하겠다고 약속한 바 있었으므로, 바울은 그들이 그들의 약속을 지키게 되기를 원하였던 것이다. 그래서 특히 고린도후서에서, 바울이 그들에게 강권하여 그리스도의 본을 따르라고 하고 있다.

> 우리 주 예수 그리스도의 은혜를 너희가 알거니와 부요하신 자로서 너희를 위하여 가난하게 되심은 그의 가난함을 인하여 너희로 부요케 하려 하심이니라 (고후 8:9).

4) 사도권

고린도후서는 바울의 사역에 대한 기술(記述)과 그의 사도권에 대한 해명으로 거의 전부가 기록되어져 있다. 바울은 그가 예수 그리스도의 사역자라는 사실을 강조하고 있다.

> 우리가 우리를 전파하는 것이 아니라 오직 그리스도 예수의 주(主)되신 것과 또 예수를 위하여 우리가 너희의 종 된 것을 전파함이라(고후 4:5).

고린도후서에서 바울은 그가 전한 메시지를 아주 잘 요약해 놓았다.

> 그런즉 누구든지 그리스도 안에 있으면 새로운 피조물이라 이전 것은 지나갔으니 보라 새것이 되었도다 모든 것이 하나님께로 났나니 저가 그리스도로 말미암아 우리를 자기와 화목하게 하시고 또 우리에게 화목하게 하는 직책을 주셨으니 이는 하나님께서 그리스도 안에 계시사 세상을 자기와 화목하게 하시며 저희의 죄를 저희에게 돌리지 아니하시고 화목하게 하는 말씀을 우리에게 부탁하셨느니라 이러므로 우리가 그리스도를 대신하여 사신(使臣)이 되어 하나님이 우리로 너희를 권면하시는 것같이 그리스도를 대신하여 간구하노니 너희는 하나님과 화목하라(고후 5:17-20).

■ 복습 문제 ■

1. 어떤 사건들로 말미암아 이 서신들을 기록하게 되었는가?
2. 언제 어디에서 이 서신들이 기록되었는가?
3. 고린도전서의 목적은 무엇이었는가? 그리고 고린도후서의 목적은?
4. 이 세상의 지혜를 하나님께서 어떻게 평가하고 계시는가?(고전 1:18 이하)
5. 거짓 종교에 대한 그리스도인들의 합당한 태도는 어떤 것인가?
 (고전 10:14 이하)
6. 하나님께서는 왜 그리스도인들에게 각기 다른 은사들을 주셨는가?
 (고전 12:12 이하)
7. 그리스도의 부활이 왜 중요한가?(고전 15:12 이하)
8. 그리스도께서 재림하실 때 그리스도인들에게 무슨 일이 일어나게 되는가?(고전 15:20 이하, 50 이하)
9. 그리스도인들이 주님께 어떻게 연보를 바쳐야 하는가?(고후 9:6 이하)
10. 고린도후서 11:16 이하를 근거로 하여 바울이 어떤 유형의 사역을 행했는가를 기술하라.

■ 더 연구할 문제 ■

1. 고린도전서 1-4장에서 볼 때 교파 분열은 그릇된 것인가? 이를 설명하라.
2. 우상 제물에 대한 바울의 가르침을 극장에 가는 것과 같은 현대 문제에 적용하여 말해 보라.
3. 왜 어린아이들에게는 성찬에 참여하는 것이 허락되지 않는가?

제22장

구원을 주시는 하나님의 능력
(로마서)

> ■ 연구 문제 ■
>
> 1. 로마서의 역사적 배경에 대하여 말하라.
> 2. 하나님 앞에서의 인간의 상태에 대하여 로마서는 어떻게 가르쳐 주고 있는가?
> 3. 구원에 대하여서는 어떻게 가르쳐 주고 있는가?
> 4. 그리스도인들의 의무에 대하여는 어떻게 가르쳐 주고 있는가?

　우리 성경에서 로마서가 바울 서신들 중에 맨 처음에 실려 있다. 이는 로마서가 맨 처음에 기록 되었다거나, 로마교회가 로마 제국 내에서 가장 중요한 교회였기 때문이 아니다. 로마서는 하나님께서 예수 그리스도를 통하여 우리에게 마련해 주신 구원을 가장 놀랍게 소개해 놓았기 때문에 특히 중요하다.

1. 연대와 수신자

바울에게는 로마를 방문코자 하는 오랜 소원이 있었다. 그래서 곧 이루어지기를 소원하던 그의 방문을 위한 예비적 조치로서 이 서신을 기록한 것이다. 그가 마게도냐와 아가야에 있는 교회들에게서 모은 연보를 예루살렘 교회로 가지고 가려 하던 때, 즉 바울의 3차 여행이 끝날 무렵인 A.D. 58년 또는 59년 봄에 이 서신이 기록된 듯하다. 바울이 로마에 가본 일은 전혀 없었다.

그렇다면 로마교회가 어떻게 형성되었을까?

로마 가톨릭교회는 사도 베드로에 의하여 세워졌다고 주장하나, 이 주장은 아주 의심스럽다. 로마서 15:20에 보면 어떤 다른 사도가 이미 일한 곳에서는 일하지 않는 것이 자기의 원칙이라는 것을 바울이 선언하였다. 어떤 개신교 학자들은 오순절에 참여하여 회심하였던 로마 사람들에 의해 로마교회가 세워진 것으로 생각하고 있다. 한편 다른 사람들은 바울에 의하여 회심하였다가 후에 로마로 이주해 간 사람들에 의하여 로마교회가 세워진 것으로 믿고 있다. 그러나 이 두 요소들이 다 로마교회에 있었으며, 그 교회는 회심한 자들이 다른 사람들에게 증거함에 따라 수적으로 부흥했던 것으로 보인다.

2. 목적

바울이 기독교의 구원 교리를 체계적으로 그리고 명료하게 소개하기 위하여 이 서신을 기록하였다. 본서의 주제는 로마서에 나타나 있다.

> 복음에는 하나님의 의가 나타나서 믿음으로 믿음에 이르게 하나니 기록된 바 오직 의인은 믿음으로 말미암아 살리라 함과 같으니라(롬 1:17).

3. 개요

로마서	(장절)
Ⅰ. 서론	1:1-17
Ⅱ. 구원의 보편적 필요	1:18-3:20
Ⅲ. 구원의 은혜로운 준비	3:21-5:21
Ⅳ. 구원의 성결 효과	6-8장
Ⅴ. 구원의 역사적 범위	9-11장
Ⅵ. 구원의 실제적 결과	12:1-15:14
Ⅶ. 개인적인 말	15:15-16:27

4. 내용

하이델베르크 요리문답에는, 복음이 세 부분(죄, 구원, 봉사)으로 나뉘어 소개되어 있다. 이 세 요점들은 로마서에서 취해진 것들이다. 그러므로 이 세 항목들 아래 로마서를 살피는 것이 좋을 줄로 안다.

1) 죄

바울은 서론으로 몇 마디의 말을 한 후에, 로마인들에게 보내는 그의 서신을 시작함에 있어서 모든 사람들이 죄 아래 있다는 것을 밝히고 있다. 이방인들은 그들이 전에 알고 있던 참 하나님을 버리고 자신들이 만들어낸 거짓된 신들을 섬긴 까닭에 불의(不義)를 범하였다. 그들의 불경건 때문에 하나님은 그들이 사악함에 빠지게 허락하셨다. 한편, 유대인들은 스스로 의롭게 여기는 죄(자기의, 自己義)를 범하였다. 그들은 하나님의 율법을 자기네들이 가지고 있는 사실을 자랑하였다. 그러나 이 율법을 지키지 않았다.

그러므로 비록 그들이 더 도덕적이요 더 종교적이었지만, 그들도 이방인들처럼 유죄하였다. 바울은 다음과 같이 정죄하여 결론 짓고 있다.

> 우리가 알거니와 무릇 율법이 말하는 바는 율법 아래 있는 자들에게 말하는 것이니 이는 모든 입을 막고 온 세상으로 하나님의 심판 아래 있게 하려 함이니라 그러므로 율법의 행위로 그의 앞에 의롭다 하심을 얻을 육체가 없나니 율법으로는 죄를 깨달음이니라(롬 3:19-20).

2) 구원

바울이 모든 사람들의 죄악성을 기술하고 있는 것은 그저 사람들을 절망 가운데 처하게 하기 위함이 아니다. 대신에, 예수 그리스도를 믿는 자들에게 제공되는 하나님의 의를 보여 주기 위함인 것이다. 비록 사람이 율법으로는 의롭다 함을 받을 수 없지만 그리스도를 믿는 신앙을 통해 하나님 앞에서 의롭게 될 수가 있다. 의가 믿음으로 말미암는다는 것을 입증하기 위해서, 바울은 아브라함의 경우를 실례로 들어 소개하였다.

그가 하나님 앞에서 의롭다고 선언된 것은 그가 선한 행실들을 행하였기 때문이거나 할례를 받은 까닭이 아니라, 그가 여호와를 믿었기 때문이었다(창 15:6). 우리가 필요로 하는 의가 그리스도로 말미암아 제공되어 있다는 것을 증명하기 위해서, 바울은 그리스도의 완전한 순종을 아담의 불순종에 비교시키고 있다. 그런데 그리스도의 순종으로 말미암아 그의 의가 획득되었는가 하면, 아담의 불순종으로 말미암아 사람들이 죄 가운데로 전락되었던 것이다.

> 한 사람의 순종치 아니함으로 많은 사람이 죄인 된 것같이 한사람이 순종하심으로 많은 사람이 의인이 되리라(롬 5:19).

예수 그리스도께서 마련하여 제공해 주시는 의로 말미암아 사람이 그저 하나님 앞에서 흡족한(즉, 받으실 만한) 존재가 되고 그래서 죄 가운데 여전히 살아도 되는 것은 결코 아니다. 반대로, 그리스도를 신뢰하는 자들은 죄에 대하여 이미 죽었다. 그들은 하나님께 순종하여 살아야 하는 것이다. 그러나 우리가 이 세상에서 사는 동안에는, 우리의 죄악 된 성질(본성)이 우리에게 남아있다. 그러기에 우리가 하나님의 율법을 읽고 그것에 비추어 우리 자신을 살펴 볼 것 같으면, 거듭거듭 우리가 하나님의 계명들을 범하고 있다는 것을 발견케 되는 것이다.

기독교인과 비기독교인간의 차이점은 기독교인이 죄가 없다는 점이 아니고, 기독교인은 하나님의 율법을 범하기를 원치 않는다는 점이다. 그러므로 기독교인은 바울의 경우처럼 이렇게 말할 수가 있다.

> 내가 원하는 바 선은 하지 아니하고 도리어 원치 아니하는 바 악을 행하는도다 (롬 7:19).

그렇지만 하나님은 우리가 항상 죄에게 져서 사는 것을 허락치 않으신다. 하나님은 우리를 그리스도를 통해서 구원하신 후에 우리에게 성령을 주신다. 이 성령이 우리의 심령 안에 거하여 살으시며, 우리로 하여금 하나님의 일들을 사랑하게 하시고, 우리가 하나님의 자녀인 것을 증거하시며, 우리에게 기도를 가르쳐 주실 뿐만 아니라, 우리를 위해서 기도해 주신다. 그러나 내주하시는 성령으로 하나님의 축복이 끝나는 것이 아니고, 우리에게는 우리가 어느날 홀연히 변화되어 하나님의 자녀들을 위한 영광을 받게 될 것이라는 소망이 또한 있는 것이다. 그래서 바울이 이렇게 결론하고 있다.

> 만일 하나님이 우리를 위하시면 누가 우리를 대적하리요 … 내가 확신하노니 사망이나 생명이나 천사들이나 권세자들이나 현재 일이나 장래 일이나 능력이나 높음이나 깊음이나 다른 아무 피조물이라도 우리를 우리 주 그리스도 예수 안에 있는 하나님의 사랑에서 끊을 수 없으리라(롬 8:31, 38-39).

로마서 9-11장에서 바울은 이스라엘, 즉 구약에서 하나님의 택한 백성이었던 민족을 다루고 있다. 그는 이스라엘이 은혜의 복음을 거절했기 때문에 하나님이 이스라엘을 버리셨다는 것을 지적하였다. 그러나 하나님이 이스라엘을 완전히 버리신 것은 아니다. 바울 자신이, 다른 유대인들과 더불어 이에 대한 증거(즉, 하나님이 완전히 버리신 것이 아니라는 증거)이었다. 참으로, 바울은 하나님께서 유대인들에게 그의 은혜를 계속 나타내 보이실 것이라고 약속하고 있다. 비록 그들이 하나님의 택한 백성으로서의 그들의 위치는 상실했지만, 그들 중의 얼마가 믿음으로 말미암아 교회의 회원이 될 것이다. 교회는 하나님의 신약백성이다.

3) 봉사

로마서의 마지막 네 장에서 바울은 예수 그리스도의 복음의 실제적 적용들을 다루고 있다. 그는 하나님의 백성들에게 사랑 안에서 함께 지내고, 서로 섬기며, 하나님이 그들에게 주신 은사들을 교회의 유익을 위하여 사용할 것을 권면하고 있다. 또한 하나님의 백성들이 세속 정부에게 복종할 것을 주장하고 있는데, 이는 하나님께서 사람들의 유익을 위하여 그 같은 정부를 세우셨기 때문이었다. 바울은 믿음이 연약한 자들이 있는 것을 알고서, 믿음이 강한 자자들에게 그들을 용납하여 그들을 도와 그들이 그리스도의 은혜 안에서 성장할 수 있게 하라고 말하고 있다.

> 우리 강한 자가 마땅히 연약한 자의 약점을 담당하고 자기를 기쁘게 하지 아니할 것이라 우리 각 사람이 이웃을 기쁘게 하되 선을 이루고 덕을 세우도록 할지니라(롬 15:1-2).

로마서는 바울의 장래 계획에 대한 개인적인 말들과 그가 잘 아는 교회 회원들에 대한 인사말로 끝맺어져 있다.

■ 복습 문제 ■

1. 언제 누구에게 로마서가 써 보내졌는가?
2. 로마 교회가 어떻게 세워진 듯한가?
3. 바울이 무슨 목적으로 이 서신을 기록하였는가?
4. 이방인들에 대해서 바울이 어떻게 말하고 있는가?(롬 1:18 이하)
5. 유대인들에 대해서 바울이 어떻게 말하고 있는가?(롬 2장)
6. 하나님께서 인간을 위해 죄로부터의 탈출구를 어떻게 마련해 주셨는가?(롬 3:21 이하)
7. 아브라함이 어떻게 의롭다 함을 받았는가? 왜 이것이 중요한가?(롬 4장)
8. 하나님께서 어떻게 아담의 죄의 결과를 압도하셨는가?(롬 5:12 이하)
9. 그리스도를 믿으면 어떤 결과들이 있게 되는가?(롬 6장)
10. 율법이 그리스도인들에게 어떤 유익이 있는가?(롬 7장)
11. 성령은 그리스도인들을 위하여 어떤 역할을 해 주시는가?(롬 8장)
12. 왜 하나님께서 이스라엘을 버리셨는가?(롬 10:14 이하)
13. 동료 기독교인들과 교회에 대한 기독교인들의 의무 다섯 가지를 열거하라(롬 12장).
14. 시민으로서의 기독교인들의 의무 세 가지를 열거하라(롬 13장)
15. 우리와 의견을 달리하는 그들을 어떻게 다루어야 하는가? (롬 14:13 이하)

■ 더 연구할 문제 ■

1. 로마서가 종교 개혁에서 어떤 역할을 담당했는가?
2. 바울은 우리가 믿음으로 말미암아 의롭다함을 받는다고 가르치는가 하면 그리스도로 말미암아 의롭다 함을 받는다고는 가르치고 있다. 그렇다면 이 둘은 어떻게 관련되어 있는 것인가?

제23장

하나님의 뜻을 다 전하였음이라
(행 20장)

> ■ 연구 문제 ■
>
> 1. 바울이 에베소를 떠난 후에 어디로 갔는가?
> 2. 드로아에서 무슨 일이 일어났는가?
> 3. 밀레도에서 에베소 장로들에게 바울이 무슨 말을 했는가?

　바울은 에베소에서 3년을 보내면서 복음 사역을 아주 성공적으로 수행하였다. 그의 성공이 굉장한 것이었다고 하는 사실은 데메드리오와 은장색들이 선동한 소동을 보아서 능히 짐작할 수가 있다. 소동이 진정된 후에, 바울과 그의 동료들은 그들의 계획을 따라 에베소를 떠났다. 이 때에 바울에게는 원대한 계획들이 있었다. 즉, 그는 마게도냐와 아가야를 두루 살피고, 그리고 나서 예루살렘으로 가서, 예루살렘을 방문한 후에 로마로 가려는 뜻을 품고 있었던 것이다.

1. 마게도냐와 헬라에서

바울은 에베소를 떠나 북서쪽을 향해 마게도냐로 갔다. 그는 그가 세웠던 교회들을 방문하고 "여러 말로 제자들에게 권하였다"(행 20:2). 이로 보건대 그가 그저 서둘러서 여행한 것이 아니라 얼마동안 거기에 머물렀다는 것을 알 수 있다. 이 여행에서 그는 그가 전에 방문하지 아니했던 몇몇 도시들도 방문한 듯하다. 그가 로마인들에게 일루리곤까지(즉, 지금의 유고슬라비아 국경 지대까지) 복음을 전했다고 말한 것은 그의 3차 여행을 두고 말한 것 같다. 마게도냐를 두루 다닌 후에 바울은 남쪽으로 향하여 아가야로 갔다.

거기서 그가 고린도교회를 방문했다. 그 도시에서 로마교회에게 서신을 써 보냈던 것이다. 고린도에서 3개월을 보낸 후에 바울은 배를 타고 수리아로 직행할 계획을 세웠다. 그러나 유대인들이 그의 생명을 노려 음모를 꾸미고 있다는 사실을 알게 되어, 바울과 그의 동료들은 그들의 계획을 바꾸어 마게도냐로 되돌아가, 오순절 직후에 빌립보에서 배를 탔다. 그들은 드로아로 여행하여 거기서 일주일을 체류하였다.

2. 유두고

유두고는 교회에서 졸음으로 인하여 그 이름이 역사에 길이 남은 사람이다. 주일 저녁 드로아의 제자들이 바울의 강론을 듣고자 모였다. 이는 바울이 다음날 아침에 떠나고자 했기 때문이었다. 이 날따라 바울이 장황하게 강론을 계속하여 밤중까지 말을 이어갔다. 기독신자들은 횃불을 켜고 다락방에 모였는데, 그 횃불은 빛 뿐만 아니라 열도 냈다. 그래서 유두고가 시원한 공기를 쏘이려고 창가에 앉았었다. 그러나 방 기운이 따뜻해지고 시간이 너무 늦어지자 그는 견디지 못하고 졸린 나머지 삼층에서 땅으로 떨어져 죽었다. 바울이 그의 방문을 끝마치려는 이때 무슨 참변인가! 그러나 바울은 하나님에게서 능력을 받아 유두고를 회생시켜 주었다.

그 후에 그들이 성찬 예식을 행하고 날이 새기까지 계속하여 함께 이야기하다가, 바울과 그의 동료들은 떠났다. 드로아를 떠난 후에 배가 갑(岬)을 돌아 항해한 연후에야 앗소에 멈추도록 되어 있었다. 배로는 긴 여행이었으나 육로로는 짧은 거리였다. 어떤 이유에서인지는 알 수 없으나, 바울의 나머지 일행이 배로 갔는데 반하여 바울만은 밤새워 강론하였으면서도 걸어서 드로아에서 앗소까지 갔다.

3. 밀레도에서

앗소에서 바울이 배로 온 나머지 일행과 합류하여 소아시아의 해안을 따라 남쪽으로 항해하여 가다가 몇 군데를 들렸다. 바울이 에베소로 되돌아가지 않기로 결심했는데, 이는 그가 거기서 지체할까 염려되었기 때문이었다. 그는 한 달 남짓한 오순절까지는 예루살렘에 도착하고 싶어했다. 그러나 배가 밀레도에서 며칠을 정박하며 짐을 싣고 푸자, 사람을 에베소로 보내어 장로들을 밀레도로 오게 하였다. 그는 환란이 예루살렘에서 그를 기다리고 있다는 경고를 이미 여러 번 받은 바 있었고, 그 또한 에베소 사람들을 다시는 보지 못할 것으로 생각되어졌다.

그래서 그는 이 마지막 기회를 이용하여 에베소교회 직원들에게 장차 그들이 맡아야 될 책임들을 새겨 주고 싶었던 것이다. 장로들에게 한 바울의 말은 그가 그리스도인들을 상대로 하여 말한 것들 중에 유일하게 기록되어 있는 말씀이다. 그 말씀에는 바울이 그의 동역자 된 이 사람들에게 그의 마음의 문을 활짝 열어 놓은 것이 나타나 있다. 그는 3년 동안 그가 에베소에서 수행했던 사역에 대해서 그들에게 말했다. 그는 하나님의 뜻을 충성스럽게 다 전하되, 공중 앞에서 뿐만 아니라, 사사로이 집집마다 다니면서 하였다.

그는 사람들의 마음을 사기 위해 복음의 어떤 부분을 감추는 일이 없이, 그리스도 안에 있는 하나님의 은혜에 대한 메시지를 전부 다 그들에게 소개해 주었었다. 이 같은 사역을 수행하는 동안 그는 스스로 장막을 만들어 생계를 유지하였었다. 그래서 아무도 그가 이(利)를 보려고 복음을 전하고 있다는 비난을 할 수가 없었다. 바울이 그의 사역(복음을 가르치며 전한 것)을 회고한 것은 장로들이 그를 그들의 모범으로 삼을 수 있도록 하기 위함이었다.

그들이 그리스도를 위해 충성스럽게 수고해야 하는 것은 돈을 위해서가 아니라, 사람들이 복음을 필요로 했기 때문이었다. 그리고 나서 바울은 이 사람들의 어깨 위에 직접 에베소교회를 보살피는 책임을 지워 주었다. 그들이 곧 직면하게 될 위험들(밖에서 오는 핍박과 안에서 생겨나는 거짓 교사들)에 대하여 그들에게 경고해 주었다. 또한 그들에게 권하여 그를 자신의 영적 생활과 교회에 대하여 유의할 것을 당부했다.

하나님이 그들에게 감독의 직분을 주셨던 것이다. 그들은 목자들이 자기네들의 양을 돌보듯이 교회를 돌보아야 했다. 또한 순수한 하나님의 말씀이 교회에 먹여지고 있는가도 확인해야 했다. 이것이 바울이 그들에게 준 위대한 직무였다. 이 직무는 여러 세기를 통하여 그리스도의 교회의 장로들에게 전해져 내려온 것이다. 그러나 그가 이 책임을 그들에게 맡기면서 그는 장로들을 하나님의 은혜에 부탁하였다. 하나님은 사람들 안에서 그리고 그들을 통해서 일하시기 때문에 그가 그들에게 지워 주는 책임들을 그들이 감당할 수 있게 힘을 주시는 것이다.

장로들은 바울을 다시 볼 수 없게 되리라는 말을 듣게 되자 슬픔에 복받쳐 크게 울며 목을 안고 울었다. 그들은 진실로 그를 깊이 사랑하였던 것이다.

■ 복습 문제 ■

1. 바울이 에베소를 떠난 후에 어떤 지역들을 다녔는가?
2. 헬라에서 그가 왜 그의 계획을 바꾸었는가?
3. 왜 유두고가 유명한가?
4. 왜 유두고가 졸렸는가?
5. 바울이 유두고를 위해서 어떻게 해주었는가?
6. 바울은 헬라에서 돌아가는 길에 왜 에베소에 들리지 않았는가?
7. 바울이 에베소 장로들에게 무슨 슬픈 소식을 말해 주었는가?
8. 바울이 에베소에서 그가 한 사역에 대해 말한 것을 당신 자신의 말로 열거해 보라.
9. 무슨 위험에 대하여 바울이 장로들에게 경고해 주었는가?
10. 어떤 책임을 바울이 장로들에게 주었는가?

■ 더 연구할 문제 ■

1. 본 장에 나오는 사건들을 지도에 표기하라.
2. 어떤 "흉악한 이리"와 거짓 교사들을 우리가 오늘날 주의해야 하는가?
3. 사도행전 20:18-25을 근거로 하여 이상적인 교회 장로상(長老像)을 말해보라.

제4부 • 그리스도의 사역의 성공

제24장

결박 받을 뿐 아니라
(행 21:1-36)

> ■ 연구 문제 ■
> 1. 바울이 예루살렘으로 여행하던 때에 어떤 경고들을 받았는가?
> 2. 예루살렘 장로들이 바울에게 무슨 요구를 하였는가?
> 3. 무엇이 원인이 되어 성전에서 소동이 일어났는가?

바울이 밀레도에서 에베소의 장로들을 작별한 후에, 그와 그의 동료들은 예루살렘을 향하여 남쪽과 동쪽으로 계속 여행하였다. 그들이 탄 배들은 상품을 싣거나 풀 것이 있으면 어디에서나 멈추는 연안 무역선들이었다. 따라서 여행이 아주 늦어질 수 밖에 없었으나, 그 당시에는 여객선이 없었다.

1. 경고들

바울과 그의 동료 여행자들이 마침내 두로에 도착했다. 그들은 거기서 배가 짐을 푸고 싣는 까닭에 일주일을 머물다가 가이사랴에 상륙하여 거기서 배를 이용하지 않고 걸어서 예루살렘으로 갔다. 두로와 가이사랴에서 바울은 예루살렘에 가지 말라는 경고를 받았다. 이러한 경고들을 지금까지 그는 수차례나 들어왔었던 것이다. 그는 에베소 장로들에게 결박과 환란이 그를 기다리고 있다는 것을 성령이 모든 도시에서 그에게 증거해 주었다고 말한 적이 있다. 그러나 두로와 가이사랴에서 바울은 더욱 강력한 경고들을 받았다.

두로에서 제자들이 "성령의 감동으로 바울더러 예루살렘에 들어가지 말라"고 말했다(행 21:4). 가이사랴에서는 아가보라 하는 선지자가 바울의 띠를 가져다가 자기의 수족을 묶어 보이면서 예루살렘에서 바울이 투옥 당할 것을 극적으로 선언하였다. 그러면 바울이 예루살렘에 기어코 가기로 결정한 것은 옳았는가?

오래전부터 바울에게는 몇 가지 계획들이 있었으며, 그것들을 시행하기로 결심하고 있었다.

그러나 그가 이 같은 경고들을 받은 때에 그의 계획들을 바꾸었어야 했는가?

두로에서의 경고의 말씀이 예루살렘에 가지 말라는 명령처럼 들리기는 하지만, 바울이 받은 나머지 말씀들이 더 무게 있는 경고였던 것이다. 바울의 경우 그러한 경고들은 그가 앞으로 있을 일들을 대비케 하는 하나님의 말씀으로 생각했음이 분명하다. 가이사랴에서 그는 제자들에게 그가 옳다는 것을 확신시켜 주었다. 그들은 마침내 그를 설득하여 예루살렘에 가지 못하게 하려는 것을 멈추고 이렇게 말했다.

주의 뜻대로 이루어지이다(행 21:14).

2. 회의

바울은 예루살렘에 도착하자 야고보와 예루살렘 교회 장로들을 만나러 갔다. 그는 그들에게 하나님이 그에게 능력을 주시어 하게 하신 일을 고하였다. 즉, 이방인들 가운데서 복음이 어떻게 성공적으로 전파되었는가를 말하였던 것이다. 이를 듣고서 장로들은 기뻐했으나, 그들에게는 문제가 있었다. 예루살렘의 사람들은 상당수가 유대인들이었으며, 이들 중의 많은 사람들이 아직도 모세의 율법에 대하여 극도로 열심이었다. 바울이 이방 땅에서 유대인들에게 모세의 율법을 지키지 말라고 가르쳤다고 거짓말을 퍼뜨린 대적들이 바울을 노리고 있었다.

그래서 바울이 예루살렘에 와 있다는 것을 유대인들이 듣게 되면 그들이 소동을 부리지나 않을까 하고 장로들은 염려하게 되었던 것이다. 바울에 대하여 들은 소문들이 와전된 것임을 유대인들에게 확신시켜 줄 수 있을 것으로 생각되는 한 계획을 장로들이 세웠다. 그들은 바울에게 청하여 나실인의 서원(일정 기한 동안 머리를 기르고 특정 음식물을 삼가 하는 것)을 한 네 사람을 도와주도록 했다. 그 네 사람들의 경우 서원 기한이 거의 끝나가고 있었다.

그래서 그들에게는 결례용 제물을 드리고 비용(費用)을 지불해 줄 후원자가 필요했다. 이 일을 장로들이 바울에게 부탁했던 것이다. 여러 가지 점에서 그 같은 조치가 바울에게는 어리석게 보였을 것임에 틀림없다. 그는 그리스도의 희생 제사로 말미암아 구약의 희생 제사와 서원에 대한 제도가 끝났다는 것을 확신하고 있었다. 그래서 이 같은 유대인의 의식들에 이방인들이 결코 얽매이게 해서는 안된다고 그는 마음먹었다.

그러므로 만일 그의 행위가 이방인들을 모세의 율법에 얽매이게 하는데 이용되리라는 의심이 조금이라도 그의 마음에 생겼을 것 같으면, 바울은 그 계획을 단호하게 반박하였을 것이다. 그러나 장로들은 경우가 다르다는 것을 분명하게 말했다. 즉, 이 경우는 엄격히 말해서 유대적인 문제였다. 그래서 바울이 그들의 말을 들어 주었는데, 이는 그가 이방인 신자들의 자유에 대하여 관심이 있었던 것처럼 유대인들의 구원에 대해서도 관심이 있었기 때문이었다.

3. 소동

장로들은 바울이 이 서원에 참여함으로 해서 말썽이 일어나지 않게 될 것으로 생각했다. 그러나 그와는 반대로, 바울로 말미암아 곧바로 소동이 일어나고 말았다. 유대인의 성전은 유대인들만 들어갈 수 있도록 엄격하게 제한되어 있었다. 실제로, 성전에 들어오는 이방인은 누구나 죽음을 각오하라는 경고문이 적힌 액자들이 바깥벽에 걸려 있었다. 바울은 성전에 들어가기 전에 에베소 사람인 드로비모라는 이방인과 함께 예루살렘 거리들을 걸어 다녔는데, 이를 보았던 몇몇 유대인들이 바울이 성전에 있는 것을 발견했다.

그들은 바울의 가르침과 이방인들 가운데서의 그의 사역을 이미 반대하던 터였기 때문에, 바울이 바깥벽에 붙은 경고문을 무시하고 드로비모를 성전 안으로 데리고 들어온 것으로 지레 짐작하였다. 그래서 그들은 외쳐 말했다.

> 이스라엘 사람들아 도우라 이 사람은 각처에서 우리 백성과 율법과 이곳을 훼방하여 모든 사람을 가르치는 그 자인데 또 헬라인을 데리고 성전에 들어가서 이 거룩한 곳을 더럽게 하였다(행 21:28).

즉시 무리들이 소동을 일으켰다. 그들은 바울에 대한 비난이 사실인지를 아예 알아보려 하지도 않했다. 과거에 바울이 예루살렘에서 유대인들에게 당한 곤욕을 생각해 볼 때(행 9장), 그들이 바울을 가장 악하게 생각하려

한 것은 놀라운 일이 아니었다. 그는 붙들려 성전 밖으로 끌려 나갔다. 그리고는 더 이상 성소를 더럽히는 일이 생기지 않도록 하기 위해 그가 끌려 나가자 성문들이 닫혔다. 무리들이 바울을 돌로 쳐 죽이기에 좋은 장소를 찾아 그를 성전 밖으로 끌고 가고 있을 때(성전 뜰에서는 돌로 쳐 죽이는 것을 삼가했다) 소요 사태에 대한 소문이 로마 군대의 천부장에게 들렸다.

로마 사람들은 유대인의 절기 중에 특별히 소란 행위에 대하여 민감하였다. 이는 무리들이 종교적으로 흥분하게 될 때 곧장 반역하는 일이 일어날 가능성이 다분했기 때문이었다. 그래서 즉시로 로마인들이 소요 사태를 진압하기 위해 출동하였다. 군병들이 나타남으로 해서 바울이 생명을 부지할 수가 있었다. 이는 유대인들이 로마인들의 오는 것을 보자 그를 치기를 그쳤기 때문이다. 천부장이 명령하여 바울을 두 쇠사슬로 결박하라고 했다. 그런데 천부장은 바울이 왜 돌에 맞고 있었는지 그 이유를 알아낼 수가 없었다.

이는 무리들의 하는 말이 서로 달랐기 때문이었다. 그래서 그가 바울을 데리고 로마 군대의 영문(營門)으로 갔다. 이때 격분한 무리들이 뒤따르면서 바울을 죽일 것을 요구했다.

■ 복습 문제 ■

1. 어디 어디를 경유하여 바울이 예루살렘에 도착했는가?
2. 두로에서 무슨 일이 있었는가?
3. 아가보의 예언에 대해 말하라.
4. 그리스도인들이 이 예언에 대하여 어떻게 반응을 보였는가?
5. 예루살렘에 가는 문제에 대하여 바울은 어떤 태도를 취했는가?
6. 이방인들 가운데서 된 일에 대하여 예루살렘 장로들은 어떤 태도를 취했는가?
7. 장로들은 바울이 어떻게 해주기를 원했는가?
8. 장로들이 요청한 것을 바울이 왜 행하였는가?
9. 바울이 성전에 있을 때 무슨 일이 일어났는가?
10. 바울이 무슨 일로 왜 비난 받았는가?
11. 바울이 어떻게 죽음을 면하게 되었는가?

■ 더 연구할 문제 ■

1. 3차 전도 여행에 대한 지도를 마무리하라.
2. 고린도전서 9:19-23에 보면 바울이 자신을 다른 사람들에게 적응시키는 것에 대하여 기록되어 있다. 이에 대한 그의 입장을 설명하고 본 장의 그의 행동들이 그의 입장과 어떻게 일치되어 있는가를 밝히라.
3. 여러 차례에 걸친 경고들에도 불구하고 바울이 예루살렘에 간 것에 대하여 어떻게 생각하는가? 그렇게 생각하는 이유도 함께 말하라.

제25장

변명하는 말을 들으라
(행 21:37-22:30)

> ■ 연구 문제 ■
>
> 1. 왜 로마의 천부장이 무리에게 바울이 말하는 것을 허락했는가?
> 2. 바울은 어떤 방식으로 그의 변명을 청중들에게 적응시켰는가?
> 3. 그의 변명에 대한 반응은 어떠했는가?
> 4. 바울이 그의 로마 시민권을 어떻게 사용했는가?

바울은 유대인 폭도의 손에 죽을 뻔하였으나 로마 군병들이 와 줌으로서 구출되었었다. 그 군병들은 유대인들이 바울을 죽이려 했었던 성전지역에서 그를 잡아 가지고 로마의 병영이었던 성곽으로 데리고 왔었다. 그들이 성곽으로 들어가는 층대에 이르자, 그들을 뒤따르면서 바울을 죽일 것을 외치는 폭도들에게 말할 수 있게 허락해 줄 것을 바울이 천부장을 향하여 요구했다. 천부장은 바울이 헬라어로 그에게 말하는 것을 보고 깜짝 놀랐다.

그의 생각에 바울이 이전에 로마를 대적하여 난을 일으키고 4천 명의 자객들을 데리고 광야로 간 애굽인이 아닌가 했다. 바울이 자기가 길리기아의 다소 출신의 유대인임을 밝히자, 천부장이 바울에게 허락하여 사람들에게 말할 수 있게 해주었다. 바울의 변명은 그가 회심하게 된 경로와 기독교인으로서의 그의 초창기의 생활에 대한 보고(recital)였다. 그가 보고한 사실들은 우리에게 새로운 것이 아니다. 왜냐하면 사도행전의 앞부분에서 그것들을 살펴보았기 때문이다.

그러나 여기서 바울이 이 특별한 집단의 사람들에게 소개한 대로 그것들을 살펴보고자 한다. 즉, 그가 말하고자 한 것을 어떻게 선별하였는가 하는 것과 자기 앞에 있는 청중에게 그의 메시지를 적응시키기 위해서 그것을 어떤 방식으로 말하고자 했는가에 대하여 살피고자 한다.

1. 변명

바울은 그의 변명하는 말을 시작함에 있어서 유대인들에게 자기는 기독신자이나 그들은 아니라는 점을 상기시키지 않았다. 반대로, 그들에게 공통되는 점들을 가능한 한 강조하려 했다. 그러기에 그가 사용한 언어도 이러했다. 만일 그가 헬라어로(유대인들은 헬라어를 이해하고 있었다) 그들에게 말했었다고 하면, 유대인들은 그의 말을 거의 들으려 하지 않았을 것이다. 그러나 그가 히브리어로 말하는 것을 듣고서 그들은 조용한 가운데서 그의 말에 귀를 기울였던 것이다.

바울은 그의 말을 시작함에 있어서 그가 그들과 같은 방식으로 살아온 것에 대하여 일깨워 주었다. 그는 그가 받은 교육에 대해 언급하였다. 그가 비록 다소에서 태어나기는 했지만, 예루살렘에서 양육 받았다. 그는 그 당시 가장 유명한 유대인 선생 중의 한 사람이었던 가말리엘의 문하생이었다. 또한 그가 유대인의 율법에 매우 열심이 있었다는 것은 잘 알려져 있었다.

그는 그가 예루살렘에 있는 기독교인들을 박해한 후에 다메섹에서 유대인 크리스천들을 색출하여 예루살렘으로 압송해 오기 위해 다메섹으로 갔었다는 것을 그의 청중들에게 일깨워 주었다. 그는 또한 그가 회심한 이후에도 일개 유대인으로 계속해서 예배하였다는 점을 강조하였다. 즉, 이방인들에게로 가라는 명령의 메시지를 주님께로부터 받았지만 그는 성전에서 예배하였던 것이다. 바울은 또한 단어 선택에 세심한 주의를 기울여 그의 청중들의 환심을 사려고 했다.

그는 아나니아를 다메섹사람으로 아주 잘 묘사할 수 있었을 것이나, 그렇게 하지 않았다. 대신, 아나니아를 가리켜, "율법에 의하면 경건한 사람으로 거기 사는 모든 유대인들에게 칭찬을 듣는"(행 22:12) 자라고 하였다. 그는 하나님을 "우리 조상들의 하나님"(행 22:14)으로, 그리스도를 "의인"(행 22:14)으로 지칭하였다. 이 같은 단어들은 유대인 자신들이 하나님과 고대하는 메시아에 대하여 사용하던 용어들이었다. 그렇지만 바울이 자신을 그저 평범한 일개 유대인으로만 소개하지는 않았다.

반대로, 그의 청중들과는 다른 데가 있는 자로 자신을 소개하였다. 바울은 예수가 약속된 그리스도라는 것을 그에게 확신시켜 주었던 하늘로서 비친 빛과 소리에 대하여 유대인들에게 말해 주었다. 경건한 유대인들이라면 바울이 하나님께로부터 직접 받은 계시로 말미암아 주어진 지시들에 그가 순복하지 않을 수 없었다는 것에 동의하였을 것이다. 바울은 그가 이방인들에게 간 것이 그 자신의 뜻에 의해서가 아니라, 하나님께서 환상 중에 그를 그렇게 지시하셨기 때문이라고 그들에게 상기시켜 주었다.

그리고 그가 예루살렘에서 유대인들 가운데 그리스도를 선포하기 위하여 그곳에 머무르고자 하여 하나님과 변론하였으나, 하나님께서는 바울에게 복음을 이방인들에게 전해야 할 것을 고집하셨다고 말해 주었다. 유대인들은 바울이 하나님에 의해 이방인들에게 보냄 받았다는 말을 듣자 더 이상 들으려 하지 않았다. 대신, 그를 죽여 마땅하다고 주장했다.

> 이러한 놈은 세상에서 없이 하자 살려 둘 자가 아니라(행 22:22).

유대인들 앞에서 바울이 말한 변명에서 우리는 중요한 교훈을 배울 수가 있다. 바울은 분명히 재치 있는 사람이었다. 그렇지만 재치를 부리다가 진리를 분명하게 전달하지 못하는 일은 그의 경우 없었다. 하나님께서는 우리가 불필요하게 사람들의 감정을 상하지 않도록 재치 있게 그를 증거하기를 원하신다. 그러나 하나님은 또한 우리가 십자가를 분명하게 증거하여 사람들로 하여금 주 예수 그리스도와 마주치게 하며, 회개하고 그를 신뢰하게끔 할 것을 요구하신다. 재치가 복음을 소개하는데 도움을 주어야지 결코 가려서는 안 되는 것이다.

2. 병영 안에서

유대인들이 이같이 분노를 터뜨리는 것을 보고서 천부장은 바울을 군부대의 영문 안으로 데려 가라고 명령했다. 거기서 그는 바울을 채찍질하라고 했다. 로마인들은 죄수들로 하여금 죄를 자백하도록 하기 위해서 그들을 흔히 채찍질하였는 바, 이같이 자백을 받을 목적으로 바울의 경우도 채찍질하려했던 것이다. 바울이 무리들에게 히브리어로 말했었기 때문에, 천부장은 그가 방금 제지시킨 소요 사태의 원인을 아직껏 알지 못하고 있었다. 군병들이 바울을 줄로 묶자, 바울이 담당 백부장에게 말했다.

> 너희가 로마 사람 된 자를 죄도 정치 아니하고 채찍질할 수 있느냐(행 22:25).

로마 시민은 채찍질 할 수 없도록 법률로 보장되어 있었다. 바울이 로마 시민이라는 것을 백부장이 듣자 곧 그는 그의 상관에게로 가서 보고했다. 천부장이 와서 이것이 사실인지를 바울에게 물었다. 바울이 자기가 로마시민이라는 것을 천부장에게 확답해 주자, 그는 곧 바울의 결박을 풀라고 명령하였다. 바울은 로마 시민권을 시기적절하게 사용하여 매 맞는 것을 면하였다.

그러나 유대인들이 왜 바울을 죽이려 했는지 그 이유를 천부장은 여전히 알지 못하고 있었다. 그래서 다음날 아침 천부장은 무슨 일로 유대인들이 바울을 송사하는지 그 실상을 알고자 하여 유대인들의 공회를 소집케 하고 죄수인 바울을 데리고 갔었다.

■ 복습 문제 ■

1. 천부장은 바울을 누구로 생각했는가?
2. 왜 그는 백성들에게 말하는 것을 바울에게 허락해 주었는가?
3. 바울은 어떤 방식으로 무리들의 주의를 끌었는가?
4. 바울은 기독교인이 되기 전의 자기 생활에 대하여 어떻게 말했는가?
5. 바울은 어떤 방식으로 사람들을 감동시켜 그에게 동의하게 하려고 했는가?
6. 왜 바울은 그가 회심한 이후 예루살렘에 머무르고자 했었는가?
7. 어떤 말을 듣고서 바울의 청중이 그를 거부하게 되었는가?
8. 어떤 방식으로 천부장이 바울의 죄를 알아내려고 했는가?
9. 바울이 어떻게 이를 면하였는가?
10. 그 후에 천부장은 어떤 방식으로 사실을 알아내려고 했는가?

■ 더 연구할 문제 ■

1. 유대인들에게 한 바울의 말을 모본으로 하여 그리스도인의 재치 있는 증거에 관하여 말해보라.
2. 어떤 점들에서 그리스도인들은 행정권을 이용하여 그리스도의 대의(大義)를 증진시킬 수 있는가?

제26장

담대하라
(행 23장)

> ■ 연구 문제 ■
>
> 1. 산헤드린의 심문을 바울이 어떤 방식으로 모면하였는가?
> 2. 어떤 격려를 바울이 받았는가?
> 3. 바울이 어떻게 유대인들의 위협으로부터 보호되었는가?

성전에서의 소동이 있었던 다음날 천부장이 명령하여 산헤드린을 소집케 하고 바울에 대한 유대인들의 송사를 듣고자 하여 바울을 감옥에서 나오게 하여 데리고 갔다.

1. 공회 앞에서

바울에게 먼저 말할 기회가 허락되었다. 그래서 그는 다음과 같이 말문을 열었다.

> 여러분 형제들아 오늘날까지 내가 범사에 양심을 따라 하나님을 섬겼노라
> (행 23:1).

그가 그렇게 말하자, 대제사장 아나니아가 바울 곁에 서 있는 자들에게 명하여 바울의 입을 치라 하였다. 바울은 이 같은 부당한 처우에 대하여 화가 치밀어 다음과 같이 말했다.

> 회칠한 담이여 하나님이 너를 치시리로다 네가 나를 율법대로 판단한다고 앉아서 율법을 어기고 나를 치라 하느냐(행 23:3).

이에 즉시 유대인들이 하나님의 대제사장을 욕한다고 그를 꾸짖었다. 바울이 아나니아를 대제사장으로 알아보지 못하였음이 분명하다. 아마도, 이 회의가 로마의 천부장에 의해서 특별히 소집되었기 때문에, 아나니아가 대제사장의 예복을 입지 않고 있었던 모양이다. 아무튼, 바울은 그가 상대하여 말한 자가 하나님의 대제사장이라는 것을 알고 나자 사과했다. 그가 이렇게 사과한 것은, 그가 아나니아를 존경하기 때문이 아니고, 아나니아의 직분을 존중했기 때문이었다.

바울은 그가 심문을 공정하게 받을 수 없으리라는 것을 알고 있었다. 그래서 공회 내부의 분열의 약점을 이용하기로 결심했다. 바울은 공회가 사두개파와 바리새파로 구성되어 있는 것을 알고 있었던 것이다. 그는 자신을 바리새파로 동일시하고 바리새파 자신들이 믿는 어떤 것을 인하여 심문받고 있다고 선언했다. 그는 말했다.

형제들아 나는 바리새인이요 또 바리새인의 아들이라 죽은 자의 소망 곧 부활을
인하여 내가 심문을 받노라(행 23:6).

이로 인하여 즉시 산헤드린 내부에 분열이 생겨나게 되었다. 바리새파는 부활이 있다고 주장했으나, 사두개파는 그것을 부인했다. 사두개파가 천사들의 존재를 부인하는 한편, 바리새파는 천사들을 믿었다. 결과적으로, 바리새파는 바울의 무죄를 주장하는 반면, 사두개파는 그의 유죄를 고집하였다.

그래서 공회의 두 파당 간에 크게 논쟁이 벌어지고 말았다. 천부장은 바울의 죄상을 이런 방식으로는 결코 받아낼 수가 없다는 것을 간파하고서, 또 다시 유대인들이 바울을 죽이려 할까 염려되어 바울을 공회에서 떼어 옮기라고 명령했다. 어떤 학자들은 공회 앞에서의 바울의 행동이 잘못되었다고 주장한다. 공회 내부에 이 같은 분열을 야기시키기보다는 참된 의견을 개진했어야 옳았다고 그들은 주장한다.

그러나 바울은 그 심문이 공정치 않으리라는 것을 알고 있었다. 성경에는 어디에도 그리스도인들이 불공평을 피할 수 있다 할지라도 그 불공평을 감내해야 한다고 말씀되어 있지 않다. 또한 주님께서 그날 밤 바울에게 나타나셔서 그를 책망하는 대신, 오히려 약속과 격려를 해 주신 것으로 보아, 바울의 행동이 완전히 정당한 것이었다고 우리는 결론지어야 하는 것이다.

그것은 하나님께서는 자기 백성이 위급한 경우에 자기네들의 일반 상식을 사용하는 것을 당연한 것으로 받아들이신다는 또 하나의 증거인 것이다.

2. 음모

바울이 공회 앞에 선 다음 날 밤에 주님께서 그에게 환상을 보여 주셨다. 바울은 낙담하고 있었음에 분명하다. 그러기에 주님께서 그를 격려하셨고,

그가 지금 예루살렘에서 하고 있는 것처럼 로마에서도 그를 증거하여야 할 것을 약속해 주셨던 것이다. 로마서에서 바울은 로마인들을 방문하고자 하는 간절한 그의 소원을 밝힌 바 있었다(롬 15:22-24). 이제 하나님께서는 바울이 간절히 원하던 것을 허락하고자 하셨다. 그러나 그가 기대했던 것과는 전혀 다른 방식으로 허락하고자 하셨던 것이다.

유대인들은 여전히 바울을 죽이고자 마음 먹고 있었다. 다음날 수많은 사람들이 떼를 지어 맹세하고, 바울을 죽이기 전에는 결코 먹지도 않고 마시지도 않겠다고 외쳤다. 그들은 공회에 요청하여 로마 군병들로 하여금 바울을 공회 앞에 데려다가 공회 앞에 다시 세우도록 하라고 했다. 그들은 매복하여 기다리고 있다가 그를 죽일 계획을 세워 두었던 것이다. 그러나 바울의 조카가 이 음모에 대하여 듣고서는 감옥에 있는 바울에게로 가서 그 사실을 알려 주었다. 바울은 아직 공식적으로 유죄 판결을 받은 것이 아니었기 때문에 많은 자유를 누리고 있었다. 그는 자기 조카를 천부장에게로 보내어 그 소식을 말하게 하였다. 로마의 천부장이 유대인들의 음모에 대하여 듣자, 이같이 계획된 살인으로부터 바울을 구출할 계획을 곧바로 세웠다. 그는 일단의 군병들에게 명령하여 바울을 가이사랴로 데려갈 준비를 하게 하였다. 거기서 그에 대한 송사가 이루어질 때까지 그가 보호될 것이었다. 천부장은 로마 총독인 벨릭스에게 그가 바울을 보내는 이유를 설명하는 편지를 썼다.

그날 밤, 로마 군병들이 예루살렘에 있는 병영 감옥에서 바울을 끌어내어 가이사랴에 있는 로마 총독에게로 안전하게 인도하여 보호를 받게 하였다. 벨릭스는 천부장이 보낸 편지를 받고서, 바울을 송사하는 자들이 기회를 타서 가이사랴에 와서 그들의 진상을 밝힐 때까지 그를 안전하게 보호할 것을 바울에게 확신시켜 주었다. 흔히 우리는 하나님에 대해서 이적적인 방법으로 역사하시는 분으로 생각한다. 사실 바울의 생애에 있어서 여러 차례 하나님이 이적적으로 역사하셨다.

그러나 하나님은 이적들을 통해서만 역사하지는 않으신다. 하나님께서는 통상적인 사건들을 통해서도 역사하신다. 하나님은 자기 백성을 섭리에 의하여 보호하시는 것이다. 그 같은 사례를 여기서 찾아 볼 수가 있다. 하나님께서는 바울의 조카가 그 음모에 대하여 듣고 그것을 바울에게 말하는 것을 허락해 주셨다. 또한 천부장의 마음을 준비시켜 바울의 조카가 전해 준 말을 믿게 하셨으며, 그렇게 해서 바울을 원수들의 손에서 하나님이 구출하신 것이다.

■ **복습 문제** ■

1. 왜 아나니아가 수종 드는 자들에게 명하여 바울을 치라고 했는가?
2. 바울은 대제사장의 직책을 자기가 존중하고 있음을 어떤 방식으로 나타내 보였는가?
3. 바울은 어떻게 공회 내부에 분열이 생기게 했는가?
4. 바리새파와 사두개파 사이에는 어떤 견해 차이들이 있었는가?
5. 그날 밤 주께서 바울에게 무엇을 말씀해 주셨는가?
6. 유대인들이 바울을 어떻게 하고자 계획했는가?
7. 유대인들의 음모에 대하여 바울이 어떻게 알게 되었는가?
8. 천부장은 그 음모에 대하여 알게 되자 어떤 조치를 취했는가?
9. 바울의 죄책에 대하여 천부장은 어떤 견해를 가지고 있었는가?
10. 벨릭스가 바울을 어떻게 다루기로 결정했는가?

■ 더 연구할 문제 ■

1. 사상적으로 대립되는 종교 단체들과 어떤 공동의 문제들에 관하여 제휴하여도 좋은가?
   예컨대, 기독교 학교들을 보호하기 위해 로마 가톨릭과 제휴해 하는가?
2. 사도행전 23:1은 "너의 양심을 따라 행하라"는 뜻으로 말한 것인가?
3. 바울은 그가 심문받게 된 한 교리로 왜 부활을 지적하여 말했는가?
4. 대제사장의 직책을 바울이 존중한 것에서 우리는 무엇을 배울 수 있는가?

제27장

내가 틈이 있으면
(행 24장)

> ■ 연구 문제 ■
>
> 1. 유대인들이 바울을 어떤 방식으로 고소했는가?
> 2. 바울이 어떤 방식으로 자신을 변호했는가?
> 3. 벨릭스가 바울을 어떤 방식으로 다루었는가?

바울이 가이사랴로 안전하게 호송되자 총독인 벨릭스는 유대인들이 와서 그에 대하여 소송을 제기할 수 있을 때까지 그를 감옥에 가두어 두었다. 5일이 지나 유대인들이 도착하자, 바울은 벨릭스 앞에 나와 심문을 받게 되었다.

1. 고소(告訴)

유대인들은 바울에 대한 그들의 고소의 증거 불충분을 잘 알고 있었다. 그래서 가이사랴에 올 때 그들의 사건을 변호해 줄 더둘로라는 로마인 변호사를 데리고 왔었다. 더둘로는 매우 아첨하는 말로 서두를 꺼내었다. 그는 마치 벨릭스를 위대한 총독으로 유대인들이 생각하고 있는 것처럼 말했으나, 사실인즉, 유대인들이 다른 모든 로마 총독을 증오한 것처럼 벨릭스를 증오하고 있었다. 더둘로는 바울을 "나사렛 이단의 괴수"로 몰아세웠다. 그는 그를 비난하기를, "전염병처럼 해로운 자요, 세계 도처에 퍼져 사는 모든 유대인들을 소요케 하는 자"라 하였다.

또한 덧붙이기를, 바울이 "성전을 더럽게 하려"했었다고 했다. 더둘로는 이 고소들에 대한 아무 증거도 제시하지 않았다. 그는 단지 벨릭스가 바울을 심문해 보면 그들의 고소가 진실되다는 것을 알게 될 것이라고만 말했다. 모든 유대인들이 더둘로의 말을 지지하고 나섰다.

> 유대인들도 이에 참가하여 이 말이 옳다 주장하니라(행 24:9).

이것은 기독교인들이 흔히 직면하는 형태의 반대와 흡사하다. 불행하게도, 기독교인들이 핍박을 받을만한 이유를 제공한 때가 역사상 많이 있었다.

그러나 복음을 대적하는 자들이 기독교인들을 비난하며 반대할 하등의 이유를 얻을 수 없게 될 때에는, 그들은 거짓말과 감언이설과 다른 간계를 조작하게 되는 것이다.

2. 변명

바울은 그의 변명을 시작함에 있어서 총독으로서의 벨릭스의 지위를 사실대로 말하고 전혀 아첨하는 말을 하지 않았다. 그는 자기가 도(道)를 좇는 자임을 인정하였으나, 자기 신앙이 율법과 및 선지자들과 완전 일치한다는 것을 주장하였다. 그는 유대인들의 고소를 세 방면으로 대답했다.

첫째, 그가 예루살렘에 온 것은 예배하기 위해서였다고 그는 진술했다. 그가 예루살렘에 온 것은 열이틀 밖에 되지 않았다. 이 날수는 소동을 일으키기에는 시간적으로 충분하지 못했다. 그리고 바울의 말에는 예루살렘에서의 그의 행동이 일반적으로 전형적인 성질의 것이었다는 뜻이 함축되어 있었다.

둘째, 바울은 성전에서 자기를 공격하여 해친 것은 아시아에서 온 유대인들이었다는 것을 지적하였다. 로마 법률에 따르면, 그 유대인들이 총독 앞에서 바울을 고소했어야 옳았던 것이다.

셋째, 이들이 자기를 고소할 수 있는 단 하나의 허물은 그가 공회 앞에 서서 "내가 죽은 자의 부활에 대하여 오늘 너희 앞에 심문을 받는다"(행 24:21)라고 말한 점뿐이라는 것을 진술했다. 이것은 아무 로마 법률에도 위배되지 않았다. 바울의 변명은 우리가 거짓되게 비난받을 때에 우리 자신을 변호해야 하는 모범적인 방식이다. 바울은 그의 상식을 사용하여 그의 대적자들의 주장이 안고 있는 약점들을 지적해냈다. 그는 자기의 법적 권리들을 변호하였다.

그러나 무엇보다도, 그의 변명하는 말에는 하나님에 대한 완전한 신뢰가 나타나 있는가 하면, 그의 원수들이 그를 공격한 것처럼 그들을 공격하고 싶어 하지 않는다는 것이 역력하게 드러나 있었다.

3. 연기

　벨릭스는 양편의 말을 다 들은 후에 판결을 내리지 않고 연기시켰다. 그는 말하기를, 천부장 루시아가 가이사랴로 오는 때에 사건을 판결하겠다고 했다. 그러나 루시아가 더 이상 할 말이란 전혀 없었던 것이다. 그는 그가 그 사건에 대하여 알고 있는 것 전부를 벨릭스에게 알리는 편지를 이미 써 보낸 일이 있었던 것이다. 그러므로 사실상 벨릭스가 사건을 연기시키려고 그렇게 말한 것에 불과하다. 그가 판결을 내리지 않았기 때문에 그는 바울을 감옥에 가두어 두었다.

　그러나 바울을 지키는 자에게 명령하여 바울에게 많은 자유를 주라고 하였다. 바울이 감옥에 있는 기간에, 벨릭스는 한차례가 아니라 여러 번 바울의 강론을 들었다. 한번은 벨릭스가 바울을 불러 자기 부부 앞에 세웠다. 바울이 그들에게 복음을 전파하여, "의와 절제와 장차 오는 심판"(행 24:25)에 대하여 강론하자, 벨릭스가 사실인즉 두려워했다. 그가 하나님 앞에서 두려워한 것은, 그 자신의 죄를 자기는 알고 있었기 때문이었다.

　그러나 그 죄를 인정하며 회개하려고는 하지 않았다. 벨릭스가 바울을 자주 불러 복음을 강론케 했지만, 여전히 바울을 감옥에 가두어 두었다. 그가 그렇게 한 이유는 아주 분명하였다.

　첫째, 그는 돈을 좋아했다. 그래서 바울과 그의 동료들이 바울의 석방을 위해 뇌물을 그에게 바쳐 오기를 바라고 있었던 것이다.

　둘째, 그는 유대인들을 두려워하고 있었다. 그래서 유대인들의 노여움을 살까 염려하여 바울을 석방시키기를 싫어했던 것이다. 결국 그는 바울을 2년이나 감옥에 가두었다가, 나중에 그 사건을 새 총독인 보르기오 베스도에게 넘기었다. 우리가 계류된 사건의 진상을 모두 파악하지 못한 때에는 얼마든지 판결을 연기할 수 있다. 그러나 의도적으로 연기를 위한 연기를 하는 예도 많이 있다. 벨릭스의 경우가 그러했다. 유대인들이 바울에 대한 그들의 고소를 입증할 수 없었는데도 그는 바울을 풀어 주지 않았다.

그는 바울을 2년 이상이나 부당하게 감옥에 가두어 두었던 것이다. 벨릭스는 또한 구원 문제에 있어서도 헛되이 연기시켰다. 성경에서 우리가 아는 대로는 그는 결코 회개하고 믿지 않았다. 필요를 느끼면서도 죄를 고백하고, 그리스도를 믿기를 거부함으로 해서 벨릭스는 그리스도께서 주실 수 있는 구원을 놓쳤던 것이다.

■ 복습 문제 ■

1. 왜 유대인들이 더둘로를 끌어들였는가?
2. 바울에 대한 유대인들의 송사(訟事)는 어떤 점이 잘못이었는가?
3. 유대인들은 바울을 어떤 점들을 걸어서 고소했는가?
4. 바울은 그들의 고소 사실들에 대하여 어떻게 대답했는가?
5. 벨릭스가 어떤 결정을 내렸는가?
6. 바울이 벨릭스에게 복음을 전하자 무슨 일이 일어났는가?
7. 왜 벨릭스가 바울을 감옥에 그대로 가두어 두었는가?

■ 더 연구할 문제 ■

1. 바울에 대한 유대인들의 고소에 비교할만한 어떤 형태의 반대를 오늘날 기독교인들이 당면하고 있는가?
2. 왜 연기를 위한 연기(procrastination), 즉 꾸물거림은 나쁘지만 판결 보류(suspended judgement)는 좋은지를 설명하라.
3. 어떤 경우에 꾸물거리고(procrastinate) 싶은 유혹을 받는가? 꾸물거리게 되면 어떤 위험이 있게 되는가?

제28장

내가 가이사께 호소하노라
(행 25–26장)

- ■ 연구 문제 ■

1. 왜 유대인들이 바울을 예루살렘으로 옮겨 보내달라고 베스도에게 요청하였는가?
2. 베스도 앞에서 심문한 결과는 어떻게 되었는가?
3. 바울이 아그립바 앞에서 어떤 방식으로 변명하였는가?
4. 베스도와 아그립바의 반응은 어떠했는가?

바울을 2년 이상이나 가이사랴의 감옥에 가두어 두고 있다가 벨릭스가 유대 총독 자리에서 물러가자, 그의 후임인 베스도가 바울의 사건을 물려받게 되었다.

1. 심문

베스도는 유대에 도착하자 곧 그의 행정 소재지인 가이사랴를 떠나 예루살렘으로 올라갔다. 그가 거기서 있는 동안에, 유대인들의 지도자들이 바울을 예루살렘으로 옮겨다 심문할 것을 베스도에게 요청하였다. 사실인즉, 그들이 바울을 심문할 생각에서 그렇게 요청한 것이 아니고, 매복하여 기다렸다가 그를 살해할 기회를 노리고 있었기 때문이었다. 이 유대인들의 적대심은 지독하였다. 여러 해가 지났는데도 전혀 누그러지지가 않았다. 그들은 바울을 죽이지 않고서는 그 무엇으로도 만족할 것 같지가 않았던 것이다.

그러나 베스도는 그들의 요구를 들어주지 않았는데, 이는 그가 예루살렘에 오래 머물 계획을 세우지 않았기 때문이다. 그는 곧 가이사랴로 돌아갈 계획이었고, 또한 바울이 이미 그곳에 있었기 때문에, 유대인들에게 명하여 바울을 고소하는 자들을 가이사랴로 자기에게 보내라고 했다. 이 새로운 심문은 벨릭스 앞에서의 심문과 거의 같은 것이었다. 유대인들은 바울에 대하여 거짓된 고소들을 제기하였고, 바울은 그것들을 부인하여 말하기를, 그것들을 지지해 주는 아무 증거가 없다 하였다.

베스도 역시 벨릭스처럼 유대인들의 감정을 건드리고 싶지 않았기 때문에 바울을 놓아주려 하지 않았다. 그는 총독으로 재임하는 동안 유대인들을 잘 다루어야 했던 것이다. 그래서 그는 바울에게 심문받으러 예루살렘으로 올라가겠느냐고 물었다. 바울은 예루살렘에서는 공정한 심문을 기대할 수가 없었기 때문에, 그의 사건을 가이사에게 상소하였다. 로마 시민 된 자가 가이사에게 상소하면 언제나 하급 법원은 그를 전혀 심문할 수가 없었다. 이렇게 해서 바울은 지나치게 불공정했던 이 사람들의 손에서 그의 사건을 옮겼던 것이다.

주님께서 이미 바울에게 약속하시기를 로마에서도 증거하리라 하셨거니와, 이제 바울이 어떤 방식으로 거기에 가게 될 것인가 하는 것이 점점 분명하게 드러나기 시작했다.

2. 난국

이제 베스도가 난처하게 되었다. 바울이 가이사에게 상소했기 때문에, 바울을 가이사에게 보낼 책임이 베스도에게 떨어진 것이다. 그러나 바울에 대하여 제기할 만한 아무런 고소 사실도 그는 얻어내지 못하고 있었다. 황제가 아무 유죄 사실도 없는 죄수를 받지 않으리라는 것을 그는 알고 있었으나, 무슨 죄목으로 바울을 고소해야 할지 아직도 모르고 있었던 것이다. 베스도는 아그립바 왕과 버니게가 자기를 방문했을 때, 이 문제에 관해 도움을 얻을 수 있는 기회를 포착했다.

아그립바 왕이 헤롯대왕의 후손이기 때문에 자기보다는 유대인들에 대하여 더 잘 알 것으로 생각하고서, 베스도는 바울을 로마로 송치할 고소 사실들을 얻어낼 수 있도록 해 달라고 아그립바에게 도움을 청하였다. 아그립바는 그 같은 기회를 얻게 되자 매우 기뻐했다. 다음날 그와 버니게는 가이사랴의 모든 군대 지도자들과 인사들을 대동하고서 바울의 말을 듣고자 심문소에 모였다. 베스도가 바울을 아그립바에게 소개하자, 왕이 바울에게 '너를 위하여 말하기를 네게 허락하노라'고 말하였다.

3. 바울의 변명

이번 바울의 변명은 그가 예루살렘에서 사람들에게 한 것과 매우 흡사했다(행 22장). 여기서 다시금 바울이 그의 메시지를 청중들에게 적용시키는 능력을 과시하고 있음을 볼 수 있다. 바울은 아그립바가 유대인들의 관례와 논쟁을 익히 알고 있다는 것을 알고 있었다. 그래서 아그립바가 예수 그리스도의 복음이 유대인의 삶에서 이룩할 수 있는 엄청난 변화를 이해할 수 있도록 하기 위해서 자기에게 일어났던 일을 바울이 설명해 주었던 것이다. 바울은 그의 유대 배경에 대하여 말했다.

유대인들은 바울의 초년 생활과 예루살렘에서의 그의 생활에 대하여 알고 있었다. 또한 그들은 바울이 아주 엄격한 유대계 바리새인이었다는 것도 알고 있었다. 더욱이나, 바울이 기독교인들에 대한 핍박을 주도했었던 것은 잘 알려진 사실이었다. 기독교인들이 죽임을 당할 때, "내가 가편(可便)(찬성) 투표를 하였다"(행 26:10)라고 바울은 말하고 있다(많은 학자들은 이 말씀으로 미루어 바울이 비록 청년이었지만 회심하기 이전에 이미 산헤드린의 회원이었던 것으로 해석하였다).

그는 심지어 대제사장에게서 위임을 받아 가지고 기독교인들을 체포하여 예루살렘으로 끌고 와 심문 받게 할 목적으로 다메섹까지 여행했었다. 바울은 하나님의 율법에 대하여 열심이 많고 하나님의 뜻 행하기를 열망하는 한 유대인으로 자신을 아그립바에게 소개하였다. 이 열심 때문에 그는 기독교인들을 핍박하는 자가 되었었던 것이다.

그러면 이 핍박 자가 그리스도를 전하는 사람으로 어떻게 변화되었는가?

그 대답은 바울이 다메섹으로 가는 길에서 겪은 체험에서 찾을 수 있다. 그리스도께서 그에게 나타나셔서 그가 핍박하고 있는 예수임을 확인시켜 주었다. 그리고 나서 살아계시고 부활하신 그리스도가 바울을 이방인의 전도자(선교사)로 세웠던 것이다. 바울은 자기의 기독교인으로서의 체험에 대하여 말하면서 그의 기독교 신앙과 짜 맞추어 변명하였다.

여기서 그의 신앙이 기독교인으로서의 그의 생활과 어떻게 연결되어 있는가에 유의하라.

바울은 하나님께서 조상들에게 주신 약속의 소망을 그가 믿는다는 것과 죽은 자의 부활에 대한 그의 신앙을 확실하게 밝히고, 그리스도께서 그를 보내어 이방인들의 눈을 열으신 것은 "어두움에서 빛으로 사단의 권세에서 하나님께로 돌아가게 하고 죄 사함과 나(그리스도)를 믿어 거룩케 된 무리 가운데서 기업을 얻게"(행 26:18)하기 위함이라는 것을 말했다. 이 말씀에서 사람의 죄가 오직 예수 그리스도를 믿음으로서만 용서된다는 진리가 명백하게 소개되어 있음을 볼 수 있다.

바울은 또한 예수 그리스도의 죽음과 부활에 대한 사실들을 아그립바 왕에게 소개하였다. 그는 한걸음 더 나아가서, 그리스도께서 고난당하시고 죽은 자 가운데서 다시 살아나실 것과, 유대인들과 이방인들 모두에게 빛이 되실 것을 구약이 미리 예언하셨음을 밝히 말했다. 이 신앙들이 바울의 체험을 위한 기초를 이루었다. 우리의 경우 대개 신앙을 생활과 분리시키기가 쉽다.

때로는 신앙을 강조하거나, 때로는 생활을 강조한다. 그러나 예수 그리스도에 대한 최상의 증거는 이 둘이 결합되어 있을 때 가능하다는 것을 바울이 여기서 보여주고 있다. 그리스도께서 우리를 위하여 행하여 주신 것을 다른 사람들에게 간증할 때 우리는 권위 있게 말할 수가 있는 것이다. 그러나 우리 자신의 체험을 말하는 한편 복음의 진리를 소개함으로 해서만이 그들(다른 사람들)을 또한 구원하실 수 있는 그리스도에게로 그들을 향하게 할 수가 있다.

4. 반응

예수 그리스도의 부활은 이방인들이 믿기에는 특별히 어려운 진리였다. 그래서 바울이 부활에 대하여 말하자 베스도가 말을 가로막으며 외쳤다.

> 바울아 네가 미쳤도다 네 많은 학문이 너를 미치게 한다(행 26:24).

바울은 이 같은 말을 듣고 베스도와 논쟁하는 대신 자기가 미친 것이 아니라, 참되고 정신 차린 말을 하고 있다는 사실을 간단하게 주장하였다. 그리고 나서 그는 베스도로부터 왕에게로 몸을 향하여 말을 계속했다. 그는 왕이 이 일들을 이해하고 있는 줄로 안다고 말하고 아그립바 왕에게 믿을 것을 간청했다.

왜 여기서 바울이 베스도를 무시하고 아그립바에게 호소하였을까?
이는 그가 말하고 있는 것을 베스도는 받아들일 준비가 되어 있지 않았으나, 아그립바는 받아들일 가능성이 있을 것으로 생각했기 때문이었다. 그래서 바울은 그의 증거를 아그립바가 믿을 것으로 기대하며 그의 반응을 살폈던 것이다. 그러나 아그립바는 믿으려 하지 않았다. 그는 그리스도를 영접하라는 바울의 간청을 거절했다. 그는 다음과 같은 말로 바울을 꾸짖었다.

> 네가 짧은 시간에 나를 권하여 그리스도인이 되게 하려 하는도다
> (행 26:28, 참조, 난해주).

그러나 바울은 책망에 굴하려 하지 않았다. 그는 대꾸하기를, 시간이 짧으나 기나 아그립바와 그의 말을 듣는 모든 사람들에 대한 그의 유일한 소원은 자기의 결박 받은 것 외에 그들이 자기처럼 되는 것이라고 했다. 즉, 바울이 무엇보다도 간절히 원한 것 한 가지는 다른 사람 역시 예수 그리스도의 구원의 은혜를 알게 되는 것이었다. 바울과의 대담이 끝나자 베스도와 아그립바는 서로 협의하였다. 그들은 바울이 사형이나 투옥 당할만한 아무 일도 행하지 않았다는 결론에 도달했다. 사실, 만일 그가 가이사에게 상소하지 않았다면, 그는 석방될 수 있을 뻔하였다.

■ 복습 문제 ■

1. 무슨 요구를 왜 유대인들이 베스도에게 청했는가?
2. 어떤 반응을 그들은 얻었는가?
3. 왜 베스도는 바울이 예루살렘으로 가 주기를 바랐는가?
4. 왜 바울이 가이사에게 상소했는가?
5. 가이사에게 상소하면 어떻게 되도록 되어 있었는가?
6. 어떤 문제를 베스도가 아그립바에게 내놓았는가?
7. 왜 바울은 아그립바 앞에서 말하는 것을 기뻐했는가?
8. 바울은 그의 배경에 대하여 무엇을 말했는가?
9. 무엇이 바울의 삶의 길을 바꾸어 놓았는가?
10. 바울은 변명할 때 무슨 교리들을 소개하였는가?
11. 바울의 변명에 대한 베스도의 반응은 어떠했는가?
12. 바울이 아그립바에게 무슨 간청을 했는가?
13. 베스도와 아그립바가 어떤 결론에 이르렀는가?

■ 더 연구할 문제 ■

1. 복음이 미치지 못할 어떤 사람들이 있는가? 본 장의 실례들을 들어 이를 설명하라.
2. 바울의 모범적인 변명은 우리의 증거하는 일에 어떻게 적용될 수가 있는가?
3. 바울이 베스도에게 한 대답과 아그립바에게 한 대답 간의 차이점을 말하라. 여기서 어떤 교훈을 배울 수 있는가?

제29장

행선(行船)
(행 27장)

> ■ 연구 문제 ■
>
> 1. 배로 로마에 가는 도중에 바울은 어떤 취급을 받았는가?
> 2. 바울은 자신이 어떻게 영향력 있는 사람임을 입증했는가?
> 3. 바울은 그와 함께 승선한 사람들의 생명을 어떻게 구했는가?

불공정한 심문을 받지 않기 위해 바울이 가이사에게 상소하였었다. 베스도와 아그립바는 바울이 사형이나 투옥 당할 하등의 이유가 없다는데 동의했지만, 베스도로서는 바울을 로마로 보내지 않고는 어쩔 도리가 없었다. 그래서 베스도는 다른 죄수들과 함께 바울을 율리오라는 백부장에게 넘겼다. 율리오는 바울을 가이사 앞에 설 수 있도록 로마까지 데리고 가게 되어 있었던 것이다.

1. 그레데까지의 항선

그 당시에 배들은 지중해를 직접 횡단하지 않았다. 이것은 아주 위험한 여행으로 생각되었던 것이다. 그래서 배들은 연안을 따라 이 항구 저 항구를 거쳐 육지에서 멀리 떨어지는 일이 거의 없이 여행하였다. 아시아의 해안을 따라 북쪽의 항구들로 여행하려는 한 배에 죄수들이 승선할 준비가 다 되었다. 그 죄수들은 후에 한 로마행 배에 옮겨 탈 것이었다. 바울은 이주 동안 잘 대접을 받았다. 그에게는 아리스다고라고 하는 친구를 데리고 가는 것이 허락되었다. 사도행전의 저자인 누가 또한 바울과 함께 로마로 여행했다.

그가 가이사랴에서 로마까지의 여행을 기술함에 있어서 "우리"라는 단어를 사용하고 있는 사실로 미루어 이 점을 알 수가 있다. 하루를 여행한 후에 그들은 시돈에 도착했다. 거기서 백부장이 바울에게 배를 떠나 친구들을 방문하고 그들에게서 접대 받는 것을 허락해 주었다. 바울이 일반 죄수나 위험한 죄수로 생각되지 않았음이 분명하다. 배가 시돈을 떠나 북쪽으로 항해한 후, 선원들은 그들이 계획했던 항로를 따라 갈 수가 없었다. 바람이 서쪽으로부터 불어오고 있었던 것이다.

그래서, 여느 때 같으면 구브로의 남쪽으로 항해했을 것이나 그렇게 하는 대신, 그들은 북쪽으로 향하여 길리기아와 밤빌리아의 해안을 끼고 항해하지 않을 수 없었다. 그리하여 마침내 루기아의 무라성에 그들은 이르렀다. 거기서 그들은 이탈리아로 항해해 가는 애굽의 알렉산드리아에서 온 배를 하나 만났다. 이 배는 아마도 로마에 식량을 공급하는 많은 곡물선(穀物船)들 중의 하나였던 것 같다. 그들이 무리를 떠나자마자 곧 선원들은 어려움을 만났다. 역풍이 불어옴으로 해서 서쪽으로 천천히 항해하여 간신히 니도에 이르렀다.

거기서부터는 바람 때문에 더 이상 서쪽으로 갈 수 있을 것 같지가 않았다. 그래서 남쪽으로 뱃머리를 돌려 그레데의 해안(바람 없는 쪽)을 의지하고 항해하여 마침내 미항(Fair Havens)이라고 하는 곳에 이르렀다.

2. 광풍

역풍으로 인하여 항해하는데 이미 시간이 오래 걸리고 말았다. 이제 겨울철이 다가오고 있었기 때문에 항해하는 것이 아주 위험하게 되어가고 있었다. 그 당시는 모든 항해하는 일이 겨울철에는 중지되었다. 그래서 겨울이 다가오면 배들이 항구에 접안하여 거기서 월동하는 것이 상례(常例)였다. 바울은 선장과 백부장에게 권하여 더 이상 항해하지 말고 미항에서 월동하는 것이 좋겠다고 하였다. 만일 그들이 계속 항해할 것 같으면 화물은 물론이고 그들의 생명까지도 잃게 될지 모른다고 경고하였다.

그러나 선장은 미항의 항구가 별로 좋은 곳이 못되었던 까닭에 거기서 월동할 생각이 없었다. 선장과 선원들은 그레데 섬의 서안(西岸)에 있는 항구인 뵈닉스에 가서 월동하고자 했는데, 이는 그곳이 월동하기에 훨씬 편리할 것 같았기 때문이다. 여기서 흥미로운 사실은 죄수인 바울이 군대의 우두머리와 선장에게까지 조언을 줄 수 있었다는 점이다. 이로 보아 바울은 많은 자유를 누리고 있었을 뿐만 아니라 배에서 크게 영향력을 행사하고 있었다는 것이 분명하다. 그가 영향력을 미칠 수 있었던 것은 그가 기독교인이라는 사실에 그저 기인한 것은 아니었다.

십중팔구는, 비록 그의 제안을 받아들이지는 않았지만 그를 책임 맡은 자들이 그에게 조언을 부탁할 정도로 그가 바다에 대한 광범위한 지식과 풍부한 상식을 겸한 사람이었기 때문인 듯하다. 남풍이 순하게 불어오자, 선원들은 그들에게 기회가 온 줄로 생각했다. 그들은 닻을 감아 올리고 해안을 가까이 하고 그레데 섬을 따라 항해하기 시작했다. 그러나 갑자기 바람의 방향이 바뀌어 북 동풍이 육지로부터 강하게 불어 내려옴으로 해서 배가 해안에서 거칠게 파도치는 바다 가운데로 떠밀려 가고 말았다.

바람과 맞싸울 수가 없게 되자, 선원들은 바람에 굴복하지 않을 수가 없었다. 그래서 바람 부는 대로 쫓겨 표류하였다. 그들은 간신히 가우다라는 작은 섬에 이르러 약간 바람을 피할 수 있게 되자, 거기서 배를 좀 더 안전하게 하는 조치들을 취했다. 그들은 선체의 두꺼운 판자들이 파도에 깨지지 않도록 선체를 줄로 감아 묶었던 것이다. 그리고 나서, 많은 배들이 파선된 일이 있는 북아프리카 해안에서 좀 떨어진 지역인 스르디스(沙汀)에 걸릴까 염려되어, 그들은 모든 닻을 내리고 바람에 그냥 쫓겨 갔다.

광풍이 계속 불자 짐들을 바다에 내던져 버렸다. 그리고 며칠 뒤에는 배의 기구들을 내버렸다. 그들이 여러 날을 표류했는데 도저히 별들이나 해를 볼 수가 없고, 광풍은 잠잠해질 기미가 보이지 않자, 구원의 여망이 다 없어져 절망하였다. 소망이 다 끊어진 이 때에, 바울이 배에 탄 사람들 앞에 서서 그들을 격려했다. 그는 그들에게 먼저 그가 미항을 떠나지 말자고 그들에게 경고한 것을 상기시키고 나서, 그러나 이제 그는 그들에게 비록 배는 잃겠지만 목숨은 결코 잃지 않게 될 것이라고 확신시켜 주었다.

하나님께서 그날 밤 천사를 그에게 보내어 그를 위로하시고 자기 때문에 그와 함께 한 자들이 생명을 잃지 않게 되리라는 것을 그에게 약속해 주셨던 것이다. 그는 그들에게 말했다.

그러나 우리가 한 섬에 걸리리라(행 27:26).

3. 파선(破船)

그들이 두 주일 동안 바다에서 표류한 후에 선원들은 바다 길에 익숙한 까닭에 배가 육지에 가까워지고 있다는 것을 짐작했다. 그들은 수심 재는 줄(sounding line)을 내려 깊이가 20길 됨을 알게 되었다. 그리고 조금 후 다시 수심을 재어보니 열다섯 길 밖에 되지 않았다. 한밤중에 빠른 속도로 어떤 미지의 해안에 가까워지고 있었기 때문에, 선원들은 배가 암초에 부딪치지 않도록 하기 위해서 고물(船尾)에서 닻 넷을 내렸다. 많은 수의 선원들은 배에 있는 나머지 사람들이야 어떻게 되던 자신들의 목숨을 건지기로 결심했다.

배의 이물(船首)에서 닻을 내리는 체 하면서 그들은 자기네들이 타고 육지로 안전하게 빠져나갈 구명보트를 내릴 준비를 하였다. 바울은 백부장에게 그들이 하고 있는 것에 대하여 경고하여 말했다.

> 이 사람들이 배에 있지 아니하면 너희가 구원을 얻지 못하리라(행 27:31).

백부장이 선원들에게 명령하여 구명보트의 줄을 끊어 그것을 떠내려 보내라고 하였다. 그래서 선원들은 어쩔 수 없이 다른 사람들과 함께 배에 남게 되었다. 날이 새어가자, 바울은 그와 함께 한 모든 사람들을 격려하여 음식을 먹으라고 했다. 그들은 두 주일 동안 아무 것도 먹지 않았기 때문에 허약해져 있었다. 그래서 바울이 말했다.

> 음식 먹으라 권하노니 이것이 너희 구원을 위하는 것이요 너희중 머리터럭 하나라도 잃을 자가 없느니라(행 27:34).

그는 이같이 말하고 나서 떡을 떼어 하나님께 감사드리고 먹기 시작했다. 나머지 다른 사람들도 그로 말미암아 힘을 얻어 그 같이 먹기 시작하였다. 그들이 음식을 먹은 후에, 비상 착륙을 대비하여 가능한 한 배가 가볍도록 나머지 음식물을 바다에 내버렸다. 날이 밝자 어느 땅인지는 알지 못했으나 땅이 눈에 띄었다. 그들은 항만을 발견했다. 선원들은 그곳에 배를 댈 수 있을 것으로 생각하고, 닻을 끊어 바다에 버리고 킷줄을 늦추고 해안을 향하여 들어갔다.

그러나 그들이 그곳에 이르기 전에, 두 물이 합하여 흐르는 여울목에서 좌초하고 말았다. 양쪽에서 밀려오는 파도에 의해 배의 고물이 부서지자 배는 곧 산산조각나기 시작했다. 이때에 군병들이 죄수들을 죽이고자 했다. 로마 법률 하에서는, 죄수를 호송하는 중에 그 죄수가 탈주하면 호송을 맡은 군병들에게 책임을 물어 흔히 사형에 처했다. 그러나 백부장은 바울을 구원하고 싶었기 때문에 죄수들을 살려 두었다. 그는 바울을 점점 크게 존경해 왔던 터였다. 그래서 헤엄칠 수 있는 자들에게 명하여 배에서 뛰어 내리라 했다.

그리고 헤엄칠 수 없는 자들에게는 널판 조각이나 다른 것들을 붙들고 의지하여 육지로 나가게 했다. 그리하여 비록 배는 망실되었지만, 바울이 예언하였던 대로, 배에 탄 모든 사람이 구조되었던 것이다.

■ 복습 문제 ■

1. 바울이 어떤 방식으로 로마에 보내지게 되었는가?
2. 시돈에서 무슨 일이 일어났는가?
3. 왜 배가 그레데 남쪽으로 항해했는가?
4. 어떤 위험에 대하여 바울이 경고했는가?
5. 왜 그의 경고의 말이 무시되었는가?
6. 결과적으로 무슨 일이 생겼는가?
7. 선원들이 어떻게 배를 구해 보고자 했는가?
8. 무슨 위로의 말을 바울이 해주었는가?
9. 어떻게 바울이 승선자들을 죽음에서 구했는가?
10. 배는 어떻게 되었는가?
11. 승선자들은 어떻게 되었는가?

■ 더 연구할 문제 ■

1. 바울의 로마 여행 지도를 그려 보라.
2. 바울을 예로 들어, 다른 사람들에게 우리의 영향력을 어떻게 증가시킬 수 있는가를 의논하라.
3. 왜 누가가 광풍과 파선에 대하여 상세하게 기록했다고 생각하는가?

제30장

또한 로마에서도

(행 28장)

> ■ 연구 문제 ■
>
> 1. 멜리데에서 바울에게 무슨 일이 일어났는가?
> 2. 바울이 로마에 이르렀을 때 어떻게 해서 담대한 마음을 얻게 되었는가?
> 3. 로마의 유대인들이 바울의 메시지를 어떻게 받아들였는가?
> 4. 어떤 특권들을 바울이 로마에서 누렸는가?

비록 바울과 그의 일행이 타고 여행하였던 배는 완전히 파선되어 버렸지만, 배에 탄 모든 사람들은 구조되었다. 바울의 권하는 말을 받아들이지 않았었기 때문에 파선되는 일이 있었으나, 바울이 나중에 일러준 충고를 따랐기 때문에 모두가 살아남을 수 있었던 것이다.

1. 멜리데

조난자들이 해안에 이르렀을 때, 배가 파선했던 그 섬 주민들의 영접을 받았다. 이곳이 멜리데 섬(또는, 말타 섬)이었다. 누가는 원주민들을 미개인(土人)으로 칭하였다. 그렇다고 해서 그들이 잔인한 야만인이었다는 말은 아니다. 헬라인들은 헬라어가 아닌 다른 언어를 말하는 자를 모두 미개인으로 간주했던 것이다. 섬 주민들은 승선자들과 선원들이 몸을 따뜻하게 하고 그들의 옷을 말릴 수 있도록 불을 피워 주었다. 바울이 불을 지피고 있을 때, 나무 더미 속에 있었던 독사가 뜨거움을 인하여 불 속에서 뛰쳐나와 바울에게 달려들어 그를 물었다.

멜리데 사람들이 이를 보자, 바울이 바다에서는 죽음을 용케 면했지만, 졸지에 횡사해 마땅한 사형수임에 틀림없는 것으로 생각하게 되었다. 그러나 하나님께서 이적을 베풀어 주셨다. 바울은 뱀에게 물렸으나 아무 해를 입지 않았던 것이다. 사람들은 크게 놀랐다. 그리고 바울에 대한 태도를 완전히 바꾸어 그를 신으로 확신했다. 바울과 및 그와 함께 한 자들이 그 섬의 우두머리인 보블리오의 영접을 받아 3일 동안 그의 집에서 환대를 받았다. 이 기간 중에 보블리오의 아버지가 병 들자 바울이 그를 고쳐 주었다.

이로 인하여 섬 주민들 사이에서 바울의 지위가 높아졌고, 많은 사람들이 병 고침을 받고자 그에게로 왔다. 확신컨대, 바울은 그에게 온 자들을 고쳐 주었을 뿐만 아니라, 그들에게 복음도 전했을 것이다. 결과적으로, 백부장과 죄수들이 마침내 섬을 떠날 수 있게 되었을 때는 귀한 손님 대접을 받으며 떠나게 되었다.

2. 여행

멜리데에서 과동한 배들 가운데 로마로 곡물을 싣고 가는 알렉산드리아 배가 있었다. 백부장은 군병들과 죄수들이 이 배를 탈 수 있도록 조치를 취하였다. 그래서 로마를 향하여 항해하였다. 도중에 여러 항구들에 들리기도 했다. 그들은 마침내 보디올에 도착했다. 그곳 기독교인들이 바울과 그의 일행을 기쁘게 영접하여 그를 환대하며 일주일간을 그들과 함께 머물게 했다. 그렇게 환대받도록 허락한 것을 보면 백부장이 바울을 지극히 존경하였음을 알 수 있다. 보디올에서 바울의 일행은 육로로 걸어서 로마를 향해 갔다.

그들의 도착 소식이 먼저 로마에 전해졌다. 로마의 몇몇 기독교인들은 그들을 맞이하기 위하여 압비오 장터와 '세 여관'이라는 곳(The Three Taverns, 로마에서 30 내지 45마일 떨어진 고을들임)까지 나왔다. 이로 말미암아 사도는 담대한 마음을 얻게 되었다.

3. 로마에서

그들이 로마에 도착하자, 바울은 자기를 지키는 한 군병(또는 여러 명)과 함께 따로 집에 거처하는 것이 허락되었다. 로마에 있은 지 3일이 지나서 바울은 유대인 지도자들을 함께 모았다. 그는 자기가 예루살렘의 유대인들의 시기와 증오 때문에 죄수로 결박되었다고 그들에게 말했다. 로마 유대인들은 바울에 대하여 예루살렘으로부터 아무 편지나 이야기를 전해들은 바 없다고 대답했다. 그들은 그가 말하는 것을 듣고자 하여 그의 집으로 와서 그가 강론하는 것을 들었다.

바울이 그들에게 말하여, "하나님 나라를 증거하고 모세의 율법과 선지자의 말을 전하고 예수의 일로" 아침부터 저녁까지 권하였다(행 28:23). 유대인들 중에 얼마는 바울이 전한 것들을 믿었으나, 다른 사람들은 믿지 않았다. 이렇듯 그들 간에 견해가 서로 맞지 않자, 이스라엘 백성에게 불신앙의 위험에 대하여 경고한 이사야의 말을 그들에게 바울이 상기시켜 주었다. 그리고 결론짓기를, "그런즉 하나님의 이 구원을 이방인에게로 보내신 줄 알라 저희는 또한 들으리라"(행 28:28)고 하였다. 바울은 로마에 2년 동안 머물렀다.

그 기간 동안 그를 지키는 한 군병과 함께 자신의 셋집에서 계속 기거하였다. 그래서 사람들이 자유롭게 출입하였다. 그리고 바울은 이 집에 거하면서 "하나님 나라를 전파하며 주 예수 그리스도께 관한 것을 가르치는" 그의 사역을 계속하였던 것이다(행 28:31). 누가는 이것으로 바울의 생애가 끝난 것으로 말하고 있지 않다. 이것은 단지 사도행전을 끝맺음한 것일 뿐이다. 누가는 그 당시 알려진 세계의 심장부였던 로마에 이르기까지의 바울을 소개하였다. 이렇게 하여 사도행전 1:8에 있는 그리스도의 약속이 성취되었다.

즉, 복음이 땅 끝까지 이르렀다. 그래서 누가가 그의 붓을 놓은 것이다.

■ 복습 문제 ■

1. 멜리데 사람들이 조난자들을 어떻게 맞아 주었는가?
2. 바울이 불을 쪼이던 때에 무슨 일이 그에게 일어났는가?
3. 원주민들은 바울의 당한 일을 어떻게 해석했는가?
4. 바울이 섬 주민들을 위해서 무엇을 해주었는가?
5. 바울의 일행이 섬을 떠날 때 섬 주민들이 그들에게 어떻게 해주었는가?
6. 보디올에서와 '세 여관'이라는 곳 및 압비오 장터에서 무슨 일이 있었는가?
7. 바울이 로마의 유대인들에게 무엇에 대하여 말했는가?
8. 로마 유대인들이 복음에 대하여 어떻게 반응을 나타냈는가?
9. 바울이 그의 투옥 기간을 어떻게 보냈는가?

■ **더 연구할 문제** ■

1. 로마까지의 바울의 여행을 지도에 표기하라.
2. 바울의 선교 사역이 그렇게 성공적이었던 이유들을 열거하라.
3. 사도행전 이후의 바울의 생애에 대하여 주해서나 성경 사전을 참조하여 말해보라.

제31장

주 안에서 갇힌 내가 권하노니
(옥중서신)

■ 연구 문제 ■

1. 서신들의 역사적 배경을 각각 말하라.
2. 서신들에서 어떤 교리들이 두드러지게 나타나 있는가?
3. 서신들이 그리스도인의 생활에 대하여 어떻게 가르치고 있는가?

전장(前章)에서 사도행전의 마지막에 이르기까지의 바울의 생애를 공부했다. 그러나 그것으로 바울의 사역이 끝난 것은 아니었다. 누가는 이렇게 말하고 있다.

> 바울이 온 이태를 자기 셋집에 유하며 자기에게 오는 사람을 다 영접하고 담대히 하나님 나라를 전파하며 주 예수 그리스도께 관한 것을 가르치되 금하는 사람이 없었더라(행 28:30-31).

이 기간 동안에 바울은 또한 서신으로 그의 사역을 계속하였다. 본 장에서 우리가 공부하는 서신들은 바울의 로마 감옥에서 기록된 것들이다.

1. 기록 연대와 수신자

이 서신들은 바울의 1차 투옥 기간으로 추정되는 연대인 A.D. 60년에서 62년 사이에 기록된 듯하다. 이 서신들 중에서 에베소서만이 수신자에 대하여 의문이 다소 있다. 이는 어떤 사본들에 이 서신의 1절에 있는 "에베소에 있는" 이라는 단어가 생략되어 있기 때문이다. 그래서 어떤 학자들은 에베소서가 에베소에 있는 교회에서 보내졌다기보다는 오히려 소아시아에 있는 교회들에게 회람 서신으로 보내진 것이라고 주장한다.

그러나 지배적인 견해에 의하면, 먼저 에베소교회에 보내어졌고, 그 후에 소아시아 교회들에게 회람된 것으로 보인다. 빌립보서는 바울이 복음을 전한 첫 번째 유럽 지역 도시인 빌립보의 기독교인들에게 써 보내졌다. 그곳에 형성된 교회가 첫 번째 유럽 교회였다. 그 교회는 바울의 전 사역을 통하여 그를 충성스럽게 물질적으로 후원하였다. 골로새서는 소아시아의 에베소 동쪽 100마일 지점에 있는 한 조그마한 도시에 써 보내졌다. 골로새교회는 바울이 아닌 그의 조력자 중의 누군가에 의하여 세워진 듯하다.

그렇다면, 바울이 에베소를 방문하고 있을 때에 세워졌었을 것이다. 이는 그 때에, "아시아에 사는 자는 유대인이나 헬라인이나 다 주의 말씀을"(행 19:1) 들었기 때문이다. 빌레몬서는 골로새교회의 한 회원에게 보내어진 것으로서, 특별한 문제를 다루고 있다.

2. 목적

이 서신들은 때때로 바울의 기독론 서신들(Christological epistles)이라고 불린다. 그 이유는 이 서신들이 주 예수 그리스도의 사역을 강조하고 그 사역을 교회의 신앙과 생활에 적용하고 있기 때문이다. 그러나 이 서신들은 각기 강조점을 달리하고 있다. 에베소서는 그리스도와 교회와의 관계를 다루고 있고, 빌립보서는 기독교인의 화합과 희락의 근원되시는 분으로 그리스도를 소개하고 있다. 골로새서에서는 바울은 만물과 사람들과 천사들 위에 뛰어나신 그리스도의 최고권을 강조하고, 그리스도의 최고권을 부인한 이단 사상을 공격하고 있다. 빌레몬서에서는 그리스도가 기독교인들을 서로 형제 되게 하는 분(the author of brotherhood)으로 소개되어 있다.

3. 개요

에베소서   (장절)
Ⅰ. 그리스도 안에서 선택된 교회 ····················· 1장
Ⅱ. 그리스도 안에서 형성된 교회 ····················· 2-3장
Ⅲ. 그리스도 안에서 행하는 교회 ····················· 4-5장
Ⅳ. 그리스도를 섬기는 교회 ························· 6장

빌립보서   (장절)
Ⅰ. 사랑을 인한 감사 기도 ·························· 1장
Ⅱ. 겸손에 대한 권면 ······························ 2장
Ⅲ. 경주에 대한 지침 ······························ 3장
Ⅳ. 기뻐할 것을 권함 ······························ 4장

골로새서	(장절)
Ⅰ. 그리스도의 최고성에 대한 사실 소개	1:1-2:4
Ⅱ. 그리스도의 최고성에 관한 공격에 대한 대답	2:5-3:4
Ⅲ. 그리스도의 최고성의 결과들에 대한 설명	3:5-4:6
Ⅳ. 개인적인 말	4:7-18

빌레몬서의 개요(생략)

4. 내용

이 네 서신들에는 중복되는 것이 많이 있다. 에베소서와 골로새서에는 주제뿐만 아니라 어휘에 있어서도 유사한 것이 상당히 있음을 볼 수 있다. 그렇다고 해서 이 서신들 중에 어떤 것이 불필요하다는 뜻은 아니다. 각 서신마다 기독인의 신앙과 생활을 이해하는데 도움을 준다. 그래서 네 서신들을 요약하는 대신 각 서신에 강조되어 있는 바를 지적하여 언급하고자 한다.

1) 기독인의 신앙에 대한 가르침

에베소서는 사람들을 자기 자녀로 삼기 위해 선택하는데 나타난 하나님의 주권을 강조하는 장으로 시작되어 있다. 바울은 그 첫 장에서, 하나님에 의한 선택이 우리의 모든 신령한 축복들의 근원이라는 것과, 우리가 택함 받은 것은 "우리로 사랑 안에서 그 앞에 거룩하고 흠이 없게"(엡 1:4) 하기 위함이라는 것과, 하나님이 우리를 선택하심은 그의 지혜와 은혜를 나타내기 위함이라는 것 등을 가르치고 있다. 바울은 언제나 그리스도를 가리켜 그 안에서 우리가 선택을 받았고, 그를 통해서 구속 받는 그분으로 말한다.

본서에서 바울의 주제는 그리스도이다. 우리를 위하고 우리 안에서 된 그리스도의 사역의 배후에 있는 하나님의 놀라운 사랑과 변치 않는 목적을 강조하기 위해 바울은 하나님의 주권적 선택에 대해서 말하고 있는 것이다. 바울은 에베소서의 다음 두 장에서 그리스도가 우리를 구속하시고 그의 교회를 세우신 방법을 강조하고 있다. 그리스도가 강림하시기까지는 세상이 유대인과 이방인, 할례자와 무할례자로 나뉘어져 있었다.

그러나 그리스도를 통하여 "전에 멀리 있던 너희(이방인들)가 … 그리스도의 피로 가까워졌느니라"(엡 2:13).

이제 하나님의 교회는 유대인들과 이방인들이 주 예수 그리스도의 사역으로 말미암아 하나 되어 있는 까닭에 둘 다 교회의 구성원인 것이다. 즉, 교회 안에는 유대인도 있고 이방인들도 있다. 그리스도의 낮아지심을 간명하게 서술하고 있다. 그는 사람이 되기 위해서 하늘에서의 그의 신적 신분을 기꺼이 버리셨다. 이 같은 낮아지심에서의 그의 완전한 순종 때문에 하나님이 그를 지극히 높여 다음과 같이 표현했다.

> 모든 이름 위에 뛰어난 이름을 주사 하늘에 있는 자들과 땅에 있는 자들과 땅 아래 있는 자들로 모든 무릎을 예수의 이름에 꿇게 하시고 모든 입으로 예수 그리스도를 주(主)라 시인하여 하나님 아버지께 영광을 돌리게 하셨느니라(빌 2:9-11).

이 구절에서 예수 그리스도가 우리의 신적 구세주이실 뿐만 아니라 완전한 모범이심을 바울이 우리에게 일깨워 주고 있다. 그는 사람이 되기 위해 하늘의 영광을 버리고 우리의 본성을 취하셨다. 그 결과, 그는 우리가 믿어야 하는 분이실 뿐만 아니라 우리가 따를 수 있는 분이 되셨다. 그들은 그를 "보이지 아니하시는 하나님의 형상이요 모든 창조들보다 먼저 나신 자"(골 1:15)로 묘사하고 있다.

또한, 그는 그리스도를 만물이 그를 통하여 창조되고, 그가 만물보다 먼저 계시고, 만물을 붙드시는 분으로 소개하고 있다. 그리고 나서, 최종적으로 그리스도를 교회의 머리요, 아버지의 모든 충만이 거하시는 분으로 소개하고 있다. 바울이 골로새서를 써 보냄에 있어서 이 점을 강조하고 있는 것은 그리스도의 최고의 권위와 머리되심(headship)을 부인하는 이단이 골로새에 있었기 때문이다. 즉, 그리스도를 경배하는 것 외에 사람들이 천사들에게도 영광을 돌려야 한다고 주장하는 자들이 있었다. 그들은 천사들을 그리스도와 동등한 지위로 올리며, 사람들이 하나님께 나아감에 있어서 밟아야 할 일련의 단계들을 설치하고자 했다.

그는 또한 그리스도인들이 이단들의 인위적인 규범들을 피할 것을 가르쳤다. 이단들은 하나님의 율례에다 자기 자신들의 율례를 첨가시켰던 것이다. 바울은 이 같은 "자의적(自意的)숭배"의 올무에 걸리지 말 것을 골로새 교인들에게 경고하였다. "이것은 만지지도 말라," "저것은 맛보지도 말라"고 되어 있는 이 같은 인위적인 규범들은 자기를 낮추는 것과 몸을 가혹하게 하는 것 등을 요구하고 있기 때문에 매우 경건하게 보일지 모르나, 실은 악을 대적하여 싸우는데 아무런 도움이 안 되며, 그것들을 지키게 되는 경우 그저 교만해지고 자기만족에 빠지게 할 뿐이라는 것을 바울이 지적하고 있다. 사람이 만든 규범은 아무것도 참된 거룩과 하나님과의 교제로 우리를 인도할 수가 없는 것이다.

2) 기독인의 생활에 대한 가르침

바울은 이 서신들에서 많은 실제적인 문제들을 다루고 있다. 그러나 각 서신마다 주목할 가치가 있는 특별한 점들이 있다. 에베소서의 제6장은 빼어난 구절이다. 이 장절에서 바울은 기독교인의 전신갑주에 대하여 말하고 있다. 즉, 우리는 우리 자신의 힘으로는 죄를 대적하여 싸울 수가 없고, 하나님이 우리에게 제공해 주신 장비들을 사용함으로써만이 싸울 수가 있다는 것을 일깨워 주고 있다. 이 구절은 잘 암기하고 이해하는 것이 좋을 것이다. 빌립보서는 기독교의 기쁨(희락)에 대한 사상을 강조하고 있다.

바울은 거듭 그가 기뻐하는 것과 빌립보 교인들이 기뻐하는 것에 대해 말하고 있다. 바울은 역경과 순경 가운데서 다 같이 기뻐하는 방법을 터득하였다. 그래서 빌립보 교인들에게도 그 같이 할 것을 간청하고 있다. 그는 말한다.

> 주님을 항상 기뻐하라 내가 다시 말하노니 기뻐하라(빌 4:4).

이는 인생에 문제들이 없어서가 아니라 그리스도가 함께 해 주시기 때문이다. 그러기에 바울은 이렇게 말할 수 있었다.

> 내가 궁핍하므로 말하는 것이 아니라 어떤 형편에든지 내가 자족하기를 배웠노니 내가 비천에 처할 줄도 알고 풍부에 처할 줄도 알아 모든 일에 배부르며 배고픔과 풍부와 궁핍에도 일체의 비결을 배웠노라 내게 능력 주시는 자 안에서 내가 모든 것을 할 수 있느니라(빌 4:11-13).

아무것도 위대하신 주님을 기뻐하는 바울의 기쁨을 감소시킬 수가 없는 것이다. 골로새서에는 이 세상에 있는 것보다 오히려 위에 있는 것들을 우리에게 구할 것을 바울이 부탁하는 유명한 구절이 있다. 우리가 그리스도와 함께 죽고 그와 함께 살아났기 때문에 바울은 이렇게 말한다.

> 위의 것을 생각하고 땅의 것을 생각지 말라(골 3:2).

에베소서와 골로새서에는 다 같이 가족 관계를 다루고 있는 구절들이 있다. 이 두 서신들에서 다 같이 바울은 자녀들이 그들의 부모들에게 순종할 것과, 부모들이 그들의 자녀들을 사랑과 자비로 다루어야 할 것을 가르치고 있다. 이 원리들은 가족 생활의 경우뿐만 아니라, 사업이나 교회 그리고 사람들이 함께 일해야 하는 모든 영역의 경우에도 유익하다. 하급 지위에 있는 자들은 순종해야 하고, 영향력을 행사하는 지위에 있는 자들은 자애로워야 하는 것이다. 빌레몬서는 기독인의 삶의 모범이다.

빌레몬의 종 오네시모가 돈을 훔쳐 가지고 로마로 달아났었는데, 그는 거기서 바울을 만나 회심하였다. 그는 그에게 빌레몬에게로 돌아가라고 일러 주었다. 바울은 빌레몬으로 하여금 오네시모를 기꺼이 받아들여 친절하게 대해 줄 것을 당부하는 이 빌레몬서(빌레몬에게 보내는 편지)를 그에게 주어 보냈다. 이 편지에는 기독인의 의(義)와 사랑이 다 같이 나타나 있다.

■ 복습 문제 ■

1. 이 서신들이 언제 어디에서 쓰여졌는가?
2. 각 편지의 목적은 무엇이었는가?
3. 하나님이 그리스도를 통하여 구원 받도록 사람들을 선택하신 것을 보여 주는 구절 셋을 말하라(엡 1장).
4. 하나님이 그리스도 안에서 우리를 위하여 무엇을 행하셨는가?(엡 2장)
5. 왜 하나님은 사람마다 다른 은사들을 주셨는가?(엡 4장)
6. 남편들과 아내들에게 바울은 무슨 가르침들을 주고 있는가?
   (엡 5:22 이하; 골 3:18 이하)
7. 부모들과 자녀들에게 바울은 무슨 가르침들을 주고 있는가?
   (엡 6장; 골 3:18 이하)
8. 고용주들과 고용인들에게 바울은 무슨 가르침을 주고 있는가?
   (엡 6:5 이하; 골 3:18 이하)
9. 사탄과 맞서기 위해 그리스도인은 어떻게 무장되어 있는가?(엡 6:10 이하)
10. 그리스도는 어떤 점에서 기독인의 겸손의 모범이신가?(빌 2장)
11. 그리스도의 영광이란?(골 1:9 이하)
12. 바울이 골로새인들에게 무슨 이단에 대하여 경고했는가?(골 2:8 이하)
13. 바울이 어떻게 빌레몬을 설득하여 오네시모를 친절히 받아들이게 했는가?

■ 더 연구할 문제 ■

1. 그리스도의 인격과 사역에 관한 글을 써보라(원고지 3매 정도).

제5부 • 그리스도의 사역의 강화

제32장

그리스도 예수의 선한 일꾼
(목회서신)

■ 연구 문제 ■

1. 이 서신들의 역사적 배경에 대해 말하라.
2. 바울의 다른 서신들과 어떻게 다른가?
3. 이 서신들은 무엇을 강조하는가?

사도행전의 마지막 장에 보면, 바울이 로마의 한 감옥에 있었다. 그 감옥에서 그는 앞장에서 우리가 공부한 서신들을 써 보냈다. 그런데 바울이 그 감옥에서 풀려나 선교 여행을 계속한 것으로 보인다. 그는 네로가 기독교인들을 박해하기 시작하자 다시 투옥되었다.

1. 기록 연대와 수신자

바울의 2차 투옥의 연대는 일반적으로 A.D. 63년에서 67년 사이로 알려져 있다. 디모데전서와 디도서는 그의 투옥의 초기에 기록된 듯하고, 디모데후서는 투옥이 끝날 무렵에 기록된 듯하다. 디모데와 디도는 바울의 선교사역을 도와 온 젊은 목회자들이었다. 그들은 지금 바울이 세워놓은 교회들을 섬기고 있었다. 디모데는 에베소에서 그리고 디도는 그레데 섬에서 섬기고 있었던 것이다.

2. 목적

이 서신들은 아주 실제적이다. 바울은 이 서신들에서 거의 젊은 조력자들이 당면하고 있던 문제들을 다루어 교회 정치목회에 관한 지침을 주고 있었다.

3. 개요

디모데전서 (장절)
- Ⅰ. 젊은 목회자에게 주는 당부의 말 ················· 1장
- Ⅱ. 교회 질서를 위한 당부 ···················· 2장
- Ⅲ. 교회 직원의 자격 요건 ···················· 3장
- Ⅳ. 교회 활동을 위한 지침 ················· 4-6장

디모데후서 (장절)
- Ⅰ. 담대하게 증거하라 ······················ 1장

Ⅱ. 만족스런 사역을 위한 권고 ·················· 2장
Ⅲ. 장래의 난관들에 대한 경고 ················· 3장
Ⅳ. 직무에 충실 하라 ···························· 4장

디도서 (장절)
Ⅰ. 교회에 대한 지침 ··························· 1장
Ⅱ. 기독교인의 윤리에 대한 지침 ················ 2장

4. 내용

이 서신들은 바울의 다른 서신들과는 달리 교회의 조직을 다루고 있다. 디모데전서 3장과 디도서 1장에서 바울은 교회 직원들을 위한 자격 요건들을 열거하고 있다. 모든 직원은 하나님의 말씀을 알아야 하고 선한 기독교인의 생활을 살아야 한다. 직원들은 예수 그리스도를 사람들 앞에서 특별한 방식으로 나타내는 자들이다. 그러므로 불건전한 교훈을 가르치거나 부도덕을 행하는 직원은 예수 그리스도의 이름을 욕되게 하는 것이다. 그래서 교회 직원에 대한 표준이 매우 높은 것이다.

디모데전서에서 바울은 또한 교회 안에서 여자들이 지켜야 할 지침들을 주고 있다. 그는 여자들이 정숙하고 순종할 것을 주장한다. 여자의 단장은 좋은 옷이나 값비싼 보석류에 있지 않고 경건한 삶을 사는 것이다. 여자들은 그들이 남자들의 배필(돕는 자)로 지은 바 되었다는 것을 기억해야 하며, 교회 안에서 가르치거나 권위를 부리려 해서는 안 되고, 오히려 배워야 한다.

사도들의 시대에는 과부의 경우 생계를 꾸려가거나 자녀들을 부양할 길이 전혀 없었다. 그래서 교회가 과부를 돕는 특별 조취를 취했다. 이 관례는 매우 일찍이 시작되었다(행 6장). 그러나 다른 모든 형태의 구제처럼, 과부들을 보살피는 일이 악용될 수가 있었다. 그래서 과부의 명단에 포함되어야 할 여자들에 대한 특별 지침들을 바울이 디모데에게 주었던 것이다.

이 서신들에서 바울은 기독교인의 윤리에 대하여 말하고 있다. 우리가 그의 지침을 읽어볼 것 같으면, 정부와 교회와의 관계가 점차 악화되어가고 있음을 알 수 있다. 기독교가 그 초창기에는 로마 당국에 의해 관용되었다. 그러나 점차 관용이 핍박으로 변해갔다. 바울이 이 같은 변화를 알고 있었기 때문에, 교회를 핍박의 위협으로부터 보호하는데 도움이 될 지침을 주었던 것이다. 기독교인들은 권세 잡은 자들을 위하여 기도해야 했다. 사회 개혁을 시도(試圖)해서는 결코 안 되었다. 종들의 경우 그들은 계속해서 종으로 봉사하되, 그들이 형제들이기 때문에 더 훌륭한 종들이 되어야 했다. 그러나 무엇보다도 하나님의 백성들은 의와 경건과 사랑을 구해야 했던 것이다.

디모데후서 3:16은 성경에 대한 가장 위대한 진술 중의 하나이다. 바울은 말한다.

> 모든 성경은 하나님의 감동으로 된 것으로 교훈과 책망과 바르게 함과 의로 교육하기에 유익하니 이는 하나님의 사람으로 온전케 하며 모든 선한 일을 행하기에 온전케 하려 함이니라(딤후 3:16-17).

이 구절들에서 바울은 하나님의 말씀이 기독교인의 생활을 위해 중요하다는 것을 강조하고 있다. 모든 성경은 기독교인이 하나님을 충실하게 섬길 수 있는 사람이 되게 하는데 유익하다. 하나님의 말씀은 그것이 하나님에 의해 감동되었기 때문에 그토록 유익하다. 그것은 진실로 하나님의 말씀이요, 사람의 말이 아니다. 그러므로 그것은 하나님이 그의 은혜를 자기 백성 위에 부어 주시는 방편인 것이다. 바울은 이 서신들을 쓰던 때에, 지상에서의 그의 사역이 거의 끝나가고 있다는 것을 알고 있었다.

이 서신들을 받는 젊은 사역자들이 그의 일을 계속해야 했다. 바울은 그 일이 쉽지 않으리라는 것을 알고 있었다.

> 후일에 어떤 사람들이 믿음에서 떠나 미혹케 하는 영과 귀신의 가르침을 쫓으리라(딤전 4:1).

사람들이 하나님을 사랑하는 자리에서 돌이켜 자기와 쾌락을 사랑함으로 해서 떠나는 일이 또한 있게 될 것이다. 이 같은 불충실로 말미암아 예수 그리스도의 좋은 일꾼이 되고자 하는 자들이 낙심되게 될 것은 뻔하다. 하지만, 복음의 일꾼들은 그들이 만나는 난관들에도 불구하고 그들이 하는 일에 충실해야 하며, 바울의 모범을 따라야 하고, 하나님이 그의 말씀을 세우시고 축복하실 것을 믿어야 하는 것이다.

■ **복습 문제** ■

1. 바울이 언제 이 서신들을 기록하였는가?
2. 이 서신들의 목적은 무엇이었는가?
3. 어떤 당부의 말을 바울이 디모데에게 해주었는가?
   (딤전 1:3 이하; 6:11 이하)
4. 믿는 여자들에 대하여 바울이 어떻게 말하고 있는가?
   (딤전 2:8 이하; 5:3 이하)
5. 감독(장로)의 자격 요건은 무엇인가?(딤전 3장; 딛 1:5 이하)
6. 집사의 자격 요건은 무엇인가?(딤전 3:8 이하)
7. 바울은 기독교인들이 어떻게 행동해 주기를 원했는가?(딛 2장)
8. 어떤 일들은 계속되어야 하고 어떤 일들은 피해야 하는가?(딛 3장)
9. 어떤 방식으로 디모데는 군사의 모범을 따라야 했는가?
   그리고 운동선수와 종의 모범을 따라야 했는가?(딤후 2장)
10. 성경에 대하여 바울이 어떻게 말하고 있는가?(딤후 3:15 이하)
11. 무슨 당부의 말을 바울이 디모데에게 최후로 하였는가?(딤후 4: 9 이하)

> ■ 더 연구할 문제 ■
> 1. 목회자(복음의 일꾼)들의 책임은 무엇인가?
> 2. 교회 회원들의 책임은 무엇인가?

제33장

큰 대제사장이 있으니
(히브리서)

■ 연구 문제 ■

1. 히브리서의 역사적 배경에 대해 말해 보라.
2. 그리스도는 누구보다 그리고 무엇보다 더 뛰어난가?
3. 왜 이 서신이 그리스도의 우월성을 강조하고 있는가?

"신약은 구약 안에 감추어져 있고, 구약은 신약 안에 계시되어 있다."
 구약은 그 자체로는 결코 설 수가 없게 되어 있으며, 신약이 그것을 완성해 줄 필요가 있다. 신약은 그것만으로는 결코 이해될 수가 없게 되어 있으며, 구약이 그것의 배경을 마련해 줄 필요가 있다. 그런데 이 같은 사실이 히브리서에 가장 명확하게 잘 나타나 있다. 여기에 구약과 신약의 요소들이 함께 모아져 예수 그리스도가 하나님이 이스라엘에게 주신 모든 약속들의 성취임을 보여 주고 있다.

1. 저자

누가 이 서신을 기록하였는지 우리는 모른다. 많은 영어 성경들이 바울의 서신이라고 말하나, 이것은 매우 의심스럽다.

첫째, 히브리서는 바울의 서신들과는 전혀 다른 문체로 기록되어 있다.

둘째, 히브리서 기자가 자신을 사도들로부터 하나님의 말씀을 들은 자들과 동일시하고 있다(히 2:3).

그런데 바울은 주 예수 그리스도로부터 직접 그의 복음을 받았다고 언제나 힘주어 말했던 것이다. 바울이 히브리서를 기록하지 않은 것으로 확신하는 자들은 바나바와 아볼로와 같은 다른 저자들을 내세웠다. 그러나 이 히브리서를 누가 기록했는지 모른다고 결론짓는 것이 가장 좋을 줄로 안다.

2. 기록 연대와 수신자

히브리서가 언제 기록되었는지는 확실치가 않다. 어떤 학자들은 예루살렘 멸망 이후(A.D. 80-90년)로 추정하나, 다른 사람들은 예루살렘 멸망 전인 A.D. 70년경에 기록되었을 것임에 틀림없다고 주장한다. 이 서신은 유대인들에게 써 보내졌으나, 어디에 사는 유대인들인가에 대해서는 모른다. 여러 장소들이 주장되었으나, 로마가 가장 옳을 듯하다.

3. 목적

히브리서는 그리스도가 구약 종교의 모든 요소들보다 우월하기 때문에 기독교가 구약 종교보다 우월하다는 것을 보여주기 위해 기록되었다.

저자는 변절하여 유대교로 되돌아 갈 위험이 있는 유대인들에게 써 보냈다. 그래서 그들이 그리스도에게 충실해야 한다는 것을 확신시키려고 기록된 것이다.

4. 개요

히브리서 (장절)
  Ⅰ. 천사들보다 그리스도가 우월함·················· 1-2장
  Ⅱ. 모세보다 그리스도가 우월함···················· 3-4장
  Ⅲ. 구약의 제사장들보다 그리스도가 우월함············ 5-7장
  Ⅳ. 구약보다 그리스도가 우월함····················· 8-10장
  Ⅴ. 믿음의 우월성······························· 11장
  Ⅵ. 기독교 생활의 우월성·························· 12-13장

5. 내용

히브리서에는 서론이 없다. 저자는 곧바로 그의 주제를 다루고 있다. 이 서신의 서두의 말씀들에는 구약에 있는 하나님의 계시가 신약에 있는 계시와 대조되어 있다. 구약에서는 계시가 작은 미광(微光)으로 이따금씩 주어졌다. 하나님의 대변자들인 선지자들을 통하여 주어졌다. 그러나 신약에서는 하나님이 그의 아들 안에서 우리에게 완전하게 말씀하고 계신다. 독자들이 이 같은 진보의 엄청난 중요성을 놓치지 않도록 하기 위해서, 저자는 아들에 대하여 다음과 같이 말한다.

　　이 모든 날 마지막에 아들로 우리에게 말씀하셨으니 이 아들을 만유의 후사로

세우시고 또 저로 말미암아 모든 세계를 지으셨느니라 이는 하나님의 영광의 광채시요 그 본체의 형상이시라 그의 능력의 말씀으로 만물을 붙드시며 죄를 정결케 하는 일을 하시고 높은 곳에 계신 위엄의 우편에 앉으셨느니라(히 1:2-3).

어떤 사람에 대하여 이보다 더 어떻게 말해질 수 있겠는가?

천사들보다 우월함

유대인들과 기독교인들은 다 같이 하나님께서 천사들의 중개를 통해서 구약의 율법을 주셨다는 것을 믿었다(행 7:38; 갈 3:19). 그러므로 저자가 그리스도를 선지자들과 비교할 수 있으려면 또한 반드시 그를 천사들과 비교해야 했다. 구약의 구절을 하나씩 하나씩 사용하여 그리스도가 모든 면에서 천사들보다 우월하시다는 것을 증명하고 있다.

첫째, 그리스도는 천사들보다 훨씬 뛰어난 지위를 얻으셨다. 왜냐하면 천사들이 하나님의 부리시는 영들(God's ministering spirits)인데 반하여, 그리스도께서는 하나님 우편에 앉아 계시기 때문이다.

둘째, 하나님께서는 세상에 대한 지배권을 천사들이 아니라 인간에게 주셨다. 예수님께서 천사의 모양이 아닌 사람의 모양을 취하신 것은 그가 자기 백성을 구원하실 수 있기 위해서였다.

모세보다 우월하심

모세는 구약에서 빼어난 인물이었다. 그를 통해서 이스라엘이 애굽의 속박에서 속량되었다. 그는 살아있는 동안에 하나님과 이스라엘 사이의 중보자로 행하였다. 그래서 저자가 그리스도를 모세에게 비교하고 있는 것이다. 그는 지적하기를, 모세가 하나님의 집에서 종으로 일했으나, 그리스도께서는 아들로 일했다고 말하고 있다. 이로 말미암아 모세의 영광이 감해지는 것이 아니고, 주 예수 그리스도의 엄청난 영광이 드러난 것이다.

제사장들보다 우월함

구주께서 이제 우리의 큰 대제사장으로 소개되어 있다. 그는 하늘을 지나 올라가셨으며, 우리의 모든 필요에 대하여 동정적이시다. 그래서 우리가 필요한 때에 긍휼과 은혜를 덧입기 위해 그에게 갈 수가 있다. 아무 사람이라도 마음먹는다고 제사장이 될 수 있는 것이 아니다. 하나님께서 사람들을 불러 그 직분을 맡기셔야 하는 것이다. 하나님께서는 아론과 그의 아들들을 부르셔서 제사장 되게 하셨다. 그러나 그리스도는 아론이 자손이 아니었다. 그는 유다지파에 속하였다.

그렇다면 그가 어떻게 제사장이 될 수 있었는가?

예수님은 멜기세덱의 반차(order)를 따라서 된 제사장이다(창 14장). 아브라함이 멜기세덱에게 십의 일조를 드림으로써 멜기세덱이 더 크다는 것이 드러났다. 그런데 족장 아브라함은 그의 후손인 아론보다 크다. 그러므로 멜기세덱이 아론보다 더 크고, 멜기세덱의 반차를 따라서 된 대제사장인 그리스도는 아론의 반차에 속하는 제사장들보다 크시다. 그는 구약의 제사장들이 했던 것처럼 회막이나 성전에서 섬기지 아니 하시고, 계속적으로 희생 제물을 드리지도 않으신다. 오히려, 그는 하늘에서 하나님을 섬기시며, 그 자신의 피로 단번에 영원한 희생 제사를 드리셨었다.

> 이러한 대제사장은 우리에게 합당하니 거룩하고 악이 없고 더러움이 없고 죄인에게서 떠나 계시고 하늘보다 높이 되신 자라 저가 저 대제사장들이 먼저 자기 죄를 위하고 다음에 백성의 죄를 위하여 날마다 제사 드리는 것과 같이 할 필요가 없으니 이는 저가 단번에 자기를 드려 이루셨음이니라(히 7:26-27).

구약보다 우월하심

히브리서 저자는 9장과 10장에서 구약의 의식들과 성소를 다소 자세하게 기술하고 있다. 그는 이 같은 방식으로 구약의 예배와 제사 제도들이 그리스도의 모형임을 밝혔다. 그리스도는 구약의 성소가 상징하는 것을 성취하셨다. 구약의 제사장들은 땅에 있는 성소에서 섬겼지만, 그리스도께서는 바로 하늘에서 자기 일을 수행하신다. 구약의 성소는 의식들에 의하여 정결케 되었으나, 하늘의 참 성소는 그리스도의 더 나은 제사로 정결케 되었다.

구약의 제사장들은 똑같은 희생 제사를 거듭거듭 드렸으나, 그리스도께서는 십자가상에서 단번에 자신을 희생 제물로 드렸다. 신약에서의 그리스도의 사역은 하나님이 구약에서 약속하신 것을 성취하는 것이다.

> 내가 그들의 죄를 사하고 다시는 그 죄를 기억지 아니하리라(렘 31:34).

믿음의 우월성

기독교회는 인간이 예수 그리스도를 믿는 신앙을 통해서 구원 받는다고 언제나 가르쳐 왔다. 한편, 사람들을 돌이켜 유대 종교에로 되돌아가게 하고자 한 초대교회내의 이단 교사들은 인간이 믿음에 의해서 뿐만 아니라 행위에 의해서도 구원받게 된다고 가르쳤다.

그래서 히브리서 저자는 구약의 성도들이 신약에서 하나님의 백성들의 경우와 마찬가지로 믿음으로 말미암아 의롭다 함을 받았다는 것을 밝혀 그 이단의 가르침을 논박하고 있는 것이다.

그는 믿음으로 하나님을 기쁘시게 한 자들로 아벨, 에녹, 노아, 아브라함, 이삭, 요셉, 모세, 이스라엘의 자손들, 라합, 사사들을 들고 있다. 그들의 실례들에 의하여 그의 말이 입증된 것이다.

> 믿음이 없이는 기쁘시게 못하나니 하나님께 나아가는 자는 반드시 그가 계신 것과 또한 그가 자기를 찾는 자들에게 상 주시는 이심을 믿어야 할지니라(히 11:6).

실제적인 권면

기독교가 유대교보다 우월하다고 그의 주장을 결론 짓고 독자들을 권하여 믿음에 충실할 것을 당부한 다음에, 저자는 기독인의 생활에 대한 실제적인 권면의 말로 끝을 맺는다. 그는 말한다.

이러므로 우리에게 구름같이 둘러싼 허다한 증인들이 있으니 모든 무거운 것과 얽매이기 쉬운 죄를 벗어 버리고 인내로써 우리 앞에 당한 경주를 경주하며 믿음의 주요 또 온전케 하시는 이인 예수를 바라보자 저는 그 앞에 있는 즐거움을 위하여 십자가를 참으사 부끄러움을 개의치 아니하시더니 하나님 보좌 우편에 앉으셨느니라(히 12:1-2).

이 부분의 권면은 앞에서 말씀된 것과 관련이 있다. 저자는 거듭거듭 독자들에게 그들이 구약의 하나님 백성들의 지위에 비하여 훨씬 나은 지위를 누리고 있음을 상기시키고 있다. 그래서 그는 그들에게 그리스도를 위하여 살 것을 당부하고 있는 것이다.

6. 강조점

히브리서의 주제의 발전을 더듬어 보는 중에 우리는 많은 구절들을 뛰어 넘었다. 저자는 그의 주제를 발전시킬 때, 항상 그것을 독자들에게 적용시켰다. 그는 그리스도를 통해서 오는 구원을 게을리 할 위험에 대해 경고하는가 하면(히 2:2-4), 불신앙의 위험을 경고하고, 이스라엘 백성들처럼 마음을 완악하게 하지 말라고 했다(히 3:7-19). 또한 예수 그리스도 안에서 하나님의 은혜에 대해 배운 다음에 되돌이키는 위험에 대해 경고했다(히 6:4-8).

그는 그들이 그리스도 안에서 누리고 있는 복된 특권들을 받아들이고, 그리스도가 흘린 피로 뿌림 받은 마음을 가지고 하나님께 가까이 나아갈 것을 그들에게 권하고 있다(히 10:19-23). 이 서신의 어조는 그저, 지식을 전해 주는 교사의 그것이 아니고, 자기 양떼가 빠질 오류에 대하여 깊이 염려하는 진실하고 열심있는 목자의 그것이다. 저자는 충심으로 독자들에게 그리스도를 떠나지 말고 그에게 충실하며 진실할 것을 간청하고 있다.

■ **복습 문제** ■

1. 히브리서의 저자와 수신자 문제에 대해 토의해 보라.
2. 히브리서의 목적은 무엇이었는가?
3. 그리스도가 천사들보다 우월하다는 것을 세 가지로 말하라(히 1장).
4. 왜 그리스도가 사람이 되었는가?(히 2:5 이하)
5. 그리스도가 어떻게 모세보다 우월한가?(히 3장)
6. 그리스도가 대제사장의 자격 요건을 어떻게 충족시켰는가?(히 5장)
7. 그리스도에게서 떨어져 나가는 것이 왜 위험한가?(히 6:4 이하)
8. 왜 그리스도가 멜기세덱의 반차를 좇은 제사장인가?(히 7장)
9. 하나님이 그리스도 안에서 왜 새 언약을 체결하셨는가?(히 8장)
10. 그리스도의 희생 제사가 구약의 것보다 어떤 점에서 더 우월한가? (히 9:23 이하)
11. 아벨, 에녹, 노아, 아브라함의 신앙에 대한 증거를 각각 말하라(히 12장).
12. 기독인의 경주를 말하라(히 12장)
13. 어떤 실제적인 권면들이 히브리서 12장과 13장에 말씀되어 있는가?

■ **더 연구할 문제** ■

1. 히브리서 11:1의 믿음에 대한 정의가 그리스도를 믿는 구원 신앙에 어떻게 적용되는가를 말해보라.
2. 히브리서 6:4-8과 10:19-30의 경고의 말씀들이 어떻게 당신에게 적용되는가?
3. 성경 사전을 사용하여 멜기세덱의 반차에 관해 간략하게 글을 써보라.

제34장

보호하사 거침이 없게 하시고
(공동서신)

■ 연구 문제 ■

1. 이 서신들의 역사적 배경과 목적에 대하여 각각 말하라.
2. 베드로는 고난에 대하여 어떻게 가르치고 있는가?
3. 주의 날에 대하여 베드로가 어떻게 가르치고 있는가?
4. 유다의 메시지는 무엇인가?

  베드로는 초대교회에서 가장 중요한 사도였으며, 사도행전의 처음 몇 장들에서는 빼어난 인물로 나타나 있다. 그러나 베드로는 좋은 서신들을 많이 기록하지는 않았다. 아마도 그 이유는 그가 바울처럼 교육을 받은 학자가 아니라 어부였기 때문인 듯하다. 베드로는 그의 사역의 후기에 이르러서야 지금 신약 성경에 포함되어 있는 서신들을 기록하였다. 본 장에서는 유다가 쓴 짤막한 서신과 관련하여 바울의 이 서신들을 공부코자 한다.

유다는 야고보의 형제요, 따라서 주 예수 그리스도의 형제였다.

1. 기록 연대와 수신자

베드로전서는 소아시아 북쪽 지방의 기독교인들에게 써 보내졌다. 이 지방들 중의 몇 곳에서 바울이 일한 적이 있었으나, 베드로는 바울이 세워 놓은 교회들보다 훨씬 더 북쪽에 위치한 교회들에게 편지를 써 보낸 듯하다. 베드로는 그의 첫 번째 서신을 바벨론에서 써 보낸 것으로 말한다(벧전 5:13). 그러나 많은 사람들은 바벨론이 로마를 지칭하는 일종의 암호로 사용되었던 것으로 주장한다. 베드로가 바벨론에 간 일이 있다는 증거는 전혀 없으나, 로마에 있었다는 증거는 있다.

이 서신은 A.D. 63년에서 65년 사이에 기록되었다. 베드로후서와 유다서의 수신자에 대해서는 모른다. 어떤 학자들은 베드로후서가 베드로전서에 곧 이어 A.D. 67년 또는 68년에 기록된 것으로 생각한다. 한편 다른 학자들은 80년 아니면 85년경에 기록되었을 것이 틀림없다고 주장한다. 유다서의 기록 연대는 확실치 않다. 이에 대해서는 곧 논의 하겠다. 아무튼 대체적으로 보아 이 서신들은 대부분의 바울 서신들보다 후대에 기록되었다고 할 수 있다.

2. 목적

베드로전서는 고난 중에 있는 자들에게 소망을 고취시키고 거룩을 장려하기 위해 기록되었고, 베드로후서는 점증하는 이단의 물결 가운데서 하나님의 말씀에 뿌리박은 신앙을 장려하기 위해, 유다서는 그의 독자에게 "믿음의 도를 위하여 힘껏 싸우라"고 권하기 위해서 각각 기록되었다.

3. 개요

베드로전서 (장절)
- Ⅰ. 구원이 고난을 이기게 함 ··· 1:1-2:10
- Ⅱ. 고난 중에도 순종해야 함 ·· 2:11-3:22
- Ⅲ. 그리스도의 고난에 동참 ·· 4장
- Ⅳ. 고난 중에 충실할 것 ·· 5장

베드로후서 (장절)
- Ⅰ. 영감된 성경의 중요성 ·· 1장
- Ⅱ. 거짓 선지자들에 대한 ·· 2장
- Ⅲ. 다가올 심판의 확실성 ·· 3장

유다서(생략)

4. 내용

베드로전서

베드로가 이 서신을 써 보낸 사람들(수신자)이 그리스도를 위하여 고난당하고 있었다는 것이 분명하다. 이 서신에는 "고난"이라는 단어가 17회 나오는데, 그리스도의 고난을 언급하고 있는 것이 7회, 그리스도인들의 고난을 언급한 것이 10회이다. 베드로는 거듭거듭 그의 독자들에게 고난을 각오할 것과 그것이 하나님께로부터 온 것으로 알고 받아들일 것을 당부하고 있다. 그는 그들이 많은 시련을 겪어야 할 것과 그 같은 시련을 통해서 그들의 신앙이 입증된다는 것을 일러 주고 있다.

그는 그들에게 깨우치기를, 고난을 받아 마땅할 경우 고난 중에 참는 것

은 기독인들에게 아무 자랑할 것이 없으나, "선을 행함으로 고난을 받고 참으면 이는 하나님 앞에 아름다우니라"(벧전 2:20)고 했다. 사실, 우리는 그 같은 고난을 각오해야 한다.

> 이를 위하여 너희가 부르심을 입었으니 그리스도도 너희를 위하여 고난을 받으사 너희에게 본을 끼쳐 그 자취를 따라오게 하셨느니라(벧전 2:21).

기독인이라면 그 같은 고난을 두려워하기보다는 도리어 그것을 즐거워해야 한다.

> 오직 너희가 그리스도의 고난에 참여하는 것으로 즐거워하라 이는 그의 영광을 나타내실 때에 너희로 즐거워하고 기뻐하게 하려 함이라(벧전 4:13).

이 서신의 중간쯤에 보면, 베드로가 수신자들에게 하나님이 그들을 처하게 하신 자리에서 순종할 것을 권하는 부분이 있다. 그들은 그들의 고향이 이 세상이 아니라 오는 세상에 있는 나그네들이기 때문에, 하나님이 권세를 주어 세운 자들에게 순종하고 복종하면서 살아야 하는 것이다. 그 당시에 사람들은 권세에 반항하여 그들이 좋아하는 대로 행할 권리를 주장하였다. 베드로는 그러나 그의 독자들에게 사람들의 법률들에 순종할 것을 권하고 있다.

종들은 주인들에게, 아내들은 남편들에게 순종할 것과, 남편들은 아내들과 더불어 사랑과 친절로 동거할 것을 권했다. 그리고 그는 다음과 같이 결론을 짓고 있다.

> 마지막으로 말하노니 너희가 다 마음을 같이 하여 궤휼하며 형제를 사랑하며 불쌍히 여기며 겸손하며 악을 악으로 욕을 욕으로 갚지 말고 도리어 복을 빌라 이를 위하여 너희가 부르심을 입었으니 이는 복을 유업으로 받게 하려 하심이라(벧전 3:8-9).

기독교인들은 하나님이 그들에게 주신 의무들을 이행하여 세상에 좋은 모범을 언제나 보여 주어야 하는 것이다.

베드로후서

베드로후서 1장에는 하나님의 말씀의 권위와 참됨에 대한 베드로의 증거가 나타나 있다. 그는 그의 독자들에게 복음이 역사적 사실임을 일러 주고 있다. 그와 다른 사도들은 그들이 복음을 전할 때 간교하게 꾸며낸 우화들을 소개하고 있는 것이 아니었다. 오히려, 그들이 보고 들은 것을 그들은 기록하였던 것이다. 그들은 또한 모든 사람이 제각기 나름대로 해석할 수 있는 메시지를 전하지도 않았다.

베드로는 성경의 어떤 예언도 사사로이 해석할 수 없다고 주장한다. 바울의 이 말은 하나님의 말씀의 어떤 한 부분도 그것만으로 해석 될 수가 없다는 것을 의미한다. 성경은 성경과 비교해서 해석해야만 진리를 캐낼 수가 있는 것이다. 이렇게 해야 하는 이유는 다음과 같다.

> 예언은 언제든지 사람의 뜻으로 낸 것이 아니요 오직 성령의 감동하심을 입은 사람들이 하나님께 받아 말한 것임이니라(벧후 1:21).

성경은 그것이 사람의 메시지가 아니라, 하나님의 메시지이기 때문에, 전체로서 연구되어야 한다. 그리고 성경의 기자들은 하나님의 영으로 감동을 받아 하나님의 말씀을 사람들에게 전한 것이다. 베드로후서 마지막 장에서 그는 독자들이 당면하고 있던 문제를 다루고 있다. 기독교의 메시지, 특별히 주 예수 그리스도께서 산자와 죽은 자를 심판하기 위해서 다시 오실 것이라는 가르침을 부인하여 조소하는 자들이 있었다. 베드로는 이 조소하는 자들을 좋은 말로 대답하고 있다.

그들은 만물이 언제나 그대로 지속되고 있다고 주장했으나, 그는 땅을 멸하였던 홍수를 그들이 고의적으로 무시한 점을 지적하여 말하고, 또 그들이 아무것도 과거에 일어나지 않았으므로 미래에도 아무것도 일어나지 않을 것이라고 주장한 것에 대하여는, 이같이 심판이 연기된 것은 하나님의 오래 참으심 때문이라고 말하고 있다. 하나님께서는 자기의 모든 백성들이 그리스도를 믿는 신앙에 이르게 될 때까지 심판을 미루시는 것이다.

그러나 베드로는 뒤이어 말하기를, 엄청난 불의 심판이 임할 것이라고 하고 있다. 그 불의 심판으로 말미암아 죄악이 우주에서 일소되고, 하나님께서는 오직 의인들만이 거하게 될 신천신지를 건설하실 것이다.

미래에 대한 이 진리가 지금 우리에게 다소간의 영향을 주는가?

그렇다.

> 이 모든 것이 이렇게 풀어지리니 너희가 어떠한 사람이 되어야 마땅하뇨 거룩한 행실과 경건함으로 하나님의 날이 임하기를 바라보고 간절히 사모하라 (벧후 3:11-12).

유다서

유다서는 상당히 어려운 문제를 제기하고 있다. 베드로후서 2장을 읽고 나서 유다서를 읽어볼 것 같으면, 그들이 현저하게 유사함을 발견케 될 것이다. 유다서가 베드로후서 2장에 비하여 예증들이 더 많기는 하지만 그들은 동일한 메시지를 담고 있고 같은 예증들을 사용하고 있다. 이들 간의 유사성으로 말미암아 문제들이 제기된다.

한 저자가 다른 사람에게서 복사했을까?

만일 그렇다면, 어느 서신이 먼저 기록되었을까?

유다가 베드로에게 영향을 입은 것으로 보인다. 유다는 다음과 같이 말하고 있다.

> 사랑하는 자들아 우리가 다 같이 얻은 구원에 대하여 내가 너희에게 편지하려는 뜻이 간절하던 차에 성도에게 단번에 주신 믿음의 도를 위하여 힘써 싸우라는 편지로 너희를 권하여야 할 필요를 느꼈노니 …(유 3절).

여기서 "필요를 느꼈다"는 말은 유다가 베드로후서를 읽고 베드로가 그 서신에서 다룬 문제가 자기가 지금 써 보내고자 하는 사람들에게도 적용될 수 있음을 인식한데서 그렇게 말한 것으로 볼 수 있다.

그러나 유다는 베드로의 글을 그저 복사한 것은 아니다. 그는 구약에 대한 그 자신의 지식에 근거하여 거듭 경고의 말을 자신의 서신에서 말하고 있는 것이다. 그는 거짓 교사들을 자신의 지위를 지키지 않은 천사들과, 소돔 고모라와, 가인과, 발람과 고라에게 비교시키고 있다.

그는 자연계에 찾아 볼 수 있는 각종 비유들을 사용하고 있다. 또한 그는 거짓 천사들을 저항할 것과 그들의 말을 듣지 말 것을 수신자들에게 권하고 있다. 복음을 사랑하는 자들이 일어나 거짓 교훈을 전하는 자들의 오류를 선포해야 되는 때들이 있다. 이 같은 정신으로 유다가 그의 서신을 기록한 것이다.

■ 복습 문제 ■

1. 이 서신들의 저자들에 대해 말하라.
2. 이 서신들이 언제 누구에게 써 보내졌는가?
3. 서신들의 목적을 각각 말하라.
4. 베드로전서는 고난에 대하여 어떻게 가르치고 있는가?
   (벧전 1:3 이하; 4:1 이하, 12 이하)
5. 베드로전서에서 기독인의 생활에 대한 명령 열 가지를 열거해 보라.
6. 베드로후서는 하나님의 말씀에 대하여 어떻게 가르치는가?
   (벧후 1:16 이하)
7. 주의 날을 조소하는 자들에 대해 베드로가 어떻게 대답하고 있는가?
   (벧후 3장)
8. 주의 날이 어떻게 올 것인가?(벧후 3:8 이하)
9. 베드로후서와 유다서의 유사성은 어떻게 설명될 수 있는가?
10. 유다는 어떤 실례들을 들어 거짓 교사들에 대해 우리에게 경고하고 있는가?

■ 더 연구할 문제 ■

1. 만일 정부가 핍박하기 시작하거나 공산주의자들이 정권을 잡는다고 하면 어떻게 하겠는가?
2. 세상 끝을 간절히 바랄 때에 우리의 일상생활에 어떤 영향이 있게 되는지 실례를 들어 의논해보라(요일, 요이, 요삼).

제35장

우리와 사귐이 있게
(요한서신)

> ■ 연구 문제 ■
>
> 1. 이 서신들의 역사적 배경을 말해보라.
> 2. 우리에게 영생이 있음을 어떻게 확신할 수 있는가?
> 3. 대접을 위한 규칙들은 무엇인가?

　초대교회 안에서 일어난 몇몇 이단 사상들이 기독교 신앙의 기초를 뒤흔들어 놓은 것을 앞서 살폈다. 성경 중에서 가장 늦게 기록된 것으로 보이는 짤막한 사도 요한의 이 세 서신들은 진리를 굳게 붙잡는 것의 중요성을 재강조하고 있다. 우리가 진리를 따라 행할 때, 하나님 및 그의 자녀들과 사귐을 가질 수가 있는 것이다.

1. 저자

이 서신들에는 저자의 신원이 밝혀져 있지 않다. 그러나 다른 사도들보다 더 오래 산 사랑 받는 사도 요한에 의하여 기록되었다는 것이 분명하다. 이 서신들은 사용된 어휘, 문체, 내용으로 보아 제4복음서와 관련이 있다. 이것은 특별히 요한일서의 경우에 그러하다. 그 서신에서 사도는 요한복음에 있는 개념(사상)들에 대한 실제적인 적용들을 소개하고 있다.

2. 기록 연대와 수신자

요한의 세 서신들은 A.D. 85년에서 90년 사이에 기록된 듯하다. 그 서신들이 누구에게 써 보내졌는지는 모른다. 그러나 요한이 그의 말년에 에베소를 중심으로 하여 일했기 때문에, 십중팔구는 이 서신들이 소아시아의 어떤 교회에 보내졌을 것으로 보인다. 요한이, 삼서는 짧은 서신들이어서 요한일서와 함께 보내진 것으로 생각되어 왔다. 요한이서에 언급되어 있는 "택하심을 입은 부녀"는 교회로, 요한삼서에 언급되어 있는 가이오는 교회의 목사로 생각된다. 그렇다고 하면, 이 서신들은 모두 거의 동시에 기록되어 동일 장소로 보내졌을 것이다.

3. 목적

요한 자신이 첫 번째 서신을 기록하면서 그의 목적을 밝혔다.

> 내가 하나님의 아들의 이름을 믿는 너희에게 이것을 쓴 것은 너희로 하여금 너희에게 영생이 있음을 알게 하려 함이니라(요일 5:13).

그는 신자들이 그리스도를 통하여 얻는 구원에 대한 확신을 갖기를 원하였던 것이다. 요한이서는 진리 안에서 행하는 것의 중요성을 강조하고 있다. 이 서신은 거짓 교훈을 전하는 자들을 호의로 받아들임으로써 이단 사상을 방조하는 일에 대하여 경고하기 위해 기록되었다. 요한삼서는 나그네 교사들에 대해 대접하는 가이오를 격려하고 디오드레베의 훼방하는 일을 멈추게 하기 위해 기록되었다. 디오드레베가 독재자로 군림하여 나그네 교사들을 받아들이지 못하게 할 뿐만 아니라 그들을 받아들인 자들을 교회에서 내어 쫓았음이 분명하다.

4. 개요

요한일서 (장절)
- Ⅰ. 영생의 근원 ··· 1:1-4
- Ⅱ. 영생의 확신 ··· 1:5-5:21
  - A. 빛 가운데 행함으로 ······························· 1:5-2:17
  - B. 진리를 붙들므로 ································· 2:18-29
  - C. 사랑 안에 거함으로 ································ 3-4장
  - D. 믿음을 행사함으로 ···································· 5장

요한이서, 요한삼서(생략)

5. 내용

요한이 그의 서신에서 자주 사용하고 있는 몇몇 중요한 단어들을 생각해 봄으로 요한일서의 메시지를 파악할 수가 있다.

생명

요한은 나타난 바 되었고, 그와 다른 사도들이 보고 손으로 만져 보았으며, 그들이 증거 하는 생명에 대하여 말함으로 그의 서신을 시작하고 있다. 물론, 그 생명은 육신으로 오신 하나님이신 예수 그리스도였다.

> 아들이 있는 자에게는 생명이 있고 하나님의 아들이 없는 자에게는 생명이 없느니라(요일 5:12).

그리스도를 통하여 요한과 다른 사도들이 하나님과 사귐을 갖게 되는 것이다. 요한이 이 사귐에로 그의 독자들을 초대하고 있다.

빛

> 하나님은 빛이시라 그에게는 어두움이 조금도 없으시니라(요일 1:5).

요한이 하나님을 이같이 표현함에 있어서, 그는 "빛"이라는 용어를 사용하여 거룩과 선하심을 나타내는 한편, 악을 나타내기 위해 "어두움"이라는 용어를 사용하고 있다. 하나님은 완전히 거룩하시다. 아무 악도 그 안에 있지 않으며, 그는 어떤 형태의 악도 용인하실 수가 없다. 그러나 우리는 악하다. 우리의 죄악된 성품 때문에, 우리가 마땅히 빛 가운데로 걸어야 하는데도 할 수가 없다. 그러므로 우리는 우리의 죄를 인정하고 그것들을 제거할 필요가 있다.

> 만일 우리가 우리 죄를 자백하면 저는 미쁘시고 의로우사 우리 죄를 사하시며 모든 불의에서 우리를 깨끗케 하실 것이요(요일 1:9).

하나님께서 그리스도 때문에 우리의 죄를 값없이 용서해 주시지만, 그렇다고 해서 죄를 계속 범해야 한다는 뜻은 아니다. 그리스도께서 빛 가운데 계시는 것처럼 우리는 빛 가운데 행해야 한다.

빛 가운데 행한다는 말은 무슨 뜻인가?

빛 가운데 행하는 자는 그의 형제를 사랑한다. 이는 자기 형제를 미워하는 자는 어두움 가운데 있고 또 어두움 가운데 행하는 자이기 때문이다(요일 2:11). "이웃 사랑"은 하나님이 우리에게 주신 두 번째 큰 계명이다. 그러므로 만일 우리의 삶이 동료에 대한 미움으로 가득 차 있다고 하면 빛 가운데 행할 수가 없는 것이다. 빛 가운데 행하는 자의 두 번째 표지는 그가 세상을 사랑하지 않는 것이다.

> 이 세상이나 세상에 있는 것들을 사랑치 말라 누구든지 세상을 사랑하면 아버지의 사랑이 그 속에 있지 아니하니 이는 세상에 있는 모든 것이 육신의 정욕과 안목의 정욕과 이생(生)의 자랑이니 다 아버지께로 좇아 온 것이 아니요 세상으로 좇아 온 것이라(요일 2:15-16).

진리

요한이 서신들을 쓸 당시에 사람들을 미혹하는 거짓 교사들이 있었다. 그래서 요한은 그리스도 안에 계시된 진리를 사람들이 굳게 붙들 필요가 있다는 것을 경고하고 있다. 그는 다음과 같이 힘주어 말한다.

> 거짓말하는 자가 누구뇨 예수께서 그리스도이심을 부인하는 자가 아니뇨 아버지와 아들을 부인하는 그가 적그리스도니라(요일 2:22).

만일 어떤 사람이 예수를 하나님의 아들, 곧 죄인들의 구주가 되시기 위해 세상에 보내심을 받은 그리스도로 받아들이지 않을 것 같으면, 그는 정당하게 기독인이라고 자처할 수가 없다. 그리스도를 고백(시인)하는 자가 아버지 하나님과 사귐(교제)이 있으며 성부께서 자녀들에게 주신 축복들을 받게 된다. 그리스도의 인성(人性)을 이 서신에서 요한이 변호하고 있다. 어떤 사람들이 그리스도께서 결코 사람이 되신 일이 없다고 가르치고 있었다. 그들은 물질이 악하다고 믿었다. 그래서 하나님이 육체를 입으실 수가 없다고 했다. 나사렛 예수는 그들의 경우 단지 유령 인간이었다.

요한은 예수가 하나님의 아들 곧 세상에 보냄 받은 그리스도임을 사람들이 믿는 것이 중요하다는 것을 아주 잘 알고 있었다. 그러나 이에 못지않게 예수가 참으로 사람임을 사람들이 인식하는 것이 중요하다는 것도 확신하고 있었다. 예수님은 오직 하나님이자 사람이신 분으로서만이 죄에서 우리를 구하는 구주가 되실 수 있었다. 그래서 요한은 말한다.

> 하나님의 영은 이것으로 알지니 곧 예수 그리스도께서 육체로 오신 것을 시인하는 영마다 하나님께 속한 것이요 예수를 시인하지 아니하는 영마다 하나님께 속한 것이 아니니 이것이 곧 적그리스도의 영이니라(요일 4:2-3).

사랑

요한이 이 서신에서 강조하고 있는 위대한 진리들 중의 하나는 하나님의 사랑과 그 사랑이 하나님의 자녀들에게 주는 영향이다. 하나님이 우리를 사랑하시기 때문에 우리는 그의 자녀로 불리고 있는 것이다. 그렇지만 우리는 아직 이것의 의미를 충분히 알지 못하고 있다. 그러나 언젠가는 우리가 그리스도와 같이 될 것을 안다. 이는 그가 계시는 대로 우리가 그를 보게 될 것이기 때문이다. 그리고 우리를 그의 자녀 되게 한 하나님의 이 사랑으로 인하여 우리는 그의 계명들에 순종하여 살게 되는 것이다. 우리는 우리의 형제들을 사랑함으로써 하나님의 사랑을 나타내야 한다.

> 우리가 형제를 사랑함으로 사망에서 옮겨 생명으로 들어간 줄을 알거니와 사랑치 아니하는 자는 사망에 거하느니라(요일 3:14).

우리는 형제들이 사랑스럽든 아니하거든 그들을 사랑해야 한다. 이 때에 우리는 하나님의 모범을 따라야 하는 것이다. 하나님은 우리가 죄인 되었을 때 우리의 구주가 되도록 자기 아들을 보내 주심으로 우리에 대한 자기의 사랑을 나타내 보이셨다. 우리는 우리의 형제들을 사랑할 때 우리가 하나님의 자녀인 것을 확신할 수가 있다.

> 누구든지 하나님을 사랑하노라 하고 그 형제를 미워하면 이는 거짓말 하는 자니 보는 바 그 형제를 사랑치 아니하는 자가 보지 못하는 바 하나님을 사랑할 수가 없느니라 우리가 이 계명을 주께 받았으니 하나님을 사랑하는 자는 또한 그 형제를 사랑할지니라(요일 4:20-21).

6. 요한이서, 요한삼서

이 짧은 두 서신들은 기독교의 대접하는 문제를 주제로 하고 있다. 요한이서에서는, 거짓 교훈을 전하는 자들에게 친절을 베풀지 말 것에 대하여 요한이 경고하고 있다. 요한의 시대에는 이 교회 저 교회를 돌아다니는 많은 교사들이 있었다. 그들은 숙식을 기독교인들에게 전적으로 의존하였던 것이다. 이들 중의 어떤 이들은 복음을 참되게 전하는 자들이었으나, 다른 이들은 거짓 교훈을 가르치는 자들이었다.

요한은 그가 이 서신을 써 보내는 자들(수신자들)에게 경계하여 그리스도를 구주로 전하지 않는 자들에게 친절을 베풀어 줌으로 해서 이단 사상이 전파되는 것을 돕지 말 것을 당부하고 있다.

한편, 요한삼서에서 그는 가이오의 대접을 인하여 그를 칭찬하고 있다. 거짓 교훈을 전하는 자들을 도움으로 해서 이단 사상이 전파되게 하는 어리석음을 범하지 않도록 유의할 것은 물론이지만, 복음을 전하는 자들을 후대함으로 해서 진리가 확산되도록 하는데 열심을 내야 한다.

디오드레베라는 사람을 요한이 책망하고 있다. 그는 자신이 천사들을 받아들이려 하지 않을 뿐 아니라, 그들을 대접하는 회원들을 교회에서 내쫓고자 했다. 예수 그리스도의 교회 안에서 사람들이 자기들의 영향력이나 권세를 사용하여 그리스도의 대의(大義)를 위하기보다는 도리어 자기 자신의 사상을 고취시키려고 하는 것은 비극적인 일이 아닐 수 없다.

■ 복습 문제 ■

1. 누가 이 서신들을 썼는지를 어떻게 알 수 있는가?
2. 이 서신들이 언제 누구에게 써 보내졌는가?
3. 이 서신들이 왜 기록되었는가?
4. 기독인의 사귐의 기초는 무엇인가?(요일 1장)
5. 죄에 대해 기독교인은 어떤 태도를 가져야 하는가?(요일 2장)
6. 무엇을 모든 기독인이 빌어야 하는가?(요일 2:18 이하)
7. 왜 미움이 기독인의 확신을 파괴하는가?(요일 3:11 이하)
8. 어떻게 영들을 시험해야 하는가?(요일 4장)
9. 사랑이 왜 그토록 중요한가?(요일 4:7 이하)
10. 요한이서는 무엇을 가르쳐 주고 있는가?
11. 요한삼서는 무엇을 가르쳐 주고 있는가?

■ 더 연구할 문제 ■

1. 기독교의 사랑의 본질에 대해 설명하고 그 사랑이 구원의 확신을 갖게 하는데 어떻게 도움이 되는가를 말하라.
2. 기독인으로서 대접을 잘하려면 무엇이 요구되는가? 그리고 그 대접으로 말미암아 어떤 기회들이 마련되는가?

제36장

알파와 오메가
(요한계시록)

■ 연구 문제 ■

1. 요한계시록의 역사적 배경과 목적에 대하여 말하라.
2. 요한계시록은 어떻게 해석되어왔는가?
3. 요한계시록은 어떤 교훈들을 가르쳐주고 있는가?

　요한계시록은 신약의 다른 책들과 다르다. 그것의 메시지가 상징들과 환상들로 소개되어 있으므로 해서 해석하기가 어렵다. 요한계시록을 해석하자고 노력한 사람들이 그것의 의미에 대해 여러 가지 결론들에 이르렀다. 그러나 요한계시록이 난해하다 하여 그것을 무시해서는 안된다. 왜냐하면 요한계시록에 모든 기독인을 위한 메시지가 담겨 있기 때문이다.

1. 기록 연대와 수신자

이 책은 도미티안 황제가 기독인들을 박해하던 때인 A.D. 90-96년경에 기록되었다. 사도 요한은 에베소에서 교회를 섬겼는데, 거기서 밧모섬으로 유배당했다. 그가 밧모섬에 있을 때에 이 책에 담긴 예수 그리스도의 계시를 하나님이 그에게 주신 것이다. 그래서 요한은 이 책의 앞부분 1-3장에서 언급되어 있는 아시아의 일곱 교회들에게 그 계시를 써 보냈다.

2. 목적

요한계시록은 환란과 핍박 중에 있는 하나님의 백성들에게 하나님이 만물을 통치하시고, 자기 백성을 보호하시며, 자기 백성을 핍박하는 자들을 심판하실 것이요, 그리고 역사의 종말에는, 주 예수 그리스도께서 사탄과 그것의 모든 군대들에 대하여 최종적으로 승리하시리라는 사실들을 일깨워줌으로써 그들을 위로하기 위해 기록되었다.

3. 개요

요한계시록 (장절)
Ⅰ. 일곱 교회 가운데 계시는 그리스도 ················· 1-3장
Ⅱ. 일곱 인 ··· 4-7장
Ⅲ. 일곱 나팔 심판 ·· 8-11장
Ⅳ. 여자가 용에게서 구원됨 ····························· 12-14장
Ⅴ. 일곱 대접 재앙 ······································· 15-16장
Ⅵ. 바벨론과 짐승의 멸망 ································ 17-19장
Ⅶ. 사탄에 대한 심판과 새 예루살렘의 도래 ·········· 20-22장

4. 요한계시록에 대한 각종 해석

요한계시록을 주의 깊게 연구한 사람들에 의해 주어진 해석들은 네 그룹으로 분류될 수가 있다.

1) 과거주의 견해에 의하면, 요한계시록은 요한이 기록하던 당시에 일어나고 있었던 사건들만을 다루고 있다. 이 견해에 의하면 요한계시록은 현재나 미래에 대해서는 아무것도 말하고 있지 않다.
2) 역사주의 견해는 요한계시록이 예수 그리스도의 초림으로부터 그의 재림까지의 교회 역사를 예고하고 있다고 주장한다. 이 견해에 따르면 요한계시록의 몇몇 상징들은 역사의 대사건들이 일어났을 때 성취되었다.
3) 미래주의 견해는 요한계시록이 우리 구주께서 재림하실 때 일어날 일을 말하고 있다고 주장한다. 많은 미래주의자들은 일곱 교회에 보내는 서신들이 그리스도의 초림으로부터 재림에 이르기까지의 교회 역사의 일곱 시대를 나타내는 것으로 믿고 있다.
4) 이상주의 견해는 요한계시록의 상징들이 교회 역사에 거듭거듭 나타나게 될 큰 원리들을 말하고 있다고 주장한다. 이상주의 견해에 따르면, 계시록의 대 주제는 하나님과 선(善)이 사탄과 악(惡)에 대하여 승리한다는 것이다.

요한계시록을 해석함에 있어서 그것이 상징물로 가득 차 있다는 것을 기억해야 한다. 모든 것을 문자적으로 해석해서는 안 된다. 우리는 그 상징들이 무엇을 묘사하려 하고 있는가를 물어야 한다. 예를 들면, 요한계시록에는 전쟁을 묘사할 때에 말 탄 자들이 언급되어 있다. 그러나 이 같은 묘사는 전쟁(장래에 있게 될 경우)이 옛날 방식대로 싸워지게 될 것을 의미하지 않는다. 요한은 전쟁과 심판을 표현하기 위해 그의 어휘를 그저 사용한 것뿐이다. 마찬가지로, 요한계시록에 나오는 숫자들은 문자적으로 해석할 필요가 없다.

그것들은 대개 상징적이며, 사실에 대한 여자적(如字的)인 표현이라기보다는 교훈을 주기 위한 것이다. 요한계시록의 상징들은 다른 성경책에 뿌리박고 있다. 그래서 이 같은 상징이 구약에서 또는 그리스도에 의하여 또는 다른 사도들에 의해 어떻게 사용되었는가를 알게 되면 그 상징이 의미하는 바를 쉽게 이해할 수가 있는 것이다.

예를 들면, 어린 양(계 5장)은 세례 요한(요 1:29)과 이사야(사 53:7)의 말씀들을 연상케 한다. 그런 까닭에 요한계시록은 하나님의 말씀이 하나라는 것과 그것의 메시지가 시종여일하다는 것을 최종적으로 입증해 주고 있는 것이다.

만일 하나님께서 자기 백성을 보호하고 그리스도의 대의(大義)를 진전시키기 위해 일하시는 방법을 소개하는 일종의 활동사진으로 요한계시록을 간주할 것 같으면 요한계시록을 훨씬 쉽게 이해할 수 있을 것이다. 윌리암 헨드릭슨(William Hendriksen) 박사는 요한계시록을 해석함에 있어서 요한계시록의 일곱 부분(개요를 참조할 것)이 각각 그리스도의 초림으로부터 재림에 이르기까지의 교회 역사를 보여 주고 있다고 말한다. 처음 세 부분에서는, 세상에 의해 핍박당하고 있는 교회가 강조되어 있다.

나머지 네 부분에서는 세상과 교회 간에 벌어지는 영적 대전쟁이 강조되어 있다. 우리는 여기서 그리스도가 사탄과 그의 군대를 대항하고 있음을 본다. 헨드릭슨 박사에 따르면, 요한계시록의 저자는 동일 시대에 대하여 거듭거듭 말하고 있다. 즉, 그는 교회 역사를 여러 각도에서 보고 있는 것이다. 이는 우리로 하여금 악령의 세력에 대한 그리스도와 그의 백성의 전쟁을 충분히 이해하고, 그리스도가 얻을 완전한 승리에 대해 확신하게 하기 위함이다.

5. 내용

1) 교회와 세상

요한계시록의 시작 부분에서 요한은 일곱 촛대 사이에 서 계시는 그리스도를 환상으로 보고 있다. 이 촛대들은 아시아의 일곱 교회를 상징한다. 그리스도께서 그 가운데 서 계시며 그 가운데를 거니신다. 그는 요한에게 지시하여 이 교회들에게 각각 편지를 보내라 하신다. 이 서신들에서 그리스도께서는 교회들의 선행을 인하여는 칭찬하고 그들의 죄와 허물을 인하여는 정죄하고 있다. 그는 그들에게 권하여 그들의 생명과 증거를 지켜 그리스도의 축복에 참여할 수 있게 되기를 바라고 있다.

아시아의 이 교회들은 역사를 통하여 나타나게 될 그리스도의 교회의 여러 상태들을 보여 주고 있는 듯하다. 우리가 이 교회들에게 보내진 편지들(계 2-3장)을 유의해서 읽을 것 같으면, 우리 자신의 교회가 묘사되어 있는 구절들을 발견케 될 것이다. 그러므로 아시아 교회들에게 주신 그리스도의 말씀들은 오늘의 우리 교회들에게 또한 적용될 수가 있다. 촛대 환상을 본 후, 요한은 하늘로 올리어 간다. 거기서 그는 하늘의 관점에서 우주에 대한 환상을 본다. 하나님이 만물의 중심에 계시고 만물은 그로부터 퍼져나가 있다.

주 예수 그리스도이신 어린 양은 하나님 앞에 나타나 있다. 그는 자기밖에 아무도 할 수 없는 것을 하신다. 그가 인봉된 책을 펴신다. 그가 인(印)들을 떼실 때, 큰 사건들이 일어난다. 이 사건들은 산자들이 핍박당하는 것을 그리스도께서 허락하고 계시나 곧이어 핍박하는 자들에게 심판을 내리고 계심을 보여 준다. 그가 자기 백성에게 핍박당하는 것을 허락하심은 그들이 정결하고 강건케 되도록 하기 위함이다. 일곱 인 후에 하나님의 심판들을 나타내는 일곱 나팔이 나온다.

이 심판들은 모든 세상 위에 임한다. 이 심판들 사이에 요한은 몇몇 환상들을 본다. 그는 입에는 달지만 뱃속에서는 쓴 책을 먹는다. 그는 하나님의 성전을 측량하고, 죽임을 당하나 결국 다시 살아나는 두 증인들을 본다. 이 환상들은 심판들 가운데서 교회를 나타내는 듯하다. 책은 교회가 열방 민족들과 왕들에게 전파해야 하는 메시지를 상징한다. 하나님의 전인 교회가 하나님의 신실한 자들이 심판 중에 보호될 것이라는 표지로 교회 주위에 있는 사람들로부터 구획되어 있다. 두 증인들은 세상을 복음화하는 교회의 행사(行事)를 상징하는 듯하다. 증인들이 죽임을 당하나 다시 살아나는 것처럼, 교회 또한 복음 전하는 일을 하는 가운데 핍박을 받을 것이나 하나님에 의해 일으킴을 받게 될 것이다.

2) 그리스도와 사탄

요한계시록의 후반부는 그리스도가 세상에 오는 것을 묘사하는 것으로 시작되어 있다. 그리스도가 여자(교회를 상징함)에게 태어나게 되는 바로 그 때에, 용(사탄)이 그 아이를 죽이려고 대기하여 서 있다. 그리스도에 대한 사탄의 적의(敵意)가 분명하게 나타나 있다. 그러나 사탄이 그리스도를 죽일 수가 없다. 사탄은 땅으로 내어 쫓긴다. 거기서 그는 교회를 대적하여 싸움을 벌인다. 사탄이 그리스도와 그의 백성을 대적하여 싸울 때 수많은 이상한 조수(助手)들을 동원한다. 먼저, 바다에서 나오는 한 짐승이 있다.

이 짐승은 하나님의 성도들을 대적하여 싸우며 모든 사람들 위에 권세를 가지고 군림한다. 그리고 큰 이적들을 행하며, 사람들을 속이고, 사람들로 하여금 첫 번째 짐승을 섬기게 할 수 있는 또 하나의 다른 짐승이 있다. 이 두 번째 짐승은 흔히 거짓 선지자로 불린다. 이 조수들 외에도 음녀 바벨론이 있다. 짐승과 거짓 선지자와 바벨론은 상징물로서, 그리스도를 반대하는 정부와, 그리스도를 반대하는 종교와, 사람들을 미혹하여 그리스도에게서 떠나게 하는 이 세상의 염려와 쾌락을 상징하는 듯하다.

이들 모두가 그리스도와 그의 교회를 대적하여 싸운다. 그리고 그들 모두는 물론 사탄의 도구들인 것이다. 짐승과 거짓 선지자를 묘사하는 중에,

요한의 환상은 시온 산, 즉 하늘에로 향하여 있다. 거기서 그는 하나님의 백성들이 하나님의 축복들을 누리고 있는 한편, 하나님의 진노가 그를 적대하는 자들 위에 임하기 시작하는 것을 본다. 사탄의 이 조수들이 소개되고 묘사된 이후에 그들이 멸망당하는 환상들이 나온다. 바벨론이 떨어져 무너진다. 그리고 그것의 무너짐이 크다.

그리고 나서 그리스도가 짐승과 거짓 선지자를 대적하여 싸우며, 그들은 지옥으로 떨어진다. 마침내 사탄 자신이 멸망된다. 사탄과 그의 군대가 멸망된 후에, 새 하늘과 새 땅에 대한 환상들이 나온다.

> 또 내가 보매 거룩한 성 새 예루살렘이 하나님께로부터 하늘에서 내려오니 그 예비한 것이 신부가 남편을 위하여 단장한 것 같더라 내가 들으니 보좌에서 큰 음성이 나서 가로되 보라 하나님의 장막이 사람들과 함께 있으매 하나님이 저희와 함께 거하시리니 저희는 하나님의 백성이 되고 하나님은 친히 저희와 함께 계셔서 모든 눈물을 그 눈에서 씻기시매 다시 사망이 없고 애통하는 것이나 곡하는 것이나 아픈 것이 다시 있지 아니하리니 처음 것들이 다 지나갔음이러라 보좌에 앉으신 이가 가라사대 보라 내가 만물을 새롭게 하노라(계 21:2-5).

이 새 예루살렘에 하나님의 백성들이 모인다. 거기서 그들이 하나님과 어린 양을 경배하고, 영원토록, 그리스도가 그들을 위하여 획득해 놓으신 축복들을 누리며 그들의 창조된 목적(하나님께 영광 돌리고 그를 영원토록 즐거워하는 것)을 성취하는 것이다.

■ 복습 문제 ■

1. 요한계시록이 언제, 어디서, 누구에게 써 보내졌는가?
2. 요한계시록의 목적은 무엇인가?
3. 요한계시록을 해석하는 네 가지 견해들을 간략하게 말하라.

4. 요한계시록에 나오는 상징들을 어떻게 다루어야 하는가?
5. 아시아의 일곱 교회들을 열거하고 각 교회마다 그리스도께서 어떤 점을 칭찬하고 어떤 점을 정죄하고 있는가를 말하라(계 1-3장)
6. 왜 어린 양이 책을 펴기에 합당한가?(계 5장)
7. 인들을 뗀 후에 일어난 사건들은 무엇을 상징하는가?(계 6장)
8. 작은 책과, 성전을 측량하는 것과, 두 중인들은 각기 무엇을 상징하는가?(계 10-11장)
9. 사탄이 무엇을 하려 하는가?(계 12장)
10. 사탄에게는 어떤 조수들이 있는가?(계 13장)
11. 거짓 선지자와 짐승이 어떻게 멸망되는가?(계 19장)
12. 계시록 20장에서 사탄에게 무슨 일이 일어나는가?
13. 새 예루살렘의 가장 중요한 특징은 무엇인가?(계 21장)

■ 더 연구할 문제 ■

1. 다음 환상들 중 하나를 골라 그 내용을 말하고 해석해 보라. 일곱 인(계 6:1-8:1), 일곱 나팔(계 8:6-9:21; 11:15-19), 일곱 대접(계 16장). 윌리암 헨드릭슨의 요한계시록 주석을 참조해 볼 것.
2. 요한계시록 20장에 있는 천년에 대한 각종 해석들에 대해 말해보라.
3. 핍박당하고 있는 기독 청소년을 위로하고 격려하기 위해 요한계시록을 어떻게 사용하면 좋을지 생각하는가?

# The Ministry Of Christ

그리스도의 천국복음 사역
THE MINISTRY OF CHRIST

2017년 5월 20일 초판 발행

지 은 이	F. 브라이쉬
옮 긴 이	나용화
편　　집	변길용, 이경옥
디 자 인	김종수
펴 낸 곳	사)기독교문서선교회
등　　록	제16-25호(1980. 1. 18)
주　　소	서울시 서초구 방배로 68
전　　화	02) 586-8761-3(본사) 031) 942-8761(영업부)
팩　　스	02) 523-0131(본사) 031) 942-8763(영업부)
홈페이지	www.clcbook.com
이 메 일	clckor@gmail.com
온 라 인	기업은행 073-000308-04-020, 국민은행 043-01-0379-646
	예금주: 사)기독교문서선교회

ISBN 978-89-341-1654-7 (93230)

* 낙장·파본은 교환해 드립니다.

이 도서의 국립중앙도서관 출판시 도서목록(CIP)은 서지정보유통지원시스템 홈페이지(http://seoji.nl.go.kr)와 국가자료공동목록시스템(http://www.nl.go.kr/kolisnet)에서 이용하실 수 있습니다.
(CIP제어번호: CIP2017008474)